讳言的缺点。"①

事实上，人类学家选择何处作调查点、调查什么、怎么调查、如何解释等，均受其学术目标和理论范式的限定与影响。他或她是带着业已形成的术语、概念、范式进入田野，并按这些因素所框定的思维和视角进行体验观察研究对象，或有意识地或无意识地对研究对象进行有选择性地关注与调查。也就是说，人类学家开始田野工作之前已经有了一个民族志写作的基本性的框架，这一框架或多或少、或强或弱地影响与左右着田野工作及其重点和方法。作为功能主义的代表，马林诺夫斯基从在非西方的民族中寻找人类生活的共同原型的目的和个人需要的满足出发，对特罗布里恩德岛民的社会文化进行调查，在其后完成的经典民族志《西太平洋的航海者》中叙述了以"库拉"为中心的土著人社会文化，主旨则是阐述非实用功能的"库拉"的交易及其相关事项所具有的满足特罗布里恩德岛民需要的功能作用。而作为功能—结构论的代表人物和政治人类学的倡导者，埃文思-普里查德（Edwand Evan Evans – Pritchard）则从在非西方的社会文化中寻找有别于西方社会制度结构的目的和政治制度的结构关系出发，对努尔人进行调查，在其民族志《努尔人——对尼罗河畔一个人群的生活方式和政治制度的描述》中重点对努尔人的政治关系以及与之密切相关的地缘关系、亲属关系、宗族体系等做了描述。可以设想，如果这两位大师交换田野调查点，他们分别所开展田野工作的方式和撰写出的民族志绝对会大异其趣的。由此可以说，田野工作与民族志的关系是相互渗透、互为因果的。

民族志是文化人类学学术实践的核心产品。作为学者，人类学家的社会角色是知识生产者，其基本职责是对鲜为人知的异文化体系和人们所熟知的本文化体系进行描述、阐释与反思并将其公诸学界和社会，也就是说，民族志是文化人类学知识生产的产品和结晶。田野工作因具有明显的私人性而无法直接诉诸公众，也无法让社会所共享，因而，从这一意义上看，田野工作是手段，民族志才是目的。纯思性的分析作品或称为"写文化之后"的工作，尽管也是文化人类学的重要组成部分，但其所分析的对象大都离不开民族志，或进一步分析民族志所叙述的文化，或以民族志为对象评论田野工作的方法，或探讨民族志撰写问题，从而使民族志成为文化人类学理论研究的基础文本和主要对象。

民族志的创新是文化人类学学术创新的基础和关键。学术创新的一般

---

① 费孝通、张之毅：《云南三村》，天津：天津人民出版社，1990年，第12、39页。

进程大体是：发端于理论和方法的反思，运用于学术的研究过程，体现于学术研究的成果。如前所述，作为文化人类学的学术研究实践的重要环节，田野工作因具有较强的私人性，而形成除了其调查者本人有充足的资格进行反思之外，他人是难以进行直接评论与检讨的局面。20世纪40年代，在国际人类学界发生了一场著名的争论：澳大利亚人类学家弗雷德曼（Derek Freeman）通过对萨摩亚人的再调查，对美国著名人类学家米德（Margaret Mead）20年前对萨摩亚人的田野调查提出了质疑，批评米德的经典民族志《萨摩亚人的成年》漏洞百出、不足为信；但弗雷德曼的批评也受到了反批评，即他的调查与米德的调查在时间上相距20年之久，因而他的调查结论不具有证伪米德结论的权威性。这场争论所包含的问题相当复杂，其中有两个方面值得注意：其一，对田野工作的反思、证实或证伪是非常困难的，像弗雷德曼这样通过对前人调查点的再调查进行田野工作反思的事件是非常罕见的，迄今为止人类学界尚无在同一时空条件下的调查得出相反结果的典型案例；其二，对田野工作的反思往往转移到对民族志的反思甚至是以民族志为中心的反思，如弗雷德曼关于"米德忽视生物性而强调文化的观点是一种误导"的指责，实际上是对《萨摩亚人的成年》这本民族志撰写的理论方法的批评。由此可见，对民族志的分析，是反思田野调查的理论方法的主要途径。不仅如此，文化人类学的理论方法反思的结果最终要通过田野工作的试验并体现于民族志的撰写即"文化书写"的学术实践之中，而且不断创新的理论和方法只有转化为民族志撰写的实践，文化人类学才完成了学术范式的转换与创新，也才在实质意义上实现了学科的进步与发展。

费孝通的《江村经济》和林耀华的《金翼》是中国人类学在20世纪40年代学术创新最具标志性的成果，并有力地促进了中国人类学的进步与发展。这两部民族志受到当时国际人类学界最权威的人类学家的高度重视与全力推荐，被国内外许多高校列为人类学专业的必读书，至今仍然被人类学界公认为民族志的经典著作。之所以如此，主要在于它们具有前沿性和创新性等特征。《江村经济》和《金翼》是当时国际人类学界两部前沿性的民族志。费孝通亲炙于英国现代人类学大师马林诺夫斯基，在其指导下运用当时学界认定的民族志撰写规范进行文化书写；林耀华就读于美国人类学名家云集的哈佛大学，受到著名人类学家克拉克洪（Clyde Kluckhohn）等一批重要学者的训练，并按照其规范进行民族志撰写。他们站在当时国际人类学学术发展的前沿，深刻地把握住学科的最新理论和方法，并娴熟地运用这些前沿性的理论方法开展田野调查、资料分析与文化书写。不仅如此,费孝通和林耀华以当时国际人类学的学术前沿为平台进行了大胆的民族志书写创新实验。《江村经济》和《金翼》是在国际人类学界较早进行"本文化"研究的代表性成果。当时在国际人类学界盛行以"异文化"为研究对象的条件下,他们大胆地把"本文化"作为研究对象,并分别将自己的家乡作为田野调查点,而且在一定程度上探索并实践了近30年之后由美国人类学家哈里斯(Marvin Harris)概括出的"主位"的研究方法。可以说,这两本民族志为国际人类学界关于研究对象由"异文化"向"本文化"回归、民族志书写的"主位"(emic)和"客位"(etic)区分的理论方法创新做出了有益的探索和重要的贡献。

《江村经济》和《金翼》两部经典民族志的成功案例,充分说明民族志是文化人类学学术研究最核心的成果,民族志的创新在文化人类学学科创新中具有决定性的意义。

二 "更彻底地让研究对象发出自己的声音":以当代国际人类学界"文化书写"问题为平台的实验

不同的时代有不同的学术创新平台。我们与西方人类学家同处于21世纪,共同享有人类智慧所创造的物质和精神产品,共同分享着当代思潮和知识体系等学术资源所搭建的学术交流、对话与创新平台。作为中国当代人类学工作者,我们只有关注与融入当代学术思潮,掌握与运用当前国际学术界的话语模式解读与回答中国社会文化问题,才能够登上当代学术舞台进行中国学术的"展演",才能建构具有时代特征、中国特色的学术体系,也才能为当代社会文化背景下的知识生产贡献中国文化的智慧。

20世纪后半叶以来,当代思潮对被现代科学和学术奉为"圭臬"的"真实"、"客观"、"实证"等原则提出质疑与挑战,"主体"、"意义"、"语言"等问题受到各学科的普遍关注并成为讨论的焦点,出现了人文和社会科学各个学科的语言学转向态势。胡塞尔(Edmend Husserl)现象学哲学将人们的注意力从独立于人的意志之外的"客体"世界引向"意义"世界,结构主义理论认为这一"意义"世界与语言体系具有同构性而不是独立于语言体系之外,福柯(Michel Foucault)和德里达(Jacques Derrida)的解构主义则提出语言体系本身是不稳定的,语言在表意状物时具有"局限性"并形成意义的"延宕",由此便引发了"叙述危机"或"表征危机"等的认识论危机和人文社会科学学科的"语言学的转向"①。其将语言学理论模式作为认知范式,对已有理论和认识重新进行审视,颠覆总体性和同一性,强调多元化、相对主义和差异性,"它是怀疑论的、开放的、相对主义的和多元论的,赞美分裂而不是协调,破碎而不是整体,异质而不是单一。它把自我看做是多面的、流动的、临时的和没有任何实质性整一的"②。

在当代哲学思想、社会思潮和学术背景的影响下,文化人类学开始对20世纪初以来形成的学科范式和知识体系进行反思,具有浓厚的科学主义、实证主义倾向的功能主义等学术思想和以田野工作、民族志撰写为核心的学术范式被放到了"学术反思天平"上重新估量,形成了一股强劲的反思与解构的学术思潮。反思人类学对以功能主义为理论基础的传统民族志提出批评和挑战,认为其具有明显的局限性和不可靠性。其中最核心的问题是"在实证主义社会科学的霸权支配下,民族志的核心实践曾被掩饰和伪装"③,文化书写者遮蔽了所书写的文化和文化持有者的声音。传统民族志并非如其书写者所标榜的那样,是"异文化"的"客观"、"真实"的叙述,而是西方人类学家从自己的意识形态和学术目的出发重新建构出来的文化,是"被某些支配性的框架所控制和表述"④ 的文本。自20世纪初以来,西方人类学的田野工作大都在西方的殖民地进行,人类学家的西方文化与非西方文化在殖民主义的时代背景下遭遇,殖民主义等西方意识形态不可避免地影响甚至控制着田野调查和民族志的撰写,有人直接指责马林诺夫斯基的人生和学术与西方向非西方的文化渗透有着非常密切的关联性⑤。同时,民族志往往为人类学家的学术目的服务,如从功能主义理论出发的田野调查和形成的民族志,"习俗只是拜物教化了的功利"⑥。与此相对应的是,这些民族志为了突出所谓的"客观性"和"真实性",大都采取了似乎是"价值无涉"的第三人称的书写方式,但从更深层次上看,则是剥夺了文化持有者的话语权以及自我、情感、世界观等的表达,实际上是人类学家借其研究对象的"自白"而阐述其思想观点的"任意裁

---

① 盛宁:《人文困惑与反思——西方后现代主义思潮批判》,北京:生活·读书·新知三联书店,1997年,第39—57页。
② [英]伊格尔顿:《后现代主义的幻象》,华明译,北京:商务印书馆,2000年,第2页。
③ [美]乔治·E.马尔库斯、米开尔·M.J.费彻尔:《作为文化批评的人类学》,第49页。
④ [美]爱德华·W.萨义德:《东方学》,王宇根译,北京:生活·读书·新知三联书店,1999年,第50页。
⑤ Talal Asad, *Anthropology and the Colonial Encounter*. London: Ithaca Press, 1973.
⑥ M.萨林斯:《文化与实践理性》,赵丙祥译,上海:上海人民出版社,2002年,第4页。

剪"。除此之外，民族志在书写上也存在着日益僵化和程式化的问题，"它们的描述形成固定的连续性程序（生态学、经济、亲属制度、政治组织和宗教信仰），对调查者角色不再重视，死板地将制度的概念切割为泛文化比较的类型学窠臼"。①

为了克服传统民族志的缺陷、摆脱人类学的困境，当代国际人类学进入了"一个人文学科的实验时代"，西方人类学家进行了多种形式的探索与各种实验，冠以各种名称、形式各异的民族志纷纷涌现，诸如"心理动力学民族志"（Psychodynamic Ethnographies）、新现实主义民族志（Realistic Ethnographies）、现代主义民族志（Modernist Ethnographies）等等，有的倡导采用"主位"（emic）的方法，有的运用人类学家与研究对象之间对话"并置"（juxtaposition）的方式，有的干脆邀请研究对象参与民族志的写作。尽管名目繁多、意见不一，但"这一实验趋势的任务就在于：跨越现存民族志文体的局限，描绘出更全面、更丰富的异文化经验图景"②，"更注重对他们赋予研究对象以意义的过程的反思，并更彻底地让研究对象能发出自己的声音"③。

我们如何进行属于中国文化的新民族志实验？我们的民族志如何"跨越现存民族志文体的局限"？怎样才能"更彻底地让研究对象能发出自己的声音"？经过反复思考与学术实践，我们选择了"村民日志"这一书写路径，目的是探讨一种让文化持有者的主体性从主流文化的"话语霸权"束缚下突围出来而从其文化内部的"主位"视角自主地叙述自己的社会文化与表达"自我"的模式，以求"描绘出更全面、更丰富的异文化经验图景"。

首先，文化持有者真正成为文化书写的主人，他们所做的日志是严格意义上的"主位"观察与描述的结果。自马林诺夫斯基提出"钻进土著人的心里"的田野准则之后，人类学家们在"钻进"的问题上进行了不懈地努力。至20世纪60年代，康克林（H. C. Conklin）、弗莱特（Charles O. Frake）等人在其"新民族志"（New Ethnography）中极力倡导"主位"观察与描述的方法。其后，格尔兹（Clifford Geetz）及其弟子克利福德（James Clifford）等

---

① [美] 乔治·E. 马尔库斯、米开尔·M. J. 费彻尔：《作为文化批评的人类学》，第50页。
② 同上书，第49页。
③ [美] 约翰·R. 霍克、玛丽·乔·尼兹：《文化：社会学的视野》，周晓虹、徐彬译，北京：商务印书馆，2002年，第402—403页。

人发起的"实验民族志"(Experimental Ethnography)则提出了把原本被排除在外的合作研究者、田野居民等与民族志相关的人物也纳入民族志作者并让其语言直接进入文本的书写方法,即所谓"多音位"(polyphonic)模式。目前,上述学术实践的真实度、有效性、干扰性等问题仍然未能得到令人信服的解决,其深层根源则是研究者的主体性与研究对象的主体性之间的矛盾无论如何都难以弥合。两千多年前中国思想家庄子提出的"濠上之辨"难题始终无法破解,才出"浅描"的泥潭又入"过度阐释"的沼泽,才让文化持有者发出了自己的"声音"而学者所属的社会无法理解的"嘘声"即起,按照马林诺夫斯基的金科玉律"钻进土著人的心里"后便发现,原来"钻进土著人的心里"的是带着坚固的西方社会文化结构"前置"的人类学家。而"村民日志"的作者是生长于斯的"土著",是村寨社会文化的参与者和行动者,以他们的眼睛和头脑观察本村每天的日常生活,以他们的思维和语言表达对本村发生的大大小小事件的评价与感受,这才是严格意义上的"主位"方法,才能真正"从内部提供有关异文化的解说",因而对记录者来说,"村民日志"是对"本文化"的记录与反思。

其次,"村民日志"的记录者连续性地归属于他/她所叙述的社会,因而他/她的视阈与其叙述对象所包括的视阈是高度重叠与融合的。在"本文化"研究中,人类学家尽管属于"本文化",但因其境遇使他/她与"本文化"之间产生了或深或浅的"历史时间间距",从而降低了研究者视阈与研究对象所包含的视阈之间的重叠度或融合度。费孝通对自己在家乡的田野调查体验的反思充分地证明了这一点,他说:"我是这个县里长大的人,说着当地口音,我的姐姐又多年在村子里教老家育蚕制丝,我和当地居民的关系应当说是不该有什么隔阂的了。但是实际上却并不是这样简单。当时中国社会里存在着利益矛盾的阶级,而那一段时期也正是阶级矛盾的时刻。我自己是这个社会结构里的一个成员,在我自己的观点上以及在和当地居民的社会关系上,也就产生事实上的局限性。这种局限性表现在我对于所要观察的事实和我所接触的人物的优先选择上。尽管事先曾注意要避免主观的偏执,事后检查这种局限性还是存在的。"[①]"村民日志"的记录者不仅在文化认同上归属于本村的社会文化,而且境遇使他/她在实践和时间上连续性地归属于本村的社会文化,不存在"历史时间间距"所形成的视阈间隔,其视阈与所叙述的社会文化包含视阈是天然契合的与高度重叠

---

① 费孝通:《迈向人民的人类学》,《费孝通选集》,北京:海峡文艺出版社,1996年,第312—313页。

的，因而"视阈融合"度不仅要高于"外来者"，而且高于属于本文化的学者。

再次，"村民日志"的叙述场域是自然而常态的，记录者的心态与通常田野工作的"报道人"大相径庭。"报道人"是人类学田野调查时不可或缺的角色，他们的"报道"场域与其日常生活具有明显的差异，属于非常态性的——面对陌生的"外来者"，围绕着研究者的询问话题进行"搜肠刮肚"的作答甚至"编造故事"。为了解决这一问题，实验民族志的一种做法是将人类学家与报道人之间的谈话过程呈现出来。然而，所呈现的仍然是非常态场域下的谈话——人类学家因拥有民族志的最终书写权而不可回避地产生一定程度的"话语霸权"，从而对文化持有者的话语表达产生干扰或渗入。"村民日志"则规避了这一问题，记录者的叙说话题是自主性的，叙说场域是常态的——在自己家中并无"他者"，做到了"想说就说"、"想说什么就说什么"、"想怎么说就怎么说"。

由此，文化持有者的关注视角、价值观念、情感模式等主体性在"村民日志"中得到了逼真而完整的表达。如果从汉语表达和学术话语的角度看，10个村寨的日志则给人以非常明显的"参差不齐"之感。但这种"参差不齐"却含有一般语用所没有的含义，不仅呈现出10个村寨文化的差异性，而且"彰显"出许多实验民族志所追求而难以企及的不同民族、不同村寨文化的"认知图式"的差异。日志所记述的内容大多是饮食、生产等琐碎而重复的生计活动，似乎是"无关宏旨"、"不得要领"的唠叨，但这是记录者基于他/她的立场对村中所发生的事件按照他/她所认定的重要性进行过筛选排序而记录下来，这恰恰体现出其关注视角、价值取向的特殊性。日志的语言表达既无文学作品的生动形象，也无学术论著的严谨高深，大多"平淡无奇"、"枯燥乏味"，且各本日志在描述的详略、反思的深浅甚至语言的顺滞等方面均有较大差异，却体现出各民族、各村寨文化的感知能力、表达能力、反思能力的差异，即其"镜像"识别的独特性和差异性。因而，尽管"村民日志"有悖于一般正式出版的文本，甚至与已有的民族志文本也大相径庭，但其内含的"张力"和所表达的意义的"深刻性"，远非一般民族志所能企及，这也正是许多实验民族志所追求的目标。

当然，来自"异文化"的学者的影响并不是说排除无遗，但我们所做的仅仅是：第一，选择"他"或"她"记录，提出了举例式的记录内容引导；第二，根据"于研究对象无害"的社会研究伦理原则，对于日志中可能会危及所描述的对象和记录人的正常生活的少量内容做了删节。

三 用汉语叙述：基于中国少数民族与汉族的文化关系的本土化实验

近年来，中国文化人类学的"本土化"的呼声渐强，且有对汉人社会研究的一些探索，但对于少数民族社会的研究，大都止于"需要本土化"之类的"舆论动员"，少有"如何本土化"方面的"指点迷津"，更缺乏"以身试法"的"躬身实践"。尽管这是一个相当复杂的问题，在此不做专门的探讨，但可以从中国文化人类学20世纪30—40年代的学科发展史中获得如下初步的启示，这就是：中国文化人类学"本土化"学术实践的核心是民族志的"本土化"，而民族志实现"本土化"的基本前提是，选择适合中国社会文化实际的途径，将国际文化人类学前沿性理论方法用于中国社会文化的田野调查与民族志书写的实验，以参与到当前国际文化人类学前沿性问题的探讨，并在当前国际学术前沿的平台上进行理论和方法的创新。

前文述及的费孝通的《江村经济》和林耀华的《金翼》两本经典民族志，不仅是学术创新的典型案例，同时也是中国文化人类学"本土化"的成功典范。两位人类学家以当时被国际人类学界所公认的理论和方法为学科平台，以具有悠久历史文化传统的中国社会文化为研究对象，并从中国社会文化的实际出发，分别选择了在西方工业文化影响之下的农村生活变迁和家族制度这两个最具中国社会文化特色并在中国社会文化中占据重要地位的问题进行调查研究，从本土文化的眼光和中国文化的表达方式进行民族志书写。诚如马林诺夫斯基所说："我敢预言费孝通博士的《中国农民的生活》（又称《江村经济》）一书将被认为是人类学实地调查研究和理论工作发展中的一个里程碑。此书有一些杰出的优点，每一点都标志着一个新的发展。此书让我们注意的并不是一个小小的微不足道的部落，而是世界上一个最伟大的国家。作者并不是一个外来人，在异国的土地上猎奇而写作的；此书的内容包含着一个公民对自己的人民进行观察的结果。这是一个土生土长的人在本乡人民中间进行工作的成果。如果说人贵有自知之明的话，那么，一个民族研究自己民族的人类学当然是最艰巨的，同样，这也是一个实地调查工作者的最珍贵的成就。"[①] 弗思对《金翼》也作出了类似的评论，他说："作者（指

[①] ［英］马林诺夫斯基：《江村经济·序》，见费孝通著《江村经济》，北京：商务印书馆，2001年，第13页。

林耀华——引者注）似乎是身临其境，不论是在药铺、在闺中，还是在土匪山老巢，他都能真实地告诉我们每个人物的言行举止，甚至能探寻他们的心灵深处，解释他们当时的动机和昔日的感情……他写的是他的故乡，他从童年开始直至成年相识的人们。倘若他并不是一直与他们朝夕相处，至少他也是经常处于相同的环境。"① 因而，尽管这两部民族志都先以英文版在国外出版，但无论是研究的对象和主题还是文化书写的视角和表达方式都是"本土化"的。

自《江村经济》和《金翼》问世以来，国际人类学发生了巨大的变化，当年被视为最先进、最科学的理论方法受到了反复的证实与证伪、肯定与否定的挑战，并从中发展、变异、衍生、创造出流派众多且取向相异的当代文化人类学理论和方法。中国人类学自 20 世纪 80 年代恢复发展以后，一批年轻人类学家尤其是曾留学欧美的人类学家进行了当代国际人类学的大量译介工作，这对于中国人类学的理论方法创新是非常必要的和不可或缺的。但这还是远远不够的，理论译介只是手段，目的是进行"本土化"创新，是将其作为背景、视野或工具对中国社会文化的事实和经验进行调查研究，撰写出具有时代特征、中国特色的民族志，解释与回答现代化进程中和全球化背景下的中国社会文化的理论和现实问题。因此，沿着费、林二位先生开辟的道路，站在当下国际人类学的平台上，进行现时代的中国文化人类学理论方法创新，撰写出"本土化"的当代中国新民族志，这是时代赋予我们的职责和任务，也是当代学术背景下中国人类学学术创新的关键环节之一。

在当前国际人类学界关于民族志书写问题的研讨中，研究者与研究对象的关系是一个关键性的问题。因而，研究中国少数民族社会的民族志，要解决的一个首要问题是中国的人类学工作者即以汉文化为主导文化的研究者与研究对象即少数民族之间的关系问题。以汉文化为前置文化结构的学者视角下的少数民族文化和西方人类学家视角下的非洲文化、印第安文化等，都可以称之为"异文化"，但其"异"的程度和本质却是截然不同的。前者之"异"，是同一种文化之内的不同文化类型的差异或同一种文化类型之中不同文化分支的差异，即中华民族"一体格局"文化中的"多元"的差异；后者之"异"，是基本上没有实质性关联的两种文化之间的差异。费孝通提出的"中华民族的多元一体格局"命题，是理解与把握中华民族中各民族文化之

---

① ［英］弗思：《金翼·英文版导言》，见林耀华著《金翼》，北京：生活·读书·新知三联书店，1989 年，第 1—5 页。

间关系的关键词。一方面，中华民族的起源是多元的，各文化区、各民族以及各民族内部各支系之间的文化也是多元的，正是这种多样性、多元化的文化构成了色彩斑斓、博大精深的中华民族文化。另一方面，从新石器时期起，中华大地上的各文化区、各族群文化之间传播、接触、交流与融合的文化互动便开始了。从春秋战国时期起，各人群之间的交流与融合进入频繁而密切的阶段。在汉族形成以后的两千年漫长历史中，其他族群融入汉族的所谓"汉化"和汉族融入少数民族的所谓"夷化"的"民族流动"从未停止过。在这种民族流动过程中，逐渐形成了一个凝聚多元文化的核心——汉族及其文化通过"一个点线结合，东密西疏的网络"① 传播与融入各少数民族及其文化之中，从而构建起由区域性到全国性、由弱到强的多元一体格局。由此可见，在中国，以汉文化为基础的学者和作为研究对象的少数民族之间的关系，是"一体"之内的"多元"的差异，两种文化之间存在着悠久、密切、深刻的内在联系，而且研究对象即少数民族文化中吸纳了汉文化的诸多因素，从而使中国人类学者与其研究对象之间保持着远非西方学者所能具备的亲密关系和沟通条件。

作为中国文化重要组成部分和中华民族交流沟通的最重要的工具，以汉文化为基础的汉语及其书写符号系统汉字早已为众多少数民族所接纳，除了大多数回族把汉语作为母语之外，许多少数民族还把汉字作为重要的甚至是唯一的书面记录与表达符号。随着近代以来民族—国家的形成、文化教育和现代传媒的推广，汉语在少数民族中程度不同地得到普及，绝大部分少数民族农村都有人能够使用汉语交流、运用汉字进行书面叙述表达。中国少数民族语言文化的这一特征，使村民运用汉语记录成为可能，也使运用"村民日志"的模式描述中国少数民族社会文化的民族志实验具有了中国特色；同时，为了使之能够为更广泛的群体所阅读，运用汉语记录也是一种别无他途的选择。

不可也不必隐讳的是，10 本日志之间存在着文化书写和言语表达的明显差异。从表层上看，这一差异所呈现的是不同民族、不同村民运用汉语进行言说与表达的能力的差异，从而显示出不同民族、不同村民受汉文化影响程度的差异；从深层上看，在少数民族村民运用汉语记录的过程中，作为叙述的符号和传播中介，汉语及其特有的无意识结构和术语等被法国精神分析学家拉康（Jacques Lacan）称为交流对话的"第三参与者"因素，无疑参与到

---

① 费孝通：《中华民族的多元一体格局》，见《费孝通选集》，第 350 页。

日志的文化叙述的建构之中了。但无论前者还是后者，其本身就具有学术研究的价值。美国语言学家、人类学家萨丕尔（Edward Sapir）认为："言语这一人类活动，从一个社会集体到另一个社会集体，它的差别是无限度可说的，因为它纯然是一个集体的历史遗产，是长期相沿的社会习惯的产物。言语之有差别正如一切有创造性的事业都有差别，也许不是那么有意识的，但是正像不同民族之间，宗教、信仰、习俗、艺术都有差别一样。走路是一种机体的、本能性的功能（当然它不是一种本能）；言语是一种非本能性的、获得的、'文化的'功能。"① 因此，"村民日志"除了其所叙述的内容可以作为研究对象之外，文本本身亦可置于当代实验民族志研讨的学术背景下作为一种"社会事实"进行解读。

四 对话：多维交复话语张力的实验

"对话"是现代主义民族志的重要文本策略，"学者们认识到，在民族志里所要表述的经验，必须是发生于民族志作者与报道人之间的对话"②。为此，我们在"充分给予被研究者表达自己意见的空间"的同时，还采用了"充分对话"的文本策略。

"新民族志实验丛书"和"少数民族村落社会文化研究丛书"两套丛书的安排，是根据"充分对话"原则设计的。其中，既有同一文本内的"局内人"（insiders）与"局外人"（outsiders）之间的对话，又有不同文本的"局内人"与"局外人"的对话，而且在有的"村民日志"中还有"局内人"中不同性别、角色之间的对话。首先是"村民日志"同一文本中的"局内人"与"局外人"之间的对话，日志的主体部分是村民即"局内人"表达自己意见的空间，而"前言"及"村寨概况"则是研究者即"局外人"对研究对象基本概貌的解读。其次是两套丛书之间构成的对话，"新民族志实验丛书"的作者主要为村寨文化"局内人"，而"少数民族村落社会文化研究丛书"的作者则是作为"局外人"的研究者，两者在同一时空内对同一对象做出的不同解读本身就是一种对话，这一对话事实上还具有留给读者进行分析的"张力"。最后是不同社会角色的"局内人"的对话，即在本课题设计时要求各个调查点选择2—3名性别、身份不同的记录者进行"村民日志"

---

① ［美］爱德华·萨丕尔：《语言论》，陆卓元译，北京：商务印书馆，2005年，第4页。
② ［美］乔治·E. 马尔库斯、米开尔·M. J. 费彻尔：《作为文化批评的人类学》，第69、101页。

的记录工作，使同一本"村民日志"中出现同一村寨中不同社会角色之间的对话，但有的记录者由于患病、外出等各种复杂的原因未能坚持记录，从而使这一设计意图未能在全部"村民日志"中得到落实，出现有的日志由两位或两位以上记录者完成，有的日志则完全由一位记录者完成的情况。

正如美国人类学家马尔库斯和费彻尔所言："在这样一个时代，我们承担着一种风险，即，我们既可能拥有巨大的潜能，也可能因走进死胡同而无能为力。"① 我们"新民族志实验"的命运究竟是前者还是后者，只有让时间告知。

---

① [美] 乔治·E. 马尔库斯、米开尔·M. J. 费彻尔：《作为文化批评的人类学》，第11页。

目 录

"他者的倾诉"：还话语权予文化持有者
　　——"新民族志实验丛书"总序 …………………………（1）
　　一　民族志：文化人类学知识生产的结晶和学术创新的核心 ……（1）
　　二　"更彻底地让研究对象发出自己的声音"：以当代国际
　　　　人类学界"文化书写"问题为平台的实验 ……………（5）
　　三　用汉语叙述：基于中国少数民族与汉族的文化
　　　　关系的本土化实验 ……………………………………（10）
　　四　对话：多维交复话语张力的实验 ……………………（13）

前　言 ……………………………………………………………（1）
　　一　有关概况 ………………………………………………（2）
　　二　有关日志记录员 ………………………………………（2）
　　三　有关日志本身 …………………………………………（3）

丽江玉龙县黄山镇南溪村概况 …………………………………（5）
　　一　历史源流及自然地理环境概况 ………………………（6）
　　二　人口结构与经济生产 …………………………………（8）
　　三　传统文化及现状 ………………………………………（17）
　　四　婚姻家庭 ………………………………………………（26）
　　五　社会组织结构 …………………………………………（28）
　　六　科教卫生及基础设施现状 ……………………………（32）

日　志 ……………………………………………………………（36）

一 2004 年日志 ………………………………………（37）
二 2005 年日志 ………………………………………（249）
后　记 …………………………………………………（435）

前　言

都说"距离产生美感"，但说到文化的保存，恐怕距离产生的是真实感——当然，这里的"距离"一词专指与主流文化及其所"寄生"的城市的距离，而"真实"则是就各民族所孕育传衍的文化而言的。今天，当曾经宁静得可以回响行人脚步声的丽江古城街面被如潮的游人踩踏得异常光滑之时，在古城西南方的尖峭峰巅，在一个从地理特点到自然文化生态都具有香格里拉意蕴的高山坪坝里，一个小小的但真正传统的纳西社会，在慢慢地滚动着它自古至今艰辛泥泞却也悠扬自得的时间与生命之轮，自言自语着那里祖祖辈辈的规矩、规矩的失灵、规矩的变迁、规矩的重造以及面对现代化巨轮的尴尬无助，应变调适……

若将本书命题——雅阁丽轮——作阐释学式的解读，则自以为寄托了日志记录人和我们的全部意和愿。在纯粹的纳西语解读层面看，"雅阁"为纳西语"家"的音译，"雅阁丽轮"的大意是"到家里来"。这本日志所呈现的就是南溪村民家庭的日常生活图景，是作为村落"他者"的我们得以"进入"这个纳西大家庭的一条通途——在翻检日志的过程中，我们走进了南溪村人的家。所以，"雅阁丽轮"是南溪人用生活行动发出的诚挚召请。然而，学者总是"好事"之徒，我们不避"穿凿"之嫌，还想道出另一番心绪。以望文生义的方式观之，"雅"字有"正、合乎规范和高尚美好"之意，合乎南溪所保有之纳西文化的"纯正、美好"之韵味；"阁"有"供远眺、休憩之高楼"的意思，同样巧合于南溪地处高山坪坝，与热闹的丽江城区若即若离、悠然世外的宁静境界；"丽"自然取其美丽之意；"轮"字特指时日之轮回，意指南溪的故事将同时轮一道，在轮回滚动中不断向前，永远相续，村寨日志的基本内容就是有关南溪村民家家户户生产、生活作息的絮絮叨叨的记述，是拉家常，因此村寨日志在某种意义上又是纳西村民的家庭日轮。也许，有人会说这个阐释牵强附会，但从文化伦理来看，却是对"雅"、"俗"之谓的蓄意颠覆，旨在突出新民族志的旨要和深意：用"主位"的眼、笔和心灵，不加修饰地记叙村寨日复一日的生活起居、生产劳作、婚丧嫁娶、节庆娱乐，其用语是土俗的，具体来说就是"纳西普通话"，絮絮叨叨，琐碎繁复……在这样的絮叨之中，一个你曾经以为是一个个家庭组织聚合而成的规模上的概念村寨已不复存在，另一个鲜活的，你可以感觉它的呼吸、它的思想及喜怒哀乐、它的来自传统的厚重与多彩的村寨已呈现在你的眼前。它既不同于传统民族志描述所带给你的信息和感觉，也不同于以往乡土作家的虽然乡土却仍然文人味的"半主半客"的刻画。它在直接对你说话，让你必须睁大眼睛、竖起耳朵，竭力去辨认那些半汉半民族式的话语以及这些话语后面传统声音的精彩和幽默，去感悟这种特殊话语的表达方式和话语结构所代表的特殊的民族思维结构和心理模式。

古人早已倡导"礼失则求诸野"，这恰又说明我们对"雅"与"俗"的颠覆是有历史依据的。时日在轮回中前行，生命在轮回中交替，文化在轮回中发展。以"新民族志"面目出现的民族村寨日志，是对传统人类学书写的反动，是以俗致雅的实质性举动。

关于我们这第一本村寨日志，尚有几点需要说明的。

一　有关概况

作为最早着手建设的调查研究基地之一，我们从2003年底即开始了对村寨基本情况的调查和日志记录员的选择与培训。在工作站的选点、基建招标和建设监督等一系列工作进行的同时，在南溪村委会的支持配合下，我们拼命抓紧时间进村调查，在往返于丽江—昆明的长长路途中不断交换反思着调查内容与亲身观察体悟之间的偏差。我们总想得到一个相对完整的村落状况，哪怕实际情况与我们的课题预设角度相背。调查工作也得到了本校民俗学专业硕士研究生杨杰宏、刘帅东的大力协助，尤为难得的是，作为纳西族学者的杨杰宏的加盟，为这次概况调查扫清了语言障碍，相对较多地保留了对村民的访谈信息。他们对我们前期调查之不足进行了补充，从而形成了6万余字的南溪村寨民族志，而且，值得一提的是，所有的材料均来自村民，排除了一切汉文献资料。本村寨概况在该民族志基础上缩略而成，其中由南溪村委会提供的南溪满中和满下村生产情况统计取2005年数值。

二　有关日志记录员

寻找和确定记录员人选对于我们这些以民族学或人类学研究人员自居的

学者来说是一大考验：究竟什么样的人员最适合于该项工作？在目标村寨是否刚好就有这样的人选？这几乎有点赌博的意味。镇政府有关人员推荐给我们的第一位记录员是满中村村民组长和国高，兼任行政村团支部书记和农科员，他本人对我们的工作积极支持，读过民族中学，对村中传统文化事项也能做粗略解释。这似乎是一个较理想的人选，但在试记录过程中，他于此项工作的不适合显现了出来：汉语表达和记叙能力太低，且常因忙于做小生意而耽误记录，即使记录也大多以他的家庭事项为主，变成了家庭日志，致使我们最终无法采用。所幸，黄山镇政府人员还推荐了另外一位人选和尚勋，当时对他的情况介绍极其简单：退休小学教师，字写得很好。当他被叫到村委会时，我们看到一个50开外的老者，着一身破旧劳动衣装和沾满泥土的雨靴，一手抱一个3岁左右的光屁股孙儿，一手还牵着另一个小孙女，我们不禁心里嘀咕：这样的人就算他愿意做，可他能保证时间的投入吗？抱着试一试的心态，我们向他讲解了项目实施意图，他对这一事情的回应简直出人意料——他很明确地表示能为村子留下点历史是他应做的事情。在不断的接触中，我们知道作为退休教师的他，经济条件在村里算是优越的，我们为他记日志的劳动所支付的那点报酬其实无关紧要，他在山下的儿子媳妇多次让他放弃这活计去帮他们带小孩，他最终坚持要守候这份责任。从2004年1月1日起，村里多了他四处走动、寒暄观察的身影，即使他本人因事外出，也要安排他的老妈妈（夫人）把村中一天的事尽量打听到，他回家后再补记。其结果，就是摆在我们面前的超过30万字的日志稿。我们庆幸：我们赢了。

三　有关日志本身

这本日志按时间顺序编排，时限为2004年1月1日至2005年12月31日。作为第一本日志，存在诸多的不足：首先是所记录事项有表层化现象，对于村民思想和文化事象之精神层面的充分呈露尚欠缺。其次是记录范围大多限于满下村寨，而对同处于坪坝中的满中村的情况记录较少，这主要因为记录者本身是满下村人，对外村事件难以经常顾及，也同记录人比较保守，不想贸然打探别村事务有关，还与对满中村和国高所记日志的不得不淘汰有关。虽然两个村子在环境和文化上基本相似，但毕竟有不完整之感。

无论怎样，这样一本村寨日志终于诞生了。当我们逐月取回那些带着浓郁乡土气息的记录手稿进行电脑录入校对时，我们为其中所透露的那样一个鲜活的生活世界中林林总总的人、事、情所深深打动。所谓的"打动"不是说日志记录的内容全都体现了一种向善的、淳朴的东西——那里面同样暴露了一些有局限性、甚至可归于负面的问题,我们想强调的是,那样一种生活真实的呈现,是传统的人类学田野调查所无法企及的,我们读解这些文字的时候,真的不能不惊异于一个社会群落面似静谧而其下波澜翻涌的实况,真的不能不为之所动。

"到家里来吧!"透过这样一种实验性的民族志文本书写,我们头脑中关于少数民族社会的幻象正在消逝。

丽江玉龙县黄山镇南溪村概况

南溪村隶属丽江玉龙县黄山镇。该镇地处丽江古城西南郊，下辖6个行政村，共33个自然村，农户317户，人口12384人，其中纳西族人口占95%，耕地面积24901亩，是典型的农业大乡，有"丽江粮仓"之称。黄山镇民俗风情淳朴浓郁，田园风光秀丽迷人，民居建筑、生活习俗、宗教信仰、饮食服饰、音乐舞蹈等都具有纳西民族的典型性和代表性，因而又是丽江西线旅游的重要区域。自1999年开始，镇政府和党委借着丽江古城旅游的强大辐射作用，配合丽江旅游整体开发规划，加强基础设施建设，积极调整产业结构，大力培育旅游产业，营造"北玉龙南文峰，古城人文与黄山田园双碧相托互补"的旅游新格局，力图把黄山镇建成乡村民俗文化旅游大乡。丽江"地"改"市"后，玉龙县整个新城的规划建设都在黄山镇区划内，为黄山镇经济文化的全面发展提供了良好的机遇。

南溪村位于黄山镇文笔峰顶部的一块高山平坝中，整个行政村下辖8个自然村：满上、满中、满下、旦前、旦后、鹿子、文屏、金龙，人口共计1444人，世居居民均为"和"姓纳西族人，这在丽江也是很少见的。南溪村距离丽江古城24公里，约40分钟车程，是丽江境内海拔最高、地理位置最独特的一个纳西村寨，虽地处山顶平坝，却也与市区和山下坝区若即若离，因而其生态和文化都具有相对封闭和独立的空间，素有"小香格里拉"的称誉。整个行政村中部地势较平坦、开阔的区域，据传曾是丽江木氏土司的牧马场，在纳西语中"马场子"类似于叫"满参山"渐渐变音为"满子师"。新中国政府对该地区实施行政管理后，依地缘分成"满子师上村"、"满子师中村"、"满子师下村"，简称"满上"、"满中"、"满下"，沿用至今。相对优越的地理环境使这几个村的农牧业生产情况居于整个行政村前列，南溪行政村村公所及村完小更位于"满中"、"满下"村的包围之中。由于这样的村落分布态势，"满中"、"满下"两个自然村在生产劳作、人际交往等方面有着很高的相互关联性，可以作为调查研究纳西族社会文化传统及其发展变迁的整体对象。

一 历史源流及自然地理环境概况

据满下村73岁老人和福祥介绍，南溪最早居住的民族是普米族，现在满下的水源地仍称为"崩若地"。"崩"即普米族，意为"普米居住地"。明代木氏土司在此开辟养马场，特从束河古镇迁来两户纳西族居民当养马人，大部分普米族人迁移，只留下一户，这一户后来与纳西族相互通婚，最后也融合进了纳西族。南溪的纳西族人由此发展而来。在南溪村东北边的文笔峰山脚下，有一峡谷，纳西语称为"堵可洛"，意为设栅栏的峡谷。据说是开辟养马场时在此设关卡，以防止马匹从这里逃跑及防盗马贼。南溪最大的坝子是满中、满上、满下3个自然村所在的"笃古坝"，意为"上面的坝子"。

清初始，木氏土司逐渐衰落，至雍正年间"改土归流"，木氏在丽江的统治结束，养马场的历史也由此终结。但由于丽江马在明代时作为朝廷贡马而享有盛誉，至清代朝廷下诏在北胜州（今丽江永胜县）开辟"茶马互市"，丽江马的交易量增大，南溪也由牧马场演变成丽江马的供应地之一。这一时期，从太安、丽江坝子里迁来了很多农户，南溪的人口也在这一时期有了较快的增长。新中国成立后的"大跃进"时期，倡导开垦山地，转向以农业为主，南溪的养马业至此终结。

南溪村的建制历史是从民国时期开始的。民国时成立过丽南乡政府，除管辖现有的南溪村外，还包括现属太安乡的吉子、汝南以及七河的前山、后山。新中国成立后，沿袭了旧制；1958年成立南溪公社，辖区不变；1962年重新划分，撤销南溪公社，改为南溪大队，相当于村一级的行政单位，南溪由此隶属于黄山公社。20世纪80年代初撤销公社、大队的建制，设立区乡建制时，南溪由大队改称为乡，仍为行政村级别。80年代后期，区乡又改为乡村两级，南溪乡又改为南溪行政村，行政级别不变。

南溪村位于现丽江、鹤庆、拉市的交界处，东部与黄山镇的文华村相接壤，交界处为文笔峰下水泥路的终点；北部与太安的吉子村相接壤，以鸡冠山西麓为界；西部与太安汝南村相接壤；南部与七河的后山、前山两村相接壤。整个南溪的平均海拔为3200米，属典型的高寒山区，无霜期为120天，平均气温为7℃—9℃，最低气温为-10℃—-8℃。冬天多雪，常结冰。南溪村民流传着这样一句谚语："清明断雪，谷雨断霜。"整个行政村的地形以山地为主，间有地势稍平的缓坡地带，倾斜度平均为20°—35°。主要的小坝是"笃古坝"和"旦都坝"（分布有旦前、旦后两个自然村）。南溪村各村民小组分布如图1所示。

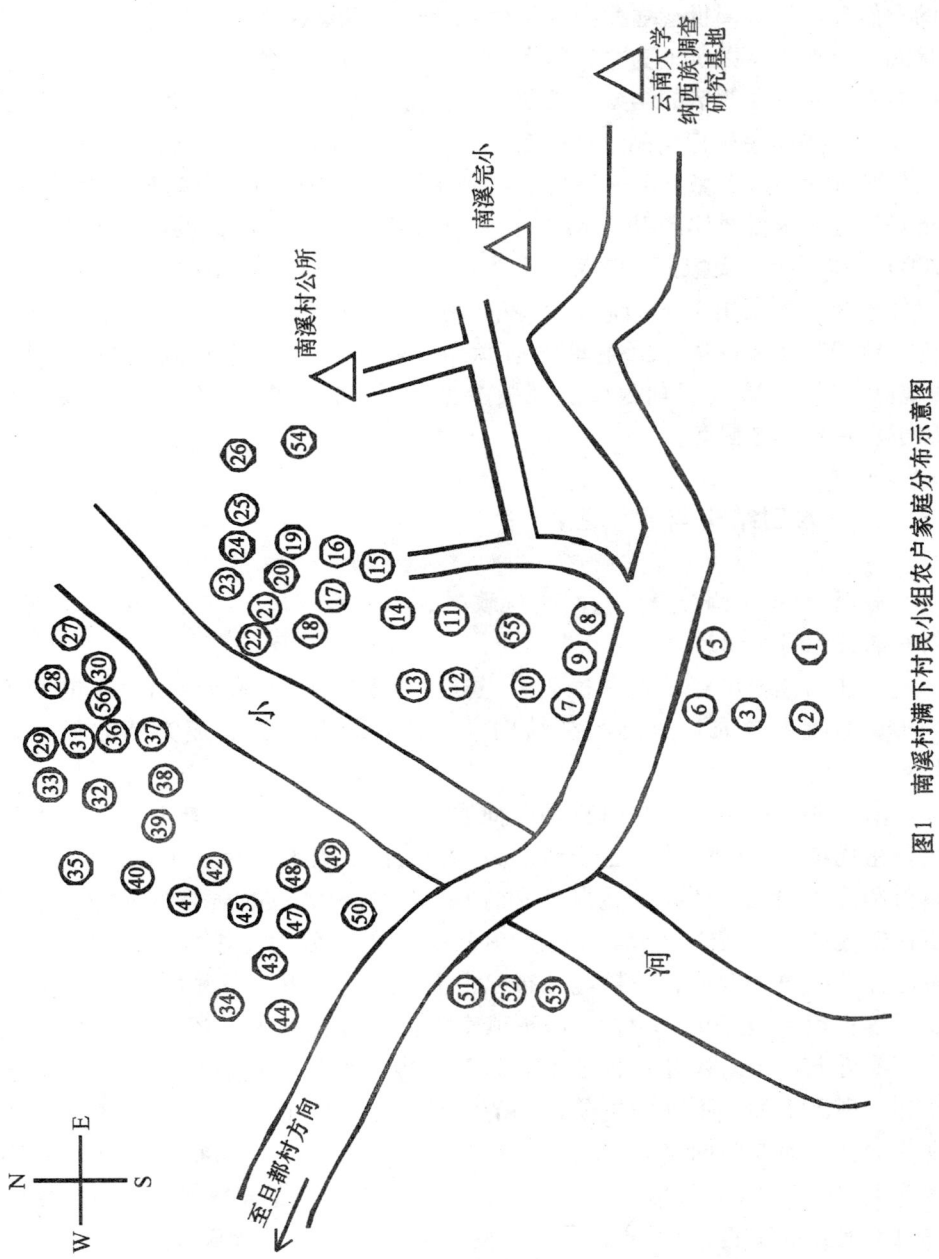

图1 南溪村满下村民小组农户家庭分布示意图

总体而言，南溪村的自然环境资源及其保存情况是良好的。半封闭自足的自然环境为南溪世代居民提供了生息繁衍的资源，生态循环基本处于良性状态。田地土壤以黄土为主，间有少许沙土，田间土色不少呈黑色，此乃村民施农家肥长期改造的结果。长期以来，村中出产的"无公害油菜"、"无公害洋芋"等绿色生态食品远近闻名、走俏市场。因此，村中老人对当下流入的化肥的使用颇有微词。南溪村的饮用水源位于鸡冠山下，共有三处，水质极好，近年水量虽比前几年略少了些，仍能充分满足村民的用水需求，自2000年以后，村民家家户户都用上了自来水。南溪村周围山上石材丰富，一般各家开采各家山上的石材，大多自用。植被以松树居多，另有栗木、栎树、竹子、苹果树等。野生动物有兔子、鹿子、野猪（现已渐多）、黑熊（现已少见）、狼（以前最多，现极少见）、老鹰、乌鸦（最近几年少见）、鸽子、麻雀、老鼠等。

二 人口结构与经济生产

截至2005年调查统计，南溪行政村满中村有居民36户、154人，满下村有居民56户、224人。

以往南溪村的经济以种植业为主，辅以畜牧业。现在外出打工的村民增多，其收入在农户家庭经济结构中的比重日益增大，成为新的经济增长点。

南溪的农业生产是在由牧马业向农耕生产的过渡中逐渐形成的，农作物种植周期为一年两季。由于地处高海拔山区，气候冷凉，主要种植土豆、蔓菁和反季油菜，还有少量燕麦和青稞。与相对集中的居住方式相比，南溪村耕地的分布较为分散。土地的利用类型可以分为常耕地与轮耕地。常耕地分布在村子四周，轮耕地分布在山上。常耕地里一般种植大麦、洋芋、蔓菁等；轮耕地三年一轮，一般种燕麦，四五月份撒种，10月左右即可收获，最近七八年来还开始种油菜。从前在山上种过的还有秋油菜、兰花子及麻，现已不种。不种的主要原因有两个：一为产量低，投入劳力多，而收获少；二为响应国家号召，退耕还林。最近几年，南溪行政村共退耕还林近4000亩，大力栽培松树林，效果显著。各村寨还普遍利用村边耕地或村内闲地开辟供自家用的菜园地，种萝卜、白菜、包包菜、大葱、蒜等，自给自足。村民对山村资源的利用，除日常的木材、石材的采取外，还采集山药材、山蘑菇等。

南溪村的商贸活动是在由养马向贸马过渡、由贸马向物物交换（换粮食）的转变中逐渐形成的。以新中国成立后而观之，大致可分为三个阶段：第一阶段是20世纪五六十年代，实行简单的物物交换。交换的产品以洋芋、柴薪为主，青稞、山间草药为辅。南溪人通过贸易活动，积累了丰富的交易经验，培育了市场头脑，这为以后闯荡市场做了思想观念上的准备。第二阶段是20世纪八九十年代的商品交易。改革开放以后，国家政策放开，村民的交易市场也扩大到了邻近的鹤庆县地区，主要农产品如洋芋甚至远销到了大理、楚雄、昆明、攀枝花等城市。商品交易的品种也增多了，主要以洋芋、牲畜产品和木材为主。第三阶段是20世纪90年代后期，外出打工形成一股风潮，在"走出去"的过程中，村民的市场意识得到进一步强化，开始主动找市场。由于洋芋的价格越压越低，而传统的木材交易又因"天保"工程的启动而被废止，所以村民虽然解决了温饱问题，但离致富差距尚大。而这一时期丽江旅游业逐渐升温，出租车生意也十分兴盛。当时开出租车的人基本上都只做白天的生意，晚上至多到10点。南溪人看准了市场，凭着山里人的吃苦耐劳精神，开辟了晚上承包营运出租车的新市场，丽江市区的出租车，至少有一半是南溪人在承运。此外，村中还有人在山下经营洗车业、修车业，女青年在外开饭馆或打零工。据估计（人员流动较大，无法得到静态统计数据），南溪村有近1/3的人口从事劳务输出工作。这批在山下城里打工者不但以此成为家庭经济收入增长的有力推动者，也为村中的物产售卖提供了丰富的供求信息。玉龙县委领导对此十分赞赏，认为这是山区农村脱贫致富的一条新路子，是丽江农村经济发展的一面旗帜，号召坝区农村也要学习南溪人这种搏击市场的勇气。

作为本课题研究对象的满中、满下村，其农户村落分布及经济收入状况统计如下列图、表所示（注：村落图中的农户家庭序号与年度报表中的农户编号是一致对应的）。

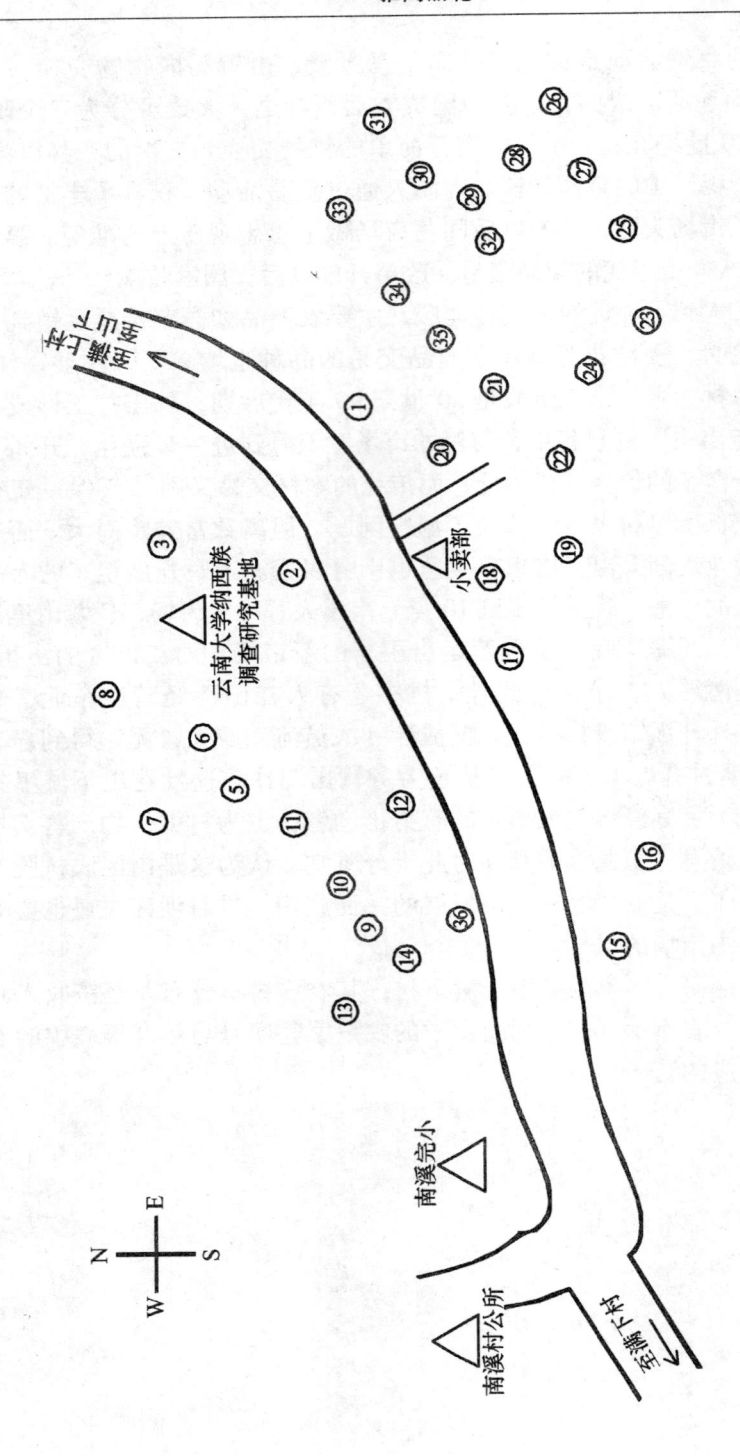

图2　南溪村满中村民小组农户家庭分布示意图

丽江玉龙县黄山镇南溪村概况

表1 南溪村满中村民小组2005年度报表

序号	户主姓名	人口合计	男	女	劳动力合计	男	女	洋芋	燕麦/芸豆/青稞	小麦	豆类	秋油菜	蔓菁	绿肥	牛	猪出栏	猪存栏	山羊	绵羊	羊合计	拖拉机	农用汽车	出租汽车	外出劳务	小卖部
001	和习武	3	2	1	3	2	1	6		1.5		2.5	2	5			3			20	1				
002	和丽典	5	3	2	3	2	1	8	2			3.5	2.5	5		1	6			22	1				
003	和丽武	4	3	1	2	1	1	8	2			4	2	4	1		6			15	1				
004	和祥秋	5	1	4	1		1	10	2.5			4	2	5	1		7			18				1	1
005	和丽元	5	2	3	4	2	2	10	2			5	2	4			7	1		21					
006	和万军	5	3	2	2	1	1	8	2			3	2	4	1		6				1		1		
007	和军红	1	1		1	1		2				2	1	1			2				1				
008	和军坤	6	4	2	3	2	1	10	2			4	3	4	1		5				1			1	
009	和万选	5	2	3	2	1	1	9	2			3	2	3			5				1			1	
010	和万高	5	3	2	2	1	1	3					1										1	2	
011	和万里	4	3	1	4	3	1	8	2			3	2	4	1		6				1			2	
012	和万春	4	2	2	4	2	2	5	1.5			2	1	3	1		5							2	
013	和仕春	5	4	1	2	1	1	8		1		5	2	3			6				1				
014	和仕黄	4	2	2	2	1	1	7	1			3	1.5	3	1		3				1				
015	和月林	1	1		1		1	2				1	1		1		4				1				
016	和立辉	6	4	2	3	2	1	8	2			3	2	5		1	6				2			1	
017	和桂良	3	2	1	2	1	1	5				3	2	3	1		7		4		1				1
018	和立功	4	2	2	3	1	2	7	1			3	2	3			5				1			1	1
019	和占典	4	3	1	3	2	1	3				2	1										1	3	
020	和国珍	4	1	3	3	1	2	7	1			3	2	3			7				1				

续表

序号	户主姓名	人口合计	人口男	人口女	劳动力合计	劳动力男	劳动力女	种植面积(秋)洋芋	燕麦	芸豆	种植面积(夏)小麦	青稞	豆类	秋油菜	饲料蔓菁	饲料绿肥	牛	猪出栏	猪存栏	羊合计	山羊	绵羊	拖拉机	农用汽车	出租汽车	外出劳务	小卖部
021	和立章	5	1	4	3	2	1	7			1			3	2	3		1	3								
022	和占军	5	2	3	2	1	1	8			1			3	2	3	1		7				1		1	3	
023	和立刚	4	2	2	2	1	1	7			1			3	1.5	3		1	6				2		1	2	1
024	和正刚	3	2	1	1	2		6			1			3	2	4	1	2	5				2			1	
025	和立忠	4	1	3	2	1	1	6			1			3	2	4		2	6				1				
026	和立伟	3	1	2	2	1	1	6			1			2	2	3	1	1	6				1				
027	和爱秀	4	2	2	3	2	1	8			1			5	2	3		1	6				1		1		
028	和立强	4	2	2	2	1	1	10			1			3	2	4	1	1	6				2				
029	和立虎	5	2	3	2	1	1																				
030	和吉顺	5	3	2	2	1	1	8			1			3	2	3	1	2	7				1		1	2	
031	和春红	5	2	3	2	1	1	8			1			3	2	3	1		7				1			1	
032	和国高	5	3	2	2	1	1	7			1			3	2	3		2	6						1	1	
033	和志忠	6	3	3	2	1	1	8			1			2	2	3	1	2	7				1				
034	和国敏	4	2	2	2	1	1	7			1			3	2	3			6							1	
035	和志坚	6	2	4	3	2	1	8			1			2	2	3			7								
036	和丽军	3	1	2	2	1	1	6			1			2	2	2			4				1				

表2 南溪村满下村民小组2005年度报表

序号	户主姓名	人口 合计	男	女	劳动力 合计	男	女	种植面积(秋) 洋芋	燕麦	芸豆	种植面积(夏) 青稞	小麦	豆类	秋油菜	饲料 蔓菁	绿肥	牛	猪 出栏	存栏	羊 合计	山羊	绵羊	拖拉机	农用汽车	出租汽车	外出劳务	小卖部
001	和永良	3	2	1	3	2	1	10				0.7		5	3	5	1		3				1			1	
002	和永红	4	1	3	4	1	3	15				1		10	2	10	1		5				1	1		1	
003	和国臣	4	3	1	3	2	1	20				0.5		10	1	3	1		4				1				
004	和万林	4	1	3	2	1	1	10				0.5		10	5	10		2	3				1			1	
005	和国军	6	3	3	4	2	2	20				0.7		11	2	7	1		7				1			1	
006	和国红	4	2	2	3	2	1	15				0.5		10	4	8	1		6				1				
007	和国模	6	4	2	5	3	2	20				0.7		10	4	20			4				1			1	
008	和万群	5	2	3	2	1	1	12.5				0.7		12	6	9			5				1				
009	和万勤	6	2	4	3	1	2	15				0.5		5	3	10			3				1				
010	和国春	3	2	1	2	1	1	15				0.7		12	2	10			3				1			2	
011	和国武	4	1	3	4	1	3	10				0.5		10	2	10		2	4				1			1	
012	和国兴	3	2	1	3	2	1	10				0.5		6	3	9	1		3				1	1		1	
013	和国昌	5	2	3	2	2		15				0.7		10	3	10	1		4				1				
014	和圣伟	5	2	3	4	2	2	15				0.5		10	2	9	1		3							2	
015	和家良	5	2	3	3	1	2	7.5				0.3		10	1	5			3				1		1	2	
016	和寿元	4	2	2	2	1	1	10				0.4		5	1.5	5			2				1				
017	和国军	4	2	2	2	1	1	10				0.5		3	1	4			3							1	
018	和尚军	3	2	1	3	2	1	20				0.5		15	2	10			4				2				
019	和福光	4	2	2	4	2	2	15				0.8		7	2	7	1		5				1				
020	和建忠	5	2	3	4	1	3	15				1		10	2	10			3				1				

续表

序号	户主姓名	人口合计	男	女	劳动力合计	男	女	种植面积(秋)洋芋	燕麦	荞豆	青稞	种植面积(夏)小麦	豆类	秋油菜	饲料蔓菁	绿肥	牛	猪出栏	存栏	羊合计	山羊	绵羊	拖拉机	农用汽车	出租汽车	外出劳务	小卖部
021	和汝倍	2	1	1	2	1	1	10		1		5		1					2				1			1	
022	和建良	6	3	3	4	2	2	20		3		12		3			1		6				2				
023	和建国	4	3	1	4	3	1	17.5		2		12		3			1		5				1				
024	和建成	4	1	3	3	1	2	15		1		10		2			1		3								
025	和汝浩	5	3	2	2	1	1	10		1		11		2					4				1			1	
026	和建军	4	1	3	2	1	1	20		1		10		1					2				1			1	
027	和七香	4	1	3	3	1	2	15		2		10		1			1		2						1	1	1
028	和永秀	4	1	3	3	1	2	20		2		15		3			1		5				1			1	
029	和学伟	3	2	1	3	2	1	20		2		15		3			1		4				1				
030	和福祥	4	2	2	3	1	2	20		2		12		2			1		3				1			1	
031	和金辉	6	2	4	5	2	3	21		25		15		3	5		1		6	30			1				
032	和子一	4	2	2	3	2	1	15		1		10		1			1		1				1				
033	和金红	3	1	2	2	1	1	15		1		10		1			1		2				1				
034	和子红	4	3	1	2	1	1	15		1		5							2				1				
035	和圣昌	5	3	2	5	3	2	21		2.5		15		3			1	1	4				1				
036	和圣明	2	1	1	2	1	1	12				5		1			1						1				
037	和金胜	4	1	3	4	1	3	18		1		10		1			1		3				1			1	
038	和寿兴	3	2	1	3	2	1	15				5		1					1				1				
039	和作武	4	1	3	3	1	2	15		2		15		2	10		1		3	3			1				
040	和作才	5	2	3	4	2	2	20		1.5		10		2					3				1			2	

续表

序号	户主姓名	人口 合计	人口 男	人口 女	劳动力 合计	劳动力 男	劳动力 女	种植面积(秋) 洋芋	种植面积(秋) 燕麦	种植面积(秋) 芸豆	种植面积(秋) 青稞	种植面积(复) 小麦	种植面积(复) 豆类	秋油菜	饲料 蔓菁	饲料 绿肥	牛	猪 出栏	猪 存栏	羊 合计	羊 山羊	羊 绵羊	拖拉机	农用汽车	出租汽车	外出劳务	小卖部
041	和作典	6	4	2	4	2	2	25			2			20		15	1		4				1				1
042	和圣华	5	2	3	3	1	2	22			2			20		10			3				1				1
043	和朝东	4	1	3	3	1	2	15			1			15		10	1		3				1				1
044	和朝泽	4	2	2	2	1	1	15			1			10		2			2				1				1
045	和朝争	2	1	1	2	1	1																				
046	和顺达	3	1	2	3	2	1	20			1			10		15	1		3				1				3
047	和永光	2	1	1	2	1	1	15			1			5		10	1										
048	和永华	2	1	1	2	1	1	18			1			10		5	1		2				1				
049	和顺明	3	1	2	3	1	2	20			2			15		10			3				1				1
050	和顺军	3	1	2	2	1	1	15						10		5			3				1				
051	和旭军	3	1	2	2	1	1	15			1			10		5	1		2				1				
052	和国亮	3	1	2	3	1	2	8			1			18		15	1		3				1				
053	和建华	4	2	2	3	1	2	20			2			15		10	1		3				1				
054	和金星	5	2	3	3	1	2	15			0.5			9	3	10	1		5				1				3
055	和学群	3	1	2	2	1	1												4				1				
056	和万元	4	2	2	2	1	1	10			0.5			10	2	7			4				1				

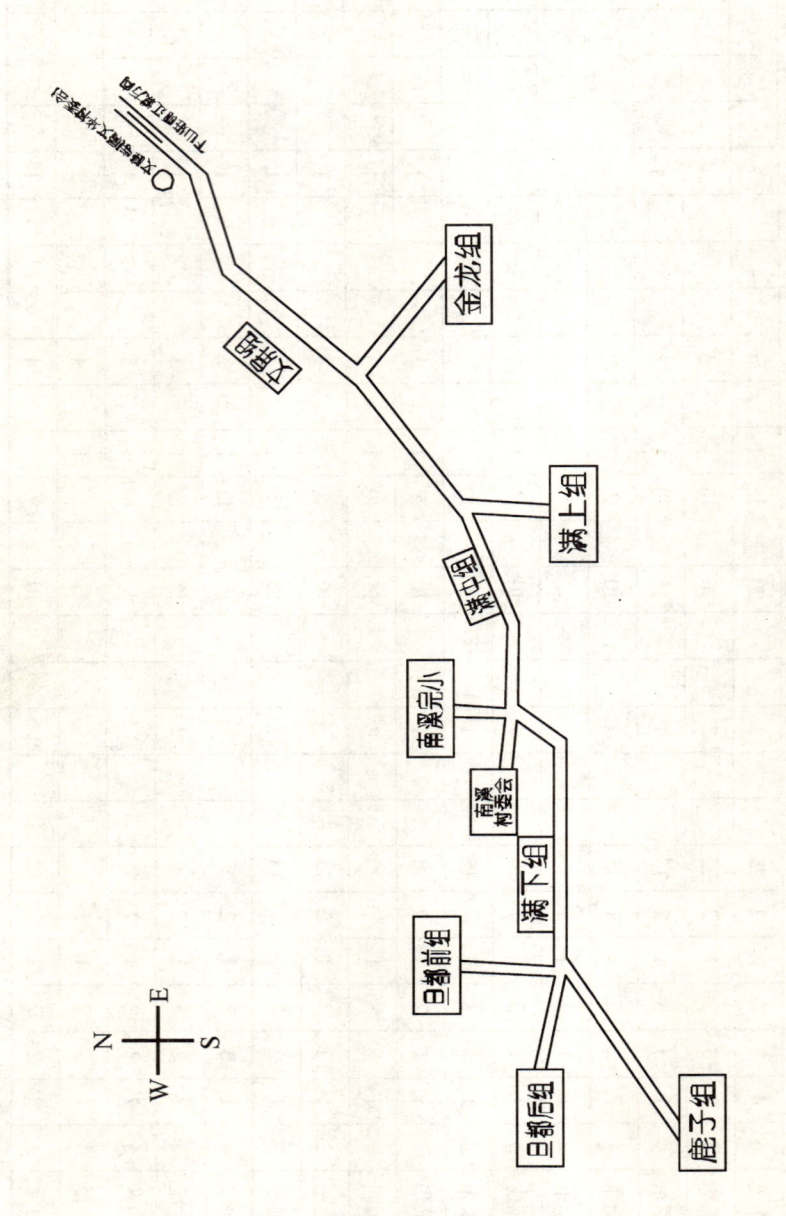

图3 南溪村满下村民小组农户家庭分布示意图

三 传统文化及现状

南溪村虽然偏处山区一隅，但得益于相对封闭的地理环境条件，保存了相对完整的纳西族文化传统，尤其表现在一些物质文化、制度文化及精神信仰中。

南溪村民所操的纳西语属于西部方言。村中的外来民族语言主要是汉语和白族语。汉语主要是从学校教育、媒体宣传、官方使用及政策文件等渠道流入，中、青年者大都具备基本的汉语交流能力。在长期与鹤庆县白族人打交道的过程中，村里 1/3 的中年人能听得懂基本的白语。此外还有从白族村嫁过来的妇女，她们在村里说纳西话，到父母家又说白族话。至于民族文字，由于村中东巴已经全部去世，没人能看得懂东巴象形文字。20 世纪 80 年代初，县里推广过纳西拼音文字方案，村里专门派人去学过，但一直没能推广开来。主要原因是村里的义务教育是以学汉文化、说汉语为主。村里人际交往仍以纳西语为主，村民保持了对本族语言的热爱之情，迄今并没有纳西语使用退化的迹象。

南溪村民族民间文化积淀丰厚，有着活形态的民间艺术，主要以如下几种形式为代表：（1）"热美蹉"，意为"跳飞魔"，俗称"窝热热"。过去，"热美蹉"只在办丧事时唱跳，现在已演变为年节喜庆时群众自发唱跳的娱乐性歌舞，唱词多为见景生情的即兴编唱。但南溪村上了年纪的老人对此颇有微词，认为这违背了祖训，不吉利。（2）"喂慕达"，多在劳动时演唱。拔秧、栽秧时由两位歌手在田边领唱，众人边劳动边唱和，特别是一问一答的盘歌，更是问的出奇，答的巧妙，使众人的劳动热情更高。满下村的和建良（现已 63 岁）是南溪村唱"喂慕达"的能手，曾一次唱过两天三夜。"喂慕达"也在办丧事时演唱，以表达亲友对死者的哀思及悼念者的伤感。（3）"阿哩丽"，意为欢乐的歌。这是 1949 年前后纳西人民在中国共产党领导下闹翻身、求解放的历史巨变时期应运而生的新歌舞。它既保留了纳西族传统民歌的风格，又一改旧民歌中那凄苦悲凉的情调，迸发出人民当家做主后的喜悦心情。其曲调欢快热烈，旋律流畅动听，是一首家喻户晓、老少皆会的歌舞曲。

南溪现在仍然保留着较完整的纳西族传统文化，表现在服饰、起居、娱乐、丧葬、婚恋、节庆、祭祀、歌舞、建筑、手工制作等方面。这些方面构成了一个体系庞大、内容丰富、影响深广的民族文化图景，生活在其中的人深受熏陶、塑造。进入近代社会以后，山外的文化大量渗透到其中来，民族文化受到了空前的冲击。但一方面，由于南溪村特定的地理环境及历史背景，民族文化依然得以保存；另一方面，随着丽江旅游业的发展，外来文化冲击与民族文化复兴并举的大背景，也对南溪村民族文化的变迁起到双重影响。从目前情况来看，民族传统文化的传承并没有明确的方式、统一的规划、固定的场所，基本上处于口授心传、耳濡目染、自然习得的状态。这与以前的方式并无二致，现在村里有名的民间艺人大多也是通过这种习得方式而成名的。他们有个共同的特点，就是天资较为聪颖，少时博闻强记，交往甚广，转益多师。如满中村民间艺人和万里从五六岁就已经听得懂老人唱的"谷气"、"十悲"、"慕达"。10多岁时旁听村里能手唱歌，听得如醉如痴，经常通宵达旦。到20多岁时，对村里几个高人能手的起调、唱腔、歌本基本上已了然于心，可以随心拈来，信口开唱。从满中、满下两村来看，现在主要有名的民间艺人有：和建良，63岁；和桂贤（女），68岁；和万里，46岁；和尚花（女），53岁。这些老艺人大多在30岁出头就在方圆十里享有名气。

南溪村民曾有着信仰东巴教的历史。南溪东巴教源于明朝木土司时代。木氏土司在南溪开辟养马场，特地从束河古镇迁来两户纳西族居民充当养马人。而这两户南溪最早的纳西移民阿四吉家和阿五德家就有着较深厚的东巴家世渊源，在丽江享有盛誉。东巴教从此在南溪这个特定的文化生态环境中扎根，并随着南溪居民的繁衍增多而不断发展兴盛。明清以来汉文化在丽江广为传播，东巴文化在丽江城及周边地区逐渐失势，而"满子师"因其封闭的地理环境而较少受到冲击，所以东巴祭祀活动一直到"文化大革命"时期仍很盛行，直接影响了整个南山片区，包括现在的南溪、太安乡、七河的前山、后山，甚至远达拉市、九河、龙蟠等地。时有四海东巴云集满下村后的东巴舞场，祭祀东巴祖师丁巴什洛。满下村所属的鸡冠山上有一东巴灵洞，称为"东巴蒙空"（又名"什洛美口"），传说东巴教创始人丁巴什洛曾在此处修行，该洞与中甸三坝的"什洛美口"齐名，是东巴教的圣地之一，但今已败落，为荒草所遮蔽。

历史上，南溪满下、旦前两村东巴较多。这与满下为南溪最早的纳西族居民阿四吉家和阿五德家的定居地有直接关系。而旦前又与满下相邻。据满中村东巴后人和利元讲述，他记忆所及的满下村东巴有伍宝、伍羊父子、娘爸龙、恒爸那、娘爸龙的爷爷甲吐雄、东恒、海爸福等。其中海爸福于1952年去世，东恒于1958年去世，年龄最小的伍羊也于1961年去世。其他老东巴都比海爸福去世还早。19世纪50年代以后，由于国家形势的变化，东巴后生中再没有学习东巴文的人了。很多东巴经书在50年代中后期陆续散轶，到60年代中后期已丢失殆尽，东巴的一切活动也随之停止、失传。

作为完整形态的东巴教及其仪式已经不再，但自古积淀于南溪村民心中的东巴文化及其精神，却化作各种生活习俗，绵延于当代南溪村民生活的各个方面。所幸在南溪尚有东巴后人在世，对于南溪东巴文化的传承将起到支柱作用。满上村的和国强，现年68岁，懂一些东巴文字，会诵一些东巴经，还会跳一些东巴舞，他很支持南溪东巴文化恢复与再传承工作。和利元，现年53岁，由汝南化上门到满中村，出生于三代东巴世家，曾祖父、祖父和父亲都是大东巴，其祖父还是东巴老师。他年幼时见过父亲从事各种东巴活动，现在还知道各种东巴仪式的操作程序，能诵一些东巴经文，能主持一些如送鬼神、丧葬等仪式，但不懂东巴文。他认为三代东巴的家世传统被断送于他这一代是非常遗憾的，特别在东巴文化被列为世界记忆遗产后，更感到心中内疚。他表示，若有条件，愿意去学习东巴文，继承东巴文化，家人对此也十分支持。

居住在南溪村的纳西族人现在的日常穿戴呈现为"改良"纳西装。旧时女人常穿纳西装，全套包括七星羊披（绵羊皮制成，多为自己绣，个别为买来）、开肩（背心）、长裳（前面到腰部，后面到腿部，前短后长；长裳有两种，一种是布缝的，一种是用羊毛自家纺线编织的，纳西语叫做"劳悟"）、卡达（围腰，青年围青、蓝、白三色的较多，成年多围蓝、黑两种）和长裤。内衣多用花布缝成，裤子一般用较好的布料缝制，颜色多为青、黑两种。头上年轻人多以帽子为头饰，有时加一块着色的头巾；成年或老年妇女饰以围头，纳西语称"姑姿"，多为黑白两色。现在，妇女及青年还穿纳西装，只是少了"劳悟"和花布做的内衣，内衣内裤则多为腈纶质地，也穿绒衣、绒裤之类的。有时青年和少妇穿着同汉族一样，特别是春夏季节。男子则穿白衫衣、普通裤、中山服、"马衣昭"（用麂子皮缝制，很精致，镶有很多袍饰，一般是较富裕人家穿得较多）、羊皮（绵羊皮、山羊皮、麂子皮等制成），脚穿"兴饶"（自制的皮鞋，底下钉满圆铁钉），头戴羊毛毡帽。现在大多数时间都穿汉装，劳动时倒常披着羊皮或羊毛毡披肩。

南溪村寨的纳西族人习惯每天四餐。早上起来就烧水烤茶吃早点。做了一段活计后到中午12时左右吃一餐称之为早饭。饭后又做一段活计后到下午三四点钟吃一餐称之为午饭。又做一段活计后回家，到晚上九十点吃一餐称之为晚饭。最近20年来，为方便生产，吃三餐的家庭多了起来。自新中国成立到中共十一届三中全会前，南溪村民的主食种类为：青稞、燕麦、玉米（用洋芋到外地换来）、豌豆、大米（少量，且多在适年过节及家有亲朋光临时食用）。实行"包交提留到户"后，主要食品为大米、麦面（用洋芋换得），传统的主食青稞、燕麦、玉米、豌豆等都作喂牲口、家禽的饲料。偶尔还做些燕麦炒面，当做茶点，以备不时之需。副食的种类为：洋芋、蔓菁、萝卜、蔓菁干（花、丝、片）、萝卜干（丝）、蔓菁花、蔓菁花干。南溪村寨的纳西族先民早就注意食物的烹饪方法，讲究食物的可口性，历来就有使用八角、草果、花椒、辣椒、生姜等调味料的习惯。另外，村中传统的喜筵"八大碗"，现在已被"十盘一碗"所代替。

南溪村民的房屋旧时以木楞房为主。现在木楞屋为数不多了，多是木结构楼房或平房、砖木结构楼房或平房，都是瓦屋面，一般以"三坊一照壁"为多见，也有部分四合院。现今如若宅基地较宽的农户，还时兴分两院建房，一院人住，一院饲养牲畜。房屋建造的基本材料为木材，建房过程至今仍袭古俗，有"请木神"、"供木神"、"送木神"、"上梁"等一系列严格遵循的仪式规程。房屋一般 25 年左右就翻修一次，换换椽子及个别的梁头，畜厩要更换地脚。房屋一般以楼下为寝室，楼上为贮藏的地方，粮食和饲料多收藏于楼上，厨房里必定要修一个火塘。楼下正中间是儿子寝室，右侧间是儿媳寝室，老人一般睡在火塘边，孙子孙女断奶后一般都跟爷爷奶奶睡。随着社会的变迁，南溪村传统的木楞房越来越少，楼院中的厨房也采用了透明度高的玻璃窗，房屋多向土木结构、石木结构、砖木结构变迁；房屋格整时，多数都把中间和右侧连成一大通间，不再隔成三间。

南溪村人世代遵循一套完整的人生礼俗。

（一）诞生礼俗

如若夫妻婚后久不孕育，就会千方百计求医，如果长时间求医，仍不见效的话，就请巫师来算，并请巫师来送鬼神。更有甚者，如男方不能生育的话，女方去借种的现象也是有的，村里有句古话说："只要蛋下在自家的鸡窝里，就是自家的蛋。"

孕妇生产时，除接生员和本家庭的人员外，杜绝外人进出家中。特别禁忌"从碰行"的人（按照迷信的说法，"从碰行"类似"养药人"，产妇见到"从碰行"的人就会中风，婴儿就会被"从碰"咬死）。等到婴儿降生后，主人家就砍来两丛青刺果刺，一丛架在大门上，一丛插于产妇卧室门上，以防"从碰"之类的鬼神伤害。

婴儿降生后,要择日准备"开于"(收贺生礼),"开于"的日子要选在与婴孩的生辰属相有缘的属日来进行。婴儿的命名也在"开于"那天进行。纳西族贺生礼一般都在"开于"那天送来,礼品是产妇食用的营养品(鸡、鸡蛋、米、红糖)以及婴儿的衣裤。婴儿的外公还要多送一只大公鸡来给婴儿"名颂"(命名)。族中老者把婴儿外公送来的大公鸡宰杀,整只煮熟后放在簸箕里摆成睡姿,婴儿外公和族中老者就围在这只熟公鸡旁边开始命名仪式。婴儿外公和在场老者每人取好一个名字后叫婴儿父亲拿出个小盆子来进行"白满斗"(一种灵验方式),老者掏出"白满"(一种赌博性质的工具,方形)放于手心,摇晃一阵后向空中轻抛,掉在盆中看"斗"中哪个名字,就取哪个名字。名字取好后由族中最老者大喊其名,妇女或主妇听到喊声忙应答,并用纸墨写上"外公命名孙子或孙女是××,尔活尔康,福如东海,寿比南山",最后落上公历及农历日期,贴于产妇卧室门窗上。

(二) 结婚礼俗

男女双方确定恋爱关系并得到双方父母允许后,就开始着手进入婚礼的操办程序了。旧时南溪村寨的纳西族订婚所需的礼品是:一挂肉(五六斤左右)、两升米、一壶酒(约五六斤)、一条烟、两块红糖、女方的一套衣服(较简单的)、两砣饼茶。现在的订婚礼要比过去多些:一挂肉、一条猪脚、袋装散茶两包或四包、十斤米、一桶酒、四瓶瓶装好酒、两条好烟、四块红糖、女方的一块手表及一套新装。订婚以后,每逢较大的节日,男方都必须带着礼品到女方家去。如要在年内结婚,则必须在农历七月二日、十月初二两日由男方及其父母中的一人身背重礼到女方家求亲。女方家同意结婚的话,就会把七月二日所带去的东西全都收拾好,如若不同意年内结婚,就不会动男方所背来的这一篮礼品。十月二日同样要背重礼品到女方家,两亲家商量结婚吉日,并商订要请的客人,约定时间一同去亲戚家请客。

结婚那天,男方所要送的彩礼更多:十斤米、腊肉一挂、鲜肉一腿、散装酒一桶、几瓶好酒、两条烟、四袋茶、女方父母衣服各一件、新娘全身上下里里外外的一套纳西装及内衣内裤、皮鞋一双、袜子一双、帽子一顶、纳西羊皮披肩一张。新娘子成亲那天到男方家时就穿这套婚衣。

结婚那天在女方家吃饭前,必须邀请女方的至亲长者如舅舅、姨爹、姨妈、姑父、姑妈、舅妈、伯伯、大妈、叔叔、婶婶到场,男方家至亲长者要到女方家做客的也必须请来,大家围坐在厨房里行"日松"(即尝酒)仪式。"日松"是这样进行的:大家围坐在火塘边,由新郎提着农历七月二日送到女方家的那壶酒，新娘手捧酒杯，由新郎盛酒，新娘敬酒，每个应邀者都要接一杯（包括不喝酒的人）。每人端了一杯酒后，新郎把一盘装有三杯酒、两包好烟、人民币若干元（从10元到20元不等）的盘子拿到火塘边放好。女方家的父母就请伯父、叔父、舅舅来"日松"。一般由伯父主持，但必须要由夫妻双双健在的人来操持，还只能由本族人来操持"日松"仪式。操持仪式的人点上香，端起一杯酒先敬香坛，口中大声吟诵道："今日是吉日，吉日结良缘，×族的后生来娶×族的淑女，愿香坛永继香火，愿火塘永不缺人，愿贤婿淑女白头偕老，儿孙满堂，多子多福（现时还兴说'幸福无边'）！"边说"大吉大利，大发大旺"边把酒洒向火塘正中，众人也举起酒杯说："好酒，好酒，长命百岁，早生子来，早享福！"把酒一饮而尽。

"日松"仪式结束就开始待客吃饭了。新娘必须在太阳西下前就到男方家，所以要估计好出嫁的时间。出去时新郎新娘要给所有人敬烟，即使是不抽烟的人也得接这支烟，并说句吉利话。出女方家也是有顺序的，背嫁妆的先出，迎亲送亲的人群再出去。进男方家门时，原来的顺序改变了，新郎新娘先进，接着"花朴爸花朴每"（类似介绍人，由男方族中较能干的中年夫妇担任，他俩的主要任务是招待女方的亲客）进，再接下来是背嫁妆的，接着是送亲的进。新郎新娘直往厨房去，背东西的直接到洞房，迎亲的忙着摆东西，帮忙杂务，送亲的在洞房休息。到男方家后举行同样的"日松"仪式，仪式结束后才开始待客。

招待完客人，就在院子中间燃起火堆，跳"喂慕达"，边唱边跳，唱的内容以"蜂花相会"为主，有些还会由女方家的民间歌手出场，说唱指教新娘好好相夫教子、侍奉公婆一类的内容。新郎新娘就要煮糖茶敬跳"喂慕达"的人、观看的人，还要敬酒。跳的人一直会跳到天亮。新婚第三天新娘"回门"，新娘要从新郎家带去瓜子、糖果之类食品，到家后要赠给在女方家的所有人。当晚不兴住女方家。吃过饭后请女方的至亲、长者到男方家来，男方家备下丰盛的饭菜相待。

（三）寿礼

传统上，居住在丽江南溪的纳西族先民认为活到50多岁就属于长寿了。因此，年近五旬的人们都很重视寿棺板材的备办，男人一般到49岁就开始准备寿棺板，女人过了47岁就开始备办寿棺板了。这可能与流行在南溪村寨的"男怕三、六、九，女怕一、四、七"这句俗语有关。居住在南溪村寨的先民认为男的年龄逢三、六、九会遇到灾难，甚至会灵归黄泉，女的多遇难于逢一、四、七的年龄。这种准备寿棺板的习俗沿袭至今,现代人到了同样的年龄也就开始准备寿棺板了。

棺材的制作,自古至今都讲究在农历有闰月的年份进行,并且以在闰月里制作为上佳。棺材做好后不能空置,里面定要装些硬币(过去装现金)、木渣。到人死入棺时,硬币要装进死者的衣兜,让其做黄泉路途花销,木渣则取出。现代医学发达,生活水平提高,活七八十岁的人普遍增多,所以所备的棺板或棺材一搁就是二三十年也是常有的事。

(四) 葬礼

居住在南溪村寨的纳西族人死后有两种葬法:一是火葬,一是土葬。

火葬有专门的火葬场。寿终正寝者(得"口含"者为正常死亡)在火葬场正中最北端烧;以此类推往南方移,非正常死亡者(包括有病者、虽有人守候但不得"口含"者、上吊者、服毒者、暴病者),不能在正中焚烧,而是在偏东方向的边上来烧;夭折者在偏东往南方向的最边上烧。

土葬者夫妻合墓,墓地位置要高出村子,向山要好,靠山要硬(选坟址时请风水先生看香选择)。埋葬时一代一排,一代一代往前埋。不得"绍沙"(口含)者不得埋于地下,夭折者只能埋在去坟地的路旁。葬具一般为厚二寸、长六尺、宽底盖为一尺六寸、两侧为一尺四寸的棺木做成,棺材要染上漆。夭折者只用布包好就埋葬。

村中以吹牛角号为报丧的方式,听到牛角号声,村民们都会涌来帮忙。人死后,洗梳、穿戴完毕后入棺,盖棺后将灵柩抬起安放于堂屋正中。至于停尸时间,就要看家中人的出生属相,出葬要忌讳家人的属日,如果土葬还要忌讳"土皇"节令。出殡前一天吃"守早饭",摆放祭碗后,本族守灵人一刻也不得离开灵柩,直到出殡时。到下午举行追悼,行"三献礼"(献酒、献茶、献饭),接着戴孝(旧时男子才穿孝衣、戴孝帽,孝女孝媳所围孝围腰是用麻织成的),现在也兴围孝围腰。吃过晚饭,来吊丧者围着在院中燃起的火堆跳"喂慕达",表示对死者的哀悼、怀念。第二天出殡前,所有来参加吊丧的人跳"窝热热"以示与死者告别。接着举行送葬仪式。抬灵柩时四人主抬众人相扶,随时轮换。孝子孝女在灵柩下跪成一行为死者搭桥,灵柩从跪成一行的孝子孝女头上抬过,抬棺人和送葬者齐声大呼:"过桥,过桥!"这样的人桥要搭四次。抬到坟地后,所有戴孝的人要向村中抬棺及送葬者磕头致谢。出殡这天村民每户交两元钱、三两肉、五两米到死者家,叫"竹阿"。

现在南溪村的丧居制度要求已经大大简化，还在严格执行的是：鳏夫或寡妇出殡后，家人先要到城里去一趟，纳西语叫"芝口"，等到从城里回来后才能到左邻右舍家串门；孝男的头发必须在死者出殡28天后才能去理。

（五）年节礼俗

春节。多以休闲为主要活动内容，白天有民族歌舞打跳（纳西族集体舞）、篮球比赛，近些年偶尔有足球比赛。年轻人在初二那天还进行"板吾"（各人带着糖果、糕点、酒等食物到固定的地点进行休闲娱乐）。另外就是到各处走亲访友，出嫁的女人带着肉、米、酒等礼物回娘家拜年。

元宵节。农历正月十五，又称"棒棒节"。以交易春耕用的农具及树、花为主要活动内容；再则青年谈情说爱，有情人必相会，白天多在鹤庆天子庙会相约逛市，夜晚则在"放牛坪"村热闹过夜。

端午节。农历五月初五。养蜂的人家掏蜂蜜，邀请亲朋故友来尝蜜，被请的亲友备上一两瓶酒前往。男人喝酒，女人就喝冷水拌蜂蜜。即使家里没有养蜂，即使没有人来请，端午节前也要买上两三斤蜂蜜，以备过节食用。有部分老者还一定要买瓶雄黄酒来贺节。

火把节。农历六月二十五日至二十七日。主要有斗牛、斗羊、燃火把等活动。二十五日12时前，家家户户都把牛喂得饱饱的，再给上一桶盐水（平时是不给盐水的）。然后男人们把牛赶到草坪上斗牛。一边观看，一边喝彩，几乎每头牛都要斗一下，到二十六那天才收场。二十七那天放羊倌集中在一农户家打牙祭，名曰"鱼生蛾"。二十五的晚上吃过饭，家家门前点燃了大小不等的火把，把全村照得通明，10点以后，在村寨中心公共活动场所燃起篝火跳"阿哩丽"。20世纪60年代初以前，火把节是居住在丽江南片山头所有村寨年轻人的交游性节日，居住在南溪、太安、吉子、天红、汝南、前山、后山，乃至七河小南溪村的青年男女云集在吉子与南溪之间的山头上，唱情歌、叙情爱、结深情、订终身，一直到太阳落山才返回村寨。

中秋节。农历八月十五，家家户户做月饼，自家做的月饼大都数量较多，可供食用半个月左右。一般在附近区域内工作和打工的人们都会告假而回家过节。

三朵节。农历二月八日是纳西族传统节日——三朵节，并于1986年8月29日以地方政府法规的形式定为纳西族民族节。"三朵"是纳西族传说中的保护神，据说每当纳西人临危遇难之际，"三朵"常常显灵解危难，保护着纳西人的安宁。唐时，玉龙山脚下的白沙村就建起了"三朵"祭祠，纳西人世代信奉之。南溪村距白沙"三朵阁"有四五十公里，过去，因为交通不方便，村民们往往在二月七日就动身前往白沙以便在二月八日好给"三朵"烧香磕头，求"三朵"保佑来年平安。现在，家家户户的男人逢36岁或49岁的，都会带着全家老小去白沙"三朵阁"，在"三朵"像前磕头、烧香、杀鸡祭祀，以求平安。

清明节。节期在每年的公历4月4日或5日。清明这天，家家门上插柳条，墓上也插柳条和盛开的映山红，各家备上美味佳肴来到墓地，先祭祀山神、祖先，祭祀完后就地用餐、娱乐。关于"清明节"的由来，纳西族自古有一个感人的释源传说：玉龙山下有一寡妇，独自抚养着两个孩子，老大是丈夫前妻所生。作为后娘，她却特别关爱大儿子，出门时总是背着大的牵着小的。有一次，一位白头老人问她因何怜大欺小。她说明了原因，认为大儿子失去了亲生父母，应该更疼爱些才对。老人深受感动，便泄露天机给她，说是"清明"那天要降瘟疫，只要头戴柳条帽，门上插柳枝就会消灾灭难。还告诉她此事千万不要再告诉别人，不然会受到惩罚。可她还是把这秘密告诉了所有的乡亲。于是，清明那天，家家门上插柳枝，个个头戴柳条帽，都躲过了这场瘟疫。老人问她为什么泄露天机，她告诉老人，她不忍心看到乡亲们都遇难而死，而宁愿自己受罚。乡亲们为了纪念这位善心的寡妇，到了清明就门插柳枝，墓上也插柳枝，并渐成习俗。

七月拜。农历七月十四日，是祭祀各家祖先的日子。七月十三日下午，家中老者扫好地，用纸制作一张祖先牌，上书"本家和氏门中历代祖先××之位"，奉祀挂在供桌的墙上，再摆好供桌上的供品。十四那天，出嫁的女人（不管年纪有多大，哪怕是八九十岁，只要走得动）就拿着酒和香回来"玻敬"，要亲手向祖先献酒、上香。等饭做好了，都献到供桌上，大家一齐磕头。旧时的七月拜也是青年人的交游性节日，三里七乡的年轻人都集中在旦都村与吉子村中间的那个山头上，唱情歌，叙久别之情。成群成伙，成双结对，绵绵情歌声在山中回荡，此起彼落，娓娓动听。"文化大革命"开始后，此俗消失，不再复兴。

南溪村一年中还有三个祭祖日，分别为农历二月初九、六月初二、十一月初二。这三个祀奉日虽有公共性（全村寨都同时进行），但都是个体行动（各户自己进行）。三次的活动过程都一样，所不同的是，供桌上的供品有所差别。二月初九的供品是：蒜苗、糯米条、煎粉皮（现在多以虾皮代之）。六月初二这次的供品是：大蒜、黄瓜、馒头、青核桃、犁、海棠果。十一月初二这次的供品是：柿子、干核桃、蚕豆、瓜子、水果糖、煎鸡蛋、煎粑粑。香、酒和茶是每次活动的必供物。每次活动都由家中年长者主持。

现代节日在南溪村已是家喻户晓、人人皆知，如果政府组织庆祝活动的话，村民们都积极参与。如果政府没有组织庆典活动，村民就组织篮球比赛、歌咏比赛等活动。

村民在节假日的闲暇时间主要以娱乐为主。国家法定节日，如国庆节、劳动节、青年节、妇女节、建军节是青年人到城里逛街的最佳时机。近年来，村里也组织一些群众性的歌舞娱乐活动。闲暇生活的内容变化有三个阶段：第一阶段是在新中国成立后，大量的新鲜事物传到村子里，如唱革命歌曲、电影歌曲，跳革命舞，但这些事物一时热闹过后也就消逝了；但篮球、足球、拔河等竞技娱乐项目一直在开展。第二阶段是在改革开放以后，村民生活水平提高，精神文明方面的要求也提高了，同时外界信息大量涌入，尤其是有了录音机、电视机以后，对传统文化冲击很大。日常闲暇时，青年人迷上了迪斯科、太空步、交谊舞、台球；中年人以打扑克、麻将为主；妇女、老人、小孩则以看电视为主。这一阶段由于一些年轻人对自己的民族传统文化认识不深，在外界信息的冲击下，传统文化全面处于守势。甚至有些青年人把传统文化视为落后、愚昧的象征，以私奔为壮举，以赶时髦、攀比消费为能事。第三阶段是在20世纪90年代后期，伴随丽江旅游业的发展，带动了民族文化事业的复兴，增强了民族自信心、自豪感，传统文化出现了复归趋势。村里又组织了传统歌舞比赛，经常到城里参加演出并获奖，青年人学起了传统打跳、"阿哩丽"、"喂慕达"，"十悲"调。私奔的现象也逐渐减少，学手艺的人多了起来。

四 婚姻家庭

（一）婚姻

传统上，南溪村民的通婚范围都限定在族内，缔结婚姻关系有四种方式：其一，父母包办婚姻。姑表婚优先；还有"阿嬢珍美刚"一类，就是嬢嬢招侄姑娘为儿媳，由姐妹来决定儿女的婚姻大事。其二，指腹为婚，纳西语称"用用"，意为父母所给。其三，自由恋爱成婚。这是以青年男女在长期的接触与情歌对唱中盟发出来的爱情为基础的婚姻方式。其四，请人介绍成婚。这种成婚方式，仅限于在腼腆、胆小、口舌短拙不善表白情感的青年男女间进行。不管以何种方式结合，其婚姻形式都是一夫一妻制。

20世纪50年代以前，村里多次发生殉情现象，大多是青年男女双双殉情，也有结过婚的成年人。村民对未婚青年男女的殉情表面上予以谴责，心里实抱以同情，但对已婚中年人的殉情是不屑的，其被火葬时都不能靠近祖先的灵位。80年代以来，受山下坝区的影响，村里风行"私奔"。这种"私奔"并非双双出逃，而是在女方家不知情的情况下，男方把女方私带到家里。男方家是知情的，并事先做好了"内应"的准备。因为这对男方家庭有利：既少了说媒、订婚、送礼等系列麻烦，也节省了大笔开支，另外在日后与亲家的交往中可占得"外交"上的先机——毕竟这是你家女儿自己跑上门来的呀！近年来这种私奔现象逐渐减少，传统与现代的婚姻观念开始融合：先是自由恋爱，然后征得双方父母同意，相处熟了，双方家庭举办订婚仪式，隔一年多就举行婚礼。求亲、定亲、婚礼皆按照传统风俗习惯进行。

20世纪70年代前，南溪村男女的结婚年龄是不太受限制的，也不乏十五六岁就结婚的情况。70年代后，基本都按婚姻法规定年龄结婚，个别违规现象也有，但要交很多罚款，这种惩罚也确实有效地起到了警醒作用，早婚早育属极个别现象。在婚姻关系的认定上，现在村民已经形成了先登记办证再举行结婚仪式的习惯。但在观念上，婚姻关系得到父母家人及亲朋好友的认可，似乎结婚仪式比登记结婚拿本证书更重要：在外地工作的青年人要结婚了，即使是在单位办过婚礼，也要回乡再办，以得到家人及亲人的认可。新中国成立前，南溪村没有离异再婚现象，丧偶再婚的多数是男子，女子守寡不嫁的居多，若再嫁则嫁给男方兄弟。新中国成立后，离异再婚和丧偶再婚均被看做正常现象而为村民所接受。

（二）家庭

受计划生育政策和市场经济观念的影响，南溪村家庭结构有由扩大式家庭向核心家庭发展的趋势。家庭中，夫妻关系比较稳定；父母对子女的感情尤为笃厚，即使女儿出嫁后父母也会照管，当地有"父母有钱对儿女有好处，儿女有钱对父母不一定有好处"的说法。兄弟姐妹之间的关系在父母健在和过世时会发生微妙变化：父母在，有家庭核心与依靠，有什么事情父母出面协调，兄弟姐妹之间关系较易相处；父母不在，核心渐渐偏移，遇事大家观点不一致时无法有效协调，慢慢地关系就不如从前了。受过文化教育的媳妇比没受过文化教育的媳妇与婆婆的关系相处得好，因为受过文化教育的媳妇，一般能更多接受母亲的正确教导，通情达理，与婆婆能和睦相处，孝敬老人。一般而言，村中做岳父母的都很疼爱女婿，视同已出。

家庭是孩子社会化的第一课堂。孩子从小就进入生产环境的熏陶，在父母及家人的影响下以"过家家"的形式学做饭、炒菜、烧水、开车、播种，然后随着年龄的增长，进入实地操作阶段，学会如何犁田，如何打灶，如何安排农事，如何进行商品交易等。孩子幼小时，父母和他们一起围坐在火塘边，讲述生产生活方面知识、家族的来历、村子的历史、如何处理邻里关系等。到孩子长大成家后，家庭的决策和话语中心渐渐地转向了儿女、媳婿一边，他们见识多、观念新，例如洋芋新品种、栽种新方法、如何科学施肥、如何排除电器故障等等知识又由他们传递给长辈，发生文化"反哺"。

　　从前在南溪村，男子在家庭事务中扮演主角，有"男主外，女主内"的说法。现在又有"丈夫在筐筐的上面，媳妇在筐筐的下面"之说，指的是现在有些丈夫不大管事而妻子管理家庭事务较多，所谓"上轻下沉"。自20世纪90年代末以来，南溪村人多子多福、劳动力越多越好、重男轻女、以不能传宗接代为羞的生育观念已经逐渐改变。现在不少人家即便是生了女孩，也不想再生男孩了，认为男孩女孩都是一样的。

　　关于家庭财产的分配转移，有分家和继承两种情况。分家的原因，大多是为避免家庭纠纷，多子之家，往往认为媳妇多了，难以维持家庭和睦，所以一般在第二个媳妇进门之后，趁没发生口角，就让大儿子家分出去单过了。分家时，一般尊重父母安排，再请家庭中各小家派一个代表参与分配，按人头分粮食、分家具、分房屋、分土地、分牲口、分钱、分债务。一般情况下，儿媳对公婆的分家安排都能接受，如若有认为不公的，也可让家族代表做主，以抽签方式再行分配。父母亡故后，家庭财产的继承遵循"幺儿继承，女儿不继承"的规则。一般情况下，幺儿得到父母的老房子并赡养父母。但最近20年也出现了父母不随儿子居住和接受赡养的现象。

五　社会组织结构

　　南溪村的家族体系尚有较完整保留，但各家族从无族长之设。在每个家族内部皆有不成文的惯制规约，如家族内有人家要办婚事或丧事，则祭祀仪式、迎送往来等事宜都由家族内德高望重的老人主持、协调。邻里亲戚有纠纷，也往往由族内老人出面协调解决。清明节或家族的祭祀仪式也由族内年长者主持，其间，由主持人讲述家族的历史、祖先的事迹，一方面对后代进行家族史的教育，另一方面在这个过程中进一步确立自己的威望。

　　南溪村地处高寒山区，种植的粮食作物种类单调，但因每家所拥有的田地面积大（差不多每家有二三十亩），再加上近年来实行科学种田，洋芋产量较高，卖洋芋的货币收入和用洋芋交换而得的粮食足够维持家庭所需开支。种洋芋的农忙时间基本上集中在种、收两季，这两季劳动力投入量大，以一家一户之力，无法承担，所以村里就形成了互助互帮的经济合作关系。这首先是家族内部的互助，其次才是家族以外的互助。家族里有病残老弱、劳力不足的困难户，由家族内部统一协调，轮流出劳力进行帮助。

家族中的这种互助关系在族人遇婚丧大事时表现得更为充分。家族内不管是谁家办事，族人知晓后，即使没有受到邀请，也必须先到主人家嘘寒问暖，并接受族内有关人士的统一分工安排。除了出劳力外，每家都要出一定数量的柴薪、米、肉、碗筷、桌椅等。另外，在"挂礼"时也有共同遵守的标准。

南溪村的另一经济收入来源是承包出租车，这已形成整个南溪村的一大特色，并被镇里和县里概括为"南溪模式"。南溪人找准了机会，埋头苦干，在丽江这块旅游市场中闯出了一条新路。这批下山开车人，在山下的临时租房里以家族关系为基础互帮互助，他们在山上村中的家庭也以家族为范围团结协作，遇到族内重大事情，开车人都不计经济损失地把车停开，回乡一致协同行动。

村中族产主要有林地、水源地、公路、水渠等。其中与族人关系较大的是林地。当初实行生产责任制时，林地分到各户，后来因管理难，邻近村寨村民经常过来盗伐，1989年大家商议后又合到一起，由自留山变成集体山，也就成为家族最大的一宗财产。村里人集资从其他村里请了专门的护林员，每月补贴150元，并在山脚下建了一座房屋专供护林看山用。所请的护林员都与村中族人没有亲属关系，这样就避免了走后门之嫌。自从设立护林员以来，南溪村的林木植被得到了有效的保护，同时水源地也得到了保护，至今从未有过水源断水的情况。采伐期由族人统一协商规定，一般五年砍伐一次，按人口来分配，并严禁砍伐幼树。

在日常生活中，强调要维护一个家族的整体名声，团结协作。如晚辈在长辈面前要知礼，路上相遇要主动问好，宴席上要让座、添饭、夹菜、送行；如族内有老人生病，族中人要带上鸡蛋、米、肉前去看望；哪家不来都会受到族人及村人指责；若老人病重，卧床不起，则家族成员要轮流看护，病逝后守灵也是同族人轮流陪守。家族中有盖新房的，全族人在劳力上予以无偿帮助。若有孤儿寡母，族内人在其家农忙、办事时予以帮助；如有孤儿，则由近亲负责抚养。可以说，家族是南溪村人社会交往的最重要组织和行为归属，如果被家族排除在外，其在村中的人际关系一定是相当恶化的，因而在某种程度上来说，这样的情况是对个人在村域内社会生存的最严厉打击。

南溪行政村的管理机构为一个党支部、一个村民委员会。村民小组设有小组长、副组长（会计）。从前，支部书记和村民委员会主任分别由两人担任，2001年丽江市黄山镇的南溪、长水被列为机构改革的试点，实行党委行政一肩挑，书记和村委会主任由一人兼任。村里人对改革开放以来的国家政策深为拥护，认为是国家的好政策带来了好日子。虽然对现今社会上的不正之风有看法，但从整体上来说，村民对国家、政府、执政党还是充满信心的。但同时，村民对村里政治活动的参与有逐渐淡化之势。在20世纪90年代前，村民很重视村委会干部的职能和作用，任职竞选比较激烈。90年代以后，随着村民外出务工趋势的强化，在经济导向下，人们投入到这类政治活动中的时间、精力渐渐少了。相应地，大家形成了这样一种认识：谁当了村长，谁就被束缚了手脚，如别人可以到城里打工挣钱，而村长、书记及村委会成员，就只能圈在村公所及村中杂事中，如果办事不符民意，还要遭受村民诟骂，吃力不讨好。

村中的集体公益劳动一般由村委会组织，村民大都积极参与。20世纪60年代修路通车，70年代通电，90年代把土路修成柏油路和水泥路，90年代中期通自来水。这几项南溪村的重大工程，都是由政府组织规划、提供原材料和器械，由村民投工投劳实施建设的。村民们积极性高涨，统一指挥，团结协作，在南溪的建设发展史上留下了光辉篇章。此外，1990年，为让孩子们有一个良好的受教育环境，村民集资建起了一座两层五间的砖瓦房校舍。满下村和满中村各有一块水泥篮球场，也是用政府投资、村民投劳的方式建成的。其余公益活动，如每年一次的修村路、修水渠，由村委会统一组织，各家出一名劳力，如家里有事实在无法抽身时，也要交费或出钱请别人代劳。

南溪村人对于家乡有着强烈的认同感。历史上，因地处高寒山区，交通不便，生活艰难，南溪人被坝子或城里人谑称为"南山希"（意为南山人，有对山里人的嘲意），但村里人一直以自己的村子为荣，因为他们的村寨在发展历程中有着自己的荣耀：木土司的牧马场，丽江马的出产地，出过东巴大师，拥有东巴圣地，近代出过大学生、工程师、部队里的团级干部。这些都是村民们所津津乐道的。尤其是近年来，村里人以外出开出租车、打工等形式进行的劳务输出，在增加家庭经济收入的同时也得到了政府官员的认同，形成了所谓"南溪模式"，而村中相对完整的传统文化氛围也吸引了大量学者进驻研究考察，这些都在无形中提升了村民对本村的认同感及荣誉感。即便在山下打工的人，也仅把那作为一种生计方式，村里但凡有事情发生，无一不牵动着他们的心。

强烈的归属意识在另一方面也会使村民们在村际交往中常会为维护本村利益而与外村发生矛盾摩擦。南溪村人，时常与相邻村因林地、水源、村路而发生争执、冲突，幸由村委会出面协调做工作而没有造成太严重的后果。在娱乐竞技中，也伴随着有些偏激的强烈集体荣誉感，在与其他村寨进行的篮球、足球、打跳比赛中，往往会因评判而发生纠纷。因此在参与这类活动时，村民组织起阵容强大的助威团，也有防止外村人欺负的目的。这样的情况近年来似乎愈演愈烈，以至村委会干部在节日时都不愿意组织村寨间的联谊活动。

南溪村社交组织包括各种类型：有团支部组织的青年篮球队、足球队、打跳队，妇女联合会组织的妇女歌舞队、互助组，虽然群体是挂了基层组织的名，但开展的活动基本上属于村民自发性的。此外，还有老年人的不定期休闲集会等。这些组织在南溪村民的社交生活中从不同侧面发生着积极的作用。

就整个南溪村而言，目前还未形成太大的贫富差距，村民的社会地位也没有太大的差别，但在客观上存在着社会分层和地位分化的问题。按经济收入来分：家里既有拿国家工资者，又有外出打工者，一般年收入在4万—5万元，这样的家庭算是富裕户了；在村里开小卖部、从事养殖业、运输业、土特产交易的这部分人家，年收入在2万—3万元，属于中等户；贫困户主要集中在劳力少、有重病患者或子女读书的家庭，或是少数思想保守、不善理财而导致落魄的人家，这些家庭年收入一般在1000—5000元之间。从社会地位来看，人民教师及其家庭在村中享有较好的礼遇和尊重，一方面因为其有稳定的收入来源，家境较好，另一方面其子女教育较成功，多被视为榜样。至于医生，包括民间草药医生和现代医疗系统中的医务人员，在村民的眼里对其各自的职能作用有着不同认识。民间草医在救治跌打损伤、风痛等疾病时自有一套用药诀窍，因其收费低廉、上门诊病随请随到而能与村民们建立良好的互惠关系。相比之下，村里医疗站的医务人员大多从事一些上级安排下来的公共医疗任务，如打预防针、体检等，村民生病吃草药见效不大、确实需要打针输液时才去就诊，病情再严重些就会送往山下医院救治。因而，在大多数村民看来，村里的医疗站大致相当于一个药店，对卫生员的态度也就显得客气而隔膜。此外，村里人都安于普通农民身份，即使是外出打工的村民也不例外。大多外出打工的年轻人是到城里读过书的初中毕业生，开过眼界，思维比较活跃，比较开放。在南溪村民眼中，如果一个青年人待在家里无所事事，则被认为是没有能力，以后连媳妇都难找。而外出打工者虽然暂时脱离了田地，但并不以城里人自居，他们的目的是挣钱养家，改善家里生活状况。在这个群体中，中年人的打算是挣上一笔足够的钱来建新房并供孩子念书，如果生意不好就回村里干活。而青年人则更倾向于在城里寻找更多的机会，即使以后出租车生意不行了，他们宁愿选择其他行业，愿意在城里居住。

六 科教卫生及基础设施现状

南溪村民普遍重视现代科技在生产中的作用。市、县、镇三级部门所设立的农业科研机构不定期派科研人员深入村寨进行宣传、指导，得到村民们的一致好评。现在南溪村的主要农作物洋芋，就是现代科技的产物——新一代脱毒马铃薯，它不仅食用安全，而且产量也比普通洋芋高得多。前几年镇科委推广绿肥（苜蓿），村里人深为受益，因为这既解决了家畜的饲料问题，也节省了劳力。按照各级农业科研部门的工作惯例，会在各个村中选一名农业科学技术员，不定期对其进行最新技术的培训，再由农科员把最新的生产技术传授给广大农民。然而，南溪村里并没有严格意义上的科技人员。现任农科员虽说到城里参加过几次培训，但因水平不过硬，村民信不过，没有真正负起指导村中农业科技的责任。他的工作职能只是镇里科委的联络员，仅限于向农户介绍、推荐、销售一些农药、化肥。

南溪村的教育明显地由家庭及社区教育和学校教育、传统文化知识教育和现代科技知识教育两方面构成。

南溪地处高海拔地区，人们长期从事农业生产，孩子们自幼便跟随父母下地干活，这使他们很小的时候便掌握了一定的农业生产技能，这是他们接受的最早的家庭教育。除了生产技能外，家长还通过言传身教教授孩子一定的生活常识，进行一些伦常教育。但父母在伦理、道德上的不正确认识，有时也会强加给孩子，让孩子也产生了认识偏差。另外，由于村民思想相对保守，因此，父母在孩子面前对于性、婚育的事情是避而不谈的，导致孩子对这方面的知识有所欠缺。

南溪的现代教育始于1936年南溪完小的建立。南溪完小，原名"国立山寨小学"，后改名为"南峰乡小学"、"国师山寨小学"，新中国成立后正式命名为"南溪完小"。南溪完小为公办完全小学，坐落在满中村内西北坡地上。1996年丽江发生"2·3"大地震后，接受香港同胞捐助27万元，丽江地委、县委补贴10万元，兴建了两层七间的钢混教学楼。校园占地面积9.2亩，校舍建筑面积1343.58平方米，学校现有六个教学班，一个代收学前班，拥有七间教室以及图书室、仪器室、半寄宿制食堂寝室等。现在完小共有教师9人，专业合格率达100%，下辖文屏、金龙、旦都、鹿子4所一师一校的村小。现南溪校区共有学生140人，每年毕业生升学率为100%，升入中学后，学生要到距离村寨20多公里远的县城内县办中学就读。现全村有中学在读学生30人，其中高中在读生7人。1987年后，全村基本实现了普及九年义务教育，1991年3月实现了全村基本扫除青壮年文盲，适龄儿童入学率为100%、巩固率100%，毕业升学率100%（小学升学合格率由10年前的10%上升到100%）。目前，南溪村寨中尚无大学毕业生；有在读大学生3人，其中男生2人，女生1人。

随着社会的发展、时代的进步，人们对教育越来越重视，对于本民族传统文化的自我意识也不断恢复。当前，南溪完小开始着手尝试融合社区教育与学校教育，推进民族民间传统文化知识的传习。由于地处山区，经济和社会发展相对落后，南溪村也因此而保留了相对多的民族传统文化，例如纳西族传统的生产生活方式、东巴文化意识、民族民间歌舞等。学校利用这一资源优势，在民间广泛收集各种民族歌舞素材，由教师进行适当的修改，使之既适合学生身心的发展，又得以将最淳朴、最具民族特色的歌舞艺术利用学校这个平台对少年儿童展开民间知识教育传承。据此，南溪完小开设了民族艺术课，由多次参加过各种艺术培训的教师和民间艺人共同负责教学，向学生传授民族音乐、艺术知识。同时，学校还开设了东巴文字学习班，由专业教师教学生读、写东巴文。通过这样一些方式，学校力图形成让在校学生每人能"唱一首民族歌曲、跳一段民族舞蹈、识100个东巴字"的特色教学。

实践证明，这样一种教学模式收效良好。2003年，玉龙县举办首届"纳西娃娃艺术节"，由南溪完小教师及民间艺人和万里一道编排的《纳西民间小调》入选参加演出。节目集南溪村纳西民间歌舞样式"十悲"、"谷气"、"喂慕达"于一体，一经推出便受到社会好评，至今已经参加县、市各级各类演出十余次。受到此案例的鼓励和启发，完小还将组织学生进一步学习东巴舞蹈，作为对南溪村曾经兴盛的东巴文化传统的一种回应。

在南溪，还开展了不同形式、不同内容的成人教育。针对南溪以农业生产为主的情况，县、镇农业科研和林业部门在村民中不定期开办农、林生产技术培训班，让村民了解现代农业科技，并在农业生产中应用。同时，为了很好地传承纳西文化，还曾在南溪开办纳西文化传承班，向村民讲授纳西拼音文字、东巴文等，让村民了解和掌握本民族语言、文字。南溪村寨中40岁左右的大多数成人由于各种原因而错过了学习机会，是文盲或半文盲，针对这一情况，在乡镇一级有关部门的组织指导下，还开办了不定期的扫盲班，开设语文、数学等基础课程，先后让百余名村民甩掉了文盲的"帽子"。

新中国成立前，由于流行性疾病及贫困等原因，南溪村虽然出生率高，但人口死亡率也较高。现在，医疗条件得到了极大改善，村民生病可以选择村里的草医、村医疗站及县乡各级医院就诊。

乡村中医一般都具备较丰富的乡土中草药知识，基本属全能型医生；也有一类为偏方医生，掌握一种或几种祖传的或个人钻研出来的专门针对乡土多发病的诊治药方。此外，民间自行挖药治病的情况在南溪也十分普遍。这大致是由于南溪地处山地，森林环绕，历来有着丰富的中草药资源，而村民的识药、用药知识也相对丰富且世代相传。特别在新中国成立之前，乃至南溪未通公路之前，村民们在寻医用药方面基本是"自给自足"：小病自己挖药解决，大病找村里中医，很少到县城看病——费用和路程的艰难都不允许他们这样做。

南溪村卫生室设在满中和满下之间的南溪村委会内，但"门庭冷落"，少有村民上门看病。究其原因，主要有以下几个方面：一是村民居住分散，寻医问药十分不便，大多是小病忍，或自行挖煮草药解决；若遇重病，要么请中医开药，要么直接到城里医院。二是一般村民经济状况窘迫，能够用草药解决的大多不愿吃西药，还有的吃了几次西药不见效又返回去喝中药。三是村卫生室的经费投入非常有限，所存药品大多是从黄山镇卫生院赊销的，而且卫生室连最基本的医疗器械都没有，如听诊器、血压计、钳子、剪刀、镊子等都是从镇卫生院借来的。这样的医疗条件自然使得卫生室的工作难以开展。但接种疫苗、到村里出诊和对上门求医的村民做对症治疗，也是村卫生室一直坚持开展的工作。

近五年来，南溪村进入了历史上发展最快最好的时期。首先，是交通道路有了质的改观。位于文笔山半山腰的文峰寺早先已作为旅游专项开发，故从丽江市区通向文峰寺的道路均为柏油路面；自2001年起，镇政府为了帮助解决南溪村的交通物流问题，又修整了自文峰寺向南溪村的盘山路。2005年5月起，镇政府引资筹款，村民投工投劳，已经基本完成最后十余公里土路的路面改造工程，彻底告别了困扰无数代南溪人的交通阻障问题。其次，用水用电大大方便了。因植被保护较好，南溪村水源丰沛，至2000年已实现供水管网接装到户。而早在1974年就用上了电的南溪村，至2004完成电力农网改造后，村民用电在资源上得到保障，在费用上得到实惠，电器的普及率相应地快速提升。最后，通讯设施基本到位。国家广电总局的"村村通"工程，让无线广播电视信号覆盖到了南溪村。而中国移动公司的"村村通"项目启动，也让昔日依赖于口耳传讯的村寨在 2005 年底实现了移动网内的电话联通。

自此，南溪村人与外界的联系通道变得多样而快捷了。他们享受着日益完善的物质生活条件，筛选吸纳着复杂多态的生产生活信息，新的价值观念和行为模式也在不断地形塑之中。南溪村人开始无可回避地卷入到了社会经济文化变迁的大潮之中。

日　志

　　和尚勋，男，纳西族人氏，1950年出生于云南丽江，世代居住在文笔山巅的南溪村中。

　　1964年，品学兼优的和尚勋结束了小学学习后以总分第三的成绩顺利考入当时的丽江第二中学。在那个国家经济困难、教育投入不足的年代，整个丽江地区只有三所中学，因而可以升校念中学就是对个人包括学力在内的综合素质的最大肯定。和尚勋十分珍惜这难得的求学机会，在读期间不仅学习成绩优秀，而且积极追求思想进步，一直担任班长，于初中二年级加入了中国共产主义青年团，初三时任该校团委支部书记，历年均被评为优秀学生干部，并于1966年间三次到北京天安门接受毛主席的亲切检阅和接见。正当其意气风发、欲展鸿鹄之志时，无情的"文化大革命"狂潮将大江南北的青年学子都冲出了校园，卷进了"上山下乡"的教育改造运动之中。1968年，和尚勋回到了家乡南溪，任南溪大队团支部书记、黄山公社团委委员。1971年，刚刚在家乡组建起自己小家庭的和尚勋又服从国家安排知青参加工作的统一部署，义无反顾地选择了投身教育战线，为的是心底那份割舍不下的对校园的情愫。因此，尽管被分配到了偏远的怒江峡谷，但他依然把工作干得有声有色、心有所安。他先后在怒江福贡县利沙底公社的总路底完小、基落完小任教，并担任过利沙底公社教育办公室（现为教育委员）总务主任一职。正是他，开启了怒江峡谷中无数孩子的学校启蒙教育；也正是他，抛下妻子孩子而把自己生命力最旺盛时期的精力和心血挥洒到了大山深处的学堂。1978年，和尚勋加入了中国共产党。1982年，他被调回到了丽江地区，但仍在远离家乡的山村小学默默教书育人，一晃又是10年光景。1992年，和尚勋终于回到了阔别已久的家乡，终于能够给予妻儿一种完整家庭的真实。很快再一个10年过去后，和尚勋告老退休，带着对校园的终生眷恋，他为自己潜藏心底的愿望画上了一个圆满的句号。

　　2004年，和尚勋受聘为云南大学民族调查研究基地纳西族子项目组的村寨日志记录员。自此，村中多了一个每天四处走走看看的老人，多了一部可供村中后世子孙凭吊的文化史志，而他——和尚勋——也成了南溪村书写记录自己村落历史的第一人。

一 2004年日志

（一）1月份日志

2004年1月1日　农历十二月十日　属日：兔　天气情况：晴

从今天开始，云南大学在南溪设立的"纳西族调查研究基地"正式立项。这是南溪一千六百多人政治生活和经济生活中的一件大喜事，是推动南溪人民的文化和经济发展的难得机遇。从此，南溪成了有历史记载的村寨了，干部和群众都感到很荣幸。"研究基地"在南溪的建立，必然对今后南溪的社会发展起到很好的作用。同时也必然把南溪推到全省各族人民面前，让更多的人了解南溪的传统文化。

南溪完小部分学生参加了由玉龙县委、县政府主办，由玉龙县教育局、文化局承办的首届娃娃艺术节。他们演出的是流传于纳西族民间的"十悲"、"喂慕达"，他们边舞边唱，赢得了阵阵雷鸣般的掌声，虽然他们的舞姿和韵律没有其他学校演出的狂热、艳丽和动听，但它实源于纳西族古老的艺术，因而场上掌声雷动。

今年的元旦节与往年不同，村里没有任何一项活动。因为村民和干部都知道，县里要举办首届娃娃艺术节，中年父母和青年都想去现场一饱眼福，有的父母还想一睹自己儿女登台的情景。和金亮的母亲和妹妹，就在演出时看着娃娃们喜得合不拢嘴；和玉琼的爷爷和林，手摸胡子笑着说："现在的孩子真了不起，比起我们的童年时代可强多了，记得我年少时老师让我们唱歌跳舞，我总是像姑娘般腼腆，不敢露面。"这天回家的车子特别挤，下城来庆元旦的人实在太多了，村中有三辆车，每人拉了三趟才把回转的人拉完。大家都说着笑着，都夸"咱们学校的这场演出太有特色了"。

2004年1月2日　农历十二月十一日　属日：龙　天气情况：晴

小学生出席玉龙纳西族自治县首届娃娃艺术节，参加演出并胜利归来。村民谈论着昨天在市红太阳广场的热烈壮观的情景，都被当时观众经久不息的掌声所感动，为小学生能在各级领导、各地来宾、中外游客面前展示出纳西族古老的"十悲"、"喂慕达"、"窝热热"三种民族抒情歌舞而感到格外高兴,十分自豪。为学生们编歌词的村民和万里激动地说:"我还可以把歌词引向深入,但限于娃娃不易记住,所以各种歌舞的歌词都较为短少,舞姿学生一看即会。"这体现了纳西族能歌善舞的特点。他们各抒己见,和三妹说:"跳藏族舞的那场面使我永世难忘。"

随同元旦节的长假,就读于玉龙县一中的学生和丽锋、和月华、和圣琴、和金凤等同学乘和国军书记的面包车回家度假。四位同学的父母分别给他们做了四盘肉食品,原因是学生杀年猪时没有回来。做父母的想让孩子在假日每顿都吃好,同时也迫切希望孩子在学校学好知识。

2004年1月3日　农历十二月十二日　属日:蛇　天气情况:晴

满下村的小姑娘和玉梅进丽江城打工去了,可能是进"农家乐"当服务员或者是去饭店里做帮手,还不大清楚。对于她进城,其母和闰芝放心不下,说:"女孩子家,把握不好自己,会丢尽家人脸的。但拦不住,只好由她了。"其父和社山还算思想解放,他说:"孩子大了,应该去闯荡闯荡大世面。"他还用车送玉梅到城里。

一位洱源县老驾驶员,驾驶着一辆大卡车来到和建国家买洋芋种子,说是要拉到楚雄,每公斤0.22元,拉了一万多公斤。

2004年1月4日　农历十二月十三日　属日:马　天气情况:晴

傍晚,我的三姐阿军妈,面带泪水到本族每家中,哭诉着说:"阿叔,阿婶,吾玉(她儿媳)不知为什么好像是'目英'(注:中邪)的样子,在乱搞"。我老两口丢下家务急忙往阿军家跑去。阿玉亲叔叔吾社三、阿玉父亲吾二友、本族中的和六娘已跑到他家了。只见阿玉甩手挣扎,口中不住地嚷着:"她(他)们要拉我去了,二嫂还说是要给她一件衣服,要我婆婆的新衣裳,阿军的二舅妈,因患精神病而跌死于水塘中,吾春兴使劲的打我,哎呀,打得我好疼好疼的,哎呀,他们把我的两个孩子拉走了,还我孩子呀,你们不能把我的孩子拉走!"边嚷边哭,双手不停地挣扎。吾社三说:"就是这几个不得好死的鬼'目英'了!"于是他叫我三姐拿来一盆包谷,他一只手舞着一把长刀赶鬼,一手抓起包谷满屋子狠撒,口中还念念有词:"你们这些鬼来我家做什么,你们应该回你们的家,乱跟人家要东西,不要脸,是我们叫你们不得'绍沙'(含口)地死去吗?"和六娘与和三妹一边一个各拉着吾玉的一只手,另一只手也拿着刀子,在吾玉脖子上、身上擦着，比划着砍鬼的手势，口中也不住地骂道："呸，不要脸的东西，吾玉欠你们什么了，你们赶紧离开吧，要不然我们把你砍成几截、剁成泥浆！"其他在场的人也和她们合着腔，大声叫着："杀，把这些不干净的人杀了！"这样折腾近40分钟，还不奏效，阿玉时断时续地说："哎呀，他们要打死我，吾六三把我儿子拉走了，吾木前也来拉，只是我阿哥华护着我，不让他们靠近我，我背上被弓箭射着了，好疼呀，说是箭不能拔出，要是拔出就会死去，啊呀！疼死我了！"（阿军三舅在60年代当他还是小伙时领着情人在山上约会，不幸被下野兽的弓箭射着死去）吾六娘就拿下几炷香点燃，从锅里舀了一碗饭，揉成团，在吾玉身上、头上擦了几下，放回碗里，再往碗里浇了一些冷水，再找来半截瓦放了一些燃着的灶灰，再加上花椒、辣椒、橡皮等燃起后会发生臭味的东西，一同端起，口中说："要饭给你们饭吃，要水给你们水喝，你们不能在这儿了，如若你们不离开，我们将你们剁成肉浆！你们走你们的路，不要缠着阿玉！"边走边反复吟诵，走到已死了的人的住家方向约一百多公尺处，把瓦放下，把碗里的水饭倒在瓦边，把香插在瓦边，大声说："去吧，你们的家人正等着你们回来吃饭呢，你们不要再转回来了！"说完拿着空碗转回来，空碗搁在大门外。

这样还是不见好转，吾玉还是说着昏话："吾木前说你们阿四金（阿军这一家族的历史名称）一个人也不帮我说话，一个人也不管我。吾春兴去喊她妈妈一同要来打我，我怕死了，弓箭打着的背好疼啊！他们把我浑身都打得疼痛难忍……"旁边的人找来犁尖放在吾玉身边，砍来刺条放在她身边，找来砍刀放在她身边，口中重复着以上咒骂死鬼的话语。吾玉叔吾社三叫大家找来九个小碗、九块筒瓦，找来几个鞭炮，先点燃鞭炮，口里说："你们不走，我用枪打你们！"然后，在九个碗里放了些饭，加上冷水，再加了几个木炭，叫九个人一人端一块瓦一个碗，他同样边撒包谷边骂，还用长刀砍烂了几个碗，顿时屋子里噼噼啪啪、稀里哗啦声和叫骂声混杂在一起，同时一个人举起扫把做把鬼扫出去的样子，端瓦端碗的九个人就端着去到吾六娘除布（送鬼）的地方，把瓦放成一排，碗里的东西倒在瓦边，口里骂道："不要脸的东西，你们去吧。"拿着空碗转回来，同样把碗搁在大门边。过了约十来分钟，吾玉不乱叫了，慢慢地睡着了。这次果真有效了，吾玉大约睡了一个半小时，醒来后不再说胡话了，只是全身无力地躺着。人们问她的话，她能真实、清楚地回答，给她煮了一碗面条，她又吃了，把娃娃抱给她，她又给孩子喂奶了，只是她折腾了近四个小时，全身一点力气都没有。

大家围在火塘边谈论着吾玉这次中邪的原因，认为是她生孩子才两个月，体弱魂弱，由是她亲戚中不得"绍绍"死去的人把她镇住了。她得病前，这些她在说胡话时提到的死鬼的亲人曾在一两天里陆续到过她家，这些死鬼是跟着来的。大家边闲谈边守着吾玉，直到她完全恢复清醒的神智才散伙回家。她清醒了，但她全身无力。大家准备等到明天天亮后，把她拉到医院医治。

2004年1月5日　农历十二月十四日　属日：羊　天气情况：晴

满下村青年男女吾亚军与吾满秀两相爱慕的消息被证实了。今晚上吾亚军由他的叔叔阿五哥领着，身背一篮求婚礼来到吾满秀家里（男方是事前得到女方的许诺才到女家的）。

篮子里装有一挂肥肉，大约有五六斤，红河烟两条，茅粮酒两瓶，红糖两块，米八斤，袋装茶叶两包。吾亚军还在衣包里装了一条红塔山烟，准备敬给在吾满秀家的亲朋故友。阿五哥把一篮子东西搁在女方家厨房里的桌子上。按照规矩，这些礼等到男方下次再来时才一起收起，现在还不行动，就连装东西的篮子也连同东西搁下来。晚饭后，吾满秀的父母吾桂立、吾茂花表示同意这门亲事，让两个青年人来往。

这段时间主要是换（卖）洋芋。今年除自家有手扶拖拉机并且驾驶者在家的人，忙着拉洋芋种换以外，多数农户就在家里卖了。今天，和云军出了0.22元/公斤洋芋种的价，在吾爱花家拉走了4000公斤洋芋。另外，洱源的洋芋老板以每公斤0.44元的价在吾香家里拉走了8000公斤。众人都说今年的洋芋价已差不多了，也陆续有人在卖了。

因粮食价格上扬，换洋芋种（也不是很划算），玉米每市斤0.66元，小麦每市斤0.7元，所以，只能换到4：1（洋芋4斤换1斤小麦或玉米）。这样算下来，换一车洋芋得花费120元左右。因今年这季度油价猛涨，运费不可能像以往一样每车付50元，而是提到了70元左右，要不亏了师傅，师傅不愿干。换一车洋芋花120元也够多的了，倒不如在家里卖了轻松。大多数人都这样想，也在这样干。

2004年1月6日　农历十二月十五日　属日：猴　天气情况：晴

满下村吾春刚妻子在丽江市医院顺产一婴。春刚打电话通知其母和仕芬，要她下山来照顾儿媳几天。接到消息的和仕芬急得直唉声叹气："唉，我真不会招呼她，要是亲家母来招呼就好了。"原因是和春刚（即吾春刚，纳西语中较熟悉亲友之间互相指称时往往以"吾"起始。"吾"为汉字注音。——整理者注）当兵复员回家后，在丽江市官房大酒店当保安，以后便与鹤庆县辛屯子的在官房酒店客房部做服务员施姑娘相好，相好两年后成婚，婚后他（她）俩一直在官房酒店工作。由于不同民族的结合，加之地域的差别，做婆婆的不知道汉族坐月子吃些什么，更不知道怎么煮，所以她发难是有理由的。最后，她还是背着一些鸡蛋和一只鸡坐车去丽江城了。

和尚勋请和福寿拉了一车洋芋种去拉市换玉米和小麦，换的比例是小麦4∶1（4斤洋芋换1斤小麦），玉米3.5∶1（3.5斤洋芋换1斤玉米），换了六百斤左右的小麦和玉米，还以每斤0.18元的价卖了100斤洋芋。运费出了70元，开销用了40元，算来算去，跟在家里卖相差不大。

2004年1月7日　农历十二月十六日　属日：鸡　天气情况：晴

行政村领导干部包括书记、主任、副主任三人被通知到黄山镇政府开会，可能是安排部署2004年的主要工作任务。

今日吾四清家杀年猪，他家是今年全村中杀猪最晚的一家。原因有二：一则两个月零五天以前为他妹吾清梅举行婚礼时杀了一口；二则他家今年的萝卜、蔓菁丰收，有条件多喂一段时间。

今天杀猪的人比往年多了好几个，以前有11人，今年多了6人。他们中有吾四清未婚妻的叔叔两个、伯伯一个、二爷和三爷。人多好办事，等烫猪用的开水一开，大家就捉猪。人多力量大，把猪抓着后只拴住嘴巴，都没有拴手脚，就提到桌子上按倒宰杀。正在这时，从前山赶回来参加杀猪的姑爷吾玉恒以及新姑娘吾清梅也到家了，人数将近20人，年长些的就插不上手了，只能闲着抽烟，喝酒，喝茶。杀猪做饭的年轻人很麻利，很快就把猪烫得雪白，解剖也很利索，不到两个小时就收拾完了两头大肥猪。吃过午饭，赌迷们急不可待地端碗擦桌子，随即推开了两副麻将，打的打，看的看，好像今日得闲似的，围了满满两桌人。快到下午5点了，年轻人停下麻将，拿起菜刀，切肉的切肉，洗菜的洗菜，煎鱼的煎鱼，七手八脚，各负其责；蒸饭专门安排了和福春、和秋谷两人。米灌肠是由和社元做的，他做得很顺手，很巧，不到半小时就做出一篦子米灌肠。

今年他家的菜做得很特别：除了白芸豆一碗和排骨萝卜汤两碗外都是从城里买来的，煎鱼一盘、凉拌莲藕一盘、凉拌鱼腥草一盘、山药一碗、凉拌海带一碗、炒瘦肉一盘、肥肉一碗、米线一碗、木耳胡萝卜汤一碗、米灌肠一盘共四盘八大碗，可算是花样多，数量也多（通常情况下一般只做八碗）。做得特别的原因是：还未过门的四清爱人吾金桂以及吾金桂的叔、伯、爷、连吾金桂自家算起共六家人，还有前山的新姑爷，他家的客在全村里是最多的一家。本族7家，亲戚8家，还有吾四清的哥们约有一桌人，未婚妻及吾四清还特别请了完小的老师（有9个人，吾金桂过去帮老师做饭，今天她得帮婆家做饭，来不及做老师的饭，就干脆把老师都请过来了），共有12桌人。

吃完饭后，麻将爱好者又急着上桌了。桌上不缺烟、酒、瓜子等东西，主人家肯定会奉陪到底。

2004年1月8日　农历十二月十七日　属日：狗　天气情况：晴

很多男人出门找柴去。如今找柴的方式与过去不一样，完全变了。过去男人上山找柴只需提一把斧子就行，随便砍倒一棵树，扛来一截就是。如今国家实行"天然林保护工程"，村中实行封山育林已十多年，松柏树不能乱砍。找柴方式变为背起竹篮，提起斧头去刨已朽、已近烂的树根。大多数村民都能够遵守村规民约，只有极个别的不自觉的人偶尔偷伐一两棵树。

拉松毛的妇女们，悠闲自在，三个一群五个一伙，有说有笑。她们的话声总是没完没了的，有的交流着换洋芋的生意经及耳闻目睹的新闻；有的谈论着男人开汽车的情况；有的炫耀儿女怎样听话；有的则讲着公婆的不是；没有公婆的则羡慕公婆健在的人。和万芝说："要是公婆在世，领领娃娃，炕里烧一下火，也是对我们的最大帮助呀！我们没公婆的确实苦死了，忙里又忙外，还得管孩儿，管猪、鸡、牛等牲畜。你们比起我们实在幸福多了。"

村民和三哥用手扶拖拉机拉石头。他在下车时给旁观者讲："儿子搞上了对象，我们大人也就放心了，我也会全力支持他们，我现在拉好石头，准备把南边的这所房子加高，并往后边挪一点。只要儿子和媳妇对我们好，我们就会不遗余力地把房子修好。"

2004年1月9日　农历十二月十八日　属日：猪　天气情况：雪

南溪路华希望小学，在进行一、二年级期末口试。鹿子、旦都、金龙、文屏四个村小的一、二年级学生也领来和完小学生一起参加口试。雪下个不停，老师们身着棉大衣，还烧了炭火，不会觉得很冷，而小学生们虽然也穿得很厚，毛线衣加上太空服，但仍抵不住教室里冷气的袭击，个个拖着鼻涕，满脸冷气，不少人还在上下牙打战。考完后回家需一个多小时的步行，会更冷，雪路会更难走。

满上村村民和四女领着孙女来到满下村姐姐和三妹家。一来是雪天串门，再则是来看望和三妹的小孙子和智刚。和智刚在半个月前患病去丽江就医。和四女带来 20 个鸡蛋，和三妹忙着煮肉相待，当晚她们就睡在她家。

一整天下雪，大家早上起得比以往迟好些时辰，因为雪天好睡觉，二则农时也不紧，即使是紧也无法作业。田野和山峦都是银装素裹，再加上零下四五度的气温，哪怕是闲不住的巧媳妇们，也只有围坐火塘边，做些手工活。以往年的雪天，勤劳的村妇们大多数身闲手不闲，缝缝补补绣绣忙得不可开交。如今山村经济有了些发展，缝补衣物人们一般不穿了，不会织不会绣的妇女只是烤火闲聊，男人则串门闲聊。

2004 年 1 月 10 日　农历十二月十九日　属日：鼠　天气情况：晴

因为文屏村上边的路段的雪已结成冰，路面滑，难行，外来车辆上不来。除偶尔有出嫁的少妇回娘家闲逛者外，少有人上来。

昨天下的雪开始融化了，但没有化完，向阳地方化得快些。大多数村民依然在家休息。和菊花手特别巧，她一天就为她的婆婆和梅仕缝出了一张着皮衣。做洋芋生意的吾四前以及吾一华夫妇，不怕雪路滑，12 时左右拉着洋芋去经商。

雨雪天，还是在办小卖部的吾社家很热闹，有买东西的娃娃、凑热闹的妇人、想玩麻将的中年男子、想打扑克的少妇，还有四五个爱好象棋的人（和国红、和尚勋、和朝东、和国武），他们轮番上阵，都败在和朝东手下。平常看似笨拙的和朝东想不到会下一手好棋，好些人今天才知道他的才华。

2004 年 1 月 11 日　农历十二月二十日　属日：牛　天气情况：晴

和珍福请表哥吾二友（木匠）钉堂屋的天花板，因为只有他们两人，他便请了过路的吾木光和串门玩的吾金台帮忙了一阵。在二人的帮助下很快钉完。珍福特意留木光及金台用午餐。吃饭间，珍福谈及要让他爸爸住过来（他爸爸原先住在他弟阿会家）。阿会和阿社（老二老三）进城开出租车后老人就没人照顾了。二友说："这很好，七十多岁的人一个人睡在一个院里不恰当，人死了的时候没有一个回来的，得不到绍绍（含口），别人大都会认为是儿子、儿媳等小辈不孝。如若老人不幸，一切罪名都会落在做儿子的身上，便会落在你身上。"

六十多岁的阿军妈因儿媳妇坐月子已两个月，亲戚们送来的蛋还很多，怕吃不完后造成浪费，今天一大早就背了满满一背箩鸡蛋乘车去丽江卖。可能没有卖完，当天没有转回来。

和作才请哥哥和作典帮忙，砍倒了种在他家房子后的一棵大白杨树，树龄将近有 30 年了，听说是和作才从中村要来树枝新芽插种的。放倒它的理由是秋冬季落叶后，叶子落在瓦上影响瓦片的清洁而缩短瓦片使用年限。这棵树砍倒后，他屋子后边的空间大了好些，他家的房屋暴露无遗。

2004 年 1 月 12 日　农历十二月廿一日　属日：虎　天气情况：晴

村民和朝光、和福寿两对夫妇相约去金山乡文化行政村换洋芋种，文化与南溪相距 43 公里左右。手扶拖拉机去返行驶近 86 公里，可算是远途行驶了。兑换的比例是 3：1（3 斤洋芋种换 1 斤玉米）按这样计算可比在家里卖 0.11 元/市斤的价格要好两倍。听了他俩的讲述后，和福春的老丈人通过细算，也想支付 70 元运费，一车拉 2600 市斤按照这样的比例兑换，加上途中花 50 元的零花钱，一车费用共计 120 元，换回 850 斤左右的玉米可好得很了。于是请和朝光、和福寿二人等两天一人帮他换一车。他俩也答应愿为效劳。这些天换洋芋、卖洋芋的人很多，自家有车的往龙山方向拉去的较多，丽江坝子各地都可见南溪换洋芋的车和人。自家没人开车的 95% 都在家里卖。

2004 年 1 月 13 日　农历十二月廿二日　属日：兔　天气情况：雪

大雪天，大多数村民都休息，唯独和三哥是例外，他趁大家休息之机，请了二十来人，开始了他西房搬南边、南房搬西边，两房位置交换的建设大计划。当天，在二十多个亲戚的一致努力下，西房拆散，南房往北移的框架工程也已基本完成。

当天晚上金龙村民小组的青年小伙和亚军由青年同伴和七山陪同，前来下村二友家提亲了，他是与二友的大姑娘吾一兰谈好后，背上提亲礼来的。

和朝光、和福寿拉着和福春家洋芋种到文华行政村去换。因文屏村上边路段积雪结冰，怕车轮打滑上不去而住丽江城。兑换结果确实是 3：1 的比例。和福春家人确感喜洋洋的。和福春连声说："谢谢，两位哥哥，今天帮我完成了一年里最重要的一件大事。"

阿佬二友讲，和一兰本该找女婿上门，但和亚军的母亲暂时不同意和亚军去上门，等到亚军弟亚台说到一门亲事后，亚军与一兰一同回娘家招呼两位老人。二友生有两个女孩，小女玉祥刚满 18 岁的时候就跑婚出嫁，赡养父母的责任就落在大女一兰的肩上，这明摆着的道理亚军与一兰也清楚，只因说不过亚军妈才行此举。二友俩夫妇也同意这门亲事，并交代，十年内不需管我俩，到老时再来管我们，我们也不计较，但家庭建设我们是搞不起了，只怕是你俩吃亏了。于是他请来弟弟社三、二女婿吾社军吃喜酒。

　　吃喜酒前吾一兰的叔叔吾社三用杯子倒了一杯酒，点上三支香，口中念念有词："腊月十二这日，日子好，好男吾亚军找才女吾一兰，这喜酒先敬祖先，愿祖先保佑他俩长年益寿，白头偕老；再敬火塘，愿火塘永不熄火，火塘边香火不断，围坐火塘的人永远不绝。冲！"说完把手中的一杯酒洒向燃烧的火塘，火塘里的火冒着青淡的火苗蹿上来，坐在火塘边的人们齐声叫喊："大吉大利！"这仪式一完吾亚军忙着递烟，一兰忙着泡茶倒酒（酒是男方前次带来的）。大家就开始喝酒品茶，抽烟闲谈，等待吃晚饭。从今往后家里人和亲戚认了这门亲事，男女可以随心来往，男方以后每逢节日都得来女方家（礼多礼少不在乎），平时可以互帮互助搞农活及其他事务。这次男方所带来的礼品是：一壶酒（六斤）、两条红河香烟、一挂肉、一只猪脚、10斤米、两包茶、四块红糖，外加吾一兰的一套衣服、一块手表。

　　丰盛的晚餐开始了，做了八大碗，碗碗都是肉，姑娘、小伙忙着招待人，他们最后吃。吃完饭刚收拾完，主人就把瓜子、糖果摆到火塘边供人们食用，一直热闹到深夜。

2004年1月14日　农历十二月廿三日　属日：龙　天气情况：晴

　　和三哥继续请二十来人做他的搬房计划，南往北移的这所房子已钉好椽子、盖好瓦。他因今年儿子谈到儿媳后信心十分充足，他经常与满秀爸开玩笑喊："亲家"。也因为确实成了真正的亲家而高兴。他还打算明天实施北房南移的计划，吃晚饭时，他给每个人都打了招呼："请大家再为我辛苦几天。"

　　学习开车的前两期未及格的人们到丽江城去补考。吾社兴、吾福春等都去参加补考。有不少妇女陆续前往城里购买过节年货。村委会主任和国军、中村驾驶员和三友搞客运拉得好紧张，每天拉三趟还是挤。

2004年1月15日　农历十二月廿四日　属日：蛇　天气情况：雪转晴

　　和三哥今天继续实施他的搬房计划。这几天接连雪天，人都闲在家里，请人倒是好请。他说："帮工的人倒好请，但消费的确很大，烟、酒的费用特别高，生活也是每顿不得少于两样肉（一肥一瘦），晚上还要再加上一碗带骨肉，一碗荷包蛋，感到有些抵挡不住了。"是的，对于每时每刻都节衣缩食的和三哥，搞建设从未破费过分文钱的和三哥，如今的生活应酬会使他心疼，人们都在背地里这样议论他。

前天去丽江市安通驾校补考驾驶理论的和社兴、和福春转回来了。一到家他们都说："没读过书，真害苦我们了，这次同样只考了二十多分。唉！悔当初我没有好好读书，世上没有后悔药，只有以自身的事例劝子女以后要好好读书，不能像我们这样了！"

满下村民和尚军做洋芋生意，才转回来又买了一车送回城里。和天林请了吾四兴的手扶拖拉机，可他做的是大洋芋老板。他已经做了5车洋芋生意，除掉每车付60元车费及驾驶员生活费用30元以外，可能获利还是可观的，要不然他不会继续干下去。

和朝光因表姐吾爱花的再三相请，今天冒雪，担惊受怕地去帮爱花家换洋芋。担惊受怕的主要原因是：文屏村上边路段又窄又滑，加上他的驾驶技术还不怎么熟练。在不好推辞的情况下，他相约和福寿一起去，和福寿也拉了自家的1800斤左右的洋芋与朝光一起前往丽江坝。和朝光高兴地说："哦！有个伴同行，胆子就壮些。"

2004年1月16日　农历十二月廿五日　属日：马　天气情况：晴

和珍福、和六芝两人帮吾玉祥家去太安芝（太安街）卖小猪。吾玉祥因丈夫吾军在丽江城开出租车，婆婆和公公年近七旬，她本人坐月子才三个月还不能大动弹，饮食都自个开火，活计家务还不沾手。因此，请这两个人去卖小猪，两人背两只，每只重12公斤左右，卖价不算很高，也不算很低，每只平均50元。

退休定居在满中村的和国贤老师的大儿媳从丽江搭车来看望公公。可能是春节前来慰问一下老人。公公和婆婆因感情问题而离婚，天各一方已二十多年。夫妇生有两个儿子，小儿子不认父亲，大儿子倒常来看望父亲，还曾诚心相邀他去丽江城和他俩一起生活。但和国贤都拒绝了，原因很简单，他不想见到厌恶的妻子李石生的影子，而长期定居在满中村弟弟吾国兴和吾三哥家，每家住一段时间。

今天来的只是他的儿媳，对他有感情的大儿子却在去年8月间因得癌症辞别人间，这事儿媳会告诉公公吗？他老人家是否已经知道这不幸的消息？虽然他与儿子儿媳不吃住在一起已二十余年，但儿子是抽空常来看看，送些礼品来的，假如听到儿子死讯，他会痛心吗？人们都在猜想着以上的问题，又不好去观看现场，不知这场面怎样。不管怎样，这儿媳的确是同情老的，不是想算计和国贤的钱财的。理由是：她是红太阳大酒店的经理，儿子生前是丽江县委会的打字员，钱对他俩并不珍贵紧缺。只是可怜父亲寄人篱下，于心不忍，故曾六次请他去共同生活，欢度晚年。只因老人家拒绝而未成行。

和习红、和习福、和寿香两家请了和金胜及吾四姐夫妇俩卖洋芋。和习红卖了15000市斤，和寿香卖了12000市斤，每市斤卖价0.16元。这个老板还嫌少，另又向吾立军买了3000市斤小洋芋，每斤0.11元。共拉走了57000斤洋芋。

和寿香忙着给帮忙上车的人和开车的老板做饭。煮了一大盆肥肉，炒了一锅洋芋，腌了一盆酸菜。因为大家都饿了，吃得很香。她还为帮忙者买来了香烟和酒。

这几天在家卖洋芋或出家换洋芋的人较多，其他活计就是找些柴。

2004年1月17日　农历十二月廿六日　属日：羊　天气情况　晴

旦都后村的姑娘和建花今天出嫁，听说是嫁到龙潘乡新尚行政村。接新娘的车子来了五部（大三、小二），路过满下村大桥和学校旁边大桥时，鞭炮长鸣（纳西族婚嫁过村过河必须放鞭炮）。等新姑娘接到新郎官家时，不知要放多少串炮！因为两地相距甚远，至少相隔50公里，有很多村庄、许多河桥要过。

和汝信的妈妈和习芝、堂姐姐和银谷、孃孃和桂芝背着鸡、鸡蛋、米、红糖，和习芝还背有背娃娃的东西、抱被、小孩衣服等物，去参加在丽江举办的和汝信妻子"康于"（祝米客），因为男女是两个民族结合，"康于"的形式也就不拘一格了。

七旬老人和作良乘车去丽江城备办年货。其他不少人也在备办年货，所以这些天大车子特别挤，驾驶员也在积极加班。

鉴于今年雪多，怕路滑，好多人都已把年货备办完毕，只等春节的到来。

2004年1月18日　农历十二月廿七日　属日：猴　天气情况：晴

南溪完小退休教师和尚勋、和作良、和尚明三人前去参加黄山镇中心校召开的黄山镇退离休教师座谈会。会上黄山镇党委副书记木建华同志作了《黄山镇政治形势和经济发展形势》的报告，玉龙县教育局领导派来的代表也在会上作了简要的玉龙县情报告。最后由中心校长、党支部书记木龙同志作了《今后黄山镇教育的发展规划》报告。听了这些催人奋进的报告，到会的退离休老教师深受鼓舞，纷纷表示"多回家看看"，要为关心教育贡献余热。最后大家领了春节慰问品高兴而回。

连日来不少管家妇陆续去丽江城里备办年货。购买的年货基本上大同小异，主要分为两大类：肉食蔬菜类（有鱼、鸡爪、烤鸭、花菜、菜豌豆、莲藕、山药、茨菰、芋头、葱、包菜、豆腐、饵片、米线等）；糖、水果类：各种各样的水果糖、米花糖、饼干、花生、橘子、瓜子、核桃等。这些年货里边的瓜子、核桃之类，精打细算些的少妇已备办好一月有余，怕到时涨价。

满下村的村民和社山在今天按照过去的传统杀了一口"奶都崩"（过年猪）。在以前村里都兴杀一口不很大的"奶都崩"，但最近这些年喂养"奶都崩"的为数不多了，因为麻烦。杀猪后不像以前请杀猪客那样烦琐，杀好猪后炒上一碗瘦肉、一碗肥肉请帮忙杀猪的吃一顿，再给至亲家送上两三斤就了事了。

2004年1月19日　农历十二月廿八日　属日：鸡　天气情况：晴

行政村的电工和友勤（满上村人）去鹿子村，说是有几家的2003年度电费没有缴。11月中旬就收缴电费了，至今还拖欠的是贫困呢，还是那时还备不好钱呢，还是想赖账呢？连电工本人都说不清楚。

村民们都往山上走去，他（她）们有的找柴，有的拉松毛，有的找树根挖树根。但找柴和拉松毛的多。找树挖树的只有几个，吾羊、吾红、吾拾等他们是以前偿过"十五元宵节"的甜头，现在挖好种好，是准备"十五棒棒会"的货。以前森林资源丰富时，这些天是男人们找锄把、斧把的大好时节，但森林资源紧缺，确实难找这类东西。过去人们常说的"官富不如山"以及"靠山吃山"这些历史名言已不存在。只待村民觉醒，"靠山养山，造福子孙"才是啊！

2004年1月20日　农历十二月廿九日　属日：狗　天气情况：晴

满下村护林员和红（太安乡汝南村人），背着过节的年货（鱼、腊肉、鲜肉、米、葱）回汝南家乡，说是要和他的弟兄及侄儿女们一起去过2004年春节。

去年12月13日应邀去丽江坝子做木匠（竖新房）的满下村民组长和国兴、老木匠和建良、帮手和金满回家过春节。

定居在满下村的退休老师和尚武，一清早就开始写春联。他是旧社会里的读书人，写得一手很好的毛笔字，他的书法在南溪是数一的。他写出的春联在南溪供不应求。写好的春联由他的儿子和珍福和孙女和玉芬分头去卖，很快就卖完了。他这做法既方便了村民，也增加了家庭经济收入，同时也加深了南溪村的文化氛围。

2004年1月21日　农历十二月三十日　属日：猪　天气情况：晴

村中所有外出开出租车的驾驶员都回来和家人团圆。有个别的如和朝泽、和朝亮、和十等三个吃了晚饭后返回城里开车了。开饭店的和爱英姑娘也回来了。有三四个打工妹却没有回来，是因为她们所服务的农家乐饭店春节都很忙。

今天是大年三十除夕。上午10时左右家家户户都在清扫院坝，真可说是大扫除，所有地方的垃圾及污垢都清扫得干干净净。不少人家一起来就先打扫火塘上方的烟灰，传统上火塘上方的烟灰一年只打扫一次，而且要在大年三十早上进行。打扫完毕，各家的男主人就忙着杀公鸡、腌鸡之类的活，即使是明后天吃的，也要在今天就杀好，在过去，初一那天连鸡蛋都不兴砸。杀好鸡就又忙着砍猪头肉，烧、洗、煮猪头的工序都应由男人承担，理由是男人来操作煮猪头事宜，来年六畜定能兴旺。

女主人则忙着择菜、做饭。除夕的夜饭又叫年夜饭，是一年里边最丰盛的晚餐，为备办这一顿团圆饭，人们想尽办法在前几天前就积极奔走。最少也要做八九个菜，多则十几个菜。其中一碗猪头肉是必有的菜，其余的现时是不限定的，经济条件较好的十几碗都是鱼肉鸡的，条件稍差些的，也煮些干菜和鲜菜，这餐年夜饭不拘一格，只是比平时要多些。过去自家产的菜，就有干蕨菜、干菌子、干蔓菁花，可现在基本上都是从街子上买来的鲜菜。现今年夜菜大体上是这样的：猪头肉一碗、香肠一碗、猪心肺一碗、鸡肉一碗、鲜肉一碗、花菜炒瘦肉一碗、炒花生一碗、凉拌猪肝一碗、白菜豆腐汤一碗。

大约下午5时30分左右开始，村中鞭炮声不断，吃晚饭前家家都要放一串或是几串，这鞭炮声标志着送旧岁，迎新春。还有一层意思是："我家要吃年夜饭了。"鞭炮声此起彼落，持续到7时30分左右。

吃过晚饭，除年轻人串门外，一般上了年纪的人都在自家火塘边，边烤火边聊天，边吃瓜子、糖、果之类的食品，男人们都端起了酒杯。

2004年1月22日　农历正月一日　属日：鼠　天气情况：晴

和尚勋在县医院当医生的女儿和朝花及在丽江市邮政局工作的女婿赵桐林，携子赵永新，一大早就乘坐他弟弟和朝亮开的出租车回到家中。他们也知道大年初一不兴上别家，但明日两人都得上班，就来得匆匆，去得匆匆，

5时吃完饭后又乘车回丽江城家中。

今天是春节第一天,鸡叫时分就陆续有人起来放鞭炮迎新春了。大年初一,南溪的纳西族传统上是这样的(现在95%以上的村民还在兴这传统):一、妇女都起得较晚,男人起早在火塘里烧好火、扫好地妇女才起来,起来后就做糯米粉粑粑。二、这天必须请一个顽皮健康的男孩童做"帮古"(这天来家的第一个人,这个人必须一起床就得来到请他的人家里)。主人家要给"帮古"一点钱,装上一小袋糖果瓜子之类的食品,招待他吃饭后方能回家,这象征着来年吉祥、顺利。三、如不请"帮古",则自家男主人天一亮就点上几支香去水塘里挑水,香插在水塘边,还备上九枚硬币丢入池中,说是"金闹帮古"(用水来做客头),大发大旺。所以现在仍有不少人是这样做的。四、妇女这天不兴出家门,更不兴去串门。若是来年的生活中遇到不测之事,都会怪妇女初一登门或"帮古"不顺。所以妇女们只能在家待着。五、村民上坟烧香。早上起来,用茶后,就准备新的食品,不能用剩下的食品,糯米粑粑、虾片、煎鱼、煎豆腐、煮鸡蛋一个、饭一碗、汤一碗、酒、茶、香肠、猪头肉,还拿一把香,来到坟地奉祀祖先。满下村有一部分家族不上坟。但和作典家族、满家家族、和金满家族、和社兴家族、阿四金家族、和国兴家族、和建良家族、和学伟家族、和顺达家族,都带上以上所述的食品到坟场奉祀祖先。

到坟场后,族中的长者把各户带来的香集中点上火,分头插在山神面前,接下来分插在每座坟上,最后插在"书不鱼"面前。插好香后,他就从各户带来的食品中捡来一点点集中在一个盘子里,端上酒、茶、汤,按以上的顺序逐一敬献酒茶,奉祀食物,一边献酒祀饭,一边口中喃喃道:"金猴年初一,本族后生净脸之后来此奉祀祖先,但求祖先们在来年中保佑本族后生平安、吉祥、顺利!"说完在坟头泼少许酒、茶,撒上盘中的食物。每座坟前都这样说、这样做。等做完了,所有来上坟的人都按上边奉祀的顺序一一磕头,磕头完了就围坐篝火旁吃所带来的食物。吃剩下的食物和酒要每户平分带回去。

等到下午就有部分男人和青年到公共场所玩,喜欢打扑克的打扑克,喜欢打篮球的打篮球,喜欢打麻将的打麻将。

到吃晚饭时,又是阵阵鞭炮声,持续到八时左右才断。

2004年1月23日　农历正月二日　属日:牛　天气情况:晴

本村小伙子吾四清背了一篮贺年礼到未婚妻吾金桂家去拜年。所背的礼品是米两升、肉一挂、茅粮酒两瓶、红河精品烟一条、茶叶两包。

本村小伙子吾亚军也背了一篮贺年礼到未婚妻吾满秀家拜年。所背的礼品是：米两升、肉一挂、白酒一桶（六斤）、红河烟两条、红糖两块。

金龙村的小伙子和耀军也背着贺年礼到本村和一兰姑娘家拜年。背的礼物同样是：米、肉、酒、烟、糖、茶等物品。

晚上21时55分发生里氏五级左右的地震，无人畜伤亡，无房屋倒塌。到凌晨2时左右又发生一次同样的地震，没有造成地震灾害。

不论年纪大小（除了嫁到外省的外），嫁出去的妇人带着贺年礼回家拜年；从外乡村嫁到本村的妇女背着礼物回去拜年。嫁在本村的妇女就方便多了，可以把自家的事情做完到吃晚饭的时候去拜年就是了。

初二是妇女领着娃娃，背着贺年礼回娘家拜年的日子。一般的礼物是：米一盆、肉一挂（或一条）、酒一瓶。有些还加了茶、糕点，还有个别的只带米一盆、酒一瓶。娘家又会给他们压岁钱，有的给5元，有的给10元，有的给20元不等。

有的人家婆、媳都得去拜年，就要背出去同样的两份礼物。家中事务就苦了老爹来娘家操持。来来往往，条条山路上人不断，见面互祝新年好。除很个别的家庭外，都会用丰盛的佳肴招呼回家的女儿。

吃过早饭，青年男女们就拿上扑克，带上糖果、糕点、水果、饮料、酒等食品到"班我古"（拿着糖果共同拼伙吃的地方）"班我"（吃糖果）。在这里青年男女像家中无事可做似的，要玩上一整天，到太阳快要下山时才散伙。

2004年1月24日　农历正月三日　属日：虎　天气情况：晴转阴

农历羊年十月初二嫁到前山行政村石镜头村去的吾四清之妹妹吾清梅及其丈夫吾玉恒，乘春节回家拜年之机来到本村吾清梅的亲戚家拜年（新婚当年新郎新妇拜年时要磕头，以后就不必了），他们俩一大早就端着个大盆，大盆里盛着五斤米、一瓶小麦酒、一条腊肉忙着去亲戚家拜年，亲戚们也给他俩人民币，10元、15元、20元不等。因为要去的家数多，他俩不能在每家都吃点饭，只能吃糖果、糕点之类的，男的就喝点酒。

和万军准备在今年内重新修整厨房。今天开始备石料，他跟村中石匠和子福、和木、和立军、和社福四人买了一些毛石，请了和金托、和四闰、和立军、和十等4部手扶拖拉机连同他的那部在内共5部，拉了两趟共10车才拉完，他的计划是把原来的厨房垫高，放上五面石，再砌上空心砖，把厨房整得美观些，等到种完洋芋后开工。

亲戚互相串门，互相祝贺新年好。特别是新近相好定亲的几家亲家搞得更热火，如和四清及和金桂两家，初二晚饭和四清一家应邀到和金桂家就餐；今晚，和四清家又请和金桂家来吃饭，和四清家今晚比往年的年节人多热闹，和四清家三口人，姑娘女婿回来拜年，两个姨妈回家拜年，二姨妈的两个儿子和社兴和社红也随二姨妈来，加上和金桂家的四口人，可算是热闹了。菜也够热闹：和四清家妈用精巧的手，按照旧传统，为过除夕夜一顿饭做了12样菜，都是出自猪身上的：凉拌猪肝一碗、排骨炖山药一碗、香肠一碗、猪肺炖豆腐一碗、猪心炖茨菰一碗、瘦肉炒花菜一碗、猪舌拌鲜笋一碗、猪耳炖百合一碗、猪头肉回锅一碗、煎里脊肉灌大肠一碗、肥肉炒酸菜一碗、火腿片一碗。桌子上都差点摆不下，的确很热闹。

2004年1月25日　农历正月四日　属日：兔　天气情况：小雪转阴

各农户的耕牛在家关喂了三天（初一至初三）。今天12点过些，和国南就嘟嘟地吹响了牛角号。牛一听到号声就很知情地哞哞叫起来，一时间全村被牛叫的声音淹没了。习惯了群放的牛们被从家里放出到田野里，看到伙伴，头头都欢蹦乱跳，边叫边跳。有些好斗的公牛，边跳边叫边斗起来，斗着斗着真的斗起来了，有四五对公牛，边走边斗。放牛人把它们赶到一公里以外的牧场上仍然斗个不停，有一对甚至越斗越凶，互不示弱，互不相让，放牛人用牧鞭抽身也无所谓。一直斗了约两个小时才怏怏休斗，不败不胜。看来这两头牛在今后也会各自记着对方，一有机会就又会斗起来，会成为无休止的冤家。

和实、和四清乘坐和朝亮开的车回城里去开出租车了。为了家庭的经济收入，他们忍痛割爱，暂时与爱妻分别了。

从正月初二到初四的晚上，全行政村的青年男女都不约而同地来到旦都自然村。因为建在旦前村村边的旦都小学有一块宽大的水泥篮球场，前后两村的主村道在三年前就实现了水泥路面。年轻人可以在那里唱啊！跳啊！可以不影响村民休息尽情地玩耍。再加上旦都村的村民和述贤、和红军经济意识强，很早就开办了小卖部、放录像，还有台球桌，很能适应年轻人的需要。年轻人可以跳舞、唱歌、看录像、打台球、喝酒吃糖。直玩到三更时分才散伙，散伙后有情人成双成对地手拉手谈情说爱。旦都村虽不是中心地，但因具有以上的特点而成了全行政村乃至吉子、汝南化青年们逢年过节常去的地方。

2004年1月26日　农历正月五日　属日：龙　天气情况：晴

满下村所请的护林员和红在与弟兄及侄儿女们过团圆节后，返回满下村，又开始了他巡山护山工作。

行政村卫生员和秀英也开始来上班搞她的医务工作。

放羊老倌和国模 12 时左右砍回一背筐喂羊的枝叶，路过和圣伟家门口。和圣伟说："阿哥，这么早就从老远的山上砍回喂羊的树枝，真舍不得休息啊！"和国模回答说："闲起吃，坐起玩，谁人都想，只是搞饲养的正如俗话所说的放羊这事没完没了'。又如俗话所说'不少不放羊'，的确做羊倌的不管晴雨雪天、节假日都不得闲。"是的，青壮年耪田种地的，农时松了还得闲，放牧的一年 365 天都得顶着干。

和四前父子也开着拖拉机去卖洋芋。

和社山的大型粉碎机又轰轰地开始工作了。

2004 年 1 月 27 日　农历正月六日　属日：蛇　天气情况：晴

吉子村的吾鲁之子和儿媳来和国模家买洋芋。他家在想卖不想卖的情况下，还是以每公斤 0.46 元的价格卖出了 13000 斤洋芋。

三五成群的妇女上山砍柴、刨树根，干得各有特色。前边这半及后边这半的妇女们你追我赶，热火朝天，一天上五六次山。而上边这半的妇女则悠闲自在，慢条斯理，一天上三次山，半闲半做。古时候就有前半村及后半村妇女勤、上半村妇女懒的说法，这传统一直沿袭到今。

2004 年 1 月 28 日　农历正月七日　属日：马　天气情况：晴

满中村的多数中年男女都不约而同地集中在村篮球场边打扑克（哈机：赌钱的一种形式）、打麻将（赌钱），其中吾三友赌输了三百多元。傍晚回到家里，三友的老婆和芝就破口大骂："你这不争气的懒汉，多次叫你不要赌了，你偏不改，照赌不误，三百多元钱够两个学生娃一学期的书杂费，农民挣三百多元钱谈何容易！你这杂种以后会像毛堆才一样（毛堆才：旧社会时很好赌，为了赌把老婆也卖给了别人，最后孤身一人，由满下村集体五保送终）。"和芝越数落越起劲，和三友越听越火：一火输了钱，后悔；二火受婆娘的气。两股气流就像电流般涌到拳头上，这铁锤般的拳头往和芝身上像雨点一样落下。和芝忍无可忍，跑回娘家，诉说不幸。和芝的父母听后流下了同情的泪水，时而怪女婿不好，时而又怪村风不好，时而劝姑娘："输钱不要紧，就是打你太不该，男子打弱女子，能经得住吗？他打在你身上，疼了你的皮肉，痛了父母心肝，好狠毒的吾三友，你输了这么多钱，还动手打我女儿，真是千不该万不该啊！"和芝的大哥和福海，也气得咬牙切齿。到 10 点左右，和三友冷静后，来到岳父家喊和芝回家，他刚站到火塘旁边，和福海为妹妹复仇的念头在此前就已萌发。他眼疾手快，愤怒的拳头冲向和三友，和三友挨了两拳拔腿就逃跑，跑回家中，避免了一顿痛打。

过去的节庆休闲多开展文体活动，夫妻打架的事不多见。最近几年满中村夫妻因为赌而打架的事时常发生。这可以说是玩过了头。说实在话，耕田种地的村民，休闲中损失几百元，这确实不近情理了。逢年过节，消磨时光，玩上二三十元还可以，玩这么大的金额谁人会不心疼呢？

2004年1月29日　农历正月八日　属日：羊　天气情况：晴

满中村的和三友可能是挨了和福海很沉重的两拳痛击，且击中的肉皮连着心脉。他昼夜不眠地思考着出气办法。今天吃早饭后，他来到行政村提出要求与妻子和芝离婚。行政村值班的副主任和丽军同志好言相劝："男人休闲玩乐，作为当父亲的当家人输数额较多的钱是不应该的，打老婆是你的不对，男人输了钱，婆娘发牢骚是不足为奇的。儿女都这么大了，两个都上学校了，离异会对孩子心灵留下创伤，应该以团结和好为重要。你回去后再三思考一下。"经过和丽军的一番劝告，他无言而回。

中旬的洋芋老板来满下村买洋芋，和国武、和秋谷、和玉祥三家卖给他"八五单加"（洋芋品种名称）。他们各家请了一些亲戚来帮忙。三家合伙互助，一家一家轮着过重上车。三家共卖了25000市斤，每斤0.16元。

和家良家也想去卖，但儿媳和福春去山上，未能卖成。满下村的妇女们这些天的主要活计，除了砍柴以外就是拉松毛积肥。有些个别妇女，如吾三谷趁农闲前去城里探亲休闲（他男人在城里开出租车）。类似的情况，就全行政村来说为数较多。旦都村和鹿子村的妇女特别多。

2004年1月30日　农历正月九日　属日：猴　天气情况：晴

中村的和三友又来到行政村，和国军书记值班。这次他把妻子吾芝也邀了来。两个都向和国军书记提出了离婚的要求，他（她）们的儿子和女儿也随之而来，两个尚不懂事的孩子在两个互不讲话而只在向和书记陈述各自的不幸和离婚理由的父母中间跑过来跑过去，一会儿跑到父亲那里，一会儿又跑到母亲那里，好像是没有发生过什么事似的。和国军说："你们要同情和怜惜两个孩子，父母分手后的孩子是会苦的，你们不疼自己的骨肉吗？以后要各自改正自己的缺点，如果你俩不愿听我的话，就到镇上说去。"就这样他（她）俩被支走了。和芝还是回娘家，不知是心头还没有消气，还是要离的决心硬。

曾经任过南溪行政村副村长、现在玉龙县妇联工作的和桂花,乘和国军书记的车回旦都老家拜年。因和书记的车只到满中村,她就在村委会等旦都她侄女和菊的车。等和菊的车行至满中村时,书记告诉和菊:"你舅妈和桂花在行政村等你,她请你来喊她一下。"可和菊没有去喊她,直往旦都开去。有人问她:"你为啥不去叫你舅妈?"和菊回答说:"人家是大干部,大人物怎么坐我的烂车。"

2004年1月31日　农历正月十日　属日:鸡　天气情况:晴

满中村村民和光彦家异常热闹,村民们都穿上了纳西装,在村民小组组长和万里的主持、村委会书记和国军的组织下,展开了传统的纳西族歌舞表演。首先进行了民族打跳,边唱边跳,歌唱今天的幸福生活,歌唱纳西人民过上了美好的日子。这个节目约进行了40分钟左右。接着就跳起了欢快的"阿哩丽",在和桂贤大妈的领唱下,齐声用欢愉的心情和愉悦的歌声歌唱共产党的好领导,歌唱镇党委对南溪人民的关心,使南溪人民实现了温饱;跳的舞步很轻盈,唱的歌声很悦耳,就连不会听纳西话,不会跳"阿哩丽"舞的中央电视台记者及云南大学的洪颖、和晓蓉也加入了舞群。这个节目进行的时间和前一个节目所用时间不相上下。和万里又组织了"喂慕达"。这个节目常在婚庆和丧葬礼上举行,其形式是一人领唱众人合,歌词是领唱的民间歌手用古代典故的材料,以自己的语言艺术唱出来的,领唱歌手对唱、对答,常以一人提问一人答的方式进行。在婚庆礼上,常以"蜂、花"为素材,以蜂花相会,养花送花为主要内容。有时候女方的亲戚如有会唱的,就会以唱"喂慕达"的形式托男方家指教、照顾女方,指明从此后,新婚女人生是你家人,死是你家鬼,所以一切都拜托男方家了。

在丧葬礼上,纳西族以这种歌舞的方式,一方面劝慰孝子孝女,生死乃人生之道,人寿终正寝是正常的,不要伤心过度。一方面是送死者不必留恋尘世,安心去西天吧!并讲述寿终时所需的物品(如:衣、绍沙[口含]、棺木、孝布等)从何而来,死者往西方极乐世界该怎样走等题材。舞姿是女人手拉手、男人手搭肩,向前迈三步,向后退一步,身子向前摇一摇,既简单又优美。男由和万里领唱,女由和桂贤领唱,歌词都以"南溪遇到发展的良机"开头,都与表示镇党委的关怀分不开。

接着又跳起了"窝热热"(慢慢地),这种舞更柔和,男女老少都参加,气氛高涨,歌声高亢,舞姿整齐优美,喜得中央电视台两位年轻记者和云南大学的和晓蓉老师抱着娃娃在后边学边跳，镇领导武部长也参加了舞群。"窝热热"是送葬出灵前在灵柩前面跳的舞，歌词的内容以孝子孝女与死者告别、送死者大胆往西方极乐世界去为主题，歌声婉转哀伤，听后催人泪下。舞姿男女都手拉手向前迈两步，向后迈一步，再深深鞠一躬，真像要把死人送到西天去似的。

最后进行了"十悲"（情歌对唱），由和实红组织，和万里主持。女的站在一排，男的连着一排，随着和三福的一声悦耳的口哨声（用两个手指头塞进嘴里顶着舌尖吹出来的），女方那边齐响起"阿回回"的回声，和实红就唱开了情歌，女方和社兴都一一回唱，双方相持了一阵后，男方主动出击，各自上前拉着了各自的心上人。

纳西族的"十悲"是纳西族青年男女用优美动听的歌喉，对唱、倾诉，表达男女青年间的相互爱慕之情。它先用一句引言，引出后边的主题。它有两种方式，一种是：男女团体进行，多以金嗓子者出口，遇到难点时集体商议；一种是：情侣单独进行，单独行动时间长了，好多青年男女最终成了生时同家，死时同墓的伴侣。有些青年男遭到父母反对，但她（他）们已心心相印，恩爱相许，柔情在心，他们就以"游忤"（情死）的行为相约自杀，了结一生，表示生不能同家，死了不分手的决心。"十悲"在南溪20世纪60年代初以前绝大部分青年都会唱，很流行。每年的火把节和七月拜这两天，居住在这片山区（太安、吉子、天红、汝南、前山、后山、南溪、共和不南溪等行政村的）的青年汇集在旦都村与吉子二社中间的那座山上，讲"十悲"。到时满山都是人，满山都是动人心弦的歌声。

活动在欢声笑语中结束，参加活动的村民们还不愿散去。从10点开始到下午1时半。

云南大学所聘请的云南少数民族村寨日志记录员和尚勋同志也前来观看并做了摄像。

中央电视台的记者三人，云南大学南溪纳西族研究基地负责人洪颖、和晓蓉及丈夫携两个儿子前来满中村观看纳西族各种歌舞。镇政府武部长和镇共青团委书记吴继忠前来参加。

（二）2月份日志

2004年2月1日　农历正月十一日　属日：狗　天气情况：晴

满中村的和三友、和芝夫妇经过村委会副主任和丽军及村委会书记和国军做思想工作，今日又重归于好，和三友请和礼青姐姐到和芝父母家把和芝领回到和三友家中。他俩暂时放弃了离婚的念头。

  风很大，吹得灰满天，吹得树摇摆，吹得片片的瓦片往下掉，吹得电线碰电线，满下村的变压器保险丝烧了。电工是由村民组长和国兴兼任，他去丽江坝子做木匠盖房子去了，因而保险丝没有得到及时修复。夜晚满下村又恢复了松明照明的状况。

2004年2月2日　农历正月十二日　属日：猪　天气情况：晴

  中午三时左右，来了一大串（六辆）领导乘坐的车辆，在村委会门前停了两三分钟就转回去了。这是玉龙县县长和承勇及两位副县长带领财政局长、邮政局长、还有其他三位局长（不知详情）来南溪文笔山垮石头处调研，研究沙石场能否在此地办成的问题。

2004年2月3日　农历正月十三日　属日：鼠　天气情况：晴

  满下村村民和三哥，利用旧木料（以前用做木楞房的木头）通过修理推刨后，盖起了两间新厨房。新厨房，宽大，与他前些天搬的房子很匹配。待到盖瓦砌墙后，更能显露出其美观。

  满下村村民和国武请行政村兽医和永贤出具证明，证明去年乡政府所给他的种猪因患慢性肠胃炎经医生多方医治，抢救无效死亡。同时请满下村和尚勋同志写申请书，向黄山镇人民政府申请再补助一口种猪，一则有利和国武本人，二则有利于村民的经济收入。他明天将去乡上申请，不知结局会如何。

  兽医和永贤来满下村为村民和立军的牛医治牛脚病，检查结果牛蹄里夹了一大块石头，牛蹄已化脓导致牛脚病，清除后会好的。

  和永贤还为和金台家的一口母猪做手术，手术很顺当，几分钟就做完了。母猪下午3时就又吃起食来了。

2004年2月4日　农历正月十四日　属日：牛　天气情况：晴

  纳西族调查基地负责人洪颖、和晓蓉及丈夫儿子前来南溪调研，并查看老民房是否可买等事宜。他们由中村副组长带路到旦都村查看。之前洪女士被和珍元的看家狗咬伤，伤势较轻。

  满下村村民和金羊及侄子和福军，拉着从山上挖来的常青树去元宵棒棒会展销。满上村的和立、和子、和学忠等也合伙挖了，用车拉到会场展销。尚有和福光父子，今日装车，准备明日去展销。和国红也把前些年就移植在家的冬青树挖出用车装好并与和福光父子约好,一同前去会场展销。

2004 年 2 月 5 日　农历正月十五日　属日:虎　天气情况:晴

云南少数民族调查基地纳西村寨负责人洪颖、和晓蓉及丈夫携小儿子前来南溪纳西族调查基地进行村寨调查,并指导日志记录员和尚勋、村委会副主任和丽军、村卫生员和秀英撰写有关调查内容。中午在和尚勋老师家用便餐。心灵手巧的和师母,及时做出了可口的便饭,热情招待了来自省城的高级知识分子。女士也从城里买来了贺年礼糖、酒等物品,送给和尚勋、和丽军各一份。

今日上午来自大理市的洋芋老板在满中村买了一车洋芋。洋芋的品种是"护水八八",该品种洋芋个头大小均匀,铁实压称,泽色鲜,很受外地洋芋商的青睐,这儿是 5 角钱一公斤,拉到下关是以 8 角钱一公斤的价转给洋芋商,听说商人又以每公斤 1 元的价批售给小贩,小贩又以每公斤 1.4 元的市价上市。从这样的价格看来,种地人的纯收入远远不及生意人和运输人。这车是中村村民和福军卖的,他卖了 17000 斤,总收入是 4250 元。他高兴地对帮他上车的人们说:"今年是我家这几年收入最可观的一年。"

今天是元宵节,在家的青年男女成群结队地到鹤庆县天主庙去游玩。元宵节的传统是青年们聚会天主庙,进山洞,用山洞里的积水洗眼洗手。相传天主庙山洞里的水能去风除病,还能把有情人的心连在一起。因此,青年们到天主庙会,不管人多挤,门票多贵,都要进去山洞游一下,洗一下眼,洗一下手。

晚上青年们又到放牛坪村进行联欢,打跳,跳"阿哩丽"舞。夜晚的活动 1964 年以前是在南溪的鹿子村举行。

2004 年 2 月 6 日　农历正月十六日　属日:兔　天气情况:晴

因昨日下午风大,而致断电。今日下午 2 时许行政村电工和永勤来村公所打电话联系供电所,但因电话机所储电已用完,没有联系上。晚上,他借了副主任和丽军的手机(和丽军耐心细致地教给他使用方法),去鸡冠山背打电话(那里会有微弱的手机信号)。

村委会副主任和丽军、村寨日志记录员和尚勋从 10 点开始在村公所等候云南大学的纳西村寨负责人来村指教,到 5:30 才回家。

旦都后村精神失常的和继科也在村公所坐了约半个时辰。

和国军书记开车路过村公所,顺便通知:"9 日上午所有退离休人员到镇政府领取住房补贴。"

2004年2月7日　农历正月十七日　属日：龙　天气情况：阴

满中村村民和玉富，从鹤庆天主庙会买来一头隔奶小黄牛，价钱为720元，同丽江的牲畜交易会比起来，价格显得便宜些。她买好后，在今天上午由前山放牛坪村的妹夫和建文用手扶拖拉机拉回来，并由大妹夫杨春华护送到家。和玉富还从"十五"天主庙会买来一些小娃娃玩具：小篾箩、纸糊小公鸡、木马、木枪等，还有烟、糖等物，准备转手卖出以达赢利的目的。

行政村电工和永勤昨晚与供电所取得联系后得知"电路入地，供不成电"，他就在今天中午随电杆察看。

满下村村民和福社从和艳花家中购买洋芋种准备明日拉出去做生意。今天的洋芋种在家售价为每公斤0.24元，比前段提高了一分。

四川渡口退休工人和顺光及子和立军（和永华），从后山高美村其妹妹家借来手扶拖拉机，也做起洋芋生意了。到今天他父子俩已做了15车的洋芋生意，每车赢利200元左右，此收入确实可观。究其原因是出去开出租车的人多，自家拉洋芋到市上卖的几乎没有，所以在家做洋芋老板的人寥寥无几，故收入较多。

2004年2月8日　农历正月十八日　属日：蛇　天气情况：晴

和四闰在新房子里开了个小卖店，卖些娃娃的副食品和兽药、酒之类的东西。今日开业，娃娃很多，买吃的也很多，这个买一角的，那个买两角的，有买吃的，还有买玩的，生意很兴隆。他还购置了价值400元的一张台球桌和一副麻将，从今天看，台球桌边围满了年轻人，麻将桌上也坐满成年人和老年人。

太安乡中心校总务杨丽军，包专车前来南溪通知和尚武老师明日早上来乡财政所领取房贴。和尚武老师已随丰田车前往太安乡。

和四红今天请了一伙人来帮他卖洋芋，下午他们用两辆手扶拖拉机从家里把洋芋拉到村公所附近的公路上装车。因拉洋芋的车过长，不能进入村中装车，开拖拉机的人是和金红、和金庆，帮他装车的是和立、和秋谷、和三哥、和亚梅、和菊花，他们用篮子装满后用手扶拖拉机拉到大汽车那里过称上车。这车的驾驶员是一个藏族，53岁，他说："我拉到下关后，倒给大理的洋芋商，我们争不过白族人，以每吨60元的运费计算，整车洋芋就倒给商人，扣除到六七百元运费、过路费后，所剩无几。这辆车一年要交给国家的所有费用近一万七八千元。"

和四红装完车结算，共卖了26000斤，每斤0.25元，共收入6500元，目前还剩下3000斤到5000斤，以前卖了7000斤，每斤0.16元，确实比前些年增收多了。他一家四口人每人平均收入在2000元以上。

2004年2月9日　农历正月十九日　属日：马　天气情况：晴

从行政事业单位退休后，定居南溪的杨文焕、和尚明、和尚武、和尚勋、和作良、和益先之二子和子华，接通知去县上办理领取住房补贴的有关手续。这次是由中国建设银行玉龙县支行主持的《住房消费贷款》合同签约会。有单位财务人员参加退休干部签名盖手印。

满中村和光彦请人卖了一车每公斤价为0.52元的"护水八八"洋芋，有10人帮他家上车，装27000公斤，用了近5个小时。中午饭也是匆匆忙忙吃的。晚上她家做了饭，煮了肉请帮工人员吃晚饭。

和社福家也以同样的价格卖了一车。这天从满中村拉出去的洋芋就近60000公斤（60吨）。旁观的人对此议论纷纷，有的说："现在卖洋芋还早，价格要上到每公斤0.6元时卖才好。"有的说："该去了，今年的洋芋价不会涨到每公斤0.6元，理由是，退耕还林补助粮顶了大事，家家都把洋芋储起来了，数目一多，价格必然会便宜。"

2004年2月10日　农历正月二十日　属日：羊　天气情况：晴

行政村副主任和丽军，按照镇党委、人大的安排，组织文屏村民小组群众进行选举活动，这一活动目的是直接从群众中选镇长。

学习开车的满中村村民和寿月携子、和艳秋携女、和二社、和三友，满下村的村民和福春、和社兴乘车去丽江安通驾驶学校进行驾车理论考试。结果和社兴没有考着，只能参加3月初的考试。和艳秋以85分的成绩考及格。其他人都只考了50几分，没有及格。

2004年2月11日　农历正月廿一日　属日：猴　天气情况：晴

晚上村妇女主任挨门挨户通知："明日玉龙县计划生育指导站的医生来南溪行政村，为妇女们检查妇科疾病。希望身感不适的妇女们都去检查一下。"

鹤庆洋芋老板俩夫妇在和国武家买洋芋，他俩看好洋芋后论价。结果以每市斤0.26元的价钱成交。和国武就请了5个亲戚来帮忙过称上车。他把门撬开，开始过称装洋芋，称了五六百斤，洋芋质量越来越差，鹤庆老板有些后悔了，说出有点不想要的语言。和国武就说："不想要可以，我所误的工钱可以不要，但门是你们提出要上车才撬开的，你俩把门搞好就是了。"这一句话难住了老板娘，但转眼她又提出："门我们修不起，只好拉走洋芋了，但价钱要减少点，而且不仅要捡出烂了的洋芋，还要捡出小些的洋芋。"诚实而不看重金钱的纳西族村民答应了白族商人的要求。洋芋老板共拉走5400斤洋芋，却捡出一千五六百斤烂的、小的的洋芋。农民最终还是败在精打细算的商人手下。

和爱花家很幸运，也在今天以每市斤 0.25 元的价格卖给太安天红洋芋老板 30000 斤次质洋芋。

2004年2月12日　农历正月廿二日　属日：鸡　天气情况：晴
由玉龙县计划生育局干部（原本行政村副村长）和桂花，率玉龙县计划生育指导站医务人员十余人，携带很多医疗仪器（如：B超机、数码阴道镜、显微镜等）、药品等，来南溪行政村为南溪妇女做妇科疾病检查。黄山镇专管计划生育的干事和丽芬也前来参加。行政村妇女宣传员杨光秀同志主持了今天的各种事务，组织妇女帮医务人员做饭等。虽然妇女宣传员在昨天就通知到各个自然村、各农户，但山区妇女对检查的重大意义认识肤浅，自认为没有大病不必检查，所以来的人不多，只有40来个。行政村卫生员和秀英同志也在帮做饭等。

村委会副主任和丽军帮助县计划生育局的同志到各个自然村刷写"计划生育"的大标语，学校墙上和村委会附近的墙上也被写了醒目的有关计划生育的大标语。

满下村外出开出租车的和实、和万军、和万琼、和朝亮、和朝泽、和国军、和朝军、和一台、和灿、和春立、和二友等回来，说是这些天不好跑车而来家休息几天。他们聚集在和朝军家，花了100元钱买了一只狗进行休闲会餐。

和四清领了未婚妻和金贵去丽江城与和朝梅合伙开饭店，同时还领去未婚妻的弟弟和文亮，让和文亮与他合伙开一辆由他全包来的出租车。

2004年2月13日　农历正月廿三日　属日：狗　天气情况：阴
吉子村的年轻小伙子杨丽军是做风景树生意的老板，今天他在满中村和春红家买了两棵常青树，花了4000元，又在和春立家买了同种常青树一棵，花去3000元。他把这些树拉去后转卖给丽江市政公用局，他没有明说能获利多少，只说去掉车费外只混着一顿饭。

和春立是从满下村去满中村和国南家做上门女婿的，挖树的人跟和春立开玩笑说："你真是顶怪的一人，你不仅得到了别人的家财，还得了人家的姑娘，还得了人家祖宗三代种下的价值昂贵的树，确是一举三得，真有福分。"

买树的老板请了一台吊车连续工作了两天，才把这三棵大树拉到丽江城。

和立军家以每公斤0.32元的价格，把品种为"八五单加"的洋芋卖给了鹤庆县的洋芋小老板。邻居和福寿见状后，前去看望，他能否也买到一车，因为他两口子在春节一过就倒卖了六七车（手扶拖拉机每次拉2500市斤左右），每车除了油费及两口子花销费用外，净得利200余元。但和立军家的洋芋已被聪明精细的鹤庆人全都买下了，和福寿只好望而叹息，"唉，知道你们家要卖，我前些天问一下就好了。"和立军父亲和国春说："你们不开口，我们也不好说卖给你。"和珍元两口子也做了好几车，每车赢利同样得200多元。和珍元的老婆杨耀祥说："做洋芋小生意比种洋芋划算得多，从今后，我们家不再种以前一样多的面积了，抽些时间买些洋芋到丽江坝子去卖、去换，照样可以高收入，何必汗流浃背地苦干。"

2004年2月14日　农历正月廿四日　属日：猪　天气情况：晴

满下村村民和秋谷携子女，和子一及子女、和福祥及儿媳、和子华夫妇及女儿、和尚武、和福光、和国红、和国臣、和社元等去丽江城做和文华与和丽香的结婚客。和文华与和丽香均在丽江城工作，所以他（她）俩的婚礼在丽江新购买的住宅举行。现代的年轻人胆子大、有本事，能够在参加工作的短短几年时间内就购置房产。

和玉祥坐月子已有100天了，她开始上山活动锻炼。她的婆婆和志贤说："是她自己愿意去的，不是我使的，别人会误认为是我使的，这影响不好。"和家良说："咱们生孩子时刚满月就什么活计都做，现在的人到产后120天才动弹，这是说不成啊！"和志贤说："等她上山两次后我就叫和玉祥领娃娃。"和作材家洋芋以每公斤0.52元的价买给七河忠义村村民和金合，他是将洋芋收购后拉到丽江市再以每公斤1元的价让老婆在城里卖。他领着老婆娃娃在丽江城做洋芋生意已有七八年，确实是能干，能挣钱。据他讲，他们卖洋芋的人搞成一伙，把地盘一次买下，只准由他们的人卖洋芋，每市斤统一在0.5元，少了不准卖，车费另出后，每人发40元的工钱。帮他家上车的有和学仁夫妇、和一花、和爱花、和四妹再加上和作光两口子，共7人，上了5000多斤。

2004年2月15日　农历正月廿五日　属日：鼠　天气情况：晴

村民和福寿做洋芋生意刚到家，就大发雷霆大吵大骂，甚至动手打两个孩子。原因是两个孩子乘父母不在家之机打架，弟弟和春银打姐姐和闰清，和闰清也骂打弟弟和春银，和春银也跟她还手。和福寿就狠狠地打了和春银一耳光，并说："走，咱俩到电杆边去说！"和春银就跑出去了。他家两人到处找也找不着，邻居家和木光、和珍耀父子也赶来，和六娘和金台两口子也赶来，就连年逾六旬的和国春、和女老两口也赶来，和燕花、和社山、和习红也赶来，整个村子到处找，找遍了卡卡角角，找遍了全村学生家，问完了邻村的亲戚，还是不见。大约找了两个半小时，休息片刻，猜想会在什么地方呢。大家又分头去找，后来在自家洋芋房里找到了。找到后和闰清又大哭大闹起来："你杀了我吧！都是我的不对！"在旁人的劝解以及和尽秋的劝说下才歇下。闲谈中和社山很中肯地指出和福寿不对之处："平时该教该管孩子时你不管，动起气来就无法遏制，这不是教育子女的好方法。"

村民和家良家乘其子和珍耀回家休息几天的时机，借了邻居和社山的手扶拖拉机，母子一起拉厩肥到春耕时难以通车的地里堆肥。方法是厩肥加大粪加水紧压成锥堆，堆好后用土薄薄地撒上一层。

和珍元、和福寿、和四前、和天林继续做洋芋生意，在他们看来，今年的洋芋生意越做越好做，越做越火红，越做收效越高。究其原因有三：一是今年洱源老板年前来时遭金龙村洋芋老板伍金福等人的威吓，年后一直没来；二是城里市价增幅比往年高得多，而村里的价格涨不上来；三是南溪青壮年男人去城里开出租车的人比往年多，故买卖洋芋的人少。满下村到城里开车的就有17人之多，还在学习驾驶的有4人。

2004年2月16日　农历正月廿六日　属日：牛　天气情况：晴转阴

小姑娘和春兰去旦都后村姨妈吾花家做竖房客。她背了五斤米、一瓶酒、一挂肥肉、一条红河烟。

和社山领着老婆和闰芝去丽江城找单方医生要风湿药，回来顺带拉来一些蔬菜，准备在村中转卖。

和金红夫妇乘春耕还未开始，忙于撬石头、拉石头，准备砌围墙。两夫妇一天就拉了三车石头，真是"人到中年万事兴，心有目标身有劲。"

和圣畅与和仕福两父子也同样，用春耕还未开始之机，忙于撬石、拉石，两人同样也能拉三车较大较好的石头，两父子到今天已连续撬拉了一个星期，这些石头准备用于春耕生产结束后，翻修畜厩用。目前该村里的这一家也是"心想事成"之家，家中四个劳力，全是年轻力壮，两兄弟是小伙子，父母是45左右的壮年，浑身还有使不完的劲。花销钱还可依靠退休教师爷爷和作良，所以，他们的家园建设可以说是属于该村上等之列。

2004年2月17日　农历正月廿七日　属日：虎　天气情况：晴

白华村的肥猪老板从旦都村拉来两头肥猪，到本村后停下车又前去和子一家买。和子一要价400元，老板给还价388元，未做成生意。老板称，等到明后天我350元以上都不敢出了，今天出天价是因为可以搭在那两口里合卖。最终还是不成交。

和四前暂停做洋芋老板，请了满上村的和四羊（娃娃他舅），加上儿子老婆四人砌厩房，用的材料是空心砖加沙灰，因为人少，今天只砌了两层。

和福寿也暂停做洋芋生意，去山上找石场，准备在春耕春种前拉上一些石头，等到洋芋种完就翻修厩房。

和社山昨日从丽江城买来香蕉、菠萝、甘蔗、包心白菜、莴笋、葱等水果和蔬菜，在本村卖了一些后拉到满中村和满上村卖。蔬菜一点也不剩，菠萝和甘蔗剩一点，但不多。

和作典已在备耕了，他用铁耙挖田里的草。

2004年2月18日　农历正月廿八日　属日：兔　天气情况：晴

到丽江城开出租车的和春红，开车已三年多了。正月初二他的爱人和四谷，携两个女儿前去探亲，一去就二十多天。直到今天和春红才把她三娘母拉回来。在家住了一夜，并告诉他的母亲和习芝："我要领她三娘母在丽江几年，让大女儿江闰在丽江城上幼儿园。今年开始农忙我们不回来帮忙了，你们两子母看着办吧，能种多少就种多少。"第二天和春红果真把和四谷三娘母又拉回城里。这是该村寨第一例劳务输出者带家眷的有志气有理想的男人。

鹤庆的洋芋小老板从吾玉祥家以每公斤0.44元的价格买走了2100公斤的洋芋。他说，他是拉到鹤庆县松桂街上去转卖的。赚钱不多，但闲着没事做，做一下小生意还是可以的。和玉祥把洋芋款924元交给了老公和尚典。

大部分村民砍柴、拉松毛，带闲带做，做里得闲，大部分一天平均上山三次，比往年休闲多了。这是因为国家实行退耕还林。本村寨除了个别一两家以外都有不同亩积做了退耕还林，少则三五亩，多则三十多亩，差别之大，不可思议。总之，南溪村寨传统的轮耕田的耕作的很多细杂工序，如砍树枝、初犁、翻犁、拉松毛、打翻土块、烧火土、扒火土撒种犁、薅燕麦、收燕麦、打燕麦、风扇燕麦等，都解决了。

和木光、和春银从山上挖来常青树种在自家门前。

2004年2月19日　农历正月廿九日　属日：龙　天气情况：晴

村民和爱英在白华村办的饭店，今天已转让给本村小姑娘和满菊经营。和爱英本人又去学驾驶汽车。和满菊姑娘在坝区农家乐打工已三年，从她外出打工的时间上来推断，相信她能够经营好这个饭店。

古城区七河乡新民行政村新民下村村民木某，用马驮着凉粉和豆腐来满下村卖。凉粉每公斤1.8元，豆腐每公斤2.2元，不到两个小时就卖完了。他很高兴地说："这个村子里真好卖。"和顺说："本村村民好吃，肉呀、菜呀、凉粉、豆腐等肉食菜类在满下村最好卖。"

和四前昨、今两天在砌猪厩，参加人员只有她家庭成员三人，别无他人参加。原因只有一个：与众不和，与亲戚家不和。

和福寿、和金红、和仕福他们三家，正在加紧拉石头。和福寿准备把洋芋种完后翻修畜厩。

和社山又去丽江城买菜，准备明日转卖盈利。

和珍元及杨耀祥两口子仍然做洋芋生意。

和彦花及儿子和万军拉了厩肥和水到田里去堆肥，怕晚了被别人挡了车路。

和朝东及和英两口子也怕别人挡路，往田里送肥堆肥。和子福、和木、和立军、和礼福等人住在山上撬石头，以每车30元的价格出售，打出来的五面石则以每米22元的价格在石场出售。

2004年2月20日　农历二月一日　属日：蛇　天气情况：阴

今年"三八"节在镇里进行妇女联欢，并轮到满下村妇女表演节目。妇女们登台献艺的机会来了，满下村的妇女及女青年们从今晚开始练节目。个个劲头十足，心情舒畅。

首先编节目，你一言，我一句，个个出主意，想题材，做妇女工作的杨耀秀还请了和二友老人帮她们编歌词，和二友也尽力为妇女们编传统的歌词,来赞颂共产党的好领导,歌唱妇女做主人的幸福生活。

满上村的和实红拉一车钙美磷肥来满下村卖,在和四闰家中停了个把小时后转回去了。

偶尔有几个鹤庆的洋芋小老板开着几辆手扶拖拉机来村里买洋芋,但不见大车来。看来今年的洋芋价涨不起来了,部分村民开始担心了。都埋怨金龙村的和金福等太缺德了,对南溪人民的经济收入影响的确大。

时逢星期五是太安的街天,部分村民相约去太安街,和闰清、和木良、和六金、和海、和福春一同去太安街。和福春把去年买来的质量不好的绿肥种背到太安,请太安的叔叔卖掉,暂从叔叔家要(换)了品种好的绿肥种。和闰清等是随便去逛街的,回来时买了些菜之类的。和林及爱人和芳一人背一口小猪去太安街上卖,货倒不怎么好,可一口小猪卖价65元,真是生意好。和四闰也去太安街,买了一些烟准备在家转卖。

和作典请和一华、和社红两人开两辆手扶拖拉机到田时堆肥。已着手准备春耕。

和社谷在夏季开好的荒地里烧火土,在做种洋芋的前期准备工作。

大部分村民都在找柴、拉松毛,的确比以往年松闲多了。

2004年2月21日　农历二月二日　属日:马　天气情况:晴

妇女们在和四闰的院子里排练"三八"节的节目。

鹤庆洋芋老板今天从和彦花家买了6000斤洋芋种子,从和贵立家买去7000斤洋芋种子,每斤0.12元。一共13000斤,说是要拉到弥渡县去卖。问他:"这几天为什么不买大洋芋?"回答是:"大洋芋价钱涨不上来,拉了要贴本。"

和作典家开始在院子里堆肥,参加的人是儿媳和爱花、妻子和八娘,还有嫁到满上村的小女和金秀,紧张进行了一天才完成三分之一。问题是积的厩肥太多,所种的土地面积也多,他家的土地本来就很多,加上从去年起还种了满上村姐姐和爱社家的肥田。

和五哥家也在进行堆肥,他家的人比较多,他两口子加上放学在家的读书娃就有四人。和林、和芳两口子也在帮忙,其妹妹和秋谷也在帮忙。他家堆肥的工序多一道,就是积一层厩肥积一层腐叶,加一层大粪,看来在今天难以完成。

和社香也在堆肥,她是自个进行的,丈夫出去砍柴,儿子上初中正进行补课学习,姑娘尚小不会帮忙。

和耀兰也在进行堆肥，她上高中的大女儿和丽菊用星期天休息之机来帮忙。

部分村民已在进行春耕前期的准备工作。

部分村民认为还早，还是在带闲带做往山上走。

2004年2月22日　农历二月三日　属日：羊　天气情况：阴

村委会书记和国军去参加黄山镇人民代表大会。同行的还有村委会副主任和丽军和村委会主任和继武以及各自然村的代表。

和社山在院坝里进行堆肥。因他爱人和闰芝从去年年底以来患风湿病，虽经多方医治，但效果不佳。和社山本人也不很干农活，加之小女和玉梅已在前个月出去打工，家中活计及田里活计就落在大女和玉兰一人的肩上。堆肥这活计一人忙不过来，所以请了和金合、和自华、和自忠三人来帮忙。从今天的进度看，他家还要进行两天。

和玉祥已在今天开始堆肥了，但她只身一人干。只堆出一小点。

和五哥由于人多心齐，劲大，他家的堆肥活已完成。

和福兴两口子也开始堆肥了，他们的亲家爹和圣伟、亲家母和六娘也参加了他家的堆肥活动。他们两亲家是计划一家堆完了，再堆一家的，很团结。

2004年2月23日　农历二月四日　属日：猴　天气情况：晴

满中村和福军及妻子吾秀携姑娘和兴娣去汝南村参加丧葬活动，吊唁和秀的伯伯。他俩所带的丧礼的确很多。首先是八碗肉食品，是昨天就从丽江城里饭店买来的，大肉一碗、炒肝一碗、炒瘦肉一碗、鸡脚一碗、鸡肉一碗、鱼一碗、红烧肉一碗、心肺一碗。接着就是玉米10斤、大米10斤、小麦10斤、燕麦10斤，一盆上加一条过滤嘴春城烟，一盆上加两袋茶，一盆上加两瓶包谷酒，一盆上加一袋水果糖还加了一张100元面额的人民币。还带有一个鲜猪头、一只公鸡、一挂腊肉、一个花圈和三箱瓶装酒、一箱饮料三条烟，这些是出葬后，准备招待他们村的"足若"（注：抬棺埋棺的人）用的，还有一床祭帐。

随他们家同去参加的有和福军大姐的女儿和闰清，也带了5斤米。二姐夫和福生，他也带了5斤米。还有满上村的和立黄，他也同样带了5斤米。

还有满下村的和家良，她也同样带了5斤米。

和玉祥的丈夫和国军昨日回来，主要是进行今天的送拉肥。他要把肥料拉到村子上面的山地里去，虽说不算远，但坡度大，没有正规的车路，从家里拉到地里很吃力。所以请了他的岳父和二友、岳母和六芝、大姨妹和一兰来帮忙，一人开车，四人推车，好不热闹，拉三车肥整整折腾了一天。

和朝泽也回来拉肥到田里堆肥。

2004年2月24日　农历二月五日　属日：鸡　天气情况：晴

夜晚23时左右，从旦都方向传来嘟——嘟——嘟的牛角号声。约隔了一个多小时，又传来嘟——嘟——嘟的牛角号声及"喂——哈哈；喂——入绪，喂——哈哈；喂——入绪（赶鬼的声音）"的高呼声。从这声音判断，知道旦都村有人去世了，但这时还不知道是谁死了。

村委会书记和国军，领着三位玉龙纳西族自治县水务局的同志，来考察文笔山后面的水源。勘察的目的和结果，今日还无法知晓。

和珍福两口子开始在院坝里堆肥。和圣伟、和六娘夫妇及亲家和福兴、杨耀秀夫妇正在堆和圣伟家的肥，她们的儿女们都外出务工，男的开出租车，女的开饭店，都在为两家的经济收入而拼搏。在家的两对亲家也不甘落后，奋起直追，劲添百倍，越干越有劲，越干越心欢。心里只期待着来年两家人畜兴旺、经济收入倍增。

2004年2月25日　农历二月六日　属日：狗　天气情况：晴

恭喜旦都村的青年小伙子和述典，今日已成丈夫。他是在劳务输出进城两年来，在城里开出租车时，结识了太安乡红麦村的已在丽江打工多年后自己经营小食店的姑娘和七四，并紧追不舍，狠抓不放。功夫不负有心人，在他的一味追求下，女青年嫁到南溪行政村。

和一华、和茂花、和社红、和金羊、和金红等，每人手提着一瓶酒去旦都村，看慰昨晚去世的和九大妈家属。这次去主要有三重目的：一、安慰死者家属；二、探询出灵日期，以便通知各自家的亲戚前来吊孝；三、探询和提议该戴孝的各方亲属，参与及提出要戴孝的人员。

和木金家还没有堆肥，就拉着厩肥在往旦都方向的地里种了一些洋芋。全村大部分人家已开始堆肥，等到农历二月十五以后（惊蛰节令），就开始种洋芋，少部分人还没有开始备耕，认为还早。和木金今天就在这块田里种一些洋芋，其主要目的是拦住别家运肥的手扶拖拉机（去后面的这一片土地，必要走过她家这块地），人们在这样的议论："年年如此，岁岁依旧，她母女俩就这样，他们的手扶似乎长了翅膀似的，能在天上飞一般，只想她们的手扶在别人家的地里奔驰，不想让别人的辗一下他们的地。良心何在，行为也邪。"大家皆在背后指责她母女俩。

2004年2月26日　农历二月七日　属日：猪　天气情况：晴

下午两点左右，文笔山后面的山上起火了。火烟浓浓，镇党委、政府打电话通知在开车营运的书记和国军："赶快灭山火!"和国军接令后迅速赶回村中，组织满子师三个自然村的村民（上、中、下村）赶赴火灾现场进行扑火。部分镇领导及干部也赶到现场组织指挥救火，村委会书记和国军、主任和继武、副主任和丽军也参加了指挥的行列。人民群众出于热爱家乡、热爱自然、热爱森林的高度责任感，与烈火展开了英勇的搏斗，大家齐心协力，有的开挖隔离带，有的扑打蔓延的火苗，到7时左右把大火控制住了。为了防止风起火燃，满上村和文屏村各选了身强力壮的男人20名，睡在火灾现场，严密监控，和国军、和继武、和吉红（林政员）、和习红（旱季巡山员）都在场和两村群众一起坚守战场。火扑灭后，满中村和满下村的群众摸黑回家，大家感到很累但很高兴，帮助邻村扑灭了山火，保证了其余大片森林，同时也感到很自豪，因为这么大的火灾，拼搏三个小时左右就战胜了。大家深刻理会到了"民心齐，泰山移"这句名言的真实含义。

和仔黄两父子在撬拉石头，准备春耕结束后修房子用。南溪村寨的农时到清明节后40天左右较为清闲，居住在南溪村寨的纳西族历来就视清明后到6月雨季开始时这段时间为起房盖屋、翻修家舍的黄金时间。一则农活较松，二则白日较长，工作时间多，三则没有天气的干扰。所以需要起房的，秋季就备好木料，需要翻修的，在秋冬季节就备好所需材料，到时顺利进行建设。

和珍元两口子仍做洋芋生意，他利用县城中学开学前准备菜的机会，把一车洋芋都拉到玉龙县一中学生食堂。确实是越做生意脑瓜越灵活，生意越做越火红，一天能处理近3000公斤洋芋，能盈利200多元，这是一个不小的收入。

2004年2月27日　农历二月八日　属日：鼠　天气情况：晴

和社香、和彦兰、和五哥、和贵立四位学生家长，到玉龙县一中为学生注册报到，交书杂费。

一部分人仍在院子里堆肥，这已进入到备耕的最后阶段，再过一个星期就可以开始耕种洋芋了。和作典、和作才两兄弟已经开始犁田了，是满下村中最先开始犁田的。他们两弟兄已在属鸡那天（23日）就比了一下犁田的式子（驾上牛犁上两三垄）。因为居住在南溪村寨的纳西族村民，在牛闲了一段时间后，必须选择在属牛、属蛇、属鸡日才能开始犁田，如没有时间犁或不忙于犁的话，要在这三相日里比个样子，以后就可以任意犁了。

和社山昨日从城里拉来鲜菜在村里卖，生意很好，因为今日是"三朵节"，明日是"祭祀祖先"节。人们都抢着买不常吃的鲜菜。

农历二月八是纳西族的"三朵节"。旧时的二月八，纳西族人都到白沙的"三朵阁"向纳西族的开元祖师"三朵"烧香磕头，愿来年祖师保佑平安。居住在南溪村寨的纳西族先民，因路途遥远，又缺乏交通工具，因此，在自家的院子里设了个"冲巴近古"（烧香、磕头、用酒茶祭祀"三朵"的祭坛，面向"三朵阁"方向的围墙设置三角形的可放置杯、碗的坛子）进行祭祀"三朵"的活动。这一活动是这样进行的：早饭后就由家里的长者在坛上铺好青松毛，然后摆上酒茶、燃上香。晚饭前，就把各种做好的饭菜、肉一样夹一点，放进瓦片中的火炭上，放于坛下边，插上香，全家人跪在坛下磕头，以求"三朵"保佑平安。

现今南溪村民的"三朵节"，时逢36岁、49岁、60岁男人要抱着大公鸡，坐车到"三朵阁"，在"三朵"像前烧香磕头，杀鸡献肉并吃上一顿。多数村民相约到文峰寺游玩、打牙祭。

2004年2月28日　农历二月九日　属日：牛　天气情况：晴转阴

村民和家良昨日去"三朵阁"烧香求平安。昨晚睡在玉龙县医院当医生的女儿和朝花家里。今日回来，到家就高兴地告诉全家："朝花女儿由昨日启程去香港、深圳、澳门、广州等地去旅游，从昆明坐飞机直达香港。"这是南溪人在外工作人员中去得最远的一例，是她的幸福也是南溪人民的荣耀。南溪的水土养育出像她一样的一批人，相信他们也会像她一样去开阔眼界，增长才能。

今日属牛，有不少人家开始犁田。和德华、和二福、和金胜、和作典、和作才等人趁今天的属日进行犁田。和金红、和福军两父子及和圣灿等三人也犁了一上午。

鹤庆的洋芋老板从和木家买去品种为"护水八八"的洋芋15万斤，价格为每市斤0.26元，共收入3900元。这个价格是今年的最高价。

今日是南溪村寨的纳西族村民祭祀自家祖先的节日。中午刚过，各户的长者就在厨桌上摆好祖先牌，点上香，手拿酒和茶到大门口，在事先铺好青松叶的地方插上香（大门两边），然后敬上酒茶，口中念叨着："今日是农历二月初九，和氏后生恭请本家的历代祖先回家中休息！"说完手拿酒茶和香回到家中，燃着的香插在香瓶中，摆在祖先牌前面，然后摆上酒、茶、糖、瓜子，还摆上糯米条、油条、馒头等食品。口中念叨着："请本家历祖代宗上坐喝茶、喝酒!"说毕跪地磕头，然后忙着做饭。节日的饭菜要比平时丰盛得多，其中肥肉一碗、瘦肉灌肠一碗是必备的，其余就看各家的口味怎样，出嫁的女儿如果爹妈中有一人去世了，就必须在今天带一瓶酒到家来给祖先敬酒。家人等要女儿到家后，揭开瓶盖向祖先敬上酒，把所有做好的饭菜摆在供桌上，主持者手拿酒瓶往三个酒杯里盛酒，又拿来一把香点上火，再找来张瓦片，里边放上热灶灰，从每盘菜中夹出一点放于热灶灰中，家人跪于供桌前磕头，主持者一边口中诵道："二月初九日是众祖先回家休闲日，探望后生的吉日，请祖先们吃饱喝足后，一起回去，请多多保佑你们后生平安、幸福。"然后再从每个菜中夹一些放置于三个小碗中，并将三个小碗和三杯酒三杯茶、一些糖果瓜子和瓦片一同端出去到送祖的地方，放上瓦片，插上香，把酒和茶、菜撒在瓦片周围。等主持者回来并把祖先牌收好后，全家就开始吃饭。

2004年2月29日　农历二月十日　属日：虎　天气情况：阴

村中妇女们这些天来，吃过晚饭后都集中在村委会妇女主任杨耀秀家里，排练出席黄山镇政府组织的庆"三八"活动的节目。她们排练的节目以"民族打跳"、"十悲"为主要内容。

古城区术河乡忠义行政村的一个能人（石匠、沙犁尖者）来到本村和福兴家，他是和福兴爱人杨耀秀的干兄弟。他身带切割机、电砂轮，趁南溪村寨春耕即将开始之机，来南溪沙犁尖。他一到，想沙犁尖的村民蜂拥而至，因为该村有三年没有铸犁尖了。人们争先恐后地从自家找出旧犁尖来到和福兴家请忠义师傅沙犁尖。他每张犁尖收沙工费6元，从早到晚可沙10多张，收入60多元。他为南溪村民解了燃眉之急，同时钞票也装满了他的腰包。

和作武、和习红、和四闰、和四福、和金红、和圣灿等已开始犁田。

和福寿两口子从厩里出些厩肥，并从山上找来腐叶，合起来堆在田里。至今，南溪满下村54户人家已堆完肥。有些怕拦着拖拉机运送的路的人家把肥堆到田里，以便种时省力省时。

（三）3月份日志

2004年3月1日　农历二月十一日　属日：兔　天气情况：阴

村中小姑娘和学青从今日起，到南溪完小为老师做饭，当学校的炊事员。她是满下村寨小姑娘为学校当炊事员的第五个人了。第一个是和青梅，第二个是和永秀，第三个是和金贵，第四个是和闰青。和青梅因嫁人而终止此事，和金贵随未婚夫和四青去城里与和青梅合伙开饭店。村民和满菊今日开始在白华租房开饭店营业。她此前已在农家乐饭打工近四年，所以她有把握把这个饭店经营好。没有伴，自个经营，她很自信。

　　南溪完小的老师全部收假回校了，今天上午举行了新学期开学典礼。校长和丽华组织了升旗仪式，并发表了开学演说。他希望"新学期里老师们团结一心，同舟共济；希望同学们加倍努力学习，争取用优异的成绩向党和人民报喜，向家长报喜"。分发课本之后，学生就放学，老师集中学习，安排新学期的教育教学工作。

　　和家良、和福春婆媳俩在去年种的油菜地里挖油菜根茎。理由是往年油菜根没有挖除而影响犁田，锄、薅洋芋时不好作业。如若犁田前就把油菜根挖了烧掉就好耕作。有一部分人也学着她俩做，因为去年种油菜的田今年多数又轮种洋芋了。这样做似乎费工，但今后薅锄时就能提质提效了。

　　村民和国亮从汝南村请了妹夫和洋及一头耕牛，来犁他家的田。因为他家原先的牛耕伙伴和万林去城里开出租车，把耕牛卖了（因为家里人手少难以饲养），和万红家的耕牛也卖了，又买了一头小牛。和万林又买了一把用拖拉机耕地的铧犁。和国亮已经是五十四五岁的人了，掌不动沉重的铧犁，所以不得不从远隔20多公里外的汝南村请来妹夫及牛。村中虽有亲戚和女婿，但他们都去城里开出租车了。

2004年3月2日　农历二月十二日　属日：龙　天气情况：晴

　　村民和仔红，因家中住宅地太窄，打算搬出来。经过几天的奔波，终于与和桂立、和社元达成了交换田地的协议，选定的新宅基地为村子最后边和珍福家旁边那块。说干就干，今天下午就拉来一车石头丢在了新宅基地里，并把周围的垃圾、碎玻璃等清理了两三车。他打算今年先从古城区前山行政村行茂洛自然村买一所旧房安在新宅基地，并于昨天议价成功了，7000元的一所，他得在明后两天内把钱付给房主吾利红，以防他变卦，付了钱后，他就可以慢慢地拆迁，等到明年再搬迁家里现有的房子。

　　下午丽江市公安局刑警队的十多位民警前来南溪张贴丽江市公安局通缉令，缉拿"2·23"云南大学特大杀人嫌疑犯马加爵，并收搜其踪迹，向村民宣传通缉令的内容。

　　村民家卖洋芋，一种为"胜利二号"，一种为"护水八八"。议价为"胜利二号"每公斤0.4元，"护水八八"每公斤0.5元。鹤庆老板娘请了邻居和六娘、和木光、和国臣、和二牛、和社菊、和春兰、和永秀、和玉琴，加上他共有9人过秤上车。大约上了7000斤左右,鹤庆老板娘嫌洋芋小,捡挑得很厉害,除了捡掉烂的,还把中小点的好洋芋也捡了出来,于是双方发生了口角。老板娘嘀咕:"洋芋这么小这么烂,真不该买你的烂洋芋。"卖方说:"正因为小些、差些才卖0.5元一公斤,要不0.6元都不卖给你!"双方争执不下,等到双方男人来了,鹤庆的车夫说:"既然买了就不要发牢骚了。"也劝说装洋芋的妇女们,"卖了就是了,不要吵吵嚷嚷的,实在太小的就让她捡出得了。"大家又开始上了,结果"护水八八"刚好1万斤,"胜利二号"1900斤,合计人民币3880元,他家的洋芋全卖完了,是满下村中2004年第一户卖完洋芋的。

2004年3月3日　农历二月十三日　属日:蛇　天气情况:晴
旦都前村老孺和九(兴梅九)的丧葬礼今晚举行,满下村寨的不少村民前往参加吊唁活动。虽说她家的至亲不多,但南溪村寨的传统风俗是:"只要带点亲,一家跟着一家去奔丧。"因此,有近1/3的家户去参加了。

今天上午有近15家左右的人到古城区七河乡共和行政村小南溪自然村去参加由本村寨嫁到小南溪自然村的和春芝岳父的出葬礼。除和春芝的近亲外,其他10多人4点钟就回到家中了。

到丽江坝子做木匠的村民组长和国兴及村民和建良、和金满等竖了两所房子后回到了家里,准备参加种洋芋的劳动。

村民和万琼一大早从城里返回,抓紧时间用手扶拖拉机犁田,犁了好几块后,到下午又乘车去丽江城开出租车(晚上开)。真是人到中年万事忙,农忙时既要犁田运肥、又要抓经济收入。虽是苦,也乐在其中也,因为任何一个父母为供娃娃求学,真是苦乐同在。特别是当娃娃的学习取得点滴进步时,还是苦不觉苦。和万琼也是属于以上所述的状况。他的儿子和丽锋就读于玉龙县第一中学初三年级,且学习成绩名列前茅,姑娘和丽梅就读于南溪完小五年级,成绩居上。

今年春耕,有不少村民犁田不用牛了,而是用手扶拖拉机来犁,这做法确是好处多些。一则不用伴,自己想怎么犁就怎么犁。有的拉着肥料、铧犁、洋芋种、老婆一次性到位,到田里后,把拖斗拆开,安上铧犁就可以男耕女种同时进行。二则一年四季不需苦死苦活饲养牛。

2004年3月4日　农历二月十四日　属日:马　天气情况:晴
村委会书记和国军同志去参加玉龙纳西族自治县十届二次人民代表大

会，商讨富民强县的大计。

外出开出租车的村民和实回来做自家的春耕工作，用手扶拖拉机往地里送肥。他是较早的驾驶员了，近三年来他每年都是生产开出租车两不误，是个善动脑子、肯干的实干家。他家的各种事业也发生可喜的变化，真是"功夫不负有心人"。

村民们大部分已开始犁去年种过蔓菁而今年准备种洋芋的田块。平日在家领子孙的休闲老奶们也携子孙在翻犁了的地里打土块，这些土块打碎后，勤些的农户还想再犁一次才种洋芋，懒散些的农户则只犁这道就要种了，这部分人占大多数。从犁二道者所占户数看，犁一道或犁二道似乎对洋芋的增减并无多大关系，要不然，家家户户都会犁二道。

村民和顺明家也开始种洋芋了，他用手扶拖拉机拉着肥、犁、洋芋种，在怕被别人拦了手扶拖拉机路的地里种洋芋了。他家两个姑娘和会、和永秀（二人为妯娌，"姑娘"为纳西人亲昵的称呼——整理者注）也在帮他种洋芋。

村民和建国，趁春耕大忙来临之际，训他家的牛犊，他请和建忠、和永良、和社元、和德华、和金红加上他父子三人共八人来训练他家牛犊耕田。但牛犊一架拉杆就躺下了，叫牛像马一样拉木头，它却乖得很。训了一天牛犊耕田，一点也不奏效。

2004年3月5日　农历二月十五日　属日：羊　天气情况：晴

村委会妇女主任杨耀秀组织满下村妇女演出队在她家院坝里进行预演。下午，参加演出的20多个妇女同志们穿上节日的盛装，梳理着整齐的头发又到和六娘家院坝里进行了预演。院坝里挤满了观看的人群，男女老少都有，最大的有八旬多的老孺和兔，最小的有还不到半岁的男婴和丽东。就连南溪完小的学生也由三个老师领来观看，把整个院坝挤得满满的，水泄不通。

妇女演出队以嘹亮的歌声、动人的歌词，以纳西族"十悲"的对唱开始，歌唱共产党的好领导，歌唱实行计划生育的国策带给妇女们的幸福，歌唱妇女当家做主人、顶着"半边天"的功绩。以优美的舞姿边舞边唱各级党委政府对妇女儿童的关怀，观看的人们赞不绝口。云南大学纳西族村寨日志记录员和尚勋老师用相机摄下很多幅优美的照片，还为全体演出的同志摄下了合影照。

和建良、和子一、和子红三人犁地，一人牵牛，二人掌犁，三头牛都是牛犊，不到两个时辰就得轮换一头牛。三头牛犊犁地确是叫人害怕。因为牛犊的本性是好斗，一旦人们不注意，就有顷刻间斗起来的危险。所以三个大人全神贯注地犁着。

和福社请来满中村的舅爷和福军，用手扶拖拉机去犁去年撒种油菜的山地。和福军是从去年开始不养牛，以手扶拖拉机代牛来耕作的，因此，技术还算可以，要不然没有经验的人是不会犁完近10亩地的，而他一天犁8亩以上是常事，而且感到轻松。

和建国家训牛犊，连续三天多人苦战，终于在今天战胜了不通人性的牛犊，牛犊被有经验的农民驯服了，它也能犁田了。

2004年3月6日　农历二月十六日　属日：猴　天气情况：晴

村民和福春参加驾驶汽车理论考试已是第四次了，从小就不读书的农家妇女今日终于获得及格成绩。她跟车学习得到驾驶执照后，将改变她过去的生活方式。

满下村寨妇女演出队身着纳西族的节日盛装，由杨耀秀同志带领，分别乘坐书记的车、满上村吾卫东的车，去参加黄山镇在中心校球场举办的庆"三八"活动。

她们是排在第三个登台表演的。当她们的节目进行到中间段时，全场响起了雷鸣般的掌声。演出结束时，再次响起了经久不息的掌声。有的甚至高喊再来一次。有的老人交头接耳议论道："南溪妇女至今还承传民间的艺术，不简单。"主席台上的领导们也低声议论："歌词内容的丰富健康，歌声的婉转动听，舞姿的古老而优美，体现了纳西族妇女的勤劳、善良、热情的特点。与现代舞表演相比别有一番趣味。"评奖得了第二名。

晚上她们还到丽江市古城四方街跳，到11时还在丽江市七星街跳，得到了观众的好评。

村民和社山拉着一车废旧物品去丽江，把废旧品卖给废旧品收购站后拉回一车新鲜蔬菜、甘蔗、柑橘等在本村卖，做到上下不空车，有了一定的经济收入。他越干脑瓜子越灵，越干越红火，家庭生活改善了，家用电器增多了，收入也名目繁多了（猪种收入，每配一只母猪收15元，小卖部收入、饲料粉碎收入、收废旧、卖菜等收入），满子师村的钱几乎都往他的腰包里装。他真是个村中能人，十多年前如像这样的话，他家在南溪肯定是小康的第一户。

该村寨此次参加演出的人员是：杨耀秀、和玉金、和二女、和亚兰、和益花、和寿香、和社菊、和万芝、和四、和福春、和子香、和银谷、和世香、和三姐、和妹、和亚良、和闰英、和英、和秋谷、和茂良、和爱花、和社芬、和海、和满谷等24人，年龄最大的为和社芬41岁，年龄最小的和世香、和福春30岁。除和闰英因患妊高症不能生育外，其余都是两个孩子的母亲。娃娃最大的近20岁，最小的才咿呀学语。

她们第二天早上分手后，有些会晕车及到过云杉坪的妇女十来人回来了，那些没有到过云杉坪的妇女相约到云杉坪游玩了一天。

2004年3月7日　农历二月十七日　属日：鸡　天气情况：晴转阴

村民组长和国兴、和德华父子用手扶拖拉机犁地。说是两父子，其实和国兴只是做一下儿子的伴而已，有时他抡起手臂挥耙打土块。

和万寿、和万红两弟兄也在用手扶拖拉机犁地。他两弟兄是今年才开始学用拖拉机犁地的，但聪明的人一看即会，看别人犁了个把小时后，和万寿自己驾驶犁田了，和万红也跟在后边看着和万寿怎样操作。

和万军、和礼福也在用手扶拖拉机犁地，和礼福可算是老手了，他从去年就开始用拖拉机犁地了。和万军学着，和礼福跟在后边指教。

今年春耕，二牛抬杆的传统犁田方式大多数被拖拉机犁田所代替。

该村二牛抬杆耕作的牛组只有10组了，往年是20多组。

2004年3月8日　农历二月十八日　属日：狗　天气情况：晴

在丽江开出租车的和朝亮，回来参加春耕生产。他顺便带回来在玉龙县医院当医生的姐姐和朝花从澳门买回来的"老饼家"蛋卷、从香港买回来的"金针鱼"、"元朗老公饼"、"老婆饼"等名特产品，让老人和孩子品尝。其母和家良边吃边自豪地说："供孩儿时够苦了，现在有了点滴回报，从心底感到高兴。"和朝花还特意从香港买回了娃娃的衣服。目前她是该村寨在外工作的人中差旅去得最远的一个。

除个别几家外，绝大部分农户开始种洋芋了。种洋芋的工序是：犁打土块、放洋芋种、盖厩肥、撒化肥（磷肥与尿素混合施底肥）、垒台（盖土）。人手多的进度较快，人手少的进度较慢。当然也有生产技术巧与拙的差别，也有劳力强弱的差别。

部分开出租车的人也回来参加犁田、送肥，如和万寿、和万军、和朝亮、和圣武、和仔立、和实、和万琼等，都停开出租车回来参加春耕生产。

和革会出去开出租车，他爱人和闰英因患高血压病，从今年开始不再耕种农作物了，而是准备由丈夫开出租车挣钱养活她。

过去传统的种洋芋是不撒化肥的，而是烧火土拌厩肥施。

今天是"三八"节，村中妇女已于6日提前参加了镇政府组织的庆典活动，有些由昨日返家，今日耕作。有些则相约去云杉坪玩，今天才陆续返家。

学校有四名女青年教师及两名女炊事员，因教委准予放女教师的假，大部分男青年教师也一同前去拉市海游玩。学生放学。

2004年3月9日　农历二月十九日　属日：猪　天气情况：晴

和三哥、和四红、和五哥、和林、和自华、和国红等到前山伏仲村吊唁前天病故的和天益遗体，劝慰其家属。和天益之父和六福是本村人去伏仲上门的，和天益的长女又找了和三哥、和四红、和五哥、和林的侄子和文华为婿。和天益病故时为长女举行婚礼才20多天。

今天是"惊蛰"节令第四天了，村民全力投入了种洋芋。有的男耕女种，有的男女同种，男人开着拖拉机，拉着肥、种、人，一次到田中耕作。到今天，该村寨除和三友、和朝泽两家未开种外，其他全都开始种了。有些人家甚至起早摸黑地干。和万林还特意从汝南村请来妹夫及侄子帮忙。

很多人都先种远处的地，由远到近地种，土壤较干的先种，较湿的后种，原因是怕出芽过早，会遭黑霜的伤害。该地方有一句气候谚语是："清明断雪，谷雨断霜"，说明本地霜期较长。

有部分村民还是慢腾腾的，他们的理由是："过了清明节下种的洋芋收成更好。"不知这种说法是否准确。但有一点是可以肯定的，改变传统的耕作方法和下种节令也还是有好收成的。从犁田上来讲，过去撒过绿肥及菜籽、蔓菁的地种洋芋前必须犁两道，家家如此，勤快些的还犁三道。现在大多数人只犁一道了，只有和作典、和作才两弟兄犁两道。

2004年3月10日　农历二月二十日　属日：鼠　天气情况：晴

和仔红、和菊花两口子请舅爷和社兴、和社红两弟兄在"楞实古"山上撬石头，他们都年轻力壮，到中午时分就撬到了满满的两手扶拖拉机石头，准备作为从"行茂洛"买来的这所房子的基石，并将其拉到准备搬的新地基里。

满下村寨村民和福春早晨天一亮就乘坐书记的车，去丽江安通驾校跟车学习操作。

汝南村的吾社福（满下村民和福光的女婿）在山路上骑摩托车如同在宽

广马路上,他从"楞实古"山路上飞也似的飞驰而来,真叫旁人望而生畏。

和福光、和国臣、和国红三家,一边二牛抬杆犁田,和仔元一边用手扶拖拉机运肥到田里。和自华、和自忠施农家肥、施化肥,妇女们有的点种,有的垒台,干得热火朝天。三家合伙劳动,在目前包产到户的南溪村寨,不多见的(除了一部分完工而帮没完工的外)。

和礼福用手扶拖拉机犁田,一个人操作,不休息地犁,干了四个多小时就把两块地(约八亩多)犁完了。他休息时谈论说:"这块田前几年用二牛抬杆,要整整两天才犁完,可见机械化与原始的农耕悬殊是多么的大。怪不得满上和满中两个村寨已不见耕牛的踪影,而都用手扶拖拉机代替。"

和顺明、和永华、和立军三人用牛犁田,和顺明拉牛,和立军赶牛,和永华掌犁。和立军家的牛很不乖,走几步就跳或跑几下,很难犁。但和顺明一点也不怕,边在前边拉着边吆喝:"慢些!"和立军掌牛也很稳,牛跑他也跑。要不是这两个人胆大些,必定不敢用此牛。

2004 年 3 月 11 日　　农历二月廿一日　　属日:牛　天气情况:晴

丽江市电信局的技术员来南溪洽谈安装小灵通信息台事宜。看来今年真的要动了;去年就有计划的,但最后只成了口号。

该村寨最后动工春耕的和仕芬家已在今天请金龙村的侄子吾星用手扶拖拉机犁地。他犁得很卖力,因为金龙村家里也在忙着种洋芋,也须他去犁田。所以他舍不得中途休息,拼尽全力犁了 10 来亩。和仕芬家可能今年就种这么多了。因为她现时只有母子俩,大儿子出去开出租车,去年前年还回来帮农忙。今年开始大儿子和春红把老婆娃娃都领到城里了。二儿子和春刚在官房酒店当保安。三儿子和三友虽是小伙子,但长得弱软,掌不起犁,去年、前年和春红没有回来时就请旦都的吾兴来犁,和春红回来就和春红犁。他们家在村中好像缺了帮手,不知何因。

和秋谷因丈夫开车未归,请和朝亮开车送肥到田里,今天开始种洋芋了。到今日全村除和闰英不种庄稼外,都开始种洋芋了。

2004 年 3 月 12 日　　农历二月廿二日　　属日:虎　天气情况:晴

退休后居住在老家的和尚武老师去太安,听他的孙子讲是去拿钱了,可能是得到了住房补贴。

和圣武请来满上村妹夫阿五哥,用手扶拖拉机犁学校足球场附近的地。他这是借种满中村他爱人和爱花之姐和爱社的地(和爱社从去年开始弃农进城跟随丈夫和福祥开出租车,他们是满子师三个自然村中第一户弃田离农双双进城开车的)。和圣武家目前在满下村寨算是田最多的人家之一,从去年就种了一部分和爱社的地,今年又增种一块五六亩的地,全靠他父亲和作典勤劳,而且和圣武、和爱花两口子也是村中数一的勤俭夫妻,所以想种多少就种得了多少,想干什么就能干出什么。

和朝亮请满上村的姨表和亚军用手扶拖拉机来运肥。他家原有一辆很好的方向式手扶拖拉机,但他出外开车,怕父亲退休后又去开拖拉机惹人笑,因此就以3500元的廉价卖掉了,如今全家人都感到很后悔,特别是他妈妈。的确,如今的农业生产不用机械化是赶不上别人的,手扶拖拉机是山区农业生产运输、犁田的必备农具。他又想买一辆了。

和作才也请村民和四前用手扶拖拉机犁田,看来到明年二牛抬杆犁田的人会比今年更少,因为人们看到了不一样的效率。

2004年3月13日　农历二月廿三日　属日:兔　天气情况:晴

和国红、和国臣、和金合、和林、和亚梅、和亚月、和满秀、和益兰、和银谷、和玉兰、和圣伟、和秋谷、和三姐、和妹、和菊花等人,去前山行政村伏仲自然村参加和天益丧葬礼。和国红、和国臣与和天益是叔伯弟兄,所带去的礼也大些:花圈1个、挽幛1床、肉2挂、米2盆、包谷2盆、燕麦2盆、酒10瓶、烟2条(和国红与和国臣是同胞弟兄,已各自成家,因而肉米、包谷、燕麦、酒、烟每家一份,花圈和挽幛是两家合起来送的)。和金合与和天益是叔伯姐弟,她带去的也不少,米1盆、包谷1盆、燕麦1盆、肉1挂、烟1条、酒1瓶。

和林、和亚梅、和亚月、和三姐、和妹、和菊花、和满秀、和秋谷、和银谷等人,是随大哥和金甲去参加葬礼的,和金甲是死者和天益的亲家。以上9人所带的礼品是5斤米、半挂肉(约2市斤)。和益兰、和玉兰、和圣伟是随亲戚去参加的,和益兰、和玉兰带去5斤米、半挂肉(约2斤),和圣伟带去5斤米。和国红开手扶拖拉机去参加丧葬礼,有部分人坐着了,有一部分人没赶上,只有开自己的"11"号去了(指走路——编者),但路也不远,只有八九公里。

有一部分人出殡后转回来了。和国红、和国臣、和金合、和益兰、和玉梅等留在那儿,等明天上坟(伏山)后转回。

和朝泽请他叔叔和尚勋犁洋芋地。他俩人都不会驾牛。和朝泽是开车闲了一段时间,和尚勋是退了休的老教师。两人二牛抬杆的活本应不在话下,但不活动的时间一长，笨手笨脚，人的脚步跟不上牛的脚步。但还是和尚勋老人驾牛，年轻的和朝泽掌犁。别人见了，都笑了。可能是笑犁得不好，也可能笑年轻的不驾牛而去掌犁。

除去前山参加葬礼而家中的确无人的以外，全村村民都在忙着种洋芋了。犁田的人家不多了，田差不多犁完了，所剩无几。

2004年3月14日　农历二月廿四日　属日：龙　天气情况：晴

在丽江开出租车的和革会，请来古城区七河乡三义行政村的泥水匠李满仲、李满七两弟兄，来筑他家的围墙。李满仲是大师傅，他看了和革会所备的材料，认为瓦不够，就转回七河乡三义村去帮和革会拉瓦。李满七自个已开始动手打围墙。搬砖、拌沙灰的是和革会及爱人和闰英两人。师傅一人帮手二人，不算紧张。

行政村医生和秀英，来到村中为和闰芝打针。和闰芝长期患风湿病，到处寻医找药，不见好转，只能靠打消炎针来控制，打几针便好点。

和朝泽在抓紧送肥，一整天他一人又上又下拉了四车。和顺达、和顺明、和立军三人用牛犁田。

和四前把地犁好后去做洋芋生意。

和社山从城里拉来包心菜、包包菜、葱、莴笋、干米线、地菜，还拉来甘蔗、菠萝、广柑等水果，在本村里卖了一阵，剩下还多，就拉到旦都、鹿子去出售，到傍晚时所剩不多，准备明天再去拉一车，但和国红来请他帮忙犁田，他只好把拉菜推到后天。

村民们全都在忙着种洋芋。

2004年3月15日　农历二月廿五日　属日：蛇　天气情况：晴

南溪行政村干部和国军书记、和继武主任、和丽军副主任组织村民小组长、副组长会议。会议的主要内容是填写《农民减负监督手册》。内容涉及农民收入应缴费的方方面面。会上由书记说明填写的方法及注意事项后，由各自然村村民组长、副组长负责填写本村农户的手册，每户一本。没有填完的，请村民组长带回去填好后交来。除满下村村民组长、副组长外，其余自然村的组长、副组长都到会。中午村委会准备了午餐，一碗肉、一碗干蔓菁花。因午饭时间过晚，全体干部们吃得很香。

有几个投资商由和国军书记陪同前往满下自然村落水洞考察，调研是否可以收回投资。调研结果还不明了。

这些天南溪纳西村寨是春耕大忙之季，大家都忙着犁田、往地里送肥、种洋芋。有些田多劳力少的人家就连学生放学后的个把小时也利用起来了，把小学生叫去施肥。很少有人在家休息，除几个年纪较大的退休干部及年近八旬无力干活的一两个老年人以外，75岁以下的农村老人也不得闲，力所能及地投入到春耕生产中。如满下村的和见兴、台梅娘、合梅仕、吾闰近、和文海等都是七十五六的人了，合梅仕已80岁了，还在精神十足的操劳着种洋芋的各个工序：打土块、放洋芋种、施肥、施化肥、垒土等。老人们的这种不病倒就坚持劳动的做法，一方面对子女有利，另一方面对老人的延年益寿也有利。的确坚持劳动的老人只要内脏没有病，长寿的较多，如吾恒活到92岁，娘梅仕活了94岁，芝梅恒活了88岁，这些人当时都是有名的吃苦耐劳的楷模。

2004年3月16日　农历二月廿六日　属日：马　天气情况：晴

和国军书记拉着满上村的和勤仁、和闰红、和勤建、和学珍，满中村的和国高、和三六、和三福等人到玉龙县大具乡参加和勤仁二儿子和学文在丈母娘家举行的婚礼。因为两亲家相隔甚远，100公里左右，和学文及爱人都在丽江打工，所以婚礼分两地、两时举行。今日在大具乡女方家举行婚宴，20日（农历二月三十）在丽江举行婚庆典礼。

和家良家及和学青家又从厩里出肥到院里堆肥。这是第一次没有出完，有意留下来准备第二次作堆的。她是在把第一次堆肥全都运到地里后进行的，也就是说，她家的春耕用肥已全部出完。

2004年3月17日　农历二月廿七日　属日：羊　天气情况：晴转阴

定居在满下村寨的退休老师和尚勋，昨日接通知：到黄山镇中心校总务处领取住房补贴存卡。定居在满下村寨的和作良老师因腿疼不能前往，故托和尚勋老师领回。和尚勋老师代其领回后，回来时顺便约上定居在满下村寨的和尚武老师一同到和金约门前的石头堆上，把和作良的房贴存卡交给和作良。和尚勋老师说明道："阿哥益，这不同于一般的拿份报纸给你，你的子孙知道我去帮你领房贴，而你年事已高，万一有个三长两短，没把存卡交给子孙的话，我就有话说不清了，所以给不给他们钱不关我的事，但要在今天内向子孙说明一下我已经把存卡交给你了，是很必要的，你一定说明一下。"事后和尚勋老师在饲料田里送肥时，看到和作良老师的两个儿子（和金红与和金羊）在"当泥句"（地名）犁田。就把刚才的情况向他两兄弟述说了一遍，并再三说明："这不同于一般的一份报纸或一点东西，万一老人把存卡弄丢或忘记放置的地方，就不好说了，所以对你们两弟兄我也要来说一下。希望你俩回去后就问一下老人。最好过目一下存卡。"两弟兄说："不消这么认真，但和老师说的完全在理。"

　　黄山镇派出所的民警三人来南溪完小检查安全情况。通过校长汇报、民警检查，认为南溪完小的安全措施是可以的，搞得不错，肯定了成绩，并建议在近期内对学校炊事员要进行健康检查（到县防疫站）。校长也作了保证，在近期内安排两位炊事员去做健康检查。

　　和社山今天开着他的微型车去丽江，路经金土坪村下边的山上时，看见一些饮料瓶。他停好车，把空饮料瓶一个个地捡了装上车里。到了白华，他又把车开进武荣村里，在一家门前停下，这家的老奶奶把老爷爷喊回来。老爷爷回到家后与他讲了几句见面时常说的话。敬了一两杆烟后，和社山就说："阿佬，你能不能把烂了的这架小型粉碎机卖给我，我买了几架烂的在家，好拆开后组合一架可用的粉碎机。"老爷爷信以为真，满口答应："可以，可以。"就问："阿佬，要出多少价？"老人说："你认为可出多少，你开价得了。"沉思了片刻，说："阿佬，以30元钱的价让给我好吗？"老爷爷说："可以，可以。"老奶奶在旁插话说："当作废铁来卖都可卖五六十元，30元太少了，但阿佬答应就算了。"和社山把烂粉碎机抬上车后，直接拉到城里收废旧场，一过秤算合159元，几分钟时间就净赚了129元。稍后，把从山上捡来的饮料瓶也以每个0.05元的价卖给了一位四川籍的捡废旧的妇女，卖了5元。一路上就净收入134元。回去时批发了一车蔬菜、百货。一斤菠萝批发价0.4元，他售价1元，每市斤净赚0.6元；百货副食品上也有很好的收入。他经商的脑子真灵，目前他是满下村寨经济收入最高的农户。

2004年3月18日　农历二月廿八日　属日：猴　天气情况：晴

　　帮和革会砌围墙的人多了两个，两人都是师傅李满仲的亲戚，其中一个小青年是才从学校毕业后跟李满仲学手艺的。和革会商谈工钱时就以每人每天20元的工价讲好了。看来围墙快砌完了，总共要用25个工，光工钱就要500多元，加上烟酒菜肉之类的钱，就得花近千元。但一生也只砌一次围墙，和革会不在乎花多少钱，他说："等砌完围墙，还要砌一所大门，一次就把要搞的搞好。"

　　因满下村寨村民小组长和国兴没有参加村委会召开的村民组长会议，今日下午村委会副主任和丽军来到他家中，把满下村寨的《农民减负监督手册》交给他，并说明填写时应注意的事项及所要填写的内容。和国兴一经指点就明白了。

在城区七河乡共和镇小南溪自然村的村民和付兴及儿子和七、女婿和立仁来满下村寨沙山买沙子。这里的沙子每车收费5元，由该村寨村民和国南收作吹放牛号的工钱。周围及远隔20多公里的小南溪村民都来满下村寨采沙。最近三年来采的人较多，因此收入可能也会相当可观，所以和国南母子看沙场很积极主动。

和朝东及和朝泽两弟兄用牛去犁田，和朝泽除有三分左右没有犁以外，基本上犁完了，和朝东还要犁几块。看来再犁上一两个小时就会完了。

全体村民都在紧张地种洋芋。有的早出晚归，如和圣武家、和三哥家、和尚友家，连吃午饭都不休息。有的松松懈懈。

2004年3月19日　农历二月廿九日　属日：鸡　天气情况：晴

和革会昨日拉了一车红砖，今天就请三义师傅李满仲等四人在下大门的石脚。四个师傅加上和革会五人紧张地干了一天，只下好大门石脚。李满仲说："千秋基业，马虎不得，要认认真真地干才能牢固。"和革会也说："我们一辈子也只盖一次大门，质量是关键。"的确他们五人从早忙到七时半才休息，看来明日就要浇灌混凝土了。

和朝东与和尚勋犁田。从10时过些就开始犁，犁到下午5时半就犁了九块田。说是九块田，每块也只有两三分。他们今天就把和朝东、和尚勋、和朝泽三家的地都犁完了。这是全村第一个犁完了的。这并不是他俩犁田技术高超，也不是抓紧犁地，而是他们三家的耕地面积少，和朝泽还借了和圣伟家的一块山地，和尚勋家也只有两个人的地。和朝东家虽有四个人的，但也是后来调整耕地时人家调出来的一点点地。

和习红、和四妹老两口今日没有犁地，他们帮吾春耀家种。可能明天和习红要请吾春耀送肥。

和益兰的未婚夫、金龙自然村的吾亚，来和益兰家帮忙种洋芋有四五天了。在他的帮助下，她们家种洋芋的速度提高了。和益兰也干得很有劲，有说有笑，心里很舒畅。

2004年3月20日　农历二月三十日　属日：狗　天气情况：晴转雨

和革会今日请堂弟和朝亮去丽江拉沟头瓦及水泥，另外还请了满上村的和丽军去丽江拉一车加工沙及铁皮大门。说干就干，昨天下好大门石脚，今天就去买大门，买材料，真是雷厉风行。是的，搞建设必须靠雄心壮志，也要靠必要的经济实力，还要靠年轻力壮。所以南溪村寨古时就有一句形容建设家庭方面的谚语："三十岁河东，四十岁河西。"意思是说30岁到40岁这年龄段的人，精力充沛，敢想敢干，心想事成；40岁以后的人精力减退，心有余而力不足。因此大多数人都抓住这段时间搞建设。

村委会副主任和丽军同志在行政村墙上张贴了上面发下来的"反对邪教，崇尚科学"的宣传画。过路人看了后即知道邪教对人民的危害，是骗人的。宣传画教育人民要反对迷信、反对邪教、崇尚科学。

和圣伟、和福寿、和珍元去丽江城做满上村民在丽江云杉坪当保安的和学文的客。满上村几乎每家都去了一个，满中村的大部分农户每家也去了一个。他们的喜酒在这月26日在大具乡女方家举行后，现又在城里由男方举行。地点在丽江花园大酒店。

远处田里看，有好大的一伙人在种洋芋，是谁家呢？最近几年该村寨中有这么多劳力的人家是没有的。走近前，只见是和国南大娘家的三个儿子及三个儿媳，再加上她二儿子和福兴的亲家爹和圣伟及亲家母和尚花，共八人，正在为和国南家种洋芋。和国南大娘的大儿子和仔福及二儿子和福兴分居另吃已十多年，三儿子和社元在本村和子香家上门，余下四儿子和光进，因最近几年身体欠佳很少做田间活计，而和国南大娘的眼睛又因患白内障而影响生产。因此最近几年她家的农活几乎都是她的三个分居出去的儿子、媳妇们帮忙做。这事例在本村寨中确实是团结的模范，是帮老助弱的典型，是纳西族友爱、互协、一方有难八方支援的传统美德的体现。他们八个人有的犁田，有的送肥，有的下种，有的施肥，有的垒土。大家紧张干两天就能帮她家把需种的洋芋都种完了，然后再分手去各种各家的。

2004年3月21日　农历闰二月一日　属日：猪　天气情况：晴

和革会今天开始砌大门的砖，看来4个师傅干得并不带劲，可能是由于点工的缘故吧！每工20元。师傅一块砖头摸三四次，工效慢。这样搞下来，他的围墙及大门还有中间一小堵围墙在花费上，会比以包工形式建两所大房子所花的工价款还多些。

村民小组组长和国兴，一早就拿着该村寨的上交税登记表、挨家挨户说明各户的农田情况及退耕还林情况，并说明县上要求把退耕还林地的税补上，即从2004年起要征收退耕还林地的上交税。他说明完后请各户的家长在表格的后面签名盖手印。他很认真，一早就走完了全村56户，完后及时上交到村公所。

金龙村的和金山用手扶拖拉机拉来发情的母猪，到满下村寨和社山家中配种。看来和社山所养的猪种目前在全行政村中是最好的了。要不相隔较远的文屏村、金龙村的村民就不会这样老远而来。

2004年3月22日　农历闰二月二日　属日：鼠　天气情况：晴转阴

和革会今天跟村民组长和国兴批了四棵大门梁头。吃过早饭他就请胞兄和朝东、堂兄和国军两人，并请了和朝东的手扶拖拉机，到指定的地点砍来了四棵梁头。他没有像一些不自觉的人那样少批多砍。

村民和朝亮一早就乘车去龙山街上买手把式手扶拖拉机，他是看到手把式拖拉机可以犁田又可以运输才买的，这是他六七年前就做过了的。拖拉机用铧犁在满下村寨是他第一个买来并使用的。他小小的年纪就先后买过四辆手扶拖拉机（买了开了几年后卖了，再买一辆开一段后又卖了），这辆是第五辆了。

2004年3月23日　农历闰二月三日　属日：牛　天气情况：晴转阴

中午12时左右在村公所召开南溪行政村党支部委员会议。参加会议的人有村支部委员和立章、和红光、和吉红、和国高、和勤良、和国军以及行政村村委会主任和继武、副主任和丽军、黄山镇党委副书记木建华、潘副书记、镇团委书记吴继忠、办公室干部二人。

会议由镇党委副书记木建华主持，和国军书记首先传达了关于"村级两委换届"的会议精神。

木副书记在会上传达了镇党委对换届工作的安排部署，并作了说明。提出了先选举党支部，后选举村委会成员，再选举村民小组的部署意见。并对前届党支部的工作作了充分的肯定，通报了镇党委在长水行政村和南溪行政村设书记主任一肩挑试点的决定。

云南大学南溪纳西族研究点的负责人洪颖博士来南溪点检查指导工作，并收取村寨记录日志和布置有关调查资料的工作。支付了记录员2月份酬金。事后专程到旦都村看木楞房。但是所看中的那一所，房东要价太高，高达7000元而未商议成。快4点时，和晓蓉老师的丈夫也驾车赶到南溪。洪博士是由县政府的专车送来的，可见县政府对这一工程是很重视、很支持的。

和家良家的洋芋全部种完。今日儿子和朝亮围篱笆，母亲和家良砍树杈树枝，有的用来做篱笆，拴在上面，有的丢在洋芋地里不让鸡来地里损坏，整整忙了一天。村子附近的地真难管，即有过去过来的牛羊糟蹋，又有鸡、猪的随时损坏。古时流传在满下村寨一句谚语"有钱别买路边田"，揭示了路边田地因牲畜的损害而歉收、难管的道理。

和国军家的春耕春种也接近尾声，他家也只有一小畦村子附近的要严防牲畜破坏的地了，而且还要等左邻右舍的地忙完了才能下种。所以和国军、和玉祥两口子上山砍柴去了。

2004年3月24日　农历闰二月四日　属日：虎　天气情况：晴转阴

下午3点在和福光家中召开满下村党小组会议。到会党员有和福祥、和福光、和圣昌、和尚勋、和尚武、和尚典、杨耀秀七人，缺席和国坚一人。

黄山镇党委副书记木建华率工作组及和国军书记一行五人来参加并主持会议。

会上木建华副书记代表黄山镇党委向到会党员传达了村委换届的安排及要求。他介绍说："党委决定在南溪搞'直选书记委员'及'一肩两挑'试点，这是对南溪广大党员的最大信任。希望全体党员能够跟上党委的意图。"并通知28日在南溪完小进行选举支书、支委的工作，讲明了选举时的纪律和有关事项。

四川籍老板想来南溪满下村落水洞投资搞小型水库。今天他约了村民小组长和国兴去丈量了他们所要的地面亩积。

和家良把自家的田种完后去帮吾珍元家种。吾珍元去犁田，她家就剩下婆媳两人，和四娘和杨耀祥加上和家良共三人。她们三人少闲多干，一直干到天黑把两亩多地种完了。

和朝亮在捡小石头，说是要打点小围墙，他干里带闲，一天就捡了两车小石头。

和社山也去田里种洋芋了，就田间农活来讲，做惯了生意的和社山是很少干的。但今年初他的小女儿出去打工闯市场，加上爱人和闰芝患风湿病不能劳作田间活，所以他就自己去种洋芋了。

和木金看来也快种完了，她正准备种房前屋后的地了。她也是先砍树枝来做成围栏，以防鸡猪损坏。

2004年3月25日　农历闰二月五日　属日：兔　天气情况：晴

和革会的围墙今日完工了，好漂亮，在满下村寨中是第一漂亮的围墙。

好威风，又长又高，长近20多米，高2米多，中间有4个砖柱，将围墙分成四大块长方形，从里边看似一幅横挂着的长幕布。如若他这堵围墙在公路边，过路人都会夸它漂亮和雄伟。很遗憾他家不在公路旁。和革会马不停蹄，今日又请来木匠和作典帮忙做大门的木活部分，他的大门建筑是砖、木、铁、瓦四结构，就是说，砖做支柱，铁皮为门，上为木梁及木椽，顶上盖瓦。

今日是满上村的老孺和玉芝葬礼之日，满下村寨的村民凡沾亲带故的都要去参加。和朝东、和朝泽、和革会、和珍元、和朝亮、和国军、和圣伟、和学伟、和永秀、和七香家都去了，但都不是近亲，所带的礼也较简单。有的带五斤包谷，有的带五斤米，有个别的带五斤米加一条肉（约一公斤）。只有和珍元家带的礼多些，米一盆、燕麦一盆（每盆约八市斤）、一挂肉（二公斤左右）、一瓶酒。因为死者是和珍元的弟弟和珍贵妻子和学珍的奶奶。

和圣华用手扶拖拉机犁房前屋后的田，老婆和良命也在跟着他捡洋芋。他是今年才开始用拖拉机犁地的，但他操作已经很熟练了，神情一点也不紧张，动作很娴熟，一下子就犁完了三小块。跟在他后边捡洋芋的老婆一边走一边还给他唠叨些什么。机械犁田的确比二牛抬杆的原始耕作工效高。世纪伟人毛泽东说过的："农业的根本出路在于机械化。"是的，农业上只要实现机械劳作，就解放了农民的生产力，减轻了农民的精神负担。

村民和朝亮从龙山街以3400元的价买回一部旧手扶拖拉机后，到村前边山上捡石头，准备在他家房后围点小菜园。但他在城里开出租车三年多，干起活来很不带劲，可能是闲惯了，一时难以适应高强度损耗精力的苦活。

2004年3月26日　农历闰二月六日　属日：龙　天气情况：晴

和福春到医院做人工流产术，刚回到家，亲戚就给她送来了食物、鸡蛋和米。今天送来的有姑妈和尚友，米5斤、蛋20个；堂兄和福寿，米5斤、蛋20个；娘娘和尚花，米5斤、蛋20个。如今做人工流产的人应该说是不光彩了。因为避孕和方法是很多且很科学的，并是计生部门经常下乡到村寨中为妇女们做避孕宣传指导工作，做人工流产是她们不采取措施所致。

四五岁时就由父母给了太安舅舅家的和尚武、和尚典、和尚勋之弟和尚洪回来满上村吊丧和玉芝老孺，顺便睡在他三哥和尚勋家。和尚勋家以好酒好肉相待。闲谈中他提及："如若父母不把我给到太安做舅舅的养子，我百分之百的可以当国家干部,吃'皇粮'。"是的,当他十七八岁时54军来丽江征兵,来征兵的负责人是一个团长,一看到他就挺喜欢,提出要免检和尚洪入伍,要他当首长的警卫员。那个团长领着县武装部政委及公社书记三番五次上和尚洪家门,要他入伍,但舅舅舅母不让他去,而这决定了他一生务农的命运。他这一次来整整闲("闲"在纳西人口语表达中有待着、休息、玩耍之意——编者)了两天。

种完洋芋的和家良、和玉祥、杨耀祥三人,领着小孩到山上刨树根(找柴),带闲带做。

和福寿两口子及和永秀砍来树枝,准备种房前屋后的地了。在10年前房前屋后的地,人们争着要,原因是土壤肥沃,离家近,劳动方便。如今,房前屋后的地家家都头疼,一则到现在除个别无人开车的家外,家家有了手扶拖拉机送肥,拉回洋芋也无须人背人挑;二则房前屋后的地遭牲畜破坏糟蹋的多;三则赶鸡打猪会引起邻居间的矛盾。所以山地多的人家干脆种几块山地,把房前屋后的地换给新分居的农户做宅基地。

和作典家、和作才家、和建良家、和圣华家都快种完了,只等着邻居们种房前屋后的地时一起种,这样好管牲畜。

2004年3月27日　农历闰二月七日　属日:蛇　天气情况:晴

和革会建的砖、木、铁、瓦四结构的大门今天终于露出眉目了:砖砌好了,在粉刷沙灰,木梁上好了,且钉了椽子、檐板、封板,可以随时盖瓦了。等装修好后,安上铁门、盖上瓦就算是落成了,大概还要20几个工才能完成剩余工序。

村委会的书记和国军、主任和继武、副主任和丽军等三个干部,在积极为明天的党支部选举大会做准备。

古城区七河乡共和镇小南溪村的村民和实昌、和实保、和亮等3人开了3辆手扶拖拉机来满下村沙场挖沙子,每人拉了两车,共6车,每车收费5元,和国南今天收入了30元,每年的这个季节到农历六月几乎每天常有七八辆手扶拖拉机来采沙买沙。

和国春家的洋芋差不多种完了,只剩下两三畦房前屋后的田,想等到他们家周围的人种好了才种。于是两父子就到山上"楞实古"(山名)找石头,排土、排石场。他的二儿子和立军是石匠,对于排土找石是很精通的。和国春已经是58岁的人了,但他因一直以务农为生,干起来很实在,精力也还比较充沛。休息时两父子谈论着:"明天咱两父子再排一天土,后天就请上几个石匠一起来撬石。"而且他两父子欢迎人来捡石头，这样利己利人，如果他两父子排出的小杂石头被别人拉走，自己的石场面积就宽了，好操作，好放石。需要杂小石头的人也不费力气就找到了石头。和朝亮今天下午在此拉了两车杂小石头，想用来做围墙。明天还想继续拉。

2004年3月28日　农历闰二月八日　属日：马　天气情况：阴

满中村村民和国军自1984年任行政村干事以来，连续任村主任，到1989年7月任村支部委员会书记。1991年村改选时任书记到今，上级领导很满意他的工作。他在任职期间的业绩，领导满意，群众满意，今天的直选大会（党员直接投票选举书记）上，47张票中，他以2票弃权、1票反对、44票赞成的结果再次当选南溪行政村党支部书记。

今天由镇村级"两委"换届工作组及原党支委召开南溪行政村第二届党支部换届选举大会。会议由和继武主持，镇党委副书记木建华同志说明了选举过程中的注意事项，向党支部大会宣读了镇党委关于南溪党支部报告的两个批复文件，并希望全体党员同志保持与镇党委高度的统一，希望全体党员能与镇党委形成统一的意志。

会上和国军代表行政村上一届党支部向大会作了工作总结。他重点总结了"带领村民修路、护林、基础设施建设、建设改造村小危房、申请退耕还林项目"等方面情况。同时指出了党支部的不足之处，如"民主生活会开少了，新党员的发展工作差了，电网改造没完成"等。

按选举程序，首先选支委，后选书记。支委由9人组成，实行差额选举，在11个候选人中选9个。老支委和勤良、和立章同志落选，选出了新支委：和国军、和继武、和丽军、和吉红、和国高、杨耀秀、和文军、和宏光、和为善。选举结果与镇党委的意愿相符。

书记选举以等额选举方式进行。候选人和国军当选。

选举结束后，木建华副书记宣布了今天的两项选举结果，并向党员同志提出了在村委主任、副主任及村民小组长、副组长的选举工作中起好模范作用的要求。

和国军书记代表新的支部委员会向全体党员表示决心："在今后任职期间，一定努力完成六公里路段的改造工程；努力做好招商引资工作；继续做好两个村小的建校工作；努力争取农网改造工程；努力做好新党员的发展工作等五项大事"。

会议结束后，村委会从这次工作经费中给每个党支部委员发放了15元的误工补贴费。

鹤庆洋芋老板两口子从和国兴家中买去了 13500 斤洋芋，一个月前这两口子曾给他家出过 0.28 元一市斤的价，但和国兴老婆和彦花不卖，儿子和德华想卖，也被和彦花制止。今天的卖价是 0.26 元一市斤，比前个月每市斤下跌 0.02 元。今年的洋芋价看来还会继续下跌。

2004 年 3 月 29 日　农历闰二月九日　属日：羊　天气情况：晴

村民和尚军又准备修缮另一所房子，自家就从山上拉来了一车备换新的木料。全家四人已在进行挖基槽、砌石头等前期工程。

村民和福寿也有进行筹备修缮厩房的工作，他和老婆和社芬、邻居和立军三人从山上拉来一车备换用的木材。

村委会公布了 2004 年村务收支情况：

村提留收入：8052 元

支出：7148.5 元

1. 组长、副组长报酬：220×17＝3740 元
2. 团支书、妇女主任、邮递员补助：120×3＝360 元
3. 妇女信息员补助：24×7＝168 元
4. 运费：60 元
5. 柴火费：120 元
6. 慰问支出：100 元
7. 电话费：156 元
8. 办公用品支出：1600 元
9. 会议安排生活支出：716 元
10. 接待支出：128.5 元

收支结果：

结余：903.5 元，转下年继续使用。

洱源县的洋芋老板以每公斤 0.5 元的价格从满下村和秋谷家买走 7500 公斤品种为"护水八八"的洋芋。和秋谷今天就收入 3750 元人民币。她家今年的洋芋总产量为 3 万多斤，已卖了 5000 公斤左右，还剩下 2500 公斤左右。

村民和建良、和朝亮、和六娘、和六芝、和万军、和作才、和芳、和茂花等帮助和秋谷家卖洋芋。

好些村民已种完洋芋，开始上山找柴及拉松毛积肥。今年的种洋芋速度比往年提前 15 天左右。原因可能有这样三方面：一则面积比去前年少些；二则机械化

程度比去前年高；三则犁田所花时间少，可把多余劳动时间用于播种上。

2004年3月30日　农历闰二月十日　属日：猴　天气情况：晴

和朝亮请人围石墙。他请了和万琴、和圣伟、和朝东、和朝光等四人来帮忙。他的这堵围墙的地基是在和珍元搬到供销社地基后，用田换给和尚军之后的剩余部分，是在两个堂兄（和珍元、和珍耀）协商后给和朝亮使用的。和朝亮就在种完洋芋后，捡了两天石头围一下地盘，划明一下各自的地域而已，暂时别无使用计划。

鹤庆县黄坪乡的洋芋老板从村民和福寿家以每公斤0.52元的价格买去3500公斤洋芋。他的意图是拉到黄坪、朵美等乡镇去卖，从中获取一点利润。

今天帮和国武家种洋芋的有满中村村民和秀花及儿子和闰礼、满下村村民有和永秀及女儿和春兰、和自华、和自忠等人，加上和国武父女俩共八人，种完了一架山地（约六七亩）。至此，和国武家没有种完的地只有一小畦了。

和永华、和顺明、和子福、和福兴、和六娘、和社元、和子香、杨耀秀、和玉金等，也在帮和国南母子种房前屋后的地，很快全都种完了。到今天除个别户把零星地有意留到清明节后种以外，基本上种完了。

2004年3月31日　农历闰二月十一日　属日：鸡　天气情况：小雪转晴

村民和尚军两父子今天吃过早饭就去山上拉石头，准备做过几天修缮的那所房子的石脚。上午拉一车、下午拉一车。

和朝亮继续砌昨日没砌完的地域围墙，本以为自己会砌得好，但干了一阵后，感到不好下手，就又请来亲戚和圣伟帮忙。在和圣伟的积极帮忙下，一堵永久性的地域划分围墙完成了。以后就不会有人来占了，了却了全家人的一点心愿。

满下村村民组长和国兴，想给儿子和德华买一辆大型汽车，但儿子从洱源邓川看汽车回来后知道难落户。他的干亲家（和德华的干爹是鹤庆有名企业家施崇基），要和国兴下丽江探问一下有关车子落户的问题。于是和国兴就去丽江，准备与在监管站工作的和军社商量此事。结果怎样，目前还无法知晓。

和建忠、和建国、和建华三兄弟在犁田。和建国家今年春耕时才训练犁田的牛犊乖多了，能听人话了，能够按照人们的指挥行走于田间了。人的本事真不小，能够把不通人性的畜生驯得近人情。

到今天，满下全村寨没种完洋芋的只有几家了，并且这些没种完的农户是准备到清明节后种的。目前整个村寨又处于农闲之季。想搞房屋修缮的正是好时机。如不需要翻修房屋，则带闲带做，找点柴，拉点松毛积肥。

（四）4月份日志

2004年4月1日　农历闰二月十二日　属日：狗　天气情况：晴

满下村民和子一从古城区七河乡前山行政村行茂洛自然村买了两间大平房，成交价格为2800元。他今日请了他的兄弟和金红、和子红及堂兄和金辉、和金星、和建良、和林，以及族人和福光及儿子和学武、和社元等人，用6辆手扶拖拉机运了两转才把所有的材料、瓦、盖板石运回到家里。他准备明日再请这帮人把房子竖起来。

行政村党支部召集各村民小组长在行政村开会。会议由黄山镇党委副书记兼任南溪村改工作组长木建华同志主持。会议的主要内容是关于村委会换届选举、安排各个村民小组召集群众动员大会的时间。

原村委会主任和继武、副主任和丽军参加了会议，并积极筹办各种有关选举的事宜。

村党支部书记和国军向到会的各村民组长交代了这次村委会换届选举的注意事项。

村民和万琴及老婆和金燕、和万元及老婆和万芝种完洋芋后，就到沙场挖沙子。两家人都挖得很积极，每家挖了四车。这些沙子是准备修缮房屋时拌沙灰之用，从沙场上的动静看，几乎全村把洋芋种完了。

和家良在和朝亮围起的围墙处，用篱笆围菜园。她家的菜园原来在山上，但看管不方便，常被别人偷吃，再则年老的人挑粪背肥上山种菜很吃力。所以从今年起就废弃山上的菜园而耕耘房前的这小块菜地。

和圣华请和学先来帮他打石脚，他家过清明节后就准备请在和革会家做活的泥水匠李满仲等四位师傅来砌砖，这是满下村寨用砖砌的第五所楼房。

2004年4月2日　农历闰二月十三日　属日：猪　天气情况：晴

和革会的围墙及大门的建造和装饰工程于今日全部完成。李满仲等四个水泥匠今日结算工钱后，明日准备返回家乡过传统的清明节。

结算的结果：2人×4＝8工

4人×21＝84工

$8 + 84 = 92$ 工

$92 \times 20 = 1840$ 元

群众评论，做这么点工程花这么多工钱，加上烟酒菜饭钱，真是太不划算了。但目前南溪砌砖的只有这伙泥水匠，无奈了。手艺人心太黑，真不应该。要是再来一两伙，他们也不至于这样松懈。

和子一请昨天帮他家的那些人把房子重新竖好。并多请了和家良、和朝亮等村民，把瓦也盖好了。他家的事情做得如此顺利，如此快速，是因为他的巧媳妇和妹，脑子灵活，安排适中，有一点钱就一心想办成一件永久性的事情。在满下村寨的中年妇女中，和妹属于女能人。因为丈夫和子一从小不进学校，斗大的字不识一个，再加上他为人耿直，家中的一切都是妻子计划安排的。

2004年4月3日　农历闰二月十四日　属日：鼠　天气情况：晴转雨

满下村村民组长和国兴的儿子和德华，从邓川车市里买来一辆崭新的大型货车，价值7.7万元，加上落户费及其他费用，共花去约8.7万元。该车的资金来源：①向玉龙信用社贷款1.5万元；②自家筹集1.5万元；③德华的干爹（鹤庆县著名的农民企业家）施崇基垫付4.7万元。他认干爹认着这么一个大款，确是很有福分。更令人满意的是，德华买来车后的工作都由他干爹来安排：到施崇基的工地去拉水泥、砖、沙，活计不缺，只要他抓紧干一年就可挣回买车的本钱。他家是满下村第一户购买万元以上汽车的人家。

满下村请来的护林员太安乡汝南行政村人和红，因近期患气管炎病，而于今日回家，不知是暂时告别还是长期辞职。现时的说法是："因病，回家治疗一个月。"他把所有的剩余食品都带回去了。

和圣昌、和圣明、和四福、和福军四人向村里批了四棵翻修畜厩的地脚用木指标后。来到鸡冠山背后的树林里找。中午时分，天下起中雨来了，他们父子及叔叔和圣明急忙上车往回赶，刚上完坡，被要格整房子也批了四棵树指标的和朝亮及父亲和尚勋挡住了道路，和朝亮因只请了和子一来帮忙，人少，加上材料难找，再则和朝亮父子体弱，不会找料，故请他们留下帮忙。和圣昌家等了约半个小时，等和朝亮家找好料后，他们就帮助上车，上好车就赶紧返回。来到大石头（路窄之处），坡陡，路滑，一辆车停下后，先推一辆车上去，等一辆车到安全地带，又齐心协力推第二辆。一人开车六人推还是费劲。如果和圣昌家不来、不等的话，这节路和朝亮家不一定上得来。大家都深深体会到"人多力量大"这个道理。

2004年4月4日　农历闰二月十五日　属日：牛　天气情况：雨转阴

满下村嫁到别村的妇女和社花、和开秀、和十、和闰里、和凤英、和凤春、和四姐、和三姐回老家"日绍肯"。有些当晚返回，有些嫁得远点的留宿在村。

从外村嫁到本村的和六娘、和谷、和妹、和八娘、和仕芬、杨耀秀、杨耀祥回娘家去"日绍肯"。因为农活完了，有些一去就是往返三天。

今日是清明节，满下村寨村民除了和国臣、和国红、和福光三家外，其余53户人家的男女老少，都去坟地扫墓。由于天气不顺人心，部分村民改变了以往清明节的扫墓祭奠方式。最近三五年以来的清明节，以葬在一块墓地的族为一个整体，在前一天就派专人到城里购买食品，如：鱼、鲜肉、排骨、豆腐、凉拌、鸡脚、菠菜等，外加杀两三只鸡（每年轮转两三户），还有酒、饮料、烟等。年轻人一吃过饭就提前到墓地来杀鸡做饭。大人则每家煮一罗锅米饭，煎点虾片和糯米条，再煮一个鸡蛋，然后携全家老少来上坟。等到中午时分，各种菜做熟后，就由族中的长者，在"山神树"前及每座墓前，上香、敬酒、敬茶、敬祀各种食品。等到长者祀奉完毕，全部来扫墓的人都向"山神树"及各墓前磕三下头才能喝酒、喝茶、吃饭。

满下村寨实行土葬的53户人家，分11处墓群而葬于村子上方的山上。今天有近一半的家族在家里做饭，在墓地上奉献一下，磕个头，就回家里休闲、吃饭、玩乐。

只有和尚武族、和福祥族、和建国族、和社兴族、和作典族、和国兴族的人们，顶着蒙蒙细雨（和社兴还在墓地上拉起了帐篷）在坟地上休息、玩乐、吃喝。下午3点左右天气转晴。所有出嫁的女人，只要父母双亲中有一人去世的，就要每年清明回来扫墓，纳西语叫"日绍肯"。所带礼品是一瓶酒、两包不点的香、一些煎粉皮、虾片、糯米条。父母健在者，出嫁的姑娘清明节不回家。

过去，在坟地上吃剩下的东西，由一个长者分配，一家分一点带回家，哪怕是一小点点。但近几年，如剩下的还多，就再组织一顿集体晚餐，不再分了。如剩下的少，哪家养牛，就让哪家拿走。

今年的清明节，和尚武家族花销的费用较高，每户用了54元（两只鸡不算钱），该家族由两人去买菜。他们家族是轮到哪两家杀鸡，东西就由这两家买。目前在满下村寨盛行的过清明节的方式是由他们这一族先搞起来的，他们这样过清明节已有10多年了。其他家族是跟他们学的。

但有一个做法是其他家族先开始的，如一个家族中哪家在清明节前死了人，清明节所用的一切东西就由哪家来买。例如和福祥家族中，和福祥的老伴和氏牛是在2003年农历五月下旬去世的，2004年4月4日的清明节是和氏牛老奶奶去世后的第一个清明节，所以今年清明节则由和氏牛的四个儿子（四家合伙）请他们这一家族吃喝。

2004年4月5日　农历闰二月十六日　属日：虎　天气情况：晴转雨

和作武请表兄和国兴、亲家和金辉、堂兄和作典，开始修缮厨房。今天是木匠先行，在做木工部分。

和万军也在进行厨房修缮。他把厨房垫高，砌上一付石脚，石脚上砌空心砖，把原来的土基丢了。另外他在修缮垫高新砌砖的同时，把地盘也往外边挤出了好多。

和子红居住的地方，因太窄了，所以准备搬出来，搬到和朝东家背后来住。他的打算是在今年从行茂洛村买一所木楞房（已付了7000元），起在和朝东家背后的地基上，明年再把家里原有的两所搬下来。

今天，他请和建良老木匠、兄弟和金红、姨爹和圣伟、舅爷和社兴等人，丈量房屋尺码、安放基石，准备明日去丽江市古城区七河乡前山行政村行茂洛自然村拆已付了定钱的房子。

今年是满下村寨买别处的旧房子最多的一年。和子一买了一所，和子红买了一所。和金星也买了价格为11800元的一所，和尚军也买了8000元的一所，和国武也向本行政村鹿子自然村的和立贤买了4000元的一所，和立军也跟满中村和七四以5000元买了一所。只是和金星、和尚军、和国武、和立军4家还不确定具体拆房的日期。

满下村民买这么多旧房的主要原因是：满下村一直实行集体管林护林。民众付出的护林费已很多，所以不可能一家砍到一所房子的料子，只得坐山而买木料来解决建房材料不足的问题。

和德华从今日起驾车到他的干爹施崇基的工地去拉货营运。

和朝亮做完家中的农活，回城去开出租车。他有两种打算，一是继续开出租车，二是买一辆面包车来营运，等到他爱人和福春拿到驾照后让爱人也来开面包车，他俩合开或他另寻出租车。

2004年4月6日　农历闰二月十七日　属日：兔　天气情况：晴

和作武家的厨房翻修，同时再增盖一间。由于他在村中的亲戚多，而且在家的劳动力也强，今天就修好了房屋的框架。看来明天就可以钉椽子盖瓦了。

和万军家的厨房修缮，已进行了四天，他家在村里的亲戚也很多，但他家的石头是修成五面石的，所以虽已盖好了瓦，但石脚还未完成，还要用空心砖砌墙，不知什么时候完工。

由镇党委副书记木建华任组长的换届选举村委会工作组乘车来南溪工作，并张贴出了第三号选举公告，提出了担任村委会干部的五个条件。同时公告了南溪村委会由11人组成，设主任1人、副主任2人的议案。

和福春在满上村及文屏村的亲戚和闰菊、和一命、和爱菊、和四花、和福秀、和秀英等人，因和福春在前不久做人流刮宫术而送来营养品。和闰菊、和爱菊、和福秀3人每人送来1只母鸡、20个鸡蛋、5斤米。和一命、和四花、和秀英3人各送来20个鸡蛋、5斤米。送鸡的是近亲，不送鸡的是远亲。

和子红今日请了10辆手扶拖拉机以及他本族及亲戚的人共计23人，来帮忙进行拆搬已购木楞房事宜。妇女们有的做饭，有的到行茂洛拆房子、搬瓦，还有的在行茂洛为拆房的人做午饭。到3点左右，和子红、和社兴、和金发、和学武、和金红5人拉回5车瓦片（现今满下村寨男村民从16岁至50岁左右的人几乎都会开手扶拖拉机，就连58岁的和福光也常自己驾车务农）。他们下完瓦后又返回行茂洛村，继续拆房，准备回来时拉回10车木料。

和国武今日也请了舅爷家三娘母、堂弟和国臣家三人、胞兄和国亮家三人，拆迁厨房，他打算把这座厨房搬到路边做小卖部用。后山行政村高美自然村的侄姑娘回来过清明节时留下帮忙。

2004年4月7日　农历闰二月十八日　属日：龙　天气情况：晴转雨

和尚军进行第二所房子搬迁，原来坐北朝南的楼房，搬成坐南朝北。他和村中亲戚不和，故从文屏、汝南化等地请了侄儿们来帮忙，今天也请了部分村民。中午时分虽然天下大雨，但他们利用雨稍停息的时间，还是把房子的屋架搬完了，剩下梁头及椽子未钉完。

黑白水电力集团的三个人来南溪视察农网改造的前期事项。他们与行政村的电工一起查看了南溪行政村境内的线路，并要求行政村从农户每户集资200元，并作出预算报告，电力公司以扶贫的形式补助一点，不足部分，请黄山镇财政来解决。作了这样的打算，不知镇党委、政府能否解决所缺资金。

和子红家继续进行从行茂洛村搬房子的事宜，今天一早，昨日请好的人和车浩浩荡荡开往行茂洛。他们估计到时天有些异样，人人抓紧时间积极上车，天刚刚下大雨时到家。雨下得可大了，只好把车子丢下先避雨及吃午饭，雨连续下了三个小时左右。人们也就顺势休息，好酒的倒上杯酒，喜欢玩麻将的在搓麻将，还有部分人在天南海北的闲聊，一直到下午 6 时左右雨停了才下车。所幸的是所有的车都到村子附近才下雨，要是在半路上下雨就更糟了。不幸的是请了那么多人误了三四个小时的生产时间。

和国武家搬厨房，也是以上的情形，误工时间多，无法完成计划。

2004 年 4 月 8 日　农历闰二月十九日　属日：蛇　天气情况：雨

原打算继续进行搬房工程的和国武、和尚军、和子红三家，因天下雨而停工。

今日虽是雨天，但仍有鹤庆的洋芋老板来买洋芋。村民和亚兰以 0.34 元一公斤的价格卖了 2000 公斤品种为"八五单加"的洋芋。

因为雨天村民们都休闲在家。唯有和福寿请了和国兴、和立军、和四闰、和尚勋、和朝光、和福军、和菊等人垫畜厩，他家的这所畜厩 15 年前翻修过一次。但因地势往后斜，房子也斜朝后边，他们这些人与老天爷争时间，趁雨小或雨停时抓紧时间扛垫畜厩。由于村民组长、大木匠师傅和国兴对这一行见多识广、指挥得当，到五点半就完成了。休息时闲聊中知道他家的这所畜厩所用的木楞至少已有百余年了，这次垫高重新砌石脚后估计还可以利用 15 年左右。

2004 年 4 月 9 日　农历闰二月二十日　属日：马　天气情况：晴

村民小组长和国兴早上主持召开了村户长会议。会上镇党委工作组长木建华同志向村民宣传了关于村委换届选举的有关事项及议程安排。南溪行政村选举委员会主任和国军作了补充说明。工作组要进行的事情完毕后，村中对有关护林、放牛、放猪等问题作了统一的商讨。订好由明日开始集体放牛，如果明天不放就不能群放了，只能在家自放。而且要群放的农户明日必须陪放牛人看牛一天，直到牛儿不斗架为止。

和尚军在继续房屋搬迁事宜。做完上梁钉椽盖瓦等工程，还把楼板也上好了。

和国武也进行前天未完成的搬迁事宜。但他所搬的房子是从满上村搬下来的，不是本村木匠所起，所以工效速度慢些。他家只做出上横梁钉椽这两样。

和子红家也在继续未完成的搬迁工程，他家是在老木匠和建良指挥下进行的。人也多，且进行得有条不紊，完成了上梁钉椽。这所房子木料肥实，房屋实用价值高，可用50年以上。"花7000元钱买到这所房子很便宜，即使自家有木材，花7000元的木工费及瓦钱和开销钱是确实竖不起这样一所房子的。"这是众人的评议。

2004年4月11日　农历闰二月廿一日　属日：羊　天气情况：晴

村民和顺达请来兄弟和顺明、侄儿和子福、和永良、和社元、和永华、和圣伟、和立军、和耀华，并请了旦都村的同婿和华及舅爷和培等人，进行侧房搬迁。这所侧房是木楞房，搬起来比较快些。这所房屋先是坐西朝东，现在他又摆成坐南朝北，并且靠近大门边。看来他的这个工程可能到明天才可以完成。

今日开始，满下村寨的牛又开始按照原来的分组，分成两组进行群放。那镜头可好看了，牛儿在草坪上乱蹦乱跳，好斗的牛犊一见面就鼓起大眼睛约斗了，有些你顶过来，我爬上去，那快乐劲简直无法形容。放牛人手拿长竹竿在牛群中劝架，但无效，直到下午4点钟才缓解此种形势。

杨耀祥与和四娘婆媳俩吵架，和四娘吵得很厉害，杨耀祥携女儿和健兰及儿子和健委来到下村亲戚家中回避。因为她挨过几次婆婆的打，所以她今晚也怕和四娘同样发作，为免皮肉之苦，就采取了这一行动。在晚上10点后才回家，并由婶婶和家良送她儿母仨回家。一听到她们回来的声音，和四娘又跑到厨房吵个不休，要不是和家良相劝，她定会打杨耀祥几下子。一直劝到深夜12点，杨耀祥及儿女仨人去睡了才停火。

村民和朝光前一天晚上睡在白华，第二天一早就拉着空心砖回家。在和作武家下车后，又赶往白华，赶紧装上一车空心砖，吃点便饭后赶着回家，到6时左右就到家了，这一车也仍然下在和作武家。他是给和作武家拉的，除了油费外大约每车得运费60元，两车共计120元纯收入。他的找财思路是较为敏捷的，在他这一族的同辈人中，做生意的脑子数第一。

2004年4月11日　农历闰二月廿二日　属日：猴　天气情况：晴

和尚军今天请了13辆手扶拖拉机，20来个人，去行茂洛拆以8000元买好的那所房子。这是他去年入冬以来拆动的第四所房子。今年他的举动是惊人的，先在和朝光的旧宅基地上盖了四间的一所房，接着把厩用木楞房从原来的位置移往新盖的这边。到前些天，他把原先坐北朝南的这所摆到旧畜厩处安好。从行茂洛买来的这所又以坐北朝南的方式摆。

和国红请了三四个人，加上他两口子，共六人去种了两块洋芋。这两块洋芋说来本该早就种完了，但他是有意留到清明节后七八天时间再来种，想做个观察比较，探索不同春种时间的效果怎样，以便积累生产经验。

鹤庆县金敦镇的洋芋老板，今天在和亚兰家买了一车洋芋，这婆娘比先前乖了好多。她以前是捡捡挑挑最厉害的，村人共知她的为人，所以不愿把洋芋卖与她。她可能感到难买，就以"只捡烂的不捡小点的"为约，以每公斤0.5元的价拉去了750公斤，她两口子是专门拉到下关去的。另外鹤庆孟屯的老板以同样的价格在和金星家拉去800公斤，同样也拉到下关。

2004年4月12日　农历闰二月廿三日　属日：鸡　天气情况：晴

村民和万军请大师傅和国兴以及姐夫和作武、和建忠、岳父和作才等人来帮他父母做寿棺。这些天搬房的人多，就连他家的厨房搬迁工程都还没有扫尾。但南溪村寨传统的做法是：有老人健在需要做棺材的，必须在农历有闰月的年份做，而且在闰月这月里做就更好。所以家有老人并已备好棺木的农户就争着在闰月里请木匠做棺材是来自传统的做法。除有闰月的年份做，一般年就不做（病重快要死时就急忙请来师傅做，一般是事先就备好的多）。满下村寨今年想做棺材的老人就很多，和尚武老爷、和尚典老两口、和闰近老奶等。

村民和国春、和万红请村民和朝东领他们到古城七河乡后山行政村木梳自然村买大板（棺板）。因为和朝东是木梳村的女婿，路熟、人熟，好问些。目前南溪附近的村寨只有木梳村林材丰富。但卖价一付要650元，买方只想出600元，相差50元，白跑一天。

和尚军总共请了25个人，重新组合好昨天从行茂洛村拆来的房子，并且在下午两点左右就竖好了。吃过午饭就开始上梁钉椽，一直忙到太阳落山。在满下村寨里从去冬到今春家庭建设做得最多的是他。

和国武于今天也请了13个人到鹿子村去做拆房前的准备，揭瓦、拆格整的门窗等。他以4500元的价买下了鹿子村打算往丽江城搬的和立贤家的楼房，楼上所有的东西（近两丈板子、一张办公桌、两个木柜子、百来块砖）都归和国武。明天他也请许多人去鹿子村拆搬房子。

2004年4月13日　农历闰二月廿四日　属日：狗　天气情况：晴转雨转晴

村民和金星以11800元的价格在行茂洛村买好一所房子。今天他请家族的男人打水平、下盘石。由于买房搬房的较多，再加上开出租车的去了一部分，人员比较紧缺。他们在不停息地干，一直干到天黑才完成。

12时后村委会书记和国军载着南溪完小的小运动员，去参加玉龙纳西族自治县2004年"萌芽杯"足球选拔赛。今天是与白马中心完小进行对抗赛，小运动员们虽然常在山区生活学习，胆量不如坝区学生大，但守门员和六言的勇猛，再加上前锋和丽华及和镜文的连环较好，最终以1：0战胜白马中心完小队，战绩十分喜人，使山区小运动员增强了信心，第一场下坝球就练出了胆量，踢出了技术。

和国武请了他家族的全部16人，加上亲戚10人共计26人，并请了6辆手扶拖拉机，去鹿子村拆房子。分三组进行。一组和国臣、和建华锯房檐板，一组盖瓦擦瓦，一组去鹿子拆房子。炊事员由和玉兰、和一兰、和春兰三人承担。三组都进展较快。拆房组由于有木匠和国兴的指挥、指点，速度显得更快些。三时半就把房子拆完，并拉回到家中，吃过中午饭又重新组合好。其他两组也完成得好。

和永红也以6800的价钱在旦都买了一所房，今天下午请了所有家族人员11人去旦都揭瓦。

和尚军今天完成了昨天未完的钉椽、正房、盖瓦等事情。

2004年4月14日　农历闰二月廿五　属日：猪　天气情况：晴转雨

村民和永红也请了昨日所请的这帮人来拆厨房。他打算把现有的厨房先拆下来，在厨房的地址上安竖从旦都买来的这所房子，再把厨房靠在买来的这所房子上，但同样遇到天气的阻挠，没有实现预期的目标。

和国武继续进行搬房重竖房子的事宜。他把家族的人和近族全家人、远族一户一人（男人不在家的就请女人来做饭帮厨）以及和学伟、和学仁、和圣伟全都请来了。竖房子的总指挥是和国亮，遇到难点时都是由和国兴来指挥指点。12时左右就把四排房架竖好了，每排屋架之间有方角连接好，很稳当了，就吃早饭。早饭吃后就上梁、上楼板，天下起了大雨。又休息了一会就吃中午饭，午饭一吃就钉椽子，才干起来又下起了大雨，就停止了活计。从时间上来讲是可以钉完椽子的，但老天不饶人，下个不停，只得休闲了。玩麻将的玩麻将，打扑克的打扑克，喝酒闲聊的边喝边聊。

和金星全家也在继续昨天下水平的活计，虽在进行基石加固活计，也是半途而休。

2004年4月15日　农历闰二月廿六日　属日：鼠　天气情况：雨

和国武请了本家族及亲戚，想继续做昨天未能完成的钉椽子及安放格整板等活计。但天亮就细雨蒙蒙，事与愿违，所请者左右为难，但最终还是来他家吃早点，准备帮他干活。结果雨不停地下着，只好喝酒闲聊、打麻将，在他家边闲边玩边等天晴。到下午3时许，天晴了一两个小时，在他家的人们就与老天爷争时间、抢速度，干得很紧张。虽然不能爬到屋顶去钉椽，但是该安格整板的都又安好了。

舍不得闲的一些少妇，冒雨上山找柴，懒些的妇女到东家闯闯西家闲闲，串门休闲的人占多数。

2004年4月16日　农历闰二月廿七日　属日：牛　天气情况：雨

学校老师领着参加玉龙县少年"萌芽杯"足球选拔赛的学生到黄山镇中心校参加赛事，其余老师和学生放假。

雨整天下个不停，村民们都休闲在家，很多人都去串门子，串门的人到和家良家的人特别多，连她自家人都无坐处。

有相当部分人在和四闰小卖店里打麻将，还有的打台球，有的当观众，非常热闹。

2004年4月17日　农历闰二月廿八日　属日：虎　天气情况：晴

和四闰家买了一台电冰箱。是从和万元家买的，是台旧的，和万元家办小卖店用了五六年的。如今，和万元家因人手少而停办小卖店，电冰箱也随之卖出去。和四闰家的小卖店还正在兴旺，他家人手多，再加上地理位置较好，所以，他的小卖店较火红。

和圣华因去年所买的砖不够，今天去丽江城又买来一车，每块以0.28元计价，共拉来2000块。直到下午6时30分才下完车。一下完车，卖砖的驾驶员连饭都不吃就赶回去了。

趁天晴和金星请了和建良、和子一、和金辉、和林等人砌河边方向柱石旁的石头。因为一连几天雨天，他的搬房计划受到了干扰。

和顺明从鸡冠山背后挖来一棵树形较好的冬青树。他是今年的种树爱好者之一。在他家的地边种了整整两排冬青树，总数约50棵左右。得闲的男人都往山上跑，主要是想挖几棵"红灯笼"常青树和冬青树。

妇女们都上山找柴，刨树根的为大多数，并且往"母猪山"上去刨的人较多。

2004年4月18日　农历闰二月廿九日　属日：兔　天气情况：雨

村民和作武、和作才、和圣华等人去行茂洛村参加一老孺的丧葬活动。

雨天，98%的村民休闲在家，只有放牛的在野外放牛。平时放羊的也把羊关在厩里喂上一些干草，不再放出。

有一部分人在和四闰小卖店打麻将、打台球，总计有50人左右。其他则串门休闲，舍不得烧柴的人赶紧关门闭户到舍得烧柴的村民家串门。

晚上八时半左右，突然听到汽车喇叭的声音，好些人都从家跑出来看，以为是想买洋芋的汽车在按喇叭喊人，都想卖洋芋而出来看。结果是从旦都村拉洋芋的两辆汽车，因为路窄，司机怕有对头车来而大按喇叭，使大家大失所望。出来看的有和茂花、和金木、和妹、和燕、和秋谷、和英、和尚勋等人。今年的洋芋不知会怎样？大多数村民已在发急。只有往年洋芋留到最后又卖到好价的几户，胆子大大的。如若外边的老板不来，后果不堪设想。

2004年4月19日　农历三月一日　属日：龙　天气情况：晴

黄山镇村改工作组在村公所召开全行政村村民组长、副组长会议（村委会选举领导小组会议）。会上由工作组长、黄山镇党委副书记木建华同志讲了选举工作中的注意事项及需要做的工作，并传达了黄山镇党委对南溪行政村村委换届选举工作的意见。要求各村民组长、副组长在选举前对群众做好宣传工作，迫切希望南溪村民能够与镇党委、政府达成共识，迫切希望南溪全体选民能够与党委、政府的意愿形成统一。他再三强调，各个村民组长、副组长在选举日前要跟群众做耐心细致的思想工作。

参加会议的人员有镇工作组成员5人，各村民组长、副组长16人，原村委会主任和继武、副主任和丽军、现任村支书和国军。

昆明的洋芋老板来到本村买洋芋，他出价0.52元一公斤，但没有人卖，就前往旦都村而去。旦都村有可能提高了洋芋价，故有四辆空车从旦都村返回，在满下自然村以每公斤0.5元的价格成交。从5时上车到九时半才上完。

和家良家以每公斤0.49元的价格卖给鹤庆金墩镇老板15360市斤洋芋。因车不能开到家，就用手扶拖拉机拉到离家400米处的地方上车。请了和圣伟、和尚花两口子，和朝光、杨耀祥两口子，和永昌、和社芬两口子，和妹、和玉兰、和玉祥，共9人。洋芋收入为3772.50元。上完洋芋吃完饭后，鹤庆老板还以每只小猪58元的价格买去6只小猪，从目前的市价看，这些小猪卖得太便宜了。但和家良因儿子出去开出租车，若请人到市场卖又怕猪老板压价欺人，在家便宜卖也是乐意的。

另外，和金红以每公斤0.5元的价卖了一车（约15000市斤），和建国也以每公斤0.5元的价卖了两车（约30000市斤）。

2004年4月20日　农历三月二日　属日：蛇　天气情况：晴

村民和国武趁今日的好天时，请来族中兄弟和国亮一家三人、和国成一家三人、和国红一家三人、舅爷家二人、和耀华家二人，把所搬来的房子的瓦盖好了。瓦盖好后，可歇下气了。

和万芝去年7月以1050元买来的牛犊，今天以1400元的价卖给了吉子村的人。养8个月赚350元钱，每个月收44元，每天收1.5元左右。这样算来也不够划算。

行政村根据昨天村政领导小组的会议精神，张榜公布主任、副主任候选人名单。

主任候选人：和国军、和永红

副主任候选人：和继武、和丽军、和文红

主任要设1人，实行差额选举

村委会要设2人，也实行差额选举

村委会委员候选人是：和国军、和继武、和丽军、和文红、和勤军、和永红、和国高、和国兴、和文光、和丽章、和红光、和云发。正式要11人，也实行差额选举。

黄山镇卫生院组织部分医务人员，到南溪行政村为儿童体检，发放预防药。家长们都领着未入学的儿童到村公所进行体检。

今天卖洋芋的人特别多，价钱不尽相同。洋芋质量较好的，并且是收购者自拉自卖的每公斤高达0.56元。村民和顺明就以这个价格卖了1万公斤。村民和子一以每公斤0.54元的价格卖了440公斤。转手倒卖给下关老板的人仍以每公斤0.5元的价格在买卖，和建忠以0.50元1公斤的价卖出1.2万公斤，和社香以每公斤0.5元的价卖出8000公斤。和国春、和国南则以0.52元一公斤的价格出售。

这些天，洋芋价上涨的主要原因，是昆明的洋芋老板来南溪购买，所以价格眼看要下跌的洋芋马上涨了价，但涨价的幅度没有去年高。去年是涨到每公斤0.64元。

2004年4月21日　农历三月三日　属日：马　天气情况：晴

村委会书记和国军领着来南溪调研电话问题的丽江市电信公司工作人员到旦都自然村、鹿子自然村调研，结果尚未公布。

满下村寨正处于卖洋芋的热潮,今天上车的就有4辆汽车,村民们你帮我,我帮你,亲戚和邻居都在相互帮忙,头脑较灵活的鹤庆老板已在出每公斤0.56元的高价抢购。有些村民则还无动于衷,曾经尝过把洋芋留到最后的甜头的人,他们还在望着上涨的价钱。最近三天每公斤就涨了0.04元。前些年增长到0.84元一公斤,去年最高价到每公斤0.64元。

今天卖洋芋的有和圣伟老两口,卖了1400公斤,和永良卖了1500公斤,和永军卖了13000公斤,和天林卖了500公斤。和圣伟、和永良、和永军三家的价格还不明了,他们是卖给昆明老板的。为上下车方便,昆明老板完全用塑料编织袋装,先用中小型汽车拉到丽江,再装到大型货车上。

2004年4月22日　农历三月四日　属日:羊　天气情况:晴转雨

村民和永红,今日请满下村寨下半村民每户一人、亲戚两人,到旦都后村去拆所买的房子。上半部分村民中的亲戚也被请去帮助他拆房子、拉房子。

镇村改工作组的同志和原村委会的书记、主任、副主任在村公所积极筹办将在本月25日举行选举的前期工作。他们马不停蹄地填写选票,在繁忙的工作中各显神通,有些用复写纸来复写。

这些天村民们处在卖洋芋的高潮中,价格已上涨到每公斤0.6元。有些低价卖低了的在叹息,有些还未卖的村民则看着火候正抢着卖,就连晚上(凌晨两三点钟)也在装车。和玉祥家是昨晚9时开始装到凌晨2时才装完的,晚上是卖主得利,买主失利。因为看不见,烂了的洋芋想捡也是看不清、捡不出。她家的洋芋要是在白天装,有三分之一的烂洋芋会捡出。但大理老板初次到南溪,因不知路到处闯,傍晚七时半才到满下,与家人的电话又不通,故怕家人担心而急于回家。所以挽留不住,于凌晨3时返回。但屋漏偏逢连夜雨,两父子可能驾驶失误,车到文峰寺,车轮倒在边沟里,真可怜。

2004年4月23日　农历三月五日　属日:猴　天气情况:晴

和永红今日继续请昨天帮他拆房子的所有人来帮他竖房子。由于房子是木楞,房架竖起来比较快当,到中午时分就把屋架安好了。午休后就开始钉椽子,有些则上楼板,全体积极干,到6时左右就把椽子钉完了,几个木匠把檐板也钉上去,待到明日就可盖瓦。

和金星把石脚下好后,越想越感到10800元的房子太贵了。于是请和建良去退约、退房子。退房成功了。2000元订钱卖主也如数还给他。这是上村下营、山水相连，经常见面的缘故，要不然卖主是不会把订金退还给他的。

村民和子红请和社兴、和子一、和金发，加上他两口子，在砌从行茂洛买来的房子的石脚。因为是木楞房，加上前面已丈格好了，只需把石脚砌好就可住人。看来明天再砌一天，就可砌完，砌完后就可以使用这所房子了，装东西、睡人都行。

不搞建设，也不需帮别人的村民们，成群结队上山砍柴、刨树根。现在的山，可能见到人们就发抖了，怕他们把树根刨光，变成光秃子；雨水可能见此情景，就高兴，因为树越少、树根越少，它越可随心所欲；珍爱大自然的有识之众，会在叹息。

有些村民在挖沙子，备好留用。

2004年4月24日　农历三月六日　属日：鸡　天气情况：晴

和圣华请七河水泥匠李满仲等3人所砌的砖房到今天粉刷工程已完。砌砖、粉刷总共用了不到50个工日，所花工钱不到1000元。砌一所大房子，只要这些，而和革会的砖墙及大门则用去了近1500元的工钱，悬殊之大，真令人费解。

和永红请亲戚们来盖瓦、砌石脚，因为人员力量都较强，这两件事情都已完成，可告一段落。

有外地人骑着摩托车来卖米线，同时也收旧纸板和酒瓶。有不少村民背来啤酒瓶及纸板卖给他们，又买了米线，可说是购销两旺。纸板和酒瓶装满了小贩的车，米线也就卖完了，两全其美。现代经商者真会动脑筋。

和子红继续请和社兴、和社红两个舅爷，和金发、和亚军两叔侄及兄弟和金红、和社菊等人继续砌木楞底下的石脚。所请的人都拿出良心，尽自己的能力而砌，砌得很工整，也比一般的房子砌得高，大概砌了一公尺左右。由于大家听从石匠和社兴的指挥，砌得也很美观。到今天，这所房子所有必做的事均已做完，可以投入使用。

和福寿继请了一些人正房子后，又请了四个人来砌石头。这些天来，他独自一人在用沙灰浇灌房间之间的石脚，以免牲畜一哄而散（过去多用木头或桩子隔，结果被猪拱的拱、咬的咬，不耐用）。务求做牢做实，延长使用时限。

2004年4月25日　农历三月七日　属日：狗　天气情况：晴

南溪行政村举行第二届村民委员会换届选举大会。主会场设在南溪完小，在鹿子自然村、旦都村自然村、金龙自然村、文屏自然村分设流动会场。各流动会场由上午10时到12时分别进行选举。下午1时到3时在主会场进行满上、中、下三个自然村的选委会选举。

参加今天选举会议的领导有：县委驻黄山镇工作组长（玉龙县政协副主席）和世忠、黄山镇党委书记和积军、黄山镇党委副书记兼纪委书记王世坤、黄山镇党委南溪工作组长、镇党委副书记木建华。工作组的全体同志及原来村委会主任、副主任参加了会议。

会议由南溪行政村选举委员会主持。

选民总人数1070人。

选举结果，村支部书记和国军以905票当选为南溪行政村第二届委员会主任。

原村委会主任和继武以852票当选为南溪行政村第二届村民委员会副主任。

原村委会副主任和丽军以1013票当选为南溪行政村第二届村民委员会副主任。

今天选出的第二届村民委员会委员是：和国军、和继武、和丽军、和文红、和勤军、和永红、和国高、和国兴、和文光、和丽章、和红光等11人。

选举结束后，黄山镇党委书记和积军同志给当选同志戴大红花，授当选证书。

会上和国军主任作了简短的就职演说，他表示，决心带领村民在奔小康的路上积极努力工作，为村民实现小康贡献精力。

会议结束后，南溪村民与镇政府进行了一场篮球友谊赛，结果镇政府以85∶75获胜。

2004年4月26日　农历三月八日　属日：猪　天气情况：晴

村民和家良及其夫携孙子和智刚、孙女和智璇去丽江赶"三月会"，同去的还有和玉祥、和尚花。他们赶"三月会"的目的是休闲，大人松口气，小孩快活几天。

和金燕也到信用社存了卖洋芋款4000元。

和燕与和八娘也去赶会，和燕本想在城里睡上一晚，想见一下外出多年的儿子和圣周，但因和八娘的竭力邀约，只得陪和八娘一同返回。

村民和立军请了和李福、和永红、和木等人去山上扛石头，准备做垫柱磐石和底围石脚。今年满下村寨买房子的人特别多，他的好些时间都是去帮别人的忙，有时甚至他的年近六旬的父亲和国春也在帮别人做搬房子等活计。所以他本想早就办的事情拖到今日才得以行动。

2004年4月27日　农历三月九日　属日：鼠　天气情况：晴
　　村民和子红继完成了从行茂洛村买来的木楞楼房的搬安工程后，一鼓作气，今天请了他的本族兄弟和子一、和金红、和金辉、和金星、和金发、和林、和福光、和社兴、和社红、和国红等人，拉开了他搬家计划的第二战。搬厨房、下瓦拆房，用手扶拖拉机搬到新址。到午后，开始重新组合、竖好。今天的目标就是竖好。
　　有一部分村民开始种油菜了。南溪村寨所种的油菜叫做"反季油菜"，的确是反季节了，坝区油菜成熟收割时才开始下种，到中秋节前后收割。南溪的"反季油菜"有两个独特的优点：一是育苗生长期到成熟期，不喷洒农药，一丁点农药味都不沾，是名副其实的无公害食用油；二是根据坝区榨油师傅介绍，"反季油菜"比坝区的油菜出油率高出4%。
　　白华行政村吉来村的榨油专业户张师傅专门买南溪的油菜榨油卖已有三年的时间。从这人的举动看出南溪的菜油很畅销，要不然，他怎么会每年从南溪买五六万公斤菜籽榨油呢！

2004年4月28日　农历三月十日　属日：牛　天气情况：晴
　　村民和子红继续进行搬迁厨房的事宜，还是请了昨天的这伙人。今天进行的活计是：上梁、钉椽、盖瓦，下午开始砌石脚。砌了一半多点，效果真是可观的。看来再请一天工，砌石脚和土基就可完工了。他越干越来劲、越干越猛，这厨房可能等种完菜籽后就可以投入使用了。
　　村民和学青以每公斤0.60元的价格卖给鹤庆县金敦镇的洋芋老板1.2万公斤洋芋。她家的洋芋在满下村来讲算不上好，但她嘴巴伶俐，能说善诱，才卖着这样的好价钱。她家上车较不方便，用手扶拖拉机把洋芋拉到公路边上车，上车的人较多，共有13人来帮忙。她捧着7200元钱，喜滋滋地说："我家老两口，今年洋芋卖了1.3万元，菜籽卖了1000多元，肥猪卖了900多元，总收入达1.5万元，平均每人收益近7500百元，比开出租车的人收入可观多了。"如这是真的话，确比开出租车的部分人收入高得多，开出租车的人，没有找回五六千元的有的是。

2004年4月29日　农历三月十一日　属日：虎　天气情况：晴
　　村民和万林停开出租车两天，回来种油菜。油菜是和万林、和万红两兄弟合伙种的。以前一家只需种一天，但今年他的妹妹和凤英（嫁到太安乡汝南村），借给和万林一块地种油菜，所以今年他两弟兄要种三天才能完成。

香油好吃，但种油菜的工序是复杂的，犁、耙、打坛、点种、撒磷肥、盖土、除草、薅锄、收割，直到脱粒，才把油菜收到家，农民们才舒口气。最担心的是夏末秋初时节下冰雹，如果菜籽遭冰雹打，造成减产，甚至会颗粒无收。

这些天正值丽江传统的三月骡马物资交流会的末期。青年男女们都往交流会去，主要是相会知己，顺便买些平时买不到的东西，去平时没有时间去的地方游玩，如到黑龙潭公园、狮子山公园。今年有不少青年男女成双结对地到世界遗产公园去游玩，很遗憾遗产公园还没有开放。

2004 的 4 月 30 日　农历三月十二日　属日：兔　天气情况：晴

村民和作典请侄子和圣昌、侄女和红燕，并请了和圣昌的一双牛去种菜籽。本来这些农活除特殊情况外，他们两家是互不请帮的。和作才与和作典两兄弟是耕牛伙伴，已结伙 20 多年。但和作典勤劳，本来就有很多田种了，他还借了好些别人的田来种，所种面积达和作才的近四倍。这样和作才的心理可能就不平衡了，可能想到"为人民服务"已过时了，就与兄长和作典散伙了，甚至把耕牛卖了。和作典就成了独牛，只好请族中的侄儿和圣昌来犁田了。这种现象很普遍，在大抓经济建设的今天，农民发生了这样的心理变化，也是正常的，年轻能干的出去找钱，年老或能力差的在家帮亲戚义务犁田，造成心态不平衡，也是客观的，是合乎逻辑的。

（五）5 月份日志
2004 年 5 月 1 日　农历三月十三日　属日：龙　天气情况：晴

和子红今日请了和社兴、和社红等人来砌厨房的石脚及墙。因为人手较少，工效不明显。

和尚军两父子及表侄儿（七河乡人）在打石脚，砌从行茂洛村买来的房子。他一鼓作气，发扬连续作战的精神，在今年内就做出这许多房屋建设事宜，这在满下村是史无前例的。

村民们大多数去种油菜了，和朝东、和家良、和玉祥、和秋谷四家也约好要去种了。但开汽车的和朝泽、和国军不回来，和朝东害怕牛不听使唤，而不能如约去种油菜了。四家人在和朝东父亲那里闲谈了一阵。和朝东父亲和尚武是退休老教师，前不久国家补助了 3.5 万多元住房补贴，他有三个儿子一个姑娘。和尚武之弟弟和尚典与和尚勋均是退休干部和退休老师，他俩对和尚武的住房补贴问题发表了意见，供和尚武参考。"一人分给一万，姑娘给两三千元"，以免以后老人老了把钱落入一人之手后，三兄弟会打起来。村中最近已有为钱而兄弟争吵的先例，因感到害怕才提醒和尚武要明确公正分给子女们。

今天是国际劳动节，学校师生已由昨天开始放长假。南溪村寨的村民们各忙各的事。大多数村民去种油菜，有些则找柴，有些忙着卖洋芋，今天来买洋芋的大汽车只有一辆，手扶拖拉机较多，可能与从今天起实行《道路交通法》有关。因上级政府没有组织活动，村民也就没有庆祝"五一"的具体活动。

2004 年 5 月 2 日　农历三月十四日　属日：龙　天气情况：晴

村中办小卖部的村民和国武，今天开始收购药材岩陀。他这样做是想得到可观的家庭收入，但对村民也是有好处的，过剩劳力可去山上采挖岩陀卖给他，来增加家庭收入，就是一天只挖着五六元钱的药材也好，总比闲着强，总比砍柴好。可不是吗？那些放了"五一"长假的小学生都背着篮子，扛着小锄头，上山自找点零花钱。小学生挖的不多，他（她）们也为自己能找到三五角钱而高兴，大多数小学生就地买东西一花而光，嘴巴舒服了两三分钟。

大多村民都已种完油菜了，只有和朝东、和秋谷、和玉祥、和家良四家因牛长时间不犁田不听使唤，而在男同志少的情况下，只好停牛，另请手扶拖拉机来犁。和家良家的邻居、孙子孙女的堂舅和福寿知道情况后，提出帮她家用手扶拖拉机犁田。此前和福寿没有使用手扶拖拉机犁过田，只是跟着他请来的人看了两天。他今天初上阵有些胆怯，犁了五六分钟后，村民和国亮出工，路过此地，看了一阵后，作出了指点，种菜籽可以一边一垄，并具体指导了操作方法。按照他的指点一试，果然犁得又快又好。和福寿高兴地说："干中学，学得快、记得牢。"结果，一上午就把和家良家要种的油菜地犁完了。

2004 年 5 月 3 日　农历三月十五日　属日：马　天气情况：晴

和革会之妻和闰英在挨家挨户地找鸡，说是她的一只阉鸡走失了。有人告诉她可能是走失方向而回不到家，你再问问邻居家。她却说："我家走失的鸡是回不来了，而且可能不再活着了，因为我家的鸡丢失过三次了，加上这次就是四次了"。她说的话不知是真是假，即使是真，没有见到确凿的证据，不便怀疑任何人杀了她的鸡。旁人都只好说："多找找，多找找。"

和朝东与和李福换工，请来和李福帮他用手扶拖拉机犁田备种油菜。一年到头养着耕牛又犁不成，这确实不划算。南溪村寨的村民，主要是为耕地而养牛，不为其他，在长期的农业生产中，村民们视耕牛为不可缺少的宝物。在现代社会进步、科技发展、农机普及的今天，好多村民改变了这一传统观念，有些甚至不养牛了，出钱请人犁，或者自己用手扶拖拉机来犁，这可解除了喂养耕牛的这一艰辛活计。和玉祥也出钱请满中村民和珍华用手扶拖拉机犁好地，可以种了。

2004年5月4日　农历三月十六日　属日：羊　天气情况：晴

有一文华行政村中村自然村的村民来请和国兴去做木匠，帮他家起大门。但和国兴今天去鸡冠泉边种油菜，故请不着，空身回家。

村民和秋谷请她的哥哥和金辉、和金星、弟弟和林等用牛犁田种油菜，同时还请了和万琴用手扶拖拉机犁田，还请了和玉祥、和玉芬、和家良种油菜。过去一般由和朝东等帮着犁田时，她和其他人家一样只管中午饭。今年不知何因确实是破例了，人们对此很难理解。

村民和溢社（女）上午在剪羊毛，她是满下村寨第一个会剪羊毛的女人。满下村寨的放羊人，多数人不会剪羊毛，到该剪羊毛的季节，请人来剪的现象多。和溢社是从后山嫁过来的，她青年时在后山就剪过，这手艺至今还掌握得很巧。

吃过晚饭，在家的青年男女相约着到旦都村去凑热闹。旦都村近些年成了青年人逢年过节相聚相会的中心地点。她（他）们在旦都小学球场跳起了欢乐的"阿里里"、"喂慕达"，快到午夜两点时分又改跳"民族打跳"，直玩到午夜3点多才陆续散去。有些青年男女手拉手，肩并肩谈情说爱，成了情侣，有些则在路旁吹口哨，等、找目标，找到目标的相继离去，找不到目标的也各自回家了。

2004年5月5日　农历三月十七日　属日：猴　天气情况：晴

村民和永红在他们耕牛组种完油菜后，今日请了和木、和社元、和圣伟、杨耀祥等人在院坝中铺石头，准备把院坝整成水泥沙灰场。人少天气热。今日只铺出一半多点。

和顺明等四家、和朝东等四家及和国兴等四家在种油菜。他们中最多的一家有六七亩，最少的也有三四亩。有的一家种一天，有的要种两天。不管多与少，反正种完一家的再种一家的，所以比较费时。

和作武等三家已种完油菜，今天在砌和作武家厨房的墙（用空心砖来砌），所请的人是本村和作武的亲戚和李福、和万军、和万红、和万仕、和圣华以及亲家和金辉等。

和子一也在种完油菜后，请了和子红、和林、和建军、和建华以及满上村民和社三等，在砌从行茂洛村买来的那所厨房的墙脚。

今日是立夏节。村民和建兴、和八娘、和学青三个妇女一起床就手抬装满灶灰的簸箕，在自家的房屋后边转边用手撒灶灰，把灶灰撒得每所房子的外边白白的，墙脚上也撒满白白的灶灰。古时候立夏节撒灶灰为了避蛇、蛙之类入室。

患眼疾和风湿、关节疼痛的妇女们、老奶们三三两两地背着篮子及做好的饭菜，到鸡冠山下的风洞去吹风，相传立夏节这天到这个风洞去，把眼睛朝洞口望，让风吹拂，会治好眼疾。把风湿、关节疼痛的手或脚伸向洞口，让风吹拂也会医好。这不知是真是假，每年的立夏节都有患者这样活动。

2004年5月6日　农历三月十八日　属日：鸡　天气情况：晴

村民和学先准备请七河泥水匠李满仲等人来砌砖房。但看到李满仲等很骄傲，做工也磨洋工，所以他就自己动手砌。他看过别人砌砖，但还没有动过手，他相信自己能够成功。于是从前山放牛坪村请来和文祥、和文献、和桂祥等三个姑表兄来做他的帮手，他当师傅，今天就砌出好几层。人人都像这样，决心大、心细，是一定能够成功的。10年前永胜石匠张建华、杨建荣等在南溪村寨逞能高傲，后来不甘示弱的年轻小伙和万琴、和李福、和寿兴、和国红等人自学打石头，他们从实践中得到了提高，打石头的技术与打出来的石头比永胜石匠不相上下。村民们就开始请他们来打石头、砌放墙脚等。永胜师傅三番五次来村中找活计做，但无人理睬，从此失去了在南溪做活计找钱的机会。如若和学先争气点，也会有类似的结果。

满下村寨的沙场多么热闹，采沙人有的来自满上村，有的来自满中村，有的是满下村寨的村民，还有来自鹿子村寨的。来迟些的采沙人就只好在一旁等着。这是因为人们种完油菜了，在还不能锄洋芋的时间里准备翻修厩房的墙脚，有些是准备在房间里打混凝土。这些天几乎每天平均采沙20车左右，每车按5元收费，有些装多些的则收7元，据此估算，和国南的收入每天近100元左右。南溪难得的资源，村民和国南可观的收入，很多村民望而兴叹，背后议论不休，会上则无人提及。

满下村寨今年种油菜是和朝东及和秋谷两家最后收尾。上午种和朝东的，下午种和秋谷的，至今全村寨的反季油菜已全部种完。

2004年5月7日　农历三月十九日　属日：狗　天气情况：晴

和丽军今天请部分亲戚搬厨房，以便挤出明天要从满中村五七四家买来的那所房子的地盘。今天的工作是把厨房搬到路边，再把瓦盖好。

村民和圣昌也请了10多个亲戚，把原来的畜厩往外边搬出丈余，准备以后搞成人畜两院。今天完成把屋架搬往新址的任务。

云南大学少数民族研究基地纳西族研究点今天在南溪村寨正式开工。工地老板及工地管理员请满中村的一些村民挖了基槽，基槽约深40公分、宽60公分左右，从上午到中午3时挖完。同时向满中村民购买石头，一手扶拖拉机价25元，沙子价30元，满中村的村民们见工地老板来动工了，就急急忙忙地打土基，土基每个价为0.25元。

南溪纳西族研究点在满中村的建立，给满中村的经济发展、村民增收、致富奔小康起到了一定的促进作用。村民在工地上可以卖工挣钱，可卖石料、土基、沙子、木料等材料，村民们无不拍手称快。

太安乡汝南行政村下村的村民和洋（满下村民和国武妹夫）来满下村寨收购中药材岩陀和白勺等，准备加工成干片再转手出售。

村民和英、和红秀、和玉祥、和继花等人，带着午饭到山上去挖中草药岩陀。七八年前岩陀在南溪村寨附近的山上到处都有，用满山遍野来形容一点儿也不夸张。但在1996年前后，汝南化村的松茸老板和茨品放弃做松茸生意，而睡在满下村寨，并请了满下村寨的人和立军、杨秋秀等做他的帮手，付给定额工资。那一年能干的人，在价格相当低的情况下（每公斤3角钱），仍能每天挖到30—40元钱的岩陀，最拙的人也能挖到10余元钱的岩陀。现在虽以每公斤0.5元的价格在收购，但每天能挖到10元钱岩陀的人几乎没有。确实是资源危机。

和国坚及老婆和尚友最近几天坚持天天挖，但也只能每天挖到三四元钱的岩陀。

有部分少妇去山上捡蕨菜，捡一天就是一箩筐，有些把捡来的蕨菜晒干，准备在冬日食用，有些则现吃。当地有一种传统的说法："干蕨菜可用于治疗肠炎、腹泻"，吃鲜蕨菜也有传统的说法："吃新鲜蕨菜，可排出肠胃内的毒气，也可舒肠健胃。"所以，每到蕨菜生长季节，每家都会抽时间捡蕨菜，吃上几顿，部分还加工成干蕨菜，可算是美味佳肴。

2004年5月8日　农历三月二十日　属日：猪　天气情况：晴

　　村民和丽军请了30人（包括妇女、男人）去拆搬在满中村和七四家买的楼房。价格为5000元，加上搬房花销费1000余元，也不算贵。人多力量大，中午前就把所揭的瓦片和木料都搬到家了。吃了午饭后，妇女们清理土基，男人们组合屋架，做好明日竖房的准备。

　　满下村民饮用的水是从不同方位的三个地方引来的。村子西边一股，村寨正上方一股，村寨西北方一股。在未安装自来水以前全村人畜只饮用村寨正上方这股水，每年到这季排队挑水，有的甚至在夜里十一二点挑水，有的起五更鸡一叫就挑水。安装自来水时增加了水源，改变了以前这种状况。但今年不知怎么的，村寨正上方这股，已出现缺水现象。村寨西北方这股水也明显减少，部分农户家用水时有时无的现象也已产生。

　　村民们挖岩陀的人不多，只有10来个。和家良挖着27公斤多，算挖得最多的，每公斤0.45元，共得12.2元。少的七八公斤。从早上9时找药挖药到傍晚八时半左右，才切完片片，10多个小时的辛苦才挣到10来元钱，挖药人都感到不划算。

　　和子红请和子一、和金红、和金发、和社红、和社菊、和三姐、和满立加上他两口子共九人砌厨房的土基，今天只砌出七层，还要砌四五层。

　　和圣昌继续请本族人和作典、和作才、和作武、和圣华、和圣明，加上文屏的连襟和学诚、金龙村的侄儿，再加上他三父子共11人，在昨天搬竖完屋架的基础上，上好梁，钉好椽，还盖好了一半的瓦。

2004年5月9日　农历三月廿一日　属日：鼠　天气情况：晴

　　村民和丽军，继续请昨天所请的人，重组屋架，竖好屋架，并上了横梁。妇女们还是到满中村继续清理土基。

　　和圣昌畜厩的搬迁已近尾声，今日把瓦盖完后，大家七手八脚地砌墙脚。据和圣昌之父和作良讲，此房从竖起到现在已有72年了，看来再用30年不成问题。只要翻修一下横梁及椽子，屋架的寿命可在百年左右，这在南溪村寨是普遍的。

　　满中村的村民们，在云南大学纳西族调查基地的建设工地上干得热火朝天。有的忙着拉石头。和国高在工地上配合工地管理员，登记石头、沙子的数量。村民们都在为增加了经济收入而感到心满意足。

村民和作典请了族中侄儿和圣华，并借了和圣昌的两头牛，去山地上撒燕麦。过去传统的做法是，夏末把闲地犁好，冬末又翻犁一道，然后用六齿耙把土块耙成公分石大小状，放上干树枝和松毛，再用十四齿耙把土块轻轻勾起放于松毛上面，点上火，烧成火土。到土皇节令（谷雨前三天至立夏，共18天）后，把火土均匀撒开，然后撒上燕麦种，再犁成一垄一垄的，用六齿耙把垄整平。但去年到今年种燕麦的农户很少，其主要原因有三，一则中央提倡退耕还林，部分山地已实行了退耕还林；二则燕麦产量低，工序多，生产劳力投入多；三则在附近多种些绿肥（苜蓿）可代替燕麦秆来喂牛。而和作典是闲不住的想多种多收的农民，他的传统农耕观念很浓。

2004年5月10日　农历三月廿二日　属日：牛　天气情况：阴转晴

村民和丽军今天继续请本族兄弟嫂嫂们来搬房。上午男人们钉椽子，女人们擦瓦，并把瓦搬到楼上。下午男人们盖瓦，女人们递瓦，到六时半就盖完了。至此，他家搬房的大工程已完毕，只剩下一时还难以完成的砌石脚和砌墙等工序。

今天在村公所举行第二届南溪村民委员会，会议由行政村党支部书记、村委会主任和国军主持。参加会议的有行政村副主任和继武、和丽军，以及全体村民委员会委员。

会议的主要议题是关于选举各自然村组长、副组长的事宜。

丽江市委常委、玉龙县委书记李世碧来南溪调研村"两委"换届的情况。在村委会听了镇党委书记及村委会书记和国军的情况汇报后，对村"两委"的换届表示满意，并希望连选连任的村"两委"领导为民办实事。此后李书记还到满下村落水洞进行了视察，觉得是招商引资的有利条件。他还对南溪文屏至南溪路段的建设提出了可行性建议：修成弹石路。

村民和金星家在卖洋芋，每公斤的价钱是0.46元。前天和万军及岳母和学青家共卖了1万公斤左右，价钱是每公斤0.5元。最近15天来，洋芋的价格有所回落。最高峰时是0.6元1公斤，这样持续了一个星期左右。后是0.58元1公斤，0.56元1公斤，0.54元1公斤，0.52元1公斤，0.5元1公斤。最近5天来的常价是0.5元，或0.48元1公斤。听说昆明老板等几天还要来，如果是真的，价格就会有些回升。这些天买洋芋的车极少，存放洋芋数量较多的农户有些忧虑了。到现在还存放着洋芋的农户是因为每公斤0.6元时，都还舍不得卖。他们心中怀有侥幸心理，认为洋芋价可能还会上涨，或许会涨到每公斤0.7元左右，可以在洋芋房里增收一些。殊不知"生意八只脚，一会涨来一会落"，很难把握行情。

2004年5月11日　农历三月廿三日　属日：虎　天气情况：阴转小雨

和国亮请汝南的妹夫和洋安装铁皮大门，并请他砌大门框架的砖。和国亮是木匠大师傅，对泥水活是外行。所以，他当妹夫的小工。看来明日再砌一天就会砌完。等砌完砖盖好瓦，他家一座漂亮的大门将屹立于院坝正东方。

行政村继续召开村民委员会，会议的主要议题是关于农网改造的问题。

会议决定每个农户出202元的农网改造费，并于本月20日由各村民组长收齐上缴行政村。

外地的中药材老板，由坝子里的人引荐到本村来买中药材，到和国武家查看了他所收集加工的岩陀干片，和国武提出每公斤要价2.8元。外地老板讲，等多加工些再回头来商议。

这些天的农活较为松闲，一般只是拉松毛、砍柴。但现代农民是确实有些农闲时节不见闲，好多人都在为进行家庭建设而采沙，沙场上人车络绎不绝；有些则利用农闲抓经济，能找一点是一点，能找一元是一元，特别是年过五旬的妇人们舍不得休息，倒是少妇们还有大部分乐得于休闲。

和作典家今日卖洋芋，请了和作才夫妇、和铭贤、和美、和秋谷、和茂花、和作武、和满秀、和闰英，加上和作典夫妇共11人。媳妇和爱花当厨做饭，他家卖了9000公斤洋芋，每公斤价0.5元。此前他家已相继卖了2.6万公斤，加上这次扫尾共卖大洋芋3.5万公斤、小洋芋5000多公斤；菜籽800公斤，每公斤3.2元；肥猪出售4头。在满下村寨中，他家是农业收入最多的一家，没人能及。

2004年5月12日　农历三月廿四日　属日：兔　天气情况：阴转小雨

和永良请他的弟兄和亲家和圣伟老两口，进行院坝打混凝土。由于天阴，有可能下雨，大家都在抓紧地进行。由于他所请的人齐心协力，终于抢在小雨前做完了浇灌混凝土，并平整好。干好后借来九大块（1996年2月3日大地震时发给村民用的）救灾篷布盖了起来。到夜里10时左右，把篷布掀开用抹板抹了一次，把院坝抹得精光溜滑。

和国武今日特别紧张，他的多用粉碎机也整天轰轰叫个不停。究其原因，是村民组长和国兴的邻居以及和他接触的人，从和国兴处得知，南溪的电路农网改造工程即将启动。电一停就得月余，所以，人们忙着粉碎畜生的精饲料。有些一袋，有些两袋，有些三四袋，多则300来斤，少则百斤左右。他今天一天粉碎了3000来斤，每百斤价2.5元，他今日就收了75元左右。最近几年他的思路搞活了，越搞越成功，越干效益越大。他的经营路子是：猪种+卖店+饲草饲料加工+卖废旧品废铁+卖菜。他的经济思维在满下村寨是数一的。

2004年5月13日　农历三月廿五日　属日：龙　天气情况：阴转小雨

村民和金辉今日请他的本村亲戚，把前几个月才搬好的正房及厨房往后搬。主要原因是他家的邻居堂弟和子红要搬到村子最后边去住，理由是他家的地盘太窄。和子红的搬家计划是在和金辉的正房搬完后才决定的。他的计划一决定，和金辉就提出与和子红换一点宅基地的要求，得到和子红的同意。和金辉就抓紧时间挖排土，挖好后请人往后搬了两米多。他这劳民伤财的举动，主要是想把院坝整大些整宽些。到今日他完成了计划。

和家良、和满谷、和尚花、和玉芬等都去山上挖岩陀。开始挖岩陀的近一个星期以来，和家良挖得的最多，每天都是她的冠军，今日她挖得14.85元的最高数额。

有些妇女则找柴，有个别妇女还冒雨拉松毛积肥。

在家的男人则帮助在建设的家庭搞建设。

2004年5月14日　农历三月廿六日　属日：蛇　天气情况：阴间细雨

村民和万元年初就从行茂落村买来两间平房。他平日里备下一些料子，又从旦都岳父家要来一些，今天请来木匠和国兴、和国亮，帮手和永昌、和万琴等进行三间平房的组合。这主意是他爱人和万芝主张的。于是他们在南面竖起了三间平房，把他家围成吹风不漏。

南溪行政村电农网改造工程今天开始启动。承包这一工程的四川籍民工，部分已住进鹿子村，搬迁原来准备移到后山的电杆。一部分则进到满下、旦前、旦后村进行线路观测。和国兴组长向他们要求，把主线架设到原先到过的地方——和学伟家旁边，以便今后村民们用电方便。

部分村民从今天起已开始锄洋芋。他们是和作典的儿媳和爱花、和习红、和汝信、和家良、和顺明、杨秋秀、和社香、和社芬等。有些则认为洋芋出苗还不健壮，现在就锄还为时过早。所以，他们还是上山挖药，或者找柴拉松毛。

和圣华及爱人和良命，到今天已一连换了3手扶拖拉机洋芋。他俩换得的比例是2∶1，就是说2斤洋芋换1斤玉米。一斤玉米售价是0.68—0.70元。按照这样算，虽耽搁一些时间，但他俩卖得每公斤洋芋0.68—0.7元的价，比起在家卖 0.46—0.48 元要强得多。和良命是从靠近鹤庆县辛屯镇附近的前山石镜头村嫁过来的，从小跟白族人接触较多，所以很有做生意的脑子。在当今满下自然村的妇人中，生意经唱得最活最响的要数她。

2004 年 5 月 15 日　农历三月廿七日　属日：马　天气情况：晴转阴

村民和耀华在做畜厩，他把原先的两间旧木楞房丢了，做成三间新式的畜厩，今天帮他家挖沙子的就有近 10 人。自他爸爸和学礼去世后，他家的变化可算是大了，真是一年一个样。丈格木楞楼房、娶媳妇、生娃娃、嫁姑娘、打混凝土院坝、买方向式手扶拖拉机、盖大门、盖新畜厩。这一连串的大事都是在他父亲去世后的五六年里进行的。他父亲虽然会做木匠，但留给和耀华的只是两所未丈格的房子。这可能是和耀华之妻和世仙会当家理财的缘故。

今天大家忙的事五花八门。有的在洋芋地里锄洋芋，有的在等买洋芋的车，有的在卖洋芋，有的在翻盖瓦片。和永昌及妻子和社芬在翻盖瓦，边揭边盖。和社芬家也请来金龙自然村的侄子和三友、和习、和东，加上儿子和汝信，在新院的楼房上边揭瓦边盖瓦。这种做法在南溪村寨叫"瓦思思"，意思是已盖好未动多年的瓦先掀开两三条，再从一边揭来擦净，再盖在所掀开的位置，到整所房子快要盖完时，又添加些新瓦片。这种"瓦思思"每隔三五年进行一次，每次都赶在雨季来临之前进行。

和天林请和朝东去砍树找料子。

和秋谷则拦了一辆从旦都村空返回来的手扶拖拉机，以每公斤 0.4 元的价卖了 2000 公斤洋芋。当初 0.56 元 1 公斤时舍不得卖，价钱回落之大是在想象之外的。

2004 年 5 月 16 日　农历三月廿八日　属日：羊　天气情况：晴转阴

今早举行自然村家长会。除一两户不到会外，到了 98%。会议由原自然村组长和国兴主持，村委会书记、主任和国军到会做了会议内容说明。会议的内容有两项：一是对村民组长、副组长进行换届选举；二是关于进行农网改造事项的说明。他简要总结了前三年组长、副组长的工作，希望他们能够继续连任。家长们通过民主讨论，一致请和国兴再任三年组长。副组长和武军因在丽江城开出租车，家长们一致选举和武军之父和圣伟任副组长。

农网改造的事项如下：

1. 每户出资 202 元，电力公司负责拉线到各户的电表处，家中主线应由农户来承担。

2. 不管电杆竖在什么地方，村民都得支持。每户202元中的200元上交电力公司，2元则用作组织村民组长、副组长砍线路经过地方的树及树枝的工钱。

锄洋芋的人逐渐多起来了。从洋芋的苗状看，认为下锄为时过早的人，也抬着锄头往洋芋地里走。有些农妇是起早摸黑一头扎在洋芋地里，如和爱花、和谷、和海、和尚友、和亚兰等。

有些人家还在路边等买洋芋的汽车，一听见汽车的喇叭声，人们就从村子里涌向汽车。洋芋老板可傲气了："二角1市斤的洋芋我买不起，现在的街头市尾都摆满了新洋芋。"他们口中这样讲着，人却跟着要卖洋芋的人这家瞧瞧，那家看看。价钱回落到0.36元1公斤。尽管如此，人们还是争着卖。

和朝泽请和万军从鹤庆县金敦买来青砖，每张价0.18元，拉来了7000张。他请和亚东、和尚勋、和四娘、和林、和玉祥、和玉芬、和革会等人码砖。晚上又下了一车，多了和亚军、和八娘、和妹、和国军、和万军等12人下车，紧张地干了两个半小时才下完、码好。

2004年5月17日　农历三月廿九日　属日：猴　天气情况：阴转小雨

村民和圣华及和良命两口子继续换洋芋，把换得的粮食拉了回来。

几乎每户都开始锄洋芋了。

和朝东请和国亮当大师傅及总指挥，把他的坐西南房往后搬。他请了和朝泽、和秋谷、和革会、和闰英、和家良、和尚勋、和圣伟、和天林、和子一、和顺光、和建华、和永华、和金雁、和社香、和作典、和国军、和玉祥17人，揭瓦拆房子，到下午开始下水平。妇女们则帮他家卖洋芋，以每公斤0.38元的价格卖了8000公斤。前不久高潮时老板出过0.58元1公斤，但他老婆和英舍不得卖，每公斤丢了0.2元。多惨的结局，多深的教训，该卖时就要卖了，想着高价而得低价，1万公斤就损失了2000元。对一个农民来说快到包的钱因多留下二十几天而少了近2000元，这数目可不小，谁人不心疼呢？

2004年5月18日　农历三月三十日　属日：鸡　天气情况：雨

和朝东昨天拆散的木楞楼房的木料，因昨天晚上10点左右下中雨，全被淋透了。干木料遇到长时间大雨的浸湿，就有些膨胀了，所以今天无法进行重新组合。加上今天又淋了一整天，膨胀程度会加重，明天即使天晴，能否进行组合也成问题了，唉！屋漏偏逢连夜雨，考虑欠周到的和朝东两口子，误过了前段好时光。到这种时候，前天从城里买来的鱼呀、鲜肉呀定会臭了。

10时过后陆续有人在田间锄洋芋。有不少人等着卖洋芋，讲成生意的人就去上车，这些天拉洋芋的大车少得可怜，偶尔有两三辆，也是旦都村或鹿子村的人从白华就等起来，并讲好以每公斤0.34元的价卖出的，这价格只是去年前年一市斤的价。满下村寨中大多是鹤庆人的手扶拖拉机。和林以每公斤0.38元的价格卖出4500公斤，两辆手扶拖拉机。和朝光家准备卖给昆明老板，从昨天下午开始装大汽车，但因天气干扰及人员较少，今天还以10人的劳力上了半天。有和仕芬及三儿子和汝信、和圣伟、和尚勋、和朝东、和四娘、和闰新、和永良、和玉祥、和社芬等。刚装好又下起了大雨，雨天路滑，和万军师傅有些胆怯。怕今日拉不下去。

2004年5月19日　农历四月一日　属日：狗　天气情况：中雨转阴

因为今日的天气雨夹雪特别冷，牛就关在自家的厩里自己喂。即使是不实行群放而自家拴在田边地角的牛也同样关起来喂。

有部分村民利用雨天到村民组长处交纳农网改造款。因为会上说了要在20日前交完。20日则有电力公司财务科的人员来南溪行政村收取全行政村上缴的农网改造款。

"清明断雪，谷雨断霜。"这句话总结了南溪村寨的气候，就是说雪到"清明"节令就停下了，"清明"后气温升高了，天气开始热了；霜到"谷雨"节令就停下了。可是今天却不然，天一亮就下雨，雨雪交加，村寨民房的瓦上积了薄薄的雪，而村寨后面的鸡冠山上，雪积了不少，银装素裹，看起来冬天似的，到傍晚都还没化完。离"小满"节令只有两天了，还下雪。今年的气候有点反常。

因为下雨村民们都休闲在家，到3点钟雨停转阴，有一部分村民又下地锄洋芋了。

2004年5月20日　农历四月二日　属日：猪　天气情况：晴

行政村公所，在召集各自然村组长、副组长，上缴他们所收集的农户电农网改造费。黑白水电力集团财务科上来两人收走所缴的改造费。

组长、副组长们在村公所用了午餐就散伙。因为各农户都忙着锄洋芋了，他们吃完饭就各奔东西。

满中村的村民，每户一人（60岁以下男人），从5月17日开始，为云南大学南溪纳西村寨研究点的建房砍木料、行条和椽子。因为天气的干扰到今天才砍完，下午开始剥皮，看来明天还要干一天才能完成。如果家中无60岁以下的男人就请亲戚来干（不参加分钱可以不请人）。村民和俊贤因儿子和春立去开出租车就请了满下村寨的女婿和万琴。和二因家中无60岁以下的男人，就请了满上村寨的女婿和永红。和光彦因儿子及女婿都去开出租车，就请了满上村寨的和社三。和桂贤因儿子和占军开出租车就请满下村寨的和朝光。和占典因开出租车不参加，也不请人来砍，和正秀因儿子开出租车就请满上村寨的女婿和实红来砍。和红芝因儿子开车就请满上村的和二友来砍。

　　中午和尚勋来工地观看，见到锯柱子后丢下的木片，就准备为小孙子做个轮子，向工程管理员要了去。村民和福海见状就说："阿伯，准备把这块拿回家吗？"回答："是，给孙子做个轮子玩。"和福海继续说："阿伯，我们纳西族有个规矩，竖房子中用的木材，下了木线的都不能拿到家中。"这是南溪村寨千百年来传下的规矩，于是和尚勋又急忙丢回原地。

2004年5月21日　农历四月三日　属日：鼠　天气情况：晴

　　和朝东又请和国亮、和作典、和圣华、和建华、和子一、和朝泽、和革会、和顺光、和永华、和尚勋、和万琼、和寿香、和金燕、和天林、和丽军、和秋谷、和玉祥、杨耀祥、和家良、和尚花、和闰英等21人，对前些天拆散的房屋，往后搬两米多并进行重新组合。上午，男人们组合屋架，妇女们擦瓦。下午男人继续组合屋子，妇女们帮他家卖洋芋。他家的洋芋由宾川老板买了3300市斤，至此，他家还剩下1000多公斤。前些天拆房子，又卖洋芋，今天又卖洋芋又组合房子，很巧，不需到处去请人来上车，他要请的人都在他家里帮忙。

　　和朝东这两天可算是两全其美，搬房子、卖洋芋两者都兼顾到了。

　　晚上他们家做了一顿丰盛的饭菜，鸡肉一碗、鱼一盘、火腿肉一碗、肥肉一碗、凉拌猪肝一碗、炒瘦肉一碗、煮鸡蛋一碗、煮粉丝一碗，共有四桌人。还请来了族中老者和三姐、和四姐。看来明天可以盖瓦了。今日把椽子钉好了，但还要修檐板等。他开工以来每顿饭桌上都摆一瓶啤酒、一瓶清酒、一瓶饮料。

　　今日，满下村寨够忙了，锄洋芋地这活在催人们抓紧了。再则去年的收获到现在还不见收益的农户还不少，就和朝光家而言，装好了4天的洋芋还未拉到丽江城，装车时讲价是每公斤0.4元，而今天上来的老板帮手又说是只出得起每公斤0.3元。到两三点时各地的车子多了几辆，就又以每公斤0.36元价格硬拉到丽江。和圣昌以0.36元每公斤的价卖了1.4万公斤，帮他上车的就有10多人。和仕芬家也以同样价卖了1.2万公斤，同样有10多人帮忙。

不需帮亲戚及邻居上洋芋的人，天一亮就站在洋芋地里锄洋芋。

2002年5月22日　农历四月四日　属日：牛　天气情况：晴

和朝东继续请和作典、和国亮、和革会、和闰英、和朝泽、和秋谷、和尚勋、和家良、和圣伟、和尚花、和万琼、和社香、和玉祥等人从事昨天未完成的搬房事宜。在大家的不倦努力下，到下午六时半左右完成了所安排的活计，盖好了瓦，又安好各种格板。等到农闲时，把墙脚砌好就可以利用了。

和子华也请人打院坝里的混凝土场地。请了十四五人，到晚上11时还在抹地皮，干得很认真。

和国红及爱人和社菊在锄洋芋的大忙之季却做洋芋生意，他俩以每公斤0.36元的价买了四车到丽江城去卖。收益不公开。

和圣华及妻子和良命拉自家的洋芋去坝子里换，把换得的粮食变卖成钱，生意好时每公斤洋芋折合0.7元，生意再差时也折合0.6元。

今天和子一、和闰英两家以每公斤0.38元的价格卖给下关老板5000公斤及1500公斤洋芋。又有和学伟卖了400公斤洋芋种，每公斤0.2元。还有和顺明也卖了500公斤洋芋种。到现在大理地区可能还在种洋芋，要不然老板不会要洋芋种了。

村民们正忙着锄洋芋地，但干劲冷落了好大一截。因为前天晚上（20日），南溪下了一场黑霜，使葱绿的洋芋苗一夜遭霜而枯萎。

2004年5月23日　农历四月五日　属日：虎　天气情况：晴

村民和顺达请亲戚和顺光、和永红、和永军、和丽军、和文亮等人，砌前一段搬的木楞房的墙脚。等墙脚一砌完就可以投入使用了。木楞房的优势就在于方便、快捷、省工。南溪村寨的先民多竖木楞房，就是因为以上这些优点。

和国红也在买砖准备来年把土基丢了，用砖来砌，今天他请和万军拉来一车。

和社兴家以0.36元一公斤的价格，把洋芋卖给了昆明老板。帮他家上车的有亲戚邻居和子红、和妹、和金红、和三姐、和圣昌、和英、和仕福、和圣明、和爱花、和志贤、和朝泽、和尚勋12人，加上他两兄弟共14人，到快完时，和明贤也来帮忙。卖了7500公斤，其中烂了被捡出来的就有1000公斤。烂了这么多，折了这么多，与卖高价时相比的回落价大。今年的洋芋越往后越贱。

往年最后卖惯了的是和作武、和金辉两亲家。今年可以说是损失惨了，今天各家以每公斤0.38元、0.36元的价格卖了一车给大理老板和昆明老板。

和仕芬家也以0.36元一公斤的价卖了1.5万公斤给昆明老板。

今年的洋芋价回落这样大，主要是整个行政村都有退耕还林的口粮，使得所产洋芋往后留的较多。

2004年5月24日　农历四月六日　属日：兔　天气情况：晴

和顺达请昨日所请的那帮人，继续砌墙脚。在大家同心协力劳动下，终于完成了预期的活计。他们最后再在墙脚上边用沙灰平上一层，以防以后石头松动。

从今天始，满上、中、下自然村及旦都、鹿子村均在实施电农网改造工程。故从即日起电力公司对这些村寨停止供电。

到今天，几乎所有村民都在锄洋芋地。认真点的老农锄确实是一锄一锄地锄遍整畦整块洋芋地，边锄边捡杂草，把捡来的杂草用篮子一篮一篮背到路边或河边。马虎些的年轻人则挖一锄盖三锄，杂草也捡得不干净。

和万军帮满中村村民和春红拉来600个空心砖。和春红是备做建贮洋芋的房子。下完车后他又与回家一转的伴和朝亮一起回城里去了。

2004年5月25日　农历四月七日　属日：龙　天气情况：晴转阴时有小雨

2004年5月25日深夜为云南大学纳西村寨基地竖房送木神记。

明天（26日）就要竖纳西族调查基地的新房了。村民们都沉浸在欢乐中，一些村民则在悄悄地互相询问："明日竖房，会不会'古鲁漏'（上梁），会不会'土启辟'（送木神）?"知情的人告诉村民们："会'古鲁漏'，会'土启辟'。"跟随木匠师傅去"土启辟"的人员有满中村组长和国高、副组长和万里、居住在满上村寨的退休小学教师和尚勋三位。送木神的仪式由竖这所房子的大师傅九河人陈师傅（白族）主持。

吃过晚饭，和万里、和尚勋都赶到和国高家（因为木匠们吃住在和国高家）。大家看电视的看电视、打麻将的打麻将，闲谈喝茶的谈些天南海北的事。木匠中做饭的那个人则忙着杀鸡、煮鸡肉，煮好鸡肉后，忙用洗衣粉和洗涤剂洗刷碗筷。因为师傅是白族人，所以按照白族的规矩来进行"送木神"这项活动。大家等到11点，还不见大师傅有出门的迹象，就有人问："什么时候去'送木神'？"大师傅回答："12点以后，要等到属于明天的时辰才能去。"因此，和国高之妻和秀就用洗刷好的锅、碗、盆等炊具，架好锅，炼好香油，煎了一大碗虾片（以前则用粉皮，现时多用虾片代之）、一大碗糯米粑粑。正准备煎鱼和豆腐，大师傅急忙说："鱼和豆腐不用煎了，我们白族用生鱼、生豆腐、生血（鸡血）。"和秀就去睡觉了。接着木匠们也陆续去睡觉。到12时30分，大木匠陈师傅就找盆子、找碗，装上虾片、糯米粑粑、茶、酒、烟、香、硬币五枚、一条生鱼、一碗生鸡血、一块生豆腐、一碗熟鸡肉，都装在一个盆子里。还装上小木匠做好的木槌模型、三角木马模型、五面红纸做的三角小红旗。和万里用篮子背了干松毛和干柴火，到工地上去给和尚勋与和国高照明。大家来到工地，从工棚里把所奉祀的"木神"（开工时从一根柱子上锯下一截后写上"圆木大吉"字样，并每天烧香供奉木头）拿出来装在篮子里。大师傅燃上一把香，分别插在每根柱石旁，在组合好的屋架旁也分别插了一些。他手提木工用斧，左手拿一根一寸六分宽的凿子，右手举斧头在最上面一排的每根柱子上都敲了一下，边敲边叫道："千年起，万年起，木神请起！"并把凿子钉在所敲这排的后柱上。然后一同向事先选择好的地方走去。所选择的地方是东方，和习武家前面的凹地里。

到了目的地，把东西放好，和万里、和国高忙着烧火，和尚勋照明，陈师傅进行仪式。他先拿出五根香一字分段插好，一根香旁插上一面纸做的小红旗，每根香前面放好一小块工地里捡来的木茬片，然后点燃五支烟，分别置于片上。再把所带来的东西，一样一点放在每块木片上，虾片一点、粑粑一点、生鱼切下一点点、豆腐切下一点点、鸡血切下一点点、鸡肉一点点，每块木片上还放了一个硬币。手边动作，口中边念叨着："木神师傅，各食各的，不要抢，吃饱喝足了后请走。"他给每块木片都敬了酒、敬了茶，做完仪式后对我们三人说："回去时我们不能说话。"我们把"木神"牌烧了后，就拿着剩下的食物悄悄不语的回家，到家后才开始说话。

白族的"送木神"仪式和纳西族的"送木神"仪式大同小异。所不同的是：纳西族"送木神"时间不限于零时以后；22时以后，只要碰不到人就可去了，路上若碰到人，则邀其前往，被邀人不能拒绝，只能一同前往。供品一律用熟食，煎鱼、煎豆腐、煎虾片、煎香肠（肉肠）、煎糯米粑粑、炸排骨，一样一碗。要凑足八样；敬酒茶，不敬烟，不插小红旗；三角木马和木槌一定要从木工场抬下一个真木马、真木槌；"木神"的字也不同，纳西族所供的"木神",只写一个"木"字。到"送木神"的地点后,大师傅用凿子把"木"字凿成两半,然后拼好架在木马上,木马前插上香,供上供品,大师傅边供边说道:"木神师傅,请保佑弟子平安,吃饱喝足后请慢走!"所带来的食品供完后,做完仪式后,就地食用,吃不完则烧于火中,不能带回家;仪式完后用木槌打翻木马,再细看"木"字的两半是否都朝上,若是一半各朝一方,就提示要多加小心,若都朝上就象征吉祥如意。

村委会组织各自然村组长、副组长,分两组砍电网周围有碍于架设电农网线的树木。一组从鹿子村往行政村方向砍,由鹿子村组长和红光与副组长和仕红带领。一组则由村委会书记和国军、副主任和继武、电工和永勤带领,13个组长、副组长从文峰寺往行政村方向砍。电力公司的规格要求是要砍八米宽的一条线路。但鉴于有些山林是文华行政村文笔自然村的,砍树会引发纠纷,再说劳力也不允许这么做,才按原路线的宽度砍了一天,就累得组长、副组长们喘不过气来,异口同声地叫"够累了"。村委会当天组织了一顿晚餐,还将从各农户多收来的2元钱统一分配给组长、副组长,作为当天的报酬。

云南大学纳西族研究基地的负责人洪颖女士及和晓蓉女士,从昆明急匆匆赶到南溪满子师纳西村寨,来参加明日竖房喜庆活动,并来到记录员家,耐心指导"村寨日记"的记录。

村民们都在地里锄洋芋。勤快些的农妇们边锄洋芋地,边捡猪食猪草,都捡了满满一篮筐。有些劳力充裕并勤快的农户已经锄了一半左右的地。

在满中村修建云南大学民族研究基地房子的九河木匠们,为明天竖房子而紧张有序地组合屋架。看那个陈大师傅好似一位久经沙场的大将军,不慌不忙地指挥着他的徒弟们,将分散在木工场上的料子,一根根抬来,再一根接一根的安在柱子上。不到一会工夫就安好了一排,四排屋架从下午2时才开始组合,到7时左右就组合完毕。满中村观看的群众赞叹道:"九河与'木匠之乡'剑川接壤,山水田园相连,真不愧是木匠中的高手。"

2004年5月26日　农历四月八日　属日:蛇　天气情况:晴

今日的南溪满中村特别引人注目。球场上停着几辆小汽车,围观的群众挤满了球场北边的空地,这里要举行云南大学纳西族研究基地竖正房的活动。基地负责人洪女士、和女士,还有直接帮助她俩实施该项目的和女士的丈夫,很早就从城里赶来参加这一活动。

今天的竖房方式,与传统的纳西族竖房方式截然不同。传统的纳西族竖房方式是用人力来竖,谁家要竖新房子,就请全村寨的男人一户一人来帮忙,只要是沾亲带故的,有几个就请几个来帮忙,邻近村寨的亲戚也请,一般请40人左右。但今天要竖的这所房子材料特别肥实,屋架高大,请人来竖的话得请70人左右,而满中村的男壮年则只有30来个(把所有的在城里开出租车的男人招回也算上),在邻近村寨满上和满下去请可请到所需人员,但建房的段老板又怕几村人合拢来,若心不齐,则会出现闪失。他就请了在南溪五花石厂(文屏自然村距满中村6公里公路)的吊车来竖房子。

竖房前,受云南大学洪老师委托,村长和国高就以房主人的身份请满中村村民和福海及和春红两人,按照当地纳西族的传统习惯带上酒、茶、香等供品和斧头,上山砍今日要上的中梁。南溪纳西村寨的传统规矩是:砍梁头的人必须是与竖房主人家属相亲的人,十二生肖分为四组,鼠、龙、猴一组,牛、蛇、鸡一组,狗、虎、马一组,猪、羊、兔一组。所请的人找到如意的松树后,就在这棵树根旁点上香,敬上茶、酒,磕头,然后才动手砍树。砍好的树一旦扛上肩之后就不能随心歇下,只能一气扛到木工场架在木马上。当天以和国高组长代主人,与他的属相相吻合的就有这两个,按传统规矩,他俩今天是出人头地的人了。

竖房活动开始了,按照纳西村寨的规矩,在组合好的屋架挂上一串鞭炮点燃,等燃响完,吊重机的起重钩钩住昨天就已拴好钢丝的右排屋架,徐徐吊起,起到事先安排好的柱石上面时,六七个木匠一拥而上,抱住四根柱子往柱石上挪,陈大师傅在一旁大声指挥着吊车师傅。四根柱子对号入座后,木工们赶紧拿撑杆支撑好四根柱子。接着第二排屋架(右中排)也被徐徐吊起,等吊到柱石上安好后,一排屋架爬上去两三个木匠,所有木匠忙开了,有的抬挂方,拴挂方,有的拉上去,有的安挂方,前后两边开弓,不到一袋烟功夫就安合好,爬上屋架的木工都滑到地面后,吊车的巨臂又慢慢转向第三排屋架,像老鹰捉小鸡似的将其钩起,对号入座,木工们又猴子似的爬上去,安放挂方等。这同时围观的群众赞不绝口,都说机械的力量和功能大。云南大学的洪颖女士、和晓蓉女士、和女士的丈夫以及云南大学所聘请的纳西村寨日志记录员和尚勋老师则忙着摄像、照相,特别是手提摄像机的和女士丈夫摄下了全场每个细小的动作和人物的表情,洪女士及和老师则摄下重点的吸引人的照片。接着吊车和木工们又以同样的动作竖完了第四排屋架(左排)。安好衔接方,这时还不到11时,这一过程只用了1小时40分钟左右。砍中梁的人还没有回来,木匠对和国高催要上梁的树,得赶紧运来。木工们抽烟休息,村民们围观闲聊。不一会儿,和福海与和春红抬着一根木料来了，木工们赶紧备木马，帮他两把木料放在木马上。木工们七手八脚动手修理中梁，村民组长和国高、副组长和万里忙着借桌子板凳，借梯子，煮糊浆，贴对联，做上梁的准备工作。

　　上梁按南溪纳西族的方式进行，把削好的中梁安放于中间房内。梁前摆一张四方桌，桌上摆一个猪头、一挂腊肉（2.5公斤左右）、一盆大米（约10斤）、两袋茶、两瓶好酒，大米盆中插有八张面额为10元的人民币，还架了两条精品红河烟（这些东西上完梁后归这所房子的大师傅私人所得）。在这间中房对位往院子方向摆了两张方桌和八张两人凳，桌上摆了糖果、糕点、瓜子、酒、烟，并请来满中村60岁以上的老年男人，还有行政村干部、中村村民组长、副组长，陈师傅，云南大学该项目负责人洪、和两位女士，大家斟酒，举杯频频，相互祝酒，互表谢意。

　　上梁开始了，洪女士把上梁用的大公鸡抱给大师傅，和国高在梁的两头拴上两长串鞭炮。大师傅手抱公鸡，用斧头砍破鸡冠，然后一只手抱着公鸡，一只手抚着出血的鸡冠，一边口中大诵吉词，一边往梁的两头和中间点鸡血，再往柱子上点鸡血。这一过程完后，有一木匠师傅一边诵吉辞一边往屋顶上登去，跟着去的还有另一个木匠及扛中梁人和春红，他们把酒、水、馒头等传上去。人越来越多，连小学生都趁午休时间赶来观看、捡馒头，在上面的师傅诵得也来劲，边大声诵边放下两根拴梁用的绳子："天上掉下两根绳，一根是金线绳，一根是银线绳，金线拴龙头，银线拴龙尾，两边一起拴！"有两个木匠立刻跑过来拴稳拴牢梁头，点燃鞭炮，中梁在鞭炮声中徐徐拉上去。梁拉到上边安好后，在上边的木匠师傅继续大声诵道："今日黄道日，上梁正遇紫微星，鲁班叫我敲中梁；一敲敲梁头，万事如意；一敲敲梁尾，吉祥安康；一敲敲梁中，大发大旺！"随着诵声用斧头敲打所说的部位。接着就丢馒头了，先往东边丢，东边聚的人最多，传说是捡着东边的馒头会吉利。接着往西、南、北方向丢，最后给跪在梁下的主人家洪女士及和女士也丢了两个，这两个不能抢，是主人的份。馒头丢完后又将水果糖及硬币撒向不同的方向，人们照例抢。上梁仪式在人们的喧哗声中结束了。

　　上梁仪式结束后，和国高及和万里把桌子板凳收回家。负责实施此项目基建工程的大理籍建筑老板小段跟陈师傅说："这些东西您收了，是您的了。"（指上梁时摆在梁前桌上的东西）现场收拾完后，木工们去休息了，今天不再继续做工。行政村干部3人、满中自然村干部2人、今天找梁头的2人、云南纳西村寨日志记录员1人、云南大学项目负任人2人等，共计22人，由段老板到城里请了一顿丰盛的午饭。

玉龙纳西族自治县黄山镇红十字医院派了八名医务工作者，到南溪完小为全行政村在校学生（学前生和一至六年级）检查身体，主要检查肝功能。检查费用每人收14元，全行政村在校学生约100人左右，到两点多钟就检查完了。为学生检查身体的这一活动是前所未有的，这充分体现了党和政府对下一代的关心和爱护。

2004年5月27日　农历四月九日　属日：马　天气情况：晴

满下村民和丽军，请了姑表哥和永红，他俩一同砌他家前不久搬迁的厨房的石脚。他俩干得很认真、卖力。他准备农历六月又搬回自家厨房来住。现因搬迁厨房，另竖一所从满中村和七四家买来的楼房，而暂寄人篱下，借用了邻居和国辉家的厨房用作做饭睡觉之处。

为云南大学纳西族调查基地竖房子的九河籍木匠们，经过昨天半天的休息后，又投入了紧张的工作。大多数木工都在赶修梁头，一个姓姚的师傅则在雕刻前大檐上的权头，动作很熟练，很有这方面的功夫，他讲一天能刻出三个。修梁头的师傅们，有的拿着电锯在锯，有的拿着砍斧在砍，有的拿着凿子在凿洞。还有几位泥水匠在修其他的墙脚。大家干得热火朝天，你追我赶，一片繁忙景象，没有一个偷懒的。

满下、满中村的村民们都在忙着锄洋芋。这些天的农活主要是这一项，其他杂活都只好暂搁下来。

2004年5月28日　农历四月十日　属日：羊　天气情况：晴间有雨

汝南化的吾元及一个小伙子来到满下村寨和永昌家，告诉他们不幸的消息，说是和永昌姐夫和才贵去世了。和永昌的老母一听到这个噩耗，泣不成声。和永昌收工到家后劝说了几句，老母不再泣哭。吃过晚饭后和永昌夫妇及和国兴、和万里、和亚兰等随同南化人前往丧家吊唁。

满下村民和金辉，以每公斤0.44元的价格卖给下关洋芋老板9000公斤洋芋，帮他上车的人很多。因为家居村子最上边而交通有些不便，要用手扶拖拉机拉出好大一截才方便上车，所以请了10多个人。他家的上完后，老板以每公斤0.4元的价格向和作武买了2000公斤，再向和圣华买了1000公斤。该老板对后两家只出0.4元的理由是，他两家的洋芋个头比和金辉家的小些。因为洋芋收购接近尾声，价格又有些上涨，但涨幅不大。到今天为止满下村寨2003年所收藏的洋芋已经卖完。大多数农户在储室里损失了好多，歉收三四千元的有好几家，只收一两千元的有二十几家。这教训是深刻的。

2004 年 5 月 29 日　农历四月十一日　属日：猴　天气情况：晴

村民和万琴在很忙的农时里却独自在砌从行茂洛村买来的这所房子的墙脚、刷水泥，干得很认真。他家连他算在内共有四个劳动力，父亲虽因患中风病而身体欠佳，但还能从事刨树根、锄洋芋等农活。母亲和尚友虽有六十五六岁了，但做农活还赛过年轻的媳妇。所以和万琴有对农活可干可不干的条件，他就抽时间进行房屋的建设。

这些天，村民们都在锄洋芋地的大忙之中。好多农户除需要料理家务事留一人在附近田地里，边锄边料理家务的以外，其他人则带着午饭到远处的地里去锄。到远处（2000 米以上）锄地的人，从早晨吃了早点后，带了午饭，备了水，有的还带上茶，午间喝上一杯茶，一直干到天快黑才回家。这几天用起早摸黑和争分夺秒来形容，实在不夸张。

如今天和国武两口子进城备"六一"卖的杂货，只有长女和玉兰一人在家。今天玉兰舅妈和永秀及表姐和春兰来帮她家锄洋芋地，和玉兰就趁回来喂猪之机，在邻居家里要了一壶开水，拿了几包方便面就当作午饭送到田里。类似的事情举不胜举，可多着呢。

2004 年 5 月 30 日　农历四月十二日　属日：鸡　天气情况：晴转大雨

因"六一"节要到镇里去汇演，南溪完小提前在今天开庆祝"六一"儿童节大会。早晨，全行政村的在校学生全都来到南溪完小热烈庆祝儿童自己的节日。今年的庆"六一"活动有些别开生面，不像往年的体育竞赛、歌舞比赛，只保留了前些年进行的"少先队建队活动"、"游园娱乐活动"，而主要进行了"除陋习、树新风"的主题演讲比赛，有不少同学参加了演讲。这一活动内容丰富、思想健康，对学生的思想教育性较强。但这一活动的参与者毕竟是班上的几名优秀学生，参与人员少，似乎缺少了节日的热烈气氛。主题演讲结束之后，在观众（满上、中、下自然村的村民）的要求下，给同学和观众演出了准备去镇上演出的节目。这些节目全部采用了南溪纳西族的"十悲"、"谷气"、"喂慕达"等形式，内容以歌颂新生活，欢庆"六一"为主。

这场表演得到了观众的阵阵掌声。悠扬的歌声，健康向上的歌词沁人肺腑。演出结束时，有些观众甚至欢呼："再来一场！"

今年的观众比往年少了好些，也许是忙于锄洋芋的缘故，或许是学生家长少些的缘故。

庆祝活动在南溪完小校园内举行，在校园外不到50米长的公路上，个体户摆满了摊摊，有6户。满下村的和国武、和学伟、和士闰，满中村的和清、和闰海、和红芝，加上学校小卖部，共有7个商家为100多个儿童服务，够丰富了。满下村的和学伟还从城里弄来了许多儿童玩具进行摸奖，引来不少儿童和家长，围得水泄不通，人人都在摸，有的摸了10多元钱，最少的也摸了两三元。有一个家长摸了3元，一样也摸不着，就让小孙子摸两张（0.5元），即摸着了两样小玩具（小飞机、望远镜）。这下对儿童儿起到了刺激作用，许多儿童向父母或爷奶要钱再摸，不到两个时辰，装泡泡糖的塑料盒里一半多点的（约1000张）票都摸完了。

学生的活动结束后，观众们像往年一样围坐在路旁，男的买酒喝、打扑克，女的买瓜子、糖果，边吃边聊。今年的商户经营服务的内容比往年少了两项：一是没有卖凉粉的；二是没有卖鲜菜的。也许是提前活动的缘故，也可能是城里市场上鲜菜价格昂贵，小卖户无多少利可图所致。观众们一直休闲到学生放学时才散去。

来自大理凤仪星火鸡场的推销人员挑着两担"洛克"小鸡来满下村寨卖。买10只价45元，再送11只。每只就只合2元左右。有不少农户都买了10只，有些则两家合买10只再分养，有些则三家合买10只再分养，和家良与和社芬两家合买了10只。到天黑时分，和家良家的小鸡已死了4只。看来试养成功的希望率很小。

2004年5月31日　农历四月十三日　属日：狗　天气情况：雨转阴
村民和朝亮与和革会合伙买了一辆将要报废（还有一年）的夏利出租车，价格是125000元。他俩的意图是买张旧车及牌照，让和朝亮之妻和福春实习几个月，待她的驾驶技术有些进展后更换一辆新车。这样做车款好贷些，是由卖车方给办的贷款手续，不必到处求人，只要更换时备上四五万元，其余不足部分则由卖车方贷给。

这是南溪满下村寨里购置的第一辆出租车。满上、中、下三村村民胆小怕事，三个村才有满中村和占典一辆、和万山一辆，加上这辆才三辆，远远赶不上鹿子村、旦都村的人大胆。

南溪完小参加演出的学生（男女各10人，共20人）由老师们带领，去丽江城准备参加明日的由黄山镇中心校（原教委）主办的庆"六一"演出活动。其他不参加演出的学生则在下午放假，老师全都下去，说是参加服务工作。

　　雨从昨天5时下到今天早晨10时方渐转阴。人们不能下地锄洋芋地了，因为雨下的时间长，下的雨量也大，地里泥泞。闲不住的妇人背着篮子去找猪食，到油菜地看看油菜苗长得怎样。有些需要进行筛选拔除，不宜过密。和圣伟夫妇等好多人则到前面的山上去捡菌子"鸡肾菌"（一种球状形的圆菌，此种菌是较早长出），说是要给嫁出的阿梅姑娘送去。

　　12时左右，雨完全停了。人们身披雨具，扛着锄头又陆续到洋芋地里锄洋芋。

　　村民和社芬却在家，从粪坑里挑来大粪在畜厩里积肥。她的理由是：大粪在塘里白白被蛆吃光，不如挑起来浇在厩里，再铺厚些松毛就等于积起了堆肥。的确是的，纳西族农家在牲畜不多的情况下，常以此来增加肥源。

　　（六）6月份日志

2004年6月1日　　农历四月十四日　　属日：猪　　天气情况：雨转阴

　　和国南大妈由中午时分，在自家的地旁大骂街。内容是骂小娃娃。她破口大骂，样子很气愤，连丑话脏话都骂出口了。男人们在旁边都听不下去了。原因是昨日不知是哪些小娃娃把她家围地的篱笆全都压翻了。娃娃不知事，什么不好的事情都做得出，特别是放假天的一二年级及学前班的娃娃无事可做，就在一起玩，有时会玩过头，有时会玩出事故。虽然和大妈可怜，但骂的也超越了界限。

　　村民们大多都顶着蒙蒙的雾和细雨在地锄洋芋。唯有懒散些的村民在家待着，长期在家领孙子的和铭贤也带病（脚风湿）背着不能单独放行的小孙子和金元，边做家务，边锄洋芋。儿子及媳妇则带了午饭到远处的地里带着雨具下锄。

　　村民和永昌及妻子和社芬驾着自家的手扶拖拉机，去丽江城买后天参加姐夫和才贵葬礼的礼品。随车同去的有邻居和丽军，他顺带要买几包水泥和磷肥回来。还有邻居和家良及和闰英，和家良还领了孙女和智旋，说是要去世界遗产公园游玩一天，不知能否如愿以偿。

　　今天是"六一"儿童节，演出队由完小教师领着去参加黄山镇中心校（原镇教委）主办的"六一"文艺汇演大会。其余全行政村学生放假休息。

2004年6月2日　　农历四月十五日　　属日：鼠　　天气情况：

　　村民和永昌家已在昨日就把今年所种的洋芋锄完了。从今天开始他夫妻俩开始薅洋芋。薅洋芋的进度比锄洋芋快些。锄，要锄到每个地方，而且要边锄边捡出杂草和草根；薅，只需把前不久锄好的土垒在洋芋苗上，使之成为一堆圆锥形的坛塔。

和永昌在满下自然村55户人家中第一户锄完，原因不是他种的少，而是劳动力多，他两夫妇干起活来身大劲大，再加上75岁的老母亲还帮他俩锄，帮他们干好家务，在学校做学生饭的姑娘和肖芳也常担起家务活，他俩就可以一心一意地干活。

2004年6月3日　农历四月十六日　属日：牛　天气情况：晴

和永昌的姐夫和才贵（汝南化人）的出葬礼今天举行。满下村寨，和永昌家族14家及沾亲带故的人家有10余家。早晨9时左右就出发去参加丧葬礼。和永昌、和国兴、和万林、和万元四家各带了3盆粮（大米1盆、玉米1盆、麦子1盆），其余的都只带了1盘米（5市斤左右），有的带了1挂肉，有的带了半挂肉，外加1瓶酒，不太亲的则只带了5斤左右的大米，10点30分到汝南化，11时就吃饭了。说是汝南化的丧葬礼从和才贤丧葬开始改革（不在出葬前一天就集中，而是出葬当天才来，出葬后很亲的人、要去上坟的人才留宿，其余人员均在出殡后返回）。

2004年6月4日　农历四月十七日　属日：虎　天气情况：晴转雨

村民和金胜饲养的母牛，分娩了一头小牛犊，喜得和金胜两口子脸上挂满了笑容。特别是和金胜高兴得合不拢嘴，激动地说："功夫不负有心人，到明年此时可拿到一千多元钱了。"他还请了满上村的"纳西老友"（相好）和洋红来家做客。和洋红也应邀到他家来庆贺（提着一瓶酒）。他俩谈得很投机。这件事可能会对部分村民起到点启发教育的作用。

今天早上村民组长和国兴、副组长和圣伟挨家挨户通知，要求每家出一抱柴火给四川籍进行农网改造工程的工人做饭之用。每户抱了一大把，用和国兴的手扶拉了满满一车到中村四川工人住地。

今天开始，四川工人对满下村的电农网改造工程开始施工。他们下老电线、电瓶、下横杆、扛新电杆、竖新电杆，进行得紧张有序。经过一天的艰辛劳作、把全村中要迁的要加的电杆都竖好了。

有三名国家地震局的博士、地震专家来南溪村寨到旦都村上边的山地实地考查。据说是经昨日在新团考查时发现，从新团至南溪有一条地震断裂带。车子停在满下村西边，驾驶员留于车旁。三位专家则徒步前往旦都村北边上坡考察。据称是为大丽铁路开工做前期工作。

2004年6月5日　农历四月十八日　属日：兔　天气情况：晴转阴

10时左右村民和作武家的蜜蜂从蜂窝里涌出来了。邻居和尚清及和铭贤见状后，和铭贤抱着孙子观望着蜂群的动静，和尚清则拖着带病的身子去喊："和作武，你的蜂出来了！"和作武听到喊声，迅即扛着锄头转回。他到家后看到蜂从蜂窝涌出，歇在和圣华家房檐上，越聚越多，结成一团。和作武迅速拿来锅盖和饭勺，搭好梯子，很快爬上去，用勺子一勺一勺地往锅盖里装。装完后用纱布罩好，准备到傍晚时装进他早已备好的蜂房。在场帮忙的有邻居和圣明，和永红等，扶梯子的扶梯子，泼水的泼水。要不是邻居们的热心相助，他的这窝蜂是要到别家的蜂房里安家的。

这些天陆续有几家已锄完洋芋，开始薅了。只见锄完的农妇及男人们手提装有尿素的塑料手提袋，扛着锄头往长得较旺的洋芋地里走去。

村民和顺明拉着自家的一手扶拖拉机洋芋去城里自己零卖，已有三天时间了还没卖完，到今天午后仍不见回来。

2004年6月6日　农历四月十九日　属日：龙　天气情况：晴转雨

在进行南溪行政村电农网改造工程的四川籍师傅在架设主线。从尽头（南溪鹿子村）往开头方向拉来，拉到满中村。他们干起活来真棒，接好一杆又马上接一杆，确实马不停蹄，比起纳西人确实干得凶，吃得苦、耐得劳，使所见的群众大为惊讶，看到了人与人的差别。的确南溪村寨的纳西族人有个不好的共同点，就是"看大不看小，大事做不来，小事又不做"。鹤庆人大理人年年进来做洋芋生意、大米生意，大家见得多，接触得很多，但受到感染的毕竟只有个别人。

云南大学纳西族研究基地的负责人和晓蓉女士及丈夫携小儿子来工地视察，指导施工段老板搞好每个施工段的重要环节。玉龙纳西族自治区审计局长也随同来工地视察调研。

今天薅洋芋的人越来越多。有些没有锄完的也开始薅了，因为洋芋长到一定的高度就要薅了，长得太高后不薅就会损枝伤叶，不好培土，会影响到洋芋的产量。因此，不少人手提化肥袋，肩扛锄头去薅洋芋。

若在前些年，这段农时是不算紧也不算松的，但最近两三年却显得特别紧张，究其原因，主要是进城开出租车的人很多，几乎平均每家一个，而这些年种洋芋面积大的农户也比前些年多。

2004年6月7日　农历四月二十日　属日：蛇　天气情况：大雨转小雨

怀胎10月的和学武之妻在今夜凌晨两点左右，产下一小儿，和学武添了后生，成了五口之家。

村民组长和国兴、副组长和圣伟，分两头通知各农户来领取退耕还林补苗种（松子）。通知完后，和国兴按所实行退耕还林亩积比例称给松子，并要求在近日内进行补苗。在去年栽种松苗不活坛里点上三颗松子。

有不少村民马上行动，乘雨天不能薅、锄洋芋之机披着雨具、扛着锄头去山地里补苗，有些村民却在午后雨稍停后去种松种，以便天晴时全力集中薅、锄洋芋。

因为雨下得大，雨量过多，田里泥泞，不便进行薅、锄洋芋的农事。有些闲不住农妇头顶雨帽身披雨衣去筛拔过密的油菜。有些则去山地里进行退耕还林地的补苗劳动。

村民和妹则在清早就冒着大雨去丽江城卖鸡。有些村民则休闲在家，美其名曰："天公放我的假。"

2004年6月8日　农历四月廿一日　属日：马　天气情况：晴转阴

在昨天凌晨两点左右降生来到人间的和福光之孙子，仅活了近20小时左右又辞别人间，在傍晚七时半左右命归黄泉。当时其爷爷和福光因事去满上村未见到，其父和学武因事去丽城还未到家，也未见到。

族人和金红、和金辉、和林、和社员、和妹、和三姐等前来帮忙收尸。当地纳西族的传统习惯，家有夭折者不召集村民，只由家族中的几个人洗漱尸体后，用一块新布包好，抱着去往自家坟地的路边（叉路边）掩埋好，埋好后不砌石头，只是盖些树枝。这小孩尸体也是由和金红抱着照这样安置了。孩子的妈妈哭着叫着："我的孩子啊！你怎么只是来叫我们空欢喜？"在场的和妹、和仔香、岳母和国珍开导劝说："这是果实熟了落地似的，不要过于伤心，以免伤了你的身体，要想开一些，在月子里过于伤心会落病成疾的。"

村民和学青去丽江城购买后天要去前山石镜头村参加她亲家母丧葬礼的东西。她买了一块祭帐（挽幛）、一条红河牌香烟及鞭炮等家中所缺的东西，并打电话通知她的姐妹们去参加丧葬礼的有关事宜。

由于这两天的雨量过大，不太适宜薅、锄洋芋。只有少数村民在不很泥汀的地里薅洋芋。也有个别的村民在做筛拔油菜苗的农事。在南溪村寨的这段时间，下雨有下雨的农事（找猪食、筛选油菜苗等），晴天有晴天的农事（薅、锄洋芋）。但这些年因绿肥种得多，解决了猪牛的饲料问题，从去年开始这段时间很少有人找猪食来喂，只有个别的在找。

2004年6月9日 农历四月廿二日 属日：羊 天气情况：阴

满下村村民组长、村民组电工和国兴在查2003年11月至2004年5月的各户用电度数。他手拿用电登记本，挨家挨户爬上很高的木梯，仔细查看各户的电表，并做好记录。这是电农网改造、低压线路实施的第一步，这事完后，很可能由实施改网工程的四川工人来村里架线、安装电表。

下午，准备明日去前山石镜头村参加和仪凤岳母（和学青亲家母）丧葬礼的，在丽江开出租车的和学青之子和一台、和学青的侄儿和春拾回到家中，以便明日一早动身前去参加葬礼。

天虽阴，但雨停了，全体村民都在抓紧薅洋芋。今年满下村寨的洋芋普遍受到霜冻的侵袭，苗长势不旺，很不景气，但农时节令也不容人们再松闲了，所以每个村民都往洋芋地里跑。

村民和顺达家三人则在家卖前些天卖不完的洋芋，洋芋个较大、较好，但价钱却上不来，只是每公斤0.38元。好些农民都在嘀咕："像今年的洋芋价，拼死种地的农民，远远不如清清闲闲在水泥地皮上种洋芋的人（指做洋芋生意的人）。"这话的确不假，种洋芋的劳力投入很大，化肥费用的投入也不少，而收益却很微薄。

2004年6月10日 农历四月廿三日 属日：猴 天气情况：晴转阴

和国红的母亲合每仕昨天傍晚在薅洋芋时，可能患脑血栓病，一时摊痪在田间。若是发现晚个20几分钟，可能就在田间断气了。但二嫂顺路过此地时发现合每仕一语不发倒在田间，便急忙喊叫："合每仕病倒田间了！"听到喊声的和见红，和永良两男人急忙跑到合每仕所倒的田间，两个人把她抬到家中，合每仕失去了知觉，不能言语。于是本族老小、后家人、姑娘家、亲戚们、村民们都聚拢在她家，守候老人，亲戚们有的买来几个罐头，有的带来20几个鸡蛋。在没有电的情况下，用汽油灯照明，守护到天明才陆续离去。本族人却不离开病人。她的儿子和国成及和国红一早就去请木匠帮忙做棺材。他们请了和国兴、和作典、和永红3个木匠，加上族中的木匠和国亮、和永昌，一共5人来做棺材，到下午4时左右就做出了合每仕的棺材。

亲戚及村民们吃过晚饭又来和国红家守护快要辞别人间的老人（她已有80多岁，看在平日的表现，人们都猜测她很有把握活到90岁。但真是有不测风云啊！）。

2004年6月11日　农历四月廿四日　属日：鸡　天气情况：阴转雨

和国红之母合每仕于凌晨5时30分停止心脏跳动永别人间。5时左右族中长者和国亮派合每仕的孙子和自华及和自忠、和国亮的大女儿和益兰满村叫喊："阿奶快不行了，请乡亲们帮助一下！"等到他们仨返回到家合每仕已合上双眼，停止了心脏跳动，完成了她的人生旅程。于是和自华、和自忠、和益兰三人又满村边走边叫："阿奶去世了，请帮忙一下！"听到喊声的村民们马上起床陆续来到她家，帮忙收尸、洗尸、穿戴，大胆些的妇女们，七手八脚给合每仕洗尸、穿衣。穿好衣服后，男人们把尸抬入棺材里装好。

12时后，合每仕的大女儿和金合、二女儿和金花分别率各自家族中的人，前来给老母敬送入棺饭，随后合每仕的后家一族也来送入棺饭。顿时哭声、劝声混成一片，女儿伤心哭泣，随同前来的相扶相劝。后家的侄儿们动情而泣。入棺的饭是：两碗新煮米饭、四块大肉、四块糯米粑粑、四块排骨、四块肝、一瓶酒（如果两个老人中只死一个，有一个还活着的话，饭只要一碗）、两炷点燃的香。有些哭者诉着老母的慈爱，表露出舍不得永别的心情。

饭后，家族长者和国亮、和国武主持召集族中人及后家、姑娘家人商讨戴孝的问题，请求各方人员提出要戴孝的人。随后本族人商讨此项丧葬活动的各项值事人员。

除和国红家族的每户一个男人、在和国红家的及和金合族要随和金合给合每仕送入棺饭的每户一人、合每仕的后家和学伟族一户一人外，其余村民则忙着去锄洋芋，薅洋芋。

2004年6月12日　农历四月廿五日　属日：狗　天气情况：阴转晴

今日满下村寨的电农网改造工程，已开始进行架低压线，到下午可能会开始安装到各户的电线及电表。

外出开出租车的村民和万群，他的开车包期已在昨晚结束。由于他所承包的车子太陈旧，机器常出毛病，必须经常修理，因此，他不再继续承包，办理完退车退押金等有关事宜后，今天返回家中，准备休息几天后，再去包一辆较为合意的出租车。

今日9点左右开始，和国红家族由和国亮、和国武率领全家族每户一名男人（和永昌、和国兴、和元军、和天林、和见红、和习红、和万琴、和万林、和国红、和国成），还有迁居丽江城的和国辉等共13人，挨家挨户磕头，请求他们在农历四月二十九、三十日两天丧葬礼中担任各项值事人员（按照家族商定的方案来请）；又向不担任重要紧急值事的人员每户要一背柴火，另外每户均要出一背尸体火葬用柴。到目前为止全满下村寨只有他家进行火葬，其他全部作土葬。

村民和作武在放羊前薅附近的洋芋，一起床就干到12时30分左右，再吃顿饭就去放羊。目前满下全村寨就只养了三群羊（和国模一群、和作武一群、和金辉一群，和作武与和金辉两家在结成亲家之前的七八年来一直合伙放羊）。养羊对增加经济收入和增加农家肥起到了极大的作用，只因人手少而不能顾及，才使以前的羊群逐渐被卖了，只剩下这三群共一百多只羊了。

2004年6月13日　农历四月廿六日　属日：猪　天气情况：阴

电力公司电农网改造工程电表安装组对满下村寨进行安装新电表的工作。他们组共有三人。他们把电表钉死在相当高的部位上，并在隔了一段距离后安装一副闸刀。除此之外的线及安装费均须村民自己承担。

前山石镜头村的和亚文领着一个鹤庆的羊老板，以大小平均每只165元的价格成交了和作武的15只羊，和金辉的13只羊；以每只170元价成交了和国模的12只羊。事后他两把羊关在和国模家，再到金龙村、文屏村买羊，准备一起赶往永胜、宁浪等地出售。

满中村云南大学纳西族研究点的房屋建造工作，由于雨水天的干扰，建设速度迟缓，这些天才把瓦盖完。瓦盖好后就进行砌墙。目前由于雨水天的干扰较大，砌墙速度也较慢。可能是原材料不到位的原因，有三个木匠又被暂调到其他工地。

2004年6月14日　农历四月廿七日　属日：鼠　天气情况：阴转晴间有阵雨

和国红家族的男人（每户一人，和永昌、和国兴、和国武、和国亮、和万群、和万琴、和万元、和万林、和永红、和天林、和立军等）每户借出一顶帐篷来搭棚子，以准备下雨时做饭的地方和吃饭的地方。和永昌还去学校里借来了一盏汽油灯。

电力公司的安装工人继续对满下村寨的农户进行安装新电表的工作。他们3人一天安装出15户左右的电表。

因为全体村民（除60岁以上的老人及小孩学生外）都要参加农历四月

二十九、三十两日合每仕的丧葬活动，并且大部分年轻力壮的人都要在此次活动中担任值事，所以乘不下雨的好天气，村民们都起早摸黑地薅洋芋，大多数村民除料理家务的一人在附近薅洋芋外，都带了午饭到较远的山地去薅，一直干到天黑才回来。每个农民的心理状态是多薅一坛是一坛，村民和家良因儿子开出租车，儿媳考驾照，老伴在家领孙儿孙女、照料家务，她便一个人独当一面，起草摸黑，累得腰酸背痛，疼得手腕辣辣的也无所谓，就像是没事一样。

2004年6月15日　农历四月廿八日　属日：牛　天气情况：阴转晴

和国红的家族每两户中抽一个人去丽江城买明、后两日合每仕丧葬礼用的菜类。所去的人是和国成、和国红两弟兄，家族中和国兴、和万群、和万林、和立军、和国武等七人。

其余男人和国亮、和万仕、和习红、和天林、和万琴、和永昌等做家里的事宜。

本家族的一户一名侄女则在他家帮忙丧礼前的准备工作，和社芬、和金燕、和亚兰、和万芝、和益花、和六芝、和闰芝、和玉兰、和玉梅、和一兰等弃百忙的农活而帮死者家忙。

2004年6月16日　农历四月廿九日　属日：虎　天气情况：晴

满下村寨举行合每仕的丧葬礼。太阳一出村民们各就各位，各司其职。担任主管、副主管的和顺明、和朝泽已在和国红家等候值事村民的到来，随到随安排各种事宜。

蒸饭组的妇女们，已早早下厨动手蒸早点。除担任重要值事的人员外，其他人天一亮就去帮丧家砍一背柴。厨师已分组动手搭灶、煮肉、备早饭。

吃过早饭后各种所请人员各司其职，做杂务的由主管安排上山找柴，分两组，一组砍大的湿栗柴，用作晚上跳"喂慕达"时烧；一组找干或半干的小根柴作蒸饭做菜之用。到下午3时许找柴的用手扶拖拉机拉了四车柴，到家即安排所有在场人员的午饭。饭后，厨师组及蒸饭组又投入紧张而有序的做晚饭事宜。

到5时左右，死者后家、死者姑娘家率五亲六属到达，到门前先燃放一串鞭炮、抬上祭碗、丧礼，大声哭诉着走到灵柩前，摆好祭碗和丧礼，再跪地嚎哭，痛不欲生。姑娘及哭得太伤心者由随从人员扶到旁边相劝。

来参加合每仕丧葬礼的远亲近属来自四面八方，城乡都有，坝区山区的人都有。

2004 年 6 月 17 日　农历四月三十日　属日：兔　天气情况：雨转晴

全村停止日常活动，就连牛、羊也不放出，关在自家喂养。全村老少都为合每仕送行。

2004 年 6 月 18 日　农历五月一日　属日：龙　天气情况：阴

老孺合每仕丧葬礼结束。合每仕真名叫吾仕娘，第一个孩子叫吾金合，南溪村寨的纳西族历史习惯是，已婚男女生儿育女后，别人不再直呼其名，而是以第一个孩子名的最后一字和母亲名的最后一字，中间加"每"或"爸"。如吾仕娘之夫叫吾六三，有了孩子后不再喊"吾六三"，而喊"合爸三"。这是纳西族文明、婆媳互敬互爱的优良传统。

在城里开出租车的村民和一台、和金钱、和朝亮、和灿、和国军、和革会、和二友、和立军、和万群、和亚军、和建华、和万军、和武军、和占军等 14 人在和革会家进行"化祟"，每人祟 200 元。此次拿款的是和亚军、和金钱二人，每人拿 1400 元。他们买了 4 只鸡在和革会家吃了一餐农家风味的"农家饭"。

"化祟"，就是大家约定好每人所出的金额和时间，每月一次，再约好每月出钱的人员与数额。到约定的时间，大家都备了钱买来肉菜做一顿饭吃，或到饭店吃喝一顿，休闲一天。是纳西族融互助、娱乐、休闲为一体的活动方式。

古城区七河乡的五个泥水匠来该村寨村民和永昌家洽谈砌他家砖房的有关事宜。

劳力多些的农户尚有个别人在洋芋地里薅洋芋，如和八娘、和四娘、杨秋秀及丈夫和顺光等都在抓紧薅洋芋。

部分妇女约定下午 6 时左右从和国红家回来后，扛上锄头，奔向洋芋地。几场大雨把洋芋催得老高，急需薅了。

丽江南溪满下村寨
合每仕老孺人丧葬礼值事表

时间：2004 年 6 月 16—18 日（3 天）
总管：和顺明
副总管：和朝泽

厨师组主管：和永红

厨师组：和永红、和建忠、和国军、和朝东、和永军、和金发、和二友、和立军、和金星、和金红

蒸饭组：杨耀秀、和福春、和永秀、和爱花、和世春、和海、和良命、和红燕

招呼老人：老汉组：和森　老妇组：和圣伟

酒管：和朝光、和木

烟管：和革会、和子红

记账：和尚军（灵柩前）、和武军（楼上）

收款：和　灿（灵柩前）、和朝亮（楼上）

收礼（五谷烟酒、米、挽幛等）：和四谷、杨秋秀、和茂花、和妹、和金木

焚尸：和作典、和顺达、和建国、和金辉

书写挽联：和尚武

焚烧死者旧衣被：和仕芬、和明贤、杨耀兰

勤杂：全村寨所有的青年男女：和竹英、和爱英、和万军、和丽芳、和玉兰、和玉梅、和满菊、和满秀、和永华、和丽军、和亚月、和满月、和亚军、和亚梅、和春兰、和二友、和学青、和学军、和学先、和汝信、和立军、和四闰、和习福、和习红、和丽菊。

合每仕老孺人丧葬礼过程（16—18日）

16日

除厨师、蒸饭、总管、副总管外，所有的值事人员各砍一背柴到合每仕家。吃早餐。吃早餐前，厨师主管给死者灵柩前摆祭碗（共六大碗，大肉一碗、两条鱼一碗、蒸肉一碗、圆子一碗、排骨一碗、火腿片一碗），摆了这六大碗祭碗以后，家族守灵人不得随意离开灵柩，有事要离开，必须有一两人守灵。

吃过早饭餐后，分组同时行动（砍柴、备饭菜、写挽联、搭松树门、扎花朵、装饰灵台）。和万琴负责给灵柩祭饭，每来一个吊丧人，他大喊："×××给您祭饭来了，请受用吧！"

砍柴的到家后就吃饭，午饭后年轻人换装。等到合每仕后家、两个姑娘家到后，进行追悼礼。追悼礼由族中年纪长者和国亮主持。追悼礼的仪式大

体是：孝子孝女们跪于灵台前，族中长者及孝子跪于最前面，随着主持人的指挥向灵柩献香、献酒、献茶、献饭、献汤，献毕进行戴孝，戴孝完毕后，孝子孝女又开始哭泣。

接着开始招待四方来吊唁的人们，规矩是：先死者方五亲六属，再远方来客，接着近处来客，最后才轮到值事们。

饭后院中间烧起熊熊大火，乡亲们围着火坛跳"喂慕达"，劝慰孝子孝女，生死乃人间常事，不能伤心过度。

到鸡叫时就由孝子孝女们送一碗离别稀饭，传说这碗饭是真正能到死者嘴里。纳西语叫做"岩菊巴达丕"（鸡叫时送稀饭）。这一重要环节必做不误。跟随来劝哭者要注意好这个时辰，以便及时赶来相劝孝子孝女。

17日

一清早死者孙子挨家挨户去请厨师和蒸饭娘（不请也会照例来的，只不过是行一下规矩而已）。

村民副组长和圣伟通知村民们来称米、肉，纳西语称"足若好丛"。每户半斤米、三两肉、一元钱。很早以前这份饭是单独在一家做好了，就在那家里每户一人吃了再来到死者家里的，但现在为了方便起见，这份米、肉、钱都归在死者家一起做好，接着每户一人从家里扛了一两根干柴到火葬场聚焚尸柴，纳西语叫"书鲁阿"。到吃饭时先伺候"足若"（村民）。对"足若"的待遇是较丰厚的：家族孝女、死者后家还有死者至亲都要换桌摆特殊酒、饮料，敬上等好烟，厨师要加好几次肉菜。

12时"足若"吃饭。"足若"吃完，由四方来客接着吃。

招待完毕，人们就在灵台前跳起了"窝热热"。内容是："死者快要出行了，孝儿孝女不要伤心，死者慢去，去到最美好的瑶池里享天伦之乐，不是人们抛弃您，是您离开了人们，安息吧！"跳了约一个小时，"足若"就围坐灵柩旁，家族孝儿孝女纷纷前来敬烟，"足若"们也坐着唱起了"窝热热"歌，院中和灵柩旁唱的相呼应，歌声此起彼伏，一阵盖过一阵。旁听起来好不伤心。

接着孝儿和国成、和国红由族中长者和国亮领着手拿装有酒茶的盘子，燃上香来到灵柩前跪求老母回家中祖先台就餐，并从棺材上摘下大白花，拿到祖先台旁挂上。接着开始了由值事代表（总管、厨师、蒸饭、烟酒、家族、收礼各一人）组成的村民祭饭活动，他们每人点一根香，拿一个小碗盛上少许饭，装扮成伤心哭诉状，并且每人由一个人扶着来到灵柩前转过身，把饭撒向灵柩。这一活动纳西语叫做"古日古好匹"，意为乡亲们的送别饭。

"古日古好匹"结束后，就举行发灵仪式，仪式仍由和国亮主持，内容为：献香、献酒、献茶、献昨日厨师们摆设在灵柩前的六大祭碗，每碗都必须由主持者拿给下跪灵柩前的家族长者和国武及孝男和国成、和国红，他们三人以献酒茶香的姿势，双手高举过头向灵柩敬献并示意磕头，完毕后，这些祭碗由厨师收回。焚尸者主管和作典事先就备好一大碗水和一把砍刀，等仪式一完，手举砍刀砍向装水的大碗并大声喊："起！""足若"就七手八脚抬起棺材到大门外边拴牢，拴好后扛的扛，扶的扶，搭了三次人桥，"足若"们边走边唱"窝热热"，到抬过人桥时，齐喊："过桥、过桥！"

抬到火葬场后，待放好棺材，"足若"们就地而坐，孝男孝女及死者后家、至亲纷纷向"足若"敬烟，酒管烟管也抬着酒烟来敬酒烟。敬完酒烟后，死者家族和亲属先离开火葬场，而后，焚尸主管和作典备好焚尸准备工作，点燃一把松明交给死者长子和国成来点燃焚火，和国成点燃后也离开现场。

"足若"除了个别的好奇者外都相继离去，只留下焚尸人员。从火葬场回来的人们都必须到死者大门旁"嗅塑"：拿一些干草点燃出烟，旁边有一个人端着一盆水站着，来人就沾一些水，在烟上熏一下并说"塑塑"，再各自散开。

到7时许火化工作才结束，焚尸的到家后开始招待晚饭。晚饭后，年轻人和中年人围着火坛跳开了"纳西打跳"，到12时就休息。

18日

所有值事继续各就各位，各司其职，无职的都到他家帮忙，或休闲。

所有戴孝的及家族成员们，煎些虾片、粉皮、糯米粑粑，带上一瓶酒、一些香到焚场"伏山"，当地纳西语通称"上坟"。到焚场，由家族长者在焚尸地点插上香，献上酒茶，供上些所带物品。来上坟的人们分组围坐，吃些所带之物，好酒者喝点酒，闲聊一阵。

在家的做好饭菜，等着上坟的回来。上坟的到家后各种事情都由戴孝的来做了，戴孝的又招待值事们。饭后大家休息闲谈，负责记账、收礼、收钱的将记账本、现款、所收礼物（烟、肉、酒）移交给和国成、和国红两兄弟。烟管、酒管也移交所剩或说明不足而从收礼处拿用等情况。年轻人打扑克、打麻将，以这种方式解除前两天的紧张与疲劳，直到太阳偏西才散伙。

他们的家族及远处来的亲朋在他家用晚饭。

丧葬礼结束。

合每仕丧葬礼小结：

此次丧葬由和国成、和国红两家（两兄弟）合伙举行。

共同集资，同享礼物。

两兄弟共集资支出：4000元，腊肉支出（从死时开始到完毕）100市斤，米支出500斤左右。

送礼吊丧户数318户，戴孝233幅。

收入：人民币1988元、大米1600斤、玉米300斤、小麦400斤、猪肉280斤左右、烟20条、酒300斤、挽幛10床、毛毯2床（由两个孝女各送一床，孝女不送挽帐送毛毯是村中第二例）。

分肉、粮不用秤秤，大概分成两份，各人一份，这是先例。

到第四天还请本家族的全体人员来吃饭。

此次丧葬礼的特点：

1. 因为家族户数较多（14户），所需桌、凳一家拿出一套，不必全村到处借。

2. 孝只分白孝、红孝两种（两份），白孝统一了长度和宽度（此前是按不同等级分长短的），不再分成长短不同的几种。

3. 分物，此前的人家以过秤的方式来分礼品，而他们两家则由家族大概分成两份，各拿一份。

4. 发孝时，一次性拿给各户（如×家有三人要戴孝，一次就拿三幅给接孝人），此前发孝一户需要分两三次才发完，逐人喊按等发。

2004年6月19日　农历五月二日　属日：蛇　天气情况：雨

电表安装组的工人给满下村寨居住分散的和实、和木、和朝光四家安装了电表。至今满下村寨农用电网改造工作已结束，只待满中、满下、金龙、文屏四个自然村的安装工作结束后，验收通电。整个南溪行政村的电农网改造工程预计7月中旬完成。

早饭后，在城里开出租车的回来参与合每仕丧事活动的满下村民，除个别人外都回城去了。

除和国红家族的部分人在和国红家收捡东西、还东西以外，全体村民都忙着往洋芋地去薅洋芋。经过数天雨水的滋润，洋芋郁郁葱葱长得很茂盛，正是薅的时候了，人们舍不得休息，有些人干脆备了两种农具出门，一种是薅洋芋的锄头和化肥，一种是拔油菜地里杂草用的篮子，以便天不下雨就薅洋芋，天若下雨就拔油菜地里的杂草。

2004年6月20日　农历五月三日　属日：马　天气情况：雨

孝子和国红要挨家还所借用的汽油灯、快壶（一种小型锅炉）等用具，并将家里剩下的灯罩带去，每一盏汽灯给两个灯罩。同时送还每样东西的时候再送两瓶酒，以表谢意。和尚勋、和尚典两弟兄刚合伙购置的汽灯，合每仕病危当晚就借用。因此，和国红送来的两瓶酒，和尚勋、和尚典就一人分一瓶。

村民和国秀、和玉琴、和作才、和学伟、和永秀等五人背着鸡蛋和大米去吉子行政村水闸口自然村和金花家探望因刮宫而在家休养的和金花儿媳妇。下午6时左右返回到家。因为农忙，人人都舍不得在吉子闲一晚上，以免误了农时。

大多数村民头戴雨帽、身披雨布，背着篮子，冒雨到油菜地里杖除杂草，间杖过密的油菜株。

12时后雨停转阴，有部分村民预备着雨具去薅洋芋。

和圣华、和国军、和社兴、和习福四人在和圣华家里把从和国军家买来的狗杀了，准备煮了吃。狗价为100元，外加和圣华家两斤腊肉，把狗肉砍好后，和圣华从楼上盛来沧梅陈酒招待其余三人。

卖狗、吃狗肉这在60年代初以前的南溪村寨是不曾有过的。那时的狗主要是帮主人放羊，防止野兽对羊群的袭击，另一方面是看家护家，所以人狗的情感确实深厚。一旦养起狗，唯有病死或老死这两种情况，如若狗病死或老死了都要给以好好掩埋，有些主人甚至还伤心落泪。直到1964年的"四清"运动，随之带来了一股狂打狂杀狗的浪潮，一些年轻人心想，看着狗被白白打死了，不如煮着吃。于是敢"破旧习"的部分年轻人开始在没有人居住的房子里煮狗肉吃。以后慢慢地有更多的人吃起狗肉了，养狗的也逐渐卖起狗来了。七八十年代一只硕大的狗也只卖十来元钱，小点的五六元。到90年代中期狗价一涨就到百多元，一直至今居高不下，主要是受到城里市价影响所致。

2004年6月21日　农历五月四日　属日：羊　天气情况：雨转晴转雨

连续四天半的大、中雨，使南溪村公路文屏段吾习家附近有一处由于山洪的冲击而垮塌。因南溪村委会党支部书记、村委会主任和国军常驾车拉人往返于南溪到丽江城一段，发现灾情较早。他及时向镇党委、政府报告了这一灾情，并向党委、政府提出了帮助提供资金修复的申请。镇党委、政府派人前来实地考查，答应天一转晴就帮助修复。目前此段公路没有脚的小车可以靠里边行驶外，后驱动车及大点的手扶拖拉机是不能行走了。这截路现在看去好像一张饭桌，上面只有一块水泥板，底下的路基被山洪冲走。

大部分村民都带着雨具冒雨去杖油菜地里的杂草，以及间杖过密的油菜苗。12时到下午2时之间天又转晴了一阵，在油菜地里作业的部分村民认为天转晴了，又转回来想去薅洋芋。但吃过午饭带着化肥锄头才薅了十来坛，天又下起大雨来了，一直下到傍晚，人们也只能在家躲雨休息。

2004年6月22日　农历五月五日　属日：猴　天气情况：阴转晴

今天是端午节，养有蜜蜂的人家都在掏蜂蜜。有些人家还请了亲戚与相好前来品尝。

青年男女及小孩子们都在手腕上缠绕了从城里买来的五色续命缕。男子绕左腕，女子绕右腕，孩童们不仅绕手腕还绕了脚。缠绕五色绒线，其目的是为了防止蛇虫伤害，去邪保平安，1985年以前所生的马驹或牛犊也给挂五色彩线，防止蛇虫伤害。

此节的食品是糖食、糯米饭，中午多吃糖包子（南溪村寨多称为大汤圆），晚上吃面条炖猪肉。喝酒者要喝雄黄酒，并在额上、耳旁点些雄黄粉，以免除病患。

大约上午9时左右，鹿子村的上门女婿吾仕杰（和耀勇之夫），背着两大桶蜂蜜来到村子里叫卖。村民们闻声从四面八方赶来向吾仕杰买蜂蜜，村民们都揣着过端午节应吃点蜂蜜的心理，不养蜜蜂的村民都来买，从一公斤到七八公斤地买，每公斤价10元不算贵。满下村寨养蜂的不多，只有六七户人家，所以两大桶蜂蜜一下子就卖完了。目前满下村寨养蜂的人有：和建良、和金辉、和作武、和汝信、和金胜，和学伟他们每年所采的蜜不多，只够自食。

2004年6月23日　农历五月六日　属日：鸡　天气情况：晴

有部分村民对已杖完杂草、间完苗的油菜进行追肥（加尿素）。据有经验的村民说，对油菜能够适时追肥而来不及薅垄的，不影响油菜的产量。所以，不少村民都抓紧在杖除杂草后追肥。对于农作物而言，如能把杂草除尽，薅好每一垄的土，肯定会起到促进油菜生长的作用。但今年这农忙季节，对满下村寨来说，为举行合每仕的送葬礼而延误了三天时间（合每仕家族则误了十多天），再加上合每仕出葬后，连续四五天大雨，不能下地作业而影响了一些农活。这些天附近村寨的村民已薅完洋芋，来满下村寨帮忙的有满上村民和金花，来帮其姐和金、帮其弟和国红、和国成各一天。满上村民和四洋、和四钱及妻和香，来帮其妹和一花家一天。

2004年6月24日　农历五月七日　属日：狗　天气情况：晴

黄山镇中心校长（原镇教委主任）木龙，来南溪完小检查指导教育教学工作，并就六年级的升学考试问题做了系统的布置。总务主任和鸿龙也随同前来检查校务，教研员和茂鲜也随车到来，悉心指导各年级的学年末检测科目的复习与指导工作，并对该校工作做了摸底调查。

全体村民都在薅洋芋。劳力较多较强的农户已接近尾声，但90%以上的村民还要大干五六天才能完成。

今日满上村民和家花，下来帮满下村寨其姐和家良薅洋芋，帮和家良薅洋芋的还有其侄女和闰英。和闰英今年不种洋芋，只种少些菜籽，所以她还要捡点青刺果以备榨油。今年捡青刺果的还有和闰英的妯娌和秋谷，和秋谷是利用下雨天不能劳动之机捡的。

2004年6月25日　农历五月八日　属日：猪　天气情况：晴

黄山镇卫生院组织了医务人员来南溪完小，为所有在校生注射防乙脑疫苗，全体学生都做了预防注射。学生注射完后，对校外儿童也进行了预防注射。但校外儿童来注射的不多，可能是家长对预防疫病的重要性认识不到位的原因，也许是因注射费高（每个28元）而不来。

有部分村民已薅完洋芋，有些在帮亲朋好友薅。和玉祥今年完成早，她马不停蹄，扛着锄头去帮她的爹妈薅，村民和妹也在帮她的好友和家良。今年承担繁重劳动任务的和家良，自己起早贪黑地干，再加上和闰英、和家花、和妹等三人，共帮了五个工，所剩的不多了，到明中午可完成。村民和三哥也从吉子村请来了侄子来帮忙薅洋芋。和金合由于媳妇生产又犯病，再加上老母去世，耽搁较多，所以他家也在请已薅完的亲戚朋友来帮忙。

2004年6月26日　农历五月九日　属日：鼠　天气情况：晴

迁居丽江城的本村丽江市印刷厂内退工人和国辉回来种不定期退耕林地的松树苗。他家在满下村有三人的土地（老婆、儿子、姑娘），有两块退耕还林的山地，10亩左右。

有一部分村民已薅完洋芋，有些薅完自家的去帮亲戚朋友。如村民和子一与和妹薅完成了自家的以后就帮了和家良，今天又去帮助和金合薅洋芋。和金合今年因媳妇生产、老母去世，误了一段农时，显得较紧张。在办理老母送葬礼后，和金合的汝南亲家（女方）有三人留下好几天想帮帮忙，但老天不作美，一连下了四五天中、大雨，不能下地作业，他（她）们就告辞而回。这几天，每天都有亲戚帮忙，所以，他家所剩的也不很多了。

2004年6月27日　农历五月十日　属日：牛　天气情况：晴

从今天开始护林员和红暂停护林回家休养（太安汝南行政村中村）。村中暂缺护林员，等以后视情解决。

和万林的长女和丽菊是今年玉龙纳西族自治县第一中学的应届高中毕业生，她今日回校去查看月初所进行的高考分数。

和国亮、和万林、和万元三家已开始种绿肥和青草。今年只有和国亮所养的一头耕牛，所以用和万林的手扶拖拉机来犁播。他们三家七人到下午5时左右才把三家的所要撒的青草，所要种的绿肥全部种完。

和永昌及和社芬两口子在准备砌墙用的混凝土，拉了三四车，以便到时就不会出现停工待料的情况。从前天开始他两口子上午犁田撒绿肥种青草，下午就着手砌墙的准备工作，搬砖、搬土基等。

2004年6月28日　农历五月十一日　属日：虎　天气情况：晴

村民和亚华、和文清，今日去报名学习汽车驾驶，至此满下村寨村民学习驾驶的有38名了。比起鹿子村和旦都村来，还差很远，这两村的青壮年男人都学（除很少部分外），还有相当数量的少妇和中年妇女也手持驾照。目前满下村寨学习驾驶的女青年及妇女也只有六人，她们是：和亚梅、和福春、和海、和爱英、和春兰、和文清。

退休后居住原籍满下村寨的和尚勋老师，去拉市乡海东行政村就20年前老同学、知心朋友木治典老师之邀，参加木老师父亲去世的"四七"（死后28天，由死者姑娘或孙女举行的一种纪念性悼念死者答谢亲戚朋友的一种活动，一般都设丰富的宴餐）活动，顺便办理筹措了儿子和朝亮及侄子和朝珍更新轿车的一部分资金。

有个别农户开始种绿肥了。村民和作典家已在今天叫在丽江城开出租车的儿子和圣武回来，与他一起犁田种绿肥。和圣武11时左右到家后就向和圣明家借了一头耕牛，和自家的一头耕牛合起来犁地。大约种了三四个小时就种完了，下午就接着收割已成熟的青稞。和圣武干起活来很带劲。他的父亲和作典与母亲和八也干得很带劲。他老两口的精力不像快接近60岁的人，和圣武的爱人和爱花更不像当今大部分少妇那样偷懒，干得更欢更带劲，是当今少妇中的佼佼者。

2004年6月29日　农月五月十二日　属日：兔　天气情况：晴转阴转阵雨

村中又发生了鸡瘟病。最近一两天和顺达家又死了三四只，和朝光家也死了两只。一个月前发生的鸡瘟病较重，但通过及时打针、预防、喂药、隔离等，没有前两年发生的那么严重。这两天又有个别户发生，如每户都能及时相告积极采取预防措施就会好些。根据以往的经验，只要下几场大雨，鸡瘟病情就断绝了。不知今年为何连下了几十场大雨还会发生。

七河乡新民村卖豆腐凉粉的小商人来村子里卖凉粉、豆腐。不到一个小时就被抢买一空，后来者就买不到了，空手而回。他的这个小生意不管春、夏、秋、冬都好做，一到满下村寨就没有一次卖不完的，好多卖食品（如肉、菜、凉粉、米线、豆腐）的小商都说："满下村寨好卖。"情况真是如此，如若满下村寨的村民杀猪卖肉，全村村民都会买上一块，甚至手中暂时无钱的也要赊钱割上一块。

村民和家良、和圣伟、和社芬、和作典、和万琴、和朝光几家在收割青稞。有部分村民在进行油菜间苗、杖除杂草，还有少部分村民在薅洋芋。生产劳动项目各户与各户之间不尽相同。这有劳动强度大小的差别，有劳力强弱的差别，也有各家所种面积的多少及活计安排妥当与否，原因也是各不相同。

村民组长和国兴，今日由他嫁到旦都后村的姐姐和闰里、和香两人来帮忙薅洋芋，上午效果好，但到下午有阵雨的干扰，各种农活进度均不尽人意，薅洋芋的只能暂时休息，割青稞的也只能放弃此活又干另种活计。

村民和永昌则继续忙着搬砖、搬土基，以便泥水匠来到后能一切顺利地施工。在这同时卖了一口约80来公斤的肥猪，价格为620元。这口猪在10天前就出价600元。10来天的喂养劳力，再加上所喂的精料，细算下来，不如在10天前就以600元价格出卖划算。

2004年6月30日　农历五月十三日　属日：龙　天气情况：晴转大雨

和国军的岳父和国亮，今天开始为和国军的自1996年竖起的楼房格整上盘。下盘已在前些年就由剑川木匠们（三人）格整。楼上也是准备安成六合门，每幅以700元的价格与剑川木匠订好尺码，到后天（太安街上）交货付款。他还准备要上天花板，现已把所需材料备齐。

村民和福春学习汽车驾驶已经完成，她通过驾驶理论考试、倒库考试、行路考试，均及格，只需等几天拿驾照了。她是满下村寨第一个学习驾驶汽车的妇女。今天她回家向公婆报告了这一喜讯，公婆都为她感到高兴。

村民和社红因还有好些洋芋地没有锄完，就请已薅完洋芋的亲戚一家一个或两个来帮他家锄洋芋，至今都还没锄洋芋的主要原因是：其哥和社兴学习驾驶、考证，所误时间过多，再加上他的母亲因风湿病不能从事生产劳动，两个弟兄平时也不够抓紧。

村民和朝东、和朝泽、和国军、和家良四家预约好今天要去种饲草及绿肥，到今天早上请来和作典帮助和朝东及和家良的牛通鼻子、拴牵牛绳时，谈及牛通了鼻子后会在犁时驯服些。和作典说："农历五月十三日是关公磨刀日，是不能操犁驾牛的，传说五月十三若不下雨，关公就要杀些乞丐娃，以血顶雨，所以南溪村寨的纳西族忌农历五月十三日下地犁田。"听他这么一说，他们四家改变了生产计划，决定明日再进行此项劳动。

有部分村民正忙着挖除要种绿肥地里的杂草。种绿肥，一般在种前就要把地里的杂草除掉，撒下绿肥种后就可以撒手不管，是成熟快的懒庄稼。

（七）7月份日志

2004年7月1日　农历五月十四日　属日：蛇　天气情况：大雨转晴

村民和永昌所请的七河乡泥水匠四人，在完成了鹿子村吾昆家的砌砖任务后，由今天12时左右到和永昌家，稍息喝水后，师傅们投入了砌砖的劳动。和永昌两口子也在家中料理，女的做家务、做饭，男的给泥水匠借所需工具（铲、桶、锄）及原料，并指挥、观察砌砖的工作。四个师傅发扬连续作战的顽强精神，一上阵就干得很紧张。

村民和亚兰及妯娌和万芝、和妹，还有和万林之妹妹和三姐及和凤村去汝南。原因是和万林姑妈和友兴的三女婿去世了。虽早已出葬了，但由于路远，电话又不通，到前几天才知晓此事。所以到今天农活松了些时去汝南劝慰死者遗属。和国兴及和永昌因家事紧，托她们带了点钱。

整个村寨就只有和仕芬、和社红两家没有薅完洋芋了，虽然请了亲戚朋友来帮忙，但还是剩下一些没完，还需自家抓紧几天。

准备种绿肥饲草的农户，因为上午大雨而改变生产计划，去间油菜苗，薅油菜垄。和金合与她的亲家母,并请了邻居和益光去薅油菜垄。有些给油菜边杖苗,边间苗,边追肥(加尿素)。和圣华及妻子和良命带了午饭去除油菜地里的杂草。和爱花与和八娘婆媳两也带了午饭去杖油菜地里的杂草。

有个别松闲了的村民去山上捡菌子。

今天是中国共产党建党83周年纪念日,黄山镇党委召开庆祝会,召集行政村干部参加。南溪行政村党支部书记和国军停开车参加会议,副主任和继武、和丽军也去参加了。

党员群众都忙于各自的生产,没有组织群众搞活动。这一节日没有放假的习惯。

2004年7月2日　农历五月十五日　属日：马　天气情况：晴转阵雨

和永昌家继续抓紧进行砌墙,四个泥水匠干得欢,也干得快,因为是包了数的。双方都各得其所。主人家和永昌只需做饭监工,其他小工活计都可撒手不管,由四个泥水匠自行负责拌沙、抬沙、搬砖等砌砖的附属工作。

和国军家继续进行楼上格整工程,并由今日请了和朝东等两人来锯。和国军跑去太安街买已刻装好的六合门,他以每付700元的价格共买3副。

因和朝光家发生了鸡瘟病,已死了些鸡,看来还会继续死,所以继和朝光去城里卖了四只之后,今天和朝光及爱人杨耀祥两人背了十来只去城里卖。

和国成家请和玉梅等三人薅洋芋,和仕芬两母子也在薅洋芋,和社红、和社兴两兄弟也在薅洋芋。

和家良、和福春婆媳两领着孙女和智璇去垄菜籽垄。和圣华今天大胆尝试,用手扶拖拉机垄菜籽垄。满上村有些人是成功了的,他今天向和尚勋借了铧犁去试了,一定会成功。如若他成功,这在满下村寨是个榜样,以后会有不少人来学他那样做。

和国武家、和金满家、和立军家都在收割青稞,和万军、和万仕、和作武几家则在种绿肥、饲草,生产劳动五花八门,各行其需。

2004年7月3日　农历五月十六日·属日：羊　天气情况：晴转雨

外出生活五年之久的和圣周,今日携女朋友回家来探望母亲一转。他自父亲和作尚去世时回家一转后,至今是第一次。他在父亲去世时领来的女朋友据说是华坪人,此次领来的又是一个新的,可能和华坪姑娘分手了。

村民和林请亲戚和秋谷、和妹、和金凤等人薅洋芋，同时也请兄弟和金发家两口子帮一天，但鉴于金发家也还没有薅完，所以答应在杖油菜地杂草及间油菜苗时来帮一天。

和朝东、和朝泽、和国军、和家良等四家准备已久的撒青草籽种绿肥今天才得以实施。完成了撒青草的计划，种绿肥还需两天才能完成。和圣明、和圣昌两弟兄及和万军、和万仕、和作武，还有和朝光、和圣伟等三组耕牛组也在撒青草籽种绿肥，正在草坝上放牛的和作典见和圣昌两兄弟也在撒青草籽，于是和圣明等人向他两弟兄要了些燕麦撒好，并请他两弟兄来梨地。

这些天化肥销售时有缺货，村民和金发形容说："这几天没有化肥，比人缺粮食还厉害。"是真的，油菜籽正需要追肥，如施肥不及时就会影响收成。

2004年7月4日　农历五月十七日　属日：猴　天气情况：晴

今天中午开始又通电了，为时一个多月的电农网改造工程已告结束。但村中好些农户还不知道通电了，即使是知道，好多人都不用电，因为都不知道按下开关上的按键。和国武的邻居和圣伟，和永昌、和家良等在和国武的帮助下及时用上了照明电灯，结束了36天的松明蜡烛照明的生活。

七河乡新民行政村卖豆腐凉粉的小贩，由于在半路上种绿肥的农民买了不少豆腐和凉粉，所剩不多，就驮到满中村去卖，一下就卖完了。原因是满中村有一群为云南大学建设民族研究基地的工人。

种绿肥和垄油菜垄、收割青稞的农户逐渐多了起来。村民和仕芬还请金龙村的嫂嫂和金芝来帮忙收青稞。

因为是雨季，满下村寨的地多半不宜拖拉机犁，而用牛犁的约占90%。种绿肥的方法也不尽相同，有些在犁前就放好拌有磷肥的绿肥种，牛一犁就不再细耙。有些则在犁后放磷肥和绿肥种，再用木耙或铁耙耙一道。

和家良家的足球场边这块地，太泥泞了，所以犁田的、撒种的、耙田的都穿了长筒雨鞋在作业。

2004年7月5日　农历五月十八日　属日：鸡　天气情况：晴转阴

村民和尚军家完成了全部田里活（薅洋芋、种绿肥、收青稞）以后，由自家三口人（儿子、老婆及他）在砌垒好的房子的墙（用空心砖砌）。虽然在拼尽力气干，毕竟人手少，一天只砌出两层。

七河乡新民村的豆腐凉粉小贩,驮来近两百斤豆腐和凉粉,才一下子就被抢购一空。这桩生意看来是"小小生意赚大钱"。

满下村寨年轻后生和万群之子和丽峰,毕业于玉龙纳西族自治县第一中学初中部,和万林之二女毕业于玉龙纳西族自治县民族中学,两人都参加完2004年中考后回家。两个学生的平时学习成绩都名列班上前茅,不知道此次中考的心理状态如何,如心理状态好,就会考出好成绩。

到今日有一半左右的村民在种绿肥及饲料草。其中完成的又有半数左右,也就是说全满下村寨村民的四分之一已经完成此两项种撒任务,有四分之一正在进行中,有四分之二还未进行撒种,有近三分之一的农户已锄垄完油菜垄,有三分之一的农户正在进行中,即将完成。有三分之一的农户才垄了一半,未垄完的追上尿素就不再准备垄了。有少部分农户已收完青稞、豌豆等小春作物,大多数农户正在收割中。

2004年7月6日　农历五月十九日　属日:狗　天气情况:晴转阵雨

村民和朝亮及和朝珍两堂兄已对前不久以12.5万元买来的夏利出租车进行了更新,原车只留牌照进行报废,又以9.8万元的价买了一辆"捷达"车,加车辆购置费等合11万元。资金来源:农行贷款5.8万元,和朝珍筹资1万元,和朝亮筹资5万元。他俩为买这辆车付出了这么多钱,是迄今为止满下村寨中投入最多资金的。

鹤庆县的补鞋匠到村寨后,村民听到"补鞋啰"的喊声,就拿来一些需要补的胶鞋、布鞋、皮鞋和需要粘的雨鞋。补鞋匠有近一年没有来过了,要上线的皮鞋和要黏的雨鞋较多。放下挑担,安顿好机器和所需的东西就忙开了。村民们任他讨价,除及个别精点的少妇外,没有人给他还价,大多数都照鞋匠说的付款。村民和朝光去报名学驾驶。

在收割青稞和豌豆的村民,雨前挥镰收割,雨后就停止收割而挥锄挖除青稞、豌豆地里的杂草,以便适时撒种蔓菁。垄油菜垄的村民则风雨无阻地进行着。撒种绿肥的,雨时停息,雨后又继续耕作。

2004年7月7日　农历五月二十日　属日:猪　天气情况:小雨转大雨

村民组长和国兴,担任原来的自然村电工,他乘今日雨天,大多村民都在家之机,向村民挨家挨户收电农网改造前的电费。村民用电量的差别很悬殊,7个月来最少的为8元多点,最多户为62.5元,接近60元的约有4户,8元多的有7户,中等30元左右的20户,最多户因常收看电视所致。最少户以节约用电减少开支，只是晚上做饭，吃饭时照明一下，睡时抖铺用一下所致。村民中也许有个别不自觉者在偷电用，因为此次的电价比以往几次高了1角多钱，以往只合每度电0.6元左右，此次就合每度电0.75元。

和金星、和金辉、和林三家耕牛组到鸡冠山背后种绿肥。由于事前没有挖除杂草，在犁前挖了一阵，还没犁完就下大雨了。眼看大雨没有停止的迹象，就冒着大雨坚持犁完。犁完了，人们都淋得像落水鸡似的，就急忙转回。

和金发、和金红、和永秀、和子一耕牛组，准备去种绿肥，但他们看天行事，停下干活，在和永秀家看电视休息。

不少村民则冒着细雨在已割完小春作物的地里挖除杂草，准备种蔓菁。直到下大雨田里泥泞不能作业时才在家休闲。闲不住的老农妇则上山割青叶，懒些的少妇则东家转转、西家转转。

2004年7月8日　农历五月廿一日　属日：鼠　天气情况：阴转小雨

村民和金辉在忙着给今年搬了两次的那所房子打石脚、放石脚，村里人都忙不过来，他就请了坝子里文华行政村上村自然村的老表及吉子行政村的侄子来帮忙。他抓紧放好石脚后准备砌砖，他估计再打十多天就可放完，所以，今天早上来和永昌家请七河乡的泥水匠，等十多天后帮他家砌砖。泥水匠已表示同意了。

村民和福春学完驾驶后，回家帮了几天农。今日领着两个娃娃去城里，跟着丈夫和朝亮学开车，领着娃娃的目的是锻炼一下女儿和智璇的胆量和新学些口头汉语，以便到9月1日起把她寄到幼儿园学习。

去年10月就嫁到前山石镜头村的和青梅及丈夫和玉恒回来办理转移和青梅户口的事宜，到现在结婚已半年了，如若不是公安局派出所办理新的户口册，他们还不会来办此事，今日是在派出所的催促下来办理的，回来时为老父亲买了好几瓶酒，为老母亲买了糕点及水果。

村民们，有的去垒油菜垄，如和圣华夫妇带了午饭去垒前些天用手扶拖拉机犁好的油菜垄；有的在准备撒蔓菁的地里挖除杂草，如和朝泽、和立军、和金圣等，都干得挺抓紧的，准备天转晴就撒蔓菁。

下午村民和家良及和尚花约着去山上捡菌子，如若捡到的话，准备捎给在城里的儿子、姑娘、媳妇、女婿们尝顿鲜。但她们到傍晚空手而回，说是还没有生长鲜菌，白跑一个半天。

和作典家三人都去垒油菜垄，而且他家嫁到满上村的小姑娘和金秀也回来帮垒菜籽垄。

2004年7月9日　农历五月廿二日　属日：牛　天气情况：阴转雨

村民和永昌的正房（楼房）砌砖工作由7月1日下午开始动工到今日下午4时全部完工。由于是包工，泥水匠们干得欢，不偷懒，和永昌也边监工边帮忙干杂活，所用时间为36工（4人9天），所包款为880元，泥水匠每人220元。这样做双方都有利，主人方少些消费，施工方日工也多些收入，两全其美。4位七河东桥村的泥水匠准备明日返家休息几天，又转回来砌和金辉家的砖，他们的工具寄存在和永昌家里。

行政村电工和永勤领着自然村电工和国兴在挨家挨户地检查电农网改造所安装的电表是否合格。如发现不合格的就记上交电力公司重新安装，经检查满下全村只有五户的电表不合格，等到全行政村（七个自然村）都检查完一起报电力公司供电室重新安装。

满中村全村每户一名男人，集结于足球场东边（满中村南边约200米）的小山上，进行集体挖树卖树活动。每棵树卖价50元，都约3米高、挖时根部带土球。总数要500棵。这些树是由黄山镇五台行政村中和自然村的老板买了后，又种到云南大学丽江市旅游学院的，有7辆大型农用车来拉，今天拉了200棵。

满下村村民大多数人在挖除已收地里的杂草，有些则拉（背）厩肥到已除杂草的地里，有些则在收青稞、豌豆等小春作物，但因为下雨不能收割，出工时间很短。有些则在垒油菜垄，各户的生产进度不一样，各户所干的活计也不尽相同，但耕牛组基本是大同小异的，如种绿肥饲草一组家人都得同时上，最多相差一两天，种洋芋、种油菜、撒蔓菁等都得这样（除用拖拉机犁地的单干户外）。所以耕牛组的活计可以说是你追我赶，同时完成所要干的各种农活工序。但组与组之间又是有差异的，有些组急急忙忙，有些组慢条斯理，有些组视情况而动，等到大多数人动工了才动。

2004年7月10日　农历五月廿三日　属日：虎　天气情况：阴转大雨

玉龙纳西族自治县民族中学派四位老师来到南溪完小进行秋季招生考试。有个别成绩较差的学生自动放弃这次考试。考试结果到开学前才会知道。他们是抢在12日玉龙县小学升初中考试前来进行的，其目的是要在贫困村拔尖子。往年则不这样，只是统考后，贫困村学生的最高分者由他们录取。

和作武、和万军、和万仕三家耕牛组，冒雨进行撒蔓菁的活计。雨越下越大，但他们坚持把要撒的两块地都犁完了，耙、撒、盖等过程只得停止，待雨停后进行。

满中村今日与昨日不同，女的也可以来参加挖树，一家两三人不限，到下午3点就挖了300棵。吃过午饭，穿着湿透未干衣服的人们陆续来到球场边的小卖铺里等候分钱。

满中村这两天卖树总收入2.5万元，全村计36户，按户分每户可得659元左右，如果按工分就会有些差异了。两个上午就拿到这么多钱，村民们脸上都挂满了笑容。

不少村民在冒雨挖草、送肥、到山上捡菌子。停息了约40天的和国武的碎粉机，今天开始又呜呜地响起来了，不少村民都乘雨天来磨牲畜饲料，休息了约40天的和国武又忙起来了，他虽不下地干活，但在家中找钱就他是干得最起劲的，所以，这些年他家变化较大。

2004年7月11日　农历五月廿四日　属日：兔　天气情况：

村民和金辉继续抓紧打石脚，安放石脚，今天另请了妹夫和朝泽来帮他打石头，今天打石脚的有他和儿子和亚军、表妹夫和朝泽等四人，他这样拼着干，主要是想抢在儿子和亚军办婚事之前要把房子整好，砌好、格好。他为儿子的婚事好忙啊！

南溪完小2003学年的六年级任课老师和丽华、和建雄两位，领着毕业生去参加由玉龙县教育局组织的小学升初中考试。

满下村村民杨耀秀、杨耀祥两姐妹去后山高美村参加其妹公公的丧葬礼，本该随同前往的还有本村"阿闰金族"、"阿四金族"，但各户都托她俩带去五元钱，在葬礼单上记个名。托她俩带钱的有和尚勋、和秋谷、和玉祥、和顺明、和永红、和永军、和永光、和顺光，杨耀秀的亲家母和尚花一同前去。

满下村和满中村的大多数村民在拉背厩肥到田里，准备天一转晴就撒蔓菁。满中村村民和社华今日从文屏岳父家里要来满满一车山羊粪，他还告诉旁边人，说是车子上坡就打滑。路过此地的和永昌跟他开玩笑说："你要着了人家的姑娘，每年还要着几车好肥，真是有福气了，要是孩子舅舅、舅妈不好点，肯定不会要得着，给与不给，不在于老者而在于年轻人。"和社华说："事情果真是这样，一切都由不得上了年纪的人。"

有几家（和丽军、和永昌、和二福）还是冒雨撒了些蔓菁。这几天的主要活计是除杂草、往田地里送肥、撒蔓菁、收青稞豌豆。可是能跟老天争的时间并不多，收着收着又下雨了，只得又停下来干别的活。

和金发、和妹、和永秀、和子红组也在撒蔓菁。和家良因儿子开出租车，只好见到谁方便就请谁开车运肥。今天她和老伴装好车后请和国武把车开到地边。等到老两口下完车，又见和永昌空身从学校往家里去，就请和永昌把空车开回家，居住在南溪村寨的纳西族，是乐于助人的，只要左邻右舍和睦相处，大可求助于邻居。

2004 年 7 月 12 日　农历五月廿五日　属日：龙　天气情况：晴

村民和闰英去城里探亲已有三天。三天的每晚都由她的妈妈和秀花老奶奶（满中村人）来看家，帮她喂狗、喂鸡。和秀花从自家里吃了晚饭后来到姑娘家帮她看家喂鸡、喂狗。第二天一早同样喂鸡、喂狗后，把门一锁，就回自家去干活。

昨日到玉龙县一中参加小学升初中考试的学生，参加了三门学科的考试后，乘坐和国军书记的车回来了。毕业生们都不知自己的成绩会怎样，看和丽华及和仕江两同学的表情，似乎很不在意考得如何。

村民和国兴、和建国、和建忠、和建华耕牛组，和金胜、和金红耕牛组，和家良、和朝泽、和朝东、和朝军耕牛组，在撒蔓菁、种萝卜，每家出两人，大多干到 4 时左右。和家良组则一直干到 7 点，但这组的人员干活不带劲的多些。从他们身上体现了部分年轻人，好像缺乏了先民们吃大苦、耐大劳、艰苦奋斗品质，特别是少妇及进城开车的男人更懒些，嘴行千里、手脚动寸，的确缺乏了南溪村寨纳西族先民传下的勤劳、耐苦精神。这种人多的农户及耕牛组，生产进度就要慢些。

居住在南溪村寨的纳西族撒蔓菁的过程是较为精细的，它的全过程如下：挖除杂草、送肥、撒开、犁田、点种萝卜、耕垄、撒蔓菁种、盖土，要经过这样八道工序才算完成。

其他村民都在抓紧收青稞及豌豆，和尚军夫妇，和万军夫妇、和圣华夫妇、和永军夫妇、和国红夫妇、和顺光夫妇、和永昌全家四口，都在忙着收割。

2004 年 7 月 13 日　农历五月廿六日　属日：蛇　天气情况：晴

村民和建成、和金发两家请满上村的兽医和友贤来阉牛。他们两家各自请了弟兄和耕牛组的男人来帮忙。阉完后大伙分别在两家吃一顿较为丰盛的午饭，现在待客一般都从城里买来些本地没有的鲜菜以及自家里缺少的鲜肉及鲜鱼、鸡爪等食品。吃过饭全体帮忙人员盛上杯酒，边饮边闲谈，休闲一天。

村民和亚华及老婆和世春，回前山石镜头村探望和世明哥哥的死情。家里的蔓菁由耕牛组的人帮着撒。

村民和实今天停车回来撒蔓菁。

和顺明、和顺达、和顺光、和亚华耕农组在撒蔓菁，和国红、和国成、和国武、和福光组也在进行此活计。和圣华、和社红、和社兴、和明贤、和亚良等先撒和社兴家的，和社兴家也没有厩肥，只撒了两三分的蔓菁，种子里还拌了些磷肥。其余的地一样肥都不放，只撒上了绿肥。他们快要撒完时，和仕芬急急忙忙地走来，对和圣华说："我儿子三友，在田地里犁不动了，请帮一下。"和圣华跟着和仕芬去到她家地里，一帮就是个把小时，直到把他家那块地犁完。这是纳西族助人为乐传统美德的体现。

和顺明撒蔓菁种时，拌有一些火灰，再用土大黄叶子搓搓挤出叶汁滴在蔓菁种里，拌匀了再撒。问其原因，是防止生出的嫩芽被蚊虫吸吮，这样拌了，蚊虫就不会沾嫩芽了，苗也长得苗壮了。

是的，上了点年纪的老农撒种都是这样做。

和尚军两口子也在用手扶拖拉机犁地撒蔓菁。村民们都较为紧张。有些生产经验较丰富的老农说，今年蔓菁撒迟了。所以，天一放晴就抓紧干。

2004年7月14日　农历五月廿七日　属日：马　天气情况：晴间有阵雨

村民和永红及和万仕，又开始收购及加工杂菌。他们俩干此事已有五六年了，每年每人纯利收入两三千元。加工时间近三个月。

等撒完蔓菁后村民们会成群结队地去捡菌子，这几天去捡菌的还寥寥无几。

根据玉龙纳西族自治县教育局的安排，南溪完小对一到五年级学生开始进行学年各年级各学科成绩检测。安排到16日上午学期结束。今晚吃过饭后，校长和丽华、教导主任李建光、教师杨健雄三人来到满下村请和永昌假期守校，时间为7月16日到9月1日，报酬为350元，职责为守好校、喂好猪、管理好校园内外绿化。双方还签订了协议书。

大多数村民在抓紧撒蔓菁，有部分村民正在抓紧撒蔓菁的前期工作（收豌豆、挖除杂草、送肥到地里等）。有少部分撒完蔓菁的妇女们，则进行割青叶（粟树叶）来积肥、找猪食（青草）等活计。

有些村民议论今年撒蔓菁晚了些，有些则说撒晚些还好，去年和金辉、和金星、和林等四家因老母去世撒得最晚，而他们的蔓菁反而长得大。持前一观点的村民已心急如焚，持后一观点的却不慌不忙。

2004年7月15日　农历五月廿八日　属日：羊　天气情况：

村民和世春的哥哥今天就要出葬了，显得很匆忙。和世春、和亚华夫妇俩昨天下午才回到家，连进城买货的时间都没有，今天又要去参加丧葬活动，一切只好将就从家里拿去。她俩所带的丧礼有：猪头一个、公鸡一只、祭帐单一床、腊肉一挂、米八斤、玉米八斤、小麦八斤、春城烟一条、酒一瓶，他俩还带儿子去了。

随同他们去的有和春兰、和学青、和玉梅、和二友，有几家里托他们带去了一点礼。

和作才之妻和学青请女婿和万军及和万军之堂弟和万仕犁田，他们家还请和学青的哥哥和学仁（退休工人）及嫂嫂和国秀来耙田。她边进行撒蔓菁事宜，边与镇子里来的肥猪老板谈猪生意。肥猪老板刚从和建华家以680元的价买了一头肥猪准备转回，恰好路过和学青干活的地边，和学青凭着伶俐的口齿，说得猪老板还未见到猪的大小，不曾观察猪的肥瘦，就以640元的价，不视物而凭嘴论价谈成了生意。在旁看到此情的人们都说和学青有一手，会一套做生意的本事。事情也确如此，家中卖洋芋、换洋芋乃至卖只鸡、卖几个鸡蛋的事都由和学青一人奔波，练就出了一套做生意的口才及能力。想卖的肥猪也卖了，想撒的蔓菁也撒了，从这些来看，她不愧是村寨里数得上的巧媳妇。

2004年7月16日　农历五月廿九日　属日：猴　天气情况：晴间有雨

玉龙纳西族自治县文化馆的周馆长带领三名馆员，来南溪行政村调查纳西族传统文化的保留情况。他（她）们意外地发现，目前村中和学孔（吾难立）保存有一本东巴经书。

和圣华利用下午撒完蔓菁之机，借来小型脱粒机和手把式手扶拖拉机，进行青稞的脱粒。一家三口人及和社兴、和社红两弟兄五人，紧张而有序的进行脱粒，干了两个多小时就完成了。

和建华、和国兴、和建国、和建忠等四家撒蔓菁一直进行到下午，和金辉之子和亚军及未婚妻满秀，正在忙着往和亚军家地里运肥。和满秀是完成了自家的生产任务后，和亚军请来帮他家忙的。

和圣昌乘完成农活的休闲时间去太安街买鞋子，路遇人托他买些零碎，他也不推辞。

2004年7月17日　农历六月一日　属日：鸡　天气情况：阴间有雨

和金胜、和林两家请满上村兽医和永贤来给牛犊作阉割手术。和友贤从事兽医工作三十多年，对这一行是很得手的，整个行政村的牛、猪、马等的阉割手术几乎是由他一人做。满中村的和占典也做了七八年，如今和占典弃农开车，这担子就落在和友贤一人身上。

南溪行政村党支部召开换届后（第三届的）第二次支部委员会，参加人员有镇政府南溪工作组王光宏部长，南溪村支部委员80%到会，和吉红、和文光、和为尚缺席。会议的主要议题有三项：

1. 传达上级党委批复《和继武同志为南溪行政村党支部副书记的决议》。
2. 关于进一步搞好从去年开始的农村新型合作医疗的工作。
3. 关于创建"云岭先锋"活动的有关事项。

会议由支部书记和国军主持。

王光宏部长专门对以上三项议题做详细的说明。

在玉龙县医院工作的和朝花，在市邮政局工作的丈夫携儿子，利用星期天回老家探望父母，顺便也探望了嫁到满上村的姨妈，并且请姨妈到她老家睡。当天的晚饭，她从城里买来饺子皮和瘦肉，一到家全家人就七手八脚忙着包饺子。

玉龙县文化馆、玉龙县电视台联合来南溪考查民族民间文化。邀请民间歌手和万里、和尚花、和桂花、和红章等四人来说唱"喂慕达"。观众们也被邀入跳"喂慕达"的行列。电视台记者用摄像机摄下了保留较完整的纳西民间传统歌舞。

然后，来人又请她们分成两组（男、女各一组）进行情歌对唱，她们唱得很悦耳动听，唱得人们心旷神怡，把观众带到痴情的境地。文化馆的同志和电视台的同志都被感动了，都说："南溪确实有不少纳西族的文化。到过不少地方，看过很多演唱，都没有这里民众唱得动听。"吃过午饭，老天不开眼，下起了雨，不能在野外进行，电视台的同志仍不甘心，借了南溪完小的教室，摄录纳西情歌对唱和"谷气"。

2004年7月18日　农历六月二日　属日：狗　天气情况：阴间雨

好些村民都完成了田里的农活。然而，勤劳朴实的南溪村寨的村民们却闲不住。虽然是雨季，但人们却不处于休闲状态。有的村民身背竹篮、手拿镰刀，早上割青叶垫厩积肥，白天则割青草喂猪；有些三个一伙、五个一群上山采蘑菇（捡菌子），有的食用，有的作商品卖；有的村民身背篮子、手拿锄头，去到山间田野去挖"灯盏花"、"续断"、"虫蒌"等中药材，作为增加家庭经济收入的手段。

和国武、和学光两人在做"松茸"生意，他俩今天开始到附近的村寨买"松茸"，又卖到城里去，从中获取一些劳务收入。

今天农历六月初二日，是居住南溪村寨的纳西族的"此波"（祭奉祖先节）。中午刚过，满下村寨炊烟袅袅，家家门前撒满松叶，家里的长者备上茶酒，点上香，从大门口迎接家中历代祖先进屋就座（在大门两边插上香，泼上茶酒，把剩下的香带回插在供桌上）。供桌上摆着祖先牌（过去有专门制作好的木制祖先牌，上面写有历代祖先的名字，现多为硬纸制作，也同样写有历代祖先的大名），点上香，摆上酒、茶、各种水果、大蒜、黄瓜、面食蒸品和煎品（分三堆来摆），摆三双筷子。等到回家给祖先敬酒的人们（出嫁女人其父或其母辞世者。父母双双健在的一般不回来）一到家就先敬一次酒。到吃晚饭前，把各种所做的菜都摆在供桌上，重新换菜、换香、换酒，并盛上三小碗饭，一并摆好，然后全家人都跪地于供桌前，向祖先们磕头。接着由长者找来一块瓦片，从灶中捡出些燃着的炭头，从碗里捡出一点食品放入炭头上，再从所有供品中拿出一点点放入簸箕中，用簸箕端出去到"波希古"（送祖先的专门地方）插上香，摆上所有供品和瓦片，磕头向祖先们辞行。完毕才进行晚餐。

2004年7月19日　农历六月三日　属日：猪　天气情况：阴间小雨

南溪行政村民委员会召开各村民组长、副组长会议。

会议的主要议程是：

1. 发放2003年退耕还林补助款。

2. 宣传强调2004年度农村新型合作医疗的有关事宜，说明今年的医疗筹款已从退耕还林补助中一次性全部扣交医保中心。发放补助款时请注意扣除部分。

3. 关于未修整好的5.8公里农村公路，今年因镇政府筹集资金投入南溪电农网改造，不再有资金扶持修路了，只好修修补补，铺些沙石来维修。统一全行政村集中修几天。

会后，大家尽情地在玩扑克、麻将，有些玩到天快黑才回家。

村民和朝东、和朝光、和永昌、和子红四家请满上村兽医和友贤来做牛犊的阉割手术。他从早上10时到下午1时左右就做完了四头牛的阉割手术。

和朝东与和朝光是叔伯弟兄，他俩所请来帮忙的都是本族人，和尚勋、和国军、和朝泽、和朝伟、和朝珍，还有邻居和作典以及和圣伟的亲家，和朝光的同婿和永良，加上兽医共10人，中午饭及早点由和朝东家做，晚饭由和朝光家做。做完阉牛手术后，就是喝酒休息。中午饭和晚饭都做得很丰盛，鸡肉一碗、鱼一碗、炒瘦肉一碗、煮瘦肉及排骨一碗、豆腐番茄一碗、回锅肉一碗、炒茄子一碗、从城里买来的杂菜凉拌一碗，共8碗，两家都大体相同，只差和朝东所煮回锅肉用的是腊肉，和朝光则用买来的鲜肉。酒是啤酒及白酒，两家都所剩还多。付给兽医工钱时，和朝东问和友贤："表贤，工钱要付多少？"和友贤说道："亲戚上只收30块。"和朝东及和朝光每人就付30元钱。如果不是亲戚收多少？不清楚，但按30元算，今天的个把钟头就拿了120元。的确，南溪村寨中很早就流传的名言："饥荒三年，饿不死手艺人。"这是千真万确、颠扑不破的真理。

在饲养牛多的时节，一天就做七八次手术是常有的事，每年到农历五、六、七这三个月隔几天就有人来请他做阉割手术。和兽医，人们都称他"绍敌"（吃大），他吃大也是有大的资本，人医、兽医都干，特别是对中风者有独特的医术，远近闻名。丽江坝子、鹤庆甸北片、松桂区、七河片都常有人来请他。所以，人们又常称他"金链子"没有夸大多少。

他们四家是抢在"土皇"节会前进行牲口阉割的，南溪村寨的纳西族是很忌讳"土皇"的，不在"土皇"18天里阉牲口。

2004年7月20日　农历六月四日　属日：鼠　天气情况：雨

村民和子一及妻子杨文花，利用雨天休息的大好机会，请来亲戚和建华、和永军、和李福、和学武加上他两口子共六人，来浇灌年初从行茂洛村买来的厨房地面混凝土。杨文花善理家务，精于安排家中的各种事务，待人热情大方，理财料事和干活都赛过丈夫和儿子，所以家里一切都由她有条不紊地安排。

从上午9时到下午1时30分，村中开户长会议。会议由组长和国兴传达了镇政府《关于号召全镇人民参加新型农村合作医疗的决定》，传达了关于修公路及田间路的安排，说明村中关于护林的有关事宜，明令宣布，不准乱砍树、不准砍松树青枝，发放了2003年的退耕还林补助款，每亩发放20元钱。村民和顺民等几个人提出："电视台和广播电台里都一直在广播每亩补助 80 元，难道几个塑料营养袋和一两个松子就会花去 60 元吗？补苗、育苗要这么多钱吗？群众手里只拿到每亩 20 元，这个问题不可理解。"每人 10 元。满下村寨和万元、和朝珍两家因缺地而不搞退耕还林，他两户就交出现金作医疗集资款。其他村民的合作医疗款已从退耕还林款中扣除。

在城里开出租车，因所开的车出卖而在家休闲了近一个多月的和国军、和万群、和二友，今日下去参加他们的"化崇"日。

另外有从前山、吉子等地嫁到本村的妇人杨秋秀、和六芝、和六娘及和世仙夫妇等回前山或吉子去"此波"（奉祀祖先）。

2004 年 7 月 21 日　农历六月五日　属日：牛　天气情况：雨转阴

满下村寨的护林员和红，今天到村寨来拿还未拿完的工钱及粮、油、蛋、菜等。满下村请来护林员后每户提供：人民币 33 元，肉 1 斤，米 7.5 斤，面 2 斤，鸡蛋 2 个，洋芋 5 斤。他每月领现金 150 元，其他的粮、肉、油等由农户每个月来称给他。这样的待遇虽不算很高，但比起当地农民的人均收入已超过了。和红一待就是四年半，现还是舍不得离开，但他的身体不适应，只好忍痛割爱，辞别而回。他今天背回近 100 公斤粮食、30 市斤肉，领走人民币 800 元，可说是满载而归。

从 6 月 27 日起，满下村寨暂缺护林员，要求大家要爱林护林，不要乱砍滥伐。

村民和建良昨天、前天去山上捡菌子，他共捡到 8 市斤"一窝菌"，自己一点也不吃，今日让他的女儿和银谷拿到城里去卖，每市斤卖价 13 元，共卖了 104 元，如此惊人的市价，将会激励着许多村民去捡菌子。

村民和万仕、和国武两家小卖店这些天正在收购中草药"灯盏花"，每公斤价 1.3 元，不少妇女及青年雨一停就去挖"灯盏花"。

村民和家良家则利用雨天在脱粒青稞，今天的脱粒很特别，一不用脱粒机，二不用打粮杆，而是手握一捆捆青稞，往墙上甩，效果也不算差，在雨天利用房间来脱粒，是个好办法。

2004 年 7 月 22 日　农历六月六日　属日：虎　天气情况：雨转阴

南溪村委召集自然村组长、副组长，参加填写玉龙县合作医疗管理人员及黄山镇卫生院主持的《农村新型合作医疗手册》。大家同心协力地办理，按预期的时间完成了。

此项事宜完成后谈及铺路的问题。

有几个合管办的工作人员在学校厨房的后边墙上刷写了"新型农村合作医疗制度是造福广大人民群众的民心工程，每月节省一块钱，合作医序保一年"的大幅宣传标语。

有一个投资商驾车来到满下落水洞勘察，因地形地质情况不熟悉，车开进大草坪而陷在泥水里，在那里苦苦挣扎了大半天，最后在镇驾驶员及村委会干部的帮助下挣出泥坑。

村民和金胜在撒蔓菁，他的牛犊阉割后，不再用牛来犁地，而是请村民和尚军用手扶拖拉机来犁地。今天帮他两口子的人有：和尚军犁地，和三姐、和林耙地。犁地只需一个小时，耙地、撒种、盖种约进行了两个半小时。到今日整个村寨只有个别一些没撒完，大约有98%已经完成。好些村民又身背篮子上山捡菌子，或身背篮子手拿锄头去挖药材，都忙着去找钱。有些农妇则忙于找猪食，想上山也未能实现。

和家良家婆媳继续脱粒青稞，方法和昨天一样，抓起一捆捆青稞，往墙上甩打，效果确实很好，到6时左右全脱粒完，只待天晴后捡渣扬场。

2004年7月23日　农历六月七日　属日：兔　天气情况：阴转晴

和金辉请七河乡东桥村的泥水匠砌砖墙，方式是包工，价格照和永昌那所房为880元。今天七河泥水匠5人，已经正式开始砌砖。和金辉本人在场指挥及帮干点零活，并派女儿和亚梅去太安街买菜、烟、茶等生活用品。因地盘的关系，今天砌砖的这所房，和金辉在今年内连搬了两次。

黄山镇丁副镇长率水管站长和则安及工作人员小张来满下自然村察看地质情况，了解会不会发生地质灾害。然后对村委会书记和国军说："要尽量做工作，让和福祥家搬家。"和国军回答说："我们已经做了三四年思想工作，动员、说服搬迁的次数无法计算，但他家就是不搬。"

和圣伟及和朝光两家撒和圣伟家的蔓菁。他老婆和尚花及女儿则在送肥到田里，因为一连六七天的下雨天，不好在田间操作，一直到今天雨停转阴，就抓紧撒播。忙完田里活，人们又奔忙于山间、洼地，捡菌子、挖"灯盏花"、挖"虫蒌"等中药材。这两天，放假的小学生也挖到和大人一样数量的"灯盏花"，卖得十多元钱。挖药材比捡菌子还能多找着些钱；捡菌子的有个别人一天捡十多元，但一般人不易捡得。

2004年7月24日　农历六月八日　属日：龙　天气情况：晴转雷阵雨

因多次雷阵雨，高压电路的自动线闸自动掉落停电。电农网改造后，电工不懂操作方法，没有能力接上电，全行政村从今日起又开始走向"黑暗"了。

和国成、和国红、和国武、和福光耕牛组，利用早上的时间撒和国成家的蔓菁。至此，满下村寨2004年撒蔓菁这一活计画上了一个圆满的句号。从现在起近一个月时间，整个南溪村寨都没有田里活计了，只有待到蔓菁长到六七寸高时才进行了薅蔓菁这一农活。休闲月余，但勤劳的南溪纳西人绝对不会闲在家里的，他们会上山捡菌卖钱，或挖中草药卖钱，或割青叶垫厩积肥，或割青叶喂猪。

今日上午满下村寨分成六个组堆防雹堆。防雹堆是由带叶的干松枝再压上新砍的青松树枝，堆成一大堆。一有下冰雹的前兆，就急忙四处点燃预备好的防雹堆。防雹堆一般堆在坡上，或田边路边。点燃后，浓烟滚滚，确能驱散乌云，消除冰雹灾难。50年代末以前满下村寨就在村南面、北面、西面的坡上各修了一个"燕炉"（烧青叶的炉子）。这种"燕炉"用石块砌成圆锥体，有四五尺高，中间空，上边设有冒烟洞，是用来协助防雹减灾用的公共设施。自从60年代初以后就去掉了。

2004年7月25日　农历六月九日　属日：蛇　天气情况：晴

帮助段老板管理工地的满中自然村村民组长和国高，请满下村寨的大货车驾驶员和万军去汝南溪行政村拉云南大学纳西族研究基地所买的木楞房。

因为久雨方晴，和万军在运拉木楞房的短短一天时间里就遇到从未曾遇到过的困难。装运出来才走两公里多（从汝南西自然村到汝南中村自然村这段路），就陷在公路的泥坑里，越挣越陷，越陷越深，无法自己摆脱这困境。他们就打电话求助白华村的老友和玉山，以及满下村寨在城里开出租车的伙伴们，由和玉山用车到汝南救助和万军。他们先把木楞房材料从和万军车上卸下一部分装在和玉山的车子里，然后用汽车千斤顶慢慢地把和万军的车顶起来，再借来些锄头把坑填好，才把车拖出来，一直折腾到天黑时才完成。到丽江城已是午夜时分，已经长时间脱离艰苦农活的车夫们，都感到筋疲力尽，个个一睡就睡到日高三丈才醒来，而和万军及和国高、和玉山三人把木楞房拉往南溪满中村的"基地"建设工地。

2004年7月26日　农历六月十日　属日：马　天气情况：晴

云南大学刘帅东、杨杰宏两位研究生，来南溪作民族调查，一到村公所他俩还未喝口水就开始了调研工作。他俩寄宿在满下村寨和尚勋老师家,准备请和尚勋老师做他俩的调研辅助员。

满中村云南大学纳西族研究基地的建设工地上,九河木匠利用天晴的大好时机,抓紧下从汝南行政村拉来的木楞房材料。

下完车后,众木匠在陈大师傅的指挥下进行了重新组合木楞房的工作。他们大多是精明能干的师傅,你抬一根梁来自己整好,他扛一根来也自己架好,不到中午时分就把所有的木楞组合好,下午转入房屋上半部分的组合工作。上半部分的部件比木楞复杂得多,进度不像组合木楞那么快,所以未组合完整所房子。

2004年7月27日　农历六月十一日　属日：羊　天气情况：晴

云南大学的刘帅东、杨杰宏两位研究生,对南溪满下村寨开始了全面的调研。和尚勋老师协助解释有关的问题,提供有关的历史资料。

下午,三个人一同观察了地理地质、森林植被情况,还不辞辛苦到落水洞实地查看。

村民和永昌、和国兴、和福光、和作典、和作才等五家借用和尚军的小型脱粒机来脱粒大麦。每家进行脱粒的时间大约一个小时左右,但把脱粒机搬过来、搬过去所费的时间较多,所以轮到最后那家(和永昌家)脱粒时,到下午已是8时30分,一直干到10时左右才完成。

完成后才吃晚饭,饭后闲聊到零时左右才散伙休息。

机械脱粒既省力又省时。

2004年7月28日　农历六月十二日　属日：猴　天气情况：晴转小雨

村民和金辉的房子砌砖任务到今日已经完成。完成后又开始与七河泥水匠协商用空心砖砌厨房的事宜。

村党支部书记兼村委会主任和国军及村委会副主任和丽军在行政村分配昨日所要来的夏荒粮,分配的方案是:

对鹿子村双目失明的杨闹、旦后村跛脚并受脚伤的和玻两人,给足一年的口粮。

每个村的残疾人给一些。

各个村的特困户给一些。

和尚花、和永良两亲家合伙用传统的打粮杆脱粒大麦。两家参加劳动的共有五人,人虽少,但人心齐,力量大,再则所种的大麦不很多,到3点时分就完成了两家的脱粒任务。吃过午饭后，两家各自抓紧进行扬风净粮的活计。

和建成完成了所有这段应干的农活，拿上打石头的锤子凿子在家附近的山坡上打石头，准备在适当时返工早已砌好的房子石脚（原来砌的是用杂石，大小不匀，现准备用打出来的五面石来砌石脚，把房子整得既美观又牢固）。

云南大学民族学研究生杨杰宏、刘帅东由和尚勋老师引路陪同前往满子师"跌水岩"、"什罗美可"（东巴灵洞）进行实地调查。回来时顺便调查了满下村寨以前的"祭天坛"（还保留有原来的痕迹）。

和尚勋老师从地理位置、国民党时期县官断山权案等一些活生生的实例，说明了在鸡冠山上的东巴灵洞（什罗美可）确实是满子师村的，并说明有县政府颁发的山照为证。纠正了一些书上所写的汝南化的山上有东巴灵洞的说法，对以前的有些说法起到了正本清源的作用。

午饭后，杨杰宏、刘帅东又向对满下村寨历史情况较为清楚的和福祥老人进行了采访。从采访中得知满上、中、下三个自然村中居住此地最早的是满下村。满下村目前的六个族中最早的是满家家族。国民党时代在南溪满下村设的民公所管辖南溪、前山、后山、吉子、汝南、增都，乡名叫"丽南乡"。满下村寨的东巴有：娘爸六、闹爸玻、和福、和恒，旦前村的东巴沙也是从满下村寨阿四金族去旦都上门的。

国民党时期汝南化村和满下村寨争执有东巴灵洞的鸡冠山的真实情况是这样的：双方请来国民党县官，在鸡冠山背后叫"瀑都秀准古"的地方进行断案。汝南化的参加人员带来一些干蔓菁头在那里啃，满下村参加人员就大声谩骂汝南化的人为"久冬波罗玛"。满下村寨参加人员在那里杀煮了一只羊，汝南化的人则谩骂说满下村的人为"转给"（吃生食的）。双方互相谩骂，渐衰后，县官先叫汝南化的代表敬山神，纳西语为"饰日秀"。汝南化的代表就敬山神说："秀，满子叩岩扑扑（鸡冠山）饰日"，才说到这儿，县官当即叫停下不让再说，他断定说："你这都在说是满子师的鸡冠山，这样承认就可以了，没有理由多说了，鸡冠山的整座山（前边，后边）都属于满子村。"从此后汝南化人不再与满下村争执此山。新中国成立后满下村有县人民政府发的"山照"，同时也在行使管理和使用这座山的权力。

2004 年 7 月 29 日　农历六月十三日　属日：鸡　天气情况：晴
村民和朝泽准备请七河师傅来砌楼房，由是请了亲戚们近 10 人（和金发、和福春、和朝光、和金星、和国军、和玉祥、和朝东……），挖拌水泥用的沙子，大家积极地挖，一直干到天快黑时才休息，一共挖了六手扶拖拉机，可能会够用了。

云南大学民俗学刘帅东、杨杰宏两位研究生，在和尚勋老师的全力支持下，顺利圆满完成云大所布置的村寨情况调查任务，下午5时返回丽江城。负责纳西族调查基地施工的包工头段老板，专程从丽江城驾车来到南溪接两位研究生。

别时两位研究生久久握着和家良的手亲切地说："大妈，太感谢您了，您对我俩的服务太周到了，多谢您和和老师对我们工作的全力支持，以后争取机会再回转来报答你们。"短暂的相处，痛心的分手，好像不愿离去似的。

2004年7月30日　农历六月十四日　属日：狗　天气情况：晴

和朝泽今天继续请昨天所请的亲戚们，再请了和圣伟、和银谷、和林、和亚军等近20人，拆除以前砌好的土基，准备明天请七河泥水匠砌成和永昌及和金辉两家式的砖包土基墙。拆墙的工作进展得很顺利，到太阳落时就拆完。

好些村民都已脱粒完小春作物（大麦、青稞、豌豆等）。脱粒的方法各有不同，有的用机械脱粒，有的用传统的脱粒方式（用粮杆打），有的则用手抓住往石头上甩。今天有好些家在扬风净粮，有些则在晒粮。

和建忠请村里石匠和永红、和万福、和立军等人来安放踏步石（又叫盖沿石）。和子红也请和社兴、和社红、和子一等人来安放今年从行茂洛村买来的这所房子的踏步石。

2004年7月31日　农历六月十五日　属日：猪　天气情况：小雨转晴

村民和家良请60多岁的木匠和建良来装修前些年请和建良建盖的房屋，准备用来储藏洋芋。装修的主要项目是订天花板。工程虽小，但工序繁杂，而且主人家做帮手，对木匠手艺一窍不通，所以上了年纪的老木匠干起来也较吃力。特别是上天花板，钉压条时所敲的"天锤"（用斧或锤朝上打的叫天锤）真是应了在满下村寨流传的"木匠怕天锤"这句谚语。完成后和家良按每个工价20元付给和建良工钱，和建良谦让、推辞，但和家良硬叫他收下。干了两天半，付了50元。

按照四川老板的要求，满下村寨56户人家，除迁居丽江城的和学群家及男人在城里开出租车、妇人学驾驶的和建军家因家中只有小孩及快八旬的老母没有参加外，其余54户，每户一人共计54人在落水洞进行堵水积水劳动。把水拦堵起来，不让流进落水洞，积成水塘，观察到第二天早晨是否还有水。如果到早晨还有现在所积的水的话，老板投资的兴趣就大些。如若现在所积的水已漏掉，无疑老板投资的兴趣会烟消云散。今天积水的工钱由四川老板付给1000元，说是30个人就会堵好。和国兴组长就跟老板说，这是村集体的活，不可能随心约上二三十人，只能是全村参与。由是跟老板再要了120元，平均每户合20元，堵完后当即分给各户参加堵水劳动的村民。

堵水的堤坝宽2米、高1.5米，绕落水洞（距离3米多处）堵成圆形。用300多个塑料袋装满沙子堆积起来，一层袋与一层袋之间加了泥土。

（八）8月份日志

2004年8月1日　农历六月十六日　属日：鼠　天气情况：阴转大雨

七河乡东桥村泥水匠和金亚等5人，开工砌满下村寨和朝泽的房子已是第二天了。这所房子的砌法与前两所（和永昌、和金辉两家）不同，多了一层砖，叫做"二四"法。所要的砖比前两所多，比前两所也费时费工，所以双方协商后以1200元工价谈成了。这是和金亚等人在满下村寨砌的第三所砖房。由于他们砌的质量比李满仲等砌的好，同时也快当些，所以，今天就又有旦都前村的村民和先来请他们砌。目前价格还未商定。

村民组长木匠和国兴，利用家闲之机去坝子里做木工。由于他的木匠技术高超，工艺美观，所以坝子里请他竖房子的人很多（文华、长水、五台、百华的打鲁村），见过他所竖房子的人都很想请他竖房，一到冬闲季节有不少人上山来请他竖房子。只是这些年到城里开出租车的青壮年多了，村里缺少了他的帮手，使坝子里的村民不能如愿以偿。

虽然下雨，但村民们都舍不得休息，妇人早上三五成群地结伙上山割青叶垫厩积肥，早饭后又三五成群地去挖中草药，或者捡菌子。除了在家喂猪及找猪食的外，无人在家休闲。就连满中村最喜欢在球场边休闲娱乐、打麻将、打扑克的村民们这段时期都忍痛割爱，放弃麻将、扑克，往山上去捡菌子或采挖虫蒌、灯盏花、岩陀等中草药，抓住有利时机来和增加家庭经济收入。

今天是中国人民解放军建军77周年纪念日，白天没有什么庆祝活动。晚饭后，在家务农的青年男女们都到旦都前村球场玩。这种游玩活动是临时约去的，这些年的节假及节日夜晚，旦前村学校球场似乎成了南溪青年们相聚相会相乐的场所。

2004年8月2日　农历六月十七日　属日：牛　天气情况：阴转晴转雷阵雨

南溪电农网改造后,不知道什么原因,供电不像改造前那样正常,雷阵雨时电闸自动跳出后,再次供电就供不上,通电20多天里有两起雷阵雨后停电事故,第一次6天,第二次已有5天了,不知道还再延续几天。

行政村老电工和永勤从事电工工作已快30年,但面对这些他束手无策,或许缺乏电的知识,或许不想费工查线,不知确切的原因,今日他到行政村来了一转,可能想打电话,但没电,电话没打通。他的估计是在进行农网改造工程时,可能用上几个有裂痕的瓷瓶。

和顺明去前边山上捡菌子,捡到15市斤左右的一窝菌。和顺达也在前边山上捡到10市斤左右的一窝菌。目前丽江城里的一窝菌市价为每市斤8—10元。如果生意好,每市斤卖10元的话,和顺明今天收入就达150元,加上去城里卖的一天,每天合75元,一年中能有上这样的三五次,收入可算是相当可观。按照最低价每市斤8元计算也达120元,每天合60元,这也算是可观的收入了。不捡菌、不采药,时间也就闲完了,反正这段时间没有农活。

2004年8月3日　农历六月十八日　属日：龙　天气情况：阴转晴转雨

满中村的村民和仕娘来到满下村寨和永军家买割青叶用的竹篮子。和永军年纪虽小,但他是村里编竹篮子的能手。他编的竹篮,既美观又牢实,人们都喜欢,10元钱一只,不算贵,所以,向他买篮子用的村里村外人不少。编篮子已成了和永军家的副业收入。

昨日捡来杂菌及一窝菌的村民和尚花、和朝光等人到城里去卖菌子。

和前些天一样,村里的主要劳力都往山上去,捡菌子、挖草药,心往"钱"字上想、劲往"钱"字上使,哪怕是一天只找到三元五元也毫不气馁。是的,7、8、9三个月,大山无私地献出了它所珍藏的珍宝,供世居大山的村民们用采挖来增加生活的财富,如不抓紧采挖,腐烂在山里就白浪费了,更何况这阶段也是上山、找钱、游玩的大好时机。

和国武、和荣光两村民自今年开始做松茸生意的那天开始,从未间断,天天都坚持做这桩生意。

2004年8月4日　农历六月十九日　属日：兔　天气情况：大雨转阴

电力公司的几个技术员乘车冒雨前来南溪行政村查找电线故障。他们一行七八人对文屏村、金龙村、满上村、满中村、满下村、旦都村、鹿子村的变压器进行了精密的检查。到查完了鹿子村的变压器，光明又回到南溪了。停电一个多星期的南溪又亮起来了。但不少人担心地想，到底会亮几天？

停电一个多星期的满下村民，多么盼望早日来电，原因是不少村民要磨猪的精饲料。今日12点电厂人上来，电又来了，电一来就有很多村民来到和国武家，请和国武粉碎猪的精饲料。他又开始忙开了，村民们背着玉米、麦子等来粉碎，一下子就挤满了十多人，够和国武的女儿忙半天了。和国武这些天忙着做菌子生意，他把老婆和闰芝拉到城里租房住下，卖杂菌，和国武就往返于家和城中间，买些杂菌供和闰芝卖，又把女儿收购的药材拉到城里卖给药材商，即紧张又有序。

2004年8月5日　农历六月二十日　属日：龙　天气情况：晴

村民和建忠去年搬的这所房子盖严石，由村中石匠和永红、和里福、和立军三人包放。他们三人使用现代石工工具切割机，前些天做了两三天后，因下雨停电近十天，到今日又开始做盖板石。

村民们都在挖药材、捡菌子。要想捡到值点钱的菌子（松茸、一窝菌），就要知道生菌的地点，但是说，经济意识相当强的村民们对生菌地点很保密，比自家自留地还自留。现今一般能多捡值钱菌子的人，多为过去集体时以及承包到户后还养着羊群去放羊的人们。偶尔也有少数乱闯时碰到的。除此之外，捡菌子没把握的人们都去挖灯盏花，挖的最多的是和爱花及和良命，一天挖到二十七八元钱的灯盏花。一般的都能挖到十来元的药；捡菌子则不同，如捡不到松茸和一窝菌，要靠捡杂菌日收入十五六元是够辛苦的。所以，只要有人收药材，挖药材虽挣钱不多但稳当些，捡菌子则会有空跑的现象。

2004年8月6日　农历六月廿一日　属日：蛇　天气情况：大雨转晴

村民和子红及妻子和菊花采沙子准备在新地址的厨房里打混凝土，争取春节搬住新址。

村民和万元及妻子和万芝也在积极挖沙采沙，准备请七河东桥泥水匠和金亚等五人来砌今年春季竖起的从行茂洛村买来的平房。

和朝东则请来亲戚和圣伟、和朝光、和永兴、和国军、和尚勋等五人来砌他前不久往后搬的这所房子的石脚。因为早上下大雨，到11时停雨后，才动手砌，所以完不成预期的任务，左山墙边的石脚还剩三分之一，右边石脚圆满完成，并破例灌上沙灰以提高牢固性。

下坝做木活的和国兴，以充沛的精力和精湛的技巧，仅用四天时间就完成了他所竖的那所房子的楼楞，今天乘坐和国军书记的车子回到家中。

2004年8月7日　农历六月廿二日　属日：马　天气情况：晴间有雨

七河乡东桥村的泥水匠和金亚等五人帮满下村民和朝泽所砌的砖房，今天已全部结束。这是他们在满下村寨所砌的第三所砖房。他们的手艺博得村民们的赞赏。一则砌得好；二则因为一次性包工，呈现少闲多干的紧张局面；三则主人家招呼的时间少，破费也就少些。所以，连旦都的人都跑到满上村来请他们。他们五人决定明天动身先去旦都帮助和金甲砌一所，再转回来砌和万元家的平房。

村民和万琴请和国兴木匠及他的兄弟和万琼，来做他父母的棺材。他的父亲和国坚属牛，母亲和尚友属兔，都是快70岁的人了，按照南溪村寨纳西的风俗，49岁要开始备办棺木，60岁要开始制作棺材。制作棺材要选择农历有闰月的年份做，这是一般情况，特殊情况是病重病危做棺材，也有人死了后才手忙脚乱地做棺材的，但后者是在急性病或家人考虑不周情况下才会见到，是传统的"造新房"规矩。和万琴之妻和金燕聪明伶俐，她想趁今年有闰月的好机会，把现还安然无恙的双老"新房"做好。

2004年8月8日　农历六月廿三日　属日：羊　天气情况：晴

满中村云南大学纳西族研究基地现征的南溪村寨纳西族传统民居的木楞房，今天已把瓦盖好。现在可以利用了，只差火坑还没做正常的格整，也在紧张有序地进行，再等一个星期左右有望格完。剩下的工程是泥水工的活计较多，粉刷、正地坪、砌卫生间及洗澡间大门等，全部工程的结束可能还要一个月时间，这其间还要电路正常。

满中村村民这些天都在忙着到山上捡菌子。在家的壮年男女都是捡菌子的能手，他（她）们每天都不会空跑，总会捡到最少一斤一窝菌，一般七八斤，多则十多斤，只要捡到五斤以上的都要自家到城里去卖，两三斤的则在当地卖给小老板。这些天他们村的小卖部前很难见到以往常有的男打麻将女打牌的现象。

满中村的村民和仕黄请七河乡的泥水匠李满仲等4人砌围墙和大门（用砖），今天已结束。历时约一个月，按工日计算约用了百来个工日，每工价20元，用了近2000元。花重金办大事。工钱及费用多些但做得较好，大门四角屋檐上还装饰成雕腾凤舞，在车路边实在引人注目。

2004年8月9日　农历六月廿四日　属日：猴　天气情况：大雨转晴

满中村村民和四哥及和三友，继农历六月初一日杀猪卖肉之后，今天趁明日是"火把节"之机，又买来一只猪杀了卖。在满中村摆了近四个小时，除满下村寨村民和立军、和建华、和社兴、和万军等买了一点点，满中村的和福海等三四人买了点外，就不再有人买。他俩就用手扶拖拉机拉到满下村来卖。他们把手扶拖拉机停在满下村民和尚花家门前，大声叫卖。不到一个小时，他的整口猪的肉被满下村寨的村民们一抢而空。买的最多者为和尚典、和益先两人。和尚花家门前呈现出一派过节前购买过节生活品的紧张气氛，云南大学的洪颖女士路过此地，摄下了这一节日前的镜头。

云南大学民族调查丽江基地项目负责人洪颖女士前来基地建设工地督查房屋建设情况。在建设工地详细查看各项建设项目后，还到满下村寨火葬场实地查看调研。南溪行政村村委会副主任和丽军及基地村寨日志记录员和尚勋老师陪同前往，并给以解释各种疑难问题。

2004年8月10日　农历六月廿五日　属日：鸡　天气情况：

今日是"火把节"，饲养牛的村民们一起床就破例把牛牵出厩去田间和山野放牧。一直放到11时左右，让牛吃得饱饱的才拉回来喂盐水。这天可算是牛儿们一年中最快乐、吃得最饱的一天，因为这天村民们无论怎样忙，也要把牛拉出去放，回到家再喂上一桶盐水，真是吃饱喝足（满下村寨的纳西族一年中给牛喂盐水的也只是这一天）。到12时（比平时晚三个钟头）放牛号一吹，人们都赶着牛来到桥下面的空地上，只见牛儿们磨角踢腿瞪眼吹鼻跃跃欲斗。放牛人赶紧把牛往宽些的草坪地里赶，有些好斗的牛犊边走边斗了起来，小孩及没事的大人跟到草坪去看热闹。这边一对，那边一对，同时斗起来了，不参加厮斗的围在一旁嘶叫，有个别的牛还乘机触上几家伙后溜之大吉。

满中村球场12时后热闹异常。金龙村的男青年用手扶拖拉机拉来三车青少年男子，跟中村青年赛球来了。他们先进行篮球比赛，双方的体能相差不大，但从整体看，双方篮球技术都今不如昔，不如80年代的满子师年轻人。观众兴趣并不浓厚。篮球预赛完又约着到足球场里去进行足球比赛。足球场是天然的，绿草茵茵，鲜花盛开，比人工的球场不知要美多少倍，只可惜该球场冬春季节干，夏秋季节有水，但年轻人劲头一来就不管有水无水了。不到二十来分钟，球员们个个都全身湿透了，特别是年轻人所穿的白球鞋都因浸水而变成灰色的了，由于里面浸水，跑起来很滑；白色的球衣球裤被球场的水和汗水浸得变成灰黄色的，但他们全然不顾这些，为了战胜对方，为了各自然村的荣誉，双方都在激烈地争夺和猛烈地攻击，满中村的和建新，出其不意地射中一球，最终的比分是一比零，以满中村的胜利而结束。

晚饭后，家家门前燃起了一把把火把，有些家门前有父子同观火把燃烧的，也有爷孙手拉手同观火把的，偶尔有个别的是母女同观夜景的。等到家门前的火把燃完后，青年男女们不约而同地来到球场，在球场边由和建新、和建华两弟兄烧起了篝火，有的自个跳起了从学校里学到的舞；有三五个青年男女跳起了青年交谊舞。到人聚多时，满上村、满下村在家的部分青年男女及小学高年级学生和中学生们来到中村球场玩，于是开始了打跳。放乐曲的录音机和磁带是和振峰从家里拿来的，青年人跳了一曲又一曲，越跳越欢，一直跳到深夜3点时分才散伙。

云南大学洪颖女士及民族学研究生杨杰宏来到满中村，对满中村的村况做了进一步调研，补充了上次刘、杨二位学者尚未调查的问题，并对民间艺术做了现场拍摄，还请满下村寨的艺人和尚花及满中村寨的民间艺人和万里做了《情歌对唱》、《谷气》、《喂慕达》丧葬时的哭式（唱诉哭）等南溪纳西族传统艺术的表演。洪颖女士完整地作了拍摄。

2004年8月11日　农历六月廿六日　属日：狗　天气情况：晴

和国兴完成了和万琴所请，帮和国坚、和尚友两老人做完寿棺活计后，今天应他老表和作武所请，帮和作武的二女和满秀做嫁妆（柜子）。和作武的二女是在今年2月间与同村青年和亚军订的婚，准备在农历七月间结婚。现时间不多了，和作武为赶做柜子而着急，因为木匠活太紧张了。世代居住在满子师的纳西族人，姑娘出嫁的嫁妆是必定要有柜子，无论再穷的家或是再富的家，都要有一两个柜子。一个柜子的材料大致要五尺板子，四块六尺方疋，一个柜子两个工日。和作武是要做两个给二女儿的，但和国兴如今已用上了电刨机，可以用机械代替人力的好些部分，所以工效会提高，工时会比以前缩短些。

满下村寨村民和万林的长女和丽菊已接到云南民族大学入学通知书，全家为女儿能考上本科而高兴，女儿也为自己寒窗苦读所取得的成绩以及不负父母所望而感到欣慰。他（她）们全家在商讨入学前请客的有关事宜，都沉浸在无限的幸福之中。是的，每个父母都有望子成龙之心，一旦事与愿违，子不成器，就会扫兴；而子不负父望，学有所成，全家必定高兴得了不得，父母再苦再累也不会觉得苦和累。

2004年8月12日　农历六月廿七日　属日：猪　天气情况：晴

和尚花及亲家母杨耀秀，一同去山上捡杂菌。因为今年的村民挖中草药的多，捡杂菌的少，所以捡菌子比往年好捡些，她两每人都捡了满满的一筐，只是加工菌子的以每公斤0.5元的价来收购，所以她俩每人只卖到15元多点。这样的收入比起往年的捡菌子收入是可观的，比今年挖药材的收入也是多的，明天将会有更多的人去捡菌子。因为大多数村民是以哪种好找，哪种钱多为出发点的。

今天去捡菌子的还有和朝光及妻子杨耀祥，还有碰巧捡到一窝菌的和顺明、和顺达两弟兄。和顺明捡到10多斤一窝菌，这是今年捡到10斤以上的第四次了。他每次上山都不空手，只是捡到三五公斤时就在当地以低价卖了或者吃了，捡到10斤以上的才叫妻子去城里卖。

村民和万元请七河乡东桥泥水匠和金亚等五人来砌平房（从行茂洛村买来）的空心砖。他们一到就舍不得休息地干开了，一天下来砌了五层，速度快得很，按照这样的速度再干两天就可完成。

满下村寨小伙子和朝柱，领来三四个汉族小伙子到他家玩，准备当晚开自家的手扶拖拉机回城。因车子有故障，由他父亲和尚军修了好大一阵，到晚上10时左右修好，才把他们送到城里。和尚军返到家时已是凌晨3时左右。

2004年8月13日　农历六月廿八日　属日：鼠　天气情况：晴转中雨

和顺明的妻子和命及和建国的妻子和正秀去丽江城卖她们男人捡来的一窝菌。和命的收入结算如下：8元一市斤的卖了7斤，7元一市斤的卖了2斤，6元一市斤的卖了5斤，3元一市斤的卖了2斤，共收入113元，往返乘车费10元、吃了一碗米线3元，买回青椒3斤2元，共用去15元，余下98元，每工（捡二、卖二）近50元。

和正秀的收入结算如下：统价6.2元一次卖出共称得11市斤、68.2元，用去车费10元、午饭3元、烟一条14元，剩下41元。

和国兴今天做完和作武的柜子，明天要转到和永昌家帮和永昌老母和见兴做棺材。

村民和永昌准备明日请和国兴做老母和见兴的棺材，今日叫妻子和芬去丽江城买菜。

和万元之妻和万芝去太安街卖小猪，请一同去赶街的侄女和丽菊、邻居和阿友也帮忙各背一只，她本人背了两只，共去卖四只。

2004 年 8 月 14 日　农历六月廿九日　属日：牛　天气情况：晴转中雨

和国武及和学先驾车去七河乡前山行政村买松茸菌，回来时，陷在山路的泥坑里，加上发动机也出故障，一陷就不能自拨。他就托在山上捡菌子的邻居和圣伟带口信，叫他长女和玉兰请几个人，找钳子来接应。和玉兰就请了中午在家的和学新、和尚勋、和自华，连她一起找了所需工具去接应，走到"地板称"，和菊又传来和国武的口信，说"要请"七八个人来，多拿几根绳子。和玉兰转回照办，请三人前去和国武陷车处。到达目的地，四个人推了几次都未能启动机器，和国武就细心查找毛病进行修理，约一个小时后试发动成功，四人往回赶去。走到石板称，接应的和圣伟、和天林、和万仕、和万琼到了，大家都坐车往回赶。上完坡，来帮忙的和建忠、和亚华也赶来，都一同坐上车回来了。到吃晚饭时，和国武的二女及和自华来请吃饭，一人拉一人推，推辞不过都来到他家吃晚饭。心灵手巧的姑娘，把饭做得香喷喷的，做了一碗泡黄瓜、一碗煮粉丝、一碗洋芋砣砣、一碗一窝菌、一碗炒包菜，这作为平时的菜是可以的了。

村民和永昌请木匠和国兴、和万琼、和建国等三人为其母和见兴做寿棺。棺木锯好已 13 年左右，有一块被蛀虫蛀得满是洞洞。他们一共 4 人，通力协作，在大师傅和国兴的指挥下，进行到中午过后，一个棺材做成了。他们 4 人又放了几个楼楞。作为儿子儿媳，在母亲还不病重时就做好这个棺材，使得老者满意。

玉龙纳西族自治县林业局及县退耕还林办公室的负责人来南溪，对去年实行的退耕还林地进行了检查验收，对检查的结果，他们较为满意，给予合格的结论。

2004 年 8 月 15 日　农历六月三十日　属日：虎　天气情况：阴转晴

村民和万林、和亚兰夫妇为庆贺长女和丽菊考上大学，特设宴请亲戚一同祝贺。他（她）们所请的是至亲者。族中近亲者和国兴、和永昌、和万军、和万红、和万琼、和万琴、和天林、和立军，和万林干亲家的儿子和永红、和永良、和永光、和永军和亚兰的弟妹和亚山、和亚文、和良命、和亚良，和万林的弟妹姐和凤春、和凤英、和三姐、和四花、和万元、和尚明；行政村领导和国军、和丽军、自然村副组长和圣伟。和万林所承包的出租车请人家开。

　　他俩设宴是"八盘一碗"即：炒瘦肉一盘、煎鱼一盘、鸡肉一盘、火腿片一盘、肥肉一盘、炸排骨一盘、煮鸡蛋一盘、炒花生一盘、木耳鲜肠粉丝汤一碗；席间摆3瓶酒水，即大麦酒一瓶、啤酒一瓶、饮料一瓶、烟用精品"红河"牌香烟。全体人员主客共10桌。

　　和万林为庆贺长女和丽菊升入大学所请的人员送礼金清单如下：
　　和亚山（和丽菊的大舅）300元
　　和亚文（和丽菊的二舅）300元
　　和良命（和丽菊的二姨妈）300元
　　和亚良（和丽菊的三姨妈）300元
　　和凤春（和丽菊的大姑妈）1000元
　　和凤英（和丽菊的二姑妈）300元
　　和三姐（和丽菊的三姑妈）300元
　　和四花（和丽菊的四姑妈）300元
　　和万元（和丽菊的亲叔叔）300元
　　和国兴（和丽菊的叔伯爷爷）200元
　　和永昌（和丽菊的叔伯叔叔）150元
　　和万军（和丽菊的叔伯远房叔叔）50元
　　和万琼（和丽菊的叔伯远房叔叔）50元
　　和万红（和丽菊的叔伯远房叔叔）50元
　　和万琴（和丽菊的叔伯远房叔叔）50元
　　和天林（和丽菊的叔伯远房叔叔）50元
　　和立军（和丽菊的叔伯远房叔叔）50元
　　和尚明（南溪鹿子村退休教师）200元（他为整个行政村的学子考上民中每生资助50元，考上高中每生资助100元，考上大专每生资助200元）
　　行政村　100元　（村委会在相当困难的情况下，为鼓励后代学有所为，设法挤出100元奖励考取中大专以上者）
　　和永红（和丽菊的拜记哥哥）100元
　　和永良（和丽菊的拜记哥哥）100元
　　和永光（和丽菊的拜记哥哥）100元
　　和永军（和丽菊的拜记哥哥）100元
　　和圣伟（满下自然村副组长）20元
　　和万林所开出租车的车主人200元

总共收入：4930元

云南民族大学通知的学费为4000元，和丽菊交学费后，还有剩余。

以上的情况充分体现了世居南溪的纳西族人重视教育、渴求知识、追求上进和发展以及互帮互助的优良传统和优秀品质。

2004年8月16日　农历七月一日　属日：兔　天气情况：雨转晴

有部分村民已在蔓菁地里杖除过密的蔓菁苗。蔓菁这种农作物，不宜苗株过密过多，所以在薅蔓菁之前就一定要把多的、密的杖除，只留下适当的苗株。80多岁的和文海老奶奶，因儿子和建军开出租车、儿媳和海也去学驾驶，这些天她筛杖了两三块蔓菁，和燕花也在铲除。有部分妇女早晚铲筛过密蔓菁苗株，白天则捡杂菌或挖中草药，每天上山捡杂菌和挖中草药的，包括度暑假的学生娃娃达有40—50人。和四闰以每公斤8元价格收虫蒌，和国武则以每公斤9元的价格收虫蒌。所以中村的村民大多到和国武家出售。

和万林之长女和丽菊今天启程前往昆明民族大学法律系学习。其母和亚兰送她到昆明，学有所成是孩子自我解放的象征，同时也是父母的荣耀。孩子的学业好坏直接关系到父母的精神和心情。农民的娃娃读书求学，的确是不容易的，但只要孩子刻苦学习，取得进长，作为父母再苦再累也是无怨无悔的。

有两个法国女人及一个瑞士男人与一个广东男人，由玉龙县白华行政村男人带路，在游览文峰寺后，径直带到南溪满下村，住宿在和圣伟家，离开时留下了100元的生活费及住宿费。

2004年8月17日　农历七月二日　属日：龙　天气情况：阴间晴

村民中的青、少壮年人90%以上都到山上去捡菌子或采挖药材，一天的收入大约10—15元，挖到虫蒌的要收入多一些。采药的到天黑才到家。

老妇人则在家割猪草及杖除蔓菁地里过密的蔓菁苗。

和金发请亲戚和朝泽等安放新厨房的踏步石。

和尚军自己打好五面石后，请来满下村的和学武及满上村的和永红安放五面石。

村民和建忠及和建华两弟兄请木匠和国兴在和建忠家，做其母和闰纪的棺材。和闰纪已是70出头的老孺了，60年代初期其夫和积智与另外一个小姑娘去殉情。婆婆和恒与和闰纪两人把两个孩子拉扯大。其夫去殉情时和建忠还在襁褓里，至今已有40年光阴了。丈夫无情，丢下老母及妻儿，如今两弟兄已是中年而立的大男子了，只剩下母亲和闰纪，两人一个人招呼一个月。儿子儿媳也都非常孝敬她。

和尚花去亲家和永良家商谈今年年底儿子和武军及儿媳和文青结婚的有关事宜。

和金辉也到亲家和作武家商谈为儿子和亚军及儿媳和满秀筹办婚事的问题。

法国女郎及瑞士男子、广东男子、由玉龙县黄山镇白华行政村的男向导领着在11时离开和圣伟家，说是要到吉子水库观景，再到剑川石宝山去游览。

2004年8月18日　农历七月三日　属日：蛇　天气情况：晴转雨

村民和永秀卖出两口大肥猪，一口价为960元，另一口因有些病饮食不畅而以低价620元出售。

村民和国军因肥猪不吃食四五天，以650元的价格卖给猪老板。

村民和永昌继7月2日以600元的价格卖出一口肥猪后，今日又以520元的价格卖出一口。

村民和国武继续做松茸及杂菌生意，同时也不放松药材的收购转卖。他做药材生意的内容是买来湿的虫萎晒干后再卖出；买湿的灯盏花第二天就以湿货转卖给其他药材老板；收好的湿独定子晒干后再卖给其他药材老板；收好的湿岩陀，晒干后转卖给其他药材老板。和学先同其表兄和春建继续做松茸生意。

村民和永昌及和尚花每人带着20个鲜蛋去满中村看望"花爸音"老人。"花爸音"是和永昌之妻和永芬的大姑爹，是和尚花的亲舅舅。听说前些天老人家病重饮食不进，亲戚们陆续去看望他。

2004年8月19日　农历七月四日　属日：马　天气情况：阴间晴

从四川渡口（今攀枝花市）退休后居住满下村寨的退休工人和顺光，背了一袋60市斤的油菜籽去榨油。有人问他："这些天就榨这么多油，备用来做啥呀？"他回答说："姑娘及女婿携外孙女，回家有一段时间了。明日他们要回攀枝花市，这油是送给他们带到攀枝花食用。"是的，南溪的油菜出油率一般为40%，榨出24.25斤左右的香油够三口人一家的小家庭，如若节约些用最少可食用三个月。在旁的退休教师和尚武说："80年代中期以前，国家干部每人每个月只供应半斤香油，一斤肉，按照那时的定额算，这桶油三个人来食用，应吃 16 个月多一点，人民的生活水平现在比以前确实提高了。"

  2004 年 8 月 20 日 农历七月五日 属日：羊 天气情况：晴间大雨
  不少村民开始薅蔓菁了。南溪村寨的纳西族对任何一种农作物都是精耕细作的。就拿薅蔓菁这事来说，在薅之前几天就先将过密的适当铲除，留上适当的部分，等到所留的蔓菁苗长到两三寸长就开始薅。薅的时候先用锄头薄薄地锄田垄的两边，手挥锄边锄，身子却随着锄头的起落倒着往后走，锄好一段，就蹲下用双手把田垄上的杂草铲光，只留下蔓菁萝卜苗。把杂草除得一干二净，一点杂草的蛛丝马迹也没有。这些年来采用科学种田的方法，薅完的部分到傍晚就用尿素拌磷肥加在蔓菁苗间。有部分村民仍在采挖中草药及拾菌子。

  2004 年 8 月 21 日 农历七月六日 属日：猴 天气情况：晴
  村民和作武与和金辉两亲家在初二那晚商谈为儿子、姑娘举行婚礼的事宜后，现开始分头在村子里请客了。两家定在本月（农历）26 日为姑娘儿子举行婚宴。
  村民组长和国兴及副组长和圣伟，在傍晚时分挨家挨户通知，明天修车路，同时也在派手扶拖拉机，决定出动 12 辆手扶拖拉机用于修铺公路拉沙子。
  村民和亚华请了村民和国武，拉着家里的牛去玉龙县七月骡马物资交流会上卖。耕牛年岁大了就要卖掉。他家打算把这头老牛卖掉后，再买一头年岁小些可以多耕几年地的牛犊。做生意一要有本事，二要有口才，三要有胆略，和亚华欠缺这三者，所以，请和国武为他做伴帮忙。

  2004 年 8 月 22 日 农历七月七日 属日：鸡 天气情况：晴
  满下村寨每户一人，放牛的号声一响，就扛着锄头到和万江家新宅基地集中，准备去修公路。手扶拖拉机派到了和朝光、和朝亮、和国军、和尚军、和汝培、和金发、和建国、和建忠、和永良、和福光、和立军，共 11 辆。开始大家都到沙场上车，上好一车就派两个人去下车填铺路。先去修主路，主路修完就修村道及田间农用路，一直进行到下午 5 时半才结束。
  结束后，展开了青年—壮年足球比赛，青年手脚灵，以五比一战胜壮年队，壮年队输两箱大理啤酒。青年队将一箱啤酒又赠给壮年队，一队喝一箱。后来壮年队又与青年队进行篮球比赛,结果以36:32险胜青年队,一直玩乐到天黑。

2004年8月23日　农历七月八日　属日:狗　天气情况:晴

村民们绝大多数已在薅蔓菁,仍有少部分人在进行找钱的活计。如和社芬一直不过问农活,天天坚持采挖中草药灯盏草;杨文花也同样不过问田间农活,坚持天天搞经济建设,她所做的比和社芬较花样多变,她一天挖灯盏草,一天又挖岩陀,一天又捡杂菌,一天又找采虫蒌,平均每天收入20元左右,比一般人高出好些。她的做法是今天做事,看好和想好明天的事,从不约人结队成伙。在满下全村的妇人中,她是吃苦耐劳、勤俭持家,把家务和农事安排得井井有条的佼佼者。

有部分村民去丽江七月骡马物资交流会赶会。和永红、和永良两弟兄去帮和永良买牛。和学新也去会上买了一头隔奶的小牛,以备现耕的老牛退役。

2004年8月24日　农历七月九日　属日:猪　天气情况:晴

村民们大多都在从事薅蔓菁的农活。部分人员(家中劳力较多者)则还在往山上走,和建良、和圣国、和良命、和顺明、和顺达、和福光他们去采菌子。和顺明、和建良、和顺达三人捡到不同数量的一窝菌,和顺明十余斤,和建良两三斤,和顺明捡到六斤。和顺明的妻子和命明日会去丽江市场卖和顺明今日所捡来的一窝菌,和顺达则要由自己去卖,原因是儿子在丽江城开出租车,老伴和继花很不喜欢去城里,所以,捡卖由他一人进行的多。和顺明却不喜欢从事小买卖的活动,都是由老婆和命来进行。和建良则要把今天捡到的菌子保存好,明天再捡一天,后天就叫姑娘或者女婿去城里卖,他只管捡不管卖,因为他不适应坐车,会晕车。所以,他每年所捡来的菌子都是由姑娘和银谷或者女婿和金发去卖。

村民和耀华以3100元的价把老牛卖出,又以1200元的价买回一头小牛犊。和常新也以1200元价买回一头小牛犊。两人均请和国武用他的小型车拉回家中。

2004年8月25日　农历七月十日　属日:鼠　天气情况:晴转大雨

和建成在自家房屋的山坡上撬石头、打石头。他坚持利用农活松闲时打石头,不请人,不误农时,不需走远,不需用拖拉机来运。他想打好一所房子的石脚时就请上一些人，边砌石脚边扛面石。他这样做，不花分文钱，不误任何事，还可以把家务料好，在这样的情况下打出一所房子的石脚，也就等于找了近4000元钱。因为不会打石头的人安放石脚，工钱要出2000多元，加上烟、酒茶、饭菜肉钱，再加上用手扶拖拉机拉回石头的油钱，共算来最低也要超过4000元。村中会石匠的像他这样完全一人自个打的还没有；虽然自个打为主，但请人相互帮忙打的为多。

村民和朝亮及和福春夫妇，在两位老人的催促下，将女儿和智璇托寄到丽江城艺术幼儿园。幼儿园的学费为月价130元，按月或一次性交，可由家长自由安排。和智璇从2004年9月至2005年2月的学费以及保险费60元、书费45元，8月25—31日的生活费20元共要交905元，由他爷爷一次性交清，和朝亮夫妇只需负责平时的花销费。

这是满下村民和春江把女儿和江闰寄托入园后的第二例。

村民和万元、和社兴，经过半年的反复考试在理论及格后去跟车学操作。村中青年和春兰只经过两次考试就及格了，也去跟车学操作。她是满下村寨中第四个学驾驶的女人。

2004年8月26日　农历七月十一日　属日：牛　天气情况：晴

村中在家的青年男女，结伙成队地去赶交流会的有和玉兰、和学青、和丽芳、和满月、和红秀、和四闰、和社红、和文亮、和学军、和自华等。老年和国兴及和燕花夫妇也去交流会为老妇和燕花看病找药。多数村民已把蔓菁地薅完，又转入挖中草药、捡菌子的劳动。有个别搞家庭建设，如村民和尚军又转入自家建设活动中，和丽军也在进行砌石头、打石头的事宜。

村民和学新、和尚勋去金龙村和毓林老师家做同事客，庆贺他二女儿和明月考上大理医学院大专班。

云南大学纳西族研究基地负责人和晓蓉老师来满中建设工地检查施工情况，对施工的方方面面提出了严格的要求。负责施工的老板段景忠向她诉说，他在经费不够的情况下，工程质量以最优等施行，因此要求增加建设经费。

2004年8月27日　农历七月十二日　属日：虎　天气情况：晴转大雨

满中村云南研究基地建设工地的工人们盖好了大门的瓦，粉刷完正房的墙壁，但还不能刷白，暂无紧急的活计，所以今日泥水工人们全都到中村村民和丽勋家，帮他家砌砖。和丽勋是南溪70年代中期的人民公社时代的黄山公社农基站的第一批驾驶员，驾驶着铁牛耕地、运输，当时是南溪的尖端人才。改革开放后黄山农基站也随着人民公社的不存在而解散。回到家他自个还开了几年的"昆40铁牛"专跑运输，后淘汰，再办了一个砖窑，买了打砖机，从外地请来烧砖师傅干了一阵，烧了3窑砖，卖出的不多，有一半，卖不出的一半一直留到现在。他就以每天20元一工的工价（不管生活和烟茶酒），包给建设工地的师傅们来砌墙。他把以前砌好的石脚和土基拆了，又请师傅们重新浇灌石脚，再砌上砖。今天开始，搞基地建设的泥水工到和丽勋家干活。这是一个很难得的机会，一是技术好，二是工价不高，三是生活烟酒不管，花费少。他是有脑筋、会抓有利时机的能人。

四川投资商领着黄山镇干部、土地管理局干部来到满下村落水洞及草坝实地测量钉桩，但具体事宜群众一无所知，看来要开发落水洞和草坝已成定局。人们议论纷纷，都说要从去年退耕还林的事公平做起，否则就会后患无穷。不知当村官的是否在考虑现实客观不公正不公平的土地问题该怎样解决。

2004年8月28日　农历七月十三日　属日：兔　天气情况：雨转阴

村民和万红家趁明天是"七月拜"的商机，杀了一口猪卖。他家请亲戚和万琴、和天林、和立军、和永红、和桂林等人帮忙杀猪。猪开始入烫，和万红就不参加烫猪剖猪之事，去到村里边走边叫："来买鲜肉了，来万红家卖过节鲜肉了！"村民们听到和万红那洪亮高亢的叫卖声，饭碗一搁都不约而同地往和万红家走去。

他家这次卖肉，价格上有些破例，好像有点儿参照城里肉老板的做法，分为前腿后腿肋肉三大类，前后腿又以骨多骨少、肥肉多少、瘦肉多少而论价，价格从5.5元一市斤到7.5元不等，打破了过去只分前腿统价、后腿统价、肋肉统价的做法，这样做买肉的村民心里较为痛快，还满意地说："我所称这块肉，骨头大些，但价是7元，他称的这块净肉多，但价每斤是7.5元。"到下午1时左右，和万红就把猪肉都卖完了，只留下猪肝、肠子等。

今日是居住在南溪村寨纳西族的"迎祖节"。吃过午饭每家的长者把屋里屋外打扫得干干净净，然后在大门的两边和祭祖台（以桌代台的多）上铺上青松针，备好香、酒、茶，然后在台正中摆设上祖先牌，牌前摆上一块"玻"（祖先牌式的一张纸），上书"本家和氏门中历代宗亲之位"。"玻"用红纸做成，上面两角用银纸装饰，下面用绿色线做花装饰。然后用茶盘端上酒茶，一手拿着点燃的香到大门口迎祖，一边在大门两旁各插一炷香，一边口中说道："今日是七月十三日，敬请本家历代宗亲都回家里过节。我们是你们的后生，我们用酒茶、香来恭迎祖先们回家过'宝近节'（迎祖节）！"边说边在插香的地方洒上一点酒和一点茶，转身回到祭祖台，把剩余的三支香插于祖先牌前，把酒和茶也摆在前面，再摆上三双筷子，再摆上绿色未脱壳的三个青核桃、三个梨子、三个花红（分成三堆摆好），口中诵道："七月十三日请历代宗亲上座喝酒用茶，吃水果，接受和氏门中后生的敬意！"今晚家家户户都要吃猪大腿肉和面条，吃饭前先用小碗捞上三小碗面条摆在三堆祭物旁，家人才开始进餐。当晚全家都得食用面条。新中国成立前自家擀面条，80年代后多用干面条。近些年人民生活不断提高，经济收入增多，所以，用鲜肉替代火腿的占大多数；菜类一般做茄子冷拌，炒包菜，炒鸡蛋番茄，人们千方百计做一些平时少吃或不吃的东西，也就是说本地不出产的佳肴美味。

四川投资商再次来满下草坝测量钉桩，并借用村民大锅在大草坝里野炊，村民组长和国兴参加了他们的活动。据悉他们的近期目标是：先把水堵高、堵稳，放上鱼，先养鱼，以后再开发建设。看来他们要占的地盘很多，界桩一直钉到了学校足球场边。

2004年8月29日　农历七月十四日　属日：龙　天气情况：雨转阴

因为时逢"敬祖节"，又是阴雨天，除个别农妇冒雨找猪食，和个别闲不住的捡菌子的村民外，大多数村民休闲在家。

今日是居住在南溪村寨纳西族的"敬祖节"（宝近）。早晨起床烧火烧水，水烧开后即给"敬祖台"上的祖先们换酒、换茶，上香点烛（也有用油灯点的）。然后架上锅，炼上香油煎粉皮（现多以虾片代之），煎出后敬摆在祖先牌前，再煎糖包（面粉掺红糖）、糯米粑粑，煎出后都一一摆放在祖先们面前，以示让祖先们食用早点，然后才能家人食用。"敬祖节"早上供品都用煎食，不用蒸食。

到傍晚，又上香、换酒、换茶、边做晚饭。等所有的饭菜做好了，都先摆到敬祖台上的祖先前，以示让他们先食用，家人跪地磕三个头，然后主持长者找来一块瓦片，扒上些燃着的炭火，从每样食品中捡一点放入炭中，用盘子把水果、酒、饭端好去送祖，把纸做的祖先牌也一同拿去，到送祖的地方，插上香敬上酒茶，摆好从家里拿来的一切，掏出火柴把纸做祖先牌在此焚烧，烧完，口中念叨着："祖先们请随时保佑后生们平安，请回！"这仪式完了才进得晚餐。

在丽江城开出租车的村民和朝珍、和建军、和春红夫妇回来参加家中的"宝近"（敬祖节）。因为他们的母亲或父亲已谢世，这类子女都要回来敬祖磕头。父母健在的子女愿回则回，不愿回的也不必回。出嫁的姑娘也如此，年迈的老儒也回到出生地来敬祖磕头，所带的礼品是一炷香、一瓶酒。

2004年8月30日　农历七月十五日　属日：龙　天气情况：雨

因为下雨，除乘雨小些时找猪草的家庭主妇外，都休闲在家。在村民组长和国兴家，有姑娘妇女们在打麻将。有些人玩起来就废寝忘食；同样，在有小卖部的和万四家台球室里围满了大人和小孩，也有一些女青年。成年人有一些围在麻将桌旁打麻将。一直玩到天黑才方休。

丽江泉盛商贸有限公司老板的助手（副经理），来到满下村寨与村民组长和国兴商谈堵水事宜，两人到落水洞现场调研洽谈。

2004年8月31日　农历七月十六日　属日：马　天气情况：阴间晴

村民和永昌及老婆和社芬，去送儿子和丽华到玉龙纳西族自治县第一中学读初中，尽父母的责任。读完初中是孩子接受义务教育的神圣任务，也是父母的天职。和社芬为儿子买好学习和生活用品后返回，和永昌则因当天未办到入学手续而寄宿在丽江城，待明日办完入学手续后返回。今年满下村寨小学毕业升初中的还有和四坚，但和四坚家长以为这孩子小，就要求六年级复读一年。

放牛的号声一吹，每户一人抬着锄头和簸箕从自家走出来，准备去堵水，等人来齐后，大家一同往草坝落水洞走去，村民组长背来一些老板留下的用做堵水的袋子，大家每人拿了一些。到落水洞边休息，抽一阵烟后，分两组进行两个出水口的堵水工作。一部分装口袋，一部挖土，一部分抬土，大家干得热火朝天，争先恐后，有说有笑。农村实行包交提留后，集体干活的时间不多，所以一旦集中干活，笑声、笑话不绝于耳，有时甚至盖住劳动工地的上空。

干到6点左右，发牢骚的人也有了，有的低声嘀咕开了："干自家活都没这样带劲，像今天这样工效应分两天来进行！""为什么老板只与村民组长单独会晤？"当老板来到现场上边时，有些群众则大声喊："喂，下来吧！趁大伙都在，好谈！"但老板只喊组长和国兴上去，只是两人面谈。活一直干到傍晚7时，休工后组长发放了当天的工钱，每人劳动二日20元，每5户一组自行再分发，因为只有百元面钞。

经过前次的堵水，这里的地貌发生了变化，过去的荒草坪，变成了清清的小水库，水山连为一体，湖光山色，格外美丽。

（九）9月份日志

2004年9月1日　农历七月十七日　属日：羊　天气情况：雨转晴

7点过些，放了五十多天假的小学生们纷纷向学校走去，他们确实在家耐不住了。不听家长所劝，一起床就约着上学去。而老师们却到11时30分才到学校。不少大人看着无人管理的学生在学校闹得翻天心里总不是滋味。个别关心少年前途的人们在发忧。老师到校后，先整顿新教科书，整顿好后，发给学生就放学了，准备明日正式开课。

除儿子开出租车、媳妇正跟车学操作，家里只剩70多岁老妈妈的和文海及两个尚小的孙子的和建军家没有薅完蔓菁外，村民们都薅完了。只有和文海老妈妈趁天晴时还在薅。

村民和朝泽在七河泥水匠给他砌完砖后，他马不停蹄，自己一个人用沙灰和石灰刷墙脚及里面部分，经过十多天的艰辛劳作，今天终于全部刷完。所刷的材料是细沙、水泥、石灰浆，刷出来既美观，又牢固。他所掌握的这粉刷技术是六年前和朝亮、和武军、和国军等帮他粉刷厨房时学到的。

2004年9月2日　农历七月十八日　属日：猴　天气情况：晴转雨

薅完蔓菁的村民，除在家料理家务、割饲草、领小娃的以外，大多又往山上跑。今天捡杂菌的人多。和爱花，和连命、和圣华3人每人捡到20元的菌。和圣伟、和尚花两口子也去捡杂菌，一连捡了10来天，每天平均捡到15元的杂菌；和金发和银谷两口子则天天往西边旦都村与吉子村的中间山上去，每天都捡到17元左右的菌子。由此可见，大山向村民们无私地献出了山珍，只要村民们勤劳耐心地去寻找，就有采不完的药，捡不完的菌，年复一年，季复一季，大山为养育代代南溪村民，做出了无私的奉献。有些劳动能手，积极利用天时、地利，每年用7、8、9月三个月时间可向大山索要2000元左右的钱，可以说，大山为南溪村民抛弃贫穷、奔向富裕小康，做出很大的贡献。就怕你不勤劳，不去索要，贻误发家致富的良机。

2004年9月3日　农历七月十九日　属日：鸡　天气情况：晴转大雨

村民和尚军开始修大门了。这是他今年做的家庭建设的最后一个项目了。自己一人既做石匠，又做木匠，除了重大的事项（竖房、拆房）外都是自己一个人做的，老婆儿子只做帮手。这种精神是可贵的。全凭自己的双手描绘美丽的家园，节约了开支，也练就了各种手艺。

坝子里的4个小伙子来满下村寨购买竹子。长4尺以上每根0.4元。在家的村民知情者卖了一些。和金辉卖了1000根，和尚军也卖100根，还以每市斤10元的价卖了一只阉鸡。

村民们在继续捡菌子，且所走的山林更远些，有些少妇已到了古城区七河乡共和镇小南溪村的山上；走出7—10公里山林的是大多数。一家里如若是两口子，不善于捡菌子的则留下料理家务，善于捡菌子者则上山。如和金红常在家找猪食、料家务，老婆则往山上跑。又如，杨文花尽往山上找钱，丈夫和子一则在家料理家务。

2004年9月4日　农历七月二十日　属日：狗　天气情况：晴

这些天，田里的青草已被人们割得差不多了，找猪食割饲草比前段时间显得有些难了。然而怎么难也难不倒勤劳的农家妇，她们用勤劳的双手，割来青草喂饱猪，个别的农妇开始擗部分蔓菁叶来喂猪。可以擗蔓菁叶后找猪食就轻松了，但不知为什么今年蔓菁叶没有往年那样长得快，没那么茂盛。

相当一部分村民在捡杂菌来增加家庭经济收入，也有部分村民采挖中草药虫蒌、灯盏花、岩陀、龙胆草等，千方百计增加家庭经济收入。

村民和亚军及和满秀两青年，一同去购买结婚用品，他（她）俩的婚期是农历本月廿六日。今天他俩先买来床、衣服、七星羊皮等比较贵重的物品。和亚军的母亲和义社也同去，事先预备些糖果、瓜子之类的东西。

村民和亚兰及和良命去丽江看望在医院住院的兄弟和亚山。听说和亚山因患肾脏病要在今日做肾脏开刀手术，所以两姐妹相约一同前来探望手术中的兄弟。

2004年9月5日　农历七月廿一日　属日：猪　天气情况：晴转雨

70多岁的老奶奶和文海在旦都村年近70的亲家母的帮助下进行打脱青稞。这活计本该早就进行了，但儿子媳妇不在家，一直拖到今天。打完后亲家母回旦都村家里。和文海老奶进行扬风，由12岁的大孙子和文洋帮忙。

村民们都往山上去采药、捡菌，进行着各家各户的钱袋子工作，即使是只找到五六元钱，也不肯休闲在家。

和国武帮和学新家拉去一口久病未好的肥猪，准备到城里卖给猪老板。但拉到文华热水池边就快要断气了，恰好遇见一个猪老板，就商议以400元的价卖给猪老板。三人合议后，和国武拿出刀子，给猪放血，等到猪死了，老板就只付给和国武 300 元，和国武当即大骂老板："你这不讲义气、不守诺言的人，我宁可把猪丢到河里也不卖给你！"说着就开着车向前驶去，猪老板也掉转车头加速赶上和国武，以 400 元买去了这口死猪。老板以一半的价买到一口病肥猪，可能夹在无病的好猪肉里去卖，鼓了他的腰包，但害了消费者。

村民和圣明去丽江城镶牙。他的两颗门牙是在全村修路那天，和年轻人赛足球时，因碰到和建成的头而打掉的。现在牙床已无痛感，于是就去丽江镶这两颗掉了的门牙。

2004 年 9 月 6 日　农历七月廿二日　属日：鼠　天气情况：晴转阴

今天加工杂菌的和永红、和李福因为所有的桶已装满，故暂停收购，鉴于此，村民们都去采药。就连需要找猪食的个别农妇，也在早上就掰下一大篮蔓菁叶，调头就去山上挖中草药灯盏花。这些天，田间活都暂时没有了。村民们很珍惜大山献出一切的这一难得时机，努力装点自家的钱袋子。的确是的，村中很少有人在家，除老弱者外，很难见到青壮年人休闲在家。

个别的男人已在准备储藏洋芋的房子。

和闰英等三五个妇女则在找柴。

村民和习芝去吉子村参加她老表的丧葬礼。她去的时候带了五斤米、半挂肉（约一公斤左右），还带去了好几瓶酒。有一部分酒是准备送给她的老表们的，和她一同去的有金龙村的四五个妇女。

2004 年 9 月 7 日　农历七月廿三日　属日：牛　天气情况：雨

从昨晚 10 时左右开始下雨，不停地一直下到今天。不能到山上捡菌子和挖药材了，是老天爷放的假。男人们有的去和四闰家打台球，有的打麻将，有的则在打扑克（三家老）。玩得可以说是很痛快，好些人都免了午饭，是玩得连肚子都不觉得饿了。

只有当家农妇，披起雨具，背上篮子，戴上雨帽，顶着雨去掰蔓菁叶子来做猪食。同情她们的丈夫会帮她们喂猪做饭，如果丈夫去玩了，那一个就得人无怨无悔地顶着干一切家务。的确在南溪村寨妇女是比男人操劳得多的。应该说她们很了不起，是纳西族妇女吃苦耐劳的典型。我们应该从心里敬佩她们。

玉龙纳西族自治县新县城所在地——黄山镇五台行政村中和村的五六个老板，自驾车到南溪村公所，目的是想把南溪用剩下的清泉水引到中和村去做村民饮用水。因为下雨不能到实地查看，在村公所与副主任和丽军交谈一阵后，吃了一顿午饭而归。午饭是请邻居和朝光做的，买杀了三只大公鸡，吃不完剩余部分请和朝光拿回他家中。

2004年9月8日　农历七月廿四日　属日：虎　天气情况：雨
　　虽然天下大雨，但阿秀和阿军的婚期还是定在后天了，到后天他俩就要举行村民们所认可的婚礼——婚宴了。
　　今天虽下大雨，他们两家为备办婚宴的食品和用品，都去上街买东西了。阿秀家还请本族每家一人前去帮忙购买，她家所请的人是：和作才、和爱花、和圣华、和社红、和仕福，加上阿秀妈和阿秀共七人。阿军家族大人多，兄弟也多，所以只去了兄弟们一家一人：和林、和金星、和金圣、和金发以及阿军两父子，共去了六人。
　　今天买的街货一般都是婚宴上所需的食品，如：烟，茶、酒、菜、肉、鱼及调味食品。此次要用的新娘的嫁装在前些时候就已备齐。新郎家要馈赠给新娘家的衣物及女方父母的衣物也应在前些天就备齐。
　　其余村民因雨而休闲在家，欲干活却干不成，这天放的统一假。村民组长和国兴在家里的新厨房里做木活，修理桌凳。

2004年9月9日　农历七月廿五日　属日：兔　天气情况：阴转晴
　　明天就要举行阿军和阿秀的婚礼了。全村里的女青年都到阿秀家帮忙，和学青、和竹英、和金贵、和玉梅、和丽芳以及沾亲的男青年和万军、和万仕、和李福、和万红等都到阿秀家帮忙。在她家帮忙的除了她族中老者外，中、青年也都去帮忙，在城里开出租车的和圣武、和一台也回来帮忙。吃饭后男的杀猪，女的择菜。和亚军家族的除了老者和小孩外也同样都在他家帮忙。吃过早饭，总管和金星分工七个男人杀猪，其余人员找柴。
　　两家均在早饭前借来了所需桌凳、筷壶等用品。
　　不与他们两家沾亲带故或不被他们两家所请的村民，还是去挖药、捡菌子。村民杨耀祥今晚就卖了30余元的药款，她说是："今天最轻松，找到的钱却是今年最多的一天。"她挖到三公斤多虫蒌，以每公斤9元的收购价卖出，再加上一些灯盏花，就有30多元的收入。
　　黄山镇兽医站站长和兽医一人，前来南溪上门服务。由村兽医和友贤陪同在各村民小组打预防针，得到了村民们的好评。

2004 年 9 月 10 日　农历七月廿六日　属日：龙　天气情况：雨

今日举行和亚军、和满秀的婚礼，两家都进行婚宴，因为整天不停的下雨，搞得宾朋都玩不好，特别是两家的厨师们及帮手们都在顶雨操作。天井里搭了帐篷，但上面下大雨，里面下小雨，因为所用的帐篷是 1996 年 2 月 3 日大地震时救灾发的，时间长了，不如初期那样防雨。但不管老天怎样刁难，女方家进行"日松"（喝酒）仪式后（下午 3 时左右）就开始待客了。

新郎和亚军婚宴菜谱：

十盘两碗，即：炒瘦肉一盘、炸排骨一盘、煎鱼一盘、酥肉一盘、鲜肝凉拌一盘、火腿肉片一盘、鸡蛋盖花生一盘、猪头肉炒酸菜一盘、烤鸭肉一盘、肥肉陀一盘、木耳胡萝卜汤一碗、鲜肺汤一碗（注：烤鸭肉这一盘，以往的满下村寨举行婚庆典礼及竖房、祝来客等都是用鸡肉，但最近两年暑夏满下村寨发生鸡瘟，而用买来的烤鸭代之）。

饭前的粮果八盘：杂糖一盘、葵花子一盘、核桃一盘、橘子一盘、西瓜子一盘、带壳花生一盘、水果糖一盘、小饼干一盘。

席间所用的酒水是：下吴风白酒一瓶、大理啤酒两瓶、鲜橙多饮料一瓶。

烟：精品"红河"一包。

此次的婚宴与以往明显不同的一点是：烟官、酒官不再在席间敬烟、敬酒（以往的烟官在人们入座后传一次烟，吃完饭后传一次烟，酒官手提金酒壶席间敬一次酒）。

此次婚宴的收入：

大米：500 市斤左右

腊肉：120 市斤

现金：1430 元

酒：100 余市斤

此次婚宴的支出：

肥猪一头

酒：70 市斤

烟：35 条

米：200 市斤

现金：1000 元

新娘和满秀所带的嫁妆如下：

电视机 1 台

放像机 1 台

洗衣机 1 架

大立衣柜 1 个

柜子 1 个

矮柜 1 套

铺盖 3 套（含毛毯 3 床）

大羊披苫 1 张

七星羊皮 3 张

布缝披身（类似女人穿的七星羊皮，但里外用布，中间夹羊毛苫一针一针所缝而成）10 张

衣物若干

生活用具若干（热水壶、茶壶、盆子、澡盆、火盆、水桶等）

所给嫁妆属于多的这类。

5 时左右新娘出门到男方家，虽说是邻居，迎亲的队伍却几乎绕了整个满下村子，因为新郎家请了六辆手扶拖拉机去接新娘及送亲队伍，车路应绕近圈。到男方家后先把嫁妆安顿在洞房里，就举行"日松"仪式。等"日松"仪式完毕就开始待客。顺序是：先送新娘的及"后请客"（从新娘方面来男方家做客的称为"后请客"）老人、远处的来客，再村中客人，再本族人，最后是帮忙的人。因天公不作美雨水一泻不止，晚间也就无法举行"喂慕达"舞会，只有几桌麻将，小兄弟以及新郎新娘一起热闹。

今日的雨量为从 1 月到 9 月 10 日之最。除镇政府派员来南溪参加教师节座谈会外，来和亚军、和满秀家做客的人来自七村八寨。因为两家是邻居，老天虽不作美，但参加的人仍显得尤为拥挤。

2004 年 9 月 11 日　农历七月廿七日　属日：蛇　天气情况：雨

因雨，除家庭主妇们在擗蔓菁叶做猪食外，其余人都休闲在家，无法采药、捡菌。

和亚军家举行婚礼的第二天，新郎新娘回门。下午两点半在女方家吃了午饭后，和亚军请岳父岳母、女方家本族人（一户一人）、女方的舅舅、姨妈三家人，均到和亚军家。被他请的人，一人带一瓶酒。一般的人都从女方家带去所需的酒（个别岢啬人家则不这样，要去的人从自家带酒去）。

欲开发满下草坝及落水洞的投资老板，冒雨驱车来到满下村民组长和国兴家，并且还要到落水洞视察截拦水的状况。

2004年9月12日　农历七月廿八日　属日：马　天气情况：雨

因雨而休闲，年轻人都集中在台球桌边玩，壮年人围坐麻将桌，妇人们则串门闲聊。闲不住的少妇们有的就身闲手不闲地打毛衣，有的补衣物。村民和朝光则背了些燕麦到汝南化村去换豌豆种子。

和亚军、和满秀两家到今天晚饭还在各自请族人用客饭，挨家挨户地请人来吃晚饭。这婚礼到今晚才告结束，共花了四天。的确可说是好事多磨吧！

村民和学武，应前来和亚军家做客的姐夫吾社福所请，冒着大雨去丽江城，拉水泥到他姐夫家（太安乡汝南村）。

2004年9月13日　农历七月廿九日　属日：羊　天气情况：雨转阴转雨

不少村民身披雨具，手提小锄头上山去采药捡菌。年轻少妇采药的本领越采越高，每天至少能采到10元到20元不均的虫草。视力减退的年迈人则差些。捡杂菌的人越来越少，原因是：一、菌子少了；二、收杂菌的和永红等暂停加工，没有盛放用具了。

村民和永昌夫妇利用天阴这小段时间，抓紧在两所房子间的过道里浇灌沙灰。时间只用了一个小时，料是以前就备好了的。人员是俩夫妇及回来做满秀客的永昌姐吾社花等三人。浇灌完后隔袋烟的功夫，用扶板抹得平平整整的，然后找了一些塑料袋盖在上面，以防被雨淋湿。果不其然，才过一个多小时，老天又下起了淅淅沥沥的雨。

村民和方琼的儿子和丽峰，中考考中玉龙县第一中学普通高中（可惜离重点高中分数线差5分）。今日由其母和社香送去报到。他是南溪行政村今年唯一考上高中的初中毕业生。

2004年9月14日　农历八月一日　属日：猴　天气情况：晴

个别村民（和亚兰、和金雁）已开始挖洋芋了。和亚兰是一个人在家，丈夫和万林开出租车，写了两年合同，没时间帮农。两个姑娘，一个读大学，一个复读初三。一个人维持家务，并要干繁重的农活，所以她事事提前，学青蛇走路。全村人除在家找猪食擗蔓菁叶的，大多都到山上采药。

满中村云南大学民族调查基地建设工地，木工部分全部完成，只差部分家具，但缺材料，建筑部分要安装卫生间及洗澡间，但段景忠老板没有把材料拉上来，泥水工们在粉刷白灰。目前的状态是停工待料。施工工人及村民组长和国高，对段老板长期拖欠村民材料款和工人工资感到很不满意。

村民和尚军已完成大门重组工程。今天，她的两个儿子从满上村借来瓦片在盖瓦。他们整个住宅框架已完成（围成一个整体）。

欲投资开发满下草坝的四川籍老板，今日又驾车来观看所拦截的草坝水势水位，在村民组长和国兴家停留一阵后转回。至今，村民还不知道半点具体事宜。

2004年9月15日　农历八月二日　属日：鸡　天气情况：晴

趁天晴，部分村民在家晒油菜籽，准备榨中秋节用来打月饼的香油。有一些村民当天傍晚就把所晒菜籽背到满上村榨油，一直到12时左右才榨完转回。晒得多的人家一晒就晒了五六十斤，最少的也晒二三十斤。

村民和国武、和建国两家合伙，用和建国的手扶拖拉机做动力，借用和圣伟家的院子，用和国武的脱粒机脱粒豌豆，和国武家的脱粒完，收拾完场地后，立即把和建国家的豌豆也拉来进行脱粒，到下午2时左右就把两家的粒脱完。

和子一夫妇俩也在自家的院子里用人工脱粒豌豆。他们用两根木杆组成的打粮杆进行甩打，一根粗，一根细，两根杆用一根五六寸长的绳子把两头拴牢拴稳，用手挥动粗的那根，粗的那根带动细的那根一上一下地打在所要脱粒的物品上。

和永昌夫妇则在地里挖洋芋，准备撒绿肥，现在撒的绿肥到春末夏初难找青饲草的时节，可以割来喂猪喂牛等。他家是备用来喂牛的。

村民和朝乐请石匠和李福及亲戚和圣伟、和国军三人来安放前不久所搬迁的那所房子的盖沿石。由于房子往后搬了两米左右后，原来安放的盖沿石也得撬出来，撬时不慎用力过猛，有两三块盖板石断成两三截，有些也裂成两截。等他们重新安放好后，用水泥把所裂、烂的石头补好。补出来的盖板，的确很不入眼。

2004年9月16日　农历八月三日　属日：狗　天气情况：晴转阴转小雨

部分村民开始挖洋芋，和万军家、和国武家、和家良家、和学伟家等都在陆续挖洋芋了。样样农事都抓得很紧的村民和作典家已挖了两亩左右。

而村民和金辉家、和森家则开着手扶拖拉机到前边山上割青叶。到前边山上用拖拉机割青叶的事，三年前是很多的，几乎家家都要割上一车，而最近三年开手扶拖拉机的人进城开出租车的多了，三年以来今天这两家是先例，青叶好割，两家都各拉了堆得很高的两车。和林的车子，由他的侄女和亚梅开回来。和亚梅是有汽车驾照的，而和林的驾车技能在全村开车人中是属差的，今天就靠和亚梅从坑洼满路的山路上把车顺利开回来。

有五六个鸣音乡妇女，趁来满上村给坐月子的吾建芬送鸡蛋等营养品之机到和学武家来玩，因为和学武之妻和丽春（从鸣音嫁过来），与和建芬又是老表，两边都合亲戚。

2004年9月17日　农历八月四日　属日：猪　天气情况：阴转晴时有小雨

村民和朝光夫妇、和建成夫妇等到山上采集松子。他们这些天先抓紧从树上把松果掰下来，藏在人们不易发现的树丛底下，准备在中秋节前几天烧后剥出松子，到农历八月十四日或十三日再拿到丽江城里卖。坝子里和城里的人们过中秋节的佳肴中必定要有松子这一野果，所以到那时整个村寨几乎家家都去卖松子。这两三年则不然了，因为年轻人开出租车住在丽江的多了，好些妇人拖儿带女，田里活已够重了，采松子成为空想的人家有70%左右。因此形成了采的人少而采到的数量多的局面。

到目前全村有近六分之一的农户已开始挖洋芋，就连退休在家的和学仁夫妇也请亲戚和学伟、和作才、和学青、和永秀等人来挖，准备明日请人去换玉米、麦子之类来做猪饲料。

村民和建良以每头790元的价钱，卖出3口大肥猪，一次收入2370元。每头猪毛重100千克。村民和家良以780元的价格卖出1头肥猪，与和建良家的相比较，她家的卖便宜了30元到40元钱。

从今年的大概情况来讲，养猪并不赚钱，即便有点劳务费，也是微薄的。一则粮食贵，随之饲料也贵；二则养大养肥一口肥猪要付出巧姐勤妇的很多时间及精力。

2004年9月18日　农历八月五日　属日：鼠　天气情况：晴间雨

和万琴、和社红、和二友、和丽军等四人一伙，和建华、和建国、和天林、和学军等四人又为一伙，去前边山上撬找层石卖。他们从前面山上找到石头后，用手扶拖拉机拉到满下草坝上坡处，装在来买层石的农用车上。一天一组拉到"小农神"农用车满满的一车。他们不管雨天晴天都在坚持干。

每车层石200元到250元不等，看石头装的多少而论价。

有部分村民三三两两，都在村子后面的山上采集松包。现在采集好，等几天烧了剥出松子，准备到中秋节前去丽江城里卖钱。

村民和丽芳及和尚勋随同满中村村民吾羊志一起到汝南行政村下村参加一位老奶奶的丧葬活动。这位老奶奶是吾羊志的大妈，吾羊志所背的东西确实很多：一只母鸡、一个鲜猪头、烟一条、茶两包、腊肉一挂、帐单一条、米、玉米、麦子酒，这次她总花销200元左右。吾羊志因叔婶多，要常常送这样的厚礼，因而和福军经常与吾羊志吵架。吾羊志忍气吞声。的确"隔里不同天"，汝南村的喜丧事比南溪繁杂多了。

2004年9月19日　农历八月六日　属日：牛　天气情况：阴间雨

因为阴间伴有雨，村民们洋芋也不能挖，只有掰蔓菁叶的家庭主妇在田间。采松包烧松包的人比前些天多了一些。部分村民边采、边烧、边剥，一次性地把松子背回。

因所包开的出租车卖后休闲在家的和国军，今日又往丽江城去，因为明日是他们（满下村）开出租车人的"化崇"日。他要去参加"化崇"。

2004年9月20日　农历八月七日　属日：虎　天气情况：晴

在家的青壮年们都到山上采松包、烧松包、剥松包，为过中秋节而备节日货。今年的松包结得比去前年多些，再加上南溪各自然村的不少青壮年到城里开出租车，采松包的人也就比往年采得多些。一人一天10多公斤，要剥上6天左右的话，一人要剥到70公斤左右。

上了年纪的人们在家挖洋芋。目前挖洋芋的人们在交谈、议论，都说今年的洋芋差，烂的也多。根据以往的经验这些说法是准确的，因为今年比往年雨水多，而雨水过多对洋芋生长是有副作用的（叶子死得快，埋在土里的洋芋烂得快）。

黄山镇学校领导对今年的教师调动来了个部队式的速传速动。今天早上通知，今天上午就离校。老师们11时由和国军书记拉上来上班，到1时30分左右把和鸿莲、赵淑琼、和金凤三位老师拉下山，送到调入学校（和鸿莲、赵淑琼两位老师到五台完小，和金凤老师到文华完小）。到5时左右，和国军书记又把新调来的一位女老师拉到南溪完小。此次做了大调动，在南溪任教三年的四位老师都调下山，和丽华可能明天走因为要交账。南溪完小校长这担子会落在谁的肩上呢？目前还不清楚。

2004年9月21日　农历八月八日　属日：兔　天气情况：阴间雨

满中村云南大学纳西族研究基地建设工地上，工人们在抓紧进行各项工程的扫尾工作。泥水匠们在院坝里嵌鹅卵石,他们在紧张有序地进行。到今天,墙壁刷白工作已全部结束,工匠的巧手用精美的原料把基地的房屋绘得如画一般,村民们人人见了赞不绝口,都说建设的质量很好,比起白华的李伯合老板所做的工程,质量上有天壤之别。

南溪完小教师调动调整后,校长由原教导主任李建光担任,教导处主任由杨健雄老师担任。他们都是刚出校园又走进校园的年轻小伙子,能否把学校办成90年代管理严格、考风严肃、求真务实的学校,只待以后的教学工作来验证。

黄山镇派出所的所长及两位干警来南溪村公所,召集村委会书记和国军、副书记和继武、村委会副主任和丽军开会研讨社会治安综合治理事宜;同时组建南溪村治安委员会,主任由和继武担任,副主任由和志红担任,组员由各自然村长担任。

2004年9月22日　农历八月九日　属日：龙　天气情况：晴间雨

今天撬石头卖的人多了两组,一组是和永良、和永军、和永贤,另一组是和朝泽、和金星、和文昌。找撬石头卖的人员中也有曾经开过出租车的,他们是和二友、和永贤、和朝泽。他们都把石片拉到草坝里上车,买石头的人有的开着农用车,有的开着后轮驱动的拖拉机。

采松子、剥松子的村民有增无减,挖洋芋的人则比前些天少多了。因为时间越接近八月十五中秋节,采剥松子的事情也越紧迫,早先采剥的松子只能应付中秋之夜,不宜存放,还不饱满。

村委会的书记和国军、副书记和继武、副主任和丽军,三人一同前去镇政府申请村公所的建房资金,同时也请求镇政府对公路的维修、改造给予资金或物质上的支持援助。

拉市乡吉余行政村的李朴来南溪满下村喊他的老伴回家。他的老伴和学文是满下村嫁出去的,前些天,因他的小儿子李春林乱骂,故赌气回来的。老伴来喊本应跟老伴一同回家,但今天从四川攀枝花市退休在满下定居的弟弟和学仁及弟媳和国秀回攀,家中的猪食等家务托付给她,因而和学文暂不得脱身,不能双双回家。

2004年9月23日　农历八月十日　属日：蛇　天气情况：晴

村民和国武、和国坚今日已上鸡冠山去下山鹰。他们各人用小光篮背着一只瓦灰色的家鸽,扛着下鹰用的网,手提锄头,同时小光篮里还装着砍刀、干粮等东西。他们今天打算先把棚子搭起来，棚子搭好后就不必带锄头了，只需带上干粮和鸽子就行了。过去下山鹰是一种休闲娱乐，而今的下山鹰是以经济收入为目的。往年和尚武、和尚典两弟兄一到"秋分"节气就上山干此活。今年和尚武前段时间去前山高龙村姑娘和朝英家，和尚典则在两天前扭伤脚未好而没有上山。

村民们各行其是。采石头卖的继续干，每人每天可得五六十元钱。采松剥松的依然继续，但他（她）们的经济效益只能等到八月十三、十四两天才见到。挖洋芋的人们仍在挖洋芋。和顺光家三口人由儿子和亚军开着手扶拖拉机到山上田里挖，原因是野猪对洋芋损害较大。

村民和建军请木匠（鹤庆县人）来安放楼板等，放完楼板后进行格整。他暂停开出租车，在家为木匠做饭，同时挖些洋芋。因为他的老婆和海学驾驶跟车操作还未结束，他只好忍痛割爱，把崭新的车退给主人来做家中大事情。

在城里学驾驶，长期跟随未婚夫在城里生活的和文清回来帮助家里挖洋芋。村民和圣伟请亲家和永良开手扶拖拉机拉着洋芋去换麦子、玉米之类的杂粮，备做猪的饲料。

2004年9月24日　农历八月十一日　属日：马　天气情况：晴

采松剥松的人们仍然去采松，决心在中秋节快乐收入一笔。和作典、和爱花公媳两更带劲，起早摸黑，两个一鼓作气，手巧心灵，每天都剥到松子30—35公斤。这是一个了不起的收入数字，即便松子以卖价最低一公斤四元计算，每人收入也有70元钱；如若中等价每公斤5—6元计算，每人一天要收入110元。居住在大山里的村民，要知大山恩。大山无私地向村民奉献出了一切。菌子、野兽、中草药、松子、木材、石材……不是吗？前边山上有四五伙撬石卖石的，每天每人收入50元以上。是大山养育了一代又一代的南溪纳西族村民。

全行政村学生放假，老师们参加黄山镇中心校组织的全镇教职工参观玉龙纳西族自治县新县城址。组织这种活动的目的目前不知道。但今年教师调动人数多，已在南溪执教两年的和丽华、赵淑琼、和金凤、和红莲四位老师调下坝，另外有五位老师调来南溪，其中有一位说"我不去南溪，南溪的好多学生都流到坝子里了，要那么多老师干啥，我不去"。据悉这位老师已被安排在中心校，另外四位已到南溪任教，今天在丽江城里举行送旧迎新的仪式，教职工都去丽江城。村委会干部三人前往参加此仪式。

在玉龙县医院工作的和朝花，乘弟弟和朝亮的车回来给父母送中秋节的礼品，原因是中秋节她两口子都要上班。所带回来的礼品是甜食果品，还为孩子买了新鞋，为父亲买回了常用药。

2004年9月25日　农历八月十二日　属日：羊　天气情况：晴转雷阵雨

前些天就在采松剥松的人们，调遣了家中的一切力量前去帮忙。就拿和万军家来说，前些天，只是和万军两口子去，今日把老妈妈也领去了，乘学生放学之机把两个读小学一、二年级的娃娃也领去了，叫他们帮着拾柴烧火。好些人家都这样，但很遗憾，老天不作美，到下午3时左右就下起雷阵雨，下个不停，人们只得停止山上作业，把没剥完的松子用大篮子背回来剥。发生这类事的有和万军家、和社香家、和满谷家、和益兰家。有些去得较远的则仍在山上剥，到天黑时方归。

在家挖洋芋的人们，也躲不及这场雷阵雨的干扰，翻好的洋芋不能捡，捡好收不到家的也只好暂搁在田里，等适当时再收回家。

村民和尚军把大门瓦盖好后，今天安上了铁门，不再使用过去的木板门。他今年建设家园的数量，使一些村民惊讶。

白华村的吾玉山等四人，领着四五条猎狗，架着一只训好的山鹰来放鹰，睡在村民和圣伟家。因为玉山是圣伟之子四青的老友，可能一住好几天，放鹰放个痛快才回去。

2004年9月26日　农历八月十三日　属日：猴　天气情况：雨转阴

采松子的村民和永昌夫妇6时就起身，开着手扶拖拉机拉着所剥到的松子去丽江城卖。开着自家车去的有和朝光夫妇、和圣华夫妇、和万军夫妇、和亚华夫妇、和国红夫妇；而和爱花、和社香、和益兰、和玉祥、和满谷、和林是出点钱搭他们的手扶拖拉机去卖的。她们今日不宜乘坐汽车，因为每人最低也带100公斤以上的松子，汽车里无法搁置。

有个别村民，趁天阴下雨就准备做中秋饼了。有个别村民，合理安排，看天气干农活，今天不能进行挖洋芋的活计，则进行割菜籽，割菜籽的活计一般在阴天，或早上，或在小雨天进行，当然也可以在晴天进行。但晴天时收割的菜籽壳不能太黄了，否则人一动壳就会自动开裂，菜籽脱落出来造成损失。

村民和国兴及其儿子和万军，到鹤庆县辛屯乡干亲家施崇基（大老板）

家去访亲拜友，提前送去中秋月饼，预祝干亲家全家团圆。

2004年9月27日　农历八月十四日　属日：鸡　天气情况：晴转雨

一部分村民仍在丽江城卖松子，有和朝光两夫妇、和圣华夫妇、和社香等。回来时买回中秋节的过节货，糖类、果子类、肉类、鲜菜类。

一部分村民在家里做饼子，技术差些的就事先约好在技术好点的邻居家或亲戚家做，得到指点。白天全村有一半以上的村民在做，有几家则利用十三日的时间打好了，有些则在今晚饭后做，个别的打算明日早上做。所做的月饼有两样，一样是大月饼，差不多茶盘般大小，这种做得不多，一般只做去馈赠亲友，及家里赏月品尝；一种是中等月饼，直径有5寸左右，这种做得多。喜欢吃甜食的人家一做就做上二三十斤。

满下村寨青年人今晚有喜事的人可算多了。在城里理发的和竹英姑娘，领来了本村在城里开出租车的和圣军。和圣军由堂兄和圣武做伴，提上提亲用的礼品到和竹英家去。还有本村青年和立军请了堂嫂杨耀秀做伴，到前山石镜头村去提亲。还有在城里学驾驶的本村女青年和春兰，也领来了一名前山高龙村在城里开车的男青年。这三对相好，将会在年底结成终身伴侣。

2004年9月28日　农历八月十五日　属日：狗　天气情况：晴转大雨

和顺达请来鹤庆松桂的杨老师傅等两位木匠来格整房子。他的这所木楞房起好了30多年，但因为不急用而一直没有格整。到现在格整好也属于可用可不用的类型。

和立军从前山石镜头村领来未婚妻。家里设宴请了和顺明、和顺达、和永红、和永良、和永光、和永军、干爹和福祥等亲戚。

和圣军也把未婚妻和竹英领到家中。他家此事从简，不请客，只请了竹英家的老小及嫁到村中的姐姐和益花家。

昨、前天没有做月饼的村民今天做月饼，全村户户都做。

前些天就做好月饼的村民则在挖洋芋、碎蔓菁叶，这些活都只是在上午进行。下午留在家做饭的做饭，不做饭的休息。

从远处嫁到本村的村民吃过早饭后就回娘家了。她们领着娃娃，背着自制的月饼去馈赠娘家。附近邻村嫁进来的则在下午回娘家馈赠月饼。有些在娘家吃过饭就回家，和家人共庆中秋；有些则月饼一搁就回来自家用饭。村民和家良因儿子及儿媳在城里忙不得回来，就指使老伴去满上村孙儿外公及孙子大舅家馈赠月饼、酒等。中秋佳节，是住在南溪的纳西族人民合家团圆的大喜日子，除在单位需要值班而无法脱身的人，各处的人都要回来团聚。嫁出去的姑娘，在单位上需上班的话，也会提前回来馈赠月饼、水果之类的，可以说也是一个"敬老节"。此节日的主要食品为甜食、水果等。

2004年9月29日　农历八月十六日　属日：猪　天气状况：晴
村民和国军与到满上村上门的堂兄和朝祖合伙买了一张价值14万多的出租车牌照，并一鼓作气，买了辆桑塔纳新车，这是满下村寨投巨资买车的第二家。

回来过中秋节的在城里开出租车的村民们都回城务工。车子很挤，有好些人只好等到第二转或者第三转才能坐上。

人们在紧张地进行着挖洋芋的农活。手扶拖拉机上搭好了防雨篷布，停在田边地角。就连装洋芋用的篮子也备上了雨布，以备下雨时盖好。这些天，在城里开出租车的和万军、和立军、和永华也退车回来帮忙挖洋芋。

2004年9月30日　农历八月十七日　属日：鼠　天气情况：晴
村民和尚军的小孩子在砌大门的墙，到目前他家已把家园围成猪不出门、鸡不进院的格局。

想投资开发满下草坝的老板请来土地管理所的人及镇政府有关人员，同行政村委会副主任和万军一道测量用地面积。村民组长和国兴帮他们做午饭。

丽江泉盛商贸有限公司的副经理请来国土局的技术员及黄山镇的有关方面负责人，村委会副主任和丽军等同志对满下草坝及田地进行了测量，准备进行预算。

村民们都在忙着挖洋芋，就连在城里开车的和福春也回来帮公婆挖洋芋，把接送娃娃上幼儿园的任务托丈夫和朝亮来承担。前些天找石块撬石块卖的村民也停止该项活计来参加挖洋芋的主要农活。田较远的、又无人开车的人，先拿上塑料袋，装好洋芋用雨布盖好，准备明日再挖上一天，有一车时请人拉。田较近的、又无人在家的和亚兰、和万芝两妯娌则挖满一篮就往家里背一篮。

（十）10月份日志
2004年10月1日　农历八月十八日　属日：牛　天气情况：晴
全体村民都在挖洋芋。把手扶拖拉机开到田边停好，边挖边上车，有些人家满了一畚箕就上车，有些人家则先装满尿素袋，再把尿素袋装到车上。

不会开手扶拖拉机的人家，请会开车的邻居或亲戚把车开到田边停好，等到傍晚再请人开回来。从攀枝花市退休回来的和学仁师傅，他对村人有求必应，从去年开始挖洋芋时，就常帮有车无人开的农户开车，不管亲不亲，不分和不和，只要村民请他，他都绝不拒绝。而且村民留他用饭，他一概拒绝，说："这不合道理，做这点小事，时间也是这么短暂，请吃饭，添麻烦，这是不合的（是不合适之意——整理者注），不管谁家，煮的怎样好，我都不吃，如若请我干上一天半天的，那我也就会不推辞，这样把手扶开出去，又把手扶开回来，只需几十分钟，抽杆烟就好了。"不论谁家怎样请，他都拒绝了。

今日是国庆 55 周年纪念日，但正是农忙之季，除学校放国庆长假，学生回家休息外，村民们都各自忙着各自的农活。

村民和圣明，自己重新修整厨房（打混凝土、拆除旧式格整，追求现代格式潮。下半部用砖来砌，上半部安装钢窗，钢窗内又安玻璃），增加了房屋的美观性，同时也增加了房内的亮度。重新搭火塘，今日全部完工。

村民杨耀祥领女儿和建兰与村民杨耀秀一同参加堂兄杨万华（吾生）在城里举行的婚礼，今日未转回来，可能于明日转回。

2004 年 10 月 2 日　农历八月十九日　属日：虎　天气情况：雨转阴

村民和朝光及和作才两人以及新近与石镜头村女青年定亲的和立军及其家族和永华、和永光、和永良、和永红、和顺达六家以及和亚华，去参加前山石镜头村的葬礼。最近十天来附近村寨死人较多：石镜头村二人、汝南村三人、太安村一人、新民鹿子村一人。过去一直流传在南溪村寨的俗语"兴尸顶漏格"真是灵验。（注：死了一人，就连着好几人的意思。）

因雨不能劳作田间活计。中青年们在家休闲玩闹，有的在打麻将，有的在打扑克（三打一），有的则在台球桌上度过轻松愉快的一天。

绝大多数主妇擗好蔓菁叶（猪食）后，串门休闲，或在自家火塘边度过。当然也有个别勤妇如和爱花、和莲命、和茂莲、和正秀等冒雨砍柴。

2004 年 10 月 3 日　农历八月二十日　属日：兔　天气情况：阴

从攀枝花市退休的工人和学仁请本村木匠和金胜格整房屋。他所格的房子是去年修的墙抬梁式三间屋，其中一间于去年格好用来关猪，还有一间也由去年就格好，用作煮猪食。今天格整的是中间的一间，准备用来装洋芋和蔓菁。他两口子年近六旬，俩人都有退休工资和生活费，但身居农村，还是借了亲戚的一些地种了洋芋、油菜、蔓菁、绿肥等作物。

满上村民和近娘受儿子和福仔及儿媳和闰菊的指派，到满下村寨和福春家看望外孙女和智璇。因为和智璇在丽江艺术幼儿园中被其他娃娃推撞跌倒，造成手骨裂缝，就医停学近一月。她带来的慰问礼品是20个鸡蛋。

雨停，雾散，天阴沉着黑黑的脸庞，人们一时难断晴或雨，但吃过饭后，人们背着篮子，扛着锄头或四齿铁耙，还备上了盖洋芋用的雨具，到田里去挖洋芋。因为不知道天气会怎样转化，所以，早上没有开到田边的手扶拖拉机，到了中午，天依然阴沉着但不下雨，又有少部分人开出拖拉机来拉洋芋。

有个别的人如和金辉夫妇、和金发夫妇、和学军等人在采松子，把松包拉或背回家，准备到寒冬腊月松子自然开裂时剥了卖钱，但目前松子还不饱满，卖价肯定不好。

2004年10月4日　农历八月廿一日　属日：龙　天气情况：晴

村民和金胜把一头牛犊卖给了邻居和作才，价格是1530元。和金胜买来时是900多元，养七八个月就赚600元左右。

和金胜说："养牛犊比养猪划算多了，喂肥一口价值六七百元的肥猪要喂很多粮食，要付出很多精力，妇女不得闲；养牛只需早晚拉一下，白天拴在草坪上，粮食也不需喂。"

事情的确是他所说的那样，南溪村寨很早时候就流传下来的有一名言叫："养猪不赚钱，肥了一块田。"古时候的人不简单，把问题都点破了，把道理都点明了。

村民和建国以250元的价格，从旦都前村和继先家里买来一只绵羊。杀了以后，留下羊皮，把羊肉都拉到丽江城里去卖，后腿肉每斤卖得8.5元，前腿及肋骨肉每斤卖得6元，后腿有12斤，前腿及肋骨有18斤多，一共卖得220元钱。因为卖价好，卖得高价钱，价值120—150元的羊皮就以30元而得到，真是有福人前都是财，有福人前都是货。除此以外，费上点时间还可以烫羊肚肠、羊头、蹄等，可供全家饱尝两三顿美餐。喜得他老婆和正秀合不拢嘴，都夸这张羊皮可算是捡到的了。从城里归来，和建国也趁机买回家一些酒菜之类的东西。

2004年10月5日　农历八月廿二日　属日：蛇　天气情况：阴转小雨

学校的国庆节长假今日收假，共放了7天。提前两天放的假，提前两天收假复课。放这样的长假，家长们很不满意，对小学实行长假，对学生来说肯定有些欠妥。

少部分村民（家里劳力较多的人家）在采松子，有些用手扶拖拉机把松包拉回来，存放在家里；有些人则把松包藏在山上不易被别人看到的地方，等到农闲时再去剥。大部分村民则全力投入挖洋芋、收割油菜的农田劳作。全力投入农田的村民想早些收拾完田里活计，待松子自然裂开时再去捡采些松子，那时所采的松子饱满成熟，一上市就有现在所采的松子的两倍价。心态各不相同，所做的事情也互有区别，所得到的回报也不一致。

2005年10月6日　农历八月廿三日　属日：马　天气情况：雨

下雨天阴，气温骤然下降。一心想耪田种地的人，却无奈地闲在家里，串门闲聊、看电视、搓麻将、打扑克休闲度日。而满脑子都装有"钱"的和国武却闲不住了，他冒雨驾驶着农用小型汽车，带上些钱到本行政村金龙自然村去买羊。到下午4时许，真的买回了3只黑色公羊。他请了会杀羊的村民和建国、和建成、和立军、和国军等四人来帮忙。他打算把羊皮留下来做两位姑娘的"七星羊披"，把肉拿来卖钱。当晚就以每公斤12元的价在本村卖了近5公斤后腿肉，其余的肉准备明日拉到丽江城卖。他胸有成竹，估计肉价会卖到他买羊的成本价，羊皮净落得。3只羊成本价500元，他所卖的肉钱到底有多少，待明日才能见分晓。

村民和国兴以1400元的价格卖给拉市乡的生猪老板一口肥猪，这是满下村寨近几年卖价最高的一口肥猪，它的体重并不能算是最高的，以前卖过150多公斤的猪。而这口猪只约有130公斤左右，只能说是卖价高、生意好的类型。

2004年10月7日　农历八月廿四日　属日：羊　天气情况：阴

昨天看似要下连阴雨的天，阴沉着不下雨。村民们有的挥镰收割油菜，有的挥锄挖洋芋，有的则背着篮子上山采松子，有的则拉沙子铺大门前的路。村民和朝光，家居行政村村公所旁，真是"近水楼台先得月"：他与村委会谈好以5袋大米作补偿来修铺学校鱼塘边及满中村在吾仕环家前面的一截路。两段路不过10米长，最多拉5车沙就够了。他雷厉风行，一谈好条件就利用今天天阴不能大胆挖洋芋之机独自一人拉沙铺路，他一人一天就收入5袋大米（250市斤），按照一市斤米1.5元计算，他的收入就合375元。这样的高收入除非老天赐予而外是不可多得的。

和圣伟、和尚花老两口，他们在城里开出租车的儿子和武军及还未过门的儿媳和文清也回家来帮忙挖洋芋。由于近处的田都挖完了，两家亲家今天开始合伙挖（因为远处要由车拉，而和武军家没有手扶拖拉机）。和圣伟家三人、亲家和永良家四人共七人今日先挖和武军家的。晚饭，和武军家煮了一条羊肉后腿及一点猪火腿（供不吃羊肉者食用）。

村民和顺达所请鹤庆松桂木匠杨姓师傅格整的南面木楞房，今天已经完工，剩下油漆工则由自家进行。这是他自今年新搬房后进行的第二大建设项目，花销在700元左右（含木匠工钱）。

2004年10月8日　农历八月廿五日　属日：猴　天气情况：阴

今天是二十四节气中的"寒露"，老天阴沉着没有半点的笑脸，从早到晚想下不下，说晴不晴。这种天气对村民安排农活有一定的不利，特别是对无人开手扶拖拉机的人家造成威胁。因为家中无人开手扶拖拉机的即便自家有车，也不好天天请人拉，家家都忙着。因此只有挖一天先放在地里用雨布盖好，第二天接着拉，这样做方便请会开车的人。由于这种天气，这类人家只好改做其他事，但这段时间的主要农活是挖洋芋、收割油菜，别无其他农活。

有开车人的农户，把拖拉机开到田边，挖着多少，拉回多少，哪怕只挖着两三百斤也拉回来，此类人多数在挖洋芋。部分村民则在采松子，收割油菜。

松桂木匠杨师傅今天应村民和金红所请，把木匠工具搬到和金红家，帮和金红钉天花板，装修北楼。他想把北楼装修得焕然一新，赶时髦。

泉盛商贸有限公司副经理继9月3日测量满下草坝（下片）后，今天又请来土管所的技术员测量中片。

2004年10月9日　农历八月廿六日　属日：鸡　天气情况：阴雨转晴

泉盛商贸有限公司张副经理，请来玉龙县土地局的测算技术员对满下草坝进行第二次测量。黄山镇政府的有关负责同志也参加了测量，他们还请满下村寨的村民和文亮、和自华二位青年帮钉桩、立标杆。

早晨下雾，小雨，渐停转阴，村民们看着这天气发起了牢骚："这老天，要晴不晴，太刁难农民了！"于是好多村民拿着镰刀去山上地里收割油菜，有些村民的油菜成块不能收割，就筛选成熟的先割了，青些的留着。

下午转晴，不少村民又背起篮子、扛着铁耙（四齿耙）或铁锹去挖洋芋。挖洋芋的事得抓紧进行了，离"霜降"节令只有14天了，人们在着急，不少还在怨天。天一晴都在抓紧挖，以防不及时收完受霜冻，损失洋芋。

2004年10月10日　农历八月廿七日　属日：狗　天气情况：晴

有相当一部分村民在抓紧采松子，他们是和子一、和建国两父子、和建华夫妻、和圣华夫妻、和爱花与老公和作典、和金星两父子、和四福和和福军两弟兄、和金辉夫妇、和家良。他们有的采了后藏在山上，有的则背回家，背回家的一天采三篮，藏在山上的一天采五六篮。

和建成请了舅爷和立军，同他老婆和孟良一起去收割燕麦。今年满下村寨种燕麦的村民寥寥无几，燕麦这一历史绿色食品即将在满下村寨消失。这一营养食品产量不高，但对人、畜都有很高的营养价值，它的消失使得满子师村民的劳动强度大减；它又有另一个方面，就是吃惯了燕麦炒面下茶的农民很感到不习惯，虽用白馍馍做茶点，但始终不如燕麦炒面香味可口。

2004年10月11日　农历八月廿八日　属日：猪　天气情况：晴

刚拿到驾照时间不长的村民和李福，今早7时不慎擦着一下捡垃圾的人。是捡垃圾的人有意识赖的，他故意不让车，想找钱。他的驾照被交警扣留了，他回来请有驾照而在家挖洋芋的和永华开一段时间，和永华答应了，随和秀英一同下城里去开车，和李福则准备扣照时间在家休息。

泉盛商贸有限公司张副经理今日又领土地局的测算技术员来进行第三次测量满下草坝。由于草坝太大，可能还要两次才能测完。今天仍请和文亮、和自华两位青年做帮手，工价是每人20元，村民组长和国兴、副组长和圣伟也参加了今日的测量，并帮他们做野外炊事员，今日的午饭就在测量地点做吃。在野外用餐，吃得格外香，人人都吃得饱饱的。

90%以上的村民都在挖洋芋，除和圣伟、和永良两亲家合伙挖以外，都是自家挖。和国武的二女儿和玉梅自今年挖洋芋以来，都是自己开着手扶拖拉机去挖，和国武则上山下鹰，从和玉梅开拖拉机、开汽车、犁田驾牛等行动来看，男同志能办到的事，女同志也照样能办到，甚至比部分男同志还强。真是农村中的女同志也能顶起半边天！

和家良家婆媳俩挖好洋芋后，请村民和永良乘回家喂猪食之机把手扶拖拉机开到洋芋地里，等到她们收工又请他把装满洋芋的手扶拖拉机开回来。和家良诚心请和永良来家吃饭，和永良推辞了。

2004年10月12日　农历八月廿九日　属日：鼠　天气情况：晴

村民和国武自天转晴后，今天已是第二天到鸡冠山上下山鹰。到下午一时半左右下到了一只雄鹰（葱白黄鹰），到两点左右回到家中。他一回到家中就张罗着给来看热闹的村民敬酒敬烟，并指使远房弟弟和国成到前面山上挖洋芋的地方把他的微型车开回来。和国成把车开回后，又去拉回他的儿子和自华，想叫和自华做堂叔和国武的卖鹰伴。把和自华拉到和国武家后，商来商去，还是由父亲和国成做和国武的驾驶员为好。三时半左右开车到丽江去卖，临走时和国武的老婆和闰芝不止好几次说："这些天的鹰价听说是一只好鹰3000元左右，你要好好把把握行情。"和国武、和国成到白华后先通知喜欢养鹰放鹰的白华村民吾玉山。吾玉山火速赶到和国武处，并当即通知另5个伴，由6人来买这只雄鹰，吾玉山召集5个伴说："这是一只好鹰，你们从3000元开始讲价得了，我去买烟买酒。"和国武看在吾玉山及其中几个人是老熟人，他就让点人情式地要价2800元，白华买鹰人二话不说当即付2800元给和国武，并立即分头买鱼买肉盛情招待和国武、和国成两位卖鹰人。一只鸟卖价这么惊人，真是"天宫银行赐福和国武，人人都羡慕惊讶"。这是南溪近10年售价最高的一只鹰，前些年最高只卖到他的一半，真是："懒人福气多。"

2004年10月13日　农历八月三十日　天气情况：晴

昨日和国武接纳了"天宫银行"发下的巨额薪金，引起了不少人的财欲。今天，除原先就在下鹰的和国武、和国坚、和尚典、和尚武以外，扛着网、抓着鸽子上山的有和四清、和学先、和国亮等村民。

村民和作典家三口人（老婆、儿媳和他）趁天晴已在搓打（脱粒）油菜，过去脱粒油菜是将油菜拉回家，在院子里用粮杆甩打。随着生产经验的积累，现在脱粒油菜就在田里进行。人们带上好些塑料布或篷布，一些人把油菜搬来放在篷布里，一些人用手使劲搓，搓了以后用木棒打一阵，搓完后就把菜籽扬干净，装在口袋里，才算是收完油菜了。真是"人勤农事早"，在满下村寨里每样农事都是他家做得早，所以样样事情都干得井井有条。真是的，过去就在村寨里流传的"大富于天，小富于勤"的人生哲理，他家就是很好的验证，全村寨他家钱粮收入位居前茅。

2004年10月14日　农历九月一日　属日：虎　天气情况：晴

满中村村民和闰秀，今天终于在丽江城举行婚礼了。她初中一毕业就闯荡于丽江城，一下子打工，一下子做家教，一下子帮人卖唱片，一下子当导游。她顺应形势，能赶潮流，人又长得俊美，所结识的男朋友都是大老板或者大款。结识相好一个又吹一个，又结识一个大款或大老板。五年前就有两个大老板（一个鹤庆籍人，一个永胜籍人）都曾"造福"（博取意中人及其家庭好感的"表现金"），使得她家旧貌变新颜，从此改变了她的家境。今天是与大理籍的一个大老板成婚。据说俩人在丽江城买了30余万元的住宅，还给家中5万元，叫父母及妹妹等人花销用。她真是出类拔萃，从她的现状看是很会找钱的人了，在南溪各村是仅有的能人。

泉盛商贸有限公司的张副经理，今日又请土地局的测绘技术员来测量满下草坝，今天3点左右全部测量完，等待技术员回到局里计算。人员是以前参加的那班人，一个不少。4时左右胜利回归。

村民和建国、和学军父子、和金发夫妇、和金星、和文昌父子、和金辉、和义社夫妇、和圣华、和良命夫妇等人一心专注于采松子。他们的指导思想是，洋芋是自家的，挖得早与挖得迟关系不大；松子是在山上，谁早采属于谁；山上的钱是公众的，谁肯干，谁找归谁，所以埋头忙于采松子。他们有的用手扶拖拉机拉回，有的用人背回，有的藏在山上。藏在山上的有些不保险，到农闲的时候，万一被无心来上山或有意来找藏起的松子的人发现、背走，无人见，就是白搭，背回或拉回到家的就等于入了保险柜了，自己什么时候有时间，什么时候剥掉卖，把钱存好或买回东西才算是自己的。

有些村民则在割油菜，如和金胜、和献清父女、和福社、和社芬夫妇、和四、和继花、和顺达夫妇、杨文花等人，去前面山上割油菜。

其余村民都忙着挖洋芋，和家良、和福春婆媳俩仍请和永良出工时把手扶开到地里，收工时顺路把手扶拖拉机开回家。

上山下山鹰的村民们仍不松劲，除前久就在下的村民外，今天又多了和建良，就连在城里开车的小伙子和万军也回来下山鹰。今天全体人员一无所获，但仍兴致勃勃。回来时和国武还捡回了一背干树枝备用引作火柴。

2004年10月15日　农历九月二日　属日：兔　天气情况：阴

在城里开汽车的小伙子和万军趁回来下山鹰之机，帮坝子里的朋友买了一只山鹰。是满中村小伙子和建华下着的。他们都对山鹰不很熟,就认为是"黄鹰"(雄鹰),就以 2850 元的价格买下。买回到家里村民和建良细看后说:"这不是'黄鹰'"。接着和建良又来到和万军家对其父母和国兴、和燕花说:"和万军所买的这只山鹰真的不是'黄鹰',而是一只'金鹰',不那么值钱。帮人买,人家不出那么多钱就亏了,你们赶紧去说一下。"于是和国兴急忙跑到满中村,把事情详述于和万军,和万军就邀约和建华之父和万里一同去城里卖鹰,说:"别人出多少,我就出多少。"由是一场特大失误的交易避免了。一只只值八九百元的山鹰要不是和建良出于好心,和万军就要在一刻之间丢掉近 2000 元。

老天看似要下雨,人们有的去割油菜,如和永良、和圣伟亲家,两家合伙去割油菜,油菜割完后去前边山地里挖洋芋。这几天一直请和永良顺路开车的和家良、和福春婆媳俩到田野挖了一阵子洋芋后,看似要下雨,怕麻烦帮忙开车的人,也就从地里回来。她们想去搓油菜,和福春到油菜地里看试了一下,油菜有些软绵,就回来了。和家良则在家里给拉市籍的两个猪老板做饭(煮面条),因为家有一口肥猪想买,老板来家看猪,说肚子饿了,她就说:"生意不成交没关系,现在吃顿饭不需愁,温饱问题已解决。"接着又去附近不通车的地里挖洋芋。除和金辉夫妇、和金发夫妇、和学军父子、和金星外,大部分村民都在挖洋芋。

2004 年 10 月 16 日　农历九月三日　属日:龙　天气情况:晴转阵雨
和国兴耕牛组,加上和建国、和建忠、和建华,共四家,每户出两人,帮和国兴家收黑青稞,上午九时半左右出工,到下午 1 时左右收完。吃过午饭全体人员去帮和国兴家挖洋芋,反正这是他家所请的工,做什么活计都可由请家来安排。遗憾的是到下午四点半左右下了阵雨,只好收兵回营。不仅他家,大半部分村民都开着车跑回家。有少部分则不然,他们下阵雨时仍按兵不动,等雨停了又连续作战,一直干到太阳落才收工回家。这些人是和作典家、和朝东家、和朝光家、和建成家、和顺明家。这些天,和学新的亲家和顺明为方便帮忙和学新家拉洋芋,便也像和圣伟、和永良两亲家一样合伙劳作。因为和学新儿子和灿在城里开出租车,儿媳和永秀跟随丈夫在城里帮做饭等事宜。

2004 年 10 月 17 日　农历九月四日　属日:蛇　天气情况:晴
村民和国武因妻患风湿病,今日前往大理古城去看病要药(今早从丽江城出发，晚上就返回到家）。他要来的药是中草药，内服与外包相结合，不知道药效会怎样，有待用药疗程到后才能见效。

大天晴适宜进行各种农活。金秋十月，村民们忙得样样都想做，只遗憾白天的日子比夏日短多了。是真的，挖洋芋、搓油菜、采松果，都想全方位做到。但时日一天比一天短，一天比一天黑得快，人手少的显得苦和累，人手多的及安排得体的农户精神焕发，样样都做，一起床先上山找钱（采松果），吃早饭后去挖洋芋，个别农户去搓油菜。还有个别户去换洋芋（去坝子里换麦子或玉米做猪饲料），如村民和学伟就把到满中村上门的大儿子和春立请回来，叫他开着他的手扶拖拉机拉着两千多市斤洋芋去换。

2004年10月18日　农历九月五日　属日：马　天气情况：晴晨白霜

村民们各行其是，有的去搓脱油菜，干这活的人家是和永昌夫妇、和朝东夫妇、和作典夫妇及儿媳妇；有的则坚持搞经济建设（采松果），坚持干这活的村民是和金辉夫妇、和金星、和金胜、和建国、和金发夫妇；有些则在割油菜，干这活的人家有和尚军家、和永秀家、和永冯家、和顺达家，其余人家都在挖洋芋。和家良家则顺路请和永良拉了七车。由于她良心好，便买了一条烟送与和永良，聊表一点谢意。但和永良则坚决退回，说"村里人，再说是沾亲带故的顺路帮点小事，不能这样。"

2004年10月19日　农历九月六日　属日：羊　天气情况：晴

黄山镇白华行政村的村民吾玉山，开一辆农用汽车来满下老友（朋友）家要厩肥，准备种油菜。他是满下村和武军、和万军、和灿的老友，对满下村寨很熟悉。今天给他肥料的人家是和武军及和武军的岳父和永良家。和万仕家也给了一手扶拖拉机肥，因为吾玉山替他拉上来一车空心砖，不要运费，要些厩肥。三家肥料装了满满了一卡车，吾玉山真是高兴万分。

今日大好晴天，村民们乘天晴了几天的有利条件，油菜割得早些的村民在搓脱油菜。他（她）们背着1996年丽江地震时，由香港红十字会捐赠的篷布，背着装菜籽用的袋子和午饭，还带了盒子、筛子和小木棒，到地里后，把篷布平平铺开，先揉上少许油菜，用油菜秆把篷布四面垫高，以防止菜籽外抛。人多些的，一人用手拉油菜放到篷布里，一人用双手搓揉，使菜籽脱落，然后用小木棒轻轻敲打一下，就把秆丢到一边。搓揉一定数量后，用小木棍甩打油菜壳，然后把油菜壳也丢到外边。这样就开始扬风，把菜籽扬开干净，就把菜籽装到口袋里。这是（脱粒）搓油菜的必经工序。这样搓脱，一天一个人可脱出扬净后的菜籽40公斤左右。

2004年10月20日　农历九月七日　属日：猴　天气情况：晴
满下村寨在丽江开出租车的人，今日回村里进行"化崇"。他们是和朝珍、和朝亮、和万军、和圣武、和圣军、和立军、和永华、和亚军、和灿、和万琼、和武军、和国军，满中村的和占军、和春拾因事缺席。这次的"崇鱼"（拿钱）是和武军、和立军，每人1200元。此次"化崇"的生活比以往节约，给和国武买了100元价的大半羊肉，以及有两公斤左右的两只鸡。消费较为昂贵的是烟酒，山里人大多是烟酒无度的，羊肉、鸡肉等只吃了少部分，大部分都剩下了。饭一吃完，好赌的就又马上开始了麻将战。第二天才回城去开车。回来时由和朝亮及和国军的车把人拉回。

满中村云南大学民族调查研究基地的建设者们，经过辛勤的劳作，到今天只剩下油漆工序以及办公用具部分。九河籍的施工师傅们只留下两个木工和一个泥水匠，来做办公用具和在有必要粉到的部位粉刷外，其余都撤离此工地。院坝及大门做得似以前纳西族富豪家的一模一样，分毫不差。

今日基建老板段景忠，拉来四个大理老乡，准备让这四位师傅来完成刷油漆的工序以及准备完成壁画。

段老板叫九河木工返工房楼梯上的顶部。楼梯顶部已用石棉瓦盖好，但段老板左看右看，侧面看，正面看，说："这么好的一院建筑，这点出丑了，必须返工成石瓦顶。"九河木工也答应按段老板的要求来做。

2004年10月21日　农历九月八日　属日：鸡　天气情况：晴
满下村寨小姑娘和春兰的未婚夫和文伟（七河乡前山行政村高龙自然村人），把他所开的出租车退了，来到和春兰家里帮忙做挖洋芋等农活。他打算今年把婚事办了，把心上人娶到家里后再回城包开出租车。

因为天气连续几天晴，很适合搓脱油菜。不少村民都在进行搓脱油菜的农活。干这活要男女配合紧密。一般是：男人搬油菜，小心地把干了的一捆捆油菜慢慢地拿来（拿的动作要轻，如若拙手或使力过大，油菜就会脱落在地上），放在篷布里，搓揉大多由妇女进行，妇女的任务是男人的两三倍，搓后要扬风，把菜籽整成干干净净的才算完了。男人则把菜籽一袋一袋抬起来装进手扶拖拉机或背回去。搓完后点火烧燃油菜秆和油菜壳。一点火，立刻就发出"噼噼啪啪"的响声，在五六百公尺的地方听起很像枪林弹雨的战场；烈焰腾空，一个个火球能跳跃出二三十公尺远；如若在旷野里看真是好开心；如若在山林附近要分成几小堆来烧，要担心火球会跳进树林间，火星飞进树林间，会造成失火。这些事村民们都是很会掌握的。

2004年10月22日　农历九月九日　属日：狗　天气情况：晴
　　这些天日短夜长，农事繁多，家务事也够多的。人们必须把地里已成熟待收的洋芋、菜籽等农作物收回来、同时也要给年猪加食加料催肥了，要撇蔓菁叶或者选拔小些的蔓菁拔起来煮给年猪吃。真是起早摸黑地干。而农民只要见到劳动成果，是再苦再累也无所谓的。傍晚收工拉回近一吨左右的洋芋，下完车再做晚饭吃。如果家中只有两口子在家的人喂猪要点上电灯来喂，切猪食、煮猪食一直干到夜间十点半左右，这样人不算少，如和国兴夫妇、和圣伟夫妇、和尚军夫妇、和顺达夫妇、和作才夫妇、和天林夫妇、和万元夫妇、和子一夫妇、和金红夫妇、和子红夫妇、和万琼夫妇、和建成夫妇、和仕芬母子等。全村中最吃得起苦的要算和亚兰了，她丈夫外出开车，没有时间回来帮忙，两个姑娘在外地读书不在家，家中和田里的一切全靠她一人操劳，只能以少睡少闲多干来完成所要干的事情。

2004年10月23日　农历九月十日　属日：猪　天气情况：晴晨白霜
　　白华村村民吾玉山等10人乘车架鹰来南溪放鹰。他们把车停在村子里，领着4只猎狗，架着向和国武以2800元买的黄鹰去前边山上放鹰，到天黑时才回到村里。他们一天只放到3只野鸡、1只野兔。因人多，当晚转回去。
　　村民和建国一直在采松果，这些天松果有部分在树上自行开裂，他又背了个篮子，带把砍刀和化肥袋，到山上剥松子。一天下来他能剥到30市斤左右的松子，等到春节前上市，价格是很高的，往年每市斤卖到4—6元。人们的经济收入方式和经济来源，真是"八仙过海，各显其能"。有些村民捡菌收入千余元；有些村民采挖药材收入上千元；有些村民则靠松子收入1000—3000元不等。有些村民在满上下鹰，运气好，一天就见两三千元。山上有取之不尽的财富，大山在不同的季节献出不同的财物，供人们食用换钱。无私而富有的山林养育了一代又一代居住在南溪村寨的纳西族村民。很早以前就流传在南溪村寨的"靠山吃山"以及"官有财富不如山"的谚语是千真万确的。

2004年10月24日　农历九月十一日　属日：鼠　天气情况：晴晨白霜
　　大部分村民在挖洋芋，一部分人在搓脱油菜，还有一些人（少部分）在采剥松子。不管干什么活的，都是早出晚归，还带了午饭，就便在地里或山上用午饭，只有喂猪食的人回来，真是争分夺秒。休闲点的就算是在山上下山鹰的人了，喜欢下鹰的人们也坚持不懈，早晨9时左右上山，到下午5时左右下山，在山上蹲的时间还是相当长的。

村民和永昌及女儿和闰清则去换洋芋，他们把洋芋拉到金山去换麦子，准备用换来的麦子做猪饲料。今年粮食难换些，换的比例是3∶1（就是三斤洋芋换一斤麦子。以往年是2.5∶1）。他父女俩还算生意好，下午6时就到家了。

2004年10月25日　农历九月十二日　属日：牛　天气情况：晴，晨白霜

村民和家良在丽江探望因病住院治疗的哥哥和家珍，顺便将婆媳两前几天剥来的约30公斤松子带去到城里卖。当晚住在城里女儿朝花家。

村民和作才请来到满中村上门的侄儿和春立，用自家的手扶拖拉机犁田撒下了大麦（小春作物）。在城里开出租车的儿子和圣军买了些鱼寄回家来，以备今晚食用。

村民和永昌、和国春两家耕牛组，一边送肥，一边犁田，撒下了豌豆和大麦，两家一年的小春作物在今天内撒完。

村民和尚军家去脱粒油菜，他家不是用人工脱粒，而是用机械脱粒，以手扶拖拉机带动脱粒机把油菜一把把地像脱粒麦子、青稞一样放进脱粒机内。这样做人手要多些。他就请了满上村媳妇弟弟吾哥两口子，及村民和金合来帮忙，一共五人。脱粒时间短，省力，但所需人员多。如手工搓脱人少也可以进行，甚至单人也可以进行，但所费时间和所付精力又比机械脱粒多。

村民和林已用拖拉机把厩肥拉到要撒小春作物的地里准备撒种。

2004年10月26日　农历九月十三日　属日：虎　天气情况：晴间多云

汝寒坪的洋芋老板来村里买小洋芋，买了7000公斤左右。装满后立即拉走，说是要拉到下关。鹤庆的洋芋老板也有两三个，但因农忙不在家的农户多而空车前往旦都村。

村民和圣昌、和圣明弟兄两家在撒青稞、豌豆、大麦等小春作物。两弟兄为一个耕牛组，需要犁田及播种时合伙耕作，且一户养有一头牛。

和金辉、和林两弟兄上午卖洋芋种，以每公斤0.24元的价格卖给太安乡汝寒坪村洋芋老板近5000公斤。卖完洋芋后，他们耕牛组（和金辉、和林、和金星）三家兄弟也去撒播小春作物。汝寒坪的洋芋老板又以同样的价格在村民和朝东家买了2600公斤。说这些洋芋是拉到下关，再由下关老板转到怒江城去作洋芋种用，是政府扶贫项目，洋芋越小越好。这可能是真事，因为这些天来买小洋芋的老板较多。帮和朝东上车的有和圣伟、和玉祥、和尚勋、和四娘等人。把和朝东的上完后，这伙人除和四娘需做家务回去外，再加和朝东及妻子和英来上和尚勋家的洋芋。上得正带劲时（已上了600公斤），去城里的管家和家良回来了，说："不卖洋芋了，因为我在上村就答应卖给满中村的和志强了。"结果已上好车的洋芋就按原来商议价每公斤0.24元付款，其余的不再装车，弄得很僵，买方确实不如意。

什么活都赶在前的和作典家今天才开始往地里送肥，准备明日撒播小春作物。

2004年10月27日　农历九月十四日　属日：兔　天气情况：晴，晨雾，下午转阴

黄山镇卫生院的财务人员携带电脑来南溪行政村，在村公所里把新型农村合作医疗证输入电脑，实行电脑管理。这不仅是科学的管理手段，而且也方便群众随时随地就医。

村民和朝光和圣伟两家耕牛在撒播小春作物。和作典家今年也搭他们两家进行撒播。

村民和作才家以0.26元一公斤的价格卖给天红洋芋老板小洋芋两千多公斤，由和作才妻子的二哥和学仁夫妇帮忙上车，他家的上完后，又上和家良家的。由于早上和家良婆媳上山采剥松子，老板又来得晚，把在家的和尚勋老师忙得团团转，幸亏和学仁夫妇来帮忙，还有和红秀及和玉祥来帮忙，终于在太阳落山前上完了2200多公斤。和顺明家及和国红家、和永红家则以每公斤0.28元的价装了一车。今年的小洋芋卖价这么高，是因为大理洋芋商与怒江乡政府订了洋芋种单。

2004年10月28日　农历九月十五日　属日：龙　天气情况：晴间多云

和朝光、和圣伟、和作典三家继续撒播小春作物，今天完成。

和国兴、和建国、和建忠、和建华耕牛组也开始撒播。和国兴一边犁田，一边给和建国、和建忠、和建华三人讲述人民公社时代集体犁田劳作的状况。他说："那时的情况，现在回想起来真有意思，春播一开始，十二三架牛一齐犁田，耙田的早晚突击，由和国珍号手一吹号，村民们就扛着锄头下地耙田。现在的年轻人如若在那时，哪能天天睡懒觉，集体的约束比父母管的厉害上千倍，想上一天街，农忙时不准，农闲时也得队委会批准了才能去。每年的两个物资骡马交流会，只准青年人每会上街三天！现在闲散自由，农活的安排和经济的收入真是八仙过海各显神通。现在的村干部比集体时的村干部负担轻了许多。"

和永昌及和社芬夫妇、和家良及儿媳和福春则去山上剥松子，每人剥得10公斤左右，如若像以往一样生意好时卖到一公斤10—12元，今天的采松收入每人可得百元左右，如能这样坚持十来天每人可收入千元上下。而且和家良的在玉龙县医院工作的和朝花打来两次电话，说是县医院的同事们要买和家良的松子，请她本周星期日背下来。这样一来和家良老大妈采剥松子的劲头更足，决心更大。

2004年10月29日　农历九月十六日　属日：蛇　天气情况：晴

村民和学先伙同本村小伙子和文亮及旦都后村村民和万军（和学光的老友），三人从村民和亚兰家买来一口肥猪，在和文亮家杀了后，用手扶拖拉机拉到旦都村里去卖。只卖出点肚、肠，到下午5时左右，又拉回满下村买。他们的卖价是猪头每市斤3.5元，由和圣华买了；后腿肉每市斤7.5元，前腿肉每市斤6.5元，带肋肉每市斤6元，肝子每市斤5元（由和学伟、和社红各买了一半），前后腿肉及肋肉被听到叫卖声而赶来的村民们一人买一点（有的买三四斤、有的买两斤），一下子就抢买完了，来迟者买不到，空手而回。

纳西族调查研究基地负责人洪颖女士，趁来丽江开会之机抽空来基地建设工地视察工程建设情况，顺便来到"村寨日志"记录员和尚勋老师家，搜集村民对基地建设的看法和议论。和老师把亲耳听到的如实相告。

好些村民都在忙着撒播小春作物。和朝东耕牛组四家（和朝东、和朝泽、和朝亮、和国军）虽然和国军家缺犁田人，但都一顺而行地从火葬场边的地里撒下来。和尚勋催促她（他）们抓紧些，这些天，家家都忙得团团转，要是今天撒播完，明日好干各户所急需做的农活。在这老头的啰嗦压力下，终于在下午6时全部撒播完成。

和国亮组三户（和国亮、和万元、和万林，和万林开出租车没有回来参加耕田，但他的地由和万元用手扶拖拉机来耕），妇女们（和亚兰、和六芝、和万芝）及和国亮等人耙田，也抢在太阳落山前撒播完成。其间汝南人和万林、和万元的侄子吾华也参加了耙田活动。

和国兴组继昨日没完成的田地，今天也从火葬场边和建华家的地撒起，下午到西面田地结束。

有些农户因撒种小春作物的洋芋地还没挖完，有些正在抓紧挖洋芋（如和顺达家、和圣华家、和永兴家）。还有些在往地里送肥，如和里福家。

最近两年来村民和天林单干，耕牛不搭组，看着势头请人犁。今天他夫妇在请和国成组来帮忙犁，和国成组的户数也较多（有和国成、和国武、和国红、和福光四户），他们组的耕地已在今天下午完成。

2004年10月30日　农历九月十七日　属日：马　天气情况：晴晨雾

七河乡前山行政村高龙三家村的村民吾木元下到一只山鹰，因第一次得到此物，故来到满下村寨，请他的表弟和国武同去卖。他下得的鹰是"二退碰黄"，算不上好鹰，因此只卖到220元。在城里睡上一晚，花销一点，所剩就不多了。

今天撒播大麦、豌豆等小春作物的农户较多，和作武耕牛组三家（和作武、和万军、和万红），昨天劳作一天后，今天再抓紧进行，已全部播完。和顺明组四家已在早晨9时就开工撒播（和顺明、和顺达、和顺光、和亚华），已在前些天就撒播一天，今天再撒播一天就完成了。和永红组五家（和永红、和永良、和永军、和永光、和建成），其中的和永光因常年有病拖身，老母和国南年近七旬，眼睛又不好，因此，他家的耕牛种田活近几年都是由其他的四家顶着干。老妈妈薅锄、收获之事也多由"永"字派三家顶着干，好些时候是先一起把和永光家的干完后再各忙各家的。在满下村寨里兄弟相互帮忙，他们是典范，其中起着带头作用的是三儿媳杨耀秀。

和金发耕牛组四户（和金发、和子一、和子红、和永秀），他们组中和永秀家因丈夫教书，儿子开出租车，犁田之事最近几年都由其他三家顶着干。开车的儿子每当需要犁田之时就买回些酒呀、烟呀，犁的时间较长（种洋芋时），还买些肉呀、鱼呀、鲜菜呀、酒烟等，让大家打一顿牙祭，以表示对他们的谢意。今天，趁牛稍休之机，他又买来些啤酒、烈酒、烟等，在田间休息时摆开了"酒阵"。他们组已在今天完成。

到今天，除个别特殊农户外，基本都撒种完。因为当地村民的生产习惯是一定要在这个"土皇"节令里完成撒种，否则就会没有收成。所以，家家都安排在"霜降"节令前三天到"立冬"这18天时间里完成小春种植事宜。

2004年10月31日　农历九月十八日　属日：羊　天气情况：晴

在丽江城里开出租车的村民和建军，应夫人和海之约，回来撒播小春作物。此前，和海已做好备耕工作，和建军一到家，立即脱下新衣裳，穿上劳动服，发动手扶拖拉机拉上犁去田里犁田播种。从早上12时干到下午4时就把要种的大麦和豌豆都种完了。

村民们今天去采剥松子的人又多了，除和家良婆媳、和永昌夫妇外，又有和玉琴、和国秀、和耀月、和玉兰、和玉梅姐妹，还有和社香等妇女去鸡冠山后面采剥。人人都在拼尽全力进行采剥到太阳落山，到天色漆黑伸手不见五指时才回到家。每人都剥得10公斤左右的松子。村民和国秀不会爬树，再加上体胖身拙，各种动作都比较困难和迟缓。村民和家良与她合伙，由和家良采了松包，并用石头砸了不裂的松包，两人最后以扒堆的方式平分。

采松子的人们各有目的，不尽相同。有些则剥了后掺上前些时所采集的一起去买，好把不那么饱满的也能卖个好价钱；有些人是剥几天就去卖一次，好货必然好价钱；有些人则是剥上些送亲朋待来宾，一年一熟的不加化肥，不洒农药的AAA级食品，吃着了心满意足。后部分人的想法不无道理。吃松子能起到止咳润肺的作用，患气管炎及肺病的人，常吃松子会对此两种病起到一定的效果。

（十一）11月份日志

2004年11月1日　农历九月十九日　属日：猴　天气情况：晴

村委会书记兼主任和国军以及村委会副主任和丽军去镇政府参加征兵工作会议。由此看来玉龙县2004年冬季征兵工作马上就要开始了。

和国军书记今天早晨6:30出车，说是南溪完小的老师8点要准时从城里返校。过去的两年里，老师们星期一那天最早11时到校，上午就基本不上课了，群众对此很不满意，这些情况和国军书记前些时给新任校长李建光谈过。新校长表示要把这一状况改过来，不知会怎样？会坚持多久？家长和学生拭目以待。

和国军开会时，他人闲车不闲，车由他的姐夫和学仁或者侄儿和春拾代开。因为他两父子都有驾照而且是老师傅，把车交给他俩很放心。

人们三三两两背着篮子到山上去采松子。和建国及和学军父子、和金辉和益社夫妇、和永昌和社芬夫妇、杨秋秀和立军母子都不再邀约其他的伴，而是结对朝不同方向的山上走去。其原因很明了简单：人多了，见到结着松子的树就要抢着上，否则不抢在别人的前头就赶不上别人了；人少则可以慢慢地不慌不忙地采，而且不费力气，数量可采得多。杨秋秀母子不声不响地行动主要是回避和国秀，怕和国秀请她带她一两天，因为她俩的丈夫是攀枝花市的同事，一起退休回来。要是带了和国秀，杨秋秀要多付出很多力气，而所采剥到的松子要等分给和国秀。因此，她就领着儿子和立军单独行动。

2004年11月2日　农历九月二十日　属日：鸡　天气情况：晴

2004年9月10日举行婚礼的和亚军之妻和满秀在今天正午时生一女婴。到婆家只有53天就生育分娩坐月子，这是满下村寨中近35年来在娘家就怀孕的第二例，这只能说明他们俩动作迅速，村民们以后会禁不住地喊和亚军为"预支爸"，喊和满秀为"预支每（妈）"。这种事情要是发生在20世纪80年代以前就要受到人们的指责、咒骂，是不光彩的，父母走在人们面前也得咽气吞声。而改革开放的今天，这些事情无人嘲笑，年轻人甚至认为是赶时髦、追形势，是能干之举。

村民和朝光今天请部分亲戚帮忙挖洋芋。在你忙我忙大家忙的大忙时期，请工帮忙引发了不少议论："钱谁不知晓，你只顾开车找钱，到时又请人帮你挖洋芋，你小子真够聪明；人家来帮你干活的人就不需用钱了？他们就没有找钱的本事了？"是的，和朝光两口子中秋节前采卖松子干了十来天，修公路又干了五六天，导致自家洋芋到处都没有挖；他家地又多，又借种了满中村他表哥和占典的地；而平时和朝光帮人干活拖拖拉拉很不得民心，所以议论的就多些，和朝泽还当面提出了忙不过来，帮不成你。而和朝光则以某块地蚂蚱吃洋芋较厉害，娃娃和建伟因玩时跌倒导致右手骨折误时较多为由来请人。

和圣伟、和文亮、和永红、和永军以及和社红、和二友、和万琴这两组男人又上山采石块，每组装了一辆汽车，每人可得40元左右。

和国武下老鹰，今年算他走红，又下着一只"鸡鹰"，以50元的价卖给了村民和学光。"土皇"节令里的鹰价格下降幅度很大，也就是说不很值钱。

2004年11月3日　农历九月廿一日　属日：狗　天气情况：晴

村委会在村公所召开各村民组长及副组长会议。会议由村委会党支部书记兼村委会主任和国军主持。村委会党支部副书记兼村委会副主任和继武、副主任和丽军及8个自然村的组长副组长们参加了今天的会议。参加会议的还有黄山镇林业工作站袁站长及一个年轻职工，这两位是今天会议的核心人物。主要的议题是2004年退耕还林的实物兑现问题。通过袁站长方方面面的介绍，得知今年退耕还林补助为补现金，不补粮食。每市斤粮以0.8元计价，按每亩3000斤来算合240元，加上20元的补贴，共260元。满下村寨补钱最多的是和作武，而和万元家及和朝珍家一分也没有，原因是开始搞退耕还林的那一年没有调整各家土地面积。这样一来，地多的人占了优势，而地少的人成了"弱势群体"。会议还决定从退耕还林补款中每户提留300元，以投入到2005年南溪公路改造工程。同时传达了征兵会议精神。会上还提出说10年前组织的"互助储金会"效果不好，决定取消，故通知10年前借用了"储金会"款项的村民速还款，否则要在这次发放的补助款中扣除，同时发还每户10元的储金。

村民和仕芬因在家干农活的小儿子和汝信身矮体弱，使不动拖拉机犁地铧犁，又加上无耕牛，也没跟别人合伙耕田，故把在城里开出租车的大儿子和汝浩召回来撒大麦。和汝浩一到家随便吃了点饭，换了衣服，发动手扶拖拉机就去犁田。他身强力大，只是开车闲身三四年而有些累。他犁田，和汝信及母亲和仕芬耙田，他家是满下村寨撒种小春作物的最后一家。除不种地的和朝珍家以外，全满下村寨全部撒播完小春作物。但很遗憾的是，在"土皇"节令里一点儿雨也不下，这对种子的发芽有一定的影响。

2004年11月4日　农历九月廿二日　属日：猪　天气情况：晴

满中村云南大学民族研究基地建设工作全部完工。一院农家院式的新房在满中村球场北边，特别引人注目。原因是院落、房子、围墙、大门都整得既牢实又美观。围墙的外面上方都题了画。正房走廊的两边墙壁上各画了一幅美丽的山水风景画，画得是那样的逼真、诱人。

负责此项工程的老板段景忠（大理市吉州人），把全部工人都拉回丽江城，他等待着云南大学领导及项目负责人的验收后，交付使用。

玉龙县农业综合开发办公室的同志（五六个）来南溪调研农业综合开发的前景及措施。通过调研，他们认为南溪大面积种植洋芋和秋油菜前景广阔。

在城里开出租车的和汝浩、和建军、和圣武三人因为家里洋芋种得多，又回来帮忙挖洋芋。和汝浩的在城里跟着他做饭、接送娃娃的老婆和四英也随之回来帮忙，还把寄在幼儿园里的姑娘也领回来。和建军家中只有老婆和海及年近八旬的老母和文海，幸好老母虽病多体弱，但每天都坚持做挖洋芋、找猪食等农活以及喂猪等家务。和圣武家是现代社会里人口较多的一户，有六口人，父母亲都还身强力壮，老婆又是很得力的，就此而论，他是可回可不回的，但他们全家人都有多收多获的心理，在全满下村寨里种的地最多，不仅他自家的田地多，而且还种了满中村他连襟和福祥的好几块地，所以即使家里兵强马壮，但他不回来帮忙还是不行。

挖洋芋的忙着挖洋芋，采松子的仍然忙着采松子。杨秋秀和立军两子母、和玉琴、和家良、和益兰、和社香、和国秀、和学伟、和建国、和玉兰、和玉梅、和亚梅、和亚月、和满月、和朝东、和英等都背着晌午饭，早出晚归采松子，每天每人都剥得20市斤左右。每天最低收入70元以上。

下老鹰的和国武，仍然坚持上山下鹰。

2004年11月5日　农历九月廿三日　属日：鼠　天气情况：晴

早晨8时30分左右，村民组长和国兴及副组长和圣伟主持召开了满下村寨户长会议。会上和国兴传达了村民委员会召开会议的内容：1. 关于退耕还林2004年补助相关事宜；2. 2004年冬季征兵事宜；3. 关于筹集2005年南溪公路改造款问题；4. 电农网改造后不再设村民小组电工，行政村只设一个电工，并由老电工和永勤担任，电如若有问题就直接找和永勤，严重些的损坏就直接找电厂；5. 关于互助储金会的借款者还款问题及有关事宜；6. 关于收完洋芋和蔓菁后猪不能乱放的问题；7. 退耕还林补助表上户长签名盖章，会议进行了两个半小时。

黄山镇林工作站的袁站长来南溪回收2004年退耕还林补助登记表。下去后，他将按照表格上的数额在信用社里一次性将补助款存入各农户名下。

拉小洋芋（洋芋种）的老板还在买洋芋。今天价格已升到每公斤0.3元。前些天还没卖的农户喜滋滋的，前些天以每公斤0.2元、0.22元、0.24元、0.26元的价格出售掉的农户则有点惋惜。

今天，和建华、和万琴、和国兴、和万琼四家合伙卖出37500公斤，各家的数量不尽相同，但差距不大。这些洋芋种是拉给大理洋芋大老板，再由他转卖到怒江州。和建成也是以每公斤0.5元的价格卖出一车大洋芋，共计8000多公斤。这车是大理常年做洋芋生意的老板拉到大理菜市卖的，鹤庆的手扶拖拉机也陆续来买洋芋。但由于洋芋还没有挖完，村民们忙着挖洋芋而不急着卖洋芋。有些人因此空车而回。

2004年11月6日　农历九月廿四日　属日：牛　天气情况：阴转晴

白华村民吾玉山、吾六等四人睡在和圣伟家，领着猎狗，手架黄鹰，去放鹰。满下村的部分小伙子也随同前往。他们是和武军、和学军、和自华、和文亮。但这次年轻人多不会看扎头，所以一天下来一无所获。

村民和国模夫妇，已开始拔蔓菁了。他们老两口，背着篮子，先把蔓菁背回家，然后在家里把蔓菁叶切开，拴好挂在树上，把蔓菁储存于房里。原先和国模老人是不大干田里活的，但这些天，在城里开出租车的二儿子和里福发生了撞车事故，虽伤得不太重，但也得住院治疗，现住进丽江县医院医治。小儿子和万士去招呼他，大儿子和万红则在挖洋芋，且今年的挖洋芋农事是经和万红请求与和国模的干亲家和子一夫妇合伙进行。和子一的老婆杨文清不太乐意，因为她家洋芋地少，想把洋芋挖完去采剥松子，可收入1500元到2000左右，但看在人情面上又不好拒绝，因此她忍痛割爱在内心叹息，而在行动上满足了和万红的要求，一直与和万红家合伙挖洋芋。这样平时只管放羊的和国模不得不从事一些田间劳作。

2004年11月7日　农历九月廿五日　属日：虎　天气情况：晴

黄山镇人民政府镇长和卫红，领着公路施工老板，到南溪调研来年要开工进行的南溪公路改造工作，并向村干部询问，每户象征性的投资300元，会不会有困难，和继武以及和丽军答复："不会有问题，我们已决定从2004年退耕还林补助款中一次扣除。"镇长肯定了这一方法可行，但指出具体事宜要由行政村干部来做，不能依赖镇领导。

大多数村民都在挖洋芋，到今天为止和圣伟、和永良两亲家合伙挖完和圣伟家的，和永良家也所剩不多，说是再挖上两三天就可全部完成。

采剥松子的人员依然不减，只有和国秀，因昨天带她的和玉琴、和家良提出说带不动她了，"我们都五十五六岁，整天爬树实在爬不动了，我们已经带你带了六七天，每天剥20多斤松子，约150市斤，自己吃也够了，你若也想卖钱，就自己爬树自己摘，自己剥，一天只剥着一两斤也好。"这样一来她就被迫终止了。因为她不敢上树，闲的时间有20多年，长得又胖，什么动作都迟缓，全靠好心人来给她摘、砸、剥。所以她只能停止了。说来帮她带她的人也可怜，人家要找点零花钱，领着一个不如小娃娃的人，付出的力气又多，收获却要等分，够累了，收入却少了。确实除了这两位好心人以外，没有人会这样做的。银子是白的，眼睛是黑的，谁人不知钱？

2004年11月8日　农历九月廿六日　属日：兔　天气情况：晴

退休在家的和尚勋老师，因明天有云南大学研究生陪同外国学者来家中吃住，来南溪做社会调查，今天特意去城里买菜，准备招呼远方的来客。他从城里买来新鲜菜如青花菜、莲藕、菜豌豆、葱、凉拌、番茄、茄子、鸡蛋等，又买来鲜肉、鲜鱼、排骨、高档饮料，因为家里只有洋芋、萝卜，怕远方的贵客吃不消。

有一些村民先把挖洋芋的事暂时搁一下，开始拔蔓菁。如和建良家已在进行拔蔓菁的农事，其主要原因是：1. 今年雨水确实断了，雨水一断蔓菁就不会长大；2. 霜一天比一天下得大，蔓菁的叶经霜就会变黄；3. 这些天所需猪食较多，把蔓菁拔了放在家里就可一心去挖洋芋。

早上起来后有少部分妇女村民先上山拉松毛，拉背松毛后再去挖洋芋，主要原因是霜大不适宜一起来就去挖洋芋，主要是手冷挨不住。

2004年11月9日　农历九月廿七日　属日：龙　天气情况：晴

云南大学纳西族研究基地建设老板段景忠，拉了一位外国学者及两名云南大学硕士研究生到和尚勋老师家中，对和尚勋老师交代了有关事宜，休息了一阵告辞了。别时和尚勋老师送了他一腿半干的羊肉及一些蔓菁，叫段老板吃一顿可口的羊肉。送走了段老板，和老师忙着给远方的来人做午饭，他虽不很下厨房，但照着他老伴的吩咐，还是做出了四样美味菜：炒肝、炒瘦肉、炒洋芋、凉拌。村委会副主任和丽军也来接见来人，一同用餐，吃完午饭后，两位研究生到村公所对和丽军进行了采访，直到天黑，因为回不了家，和丽军也来和老师家用晚餐，晚餐比午餐多了个排骨。

村民和万军耕牛组（和万军、和万红、和作武）三家，在试验性地进行"土皇"节令后的春播，他们三家在村子附近各户撒种了一块（约四五分）的地，都播下了大麦种子，以验证过去一直认为"土皇"节令后所撒种的小春作物是否无收成之说。

和永昌帮和国兴去换洋芋，因和国兴是木匠，平时常得请他来做他们做不了的事情，所以，此次他很乐意，而且不要运费，只是让和国兴加了柴油即可。这是和永昌做人的一大转变，是人们所想象不到的。平常吝啬得出奇的他能做到这一点，不能不使人们惊讶。他们俩换洋芋的运也很好，只到坝子里的文华中村就换完了一手扶拖拉机洋芋，换后他还去城里顺便修了一下手扶拖拉机。和国兴还把所换到的小麦都拉了回来，准备做猪的精食。

2004年11月10日　农历九月廿八日　属日：蛇　天气情况：晴

姓何的研究生随和老师去城里复印资料。和老师不在，对其他研究生的工作造成了很大困难。姓宗的研究生及外国学者，去请村民和国兴领路做翻译，和国兴说："这些天太忙，我一人一天可挖800斤洋芋，一斤洋芋卖5角钱，一天不挖我就要损失400元，你们等和老师回来再做吧！"学者认为时间紧，于是开大价请："我们出 100 元的误工费，请帮我们的忙。"和国兴马上答应："既然这样，那我就误一天工，帮你做好了。"

晚上宗姓研究生唉声叹气地说："今天够呛了，出了大价请了个人。"和尚勋老师立即说："你们大错特错，我们家误了多少工，招待你们吃住，想尽办法买来好肉好菜，赔了家里的鸡和火腿，老妈妈还要给你们做饭，你们每天每人只付 25 元的生活费，而别人轻而易举一下就得了 100 元，他就会想，'和老师家待人这样热情，招呼这样周到，可能会得到很多很多钱'。可事实上，我们家对云南大学的事情及来人都倾注了一片真情，报酬、外快却一无所获。"姓宗的说："时间紧，任务重，的确无法，明天再请一个，你带一组，他带一组分头进行。"和尚勋老师就去请他大哥、退休老师和尚武做一组的翻译。

和圣伟、和永良两亲家的挖洋芋任务于今天中午全部完成。他两家是 2004 年满下村挖洋芋任务完成得最早的。下午进行家庭院坝打扫后休息。和永良家养了几口商品猪，但目前猪老板来得很少，即使来也把猪价压得很低。于是和永良就趁村民还在农忙之机，把一口猪杀了卖，除留下两家及帮忙杀猪人吃的肉外，一口猪卖到 900 多元钱。

在城里开出租车的青年和圣军回来帮助父母和作才、和学青挖洋芋。他家只有三口人，他外出后，只剩下老爹老妈，到农忙时节，和圣军又来帮忙几天，就这样经济、生产两不误，互相协调地做，保持了家庭农业收入不减，开车收入也不误。

2004 年 11 月 11 日　农历九月廿九日　属日：马　天气情况：晴

云南大学调研人员由和尚勋老师带着姓何的研究生到旦都前后村调研，走访了 11 人，来回 4 趟（12 时回家用午餐），干到天黑，效果很满意。和尚武老师带着姓宗的研究生到满上村、满中村调研，也走访了 8 个人，采访人员虽少，但较为满意。外国学者因头天晚上头疼，用药过多，导致腹泻而在家休息。到家两位研究生向他汇报后，他感到很满意。吃晚饭时他们说："和老师，有你们的帮助，此次来南溪的预期任务已圆满完成，明天要转回昆明，请你联系一下车子。"吃完晚饭后，和尚勋老师领着两位研究生到满中村书记兼主任和国军家，商量车子事宜，两位研究生对和书记进行了采访。

村民和朝光请了满中村的姨表妻吾文娟妈，还请了妹妹和竹英的婆婆和学青来帮忙挖洋芋。由于他家前段时间请亲戚来帮忙了一天，今天又请了两个，因此，他家2004年挖洋芋的任务已全部完成，是满下村寨中第三家完成收洋芋任务的农户。

村民和永昌从今天开始请满中村的舅爷和福军夫妻，及连襟和福生、小姨妹和菊来帮忙挖洋芋。

其他农户还在各忙各的，都从事挖洋芋的农事。

2004年11月12日　农历十月初一日　属日：羊　天气情况：晴

云南大学研究生及瑞典学者完成了课题的调研任务，于今天早上8：30乘坐村委会主任和国军的车子离开满下村寨。据说下午要离开丽江前往昆明，老外因年事已高，承受不住长途路上的颠簸而乘飞机回昆明，两位年轻学者则乘坐高快客车回昆明。

丽江市电视台的摄像和先生及梁先生乘坐摩托车来到满下村，请和尚武老师做向导，到鸡冠山背后的"美可"（东巴灵洞）拍摄美景，来时给向导带来两包好茶、两瓶好酒及一些糕点。到下午2时左右拍摄完成，在和尚武家吃点粑粑就转回去了。

村民和福光家把没有完成的挖洋芋任务暂时搁下来，先去拔蔓菁，其主要理由是，满中村的田里庄稼一收完人们就会乱放猪，他家在满中村附近的蔓菁田，如若不赶紧收了，就会遭到满中村猪的糟蹋。这些天霜越来越大，蔓菁叶就会变黄枯萎；再则煮猪食所需拔的蔓菁要走那么远，不如拔好放在家里省时省事。

和永良及和圣伟亲家两家在挖洋芋后，进行拉松毛的事宜。由和文亮驾驶手扶拖拉机，和永良、杨耀秀、和圣伟、和武军、和文清五人上山。这些天松毛好拉，到中午时分就拉回来好大一车，山路上拉这么高的车，驾驶员的开车技术真是有两下子。

和武军之母和尚花去丽江城购买明日去亲家商谈婚期的礼品。

2004年11月13日　农历十月初二日　属日：猴　天气情况：晴

和武军之母和尚花背上六斤散酒、两条大红河烟、四块红糖、两包蒸梅茶、八斤米、一架腊肉（约五六斤重），到亲家和永良家去商谈儿子和武军娶和永良之女和文清的婚期。两亲家全面考虑，慎重择日，决定于农历十二月十二日举行婚礼。

本村女青年和春兰未来的婆婆和益命（七河乡前山人）也背了与上面礼品大同小异的一篮厚礼到和春兰家，与亲家和学新商订和文伟及和春兰的婚期。在丽江城里开出租车的和春兰的哥哥和灿特意回来参与商讨妹妹婚期事宜。经双方共同协商，认定农历十二月十六日是吉日，便决定在这一天为和文伟及和春兰举行婚礼。

和圣军及和圣军之母和学青也背了近似的礼品到和朝光家去商订和圣军及和竹英的婚期。因为和朝光等几天就要去学考驾照的操作部分（跟车学习），估计到年底才会完成，所以他俩的结婚日期定在明年正月里举行。

村民杨秋秀及儿子和立军也背了厚礼到前山石镜头村的未婚妻家去商订婚期。

农历十月初二日，自古以来居住在南溪村寨的纳西族，如若要结亲举办婚事，就必须在这一天，男方家背上重礼到女方家商订婚期，商量所要请的客。"测美久期背"，男方的父母千万别忘了这天的重要性。

村中姑娘和益兰的未婚夫吾亚及吾亚妈也背了和以上类似的礼物来到她家商定吾亚与和益兰结婚的日子，她们两家谈定的吉日是农历十二月十四日。

村民和朝光及老婆杨耀祥去换洋芋。到下午因手扶拖拉机出了故障，所以洋芋也换不完，寄在白华老友处，他俩乘坐和国军的车子回来。因为今晚和圣军母子会来家里商定妹妹和竹英的婚期，家里只有老母，而且也不主事，所以他两口子只好把修车及换洋芋的事暂搁一下。

村民和亚军提着一个提篮，篮里装着几碗米酒，在给亲戚"祝生"（报生）。"祝生"就是给亲戚通知"开于"（祝米客）的日子。他的姑娘10天前就降生了，但他家考虑到大家都处于农忙的阶段，因此，把"开于"时间往后推，决定在农历十月初十举办祝米客，所以他抓紧时间进行"祝生"。（注："祝生"，生孩子家带一碗米酒送到亲戚家告诉孩子已生，母子健康，要在×天×日"开于"，届时请全家老小来家喝碗米酒。临走亲戚会送5至10个鸡蛋不等。"开于"、祝米客，传统的规矩是不能跨月的，农历为准，到"开于"时亲戚们送来米、蛋、鸡等营养品，供产妇食用，近亲们还加送些娃娃衣物、毛线等。）

2004年11月14日　农历十月初三日　属日：鸡　天气情况：晴

玉龙县拉市乡海南村的小老板，来村里买油菜籽，开价是每公斤3.6元，因村民们在田里忙着而没有实现目的。他乘来买油菜籽之机拉来一些活鱼，以每公斤10元的价格出售，买的人也较多。他还顺便买了五六只狗，要在家里喂养后再卖。他上来不空，下去有货，挑水带洗菜，两头不空。

村民和学新家留下女婿和文伟及昨晚前来商订婚期的亲家母和益命,帮忙他家拔蔓菁等。总共有六个人,人多干劲大,新结的亲家欢声笑语一片,准备结婚的年轻小伙姑娘,有使不完的劲,一个的劲儿比另一个更足,谁也不甘落后,结婚刚满一年的新郎新妇也不甘示弱。所以,干起来十分带劲,拔了一块又一块。下午和灿回城里去开车,人员减少了,但劲头不减,到6时左右把所有的蔓菁拔回到家里。真是人多力量大,人心齐泰山移。

和作才家也请了明年正月间要过门的媳妇和竹英,以及女儿和益花、女婿和万军来帮忙挖洋芋。

2004年11月15日　农历十月初四日　属日：狗　天气情况：晴转阴

和金发的侄子和振康（丽江祥云村人）来到和金发家借手扶拖拉机,说是要搬一所平房到新宅基地。具体办法是：1. 手扶拖拉机所燃柴油由和振康负责；2. 驾驶员的吃住、烟、酒由和振康负责；3. 每天出50元的用费。听到这三项承诺,和金发的岳父和建良也满意,他说："如果是这样,就比开出租车还强些,吾坚爸（指和金发）,你去帮些天吧,挖不完的洋芋暂先搁下,不用慌。"

和仕芬家有和汝浩及儿媳和四谷帮忙,洋芋也全部挖完。她乘儿子及儿媳还在家的有利机会安排和汝浩、和汝信及和四谷三人开着手扶拖拉机到山上去拉松毛。和汝浩及和四谷是劳动能手,样样农活都很顺手,虽然开出租车已有三年多的时间,但他仍能像开出租车以前一样,干什么农活都很带劲。一天就拉了两车松毛,而且每车都装得很高很高,如若不是和汝浩开车,叫和汝信开的话,他肯定不敢开。这一下乐得和仕芬笑逐颜开,心悦诚服地说："明天他们四伙（含和汝浩的两个小姑娘）又可以去城里开车了,我们在家的母子俩也不需愁来不需急了,慢慢地拔点蔓菁就完事了。"

2004年11月16日是　农历十月初五日　属日：猪　天气情况：阴转晴

村民和武军及和文亮开着手扶拖拉机到前山石镜头和武军的妹妹和朝菊家,说是要拉包谷秆及白豆借秸来做牛的饲草。去时从和武军家拉去一些油菜和洋芋种,说是要送给和朝菊家,油菜榨油吃,洋芋做种。

拔蔓菁的村民很多,他们是和仔红家、和国春家、和朝泽家、和朝光家、和家良家、和万军家、和玉琴家,和朝光前些天去考驾照跟车操作,今天就请和文亮来拉了一车蔓菁。傍晚,和文亮及未婚姐夫和武军两人一同去前山,和朝光之妻杨耀祥就请和朝泽把手扶拖拉机倒到平常停车的地方。和家良家因无人驾驶手扶拖拉机,就请和朝泽早晨把车开到田边停好,到傍晚又把车开到家里,做到既不误和朝泽的农事,也解决了自家的困难。

和子一、和社红、和圣明三人到鸡冠山背后去采剥松子。由于这一地带前段时间有不少村民采剥过,所剩不多,因此,他们只采到五公斤左右。没有赶在别人前头,什么收获都比不上动手早的人。

2004年11月17日　农历十月初六日　属日:鼠　天气情况:晴

欲开发满下天然湖(草坝落水洞)的泉盛商贸有限公司杨副经理,乘车前来满下村,在村民组长和国兴家呆了两三个小时,可能是来商谈村民农忙完后堵水的事宜。

村民和圣伟、和尚花夫妇去年11月出嫁到前山石镜头村的姑娘和朝菊临产期快到了,他俩为快要当外公外婆而感到高兴,同时也在为当外公外婆而奔忙。首先做外婆的按传统要做一罐米酒给女儿,米酒要用小麦来做,小麦得在碓里舂了后去皮屑、洗净、蒸熟、发酵,才能装进土罐里。而新中国成立前家家户户都有碓,现在满下村寨已销声匿迹、无处录觅。老两口就背着麦子到旦都前村和松元老大爹家借碓舂麦,和圣伟用脚踏碓,和尚花在石臼里用手翻麦子。翻麦子时人得特别小心,不然会被碓齿舂着手。总算她小时候还使用过这东西,所以现在做起来还算顺手,舂的和翻的配合得很协调,只用了两个小时就把麦子舂完了。

回到家后,就全是和尚花的事了。她借来簸箕和蒸笼,簸干净后,用水洗净,再在开水里煮一阵捞出来,放入蒸笼里,再蒸一个小时左右,蒸熟后又晾在簸箕里,等到碎麦粒全凉了,她就拌上甜曲,边拌边装进篾箩里烤在火塘边,不向火的部位则用羊皮和旧衣物盖好,这是借热发酵。这样装好等两三天发酵后就可装进罐子里了。

2004提11月18日　农历十月初七日　属日:牛　天气情况:晴

村民和顺光、和永华父子请和顺明和和永红,从鸡冠山背后拉来一手扶拖拉机圆木,每棵均截成4米料,共拉了9棵,加上两截垫木(每截2米),就是10棵树。根据去年的经验,村组长很可能只批4棵,但他们正要用木料修整厨房,其他村民都在农忙,所以他们大胆地砍来了10棵。

大多村民都已挖完洋芋,在拔蔓菁。即使还有洋芋要挖的,也暂时把挖洋芋的事搁下,先来拔蔓菁。如若蔓菁再不拔,叶子就会因经霜变黄变枯而受损失,拔蔓菁的农活又成了当务之急。所以,全村寨几乎家家都在进行此农活，有些地少的已拔完。

2004年11月19日　农历十月初八日　属日：虎　天气情况：阴

今天上午学校召开学生家长会。这种学生家长会在两年以前是每学期召开一次，坚持了11年。但过去两年从未召开过。今秋换了个校长，新任校长李建光上任3个月就召开家长会，说明他在改变过去两年的校风和教风。

下午学生放假，全体老师和炊事员到文峰寺进行工会活动，由和国军书记拉去拉回。

黄山镇卫生院医务人员来南溪为四五岁的儿童检查身体。可能是农民还在忙的缘故，领着儿童来体检的家长寥寥无几。这对远道而来的医务人员来说是个遗憾。这遗憾应该是孩童家长们的，可以说是错过了一个好机会，上门服务都不会享受，真可惜！

村民们大部分都在进行拔蔓菁农事，拔完蔓菁的则在挖洋芋。和玉兰、和玉梅两姐妹由妹妹和玉梅驾驶微型汽车到田里，两姐妹挖满一车洋芋后又由和玉梅驾车拉回来。从她身上看，可以说是男同志们办到的事，女同志也能办到，甚至女的能干者比男人中的怯懦者还顶用，真是女人能顶半边天。真的，就拿和玉梅来说，她没有培训过，没考过驾照，只是跟父亲和国武学了几天就自己开手拖拉机，驾着汽车奔波于田野田间，还有本村女青年和亚梅也自个开着手扶拖拉机穿梭于林间田坝，还开着汽车在城里拉人；和爱英、和春兰、和海、和福春等，都驾着出租车在繁华的城市里跟男人们一样接送游人。

从去年开始，和国武家的劳作如拉洋芋、拉蔓菁、送肥到田里、到山上拉松毛、拉柴等，都由和玉梅来担当，和国武解脱了这一系列该由他来做的事而得到休闲。

2004年11月20日　农历十月初九日　属日：兔　天气情况：晴

早晨9时召开家长会议，会议由自然村小组长和国兴召集并主持。参加会议的人是全村寨每户一人，有些是家长，有些是家庭成员，有的则是不到18岁的少年，反正每户一人。参加会议的还有村民委员会书记兼主任和国军、副主任和丽军。

会议的主要议题是：满下天然湖（落水洞）草地卖不卖或租不租。首先由组长和国兴向大家传达了泉盛商贸有限公司经过认真观察调研，欲租用或买用此坝的想法，请全体家长商谈此事。和国军及和丽军也简单介绍了招商引资才是发展的唯一出路的道理，并介绍说经黄山镇政府考查调研，认为这家公司在丽江是经济实力较雄厚的一家公司，所以黄山镇政府特别引荐来，希望全体群众眼光放远些，千万不要失了良机。于是家长们进行了讨论，形成一致意见，同意租出或卖出。有些群众姿态较好，如和顺明就首先公开表态说："不管草坝落水洞值多少钱，除荒坝统一分配外，卖着耕地的是哪家的由哪家享受，退耕还林地，我们的退多了就属于我们，也不分给其他人。"有些人提出，重新核查土地，该退的退出一些（人员减少的农户、死亡或嫁出者），该补的请补上点（人员增加的、娶进和出生的）；有些则一言不发，观看着势头。

结果以同意租赁或卖出，但要价格合理、可转告开发商的结论而结束。

拔蔓菁的村民越来越多，几乎全村各户都在进行。有些地少的农户已经拔完。田地多的农户还在进行中，今年因气候的关系（主要是雨水集中于前段，后段干旱，蔓菁主要是在"立冬"节令前的"土皇"节令里靠雨水长大的，而今年还不需要雨时下得多，需要时不下），蔓菁儿长得比往年差。不少村民在嘀咕："今年的蔓菁这么差，年猪还小，不够喂啰！"到本月底就得动宰猪刀了。

除个别家户以外，绝大多数农户已挖完洋芋。和林则还有五六亩，今天请了部分已挖完的亲戚去挖，但他族中一部分人去丽江城购买明天和亚军要请祝米客的东西（烟、酒、菜、糖等），所请到的人不多，挖不了多少。他准备明天再请些人，苦干一天。

2004年11月21日   农历十月初十日   属日：龙   天气情况：晴

和亚军及满秀的小女婴的"祝米客"在今天举行。他家的亲戚们都集中在他家帮忙。此次大事的主管是和亚军的五叔和金星，厨师主管是和金红。和林家、和金星家、和金圣家、和金红家、和金发家、和子红家、和子一家、和朝泽家、和顺光家、和国成家、和福光家、和永军家，只要能做点事的人都帮他家的忙，这天刚好是星期天，连小学生都来帮忙拿碗洗菜。

帮他忙的人不管是男人还女人都很忙，一部分杀猪，一部分砍柴，砍柴回来后，有些忙于帮厨，有些忙于帮杂活，大家都干得很紧张。

到5点左右送礼的人陆续来了。亲些的背了1只鸡、20—30个鸡蛋、5—8市斤米；娘家（小婴孩的外婆）送的礼最多，1只大母鸡、1罐米酒、100个鸡蛋、8市斤米、背娃娃的1套、抱背1套、娃娃衣物若干、玩具自行车1辆、外加1只为婴孩取名的大公鸡。一般的人就送20个鸡蛋、8市斤米，村中很不沾亲的大致就是这般礼了。

吃晚饭前，先摆一盆放有10个剥了壳的鸡蛋的甜米酒，再摆上一碗燕麦炒面，先给送礼来的客人们吃米酒，吃完米酒就洗碗；而客人不再起身，一次性坐好吃饭。饭菜是八盘四碗：炒瘦肉一盘、薄肉片一盘、炸排骨一盘、肉一盘、鲜肝凉拌一盘、烤鸭一盘、鸡蛋加花生一盘、炒猪肉一盘、大肉一碗、木耳加肠一碗、粉丝一碗、胡萝卜加鲜汤一碗。第一轮吃饭时，和菊花端着装有八碗米酒的小簸箕挨桌请"住镇"（意为尝米酒），每桌中的年长者随便吃上一点，并说："好甜，好甜的米酒，愿婴孩健康成长、长命百岁！"众人随着叫："长命百岁！"杨文花及和四两妇女则抱着人们送来的衣物，向众人说："外婆和亲友们送来这么多的衣物，谢谢大家了！"完毕收回屋内，客人们继续吃饭。

村民和亚军为其女婴和家闰举行"祝米客"所收到的礼如下：

婴儿玩具车1辆（婴儿的大姑姑送）

背具抱被1套（婴儿外婆送）

衣物20套（婴儿外婆及爷奶亲戚送）

鸡35只（和亚军、和满秀两家较亲的所送）

鸡蛋2000个左右（所有来参加"祝米客"的人及近亲们所送）

大米500市斤左右（来参加"祝米客"的人每人至少带5斤米、20个蛋）

红糖若干块

用来筹办此次"祝米客"的费用如下：

杀1头肥猪：瘦肉排骨所剩不多，肥肉用去很少，用不完的擦盐加工挂好

大米150市斤左右

买烟、酒、茶、菜、糖用去1000元左右

鸡蛋用去150个左右（用在米酒里，还用于凡是来参加"祝米客"的小孩，10岁以下的每人给一个煮熟了的）。

2004年11月22日　农历十月十一日　属日：蛇　天气情况：阴转晴

和尚武老人以950元的价从和圣华家买了一头肥猪。离杀年猪时间还有一个月左右，但他怕肥猪又瘦了，就请了亲戚和万琴、和万琼、和朝光、和武军，弟弟和尚勋、和尚典，儿子和朝泽，加上他的长子和朝东，共8人来杀猪。猪捉好捆好后，有人提出猪到底有多重？和万琴说："重量在230市斤以

上。"也有几个人附和。和武军则说:"绝对不会有230市斤。"和万琴说:"咱俩赌一把,10元钱,怎么样?"和武军表示同意。有人说算了,但和万琴硬要赌,于是和朝泽拿来秤称,和万琴把所赌的10元钱拿给和尚勋,大家就过称,结果只有213市斤。和万琴赌输了,就叫和玉芬拿钱去买了三瓶啤酒和两小包瓜子。等杀猪的各道程序办完后,杀猪的人在和朝东家吃了午餐和晚餐。因为事先没有准备,是临时决定杀猪的,所以饭菜较为简单,中午炒瘦肉、烩肥肉、炒洋芋、白菜汤,共4个菜;晚上炒瘦肉、煮肥肉、煮洋芋、排骨萝卜,也是4个菜。和尚武老人本该早就这样买上一口大肥猪杀了挂起来就可随心所欲地吃。但他今年才这样,旁人为他实感遗憾,都说此举进行得过晚。

2004年11月23日　农历十月十二日　属日:马　天气情况:晴

上午9时,全村家长都集中在和四闰家的院子里,等待着泉盛商贸有限公司的老板及乡政府的人员来召开满下村寨家长会。一直等到11时左右,老板及随行人员5人、乡政府的司法所所长和兴林以及行政村主任和国军、副主任和继武、副主任和丽军都到满下来参加会议。会议由村委会主任和国军主持。他简略介绍了今天的会议内容,并首先请乡政府代表和兴林介绍泉盛有限公司想开发满下落水洞及草坝的意图,说明只有招商引资才能发展满下这片热土,才能带动南溪经济的发展,希望家长同志们识大体顾大局,做到群众与老板互利互惠,要有老板发财我发展的思想。接着泉盛公司刘老板简要说明了关于用南溪满下草坝及堵住落水洞恢复原来的天然湖来做旅游业的设想,并说草坝每亩付价300元,耕地每亩付价500元。接着和国军要求大家讨论,热烈的讨论在家长们中开始了。首先,村民和天林大声说:"喂,请首先让我说点意见,卖坝卖田随大流,但请调整一下土块,该得的得一点,该退的退一些。"说到此,立即有人马上表示反对,反对坚决的是和尚军、和建华、和建忠、和福祥等村民,说是合同让我们使用30年,不到30年休想调整耕地。从满下村寨看来,地少村民是弱势群体,若政府不出面解决,少数田少人多的人势力单薄(有些只有两人的田,现有五人吃饭,有些则只有四人吃饭,而种了六口人的地)。人少地多的人占了优势。和天林提出:"做什么义务工,地少和地多一个样,这合理合法吗?"

和天林这样一说,那些手执有30年合同书的人渐渐咽气吞声了。和顺明就提出了疑问:"荒草坝每亩300元,耕地每亩500元是指每年价,还是几年价?"老板及政府代表和兴林答复:"是一次性补偿费了。"于是,家长们又讨论开了,一次性(欲用70年),这太少了,虽不能与坝子里的"寸金地"

相比，但比退耕还林补偿，以及与太安高美古村的荒地价比起来，老板开的价真是微不足道了。好些人都说，这样的价还不如放几头牛还强些。会议就这样欲停不停，欲开不开。后来采取了分组讨论的形式进行，以修水泥路面时的小组为单位，分4个组进行讨论。讨论结果由原来的施工小组长汇报。结果，4个组都不约而同地对荒草坝每亩要价2000元，耕地每亩要价5000元。汇报完后老板及随行、行政村干部、乡政府代表到落水洞吃午饭（他们有人打前站做午饭的），群众就散会各回各家。

洋芋蔓菁都收完的人们，开始向大山进攻——拉松毛。男人在家的农户驾驶着手扶拖拉机，拉着家人到山上去拉松毛，到中午时分拉回又大又高的一车车松毛。从前边山边下坡，好不威风，又高又大，四周用青细松木围得高高的。

驾车人不在家的农户则用背篮一篮一篮地往家背，速度和数量都比前者差。

2004年11月24日　农历十月十三日　属日：羊　天气情况：阴间细雨

村民和顺光请七河泥水匠李满仲、李满七两弟兄修大门。和顺光及家人已深知李氏兄弟的为人，所以一次谈好价包给他俩，价钱是500元，式样是瓦顶、砖砌，安铁门的框架以及大门两边各一米多宽的围墙，围墙的材料是空心砖。这一包，两位李师傅干起活来起早摸黑，主人多次请吃饭，请休息，也迟迟不肯休工吃饭。这样一干要不了几天就会完工，又方便又有利，干者多得钱，少花几天工夫；主人家不需像点工一样招待师傅，省钱省物。

村委会主任和国军、副主任和丽军，下午两点到村民组长和国兴家与组长和国兴、副组长和圣伟交谈泉盛公司老板的意见：荒地最高每亩500元，耕地最高每亩1000元，这以上出不了。也转告了镇政府的意见，望满下村的干部群众，抓住机会，不要把好机会丢了。要考虑自身利益，同时也要考虑投资者能否承担，特别希望村干部做好群众的思想工作。

村民和尚花（和武军之母）与杨耀秀（和文清之母）为在农历十二月十二日举行儿子及姑娘的婚礼，去后山、前山以及邻村请客完毕，回到家中就在本村请客。

除两三户农户没拔完蔓菁以外，绝大多数农户已完成这两大项收获任务。有些则去割绿肥，有些上山拉松毛，有些则找柴砍柴，各干所需。有些又去做洋芋生意，如村民和永昌从村民和国亮家里买去2600市斤洋芋，每市斤价0.26元，拉到城里以每市斤0.32元的价格堆卖给洋芋烧烤人，获利

156元，除去油费及开销净赚120元。如生意能天天这样好，坚持下去可找到的钱比开出租车司机要多。开出租车的人多了，做洋芋生意的本地人几乎没有了，所以得到的利润就多。

2004年11月25日　农历十月十四日　属日：猴　天气情况：阴间细雨

村民和永红在去年拆下的两间厨房的屋架上，找来一些材料加了一间的框架。在院子东边以坐东朝西的朝向立了起来，房屋的面积比原先增加了，等几天可以钉椽盖瓦，然后砌上土基就可以使用了。

村民和武军去山上找石头，准备作修大门的奠基石之用。所请的人不多，只有他与和文清、和文亮俩去找。因为前段时间两人都曾采石卖过，所以很熟悉石场和石层。不到中午三人就找到了两手扶拖拉机层石，先拉一车回到家，吃过午饭又去拉一车，下午5时到家，认为够了，就休息了。

有些拉松毛的妇女，因为细雨所致，松毛湿且重，因此不再拉松毛而是去采松子剥松子。她们是和永秀、和海、和家良、和社芬等。他们是到鸡冠山上去采剥的，古来就有"鸡冠山上的松子饱满"之说，因此，所采剥到的松子不会使他们不满意的。

2004年11月26日　农历十月十五日　属日：鸡　天气情况：晴

和武军今天请来和国红、岳父和永良、未婚妻和文清的伯伯和永红及弟弟和文亮，加上他两父子共五人开始修大门。和国红是师傅，以他为主，和永红为副手，随时出些建议，和武军及和文亮挖沙子，和圣伟、和永良为小工（拦沙灰、抬石头等）。分工合作有条不紊。因和尚花去丽江看望待产的女儿和秀梅，家中就请未婚媳妇和文清来操持家务，做饭、喂猪等。

村民和永军开始卖大洋芋了，以每公斤0.44元的价格，卖给丽江市场的洋芋老板和六台3500公斤。他请了杨耀秀、和文琪、和玉金，加上他两口子共五人上车，过秤主要由和六台进行，和永军监督，一直干到中午2时左右才完成，这车洋芋是在丽江市菜市销售。

和金发家及和建国家、和金星家在剥采集到的松子。剥得快些每人可剥20公斤左右。

2004年11月27日　农历十月十六日　属日：狗　天气情况：晴转阴

村民和武军继续请和国红、和永红、和永良修大门，加上他两父子共五人。干到下午5时左右大门的两边墙也砌完了，并安上了大门的门框。明天可以上梁钉椽子。

本来从时间上来说还可以干一阵,但阴天很冷也就休息了。

部分村民在拉松毛,用手扶拖拉机拉的农户已把松毛堆堆得老高老高,可以用来垫厩积肥,八九个月不成问题。开车人不在家光靠妇人背的农户,每天拉六七篮,松毛堆长大的速度始终很慢。

有些村民则在割绿肥,割绿肥的人怨天怨雨,都说:"今年雨该下时不下,该少下或不下时则下个不停,所以绿肥长得很差。"的确是这样,往年的绿肥长得又高又壮,枝繁叶茂,而今年的绿肥长得又瘦又细,又矮又稀,有些甚至收割都困难。古时所说的"猴年地头空"(意思是说猴年庄稼收成不好,又叫"猴子两手空")的确有点应验。

2004年11月28日　农历十月十七日　属日:猪　天气情况:晴

村民和武军继续以昨日人员进行修大门的事宜。上梁钉椽已完成,两边的围墙部分已同时完成,只剩下盖瓦,待些天买了瓦再进行,大部分工序已告结束。

村民组长和国兴召开家长会议。今天出席52户,缺席和学群、和朝珍、和国秀3家。

家长会的主要议题是:投资商对满下草坝价格作了答复,荒坝每亩500元,耕地每亩1000元,这以上就出不起了。户长是否同意按此价卖。

和国兴提出内容后家长们议论开了,有的说,不是2000元、5000元这个价就不卖。有的说:"我们要多少,人家不会给多少,再提高一点就可以卖了。"还有的说:"我们当农民的,说真心话确实舍不得卖耕地"。还有的说:"卖也可,不卖也可。"到下午两点逐户表态,不出2000元、5000元这价就不卖的占90%。有些还干脆说:"不出这个价,再开有关草坝问题的会就不要通知我们了。"会议以绝大多数户长意见为准而散伙。

村民和丽军及和万仕两人相约,从山上拉大石头修从公路边到和丽军、和万仕家的路,约长40米。他俩所拉来的石头都很大,大石头沿河砌好,再填上土,把原路加高90公分左右,就可以改变以前道路泥泞车子打滑的现象。这截路这样一修,使他们两家的手扶拖拉机运输有了很大的改善,不再像往年那样吃力,而且对村民的行走也是有利的。

2004年11月29日　农历十月十八日　属日:鼠　天气情况:雪

今天上午10时左右,下了2004年度第一场雪,气温骤然下降,不宜野外劳作。大多数村民在家烤火休闲，少数人则在家里火塘边剥两个月采集到家中的松子。如和金辉家、和金星家、和作典家、和建国家、他们利用天下雪之机剥松子。个别农妇还是坚持上山砍柴，如和社芬、和海、和茂良等人，还砍了两背柴。

个别村民则去换洋芋，和木自己一人到金山乡政府所在地的村庄去换，所换的比例是：玉米 2.5∶1，小麦 3∶1。

和朝泽帮和金圣去换洋芋，他俩只到长水村，5点左右到家。这些天，丽江市油站到处缺柴油。和朝泽为加油跑了四个油站，到第四个站（三家村加油站），才以一公斤 4.80 元的价加到。只要能加到油，价格贵贱都很不在乎了。

2004 年 11 月 30 日　农历十月十九日　属日：牛　天气情况：晴

天虽晴，但昨日下了一场小雪，使人不能下地干活。采集松子在家中的村民则剥松子，和建国、和正秀夫妇一人背了一袋松子乘车到丽江城去卖。据说这些干后的松子市价每公斤 8—10 元，说明比过年前好卖些，好些村民都想趁这段时间上市卖部分松子。

其余村民则串门闲聊，有些则在和国武家打麻将。到下午雪化完时，又有部分农妇上山砍柴（这类妇女是勤女，能充分利用分秒时间的人。）

下午 4 时左右，由满中村村民和福海领着大理洋芋老板以每公斤 0.34 元的价格在满下村寨和万军及和朝光两家买了 4000 公斤小洋芋。这些洋芋种是要拉到弥渡县去的。今年的洋芋种价格一开始就以 0.22 元一公斤的价格逐步上升到 0.34 元一公斤，这样的价格是过去几年所没有的。

（十二）12 月份日志

2004 年 12 月 1 日　农历十月二十日　属日：虎　天气情况：晴

原南溪行政会乡邮员和勤良，因患风湿病，再加上年事已高，不适宜再担任此职务，本人提出停职申请，市邮政局邮递科同意他的要求。从 12 月 1 日起，此职由村委会书记和国军担任。看来这事由他来担任是方便的，因为他每时每刻都跑车于丽江—南溪之间，每天少则两转，多则四五转，可以挑水带洗菜，随时都可投递。

满下村寨约有近一半的农户，都去参加旦都前村和松元老人的丧葬礼。他们是和顺明、和朝泽、和国成、和圣昌、和圣明、和社兴、和作典、和作武、和圣华、和金辉、和三姐、和作才、和永昌、和国兴、和尚勋、和玉琴、和永秀、和银谷、和四谷、和建军、和建成、和建国、和万芝、和金圣、和金星、和林、和国秀、和学伟。真是"白事百里香",随便沾点亲就自觉前往参加。

村民和国兴借来和国武的脱粒机,由他和老伴和彦花,请上和建华共三人来脱粒黑麦。因为黑麦比燕麦好脱粒,再则数量也不算多,所以三人从搬黑麦至院坝,到脱粒完收拾完只用了三个多小时。下午和彦花还进行了黑麦扬风,把黑麦粒收拾得干干净净,装在袋子里放在楼上。

村民和永昌也借用和尚军的脱粒机来脱粒燕麦,他家共有四个劳力,和永昌夫妇、其母和见兴、其女和丽芳,他们家也是人搬燕麦至院坝到脱粒完仅用了三个小时。燕麦比黑麦难脱粒些,但数量不多,当天就收拾扬风,一切都做完,把燕麦子装在木柜子里,只有200市斤左右。

2004年12月2日　农历十月廿一日　属日:兔　天气情况:晴

夜间,村民和永军因女儿和强芬踢着他的小肚,疼得忍不住,就及时把他的兄弟和永红、和永良,侄子和文亮、和武军等叫来。大家见他病情很重,就派和武军去满中村和国军(南溪村委会书记兼主任)家,请和国军的车拉病人下去。和国军当即答应,把和永军及时拉到县医院医治。通过及时治疗,病情有些好转。护送和永军的人是和永红、和文亮、和武军三人。

好些村民早上一起床就先上山砍柴或者拉松毛。吃早饭后,有些村民带上点午饭,有些则不带,到绿肥地里割绿肥。大多数村民边割边晒,把割好的绿肥先晒在地里,待晒干后再拉回;有些则边割边往手扶拖拉机里装,装满后拉回家,在家里粮架上晒起。

村民和朝泽则在开着手扶拖拉机到山上捡石块,准备闲时打一堵围墙。

2004年12月3日　农历十月廿二日　属日:龙　天气情况:晴

旦都后村的村民吾波得来到满下村和爱英家求婚订终身。此事真是出人意料,万万想不到和爱英会嫁给吾波得,两人年龄及相貌很不相配,只是吾波得经济意识较强,自家购有一辆车。这一例是当今女青年的一个"不论年纪有多大,相貌有多丑,只要能挣钱就行"的观点的典型表现。持这种观点的女青年较多,因此最近两年大龄男青年有相当一部分人都找到了老婆。

黄山镇司法所所长和兴林专程驱车来到南溪满下村与村民组长和国兴谈关于满下草坝招商引资的问题。他与村委会副主任和丽军及和国兴交谈两个多小时,说明这是一次千载难逢的极好机会,希望多做群众的思想工作,实在不行，和所长及村委会的干部愿意与和国兴一道到各家各户去做思想工作。但和国兴表示本人绝不进各家各户去做工作。和所长在交谈毫无效果的情况下离去。

村民和家良下午去丽江城，帮其在县医院工作的姑娘领娃娃。原因是星期六、星期天幼儿园放假，姑娘女婿星期六不休息，所以星期六看外孙及外孙女成了她的任务，作为外婆和奶奶，这事是不能推辞的。她去时顺便带去一些松子。这些松子将以每公斤10元的价卖给县医院的医务工作者，医生们事先就通知和家良要带些松子来。价照前几天的，每公斤10元。

不少村民趁农闲之机备石料，准备到时建设家里房屋和围墙用。有些则没有明确目的，只是趁闲找上些石头，到时就可随心所用。采石头的人是：和国武及老婆和闰芝以及他们的小姑娘和玉梅、和万琼、和学先及和学军两弟兄、和朝泽。

不少妇女则在割绿肥，因为今年的绿肥长得不好，所以收割费时、费力。

其余村民则进行拉松毛及砍柴的活计。

2004年12月4日　农历十月廿三日　属日：蛇　天气情况：晴

村民和永昌今早以1320元的价格出售两头肥猪给猪老板。这两头肥猪在10天前文华猪老板吾红军出了1400元的价，但当时和永昌坚持硬要1450元而没有成交。结果再喂了10多天，精料差不多加了100市斤，精料款花了80元。到今天反倒比前不久这个价便宜了80元，原因是这些天上山来的猪老板寥寥无几，又加上今年家家户户都是蔓菁少，只得卖了。

村民和朝泽用他的手扶拖拉机帮助和玉祥换洋芋。和玉祥一同前往。他俩从长水村到黄山茨满村就换完了，生意可算是好的，兑换比例仍为小麦3：1，玉米2.5：1。只因加油排队时间较长，所以到傍晚7时左右到家，解决了和玉祥家缺猪精料的问题。

村民和国兴家、和圣伟家、和永良家、和建华家、和良命家都在割绿肥。

和作典借来和尚军的脱粒机，同时请弟弟和作才及弟媳和学青来帮忙，加他家三人共五人，前后只用两个小时就完成脱粒，下午和八娘、和爱花婆媳两进行扬风净粮、收拾。到下午5时左右，全部收拾完成。

和丽军、和万仕两人合修的路，经过好几天同心协力地修，从山上拉来巨石砌在河边，看来是有长远眼光的，修得很牢实。他们在原来的路面上加高了近一米，这样利己利人，从此两家的手扶拖拉机不管雨天雪地都可拉着重车直到家里了；众人在此段路行走，也不会像往年一样深陷泥泞，而是雨天晴天都比往年好走了。

2004年12月5日　农历十月廿四日　属日：马　天气情况：晴

有四个长期在丽江城做生意的外省老板（小商人）租了一辆微型车，拉着衣物、电器具、常用农建工具、时钟表、收录机等物，来满下村寨公路旁（和四闰家新宅基地）摆摊出售。围观的和购买零星东西的村民不少，可能会售出一些数量的物品。他们四人连同司机五人，饿了就在和四闰的小卖铺里买"麦一桶"方便面，并向和四闰要了一壶热水泡面。

此前，这四个商人，曾在满中村球场销售了两天，可能售出的货物比在城里售出的多些，否则租车上山是不划算的。

村民（退休在家的工人）和学仁为村委会主任兼书记和国军开汽车拉人，因和国军今日要到满上村和文良家参加和文良的婚宴。和学仁老师傅今天的生意特别好，跑了六趟（下午三趟，上午三趟），趟趟都挤得满满的，限准乘七人的车挤满了八九个人。今天生意这样好的主要原因是：1. 刚好是星期天，星期六回家的中学生要回校学习；2. 南溪完小教师和国圣为长女和伶俐在城里举行婚宴，在南溪所请的亲朋故友很多。和学仁为其舅爷和国军在今天收入的钱至少在300元左右。

满下村民除做客的以外，大多在做找柴、拉松毛、收割绿肥之类的农事；有部分男村民则在找石料，准备自家建设时用。

2004年12月6日　农历十月廿五日　属日：羊　气天情况：晴转阴

村民和朝泽帮和家良家去换洋芋。他的行走路线是长水—黄山—中济。从黄山苁满下村开始边换边走，逢村过寨都要停下几分钟，喊："换洋芋啦！""换洋芋啦！"并走进村子的小道去喊上了一阵，无人换就直接到中济的普济村，先在下段停了五六分钟，不见有动静，就开到上段去，停下先进村子喊："换洋芋！""换洋芋啦！"有几个人应声问价，答出要换的比例：玉米2.5∶1，小麦3∶1。有几个人来换了。这几个人说："村中家长们都上山拉松毛，不在家，等他们从山上回来会换的。"果不其然，等少妇们陆续从山上回来，路过停洋芋处，就问价了，陆续来换了。有些来换的村民尽要小些的洋芋，说是要做种子，有些则不拣不挑，说随主人装，不管了，只要把烂了的拣掉就行，大的可做菜吃，小的可做种子。这样一来，本来想捡三挑四的人们也不好捡了,都照第二种说法做了。到下午2时左右,就是想换洋芋的村民都只能空手而归了。和朝泽按照来时的路线返回,走到黄山刺沙知村遇到本村村民和金红及和三姐夫妇,他俩拉的半车洋芋,还有300来斤没换完,和朝泽就把可换的地方告诉给他们,他两口子到和朝泽所指点的地方,结果没有人要,就又拉回到白华。

纳西人遇到上街的人都会说声:"生意好!"的确是有些运气的。有的只拉来半车洋芋当天换不完,有的拉来一整车只需个把时辰就换完了。

2004年12月7日　农历十月廿六日　属日:猴　天气情况:阴雾

这段时间是处于农闲的阶段。但不少人都舍不得休闲,平常很乐于休闲的和国武都闲不住了,他开着手扶拖拉机,拉着老婆及小女儿到山上采石头,准备到时砌正房及路边的房子。和万琼、和万琴两兄弟也忙着拉石头,一个要砌家中的围墙,他的石头拉得差不多了;一个则用来代替篱笆围房子后边的田,他今天才开始拉,干得特别带劲。还有相当一部分村民则在割绿肥。因为天阴,看似要下雪,有部分人则忙着把地里的干绿肥或快干的绿肥往家背。

2004年12月8日　农历十月廿七日　属日:鸡　天气情况:阴转晴

村民和尚军、和国红又开始做洋芋生意了。和国红从鹿子村买来洋芋,因为鹿子村的洋芋比满资师好,而且价钱也便宜一些。前些年他在鹿子村买的比在本村买的多得多。今年一开始就往鹿子村跑,说明那里洋芋好买,物美价廉有利可图。3000市斤洋芋能净赚200元左右,比开车划算得多。前些年他还经常领着老婆和社菊一起做洋芋生意,但今年他老母去世,家中无人操劳,所他一人自己干开了。

和万琼,开始自己砌围墙,因他砌石、打石、木匠都很在行,因此,他不请任何人来帮忙,而是自己单独干。中午时分他就把基石砌好了,而且砌得很牢实、美观、平整。

2004年12月9日　农历十月廿八日　属日:狗　天气情况:晴

黄山镇林工站袁站长及两个职工、黄山镇财政所所长及姓木的女职工,前来南溪行政村付2003年退耕还林粮食折币款。他们是11月初就造表签章了,款已从信用社拨到农户各户,今天是拿着存单按照(对照)表册发给农户。行政村干部三人也参加了,和国军参加从鹿子林往北发的这组,和继武参加从金龙村往南发的这组。南组负责发放鹿子村、旦前村、旦后村；北组负责发放文屏村、金龙村、满上村、满中村；满下村暂缓，等到下周进行。和国军与和继武一边发放一边扣回10年前行政村所组织的"互相储金会"借款。对10年前所借用储金会款项的农户，这次乘机收回所借用的本金。

有相当一部分男村民自己找石块（不像前不久那样合伙干），从山上找到后拉回到村子里的公路旁码好，准备卖给以后开车来买石头的人。他们是和建国、和学先、和学军三父子及和建华、和建成、和二友、和社红、和金星及和文昌两父子。

和李福开车被撞，就医出院回来后，一直在家休息，今天开始打石头放新院里的盖沿石。他的打石头技术在满下村寨里是数一的，今天还用上了一台切割机，所打出的石面就更光滑平整了，所切的石口更齐了。从他的手艺看，不开车，就在家干，收入也是没有异样的，只是没成家的小伙子开车好找对象而已。

2004年12月10日　农历十月廿九日　属日：猪　天气情况：阴

有很多妇女带着午饭，到鸡冠山后面去砍柴，她们是杨耀祥、和益华、和寿香、和社菊、和万芝、和满谷、和六芝、和学花、和继花、杨秋秀、和爱花、和益兰等。她们在鸡冠山后面砍好湿柴，先码好，等到干了后再用手扶拖拉机拉回来。目前除个别农户外，绿肥已基本收割完，此活一完，田里的活暂告一段落。这些村民就开始干找柴、拉松毛之类的事情。妇女及女青年除此外暂无其他活计，男人则有些又去包车开，如和万军、和国成；有些就找石头，备卖备用都有。

2004年12月11日　农历十一月三十日　属日：鼠　天气情况：

和万琼经过6天紧张地砌围墙工作，今天已经砌完。他砌了约长10米、高1米的围墙。他砌这堵围墙是有两手准备的：一是目前做院坝的围墙；二是到条件成熟时准备在此围墙边利用围墙作房子的墙而起一所房子，等到起房子时就省了筑墙这道工序。看来他是有长期打算的。

和学青、和茂花、和良命、和秋谷、杨文花、和世仙等妇女也带了午饭到鸡冠山背后去砍柴。如今已有相当一部分男人去丽城开车，不像前几年，一农闲，家家户户的劳力就都去鸡冠山后面砍柴。村民进城开车的开始，就是在远处找柴的村民减少的开始，也是森林生态恢复较快的开始。所以今年在鸡冠山背后砍柴的村民一天能砍到五六背湿杂柴，三天就可找到很满的一手扶拖拉机柴，这样比在家附近找杂柴好得多，既省力，找到的数量又多，还不伤害村民们拉松毛的山林植被。要是所有找柴的村民都到那些较远的地方找，就更好了。

2004年12月12日　农历十一月一日　属日：牛　天气情况：阴转晴

在城里考驾照跟车学习的和朝光，接到家中母亲来电，告知他家中年猪有一头有病不吃食。他就缴约了去上村上门且在城里开车的弟弟和朝祖，及在城里开理发铺的姐姐和竹英、妹夫和益台，还有其表哥和占军共五人，乘和益台开的车转回到家。到家后和朝光一面安排烧水，一面请至亲帮忙杀猪，晚上10时左右请人，到11时开始杀猪，完事后休息到凌晨2时散伙。他们五人返回城里。因为猪病，学车时间紧，不容多想多顾了，也忌不了"初一、十五不杀生"的传统禁忌。

未婚（备婚）夫妇和武军及和文清俩人今天开始也到鸡冠山背砍柴。他们的目标是坚持砍一段时间，力争在举行婚礼前（冬月十二日）找四手扶拖拉机的柴，一家两车。所以，他俩一开始就砍得特别带劲。

村民和建成这段时间（已有15天）坚持天天找石料，准备到冬月间用作从行茂落村买来房子的基石。据说和建成已经向行茂落村的吾家会买了一所价格9800元的新房，但吾家会家一块基石也不卖。所以他利用农闲时机抓紧挖找自用石块。他力气大，技术高要求也高，做什么事情都从不随便马虎。他所找掘的石头大小大概一致，都宽50公分、厚40公分、长60公分左右，每块都看似大小一样，到今天他已找得差不多了。

2004年12月13日　农历十一月二日　属日：虎　天气情况：阴转晴

所有出嫁的妇女，其父母（或父或母）已去世者，都手提一瓶酒、拿一两炷香，回出生地给祖宗敬酒献香。她们敬酒献香结束，吃晚饭后，有些嫁到本村和邻近村的就各自回家，嫁到远点村寨的就留宿，到明日再返家。

村民和国武家的今日活动是这样的：天刚蒙蒙亮，就有因所饲养母猪发情，为最先得到其母猪与种猪交配机会的村民，来把他们家叫醒了。和国武之妻应了来人并叫醒两个正在梦乡里的女儿，小女儿和玉梅起床赶出自家种猪为别家发情母猪做了交配，就到厨房里点火烧水。等猪交配完毕，她就拿来一个鸡蛋，喂给种猪并将其关好。她就洗脸备早点。早点还未做熟，又有村民来磨面（饲料），她又把早点事暂搁下，待母亲起来做，而她则去为来人磨面。长女和玉兰一起来就背着篮子去山上拉松毛。和玉梅磨完面又有人来买东西，和国武睡在里边喊："吾玉梅！"和玉梅就先跑出来卖东西。养种猪，办小卖部，看似休闲，其实并不闲，想睡也得起，想坐也得起。但实惠属于勤者、苦干者，这些年他家变富较快。

今天是居住在满资师下村、中村纳西族敬祖节（上村是昨天），也是2004年里的最后一次敬祖节，纳西语称"层丢此波"。

午饭后各户的长者请退休教师和尚武老人写了自家的祖先牌，置于供桌正中，供桌上撒上青松毛，大门的两边也撒上青松毛（过去大门两根柱子旁竖有两块长尖形石头，纳西语称"鲁神"，常在"鲁神"边撒青松毛插香，敬酒敬茶），插上香，在香和青松毛上洒酒、洒茶，口中一边不停地念叨："今天是十一月初二日，家中三代祖宗们请回家中坐！"说完就回到屋里，在祖先牌首插上香，摆上酒、茶，边说道："家中三代祖宗们请上坐，请喝酒，喝茶！"接着摆上三双筷子、三根蒜苗、三堆黑色柿子、三堆核桃，每一堆里还放一个水果。敬献完毕就忙着做饭。等把饭都做出来了，就全部都摆在供桌上，以示让祖宗们先食用，全家人及回来敬祖的妇人，一齐向祖先牌磕三下头，磕头完，由长者找块瓦片，瓦片里放上燃着的炭头，然后用筷子从每个碗中夹点食物放于火炭之上，再用三个小碗，里面都放上些食物，将所摆设的蒜苗、水果、柿子、核桃等物也装进盘子，边说边端出去送祖。到送祖的地方插上香，撒上青松叶，再在松毛上放上所带来的东西，以示送给祖宗们用于路上食用，口中还要说："请家中三代祖宗慢行，走好！"等送祖的人回来后，收好祖先牌以备后用，该牌要留到来年七月拜时再烧。一切收拾停当才开始吃饭。

2004年12月14日　农历十一月三日　属日：兔　天气情况：晴

有些村民进城去购买杀年猪用的鲜菜。如村民和学青她家准备明天杀猪，她今天就专门去城里买鲜菜。她买来的东西是：酒（啤酒、白酒两种）、烟、茶、饮料、水果、糖（以备给小娃娃们）、米线若干斤、莲藕若干斤、茨菰若干斤、青花菜若干斤、饵片若干斤、豆腐15斤、白菜20斤、葱若干斤、木耳1斤、豆芽5斤。村寨里杀年猪基本上也就买这么些物品了，大同小异，差别不大。她家是2004年满下村寨中宰杀年猪的第一户，以后每天都会有人要杀猪，甚至一天会有三四家杀猪。

2004年12月15日　农历十一月四日　属日：龙　天气情况：阴转晴，早晨浓雾

黄山镇党委、政府派来以镇党委副书记木建华同志为组长的工作组，一行五人进驻南溪行政村村公所，准备解决关于满下落水洞招商引资租用土地的问题。

村民和学青家杀年猪了。她家是今年满下村寨中第一个杀年猪的。帮她家杀猪的人较多，有和学伟、和学仁、和亚华、和作典、和春琴、和朝光、和作武、和春立、和万军，还有妇女和益花、和竹英，还有在城里开车的和学青之子和圣军的同伴和永华、和国军、和占军、和朝亮、和吉珍、和灿、和建军、和圣武等。大约10时30分才抓猪动刀，但人多力量大，上了点年纪的就闲在旁边，年轻人七手八脚，约半个时辰就把两口大肥猪烫身退毛弄得雪白干净。女人们则一边备饭，一边择菜，到13时左右就吃午饭了。一般午饭较为简单：一个肥肉、一个瘦肉、一碗豆腐白菜汤、一碗素菜（有些家是一碗洋芋，有些是一碗酸菜，有些则白芸豆一碗，不尽相同）。晚饭做得很丰盛，最少也是8碗，多则10碗。和学青家今天做了10碗，其原因是仅开车人就一桌有余；又新增了两户客人：未婚儿媳和竹英的两家哥哥（和朝光及和春琴）。开车人吃过晚餐后回城开车。

村民和朝泽及妻子和秋谷、和永昌及妻子和社芬也去丽江城备办杀年猪的菜。和朝泽回村时还顺便拉回一手扶拖拉机空心砖，太阳还有一竿落山时回到家。和永昌则帮和国兴拉来些酒、饮料及干菜，同时还拉回了逃学的儿子和丽华。和丽华说是不想读书，要辍学，父母极力反对，旁人也好心相劝，但当天无效，只好让他随他（她）们返回家中。

2004年12月16日　农历十一月五日　属日：蛇　天气情况：晴

晚上7时到9时召开户长会议，会议由黄山镇党委副书记兼南溪行政村工作组长木建华主持，参加人员有黄山镇人大主席王光红、镇林业工作站袁站长、镇司法所长和兴林、镇政府办公室李明，以及南溪村委会主任和国军、副书记和继武、村委会副主任和丽军，满下村寨每户一名户长。

会议的主要内容是，满下落水洞进行招商引资开发的有关土地有偿转让问题。先由木建华传达了镇党委政府开发南溪、筑巢引凤的计划，然后让大家就转让问题发表意见。方式是分成四个组，逐一发表各人意见。发言你争我抢，都站在自我利益上发表了"不愿调整土地，不愿卖出，价格低不卖等意见"。在无法统一民意的情况下休会。

村民和朝泽及和永昌家杀年猪。两家主人一起床就先烧烫猪水、做早点。这顿早点一般做馒头或油煎粑粑，待帮忙杀猪的人陆续到来时就请吃早点、喝茶喝酒。等烫猪水开了，大家再一齐喝杯"抓猪酒"，凡是在场的男人都必喝这杯酒，等这杯酒喝完，就开始抓猪。和朝泽家，帮忙杀猪的人比往年少了四五人，有人担心人少抓不翻猪，就叫主人家和朝泽用绳子拴住猪的脖子，拉出按翻（这样做省劲些），拴牢嘴巴和手脚后再由两人压住；他们用同样的办法把另一口猪也按倒捆好。第一口猪大些，主刀人和万琼，一手提着猪头，一手持刀杀，可刀子怎么也戳不进去，于是把头放下，又去磨刀。这样进行了四次，也戳不进。六旬老人和建良争着来试，别人都笑了，笑他不自量力，笑他不会成功，他在一片笑声嘲语中把刀使劲戳，果真戳不进，就叫主妇和秋谷去邻居和作典家借把杀猪刀来，再由和方琼主刀。这次泉水般的鲜血喷涌出来，猪挣扎几下就呜呼哀哉。猪杀死后，几个人端来滚开水倒进大木桶里，先烫大点的这口，一部分人烫，另一部分人再杀另一口猪。第一口猪烫好了，接着在烫第一口猪的水里放下第二口猪，同时又端出些开水，倒进木桶里。这口猪烫了好久，猪身上的汗毛倒烫得干净，但毛却烫得不干净。大家议论开了，有的说怎么这样难烫净，有的说第二口猪应该比第一口猪还好烫净，我们以前杀猪都是这样的。有一个有了年纪却缺乏经验的人说，"我刚才往锅里掺了点冷水"，大家都说就是这个原因，所以难烫净了。人们只好把猪拉上来放在桌子上，找来松脂，沾在拇指和食指上来粘烫不净的猪毛，大家七手八脚硬把猪毛粘得一干二净。到12时30分，两口猪都收拾完成。年轻人就动手做饭，上了年纪的人则休息。

等饭菜都做熟了，女主人和秋谷从墙上拿下来三炷香，点上火，插于祖先牌前，并找上两只杯子，一杯盛酒，一杯盛茶，摆于祖先牌前，再找两个碗，每个碗里都放点饭菜，摆在祖先牌前，口中念诵道："祖宗保佑一年平安，丰衣足食，愿来年也能保佑，平安丰足！"围坐在火塘边的人也随声唱道："愿来年祖先保佑家人平安，丰衣足食，比今年有所提高！"祀奉祖先完毕，就开始吃饭，午饭做了四道菜：炒瘦肉、酸菜烩肥肉、酸菜凉拌、豆腐白菜汤。

吃过午饭，女人们忙着准备做晚饭，男人除了做米灌肠的一两人外，其他人都休闲喝茶。晚饭做了八样菜：肥肉、米线、洋芋南瓜、莲藕排骨、瘦肉、泡豆腐、酸菜、白菜，外加一碗米灌肠。

吃完晚饭，把碗锅收拾好后（当晚不能洗碗），女主人给小娃娃们分发橘子、水果糖，并拿出瓜子摆放在火塘边，让客人一边吃瓜子，一边烤火。

2004年12月17日　农历十一月六日　属日：马　天气情况：晴
村委会书记和国军、副书记和继武把满下自然村的组长和国兴及副组长和圣伟请到村公所，由镇党委木建华副书记给两位组长谈心、开导，并要求签协议。两位组长一直坚持推脱，说不敢签，只能是全体户长签了才行，我俩担当不起这份责任。工作组无奈，又决定明天再召开家长会，分两组开，以包交提留到户前的南溪满三队、满四队为一组分段分地点进行。满三队于明日上午9时在和圣伟家举行；满四队于上午11时在和万仕家新院里进行。

村民和朝光家、和国红家、和圣华家杀年猪。和圣华的弟弟和圣周已在丽江城闲混好多年，以前曾领来女朋友，今天又领来个新的女朋友参加杀猪宴。三家的杀猪、做饭、祀奉祖先，所做的菜类大同小异。和朝光家客人多了几个和竹英的青年女伴（和爱英、和益兰）。吃饭过后都是摆瓜子，给小娃娃分橘子和糖等食物，大人们休闲到晚间十一二点才散伙。

这些天大家都忙着帮忙杀猪，做杀猪客，剩余劳力有时间就上山拉点松毛、找背柴。

2004年12月18日　农历十一月七日　属日：羊　天气情况：晴

和仕芬之长子和汝浩及小儿子和汝信今日起分家而居。这很出人意料，因为和汝信还没有讨媳妇成家，这种情况一般是不分家的。家庭成员中也不很存在矛盾。究竟是什么原因，有些人猜测，可能是为得点卖地的户头款而致。但谁人都不知道真正的原因，只知他家分成了两家而居。

上午9时至10时40分，黄山镇党委政府派往南溪行政村的工作组在满下村副组长和圣伟家召开了满下自然村（人民公社时代的南溪满三队）家长会议。会议由工作组长镇党委副书记木建华主持，并作专题发言。参加会议的人员有工作组全体成员（镇林工站袁站长、镇司法所长和兴林、镇政府办公室工作人员李明、村委会主任兼书记和国军、副书记和继武、副主任和丽军），以及老三队全体户长。和家良家因本人不在家由退休在家的丈夫和尚勋老师顶替，和朝珍家因两口子都在丽江城由退休在家的父亲和尚武老师顶替。

会议一开始由党委副书记开门见山地提出会议内容，他说："我们党委政府已研究决定，强行实施对满下落水洞及草坝的招商引资项目，征地价格不增加了（农田每亩价1000元，草坝每亩价500元），所用地一次性征租到所钉桩之处（农田300余亩，草坝600余亩，共900多亩）。"

木建华继续强调，此项招商引资项目来之不易，的确是千年等一回，千万不能错过，为实现此项目，镇党委政府花了一年多时间洽谈了十多家投资商，并都领到南溪现场察看，结果只有现在的泉盛商贸有限公司敢投资、想投资。为了南溪的发展和幸福的未来，特决定要强行实施此项目，群众想通也好，想不通也好，要干了。各位家长有什么要求和想法逐一谈谈。于是户长一个接一个谈开了，都说价格太低了。有些展开了争论："你们都站在投资商一边，怎么不为老百姓着想呢？"有些则说："政府要强行做，我只卖下片的，上片的坚决不卖。"有些则说："要强行，确无法，但请统筹调整土地。"最后有些群众提出："无地可种了，做什么去呢"？有个别人说："群众是一个也不想卖地，但你们要强行，所以遵从你们。"

11时整，工作组及村委会全员到原来的（人民公社时代的）满四队（满下自然村下片），在和万仕家的新院里开会，会议的议程和内容同上。这里争论得很激烈。有的群众说："你们要强行，请出示上级机关的批章"；有的说："你们要强行就请安排满下村寨每户一人做他们的工，每月500元，食宿自理"；有的说："如果政府要用，我们宁可一分钱也不要，只要请政府给村民安排好口粮就行。"满下自然村的组长和国兴也说："为此事，以后不要来找我。"木建华说："你是村民组长，不找你找谁？"和国兴说："卖地的组长我不当，我不做千古罪人，请于明日就改选。"有些群众还提出："2004年度的退耕还林补助款，其他村寨的都发放了，我们村的为什么还不发放"？木副书记回答说："你们村搞得悬殊很大，多的有二三十亩，少的一分也没有。这是中央对农村的扶贫项目，要拉平。"

总之群众的要求有两点：一是钱太少，要多给些；二是所租用地范围要小些，以免影响群众的口粮生产。如政府能协调好这两方面的事宜，阻力就会少些，否则，确实难以实施。

和国军书记说："南溪公路的改造设想，不能说成是满下村寨付出的牺牲，而是政府要出资一些，让石厂投入一些，让温泉投入一些，要开发投资落水洞者投入一些，群众自筹一些。"会议在没有结论的情况下休会。

2004年12月19日　农历十一月八日　属日：猴　天气情况：晴

村民和建成、和永红、和永良、和二友、和万琴、和子一、和武军等人组成采石组，进行集体采集、集体出售、按工日分配现金，每人自带粮油和菜，中午在采石场集体煮食。

他们所采出来的石头都值钱，各种石头都被订上不同的价格。杂石每车8元，片石每车（手扶拖拉机）15元，五面石每公尺23元（如果他们内部的人要买，则15元），盖板石每米35元（他们内部的人要买，则每米25元）。今天采着每块长2米30公分左右的3块，说是和建成要买，不让卖给别人。和文亮于今天上午、中午以 15 元价拉回了两车片石。这些天，能在山上找点钱的活计只有这一项。他们早晨 9 时左右出工上山，到下午 6 时 30 分左右收工回家。每天出工收工轮流用一辆手扶拖拉机拉人、拉工具、拉水等。

2004 年 12 月 20 日　农历十一月九日　属日：鸡　天气情况：晴

村公所干部在和国兴家买了一口肥猪，并趁和国兴家杀猪之机，请他们杀了、烫了、剖了后才用村委会书记兼主任和国军的车拉到村公所擦盐挂好，以备来年食用。他们在去年也用这样的方式在和国兴家杀了一口猪。这对应付上级临时下乡及组织开会，筹备不到伙食的情况是很起作用的。

鹤庆县辛屯乡大老板（原辛屯北京沙发厂总经理）施崇基来和国兴家做杀猪客。因为在 28 年前，他俩结交为干亲家，和国兴请施崇基为其子取名。他们一行四人由和国兴的未婚女婿吾波德用他的出租车拉来又拉回去。

村民和国兴家、和万琴家、和国成家杀年猪。由于一个村寨里三家杀猪，有些家人手就显得较紧张。如和国成家就有些紧张了，他家杀猪的男人连他父子在内只有 8 人，8 人来抓、杀两口肥猪的确够紧的。和国兴家人较多，连他父子在内有 12 个男人，男人多些，杀猪、烫猪、剖猪速度快些。

村民和圣伟及和献清两人巡山、看山。这是满下村寨自护林员和红回去以后村民轮流看山的第 12 天。每天河东一户、河西一户，由两人来巡山。这样做可以监督一些其他村寨的村民进山拉松毛时少砍或者不砍小松树，对护山、护树有一定积极作用。

2004 年 12 月 21 日　农历十一月十日　属日：狗　天气情况：晴

村民和天林家及和家良家、和玉琴家杀猪。三家参与杀猪的人数差不多。如若和家良不喊回开出租车的这部分人的话，人手的确少些，难以顺利轻松完成杀猪的任务。开出租车的和朝亮领回本村开出租车的伙伴和益台、和珍贵、和国军、和永华、和灿、和吉祯、和圣武、和朝珍、和德华、和建华、和建成等人，加上在家的亲戚和高胜、和高祖、和朝东、和武军、和朝光共 16 人，16 条大汉一齐上阵，稍上了点年纪的人都可以休息了。真是人多力量大，从 10 时开始到 12 时就把两头大肥猪收拾完毕，到下午 1 时就吃午饭。学生、老人都来吃了。中午饭是便饭：两个肉（肥、瘦各一个）、从城里买的凉拌、莲藕凉拌、大块洋芋、白菜豆腐汤，共六个菜。吃完饭后，年轻人玩性大点的都搓麻将。中年人则备晚饭、做米灌肠。因为有和朝亮的开车伴,所以不像和家良家按传统的六菜两肉来安排晚餐,而是以肉为主:煎鱼、鲜肝凉拌、油炸鲜排骨、油煎火腿肠、炒肉丝、炒肉片、肥肉头、莲藕炖骨头。本来是可在6时30分左右开饭,但和朝亮主张晚些开饭,所以到7时30分才吃饭。吃过饭后,有部分开车的回城里开车;大多数人则在他家过夜,第二天早上才回城,这部分人通宵决战麻将。

2004年12月22日　农历十一月十一日　属日:猪　天气情况:晴

今日的属日是猪,居住在南溪村寨的纳西族,猪日是禁杀猪的。忙着准备杀猪的人家都只得往后推。南溪村寨的杀猪禁日有三种情况:一、农历初一、十五不杀生;二、属猪日禁杀;三、本家已故父母的属日禁杀。父母健在者,已故爷、奶属日禁杀;如若爷奶、父母都安在,则祖爷、祖奶的属日禁杀。除此之外,均可以杀。今日无人杀猪,昨日来帮忙杀猪的亲戚们都集中在他们三家吃饭、休息、玩,直到傍晚时分才散伙。不沾亲的村民则做里带闲地到山上去找点柴,拉点松毛。有个别村民去城里购物。

2004年12月23日　农历十一月十二日　属日:鼠　天气情况:晴

村民和尚典及和建华家杀年猪。和永良、和永红、和二友、和社红、和圣伟、和万琴等人去石场采石上车。和圣伟及和万琴是和尚典家的亲戚,和圣伟让儿子和武军前去帮忙杀猪,和万琴则叫妻子金燕去帮忙做饭,这些是经济意识较强的表现。

村民和金辉这些天则自个去山上剥前段时间采藏在山上的松子,到今天已坚持了10天。有人问他:"没有被别人发现吗?"他满意地笑答:"藏得很好,即使是有人踩在它上面也不易发现。要是被别人发现了那我就白辛苦一场了。"他每天都剥回30市斤松子,准备等到山上和家里的都剥完后一起去卖。他还说:"生意好些的话,我可以收入5000元以上的松子款;生意再差至少也可以收入3000元到3500元。我是找钱能手。"

2004年12月24日　农历十一月十三日　属日:牛　天气情况:晴

村民和学伟家、和学仁家、和建良家杀猪。其中和学仁家除自家亲戚外多了两桌多客,一桌是他儿子和吉祯的开出租车的本村伙伴,还有和吉祯所包开的车主人共11人。在丽江城客运站工作的姑娘和吉花也请假回来。另一桌是儿子和吉祯的对象和家香的同事——南溪完小的教师们。

吃饭后开车人玩麻将的玩麻将,打扑克的打扑克,其中玩扑克的和永华输得较多，在旁观看的侄女和文清及未婚夫和武军有些心疼，就劝和永华说："输光了不好，不要再打了。"饭饱酒醉的和永华，对侄姑娘的好心听不进，反而大哭大闹说是看不起他，并且又向别人借钱想继续赌。别人也好言劝之，不借钱与他，他就跑回家向父母要钱，边哭边向父母诉说："和文清、和武军两口子看不起我，我要当着他们的面逞逞强，你俩老拿给我300元钱。"在父母面前这样折腾着，在场的人劝其父母不要拿给他，并说："开车找钱应好好干，不挣钱交给父母，反而向父母讨要，这确实不像话。"并劝和永华睡觉。在在场众叔叔、哥嫂们的劝压下和永华入屋睡觉了。

到晚间9时左右，村民和作典比平常多嘴多舌，家人怀疑有鬼缠他，就把其儿子和圣武及侄儿和益台从和学仁家叫回去。结果发现和作典只是对开车的人不回城开车，而是在家吃、喝、玩的现象不满而发牢骚。和圣武气都不敢出。和圣武及妻子和爱花平常都很敬畏和作典的，父子两从不讲过多的话，很少对坐痛快饮酒。

2004年12月25日　农历十一月十四日　属日：虎　天气情况：晴转阴

村民和永昌从南溪完小收购学校勤工俭学所种洋芋3900市斤，每市斤以0.19元的价格成交。和永昌及女儿和丽芳装了2600市斤去丽江坝子换粮食（玉米及小麦）。他父女俩所换的比例是3∶1、2.5∶1。换得小麦300斤，每市斤卖得0.52元，计246元；换得玉米680市斤，每市斤卖得0.72元，计合509元。两项共计755元，除去洋芋本钱合494元，加柴油30元，花销连烟酒、饭40元，共支出564元，纯收入191元，人均收入近百元。这样的劳动收入是可观的，但平常从群众家里是难以买到这样便宜的洋芋的，而且不少村民宁愿一次性卖给大车，不想麻烦多次。所以，天天做这样的洋芋生意是不可能的。

2004年12月26日　农历十一月十五日　属日：兔　天气情况：阴

和圣伟的女婿和玉恒带着米酒来老岳父及亲戚家报生，纳西语称"祝生"。他每个内亲家送一盖碗糖米酒，这家的长者用筷子夹点米酒放置于三角（火塘上支锅用的铁三角）三根脚上面，放完后口中诵祝语："快长快大，健康长寿！"人人跟着齐呼："易养快长，健康长寿！"他便说："农历十月廿八日，请大家来家喝碗米酒"，就告辞了。所请到的每一家都送些鸡蛋，有的送6个，有的送8个，有的送10个，有的送10多个，一般送10个的较多。

村民和武军请鹤庆木匠装结婚房，两间房里用胶合板打天花板和三面壁板，安两盏灯，楼梯上也钉胶合板。商议工价500元，并当即开工。

满家家族17家，除和发兴、和国辉迁居丽江城、和发魁迁居楚雄（大姚铜矿住宅区）外，有14户。14户中除和国亮、和国武两家外，其余12户每户一人到丽江帮助和国辉明日为儿子和益尚举行婚宴的准备工作。他们早上就乘坐村支书兼主任和国军的车前往丽江城，但人多车小，坐不下，和国军抓紧拉了两转，才满足了人们的需要。今日适逢星期天中学生返校，是和书记拉人最忙的一天，他当天就往返了四趟，收入也必定很丰厚。

2004年12月27日　农历十一月十六日　属日：龙　天气情况：阴

村民和圣华从洱源县邓川（滇西北农机服务中心）买来一辆电启动方向盘的小型拖拉机，价值一万余元。他买回这辆车后准备拉着夫人和良命一同去做洋芋生意。和圣华在两年前就拿了驾照，也曾开了一段时间的出租车，后因父亲病逝，接着奶奶去世，就一直在家。他爱人和良命是从前山石镜头村嫁过来的，从小跟白族打交道，很有经济头脑，村民们都称和良命、和亚兰两姐妹为"经理"。所以和圣买华做洋芋生意的车，肯定是和良命经过深思熟虑才买来的。

迁居丽江城的和国辉，在丽江城为儿子和益尚举行婚礼，满下村寨有一半以上的人家都应邀赴宴。和国辉是丽江市印刷工的退休工人，他把老婆娃娃领到城里，并在城里安家落户。但他老婆、儿子、姑娘的户口还在满下，没有落城里，所以他们家的田地是租给别人的，到年底就回来拿租金。

有部分村民怕明天下雪，就急忙往绿肥地里跑，准备把割晒在地里的绿肥拉（背）回家。男人在家的可宽松些，两口子开着手扶拖拉机到地里，抓紧把绿肥装满车就可往家拉去；而男人出去开出租车的妇女及儿子去开租车的老爹老妈，只好用绳子一背一背往家背，死干一天也背不了多少。人背人挑不如用机械来干。但因不会开手扶拖拉机，他们面对搁在家中的农用手扶拖拉机而束手无策，无法操作，只好凭借憨力气去完成可由机械代替完成的重活、累活。

2004年12月28日　农历十一月十七日　属日：蛇　天气情况：晴

黄山镇中心校长木龙率领中心校的三名负责老师及白华、文华、五台、长水行政村完小的校长，到南溪完小视察、指导教学工作。这项活动对各校互相学习、互相交流、相互促进、取长补短有一定的积极作用。

这些天，村民们或杀猪，或做客（杀猪客，喜客），很少人有干正经的农活，偶尔有个别人在拉松毛、砍柴的，也是干里带闲，闲中带干，不是专心致志干。

没事干的村民则晒了菜籽到满上村寨吾拾红家榨油。榨油时，人们的心里都不想第一个榨，因为第一个榨时，榨机尚冷，花费时间长，所榨出的油也不是很清的。榨了一阵之后，机器渐渐变热，所榨出的香油没有浑浊的现象，而是清清的了。

2004年12月29日　农历十一月十八日　属日：马　天气情况：晴

和圣昌、和圣明两弟兄，在和对昌家休闲时发生了口角。和圣昌怀疑其父亲和作良的住房补贴款已被和圣明所用，两人就争了起来，发展到吵，甚至相打。吵着吵着和圣昌就跑进厨房并把厨房门顶起，和圣昌的长子和士福则拿着杀猪刀向和圣明跑来，和圣明大喝："你确实向我下刀的话，我就放枪来杀死你，看你怎么办！"这话真行，和士福之母和红雁，赶忙把和士福拉开；在和圣昌家做木匠的和金胜也乘机相劝，避免了一场不可想象的场面。两父子的火气也消了，和圣明也忍气吞声地回家了。

合伙找石头的人们除杀猪或帮亲戚杀猪的以外，都坚持到石场作业。一则看守已找好的石块，以防被别人偷走；二则在场继续找石料。这些天石场上的人很少，只有两三人。和万琴也自个在田边砌围墙当作篱笆，这是一劳永逸的好事，但砌围墙工程量比围篱笆大得多，可他决心很大，不管这些。拉上几天石头，又砌一天，到今天已砌出一半，约高1.2米、宽80厘米、长10米。围好后，牲口无法进入田里损坏庄稼。

2004年12月30日　农历十一月十九日　属日：羊　天气情况：

村民和作才、和学青夫妇请和学青的二哥和学仁开手扶拖拉机帮他俩拉晒在地里的绿肥。因为绿肥地是在山上，所以他们用很长的小松被围在车子的四边，车装得像座小山似的，一年的绿肥，两车手扶拖拉机就拉完了。从10时出发到2时左右拉回一车，又从下午3时30分出发，到6时左右拉回一车。其所费的时间主要是在上车这一程序上。

已杀猪了的人家，这些天主要从事拉松毛积肥及找柴，边闲边做。

2004年12月31日　农历十一月二十日　属日：猴　天气情况：阴转晴

行政村主任和国军，副会书记和继武、副主任和丽军，以及各自然村村民组长到黄山镇开会。这次会议是镇政府召开的三级干部会议（镇、行政村、自然村）。会上由黄山镇人民政府镇长和卫红总结了2004年黄山镇人民政府的工作，并对2005年的工作要点作了说明。

下午，南溪完小全体师生对已退休的教师进行新年慰问。他们分成三个组，每组由三位老师带队，分头到满中村和国贤老师家、满下村和尚勋老师家、满下村和作良老师家进行慰问。他（她）们带着少先队的队旗，手拿扫帚或提着小水桶结队而来，途中唱着《少先队队歌》，歌声嘹亮。到退休老师家后，他们立即动手进行大扫除，有的同学用小水桶洒水，有的同学用扫帚扫地，有的同学倒垃圾，他们都在争先恐后地干。等地扫完了，他们排好队向退休老师行队礼，并唱起了《少先队队歌》、《上学歌》。歌声一停下，他们齐声衷心祝愿老师新年身体健康，合家欢乐，万事如意。带队的老师请退休教师给师生们讲几句话，和尚勋老师祝愿："学生们来年努力学习，争取好的成绩，从小学好建设祖国的本领；愿老师们在教学中取得好成绩，培育好祖国花园里的花朵。"结束后，带队老师向退休老师敬献了中心校（原教委）所赠的贺年卡。

今年新校长改变了过去两年代教委送贺年卡的方式，同是一张贺年卡，方法各异，思想内容也就不同，效果也肯定会是两样，在退休教师脑海里留下了深深的两种不同印象。

二　2005年日志

（一）1月份日志

2005年1月1日　农历十一月廿一日　属日：鸡　天气情况：晨雾，转晴

今天是2005年的元旦，白天没有安排什么活动，都去从事各户所要干的事情。吃过晚饭，在家的青年男女们邀约着到旦都村去玩。主要的活动内容是青年男女进行交际、谈心、谈情说爱。方式是在球场内打跳、在旦前村和述贤及和红军家看录像。打跳及录像放完后，各找同伴，各寻心上人，逐渐散去。好多青年到深夜才回家，有个别的甚至天亮才回家。

在村公所，由行政村书记、主任、副主任召开各村民组长、副组长防火期巡山员会议。会议由村支书兼村委会主任和国军主持。会议的主要内容是总结2004年村委会的主要工作，总结中提到村委会三年任期目标中的一大目标——农电网改造工程已在2004年中完成。第二大目标——南溪公路文屏至村公所段改造工程力争在2005年实施，要努力招商引资。接着安排部署了护林防火分片包干负责的事宜，由天保所请的巡山员五见立及林工站请的巡山员五四先同村委会副书记和继武负责文屏、金龙、满上片区；村委会林政员和吉红及林工站请的巡山员和万红，同村委会书记和国军负责满中、满下、前片区；由天保所请的巡山员和红光及村委会副主任和丽军负责旦后、鹿子片区。随后组织了南溪行政村护林防火应急抢救队伍100人，其中，文屏村10人，金龙村10人，旦前、旦后、鹿子村各10人，满上、满中、满下村各17人。这些人要求年富力强，能适应应急抢险救火救灾的需要。

2005年1月2日　农历十一月廿二日　属日：狗　天气情况：晴

村民和永昌、和社芬夫妇，趁去换洋芋的时候，到丽江城大研农场木材加工厂买板子。他俩先把所换到的玉米和小麦卖给鹤庆的粮食商，然后到金山的一个加工厂去买板子。实价每张要160元，而且不许挑选。他俩有些不乐意买，借口去找车子而又跑到大研农场木材加工厂去看。这个厂的实价是每张150元，而且可捡出板子中间有裂缝的。他俩就买了10张，拉到白华先寄存一部分在老友家，因为板子湿，很有重量，一次是难以拉回家中的。所以今天他俩先拉回一半，轻车快跑，太阳刚刚落山就到家了。住在山上的人要到城里买木料、买板子，这种情况同以前相比，转了个个。山里人本应卖木材，本应靠山吃山，但最近几年起房盖屋都得到城里或前山行茂洛或者后山去买，而且得出高价。这是因为20世纪80年代没有管好林，而且大肆乱砍滥卖所致。当时几乎所有在家的男人都往山上跑去卖木料，昆40车装每车木料卖40元钱，丰收35拖拉机装一车木料卖35元，铁牛55－拖拉机装一车木料卖55元。当时一拖拉机木料还有的只换三四十市斤玉米或一条金江香烟。多好的森林就这样毁于一旦！结果害了大伙自己。这样的教训不知村民们会记住吗？想必应吸取这一教训，每个村民都应管好林、护好林、用好林，才会造福于民众自己及子孙后代。

2005年1月3日　农历十一月廿三日　属日：猪　天气情况：晴

村民和圣华、和良命夫妇及和茂花、和人娘、和学青、和红彦、和圣明、和三姐、和建国、和建成、和建军、和国兴、和社兴、和尚花、和汝信等赶到金龙村去参加和娘的丧葬礼。和娘是和人娘的姐姐，是和圣华的大舅妈，所以他们两家所带去的丧礼多些。他们两家都带去一盆米、一盆玉米、一盆小麦、一挂肉、一床挽幛、一条烟、一斤酒。其余的有的带了5斤米，有的带了 5 斤玉米，有的则带了 5 斤小麦。所有去参加丧葬礼的人都准备了一些零钱，到场时给亲戚两三元，最多的给 5 元。

2005 年 1 月 4 日　农历十一月廿四日　属日：鼠　天气情况：晴

村民和永华砍来一手扶拖拉机木料，大概是六棵松树。他准备来年农历正月做新郎。他请了和顺明、和顺达、和永良、和永红、和永军、和亚华，准备用找来的木料格整新厨房。最近两年（去年开始），满下村寨不准砍伐一棵树的现象转变了，村民需要修整房屋的可以砍五棵，这得到绝大多数村民的赞同。都说："需要时用着点是应该的，封山近 20 年，本村里封得死死的不让动，邻村人则偷砍了不少，封山费出了这么多只是为邻村人育材，人家建设得好好的，我们村房子要垮了也无木料换，这有些过分了。像这两年就好了，需要时用点，房屋也好些了。"

村民和国武送长女和玉兰去玉龙县山榆菜公司打工。此事是和国武托他的好友杨承新副县长洽谈的就业门路。他们家四口人都很高兴，只是次女因不叫她去而对此有些不快活的表现。

凌晨 4 时 10 分，南溪发生地震，大约里氏五级左右，震感很明显，房屋发出"吱吱吱"的响声，大地颤抖。没有发生人员伤亡及房屋倒塌的现象。好多村民都从熟睡中被震醒，而且不少人还打开电灯看了看地震发生的时间。

2005 年 1 月 5 日　农历十一月廿五日　属日：牛　天气情况：晴

村民和尚花及儿子和武军到丽江城里去买和尚花女儿和朝梅的祝米客（满月客）礼品。当外婆及当舅舅才十多天的母子俩，备上钱，乘车去丽江城买送给外孙女的衣服、背具、抱被，还买了一辆娃娃玩的三轮车，大约花了四五百元钱。

村民和朝东家杀年猪，虽然人手少些，但一切都很顺利轻松，午饭时他们喝了不少酒。饭后给猪肉擦盐挂起时就闹起了酒话，先是和朝东对弟媳和秋谷发泄，后来又对其叔叔和尚勋发泄。和尚勋不服，硬冲他顶嘴，他暂时无话可说。他对和尚勋发酒疯的主要原因是：前不久和朝光家杀猪那天，和朝东酒醉乱骂孩子老婆，甚至把老婆和英打哭，听到儿媳哭声，老父亲和尚武起身相劝，和朝东把 75 岁的老父亲推了个趔趄差点跌倒。对这些事，第三天和尚勋对和朝东进行了教育，他就心中不悦，而借酒与和尚勋乱找碴儿。和尚勋家人对他说："好心不得好报，好意糊涂人不知，以后再不能怀好心、出好言！"是的，一些不明事理人是这样的，明智者则不这样，长辈劝之，力争改之。

2005年1月6日　农历十一月廿六日　属日：虎　天气情况：晴

在城里开出租车的村民和灿，暂停开车回到家中筹办其妹和会（五春兰）的婚事，打算把和会的婚事办完后再去开车。今天，他借了岳父和顺明的手扶拖拉机和他老婆和永秀及母亲一起到鸡冠山背后去拉婆媳俩前不久就砍好的柴。和灿在砍一棵小松树时，不知怎的，一斧砍在脚上，鲜血直流。他母亲和永秀赶忙用围巾紧紧把和灿的伤口包扎好，把和灿背回家。到家后，立即叫儿子和儿媳乘车到县医院去治疗（因为这几天村卫生室的和秀英一直没来上班）。

2005年1月7日　农历十一月廿七日　属日：兔　天气情况：晴

村民和圣明、和建国、和建忠，从山上拉回已在田里晒干的绿肥。三家都拉回了似小山般高的一手扶拖拉机绿肥，四边用很高的细松枝围好，拴得很牢。同时他们三家都没有直接拉回家里，而是先拉到村民和国武家（他家有饲料粉碎机），进行粉碎。先按顺序进行了粉碎，然后装进化肥袋里过称，才装回手扶拖拉机里拉回去。和国武粉碎绿肥的收费标准是碎成粉后过称，每100公斤5元钱。这价格不算很贵，主要的是以后喂猪方便，只要热好水，抓把绿肥粉拌到水里就可以喂猪，暂时的付出是为了更长时间的方便省力。

2005年1月8日　农历十一月廿八日　属日：龙　天气情况：晴

村民和永昌请木匠师傅和国兴、和国亮，小工和万元、和丽军、和福生，加上和永昌本人共六人，对和永昌家原旧烂厩房进行改造。原先用木楞围好四面的房子，现要改造成加一排柱子、有点走廊的房子。而且，房屋的地基作了改变，往后迁，准备适时隔离成人畜两院。木匠进行木料修整事宜，其他四人进行基石的安排。大家分工进行，有必要时帮帮木工大师傅，和国兴也时常过去指点，互相帮忙。到天黑时分，就在新地盘上安排好了基石，还把旧房子拆完。

云南大学少数民族研究基地负责人洪颖老师到纳西族研究基地——南溪满中村，布置商量基地房屋验收挂牌的有关事项。同时收集了基地记录员所记录的2004年纳西村寨日志，并付清了两位记录员的全年酬金。与此同时，对记录员一年来日志的不足之处该怎样补充、怎样记录、记录内容应注意的问题等，都作了详细的指点辅导。也对记录员提出了2005年记录的要求。

满下村村民和圣伟、和尚花、和武军、和文亮、和益花、和茂花、和满菊、和菊花、和秋谷、和玉芬、和玉祥、和家良、和爱花、和作才、和社红、和圣华、和四娘等，到古城区七河乡前山行政村、石镜头自然村和朝梅家做祝米客。做外婆的和尚花所带的贺礼最多，礼品是：一只大公鸡（用于为外孙女取名）、1只老母鸡、100个鸡蛋、10斤米、1灌米酒及小孩的衣服、抱被、背具、玩具等。其他村民，则带10斤米、30个鸡蛋、1只鸡、小孩衣服1套（质地一般的）。回来时，每个客人的篮里又装了5个煮熟的鸡蛋，每10个鸡蛋回赠一个，一只鸡回赠两个蛋。除了对本村人以外，都得按这个比例装好，路远的煮熟了装，以防途中碎了，路近的生蛋回赠，这是历史遗留下来的传统。

2005年1月9日　农历十一月廿九日　属日：蛇　天气情况：晴

村民和永昌继续请和国兴、和国亮、和万事、和万元、和丽军、和福生等人进行旧房改造工作。人多力量大，今天比昨天多一人，也就多了一份力，工程进展速度也就快。到傍晚时分，房屋的原用木楞又组建完毕，新增加的走廊基本框架已组成。采挖石头的和万琼、和永红、和建成、和二友等四人上石场继续采挖石头。这些天，因为很多农户都忙于杀猪，人员也不齐，稀稀拉拉，效果也不明显，所找的石头大多是些小的，不成料的。

"和益先老爷爷不行了！和益先老爷爷不行了！请乡亲们帮忙一下！"几个小孩在村子中边走边喊。听到喊声，村民们都往和益先家奔去。人们挤满了他家的厨房。和益先家族的长者和福祥、和福光、和永军、和学伟、和学仁及和益先的三个儿子和子一、和金红、和子红，还有侄子和金辉、和金胜、和金星、和林等，都围在和益先身旁。和福祥大声地喊叫为和益先送行："五海，大胆往前走，要走正道，不能偏左偏右。右方是猛兽豺狼道，左边是野鸡野马道，正中是你去天府瑶池之路。你的仙游伞是和海玉，你遇到荆棘就踏断它，遇到巨石挡路就把巨石踏碎了追上和海玉一齐游仙境瑶池。你大声对祖宗们说：'我是当着家庭的面而来，当着乡亲们的面而来。'"和金星把备好的口含放进和益先嘴里。傍晚7时左右，和益先老爷爷渗出两滴泪，就闭眼合嘴离开人间。和金红找来张白纸交给和福光，由和福光盖在和益先脸上。和金辉吹羊角号，村民们听到羊角号声都涌到他家，挤满了院子。女人们劝哭泣的儿媳及和益先的侄女们，男人们则从楼上抬下棺材，开棺备装。有些烧洗尸水，有些备"芝步吉"用的东西（三根毛桃枝做成三脚架、土罐子一个、碗一个、茶杯一个、茶罐一个、饭勺一把，一起架在三脚上）。洗尸用的水烧热后，和益先家庭的妇女们都忙着做饭，小孩子则忙着给村民敬酒。习惯了该怎么做各种事宜的人各操旧事。和顺明负责棺材装尸准备，和万军负责"芝步吉"用的东西。洗尸的男人很多，基本上是由大胆的、洗过几具尸的人进行。和金星拿着纸笔，把洗尸人的名字记好，以备开追悼会出灵那天厚待洗尸人。和学伟用瓢给尸体洒水，边洒边喊："五海从今天起，你生你的火，你喝你的水，你做你的饭！"接着把一只大公鸡用炒面烫死，交给和永红来洗净。等把尸体洗净、穿好新衣裳入棺后，把棺材抬到堂屋正中摆好。和顺明就把事前备好的青刺果枝盖在棺材上，并用麻拴好。和永红把公鸡的脖子、翅膀、脚杆砍下来，找块棕叶包好，挂在棺材上头的木楞上，人们就去"芝步吉"。吹羊角号的走在最前边，孝子和子一用簸箕端着已备好的柴、铁三脚、罐、碗、杯等，烫下的鸡毛也装在簸箕里一齐端去。和金星找着砍刀紧跟在吹号者后面，和子一紧跟在金星后面，一个跟一个，来到他家的男人都得参加"芝步吉"。吹号人边走边吹，大伙边走边大声喊："入绪哈哈！入绪哈哈！"。到"芝步吉"处就把和子一端来的东西放好，摆成烧火做饭的样子，之后开始转一圈，转时按男左女右的方向，就是说，男人死了，从左边往右边转；女人死了，从右边往左边转。由走在最后边的人拿着石头打烂铁三脚上的碗、杯、罐（要是在白天进行"芝步吉"时，就不一定是最后边的人打，而是争着打，哪个打中就说哪个大胆），晚上由走在后边的人打是为了防止打到转圈的人。"芝步吉"回来后，大伙都先回到他家，在大门口烧起一堆草，站着一个人用瓢洒水给大伙"嗅颂"（除秽去邪）。大伙把手伸在烟雾上，边沾点水口中边说："颂、颂！"然后大家围着篝火抽烟喝酒，死者家族的人忙着敬烟敬酒，男人们就吃和永红炒熟了的公鸡肉（这公鸡肉死者家族的人不能吃）。休息片刻，人们想回家去（来到死者家后，没有进行完"芝步吉"是不能回家的）。但主人家请和福祥的儿媳、和溢新、和仕等人挽留，有些村民趁她们不注意或去挽留别人时悄悄走了，但大多数村民都在他家吃晚饭。这顿饭是便饭，做得很仓促，一碗肥肉、一碗洋芋块、一碗米线、一碗白菜汤，一般都是四菜一汤。晚饭后，家族的人围坐火塘讨论岀灵日期，村民们则围坐在院子里的篝火边喝酒、喝茶闲聊，到半夜才陆续离开。有些年轻的则在堂屋里打麻将，一直玩到天亮。死者家族的人商定开追悼会出灵的日期后，有几个年轻人就摆铺睡在和益先灵柩旁守灵。

今天，行政村的兽医和红光及和丽元俩人给全行政村各村民小组的农户所养的猪打预防针。这次打两种预防针。今天12时到满下村寨。有些农户是不习惯给猪注射预防针的,这类农户今天也不例外,照样不打针。全村只有一半多点的农户给猪注射了预防针,每口猪收费1.5元,比以往多5角钱,是因为这一次注射两种针水。

2005年1月10日　农历十二月一日　属日:马　天气情况:时雪时阴

村民和建华及老婆和谷,趁天气只宜在家的特点,拉了一车绿肥来粉碎。和国武家自从大姑娘和玉兰到玉龙县瓦沙公司打工后,身患风湿病的和国武之妻和闰芝就只能干起操作粉碎机的活儿。和闰芝负责把绿肥塞进粉碎机内,和谷负责把绿肥递给和闰芝,和建华则负责把绿肥粉从粉碎机的长袋里抖出装进自家的袋子里。大约只用了40来分钟就完成了。和谷家的绿肥碎完后,和家良也从家里背来去年喂剩下的绿肥请和闰芝粉碎。和家良一边负责把绿肥拿给和闰芝,一边负责抖出绿肥粉并装好袋,一人干两人的活。相当紧张的干了一个多小时,所碎出的绿肥过称有250市斤。今天真把带病的和闰芝给累坏了。

村民和国兴、和永昌、和建成三人从家里拉了一些油菜到白华榨油厂去卖,价格是每市斤1.65元。鹤庆老板到村中购买油菜开价每市斤1.8元,但没人卖。现在卖到榨油厂只是每市斤1.65元,白白丢了相当一部分钱,古人说:"生意八只脚,神仙摸不着",果真如此。好多村民都认为去年后期油菜价提高了些,所以错误地认为一开始就出价1.8元,后期肯定会更多些,就这样,每市斤上丢0.15元,要是卖掉千斤就减收150元。现在人们都在后悔当初不卖。和国兴回来时从文华中村老友小林哥家要来一口小猪,准备做母猪种。

和益先的二儿子和金红及侄子和金星到丽江城和益先生前的单位——玉龙纳西族自治县林业局报丧。县林业局领导当天派了办公室及退管科的同志共五人,买了花圈挽幛到和益先灵柩前吊丧。吊丧后即转回去。留他们吃了饭再走,他们不吃饭就走了。

2005年1月11日　农历十二月二日　属日:羊　天气情况:阴

和益先家庭的后生们:和子一、和金红、和子红、和金辉、和金胜、和金星、和林、和福光、和永军等人,从早上10点开始挨家挨户地磕头、请人,说明开追悼会、出灵时的职事安排,并告诉所请的人农历十二月初七进行丧葬礼,8时出灵。被请的各家负责通知自家在外开出租车或打工的年轻人回来帮忙。

今日村民和建成及和新兴两家杀年猪，他们两家是今年满下村寨中杀年猪最晚的农户。

在城里开出租车的和圣军及在城里理发的和竹英两未婚夫妇双双回家来。今晚和圣军在母亲和学青的陪同下要到和竹英家商订他俩举行婚礼的日期。在城里学驾驶汽车的和竹英的哥哥和朝光也一同回来，主持今晚商订婚期事宜。

2005年1月12日　农历十二月三日　属日：猴　天气情况：阴转阵雪

天阴，气温很低，可能到摄氏零度以下。稍上了些年纪的人在家休闲，年轻的少妇和小姑娘们则冒着寒冷到山上捡树枝、刨树根和找柴火。少妇们三三两两，不约而去。姑娘们则聚在和玉梅家相约着一起去。

不管天气怎样冷，轮到看山的和国武与和明贤仍然去看山巡山。看山巡山的目的是：1.防止森林火灾，做到随时发现随时扑救；2.防止邻村人偷砍树木，发现了要及时报告村里，及时处理；3.监督本村村民不得乱砍滥伐，禁砍松树和松枝。

和益先家庭在紧张有序地进行和益先治丧的事宜，主要由和金辉、和金星两兄弟来安排。今天，他们家庭的女人们正忙着做腌菜。和子一、和子红、和金星、和金辉、和金胜、和林、和学武、和永军八家，一家做一罐萝卜腌菜。

村民和建成昨日杀猪，今天请亲戚吃饭。饭后，他从和庆红家借来一卷塑料管测地基水平，同时下柱石，准备过些时候，抢在"土皇"节令前动工建房子。居住在南溪村寨的纳西族历来就有"土皇"节令里禁动土建盖房屋的习俗，也有在"土皇"到来之前就动工破土，这样就可以在"土皇"节令里继续施工。因此，他今天利用休息之机，破土动工，看来此工程要在"土皇"节令里进行。

村民和尚军、和益花夫妇随其女和朝娟到文山做客。他们的姑娘和朝娟要与文山州来打工的农民工结婚。她是南溪满下村寨有史以来继和镜兰（嫁到浙江）、和茂芝（嫁到云南保山）、和三姐（嫁到河南）后，第四个嫁到远方的姑娘。满下村寨女性有史以来除上述四人远嫁他乡与其他民族（汉族、苗族）成婚外，都没有出嫁到方圆50公里外的村寨，并都与本民族人结合。

2005年1月13日　农历十二月四日　属日：鸡　天气情况：晴

和益先家庭的年轻人和子一、杨文花、和子红、和菊花、和亚军、和亚梅、和满月、和兰、和亚月、和亚冬、和永华、和良、和亚华、和世仙、和二友、和永军、和学武、和丽春等人,到山上去砍柴。他们开着两辆手扶拖拉机进山,和亚军开一辆,和子红开一辆。不找湿柴,尽量找干柴,能现烧的。因为人多,两车干柴到中午时分就找满了。这些柴是供这些天用的,做丧事时的柴火全体村民会帮忙找的。今天参加砍柴的人全是他们家族中较为年轻的人。

黄山镇党委书记和积军、镇长和卫红、玉龙县政协主席和家伟来南溪满下落水洞视察。看来是要动员满下村寨村民卖地。有些村民担心无田种,有些村民则愿卖个好价钱,部分村民抱着可卖也可不卖随大流的态度。镇长对行政村及自然村长说:"这项目一定要上,不上这项目不可能改变南溪的面貌,面积可压缩一点,以鹿子村旧时上街路为界,要租用40年,满下村寨从2005年起每户增加10亩退耕还林地,村寨将申报云南省民族文化遗产村。"

2005年1月14日　农历十二月五日　属日:狗　天气情况:晴

村民和建成请他的家族和建国父子、和建军、和建忠、和建华、和天林、和丽军、和永红、和永良、和永军、和国兴等来人帮忙拆迁他的木楞房。把原来坐北朝南的房子摆到和建国与和建成两家中间,改成坐南朝北。他们边拆边摆边组合,做到拆完组合得也差不多的状况。和建成准备在拆除的地盘上盖一栋从行茂洛村买的较好较大的楼房。

今天召开的户长会讨论决定:从和益先出葬开始,改变过去村民(足若,村民每户一人)凑5两米、3两肉、1元钱吃一餐饭的做法,改为不凑米、肉,而每户凑10元人民币,吃两餐饭。过去给死者做祭饭用的5斤米、1瓶酒、5元钱仍不变,照常进行。并且决定凡以后死了人,这10元钱就在死人的那天晚上各户凑了交给组长,由组长转交死者家属,以便该家能及时用此款买丧葬所需用品。

村里召开户长会议,早晨10时开始到下午2时散会。会议主要由组长和国兴传达了镇里召开的护林防火会议精神。要求全体村民做好护林防火和家里安全用火的工作,希望大家特别注意放牧人员用火、流动人员用火、精神病患者等三种人的行动情况;还要重视教育好小孩在家中用火的防范事宜。接着传达了昨天镇长所说的有关租用地的事宜。大伙听了,都唉声叹气,说:"胳膊扭不过大腿,无法了,不同意出租也无法说了。"和国兴则说:"可以对政府多提些要求。"有村民提出公路不能从满中村下来,只能从满下村过;有村民提出项目建设时要请满下村民打小工;也有村民提出要求政府捐助建个活动中心；还有的村民提出退耕还林款要求一次到位，要不然事隔两三年政府说"没有了"，就无法了。

黄山镇卫生院的医务人员，根据玉龙县疾病控制中心的布置，今天来南溪行政村给少年儿童注射"流脑预防疫苗"。满下村寨的少年儿童都去注射了。有个别孩子前些天家长就带到丽江城防疫站注射了。如和家良的孙女和智璇及孙子和智刚。每个儿童收注射费20元。

2005年1月15日　农历十二月六日　属日：猪　天气情况：阴转晴

和益先家族的后生和金红、和金星、和子红、和亚军、和学武、和永军、和亚东、和林、杨文花、和亚梅10人，开了三辆手扶拖拉机到城里去采办和益先送葬礼上用的肉、菜、酒、烟等一切所需物品。他们当中由和金星记账，和益先的二儿子和金红做总付款人。他们家族由于昨晚请厨师总管和永红及此次丧事活动总管和顺明来商量计划购买的物品种类和数量，并在商讨时就定好了采购菜单，所以今天就按采购单去买，预计以60桌来备饭。

村民和建成所请的人同心协力地劳动。前天动工所摆的房子，到今天已重新组合完成。同样的一所房子，在异地重组时，得到较好的基柱石支撑，旧烂了的梁头椽子都换成新料，有点旧貌变新颜，看了使人感到满意。

全行政村的学生，包括南溪完小一至六年级，鹿子小学一、二年级，旦都小学一年级，金龙小学一、二年级，文屏小学一、二年级，集中在南溪完小进行期末考试。等考完试后就结束2004学年上学期教学工作，放寒假。

再等几天就要当新媳妇的村中小姑娘和春兰、和益兰，今天借村民和国武的汽车去丽江拉她俩的嫁妆。

2005年1月16日　农历十二月七日　属日：鼠　天气情况：晴

全体村民为死者和益先老人举行送葬礼的第一天，没有事先找好柴的青年们一早就去山上找柴，找回柴后一次送到和益先家里。事先找好柴的人家将柴背到和益先家。厨师组及蒸饭组的成员们忙着做早点及搭灶架锅煮肉。在城里开出租的男女青年及承担某种职事的成年人，也从城里一早赶回来参加和益先老人的丧葬礼。

吃过早点，此次丧葬活动的总管和顺明指挥干杂务的青年男女借桌凳、借筷壶。

到11时吃早饭，早饭为六大碗。六大碗为：大肉一碗，洋芋块一碗，白菜豆腐一碗，酸菜一碗，米线一碗，大白豆一碗。吃过早饭后，12点30分出发，由总管分派车辆及人员到山上砍柴。派了四辆手扶拖拉机（均为和益先家族的），随分工找柴的人员上山。其他职事各司其职，家庭守灵人员负责守灵柩前面的牌坊。

75岁高龄的退休教师和尚武负责书写挽联，他思路敏捷，字迹刚劲有力的挽联，这样概括了和益先同志的一生："抗美援朝威武震豺狼，退休回家移山创家业"。人人看了赞不绝口，恰如其分地对和益先同志18岁以后到晚年作了总结，大家都说："满下村的文人名副其实，很有水平，南溪村真是地灵人杰。"

3点钟左右砍柴的人回到家，每辆手扶拖拉机都是装得满满的，下车后就吃中午饭。中午饭的样式同早饭一样。总管要求年轻人换装的也得在4时30分到他家，以备使唤。

5时开始吊孝。此次所戴孝90幅，主要原因是和益先没有女儿，只有三男，所以孝幅少些。吊孝完毕，儿媳们及侄女们就开始号啕大哭，其中大儿媳杨文花哭得特别伤心，昏迷过去了。

6时开始给来参加葬礼者吃饭。这次丧葬礼上的伙食是对满下村寨传统的七菜一肉（八大碗）的大刀阔斧的彻底改革，传统的七菜一荤变成了八大碗肉，其中除了猪肉外还有烤鸭、鱼、鸡。面对这样的改革，不少人产生了心悸之感。这部分人是：1.独生儿子；2.家有年迈老人者。心悸的原因是经济支出负担过重。

2005年1月17日　农历十二月八日　属日：牛　天气情况：晴，下午转大风

和益先老人丧葬礼的第二天（出葬），这次在前些天的户长会议上决定改变过去传统的村民送葬饭的做法，传统的1两肉、5两米、1元币，改成了交10元人民币，吃两餐饭。这次改革的程度是较大的，过去20年前的满下村送葬的做法是，村民们凑饭肉、钱，自己买菜买烟买酒，在另外一家做了吃，吃完后才到死者家抽根烟，喝杯酒，抬灵柩出葬。死者家属只需管来参加丧葬礼的亲戚吃饭。

到1985年村民和克强去世时，改变村民自做饭菜的做法，拼凑3两肉、5两米、1元人民币，全体村民每户都同死者"好批"（祭饭5斤米、1斤肉、4片煮熟的肉、2个鸡蛋、4节排骨、4片肝、4节肉肠，如若死者的老伴死了，就两碗煮熟的米饭，死一人只一碗米饭），村民拼凑到死者家里，吃饭时先给"足若"吃，而且比其他的多一碗豆腐火腿，席间还添加各种菜。这做法一直沿袭到 1999 年村民和本尚老爷爷去世，提出献祭饭不卫生，也麻烦，就改祭饭为 5 斤米、1 斤酒、5 元钱，再拼凑 3 两肉、5 斤米、1 元钱。出葬那天的午饭，给"足若"的加一个炒瘦肉，就变成了三肉五菜（八大碗）。席间也添加各种菜。这次出葬活动保持前面的祭饭 5 斤米、1 斤酒、5 元钱，拼凑部分就改成 10 元人民币，席间添加各种肉（沾亲者祭礼需比一般村民多玉米 5 斤、麦子 5 斤、一挂或半挂肉、一条烟）。"足若"入席坐定后酒官烟官就开始摆酒，一瓶烈酒，两瓶啤酒，一瓶饮料，然后死者家庭也来摆这三类东西。家族人多，这类物品就多。孝女们也摆同样的物品，然后上菜。上完菜，家族给"足若"敬烟，儿媳妇的哥弟们也敬烟，敬完烟，他（她）们就向"足若"磕头道谢："请众乡亲把老爷爷送上坟，谢谢。"完毕，动筷吃饭。吃完饭"足若"就到别处喝酒。到两点钟全体人员吃完饭，就到灵柩前跳"窝忍忍"。因为今天有和益先生前单位玉龙县林业局的 10 位同志来参加丧葬礼，并且说有急事需早点回单位，就提前了时间，下午 3 时开始丧葬礼，首先由局里派来的一位副局长致悼词，接着进行接死者灵到厨房里的灵台三献，古曰"古好批"，然后就出灵安葬。乡亲们边走边唱"窝忍忍"，与死者告别，给死者壮胆，鼓励死者大胆去游仙境。

晚上"足若"到和益先家吃晚饭，休息到半夜才散伙。休息时大伙围坐篝火边说笑话、猜谜语，欢声笑语不断。

2005 年 1 月 18 日　农历十二月九日　属日：虎　天气情况：晴

没有在和益先丧葬礼中具体担任职事，而只充当杂务的部分开车人员又回城开车，打工妹也回城务工。做洋芋生意的和圣华又去卖洋芋，家有急事的村民去忙各自的事。

担负有具体职事的村民都去和益先家继续各司其职。没有回城的帮杂务的人员也到和益先家继续帮杂务。和益先家的孝子孝孙到和益先坟前（伏山）上坟，所带礼物是：煎虾仁片、煎糯米粑粑、酒。在所有坟前及山神前献祭品、磕头后，全体休息，吃所带之物。约两小时，家里人员做好午饭，等到上坟的人回家，就侍候所有担任职事及做杂务的人们吃饭。吃完饭，主人说："感谢大家担当了大事，今天下午请休息娱乐。"大家就地而坐，喜欢喝茶的端上茶杯，喜欢喝酒的拿着酒杯，戴孝的儿子儿媳随时为众人倒水、倒酒、敬烟，喜欢麻将的年轻人，一坐就坐到黄昏才回家。到傍晚，所有担负职事的人拿着各自拿来的用具回家，只留下家族的人们等吃饭后再回去。

和益先老人葬礼综述

时间：2005年1月16—18日

职事

总管：和顺明、和国兴

厨房主管：和永红

厨师组：和永红、和建忠、和朝东、和国军、和万琼、和立军、和国红、和社兴、和万红

埋尸组：和作典、和建国、和顺达、和国亮

焚烧死者废旧物：和士芬、和明贤、和尚花

煮蒸饭组：杨耀秀、和良命、和亚兰、和永秀、和海、和世仙、和爱花、和寿香、和红雁

收礼：和满谷、和万芝、和学青、和茂花、杨秋秀、和永秀

收钱：和永昌、和朝珍

烟管：和朝光、和天林

酒管：和朝亮、和建成

挽联：和尚武

招呼老人：和国武、和万仕

记账：和万军、和国成

这次丧事活动，和子一、和金红、和子红三弟兄每人拼凑四挂半肥肉、四排排骨、四个肝、四个肺、一个猪头、一条火腿、两只猪脚、50斤米，30斤面，钱从和益先工资卡中支出近5000元。

收入分得：每人180市斤米、七挂半肥肉，1065元钱、80斤玉米、100斤小麦、排骨1排，烟5条、酒25瓶、啤酒20瓶，饮料10瓶。

和益先身后所剩下的还可以分给他的儿子的钱有：林业局给的安葬费、抚恤金（1—9月工资），除去他住院花费近2000元外，剩下部分就由几个儿子平分。而和益先积蓄的其他的钱则先前已经用完了。

这次丧事的特点：

1. 孝子不需拼凑丧葬经费（由和益先工资中支付），只需拼凑物资。
2. "足若"（村民每户一人）丧葬礼中的拼凑物及吃饭作了重大的改革。
3. 满下丧葬礼中有人致悼词是先例。
4. 所收礼详细过称平分。

此次丧事后村民的思想动态：

1. 无动于衷。这类村民目前家中大多老人都已去世。
2. 心悸花费甚多。这类村民大多是目前双亲都是逾六旬者及独生儿子。
3. 你怎么办，我们也会怎么办。这类村民大多属于兄弟多，认为每个人出一点不会困难。

2005 年 1 月 19 日　农历十二月十日　属日：兔　天气情况：雪

和永良请和桂芬、和顺明、和永军、和永贤、和永华等人用两辆手扶拖拉机到丽江城购买为女儿和金贵婚礼的所需食品。到白华，他就一次买下200个煤球，自家用100个，帮女婿和武军家也买下100个。一辆手扶拖拉机停在白华，仅用一辆开进城里买菜。连家里人算上共去了八人。与此同时，他还安排和永红、和顺光、和天林、和丽军、和圣伟等一班人在家里杀猪做饭。

和武军家也请和朝光、和朝亮开来和朝光的手扶拖拉机筹办婚礼所需物品。把手扶拖拉机停在白华，打电话叫开出租车的和朝珍开着车子来帮忙。这次除买菜之外，由家族七家又共同买了一个较大些的壶，价200元（以前购置的那个已坏掉，难修）。回到家中，和武军家人及帮他购买东西的人都到和永良家吃饭。显然这是亲家在村里的好处。

2005 年 1 月 20 日　农历十二月十一日　属日：龙　天气情况：雪

和武军、和金贵举行婚礼前一天，两家都进行着紧张的准备工作。所请帮忙的人都从四面八方赶到他们两家，亲戚家的年轻人、男方和女方的好友、在城里打工或开车的成年人，都从城里一早赶回来帮忙。按过去的常规，所请帮忙的人除厨师组及蒸饭组外，其他人吃过早饭就开着拖拉机上山砍柴。但事不凑巧，或是说两家都不走运，这几天雪天无法找柴，只好亲戚们一家背一背干柴送去。和武军家还替和永良家买了一码干柴，和家良家本不愿卖，看在亲戚的面上也只好忍痛割爱。这样，帮手们就松闲了，杀猪、做饭、打麻将、打扑克，到中午吃饭时，村中所有的亲戚都到他们两家吃饭。

2005 年 1 月 21 日　农历十二月十二日　属日：蛇　天气情况：晴

村民和国亮家借和国红的手扶拖拉机，并请近族和国武、和国成、和社局，连同本家人和六芝、和益兰共五人去丽江城备办后天（农历十四日）为长女和益兰办嫁宴的物品。到下午6时左右才回到家中。

和圣伟、和永良两户村民为儿子和姑娘的婚嫁办喜宴，双方家的亲朋故友云集于他们两家参与婚庆。当天和圣伟家待客40桌，和永良家也待客30多桌。待客前双方家里都进行了历史传承下来的"日松"（尝酒祝福）。和永良家尝酒的仪式由和永良的叔叔（新娘和金贵的小爷爷）和顺明来主持。他拿上香点上火，分别插于柱子上和三脚旁（火塘上架锅用的铁三脚），然后拿起两杯酒，口中念诵了一阵自古以来就诵传的祝酒辞，诵毕，就把手持的两杯酒一同倒进火塘里燃起冲天烈焰。这仪式完了后，吃饭。吃饭的顺序是老头、姑娘的舅、姨、伯叔、男方来女方家做客的客人、迎亲人、本家族老年的人、从远处来的客人、村里的客人。

下午5时到男方家，男方家也先进行尝酒祝福的仪式。新郎端酒壶倒酒，新娘把酒杯敬到在座祝贺的人们手里，等人人都手拿酒杯后，媒人夫妇就把事先备好的酒盘端到火塘边说："长者恭请尝酒。"坐在火塘上的长者们先推辞一下，然后由和圣伟族中第二长者和尚典主持此仪式。虽然第一长者还健在，但因夫人已谢世，故未主持此仪式。进行仪式时，要在盘中放两杯酒、一包较好的烟、20元人民币、若干炷香。主持人先把香插于柱子和三脚旁，然后一手拿酒杯，一手拿柏枝，一边用手把酒洒向神坛，口中边诵念："火塘不绝火，塘边不绝人，愿火塘长久，祝新人与天地同存！"火塘边众人一齐高喊："好酒！好酒！祝新郎新妇白头偕老，早来贵子。"和尚典把洒酒的柏枝插在中柱上，就开始待客了。首先待后亲客、远客、老人、邻村客、村中客，最后是帮忙者。宴会食物没有传统的八大碗，而被现代的八盘肉制品、四碗名贵菜汤所取代。

和武军、和金贵结婚一事综述

和武军家时间为三天（婚礼一天、婚礼前准备一天、回门回亲家一天）。请客户数为80多户，朋友客为33人。

收入：大米400多斤、肉60多对、烟20条、酒100多瓶、人民币5370元。

支出：近1万元（包括修建大门、围墙、装饰洞房等一切费用），大米150斤，肉：肥肉不多，瘦肉40斤，拜年（新郎新婚拜年）大米150斤、肉20对、酒30瓶（支出），支出人民币800元左右。

和金贵所带的嫁妆：电视机一台、放像机1台、洗衣机1台、沙发若干、大衣柜1个、电视机柜1个、被子、衣柜等，价值为6000元左右。

2005年1月22日　农历十二月十三日　属日：马　天气情况：晴

这个月满下村寨喜事一桩接着一桩，一桩还未办完又要去忙另一桩的筹备工作。这不是吗？今天还在忙着和武军、和金贵的婚嫁事宜，回门、拜亲家。吃过早饭新娘回娘家，到傍晚，媒人和新郎会来请新娘的父亲或母亲，以及所有新娘的近亲，每家去一人，到新郎家睡一个晚上。所以和武军家的人还得紧张一天。为了帮助和国亮筹备明日和益兰的嫁事，一部分和国亮家的亲戚不得不离开和武军家，去和国亮家。总算和国亮、和六芝老两口有福，老天爷跟昨天一样放晴。吃过早饭年轻人就去前面山上砍柴。他们家砍了三车柴，干的湿的都有。封山严管是满下村寨一直贯彻的村规，即红事（婚、嫁、祝米客）可以砍三手扶拖拉机柴，丧事可砍四车柴（除松树外，砍什么都可以）。所以办事的柴火传统上都是在办事前一天去找，碰到雨雪天无法上山时，所请的人就从自己家里背一背干柴到办事人的家中。

在和武军家帮忙的人少了，也要坚持做完该做的事情，各负其责。在完成各自任务时，共同搞好"会亲家"的服务工作。能说会道的媒人和秋谷从亲家及亲家近亲们到家后，更是忙得不可开交，泡茶、敬烟、加炭，给来者以热情的服务，千方百计使他们满意。和国亮家也在紧张有序地进行着筹备事宜，找柴、杀猪、煎鱼、做酥肉等。

2005年1月23日　　农历十二月十四日　　属日：羊　　天气情况：晴

今天和国亮为长女和益兰举行嫁礼，设嫁宴招待亲朋好友。来他家参加嫁宴的远方来客较多，吉子、天红、后山、前山、拉市、白华、汝南（村）都有亲戚来参加，主要原因是"大跃进"年代修吉子水库，世居吉子村的人得搬迁，约有1/3的吉子村人搬到拉市坝居住，当时的亲戚、兄弟只得异地而居，而和六芝是从吉子嫁过去的。再则和国亮及和六芝都属于弟兄姐妹多，侄儿侄女也多，这些人嫁到不同的地方，各地的亲戚就多了。和国亮两口子一生只养育了两个姑娘，大姑娘和益兰，二姑娘和玉祥。而二姑娘和玉祥则在七八年前还不到法定结婚年龄时，就跑婚到本村和尚典家，与其独儿子和国军成婚。按理说和国亮家应招婿入赘，但不知怎的，和益兰在约金龙村的心上人和亚军来家时就表明要女方先嫁到金龙村，必要时再返转回满下村住。这样，今天和国亮就要为长女举行嫁礼欢宴。同样，过去的八大碗被八盘四碗所取代（八盘肉品，四碗较为可口的好菜）。到下午4时出嫁，也就是说待客差不多完了。好多客人也跟着新娘到金龙村新郎和亚军家做客，使和国亮家热闹的场面一时冷清了许多。

村民和学新家也在为爱女和春兰筹办嫁礼嫁宴。他家的嫁礼选订在本月十六（后天）举行。因为明天是农历十五不能杀猪，所以他家分两个筹备组进行。一组杀猪，一组进城买菜，买菜组五人，和永有、和灿、和亚华、和吉诚、和吉祯，主管和永秀。杀猪组和国武、和学新、和学仁、和学伟、和世仙、和顺明、和顺达。买菜组较紧张，到下午5时才回到家。当晚他们家先请杀猪客，把杀猪客的亲戚也请来吃饭。所以杀猪组也并不松闲，他们还担任做晚饭的任务。

2005年1月24日　农历十二月十五日　属日：猴　天气情况：雪

因为下雪，一般村民都睡到九点半，除和国亮及和学新两家人按时起床外，有部分人还睡到十一二点。和国亮家还在忙于应付新娘回门之事，而和学新家则忙于筹备明天的嫁礼婚宴。在和国亮家帮忙的人有些又到和学新家去帮忙。

很不走运，和学新家也与和武军家一样，因为雪天，无法去找柴。好在他家平时找的柴多，可以轻松应对此次嫁事所需。尽管如此，来帮他家忙的本村亲戚到早饭后每人都背了一背较大的干柴送到他家，以解决此次用柴问题。

下午，和益兰与和亚军请了和国亮、和国武、和国红、和国成等20多个和国亮及和六芝的近亲到金龙村去"会亲家"。

和武军家的婚事全过程已完毕，和圣伟及和尚花还有刚过门的新媳妇和金贵忙着收拾东西。他家的村中亲戚们也陆续拿回各家的用具（炊具、餐具、火具）。从此，和圣伟、和尚花夫妇完成了养儿育女的大事，以后的事情就靠儿子媳妇了。

2005年1月25日　农历十二月十六日　属日：鸡　天气情况：晴

这些天做客休闲的人居多，没有从事农副业和生产的，就连开车的部分人也不计较包车款而停下车来帮忙办婚事。不做客的就帮忙，不帮忙的就做客。

村民和学新为爱女和春兰举行婚礼，迎亲队伍（来自古城区七河乡前山行政村高龙自然村）的人，开着一辆大型货车和六七辆手扶拖拉机，11时左右就到了新娘家。下午3时30分左右从新娘家出发。和春兰是最近几天里办婚事的三个新娘中嫁妆最多的，买的东西也比较贵，因为她家的经济条件比前两位新娘家优越些。她买了电视机、洗衣机、衣柜、电炊具等东西，花了5000元左右，另有15000元存单给她，加上平时买的羊披、衣物等，近些年满下村寨中嫁妆要数她的最多。

满中村球场及云南大学少数民族调查基地纳西族研究点的院坝里挤满了人。小到三四岁的儿童，大至75岁高龄的老人，甚至还有未满周岁的一些婴儿也由母亲背着来参加今天在这里举行的"云南大学少数民族调查基地纳西族研究点"的落成并挂牌仪式。年轻的少妇们穿着纳西族的盛装，小伙子和中年男子也穿着古代纳西汉子穿戴的羊毛领褂和羊毛毡帽尽情地跳起了欢快的民族打跳舞。

当云南大学的各级领导和玉龙县人民政府的领导们来到现场时，跳舞的人群立即散开排成两行欢迎的队伍，从球场中间一直排到调查点大门口。站在最前面的是小学生，接着是村民，欢迎的队伍一边拍手欢迎，一边高呼："欢迎欢迎！热烈欢迎！"

等云南大学、玉龙县、黄山镇、古城博物院的领导们走到院子里后，人们又回到调查点院坝，再次跳起民族舞。各级领导认真地逐一看了调查点的房屋建设情况，在主席台上边休息边观看村民们的"民族打跳"，他们看得很仔细，好像在留意南溪村寨纳西族舞蹈的每个细微动作，又好像被优美的舞姿所吸引。

接着黄山镇党委书记和积军同志宣布"云南大学少数民族调查基地纳西族研究点"落成仪式开始，并由他亲自主持仪式。

首先，他向村民们介绍了今天来参加落成庆典的领导同志：云南大学副校长洪品杰教授、玉龙县人民政府副县长杨承新同志、古城博物院陈副院长、玉龙县民宗局沙局长、玉龙县审计局长。第二项议程是云南大学副校长洪品杰同志讲话，他肯定了丽江各级政府领导对这一项目的支持，同时着重指出进行调研后，将把南溪村寨推向整个云南，推向全中国，乃至推向世界，希望地方各级政府一如既往地关心和支持调研工作，他迫切希望在过去一年里支持他们这一工作的记录员继续坚持做好这一工作。第三项议程是玉龙县人民政府副县长杨承新讲话。他首先感谢云南大学在玉龙县进行这一项目，并希望通过"基地"作为平台，对南溪的发展作出贡献，把南溪村寨的纳西族文化推出云南，推向全中国，推向世界。第四项议程是云南大学副校长洪品杰教授、玉龙县人民政府杨副县长为"基地"揭牌。揭牌前，今天前来参加庆典活动的各级领导同志在大门前合影留念，满中村的组长和国高、副组长和万里也参加了合影。揭牌开始，南溪坝里鸡冠山下鞭炮声震天，两块崭新的牌子出现在大门上："云南大学纳西族研究基地"、"云南大学古城博物院纳西族研究站"。从此，南溪的历史将翻开新的一页。第五项议程是领导与村民们共舞。各级领导欣然加入舞群，与纳西族村民携手共舞。省城里下来的领导开始跳得呆板、不自然，几分钟后就与村民融合在一起，真是高级知识分子心眼灵，一看就懂。跳了半个钟头左右，仪式所有程序结束。之后在南溪村委会书记兼主任和国军家进午餐。这顿饭以南溪村寨纳西族待客的方式，以最高的礼节做的各样菜：腊肉一碗、火腿肉一碗、鸡肉一碗、炒瘦肉一碗、肉汤煮蔓菁花一碗、肉汤煮萝卜一碗、大块洋芋一碗、山珍蕨菜一碗，传统的八大碗。它们都是原汁原味，没有城里用的味精、酱油，每一碗都自然美味可口。从省城来的高级知识分子和还没品尝过南溪纳西族饮食风味的丽江城里领导赞不绝口，都称是美味佳肴。吃完饭后，和国军又拿出本地产的松子待客，吃起来又香又脆。休息一阵后，参会人员便陆续返回。返回前负责修建此院工程的老板段景忠，向黄山镇党委书记要求拨付所欠工程款，书记表示，您应该把此工程的扫尾工作（平整小园子地面、钉好天花板上的条条）做完，要不然我们先付清你的款，而你没完成就走掉，我们上哪儿去找你？段老板也就无话可说。他们都一同踏上了归程。鸡冠山下最欢乐最有意义的一天就这样结束了。

2005年1月26日　农历十二月十七日　属日：狗　天气情况：晴

村民和朝光以每公斤0.56元的价格卖给鹤庆县金敦乡洋芋老板（年纪约20岁的小两口）1万公斤品种为"护水八八"的洋芋，收入5600元。在1万公斤洋芋里捡出200公斤左右的烂洋芋，与过去曾烂过更多洋芋的年份比起来，这点损失是微不足道的。装车工作从上午11时开始到下午4时30分左右完成。参加上车帮忙的人员是和永昌、和社芳夫妇及和英、和红秀母女俩，和永香、和尚勋、和永良、和朝光及其母和四娘共九人。和英、和社香负责装簸箕，和红秀、和永芬负责抬簸箕，和永良负责把簸箕里的洋芋装进称秤的篮子里，和永昌负责过秤和记账，记账过程中随时与老板娘互相对照以防记漏。和朝光及和尚勋负责把已过秤的洋芋抬上汽车。各负其责，进展顺利。所有上车的人们只吃了一点早点，就挨饿坚持到把洋芋上完车才吃饭。吃完饭已是下午5时多了。今天的饭比平时多做了几个菜，炒瘦肉灌肠一碗、鲜猪头肉一碗、大块洋芋一碗、泡猪肝一碗、凉拌萝卜丝一碗、白菜豆腐汤一碗。其中的猪头肉、泡肝、萝卜丝这三样是他们的连襟和永良本月12日女儿和金贵出嫁时所吃剩下而送给和朝光家的。

刚刚才为儿子和武军办完婚事的和圣伟、和尚花夫妇，今天就忙着到旦前村借脚碓舂麦子，准备为刚嫁到家的儿媳和金贵备好坐月子时食用的米酒。

回来帮忙和春兰嫁事的和福春、和吉祯、和建军、和朝珍等人，下午回城开出租车。开出租车每天要交租金45元的和福春，在请不到人代开车的情况下停了7天（农历十一至十七），这300多元的包车款得自掏腰包付给车主。在帮红白两事的情况下如若请不到别人代开，就只能这样了。

2005年1月27日　农历十二月十八日　属日：猪　天气情况：晴

村民和圣武停开出租车回来换洋芋。他同老婆和爱花晚上装好洋芋，早晨天还未亮就出发。他俩去得很远，一直到40多公里（近50公里）外的文华行政村去换。因为今年南溪的洋芋基本上早已被下关老板买了八九成，所剩很少，因此在文华村用洋芋换玉米便很抢手，换的比例是2∶1（2斤洋芋换1斤玉米）。换不着的，只怨自己来晚了，没做到眼观六路，耳听八方，只好问来换洋芋的还来不来，换洋芋的人说来，他们就感到舒心。面对这样的情况，和圣武、和爱花两夫妇商定要连续换五天洋芋，1公斤小洋芋就合7角钱，这算是很高的收入，最好的生意（他俩换来的玉米卖出去每市斤0.7元）。

村民和圣华及和良命夫妇、和尚军，也在做洋芋生意。他们的做法也是买了换，换了卖。就是说，在南溪买了洋芋却不在城里市场卖，而是拉到不种洋芋的农村里换玉米。玉米换来后到城里又卖给粮食商。他们这样做，每人便在较短时间内处理完3000多公斤洋芋，且赢利不少。

村民和尚花请亲家母杨耀秀来替儿媳妇和金贵酿制坐月子的米酒。这事在过去是不光彩的，而今改革开放的年代，不讲究了。只是上了年纪的人看见了还是很不顺眼，在年轻人眼中却是理所当然，顺理成章。

村民和建成请和社兴、和国兴、和永红、和永良、和金红、和建国、和学军、和学光、和天林、和丽军、和健忠等来安放房屋柱石。他找的柱石很大、很厚，整个屋基下了一米多高的柱石，真够是"盘石为基"。再加上满下村寨的年轻人（18—45岁的人）都会石匠活，经石匠们的修整后，每个柱石都相当稳当、美观，不像十几年前那样随便找个石头放下去就是柱石了。现今的柱石基本上都是稳固而且美观的。

2005年1月28日　农历十二月十九日　属日：鼠　天气情况：晴

村民和建成请和国兴做拆房竖房总指挥，同时和建国全家四人、和建忠全家二人、和建华全家二人、和丽军家两父子、和天林家两口子、和金红家两口子、和建军家两口子、和永红家两口子、和永良家两口子、和永军两口子等，共24人去行茂洛村拆房子。一天之内折了瓦，拆完了椽子行条、格整的板壁窗户等，并且用10辆手扶拖拉机把所拆的木材全部拉回家中。

村民和永昌过去对木工活一窍不通，但他近来想来想去，觉得还是自己学着做好一点，要不然什么都请人，又付工钱，又招待，花费甚多，有诸多不便。于是，他向邻居和国兴借来锯子、凿子、尺子、砍斧等木匠工具，摆上一个别人所搞的楼楞，照着样子在修楼楞、放楼楞。开始一两个楼楞放得有些歪斜，但功夫不负有心人，他坚持干，不气馁，放到第五、六根时就做得基本可以了。

村民和武军早上8时由村委会书记兼主任和国军拉到黄山镇参加今早9：30开幕的黄山镇人民代表大会。参加讨论和制定黄山镇发展的宏伟目标。这是满下村寨全体公民两年前就托付于他们的使命。

2005年1月29日　农历十二月廿日　属日：牛　天气情况：晴

村民和建成继续请昨日的所有人员，同时还多了满上村的乡医和红光，继续拆昨天未拆完的屋架楼板等。因为行茂洛村的山林好，建造房屋所用的木料很结实，整所屋架（柱子、横料）都是结实且匀称的，拆起来比昨天费力。虽然全体人员齐心协力抓紧时间地干，但收工的时间比昨天晚，回到家时天已黑下来了。

村民和国春及和永昌两家卖了一汽车品种为"八五单加"的洋芋，价格为每公斤0.5元。他们两家请了和石琴、和金满夫妇，和万军、和寿香、和玉梅、和受苦、和尚花、和家良、和尚勋、和文亮等人帮忙上车。和永昌家卖了7600市斤，和国春家卖了6800斤，和尚花家卖了1000斤，和爱英家卖了600斤。和家良家也准备卖2000斤，但这洋芋个头小些，堆在车子的最上面，看来不好看，就会使整车洋芋都跌价，所以老板说下趟再来拉（老板先上和家良家的，只拉去了16000市斤，车未装满。他的这车洋芋是要拉到一家制作洋芋片和洋芋丝的工厂里去的，不去上市，所以要大个些的）。

村民和作武、和社兴、和丽芳、和红秀、和彦花、和益花、杨耀祥等人去小南溪做客，本来必须去做客的和国军家、和家良家、和明贤家因家中人手紧，便托和红秀、和丽芳、和社兴三人带去礼物，只得是礼到人不到了。

村民和亚兰、和万芝也到汝南去做客，同样和国兴、和永昌家因人手紧、事情忙，便托她俩捎去一点礼。和国兴还托她俩带去为女儿举行婚宴的请柬。

2005年1月30日　农历十二月廿一日　属日：虎　天气情况：晴

全村大部分男人（约50人）帮和建成家竖房子。竖房子动工，历来就有条不成文的规矩：只要主人家请工，被请的人就不能拒绝，即使有多紧要的事情也要排开。今天也不例外。在外开出租车的被请人员和国军、和朝华、和朝珍等三人一大早就回到村里参加和建成的竖房事宜。因为昨天从行茂洛村拆旧房回来得晚，早点吃过后分两组进行。一组边下车，边组合屋架，一组做木匠活。由和永贤、和永红、和建国、和金红主要负责重做左边屋架的两个柱子，因为拆来的旧料中有三根柱子烂了，其中的两根烂得较深，必须换掉。和国兴做总指挥。组合屋架组由和尚军、和万琼负责，捡料的捡料，抬料的抬料，大家七手八脚组合好三排屋架，时间还早，但新做柱子的难以马上做出，就先吃早饭。早饭后先竖已组合好的这三排屋架。首先在右边中柱基旁挖坑，再找根10米粗杆直立，待右边这排屋屋架竖起并竖直，就在粗杆入土部分加上木材加固，然后再用两根牢实的绳子把所竖的第一排屋架（右山边）紧紧捆绑在竖好的粗杆上，接着找来一块两米左右长的板子，一头钉在第一排房架前大梁上，另一头钉在厨房柱子上排（右中排）。大伙有的用绳子拉，有的用支杆拉或搏，大多数人抱着柱子，"一二三，一二三"地边喊边使劲。等上好地脚后，大胆灵巧的中青年人猴子似地爬上两排屋架，在上头上横料。上头的方料一上，两木架就牢固地站立在基石上，不易晃动不摇摆。竖房子的人可以吃颗定心丸了。等上方的中青年们上好方下来后，抽杆烟休息片刻，其间负责敬烟的和建成侄儿和学军很积极，只要人们一闲下来他就忙着敬烟，今天的烟用了"小红河"。接着就竖第三排屋架，所有人都听从和国兴的指挥，齐心协力把第三排屋架也竖好。上方的上方，传料的传料，掌握支杆的目不转睛地注视着屋子架顶部，全神贯注地拿出吃奶的力气双手紧紧握住支杆，不敢有丝毫的放松。等到大方上好下来，抽了一两杆烟，做新柱子的还做不出来，就先吃午饭。换新柱子的师傅把两根新柱子做出后才吃午饭。饭后休息一阵，就组合最后排屋架（左山边）。一部分人组合屋架，另一部分人在每块柱石旁边修停息柱子的石阶。每块柱石旁修了两个台阶，也就是说竖此排屋架停息两次后，才能放到正规的柱石上。因为这排基石太高了，1.5米左右，加上两根湿柱子屋架重，柱石高，不停息地一次上去是绝对不可能的。和国兴说："我起了六七十所房子，柱石下得这么高的还是第一次。大家请听我的指挥行事，没有我的指挥，请不要乱动。"一切准备就绪，做饭的男人也出来帮忙。在和国兴的指挥下，大家有条不紊地"一二三、一二三"数着号子一齐使劲，竖起，摆好，上方，稍休息片刻后，和国兴宣布，把所有的木梁放好后休息。于是大伙又忙开了，捡木梁的，抬木梁的，递大梁的，放木梁的，忙得不可开交，不一会儿就放完了。同时还放完了楼楞。时间还有些，但工序到此为止就休息了。太阳还未落尽，该吃晚饭了。晚餐是很丰盛的，有十大碗各不相同的肉制品。

2005年1月31日　农历十二月廿二日　属日：兔　天气情况：晴

今天鹤庆洋芋老板开三辆中型汽车来满下买洋芋。和国兴家以0.56元一公斤的价格卖了9000公斤，和顺明也以同样价格卖了9200公斤。还有一车是和万红、和社兴、和家良三家以0.5元一公斤的价格卖了一车，其中和万红7000公斤、和家良1000公斤、和社兴3000公斤。这辆车共装了11000公斤。和顺明家装车较方便，汽车直接开到他家大门口，人们只需背10来米就可装车。和万红家更方便，车开到院里石阶前，用簸箕就可上车。和社兴、和家良两家则要用手扶拖拉机拉到和万红家院坝装车。每辆车都有十四五人来上，到下午两点左右，三辆都差不了多少时间上完了。装车的人在卖洋芋的主人家用午餐，洋芋老板同享这丰盛的午饭。

和尚典、和尚勋两兄弟合养的耕牛，因和尚典家老两口上了年纪，儿子和国家又在城里开车，儿媳和玉祥随时常跟丈夫去，老两口感到养牛困难，就以3480元的价格把牛卖给了饭馆的牛老板。从今天起，他老两口负担减轻了许多。

村民委员会召开各村民组长、副组长会议，和丽军主持会议，和国军传达了"黄山镇一届四次人代会"会议精神。村委会副书记和继武，因其弟前些天夜间狩猎被误伤而住院医治，他去招呼其弟诊治枪伤，请假未到会。参加会议的有各村民小组长或副组长，防火期巡山员有文屏村组长和文红，金龙村组长和金山、巡山员和仕先，满上村组长和永刚、行政村林政员和吉红，满中村副组长和万里，满下村组长和国兴、巡山员和万红，旦前村组长和述贤，旦后村组长和学志，鹿子村组长和红光，共11人。会上还反复强调了护林防火的事宜。会后村委会组织了一顿午饭，饭后休息一阵散会。

（二）2月份日志

2005年2月1日　农历十二月廿三日　属日：龙　天气情况：晴转阴

和永昌、和永芬夫妇拉了一车洋芋去丽江坝子换，他俩是"挑水带洗菜"，因为明天要到束河古镇其侄女家做客，所以今天就拉了一车洋芋去换，晚上睡在束河，待明日做客后转回。

和圣华、和良命两口子继续做洋芋生意，并且战线已拉到龙山坝，目前龙山坝正准备种洋芋，所以龙山急需洋芋种，从南溪以0.44元一公斤买来的洋芋拉到龙山坝卖每公斤0.6元，利润较高。自家还留着洋芋准备换玉米的和圣明也拉洋芋去龙山卖，卖了洋芋后换玉米回来做猪饲料。

村民和建成继续请部分家族至亲兄弟和建国、和建忠、和建华、和天林、和永贤、和丽军钉房子盖瓦，今天已完成盖瓦和组合部分格整的板壁。

在维西傈僳族自治县拖枝卫生院做医务工作的和尚典的女儿和国英及女婿杨七、外孙杨肖回来看望老人，并准备要带回去两三百斤洋芋和一口小猪。和国英嫁到扬七所工作的村寨，农、工两不误，按时上班，下班后就一头扎进农田、家务里，所以"两不误"。虽苦点，但一旦有收益，劳累感、辛苦感就烟消云散。

2005年2月2日　农历十二月廿四日　属日：蛇　天气情况：晴

村民和圣伟及和尚花置家务于不顾，把家务托给刚过门的儿媳妇和金贵，两口子则到鸡冠山背后砍柴。老两口紧张地干着，一天下来每人砍到六背湿柴，并把所砍到的柴背到"东巴舞场"，待以后晾干些时或积满一手扶拖拉机后拉回家。

其余村民则背着篮子、斧头刨枯树根，一般一天能砍三篮，少妇们则一天能挖到五篮。

和子红准备摆房子，为请客到城里去买菜蔬，他买回了鱼、烤鸭、豆腐、番茄、青花菜、卷心白菜等。同时去城里的还有和子红的兄弟和金红、侄女和金凤，他们三人去玉龙县林业局办理其退休老父和益先逝世后的抚恤金。

村民杨秋秀为在下月（农历2005年正月）10日其子和永华（五立军）举行婚庆而忙于请客请人帮忙的事宜。经过每天紧张地走动，远处的客和永华请完了，今天就奔波于村中。

黄山镇党委、政府、黄山镇中心校选定纳西族古往今来的良辰吉日——"顶光廿四"，召开黄山镇2005年离退休教师春节座谈会。会上黄山镇党委副书记木建华同志受镇党委、政府的委托，向全镇离退休老师拜了早年，并作了黄山镇总体发展形势以及今后的打算的报告，使到会的离退休老师为全国全省全镇的大好形势所感动，受到很大的鼓舞。接着由黄山镇中心校校长、党支部书记木龙同志向到会的老师汇报了2004年黄山镇教育教学的情况。由于全镇在职教师的共同努力，2004年黄山教育取得新成就。中午在白华农家乐"金星阁"设午宴招待离退休老师，退休居住南溪的和国贤、和尚勋、和尚明三位老教师参加了此次座谈会，和作良因病请假。

2005年2月3日　农历十二月廿五日　属日：马　天气情况：晴

村民和子红请和子一家三人、和金红家两口子、和金辉家四人、和金星家五人、和金胜家三人、和林家二人、和社兴家二人、和国红家三人、和福光家四人、和永军家二人、和秋谷家一人、和建良家三人、和圣伟家二人来拆他要摆往新宅基地的瓦房。女人们摆抬格整材料，大点的材料则放在手扶拖拉机上，用手扶拖拉机拉到新宅基地。木工和建良、和金胜、和金辉则负责新做两根柱子，准备换已烂的柱子。家居祥和办事处的侄儿和振康也来帮忙。

村民和作武、和学伟、和圣明等人到满上村和实红家榨油。由于人多，从早上一直等到下午才轮到他们，天黑了才回到家中。榨点油用了整整一天时间。

2005年2月4日　农历十二月廿六日　属日：羊　天气情况：晴

村民和亚兰、和六芝、和满谷、和英、和红秀、和玉金、和尚勋、和月华、和圣琴等十多人，去太安街备办年货。

村民和子红继续请人们帮他家竖房子。由于他兄弟和家族男女老少，全员参加，在新地基上重新组合屋架，并把屋架每排都牢固竖好。今天的午饭和晚饭就在新地基里做出招待所帮忙的人。

村民和建成夫妇从山坡上挖来土填在前些天所竖的房里，他们这一行动是一举两得，一则挖宽了路能使手扶拖拉机畅通无阻，二则就近挖到土填了下得很高的柱石。

村民和士福娶一个金山乡文华行政村的女青年为妻。因为他不搞结婚典礼，也不举行婚宴，没有迎亲和送亲的人群。因此，这样的大喜事很多村民都不知晓。只是村民在私下里传才慢慢知道有这样一件喜事的。

2005年2月5日　农历十二月廿七日　属日：猴　天气情况：晴

村民和永良请叔叔和顺达帮他切蔓菁花，和永良之妻杨耀秀切削蔓菁皮，把削好皮的蔓菁放在一个大簸箕里，和顺达在板凳上拴一根横条，用一把很快的菜刀熟练地切着蔓菁，把切好的蔓菁先放在一只簸箕里，等到有一定数量时，和永良就把蔓菁片一片一片地挂在铁丝上，两边垂下来，真像一串盛开的白花，准备做成干菜，一部分自家食用，一部分准备送给在城里的亲朋故友。

村民和朝光夫妇去城里备办其妹妹和竹英的嫁妆及婚宴所需的食物。今天一同去的还有和竹英的未婚夫和圣军。

村民和汝浩请来前山伏仲村他的姨表五鱼台,帮他家打阶沿石。和汝浩这段时间因另立门户而未出去开车,近一个多月来一直在家整理家务,围篱笆、修火塘、平整院坝等。有不少村民已开始进城备办年货。

在城里开出租车的村民和朝亮,开着他妻子和福春与前山小伙子和学军合包的出租车,拉着和学军来请代和学军开车的人。因为和学军要在正月廿二日结婚当新郎,忙于筹备婚事。经商量,本村村民和万琼答应代和学军开两个月车,并于今天下午一同去城里,今晚开始开车。和朝亮的母亲和家良也随同乘车去城里备办年货。

2005年2月6日　农历十二月廿八日　属日:鸡　天气情况:晴

早晨10时左右,满下村寨在南溪完小就读的小学生们在假期临时中队长和士坚同学的带领下,有的拿扫帚,有的拿脸盆,来到退休后居住本村的和尚勋老师家打扫卫生。拿脸盆的同学打水洒水,拿扫帚的同学扫地,打扫得干干净净。打扫完后他们排起队一同祝老师"春节愉快,长寿安康,合家欢乐"。老师也祝愿学生们:"春节愉快,来年学习进步。"随后他们又到退休老师和作良家中打扫卫生。

吃午饭后,同学们成群结队地上山了,男同学背篮子带斧头,女同学带绳子砍刀。男同学砍树根,女同学砍树枝,背回村子后分两组送到本村长期有病的和国南老大妈及和社兴家。同学们这种尊师重教的活动,三年前是持之以恒的,后来换了一个领导后中断了。今年又换了新的校长,这一作风又恢复了。的确,校长是一个学校的灵魂,学校师德师风、学德学风都在于校长的培育和管理上。

有相当一部分村民进城备办年货。

常来南溪满中、满下村卖豆腐凉粉的七河人,今早像昨日一样驮来200市斤左右的豆腐凉粉。昨天他一到村里豆腐凉粉便被一抢而空,有几家来迟的还买不到。今天驮到满下村寨,只满足了约1/3村民的需要。他说:"买不到的村民放心,明天我一定再驮到你们村。"他的豆腐凉粉生意在这两个村越来越走红,特别是办事及节庆前更是供不应求。

2005年2月7日　农历十二月廿九日　属日:狗　天气情况:晴

村民中大多数家庭的主事者去城里备办年货。年货的备办,不同于前几年菜多肉少的现象，成了与前些年相反的景象。很多买年货的除了买糖果、瓜子、核桃、鲜果以外，还买了烤鸭、鸡爪、鲜鱼、火腿肠，有少数人家还买了鲜肉、大龙虾、茭瓜等名贵佳菜。

村民和金辉的儿子和亚军及儿媳和满秀忙于倒垃圾，用手扶拖拉机拉了一趟又一趟，从早上一直干到傍晚才把所有积存了两三年的木渣、松球、树皮以及平时从屋里和院坝里扫出来的垃圾运走。这些垃圾便是很好的肥料。他们两口子把这一车车的垃圾运到田里，准备春耕时翻盖于田里。

村民和学伟用篮子背回一背松柴，他家在村子边山脚下，常以防止树被风吹倒为由砍松树，不仅烧的柴多是松树，而且每年都锯两三天木料。村民对此反映极强烈，大多在暗地里指责咒骂，但无人当面说之，在村民中影响较不好。年已六旬的人了，引得人们的非议，这自然不好。但他还自以为自己能。

家居山下丽江城里的和振康（和福祥的孙子）看到南溪村民上街买年货车子紧张，于是他就驾驶着自己的微型车往返于南溪、丽江城之间拉村民，每趟都是满座，利人利己，受益匪浅。

2005 年 2 月 8 日　农历十二月三十日　属日：猪　天气情况：晴

除在家打扫卫生的人外，部分勤劳的村妇仍然上山砍柴。从早上到下午两点前去上两三趟，然后就下厨房做饭。

今天是除夕，南溪村寨一般说"那都"（意为大年三十）。一早起来各家各户忙着大扫除，扫烟灰、刷厨具、扫火塘、除垃圾，忙得团团转。吃过早点，男主人则忙着杀鸡（大公鸡或阉鸡，偶尔也杀母鸡）、烧洗猪头、煮猪头（在一般情况下都由男主人烧洗猪头，意寓来年六畜兴旺，在特殊情况下才由女人操持此事）。此事完结后就贴对联。过去的春联常由村里教书先生书写（和尚武老师写得一手好毛笔字，他所教出的学生和尚在丽江市内是有名的书法家，而且是云南省书法协会的会员）。现多从城里买回，和门神画一同贴于大门。特别是去、今两年，信用社、移动公司等免费赠送春联，和尚武老师也就得以清闲。下午 3 时左右就开始做晚饭。今晚的菜是一年中最丰盛的，真是名副其实的美味佳肴。一般不少于 10 个菜，八仙桌上差点摆不下。一般为：猪头肉、猪舌凉拌、鸡肉、炒瘦肉、酸辣鱼、烤鸭、煎瘦肉灌大肠、煮鸡爪、煎花生、煎火腿肠、香肠干煎、煎龙虾等。总之这一餐的食物是平时少吃或不吃的较好食物。从下午 5 时到 8 时左右，村里陆续响起不间断的鞭炮声，10 时左右还有部分村民放鞭炮，真是千声爆竹，声声除旧岁。在外打工或开出租车的人都回来吃年夜饭，过团圆节。好多人家都聊天到午夜两点左右。

世居南溪村寨的纳西族先民就有这样一个传统：当年出嫁的姑娘和新姑爷，必须在大年三十（或廿九）那天，带些烟、酒、糖之类的东西回娘家，娘家就要赠送些肉、米之类的东西，称作"那都好"（意为除夕饭），姑娘姑爷必背着所赠食物回婆家，不兴睡在娘家。古往今来都如此。今年嫁出的新娘子和春兰、和益兰、和金贵，伴同着她们的伴侣和石南、和亚军、和武军，成双成对回娘家。其中和春兰夫妻俩、和益兰夫妻俩吃过午饭就回家（大约下午三点左右），和春兰背了一个猪头、一挂肥肉、一些米（约10来斤），和益兰背去了一挂肉、10斤米。和金贵和武军夫妻则因住在同一个村，因此，他俩在娘家吃了晚饭才回婆家，同样背回去一挂肥肉、10来斤米。

2005年2月9日　农历正月一日　属日：鼠　天气情况：晴

春节第一天，一觉睡到太阳出来时每家的家庭主妇才起来生火，洗漱完毕，就架锅煎糯米包子、虾片、粉皮等食物。全家吃了一阵后，主妇就忙着做扫墓祭祖用的食物，主要为：煎糯米包子、煎彩色粉皮、煎虾片、煎鱼肉、熟鸡蛋一个、煎豆腐块、猪头肉、米饭、鲜汤，加上酒、茶。男主人及小孩带着这些供品到坟上扫墓。等本族人来齐，小娃娃们就在山神树前的供坊上及坟墓供坊上撒上青松叶，然后插上香，由两位族中长者拿着酒茶和供品逐一祀奉，顺序是先山神，后从长辈到晚辈（从大到小），最后敬守护神（纳西语称"书不鱼"）。祀奉供品完毕就按此顺序逐一磕头，磕头完后大家围坐在一起喝酒，吃所带来的供品，边吃边聊，休息一阵后回家。当天互不串门，特别是妇女不能离家去串门子。

这天每家都请个小孩做本家头客，一般请健康调皮的男孩，以示来年平安健康，给头客一些糖果、瓜子、水果之类的食物，还给三五元钱，还要留家吃早饭。还是青年少年待不住，吃过早饭，青年男女们都不约而同地来到和万仕家新宅基里，台球爱好者又开始了激烈的战局，围观的不时发出感叹声和喝彩声，为战将鼓劲。有部分扑克爱好者也不甘寂寞，展开了"三打一"。中小男学生们则邀约到足球场，开始足球比赛。女同学有的则看录像，有的在看打扑克，好热闹。

在城里开出租车的和永华、和圣武、和万琼、和建军，昨晚开车后今早返回家中。和朝亮及和福春夫妇昨晚在家团圆休闲，今早又去城里开车，到傍晚又转回来与家人团聚。和朝泽等四人傍晚又回城里开车。

2005年2月10日　农历正月二日　属日：牛　天气情况：晴

今天开始，村民开始串门拜年共祝新春。女方是从别处嫁到本村寨的人家，大多数携儿带妻开着手扶拖拉机、拉着贺年礼去娘家祝贺新年，所带的礼品大体上是米、腊肉、酒、糖果，娃娃的舅舅有几家就带几份礼。舅家回赠的是压岁钱，10—30元不等。如果舅家是在气候好的地方，出产的东西必然比南溪村寨多，因此，还赠送些梨、苹果、核桃、葵花子之类的食品。

出嫁到本村的姑娘回娘家时，礼品较少，一般只带米、肉、酒，而个别人每年都只带四斤米、一斤包谷酒，所回赠的同样是压岁钱，10—30元不等。

拜年特别紧张的是春节前办婚事的新郎新娘和武军、和金贵，早上10点开始拜年，先回娘家杨耀秀家，所带的礼是：好酒2瓶、啤酒1瓶、饮料1瓶、8斤米、1挂肉。他俩回到娘家后休息片刻，杨耀秀就为他俩准备去亲戚家拜年的礼品，每家1挂肉、5斤米、1瓶小麦酒。今天他俩去了八家，娘家帮他俩出了8挂肉、40市斤米、8瓶小麦酒。新郎新娘拜年，只是在个别家里吃饭，一般都不吃。他们的亲戚回赠的现钱一般30—40元不等。

新郎新娘春节到亲戚家拜年，女方家亲戚的礼品都由娘家给，这是古来就有的规矩，近十年，虽然部分村民已把这有史以来就执行的规矩丢了，但嫁到前山高龙村的和春兰，还是遵守着老规矩，到和春兰的亲戚家拜年所需礼品都由和春兰娘家和永秀给。嫁到本行政村金龙自然村的和益兰，也同样是由其母和六芝所给。今年的三个新娘家的父母仍然承传了纳西祖先的优良传统和美德。

在丽江城打工的村民和圣周，领回来一个永胜籍的女朋友，并且破例地动刀杀了一条家里的养狗煮吃，帮他杀狗的还有村民和社兴。加这一次，和圣周所领回的女朋友是第三个了。这个女青年能否成为他的结发妻子，还是个问号。他一无所有，没有从家里带出分文钱，也没有任何固定工作，能在城里待六七年时间，的确不愧为能人。

2005年2月11日　农历正月三日　属日：虎　天气情况：晴

好多村民都还在进行拜年互访活动，和武军及和金贵的拜年进行得更紧张，他们俩今天就到男方和武军的家族及亲戚家去拜年，所带的礼品都是1条腊肉、5斤米、1瓶包谷酒，这些礼品就由男方家筹备。他俩全天去了11

家，这 11 家回赠他俩的是每家 20 元人民币。两天来亲戚们所赠给的 500 多元，属于他俩的零用钱。从明天起，他俩将开着手扶拖拉机到后山高美村、前山石镜头村、高龙村、太安村、大研村等亲戚家去拜年，全部拜完年后，估计他们会得到 1200 元左右的礼钱。

2005 年 2 月 12 日　农历正月四日　属日：兔　天气情况：晴转小阵雨

部分村民已闲不住了，在家的妇女又开始上山砍柴。到下午下阵雨时才休息。村民和永昌夫妇则开着手扶拖拉机到前边山上石场捡石头，干到下雨时怕手扶拖拉机打滑才不得不休息。

好多中年男人则在家休息。和子红则忙着请家族人帮忙，把房子盖上瓦，待砌好墙，这所房子就可以使用了。

2005 年 2 月 13 日　农历正月五日　属日：龙　天气情况：阴

村民和国兴之子和万军这些天因建筑工地春节停工，使他所开的农用车无事可做。今天他开着手扶拖拉机到本行政村金龙自然村和福先家去要柴（和福先与和国兴是连亲，和国兴是大姨爹，和福先是二姨爹，和国兴是木匠大师傅，木工活都较熟悉；平时常帮和福先起房、格整、做家具等，和国兴准备农历本月廿日为女儿和爱英举行婚礼，因此，和福先为报答他平时的帮忙，特给送车柴做婚宴之用）。到两点钟左右，两手扶拖拉机干柴拉到和国兴家，一辆是和福先之子和春剑拉来的。看着这又多又好的柴，和国兴高兴地说："春剑，多谢你们家啦！"接着三人都忙着下车堆柴，把柴堆到屋檐下避雨的地方。

和国武、和国成、和国红、和福光四家耕牛组今天开始合作出厩肥做堆肥，每户出两人，共八人，出完了和福光、和国武两家今年要出的厩肥。中午在和福光家吃，晚饭由和国武家做，大伙就在和国武家吃晚饭。

村民和圣伟的女婿和玉恒（前山石镜头村人）来拜年，顺便帮老岳父买来卫星电视接收器（价钱为 390 元），并且在今天就安装好。新娘和金贵带来的嫁妆电视机从今天起就可以收到电视节目了。

2005 年 2 月 14 日　农历正月六日　属日：蛇　天气情况：雪转晴

村民和朝东从后山行政村木苏自然村请来四个会做木匠的亲戚，准备修缮厨房，把原来的厨房改大些。早上因下雪，后山来的四个人冒雪到山上抓野兔。他们抓野兔的办法确实比南溪村民要强得多，两个小时左右就抓到三只野兔。和朝东另外还在村中请了和圣伟、和尚勋、和秋谷、和朝光、杨耀祥、和寿香六个亲戚，因为是雪天，早晨一直休息到11点待雪化得差不多时才开始动工。和朝东及和英做饭，后山的来人整理准备改的木材，本村的六个亲戚拆墙，一直干到6时30分才收工休息。

满下村村民和顺明、和顺达、和顺光、和红秀、和红苏、和家良、和闰青、和玉梅、和国亮、和闰台、和福光、和朝柱等人，到满上村和永吉家参加和永吉为次子和亚专举行的婚宴。除年轻人外，成年人及学生娃都吃了饭后就转回来，年轻人们留在满上村凑热闹。

2005年2月15日　农历正月七日　属日：马　天气情况：雪转晴

村民和朝东继续请昨日所请的人来下瓦拆房，后山的木工进行以新换旧的木料加工。后山木匠早晨还去抓兔子，因为雪很薄而化得快，故此，只抓到一只野兔，但也为和朝东家增加了一碗野味。

村民和圣华、和良命夫妇去鹤庆辛安镇拉化肥到村里卖，今天，风雪无阻，照样出车去拉化肥。

村民和国武、和国成、和国红、和福光四家耕牛组今天出和国红家的厩肥，堆于天井中。今天他们全部要出的农家肥已经出完。

和建成也开始出厩肥，他两口子用手扶拖拉机把肥拉到地里堆起来，怕春耕开始后路堵塞，所以，先把肥拉到较远不会堵塞手扶拖拉机通行的田中堆起来。

村民和灿、和社兴、和二友、和建良等人，还有一些小孩到前边山上抓兔子玩。他们抓到一只怀孕的大母兔，在和二友家共享野味。

2005年2月16日　农历正月八日　属日：羊　天气情况：阴

村民和作武请和社兴用手扶拖拉机拉厩肥到田里去堆放。在地里堆厩肥的田是最有可能被别人封住不让通行（早就种上洋芋，使别家手扶拖拉机不好过，这是个别的村民。这些人也不想想自家的手扶拖拉机也从别人家的地里过）。

村民和金辉家也是这样，先把厩肥拉到田里堆起来。

这样做，以后种洋芋时就不仅轻松，而且进度也快。村民和永昌、和社芬夫妇，拉了自家的洋芋种到文华村去换玉米，因为今年洋芋种早已被大理老板抢购得所剩无几，所以特别好换。比例是2：1。

村民和朝光、杨耀祥夫妇及和圣华、和良命夫妇去鹤庆辛屯把批发来的化肥拉到本村卖，收入可观，有利于下山开车人不在家的村民。

村民和顺光准备为儿子和永华举行婚礼，从和作典家以 100 元的价钱买了一码干柴，并用手扶拖拉机拉到家里备用。因为明日他家不宜杀猪，一部分亲戚今天就集中在他家帮他杀猪。他们是：和顺明、和顺达、和永红、和永良、和永军、和圣伟、和林、和春亚。

去吉子村帮助堂妹和益花家砌砖墙的村民和子一、和子红、和金胜、和金辉等人，砌完墙后回村。他们每人干了五天。一旦有重要的事情，他们这伙堂兄妹是相互帮忙的。

2005 年 2 月 17 日　农历正月九日　属日：猴　天气情况：雪转晴

由于后山木匠师傅们的艰辛劳作，和朝东的厨房改造（原小现改大）的工程进展很快，今天就可竖房了。他又请村民和圣伟、和尚勋、和朝光、和秋谷等来帮忙竖房。

吃过早点，木匠们忙于材料以旧换新工作，和朝东、和尚勋、和朝光用砍斧、斧头、刀子削短椽子。等到木匠们把所需换的木料都整好，就下基石。下基石测水平的师傅也是木匠师傅。下完基石后就忙着组合屋架，三排屋架只用一个多小时的时间就组合好，然后吃午饭。休息一阵后，又请开出租车回来到和永华家帮忙的堂兄和朝亮、和朝珍来帮忙竖房子。因为是平房，不费很大的劲就完成了。

村民和学青以每公斤 0.56 元的价格卖给鹤庆洋芋老板 1 万公斤洋芋，这是春节后满下村寨卖出数量较多的一车洋芋。

和顺光家庭及亲戚、和永华的朋友聚集在他们家，筹备明天婚礼的事宜。按照常规，吃过早饭年轻人本应开着三四辆手扶拖拉机上山砍柴，但今日因小雪不能如愿，无法上山。因此他家也照和武军、和灿、和永良家一样，家族人一家背一背柴送来。他家所请帮忙的亲戚和朋友也每人从自家背一背柴到他家里。

2005 年 2 月 18 日　农历正月十日　属日：鸡　天气情况：阴

这些天，一连几天天气都较冷，和朝东所请来的四位后山木匠顶着寒冷，继续进行改造厨房的工作。今天，在安装行条（上木梁）钉椽子。

和永昌、和社芬夫妻去龙山街卖洋芋种，凌晨 5 时就出发。

和尚军在邻居家买了一手扶拖拉机洋芋到城里去卖。

趁今天是太安街日子，村民杨耀祥、和尚花、和玉祥、和家良、和尚友到太安村看望病重的舅妈，除和家良带猪脚外，其他人都带了 20 个鸡蛋。

今天和顺光为儿子和永华举行婚礼，村民们都休息或做客，或帮他家忙碌，没人做农活。

村民和建忠、和万军、和国红三人各自挖了一拖拉机洋芋到龙山街上卖洋芋种。他们都卖到好价钱，每公斤 0.7 元，是近七八年来卖小洋芋的最高价。造成这种局面的主要原因是小洋芋早就被大理老板买得所剩无几。

村民和永华举行结婚典礼，他请了村中 8 辆手扶拖拉机组成迎亲队，到 30 公里外的前山石镜头村迎亲。早晨 9 时 30 分出发，去石镜头村做客的亲戚们也同迎亲的一齐前往。到下午 7 时左右把新娘迎到家门前，因为太阳还没落山（太阳没有落尽，依山快落时不能进家门，如离太阳落山还有一大会时间则可进门），叫迎亲送亲的队伍在门前等了约半小时，等太阳落尽了才进门。先进嫁妆，由迎亲的人们从手扶拖拉机上背下来或抬下来，接着进新娘新郎，然后是送亲的队伍，最后是后亲客（新娘方来做客的亲戚称"后亲客"）。

新娘的嫁妆是两套铺盖、一个立衣柜、沙发、火盆、洗衣盆、水桶和一些不多的衣物披肩。这些嫁妆在现代社会是较为简单（少）的，但人们也非常同情新娘，因为新娘父母早亡，与哥嫂生活，哥哥又常年患病，于去年不幸死亡，人财两去。这样的家境必然会影响到嫁妆的多少与贵贱。面对这种情况，男方家已做了充分的准备，和永华的姐姐和爱菊（在攀枝花市当工人），帮他们买来了彩电；和爱菊的公公（四川人）帮他们买来洗衣机。和永华已购置音响、席梦思床等，总之，男方有条件弥补结婚的用品，会使新婚夫妇满意的。

南溪行政村党支部书记兼村委会主任和国军，代表南溪一千三百多人民，参加玉龙县第一届人民代表大会第二次会议。他把关于南溪行政村电信建设的要求报告及"南溪公路修理的要求报告"两份，作为人民代表议案，提请玉龙县人大常委会讨论审议，不知会否有结果。

2005 年 2 月 19 日　农历正月十一日　属日：狗　天气情况：阴转晴

村民和秋谷以 0.56 元 1 公斤的价钱与鹤庆洋芋老板成交。她请她的弟兄和金辉、和金发、和林、和子一及弟媳和菊花、和四、和玉兰、和银谷以及家族人和尚花、和尚勋、和玉芬等人来帮她上车。其中和尚勋过秤记账、算账，和金发、和子一、和金辉专门背洋芋上车，其余人员抬簸箕或装洋芋。1 万公斤洋芋从 10 点到下午 2 点就上完车了，速度确实快。上完车就准备吃饭，老板娘先付洋芋款 5600 元，先由和金星数了一下，说没问题，接着和尚励数后也没发现有问题。还是和秋谷心细，她在门口把钞票一张张朝太阳照着验钞，大约看了一半左右，就拿一张进门请老板娘另换一张。老板与老板娘确认这张是伪钞，当即调换。大伙都佩服和秋谷区别真假钞的能力。

吃完饭后，大家喝水喝酒休息。有的说："和秋谷你丈夫开车赚钱，老公公又每人一万或五千或两千地给你，一个农妇现有三万多元，我们兄妹这伙里你是最富的了。你很有福气，一沾着老公公的福，二沾你丈夫的福，三是你也很急于富有，时时处处，事事都绕着'快富'二字。"

村民和朝东趁后山师傅整完厨房之机，今日请这位邻村来的木工帮他做他老父亲和尚武的棺材。和尚武目前身体健康，精神饱满，但年事已高，已经75岁了，棺木早就应做成棺材了，但和朝东、和朝泽、和朝珍三兄弟拖至今才做成。在城里开车的和朝珍买回招待木匠的鱼肉鲜菜等，族人操心的一件大事今日告成，应感谢后山的木匠（和英的亲戚）。

2005年2月20日　农历正月十二日　属日：猪　天气情况：晴

村民和尚花、和圣伟、和家良、和社兴、和四姐、和菊花和社菊等7人应和清梅岳母所请，帮她去山上砍白芸豆秆。她们共8人，上午每人砍一背，下午每人砍一背，共16背，他们都是亲戚，砍得很卖劲，砍的豆秆又好又多，一辆手扶拖拉机还有些装不下，又解决了和清梅家一年的白芸豆秆处理问题。中午饭和晚饭在和尚花家由新媳妇和金贵及武军两人做帮工，就在他们家吃。豆秆暂寄存在和尚花家，待干后准备由和清梅哥哥和武军拉到前山石镜头村和清梅家中。

村民和尚军以0.56元一公斤的价格卖给鹤庆洋芋老板8000公斤洋芋，由于装洋芋和背洋芋上车的人手少，只有和尚军家3人、和福光家3人，所以装车从早晨9时开始到下午5时才装完。

村民和朝光及夫人杨耀祥到丽江批发了一手扶拖拉机化肥，拉到满下各农户家销售，磷肥每袋可挣4元钱，尿素每袋可挣6元钱，他俩拉来35袋，约收入150多元，除去加油的花销，净收入90元左右，这样算比开出租车的人还划算得多。

村民和朝东从后山请来的木匠，今天上午完成了和朝东预想做的木活，下午回后山家中。

2005年2月21日　农历正月十三日　属日：鼠　天气情况：晴

村民和国武请侄儿和灿帮他采沙放炮，他请和国成夫妇及儿子三人来帮忙拉沙,两辆手扶拖拉机拉到天黑还拉不完,明天可能还可以拉几手扶拖拉机。他拉来沙子堆积在一个地方,准备种完洋芋农闲时节打放下房的石脚之用。

村民和朝东请来和尚勋夫妇、和圣伟、和圣华母子、和秋谷、和四娘、和作典夫妇9人帮他家上洋芋车。他卖的价格仍为0.56元一公斤,共8100公斤。他家的洋芋收入比前些年多了些,其原因是从去年开始他种了他弟弟和朝珍的一部分好地。

村民和正秀及和学军母子、和四妹及和二友母子、和亚兰、和万芝等四家开着手扶拖拉机到前边山上拉腐叶,以填补厩肥的不足。村民和永红夫妇及女儿,已开始出厩肥堆在院坝里,村民和学新也在进行堆肥的农事。

这些天有好些村民想出售部分洋芋,但来买洋芋的老板不多,这部分村民怕出现像去年一样洋芋价格涨落太大的现象。去年的大致情况是:每公斤0.56元时不卖,到最后每公斤跌了0.20元左右,每公斤只卖0.34—0.36元。前段好卖而舍不得卖,后段不好卖又不得不卖,造成增产不增收的局面。

村民和圣明照往年的惯例到今天已准备了不少元宵节"棒棒会"的参会货物——常绿树,他前天开始到后面山上挖常绿树木,准备元宵节去丽江"棒棒会"卖。

2005年2月22日 农历正月十四日 属日:牛 天气情况:晴

村民和家良请和国武、和圣伟父子、和朝乐夫妻、杨文花母女、和朝光、和社芬、和朝光夫妻共12人,帮她家装洋芋车。他以每公斤0.56元的价格卖给鹤庆老板8700多公斤洋芋,合计收入4800元,今年她家两人的田地洋芋总收入为6450元左右。

村民和金辉也请亲戚邻居来装车,以每公斤0.56元的价格卖给鹤庆老板1万多公斤。这是他打破多年常规——先卖出一小半,还有一半留在后面待最后出售。他是吃了去年的苦头才卖这一半的。

村民和亚华家也以同样的价格出售洋芋,请来亲戚装了一车洋芋,8000公斤。今天在满下村寨装车的有3车,1.5万多元人民币装入满下3户村民腰包里。

村民和圣明、和国红、和福光、和国成等人用两辆手扶拖拉机去拉从山上挖来的常绿树和部分早年就挖来栽培在园子里的常绿树(冬青),到丽江元宵节"棒棒会"上去卖。他们根据以往的经验想卖到好的价钱。

村民和建忠，和二友开着手扶拖拉机到前边山上去拉腐叶，他们是准备明开到"棒棒会"去卖腐叶的。

村民和国兴、和永昌到旦都前村和春陆家帮忙竖新房。由于两家都人手较紧，他俩都顺便带去了做客的礼品（肉、酒、米）。和万芝、和亚兰也去做客，她们两家带的礼比前面两家多一些，因为是她们丈夫的亲妹妹家竖房子。

2005年2月23日　农历正月十五日　属日：虎　天气情况：晴

今天是正月十五元宵节，村里的年轻人都到鹤庆天子庙会赶集，其主要目的是晚上到前山放牛坪村凑热闹，参加一年一度的元宵联欢谈情活动。但今年去的路线和方法与以前不同，以前是步行直接从前山下天子庙再转到放牛坪村。今年是坐汽车先到丽江，再坐汽车到鹤庆天子庙，傍晚步行转到前山放牛坪村。

部分成年人去赶丽江的"棒棒会"，有的去卖常绿树木，有的去凑热闹，顺便买回一些锄头和斧头把，这一现象也与过去相反。过去是村民砍些锄把、斧把、粮杆上市卖，而今是山里人还要从城里买回那些东西，说明养育了代代南溪村民的大山变得贫瘠了，不再像以前那样物产丰富。

今天的饮食，大部分村民与传统的饮食习惯相同，早点是糯米粉包的大汤圆，晚饭像过大年一样丰盛，都以美味佳肴为主。

村民和朝光请来本族各户的主事人，到他家商谈正月十八日为其妹和竹英举行婚庆的菜单以及所需要买的食物，以便明日进城，按菜单买所需的菜，做到不漏所需物品。通过商议拟写了26种要买的物品清单，并拟写了婚宴那天的正餐主食（八盘四碗）名称，列于表中，以便厨师们按安排下锅。

2005年2月24日　农历正月十六日　属日：兔　天气情况：晴

村民和良命婆媳在出厩肥，在院坝里堆肥。

村民和建成、和建国兄弟两家也在各自出厩肥堆肥。由于和建国家没有借到粪瓢，兄弟两家就轮着合用一个粪瓢，结果有些误工。

村民和作才的家族一户一人（和士福、和圣华、和圣武、和新兴、和作武），到丽江城购买后天和圣军婚宴所需的菜肉等，同时村民和朝光及妻子杨耀祥请本族兄长和朝东去丽江帮忙买菜，到城里后便有本族兄弟和朝亮、和国军、和朝珍、和朝祖等人帮忙。吃晚饭后，两家都抓紧把鲜鱼剖好、洗好。

龙蟠乡新尚行政村的村民旦都女婿路过满下村，并开了手扶拖拉机来。村民和建良嫁到新尚的妹妹和桂秀请旦都女婿顺便从和建良家要点吃的洋芋，和建良父女就装了三袋约300多市斤，托他带去。

2005年2月25日　农历正月十七日　属日：龙　天气情况：晴

村民和作才家为明日举行儿子和圣军婚礼而忙碌着；村民和朝光家也为明日举行妹妹和竹英的嫁庆而忙碌着。他们两家所请的蒸饭的妇女们一起床就往他两家去帮忙蒸馒头、煎糯米粑粑，以便他们两家的人和帮手一到就能吃上早点。原本由和朝光家在城里开出租车的和福春帮忙蒸饭，因和福春没有回来，他的岳母和家良一早起床就去顶替他的工作。

两家都是吃完早点后，帮手们各就各位，各司其职。和朝光家住村公所附近，离村子有一段路，他家的帮手和武军、和朝祖就开着手扶拖拉机去借桌凳。

吃过早饭后，两家都安排上山砍柴，天气很顺应他们两家，晴，是上山砍柴的好时机，如像前几例一样遇到雨雪也就无法了。和圣军家（新郎家）去了三辆手扶拖拉机，和竹英家去了两辆手扶拖拉机（中村和春立、满下和朝亮各开一辆）。一部分人在家杀猪，和朝光今年不走运，年猪杀后约有10头猪由于患传染病，打针喂药无效后都死光。他两口子前天到鹿子村和学礼老师家以580元的价买了一口猪（约90公斤重），来为妹妹做此次办嫁宴的鲜肉。

两边的厨师们都很紧张，明日正餐要用的鱼在今天就煎好，肉也在今天就煎好，年轻妇人也不松闲，在做好各自的事情的同时还去参加砍柴。村委会主任和国军、副主任和丽军也在和朝光家待了好半天（因为村委会与和朝光两家是邻居）。

南溪完小校长李建光（白华籍人），领着五六个白华老乡，开着一辆农用汽车到南溪满下村前面山上找腐叶，准备给元宵节买来的花和树加上些腐叶做养料。

2005年2月26日　农历正月十八日　属日：蛇　天气情况：晴

村民和国兴请近族人和永昌到丽江城去备办他女儿和爱英举行婚礼的物品（婚宴用食物）。侄儿和万林、和万元两弟兄来帮忙买东西，今天主要是买婚宴用品，嫁妆在此前已经买好。

本村青年和圣军、和竹英俩人举行婚礼。他们俩是近七八年来村中青年男女结成终身伴侣的第三对,第一对是和亚军、和满秀,第二对是前不久举行婚礼的和武军、和金贵。从小在一起玩,一起长大,也就加深了相互间的了解,这比草草结合、凭一时的心血来潮而结成夫妻的可能要强些,在漫长的一生中会少些摩擦。

和圣军家的这次婚礼活动主管是其叔和作武,炊事组的总管是和永红。

和竹英家的主管是和朝泽,炊事主管是和朝东。婚宴的正餐两家都安排得不相上下,都是八盘四碗,且都是不同的肉食品,素菜只有木耳加胡萝卜一碗,粉丝一碗。

新媳妇出嫁时间较早,大约下午4:30左右出嫁。

嫁妆是:两套铺盖,一个衣柜,一个大木柜子,电视机、洗衣机、茶几各一个。不算很多,但比起前些年出嫁的姑娘来讲,算是多了。

吃晚饭时,年轻的帮手们把一张饭桌摆于屋檐下,老人们看见后做了搬动,把饭桌摆往院坝里,不在房檐下,因为世居南溪村寨的纳西族古有"在房檐下吃饭容易被'养药婆'下药,以致会腹泻肚鸣,重者会有生命危险"之说,所以,吃饭不能正好坐在房檐之下。

2005年2月27日　农历正月十九日　属日:马　天气情况:晴

村民和国兴为明日女儿的婚礼而紧张地忙碌着。虽然和圣军及和竹英两家的婚礼还未收场,有一部分帮手不得不离开他们两家,去到和国兴家帮忙,因为几方都沾亲带故,不得不这样。

同样,吃过早饭一部分人上山去砍柴(三辆手扶拖拉机),一部分人杀猪做饭,忙得很,但安排得当,事情都进行得有条不紊。

和竹英、和圣军回门。回门后男方家请了女方家的近亲去他家做回门客,由和竹英的哥哥和朝光点名请了和竹英家族的长辈们:母亲和仕娘、大伯和尚武、二大妈和三姐、三叔和尚勋、四叔和圣伟、哥哥和朝东、二哥和朝泽、三哥和朝祖、姐姐和竹梅、大姨妈和桂贤、大姑妈和尚友、叔和尚洪及和永良、大舅和国海、二舅和国男。这些后请客当夜吃住于男方家中,不兴回家,到第二天早饭后才能告辞回和竹英家。这一举动的大意是:女方的长辈们对男方的父母和家族作交代,此后,嫁到你们家的姑娘,生是你家人,死是你家鬼,要大家在共同的生活中加以指教关照。

常年在丽江城做生意的四川老板(玩具商、电器商、服装商、鞋袜商)来到满中村球场摆摊卖货。其中的玩具商手握玩具冲锋枪表演冲锋的动作,口喊冲锋的口号,吸引了不少娃娃,娃娃们逼着爷奶或父母们给他们买玩具枪，娃娃一逼玩具商就一点也不让价，本来只卖七八元一支的玩具枪卖了15元一支，而且几乎到场的娃娃一人买了一支。玩具商做成了大笔生意，且卖价也高，摆摊的四人中他的生意最火红。

2005年2月28日　农历正月二十日　属日：羊　天气情况：晴

今天，村民和国兴为女儿和爱英举行婚礼，村子里充满喜气。人多，四方宾朋多，他家比村里其他人家多了鹤庆的干亲家（鹤庆大老板、全省有名的农民企业家施崇基），无疑增添了"和国兴富有"的名声和与众不同的场面，高级豪华轿车多了两辆，挂礼收入的人民币也比别人多些。

从下午一点开始待客。新媳妇因陪嫁东西过多，背衣服和被子的三个迎新人在院坝中间站了约40分钟，因为他们要最先背上而衣服最后出门。

和国兴家的婚宴大体同前面几家相同，四盘四碗，肉食，所不同的是八盘瓜子糖果中有一盘是泡大红枣。

和国兴给女儿的嫁妆数目和质量都居近几年新娘嫁妆之首。计有：大木柜子两个，大衣柜子一个，矮柜一排，电视机一台，放像机一台，洗衣机一台，高档沙发若干，液化灶一架，被子三套，海绵垫两床，七星羊披三张，大羊披两张，衣物若干，火盆、炊具若干，价值约一万元左右。

（三）3月份日志

2005年3月1日　农历正月廿一日　属日：猴　天气情况：晴

回来参加和圣军婚礼的村民和圣武，趁回来之机抓紧用手扶拖拉机往离家远点的地里运肥备耕，他的父亲和作典，爱人和爱花也积极参加此项农事，以便抓紧做完后回城开车挣钱，而家里的春耕春种也可顺利进行。

和圣昌家五口劳动力，加上弟弟和圣明，今日开始翻犁去年的蔓菁田，和圣昌、和圣明两弟兄犁田，和圣昌妻子、儿子、儿媳还有和圣昌爱人的侄子和丽新，都做打碎土块的活。这一农事在劳力紧缺的农户家是免了的。

和顺明两口子也忙着往地里运肥，怕种起洋芋来就运不了了。

在城里开出租车回来参加和竹英婚事的村民和朝亮，今天上午用手扶拖拉机犁地，由于他脱离农事劳动四年，干起这一农活来力不从心，一下就累得大喘粗气，下午便回城去了，说是出点钱以后请人来犁。

安静了四十多天的小学校园今天又开始热闹了。度完了寒假的师生们又在校园里开始工作、学习。活蹦乱跳的孩童们别后欢聚格外高兴，说不完的假期趣事，讲不完的电视里和社会上见到的事情，言不尽领到新书的高兴劲，个个都很可爱。

行政村村委会书记兼主任和国军、副主任和继武去镇政府参加教育工作会议，听取了黄山镇中心校长木龙关于南溪行政村村小撤并的有关决定事宜。决定从2005年3月1日起撤销南溪文屏小学和南溪金龙小学，并入南溪完小。现有的鹿子小学和旦都小学的撤并将暂缓一步。

村民和朝光的手扶拖拉机坏了，他到吉子行政村汝南化自然村，请修理师傅五三哥帮他修理。以前拖拉机坏了，他都是请堂兄和朝泽修的，但和朝泽进城开出租车了，他家才改请邻村的五三哥修理。

2005年3月2日　农历正月廿二日　属日：鸡　天气情况：阴转小雨

村民和金星以0.58元1公斤的价格卖给鹤庆老板6000多公斤洋芋。比起前些天每公斤上涨0.02元，6000公斤就增加了120元的收入，这样的情况对面朝黄土背朝天的农民来说是求之不得的事情。算起来要出售4万公斤的大户就可比前几天多收入800元，这样的数额对农民的增收是关系密切的。

村民和顺达以每公斤0.5元的价格卖出2000公斤品种为"八五单加"的洋芋，这个品种的价格每公斤比前些天增加了0.02元。

村民和圣昌及和士福父子继续翻犁去年的油菜田。村民和家良请和圣昌父子顺便就近犁了他分的洋芋地，和圣昌父子俩答应了。傍晚和家良带了一瓶酒、一瓶饮料去和圣昌家表示感谢。

村委会主任和国军、副主任和丽军到鹿子村，一则协调鹿子村水源引入满下天然湖的事宜；二则去安排鹿子村提前释放的服刑人员和发光的生活生产事宜。和发光六年前因春节酒醉与父亲打架，误杀父亲被逮捕劳改，他家便无人了。现在和发光回来生活无着落。故此，村主任、副主任俩人顺便去解决和发光的生活问题。

随后他俩又到旦都前村，与自然村长商谈将白白流入岩石穴中的水引入满下天然湖的事宜，并在村民组长和述贤家做客（因今日和述贤为长女和金梅举行婚宴）。

2005年3月3日　农历正月廿三日　属日：狗　天气情况：雪

因下雪而没有人做生计活动，许多村民趁不能劳作的雪天去串门闲聊。有少部分妇人去串亲戚、回娘家。有部分闲不住的妇女做手工（打毛衣、补衣裤、缝带子、搓麻绳等）。中午时男子们汇聚一堂，有的开酒会，有的打麻将，还有的打扑克，玩得都在劲头上。年轻的人们围在和四闯家的台球桌边玩得很开心，不时爆发出阵阵欢笑声，有时也发出声惊叹声。和四闰的台球桌真是利人利己，一则增加和四闰家的经济收入，二则使本村的青少年雨雪天有个好去处，有个好娱乐场。

原想召开自然村户长会议，签订满下落水洞及草坝开发的有关合同，但因雪天镇里的工作干部没来，因而没开会。

2005年3月4日　农历正月廿四日　属日：猪　天气情况：雪

雪下得比昨天大。今年冬天还没下过这样大的雪。雪积了六七寸深。南溪大地和山都披上了银白的素装。幸好是阴天，要是晴天，眼睛肯定会睁不开。村民们各自在家看电视、做手工、串门，打麻将、打扑克、打台球，凭各自的兴趣进行娱乐。上了年纪的老者买了酒，围着火塘畅饮，跟老伴聊家常，聊起过去养儿育女时的艰辛，抚今感昔，如今不愁吃穿，感叹早来人世十多二十年。

2005年3月5日　农历正月廿五日　属日：鼠　天气情况：雪

雪一连下了三天，大地所披的银装越来越厚，脚踩下去雪没到膝盖下面。村子里的翠竹被雪压得直不起身来，好似犯了重罪一样弓腰低头，人们行走在竹子下面也得低头弯腰。大雪把人们封在屋子里火塘边，雪天喜欢追捕野兔的和建良和上门女婿和金发却在火塘边着急。他俩身在烤火，心却在琢磨着山上雪地里无法行走的野兔，想着他们常吃的野味，说："要是雪不再下，不用网也可以捉到十几只野兔。唉！真是老天不顺应我愿。"闲不住的妇人也只能闲在家里，搓麻绳、打毛衣、做缝补。好麻将的人吃完早饭又继续昨天的地方"经济建设"、"快速致富"。和四闰的台球室爆满，年轻人有的打，有的看。就连父亲病重在床的和圣明也去打麻将；嗜酒如命的村民则饮酒作乐，个别的人还串门喝酒。趁雪天，和武军、和金贵夫妇带着罐头去看望久病在床的爷爷和作良。和武军的父亲和圣伟是和作良的长子，到和尚花家上门，因平时小事的矛盾，父子互不往来十多年。就连和圣伟为女儿出嫁举行婚庆、为儿子举行婚礼也不请老父做客。这对年轻夫妇是背着父母来看望爷爷的，是尊老敬老的表现，也是懂得做人的道理的表现。

2005年3月6日　农历正月廿六日　属日：牛　天气情况：雪

今天有不少的年轻人去山上逮野兔，他们是和亚军、和灿、和社兴、和社红、和武军、和文亮、和丽军、和四闰。母猪山上因为雪深，他们便不带网，空手去追逮。和灿逮到一只大灰兔，高兴而归。回到沙场附近时，听到和亚军大喊："逮住一只啦！逮住一只啦！"大家都不怎么信，但还是停下等他，他果真提着一只大灰兔喜气洋洋地走来，回到家，大伙在和灿家煮兔肉打牙祭。

村民和建良及上门女婿和金发还有和金发之子和四江三人也去逮野兔。一家三代带着网，张网而追。张好网后叫和四江守候在网旁，老人和建良及和金发则去寻找兔子的脚印和追兔子。他们人虽少，但收获却不少，共逮到三只大灰兔。

和朝东、和万元、和万琼、和万红、和天林以五人相约一组也去山上逮野兔，但他们在齐膝深的雪地里走了半天也没发现兔子的踪迹，空手而归。冻了半天却一无所获，都后悔不该去。

和武军及和德华的老友玉山（白华人）患重感冒病倒在和武军家，急得和圣伟、和尚花老两口到处求医问药。和尚勋给了些感冒药，下午好转些。由和社红开手扶拖拉机送他回家，一同去送玉山的还有和文亮、和丽军、和永贤三人。和玉山去时，和尚花家送他一挂腊肉和一些洋芋。

2005年3月7日　农历正月廿七日　属日：虎　天气情况：阴

早晨10时左右连续下了几天的雪停了，正月间下这样的雪是不多见的。喜欢追逮野兔的人们闲不住了，都往山上去了。喜欢串门闲聊的人们在休闲聊天，和永昌、和社芬夫妇在闲谈中，重点谈及满中村组长和国高从今年建设云南大学研究基地上个人获取不少收益，都说他本事大胆子更大，他向众人公开说获得万余元，但众人估计可能比这多出相当数额。因为他家做农活请工出钱，烧的柴火不自找而是买，且最近买了不少价格较贵的家电。砖、水泥、瓦片、板子等剩余建材也得了不少，他们都评议说："和国高真是千年遇着金满斗。"和国高与和社芬是姑表，和国高前不久告诉姑表姐夫说："以后，你们满下的落水洞开发时，要紧紧拉住老板，千方百计要帮老板做事，可就能捞着些钱，机会不要错过。"和永昌因此也准备了一只大阉鸡等老板来时以准备杀给老板吃。

他们夫妻还谈及了学校撤并后，学生炊事员的问题。镇上要加一个学生炊事员，但他们认为只有一个灶，两个炊事员做饭，尤其是两个女青年在一起不会搞得好关系。他家的想法是给现有的炊事员和丽芳（他家姑娘）增加点工钱，由她一人来做饭。如果上面硬要两人来做，就要想办法让和社芬去做，由她母女专给学生做饭。一则可增加他家的经济收入，二则农事、家事都可不误。所以他们家决心破费些也要千方百计把这件美差事弄到手。不知结果如何，待半个月至一个月后可见分晓。

因为雪天，学校老师未归校上课，领了新书的学生们至今还未学过一篇课文。原因自然而然地归在下雪上。开学典礼后老师去镇上开教师会议，回来后就下雪，学校就放了假。今天该返校上课，但因车子上不了山而无法回校。

文屏村的学生家长、金龙村的学生家长和两村小学的老师送学生们到完小归读，家长们拉着铺盖、板子、粮食送子女到校，但完小的老师不在校，家长们把东西交炊事员和丽芳代收，又领着孩子回家去。

2005 年 3 月 8 日　农历正月廿八日　属日：兔　天气情况：晴

因一连下了几天雪，大地一片白茫茫，田野上披的那一层极厚的白棉絮在阳光的照耀下渐渐变薄。山上松树枝叶上积的雪也渐渐落下，变成一个个花脸似的，远看去黑里透白。雪虽然开始化了，但农田里还不能作业，心急如焚不想休息的人也不得不闲在家里。

2005 年 3 月 9 日　农历正月廿九日　属日：龙　天气情况：晴

雪还没有化完，农田里还是不能劳作，但闲不住的一些人又往山上走动了。他们是和作典、和八娘夫妇及和爱花、秋谷、和玉兰、和万芝、和益花、和社菊、和满谷等人，他（她）们都背着篮子去山上刨树根。

除此之外，绝大多数村民还在休息之中。

2005 年 3 月 10 日　农历二月一日　属日：蛇　天气情况：晴

春耕开始了。今天虽是初一，但属相是牛蛇鸡相合，可驾牛开犁。和朝东因他以前那一组的牛在春节前卖了，因此，找和圣伟、和朝光组合伙。去年单干了一年的和作典家也与和圣伟、和朝光组合伙。他们四家今天开始训练和作典家的牛犊。第一次拉犁的牛犊不跑也不跳，很顺利，因为和作典在前段时间就让牛犊拉着一根较重的木头在路上来回走了几天，这样对牛犊的耕田犁地有很大的帮助。

和金辉、和金星、和林组，和顺明、和顺达、和顺光、和亚华组也开始犁地。和万琼、和万元则用手扶拖拉机来犁地。只要有力气有技术，用手扶拖拉机犁田是不错的，工效高、自由、不需约伴，可单个自由进行。

今年的"三八"节庆祝活动轮到旦都前村妇女出节目。今天由和国军、和福兴、和七三开的三辆面包车把旦前村妇女打跳、唱歌队拉到玉龙纳西族自治县新县城（五台）所在地参加玉龙县庆"三八"活动。村委会妇女主任杨耀秀及村委会副主任和丽军、和继武也参加了活动。

2005年3月11日　农历二月二日　属日：马　天气情况：晴

村民和秋谷请和万琼用手扶拖拉机犁地，他家所有的地都在今天犁完，犁完后可能会付工钱，因为现在是很难请到人情工的。

村民和万仕也开始犁自己的地。如若有村民请他犁地，他也会先给对方犁，收一定的工钱。

和国春、和永昌组也由今天开始犁田。和丽军、和永昌都是耕田能手，虽有一头牛犊是今年才开始训练犁田的，但犁的田数量较多。

村民和永军以0.6元一公斤的价格卖给鹤庆洋芋老板7500公斤洋芋。

村民和闰芝则以0.56元一公斤的价格卖给金龙村民和正春、和亚良夫妇2000多公斤洋芋。

在城里开出租车的村民和李福，今天驾车回来，告知父母及兄弟们（包括堂弟），在城里谈了一个对象，说是个"带挂斗"的（守寡带一儿），问父母及兄弟们同意不同意。如若大家同意，他就想讨来做媳妇，如若他们不同意，也就不讨了。父母和兄弟都说："随你了，只要你喜欢就该趁热打铁，该在你喜欢我、我喜欢你的时候讨来。"不知结果会如何，有待以后见分晓。

2005年3月12日　农历二月三日　属日：羊　天气情况：晴

村民和作典（59岁，男）因儿子进城开出租车，从去年开始自己学开手扶拖拉机。今天他与儿媳和爱花一齐去地里送肥，开到学校旁边，停下来请年轻小伙子和二友开到田里。快到田附近，因车重坡陡，和二友开车，和作典与和爱花在后面推，最终因推力不足而拖斗后头下滑，只差两厘米左右就翻下干沟，幸好和二友死踩刹车才停住。和作典赶紧捡来几块石头垫在车轮下，不让它往后滑，和爱花则跑来请在学校附近用手扶拖拉机犁田的和春兰、和福军、和木光等人来推车。到现场，和春兰与和二友不敢开车，就请和福军开，和福军使劲踩好油门，手握叉把，后面六个人使劲推，终于把车推到田里。和福军说："有事互相帮忙，有难共同克服，邻里互敬互爱，是村民的传统美德。但你儿子和圣武是傲气十足，路遇有难人常袖手旁观，甚至冷眼以对，看这时，如果我们不帮，那事态又会怎样呢？"

2005年3月13日　农历二月四日　属日：猴　天气情况：晴

村里一片春耕春种的繁忙景象。田野里用牛犁田的，用手扶拖拉机犁田的随处可见。用六齿耙跟在犁田人后面打土块的，用手扶拖拉机送肥料到田间的，拉着肥和洋芋种一同进田的，五花八门。就连长期在家休息的村民和正番（67岁），也出来掌犁耕田了，他侄儿大个子和万红驾着牛，大伯和正番握着犁尾掌犁，抓紧干了一天。

村民和家良也请满中村民和福军用手扶拖拉机犁田。工钱开了80元，加上烟酒开销用了100元左右，解决了一年种洋芋的犁田大事。

村民和国亮请满中村的侄儿和闰里来帮他家用手扶拖拉机犁田。

即使有牛的村民，不少人还是用手扶拖拉机来犁田，因为效率要高得多。

2005年3月14日　农历二月五日　属日：鸡　天气情况：晴

村民和建国夫妇及次子和学军在靠近和汝浩家旁边的地里采挖一层沃土，用手扶拖拉机拉到满上村和满中村中间他家所种的沙地里。和汝浩与和汝信两弟兄分居后，和汝浩把他家的宅基地用篱笆围上了，和建国家的手扶拖拉机开走不像以前方便了，因此，和建国决定牺牲他家在这儿的两分耕地用作车路。看到这样肥的土壤要压硬，他们就不辞劳苦把这些肥土运到沙地里去，增加沙地的肥土质量，想做到减地不减收，把这儿的损失从那块沙地里补回来。一连干了两天拉34米才把两分地的肥土运完了。

黄山镇政府南溪工作组长、镇党委副副书记木建华及吴继忠两位同志受党委、政府的重托，来具体签订满下村草坝出租事宜及发放满下村2004年退耕还林补助费。

村委会副主任和丽军把满下村组长和国兴及副组长和圣伟的夫人和尚花叫到村委会（因和圣伟已出工去犁田），商谈签订协议的事，要组长、副组长先签名，和国兴拒签，说是和群众一起签。木副书记怕会上群众秩序乱，就提出要晚上入户签名。和国兴不同意这样做，就定在明早8时召开户长会议，在会上进行。

2005年3月15日　农历二月六日　属日：狗　天气情况：晴

在城里开出租车的村民和万林、和建军两人今天回来犁田。一到家俩人换上劳动时穿的衣裳，各自开着手扶拖拉机拉着犁到各自的田里犁田。他们这样是为了既不误家里的农时农活，又不误他俩开车赚钱。因此，早晨八九点钟到家，傍晚6时左右又转回城里开出租车（晚上7时开到明早上7时又交给车主人开）。这种精神和行为是全村开出租车人必须学习并实践的榜样，但没有人像他们一样。

今天早上 8 点到 12 点召开满下村户长会议。会议议程是《满下草坝及草坝间田地转让协议书》的签名。56 个家长 56 颗心，各持己见，各保各利，进行得很不顺利。直到 11 时 30 分才开始签名。第二个议程是发放满下村 2004 年退耕还林补助款（其他自然村已在 2004 年 11 月发放）。

2005 年 3 月 16 日　农历二月七日　属日：猪　天气情况：晴

村民和玉祥请本村姑表兄和万琼用手扶拖拉机来犁地。她家地少，只有俩人的承包田，到傍晚 5 时左右就犁完了。和万琼要的工价是每工 100 元。对于无牛犁田的人来说，付工钱 100 元加上花销二三十元，也是值得的。犁了一天，破费了点钱，不需为犁田花费心思和工时，不再欠别人的人情。对于帮忙犁地的人一说，虽然辛苦些，要出些力气，费点油，但一天犁下来，油款顶多用去 20 元，还可纯收入 80 元，烟、酒、饭都由主人所包，所以收入也可说是较高的了，可谓是两家得利。

村民和家良也请来满上村姨侄儿和耀军帮她家用手扶拖拉机送肥，她家也只有俩人的地，再加上有部分地已被划在招商引资进行开发的区域，所以更少了。和耀军用和家良家的手扶拖拉机拉了四趟肥到田间，就算完成了预期的目的，到下午 3 时，和家良送给他一车猪食（绿肥）拉回去了。

村民和亚兰请汝南的侄儿和华开手扶拖拉机送肥到田间。因为和华尚小，还不是身强力壮的小伙子，所以犁田由在城里开出租车的丈夫和万林回来犁。

从攀枝花市退休居住满下村（老家）的退休工人和学仁今天去工地上做门卫。这项工作是鹤庆人云南省农民企业家施崇基所请，包吃包住月薪 600 元，和学仁很乐意。有些村民也很想去干此差事，但家务走不开，只能望尘莫及。

2005 年 3 月 17 日　农历二月八日　属日：鼠　天气情况：晴

家家户户都在种洋芋了。世居南溪满下村寨的纳西族村民，现今的种洋芋程序是：犁田—打土块—送肥到田间—放洋芋种—施农家肥—施化肥—盖土。做到深耕细作，合理施肥，亩产收获 2000 公斤左右。

村民和圣武暂时停止开车，回来帮忙种洋芋。他家每年所种的面积最多（还种了满中村的连襟的全部好地），收的洋芋也是全村之最（年收 40000 公斤左右），是全村寨中最富有最勤快的人家。真是应了古语所说的："大富于天，小富于勤"的哲理。

今天是纳西族的"三朵"节，学校按规定放假一天，村里的年轻人到文峰寺游玩。今年49岁的村民和金辉全家大小共五口人到"三朵阁"烧香磕头，求"三朵"，求鸿运、平安。家务托村里的亲家母和茂花来料理。

吃过晚饭，年轻小伙和姑娘都不约而同地走出家门，到旦都村去进行青年"打跳"。

结婚已两年，但一直未孕的和灿、和永秀夫妇（和永秀已27岁）俩不计路途远，乘车到白沙乡"三朵阁"烧香磕头，愿"三朵"神保佑，早生贵子。

在城里开出租车的村民和李福，今天果真把心上人领到家中来了。这一举动，说明他（她）俩的夫妻关系已定，已被大众和社会认可。只是还没举行婚礼和还没履行法律手续。去冬今春，满下的年轻人真走运，五个小伙找到了终身伴侣，五个姑娘找到了自己的新天地，真是喜事连连，众口称快。

退休老师和作良（已75岁）的肺气肿病情恶化，已是生命垂危，身体动弹不得，需要别人帮忙翻身；扶他坐也坐不到两分钟。他们的家族从昨晚开始守护，虽然这段时期处于农忙之季，但白天也由家族人轮流守护，力求得到绍沙（口含）。

今天和作良的孩子和仕福及爱人去城里买菜买酒烟，以便做给守病人的人食用。

2005年3月18日　农历二月九日　属日：牛　天气情况：晴

在城里开出租车的村民和圣华及在城里开理发店的姑娘和竹英于前月农历十八喜结良缘，举行完婚礼后抓紧时间走亲戚磕头，然后就回城继续做各自的工作。今天他们回家来帮助和作才、和学青老两口种洋芋。和圣华驾驶着手扶拖拉机犁田，和竹英跟公婆一起种洋芋。每个人都干得很紧张，完成的工效也很可观。

村民和金红、和永红、和林三家都以0.6元一公斤的价格卖给鹤庆金敦洋芋老板一车洋芋，大约装了1万公斤，合计6000元人民币，这跟15天前每公斤0.56元相比，一万公斤增收了400元。增收要耐得住性子，急性子的人是不得增收的。这些天卖洋芋，钱是多了些，就是帮忙装洋芋的人少了些，所以这三家到下午5时左右才装完车。

今天是农历二月九日，是南溪满上村、满下村的祭祖节。下午家家户户都手拿香炷、酒、茶，在大门口把本家的历代宗亲接到祖先台上，摆酒、茶、糖、糯米粑粑，并在祖先牌位前插上香，热情祀奉。到吃晚饭时，等出嫁女人来敬酒后，所做好的一切菜饭都摆在祖先牌位前，以示先祀奉祖先，后生们个个跪地磕头，以求祖先保佑后生们平安幸福。然后家中老者找来一块瓦片，放些火塘灰，并从每个菜肉中夹一点放进一个碗，和香、酒、茶带到送祖地方送祖。此举完毕才能吃饭。

出嫁到后山本里科村的和双妹与丈夫和阿，还有一些他们家的近亲（哥、妹夫等），来看望病危中的老人和作良。

嫁到汝南化村的长女和金花也转回来看望老父和作良（她俩姐妹父母还在世，所以不必回来参加祭祖节活动，一般情况下也不在祭祖节回家）。

2005 年 3 月 19 日　农历二月十日　属日：虎　天气情况：晴

村民和文海（76 岁）老大妈种洋芋。她是自个种的，一切工序都由她一人独自进行。儿子和建军犁田后又回城开出租车了，儿媳和海也独自在另一块地里种洋芋。

一般人家是所有人都在同一块地里劳动，分工合作，主妇放种，娃娃施肥，丈夫盖土，主妇放完洋芋种后又施肥或盖土，一同完成了一块地又到另一块地里种。

吃过晚饭，有很多上了年纪的村民都来和作良家看望病危的和作良（空手不带礼）。他家儿媳、姑娘、孙子、孙媳忙着给众人发烟敬酒，敬茶倒水。凡是村里有病危的人，只要他们家族在日夜守候，全村人必定得到他家看病人几晚上，有些人待到深夜，有些人还待了通宵，这已成了满下村寨沿袭了几十年的传统，已形成了不成文的村规。今晚来看望和作良的有近 30 人，有的家是男人来，有的家是女人来，有的家是双双来（如和顺光、杨秋秀夫妇，和顺达、和继花夫妇，和顺明、和学花夫妇）。

到 12 时左右，和作良家人煮了一锅洋芋，请来他家的众人和守护病人的家族人吃。

2005 年 3 月 20 日　农历二月十一日　属日：兔　天气情况：阴转小雨

村民和建国以 0.60 元一公斤的价格卖给两个鹤庆洋芋小商（小商开来手扶拖拉机）5000 公斤洋芋，每辆拖拉机装 2500 公斤，请了其妹和三姐帮助上车。今日轮到和三姐及和玉祥家巡山护林，和玉祥 12 时左右去约和三姐，和三姐因帮忙上车，未按时去巡山，和玉祥也就先回家去洗衣物。像这样巡山护林只是应付一下的村民有相当一部分，有个别的甚至连山上都未去，就把巡山轮流单交给下一家。

　　退休在家的教师和尚勋用篮子背肥送到田间，帮和国武家砌基石的螳螂族石匠和仕哥见状，感到这老头太辛苦了，于是就问和老师："田里不通手扶拖拉机吗？如通了请人开一下手扶拖拉机多方便。"和尚勋唉声回答："师傅，田里的路是四通八达，但现在请人来帮忙是有些为难了。在满下56户村寨里，我家是第五户买手扶拖拉机的，我儿子和朝亮初中未毕业就开手扶拖拉机（十五六岁开始），帮了人家多少忙，拉洋芋、拉石头、送肥、换洋芋，义务工做了不计其数，学习雷锋很实在，手扶拖拉机都换了五辆。但现在儿子儿媳都进城开车，过去的事情像流水一样过去了。想请被他服务帮助过的人来帮忙，人家的态度却似乎没有过去那回事一样。村里只有和国武家、和子一家、和朝泽家、和金发家随时提起过去，要请只能请他们来拉肥。除此之外，其他人（包括亲属邻居），把过去忘得一干二净似的。"人们的生活提高了，经济收入也增多了，但思想道德方面却有些不如以前了。

　　2005年3月21日　农历二月十二日　属日：龙　天气情况：晴转阴
　　村民和国兴与和建忠一同用手扶拖拉机去犁田。前些时犁了几天，大多是年纪较轻的和建忠犁的时间多，和国兴只跟着和建忠走，边看边思索，直到认为自己也可以犁了，便也动手犁了一阵子，让和建忠跟在后边。这样搞了几天，和国兴感觉良好，认为可以独自进行犁田活了。今天他就单独驾手扶拖拉机犁田，中午时分，他不慎被机器里煮沸的水烫伤右手，伤势并不很重，但也不轻，得敷药休息几天。他叹气道："唉，这些活的确是力气活，没有力气是难做好的，特别是倒转时的驾车技术和力气同时并用，看似容易，其实是年轻人的活。在农村我还不算老（57岁），但已不适合干这种拼力气的活了。"面对目前农村年轻人大量流入城市的局面，什么农活都得要上了年纪的人们（40—68岁）去干，现在还无法用正确的答案来解释这种现状。按理说养儿防老，年轻人出去，老人们应在家安享晚年的幸福生活，但老人们又不愿寂寞，干惯了苦累活的南溪村民都不愿坐享清福。古来传下的名言："本出入，没本姿没只"（意为人类用劳动来维持生命），概括了居住在南溪村的纳西族人民代代父母都不欠孩儿情（除个别特殊的以外）的真实情况。

　　2005年3月22日　农历二月十三日　属日：蛇　天气情况：阴转小阵雨
　　村民们都在忙着春耕春种，种的面积比以前可能要少了，不少村民都发泄着心中的不满，特别是田地多收入也多的人。如村民和建良是这样说的：

"田租出去的多是村子上半部分的村民,我们要跟政府提出,先把租出去的地丈量后,把退耕还林的指标顶了租地面积,然后剩的指标再全村户均分,所租地金应归使用地户主所有。"

也有村民说:"我只要政府的十亩退耕还林指标,其他事情就一概不关我的事。"也有村民谈论着:"我什么都不要,调整土地一百个不答应。"本来就田少的弱势人们口中虽然无话可说,心里却盼着政府能调整一下土地,该退的退,该得的得。

2005 年 3 月 23 日　农历二月十四日　属日:马　天气情况:阴转小阵雨

村民和永昌家以每公斤 0.62 元的价格卖给鹤庆洋芋老板一车洋芋。这比 20 天前每公斤 0.56 元一公斤价格相比上涨了 6 分,1 万市斤洋芋就多 300 元钱,早些时候就卖掉洋芋的人有些后悔。有些人家还出现了互相指责的现象,但无法弥补家中减收的损失。这只能以"生意八只脚,神仙摸不着"来劝慰早就出售洋芋的村民们。有些村民看洋芋价还会上涨,便依旧稳坐钓鱼台,纹丝不动。这些村民是:和作武、和圣华、和建忠、和士芬、和国红、和国成、和圣伟等农户。

玉龙县农业综合开发办公室的干部一行到南溪村委会现场办工。在行政村主任的引荐下,决定对满中村水土流失的河段进行砌墙治理,以起到保水作用。这个决定难以符合南溪广大村民的意愿。

2005 年 3 月 24 日　农历二月十五日　属日:羊　天气情况:阴转小阵雨

村民和国亮请胞弟和国武为他修理手扶拖拉机。事前(前天)他就请和国武帮他看过手扶拖拉机,查找损坏部件,了解问题后,才托跑营运的村委会书记兼主任和国军顺路买回所需更换零件。今天就请和国武为他修理,和国武从早上 10 时开始,不停息地干到下午 3 时 30 分才修理好。修好后,吃了顿午饭,和国亮又喜洋洋地去田里送肥,不料拖拉机开到田里打滑了,越加油前轮越滑,也就陷得越深,不能自拔(原因是下了阵小雨,泥土不仅松软而且湿润了),他又请了四五个人帮他推了一阵,才把拖拉机推出泥坑。

前些年修手扶拖拉机之事是村民和朝泽做得多,和国武也偶尔搞一下,从去年开始,和国武做得多了,究其原因是多方面的。和国武的技术比以前提高了,在家时间多,也不骄傲,而和朝泽不常在家,且对部分村民表现出些傲气。

在城里开出租车的村民和建军又回来犁地,白天犁了一天地,晚上又回城开车。和建军及和圣武两人是城里家里两不误，常回家帮忙耕田种地，又不误开车，实在是有使不完的劲，论辛苦他们俩是超过了和万林、和朝泽的，但论攒钱还是比不上和万林与和朝泽。

2005年3月25日　农历二月十六日　属日：猴　天气情况：小阵雨转阴

村民和尚军夫妇及儿子三人去城里购买后天为其嫁到文山州的女儿补办婚礼的食品。

这些天，村民和国坚（69岁）身体状况较差，不进饮食已三四天，他的儿子和万琼及儿媳和金燕忙着准备他的寿衣及寿被、寿鸡等物品。和国坚病重不能自己动弹，但还没有请家族人来守看。

今日时逢（星期五）太安街天，村民和朝光及杨耀祥夫妇去太安街买小猪。平时一年卖三四窝小猪的和朝光家，只因去年冬他家没把猪关好而是到处乱放，猪染上了传染病，打了很多针都无效，结果死得一口不剩。今天他两口子开着手扶拖拉机去太安街买两三口小猪，想养大了作今年的年猪之用。

2005年3月26日　农历二月十七日　属日：鸡　天气情况：雨夹雪转晴

村民和尚军请来村中亲戚及满上村的舅爷，操办明日为他女儿和朝娟的婚礼。吃过午饭，一部分人杀猪，一部分人冒雨去山上找柴，的确功夫不负有心人，到下午找柴时天又转晴，助了他家一臂之力。因为昨晚整夜不停地下雨，村民们都在家休息，几乎没有下地劳动的。有部分村民到和国坚家探望他的病况。

村民和国武应和作才之请去帮他修理手扶拖拉机。

村民杨耀秀、杨耀祥两姐妹冒雨步行，到20多公里外的后山高美村做结婚客。她们本想把做客礼在赶太安街天时托给高美村的人转交，做"礼到人不到"的客。但事与愿违，昨日高美村无人上太安街，无奈，只得把礼拉回家，今早姐妹相约一起去做客。

2005年3月27日　农历二月十八日　属日：狗　天气情况：晴转阴

和作良老人病重，不见好转，也没加重，这可苦了他的儿子及家族的人，再则，这些天处于农忙之季，面对他的病态，家族人也不好不顾而去。因此，每天由家族轮流一户守一天，和圣昌及和圣明两兄弟来守护和作良老人。

和国坚也病倒了几天，他的小儿子和万琼跑到前山高龙村把嫁到高龙村的两个姑娘叫回，前天晚上家族人开始守护了。守了两个晚上，今天和国坚明显好转，只留下夫人守候，其他人都去种洋芋了。和国坚的两个女儿和万秀、和万菊也回家去了，和国坚已能拄着拐杖到伙房。

村民和尚军为其女儿和朝娟举行婚礼。女儿及女婿（文山州人）前天到家，今天设宴前在门前放了一阵鞭炮，就开始招待客人。新娘不接也不送，既没有迎亲队伍，也没有送亲的人群。

2005年3月28日　农历二月十九日　属日：猪　天气情况：阴

村民和圣昌三父子把看守老父和作良的大事托付本族和作武叔及弟和圣明，去犁田了。因为从需要看护和作良开始，他们家就不能按计划进行农事活动，因此，农活落下了一大摊事。今日三父子腾出来犁地也是不得已的。他和弟弟看护和作良老父已有半月之余，至今仍如此。按当地传统说法："族中历代守亲中如有人没得绍沙（口含）者，后辈人者不知该去何方。"和作良的老父亲和金才就是患急性病，放羊回家时死在村子边上的，所以，他们家族的守护者都很注意很认真。

村民和金星与和金红两人到山上犁田，他们只犁了半天，因还要合伙去种和金红家的洋芋。

村民和家良请满中村的村民和福军用手扶拖拉机犁田，犁了半天，付给和福军60元工钱，和福军只收40元，但和家良硬要和福军收下60元，并说："这活很苦，这点钱是一定要收下的。"在和家良的千说万说之下，和福军不得不收下了60元，还说："别人家我干一天只拿80元，半天40元。"

村民和圣伟以0.66元一公斤的价格卖给鹤庆洋芋小老板3500公斤（两辆手扶拖拉机）洋芋，价格上涨了好些，今年洋芋留到后卖的人家，都增加了相当可观的收入。

满下村村民和德华帮南溪完小拉来一车空心砖。这空心砖是学校准备为住校学生食堂搭盖猪圈用的。据说玉龙县撤并校点、集中办学的试点是在边远贫困分散的仁和乡学校，那里的学校为学生的生活安排了养猪种菜等事，南溪完小的老师由中心校组织到那里参观学习，受到启发感动，他们也想按仁和的模式办学。

2005年3月29日　农历二月二十日　属日：鼠　天气情况：雨转阴

晨雨淅淅沥沥地下，一直下到12时左右才停下来。到1时左右，村民和国兴及和建国姐夫两个去犁田。和国兴和妻子和燕花去给他两牵牛犊。随后又有几家去犁田。午饭后，和永昌家、和作典家、和圣伟、和万军等又去种洋芋了。和家良也准备去种洋芋，刚把洋芋种背到地里放好又回来拿锄头等农具时，她在满上村的侄儿和耀军就帮他送肥料来了。和家良便改变主意，和她的丈夫一起先装肥料，把厩肥满满地装了一手扶拖拉机，再把昨日就装在口袋里的六袋洋芋种装在手扶拖拉机上，叫和耀军拉到田里用肥盖好，以便等几天种洋芋时不需背洋芋种了。

从今日起南溪完小里多了一个管理住校生的老妈妈，是该校教师王琼芝的妈妈。王大妈由县教育局介绍推荐，乡中心校请来帮助南溪半寄宿制学校管理学生和菜棚。王大妈是龙蟠乡人。

2005 年 3 月 30 日　农历二月廿一日　属日：牛　天气情况：晴

村民和金星请来和建良及女儿和银谷、和三哥及夫人和溢寿，以及侄女和亚梅、和林、和芳夫妇、和金圣及和玉兰夫妇帮他家上车装洋芋。他以每公斤 0.66 元的价格卖给鹤庆老板。人们一动手搬洋芋，他就拿出火腿，叫侄女和亚梅帮他做饭。在满下寨请亲戚们来装车，中午招待的这顿饭是比较丰盛的，菜也比平时多些，是平常不常吃的菜。酒也比平时好些，有瓶装酒、啤酒、饮料等。两人做饭，车未装满饭就熟了，说明小姑娘和亚梅对做饭是比较在行的。

村民和尚军为女儿操办婚事完结后，今天开始种洋芋了。她叫种三七的文山女婿也帮忙种洋芋，一直干到天黑才收工。

全体村民都趁天晴忙着种洋芋，只有和圣昌、和圣明两弟兄及本家族叔和作才守候在久病不起的和作良身边。趁和作才回家喂猪食之机，他两弟兄要和作良老父交底（工资结余款，要求说出存折密码，要是有人借过钱的话，也要老父在头脑还清楚时说出，万一病情加重便无法交代）。他弟兄俩向老父承诺："您所结余的款子，我俩一定视情况给三个妹妹一人一些的，决不由我俩独吞您的遗产。"

学校请村民和建忠帮学校拉沙子，每车 30 元。和建忠一天能拉到 3 车，对学校对他个人都有利，学校急需用沙，他也得了可观的收入。能干着这等好事，是因他姑娘和学青帮学校老师做饭。

2005 年 3 月 31 日　农历二月廿二日　属日：虎　天气情况：阴

村民家家户户都去种洋芋，就连常在家做家务领孙子的老妇人和明贤家,也扶老携幼,全家出动到山地里种洋芋。

村民和家良坚持自己一人种洋芋,因为小孙子和智刚最近患风寒感冒、咳嗽,故让老伴在家领好小孙子。

单独种洋芋的农妇还有和耀兰、和秋谷、和玉祥、和海,因为她们家的男人犁了田后又回城开出租车去了。同时还有和国秀一人也在单独种地,因为她从攀枝花回来的老伴和学仁去城里建设工地当保安,她的地是付款请村民和万琼犁的,肥料是到满中村上门的侄儿和春之帮忙送的。

村民和国春家三口(老两口及小儿子和丽军)吃过早饭,准备了肥料、洋芋种、午饭,并喂好猪。到10时30分时,他们家的牛犊肚子突然猛涨,圆鼓鼓的,急得和国春老人忙给牛犊灌腊油薰浓烟,用烂布薰牛鼻子,并叫和丽军去满上村请兽医和社军。兽医没请来。其实,即使是请着的话,也是无救了。和丽军走后不到20分钟,牛犊开始大泻肚子,瞪眼踢蹄,折腾了几下就倒地断气了。面对飞来的横祸,眼睁睁无法了。他家商议,只好请和国武用他的小农用汽车把死牛犊拉到城里回族食馆卖了,卖得多少是多少。对农家来说,耕牛是个宝,价值也在3000元左右,是个较大的损失。特别是目前春耕大忙时节,正需要用牛啊。老奶奶伤心地流着泪。牛犊突然胀肚暴死的原因,是和国春早上喂了绿肥,导致肚胀死亡。

死了的牛,食馆老板是会极力压价的,不知道能卖到几个钱,但总比这样扔了好。运气还较好,死牛还卖了1000元,要不然白丢也得丢,还应该多谢谢和国武才是。

(四)4月份日志

2005年4月1日　农历二月廿三日　属日:兔　天气情况:晴

村民和建良以每公斤0.7元的价格出售洋芋。鹤庆洋芋老板从和建国的门前闲地里把汽车开过来,准备在和建良大门前的闲地里上车。和建国的老婆和正秀阻止老板说:"我家的地里不能过车,又不是公路。"说完抱上些杂木、木头截着,拦在闲地边阻挡汽车过往。老板打算要把车开到公路边上,和建良却说:"把围在田边的篱笆拆除了可以走,这块地又是另一家的,没问题。"这样才在和建良家大门前装车。事出有因,以前和建良把通往和建国家的一条路给封死了,为此,他们两家骂过不知多少次,也曾打过,也上告过。当时乡政府司法所要和建良把路恢复原样,但和建良不听司法所干部的公正评议,依然我行我素,照样把老路封死,使得和建国家用田跟别人家换一条路。

村民和顺达以0.66元一公斤的价格卖出900公斤洋芋，同样品种的洋芋，又是用不多时间卖出，这次收入比前次多了近400元。他很后悔，心里感到不畅快，要是信息灵通些，那次真就不至于自然减收那么多了。虽然只是每公斤0.04元差价，但对农民来说，400元是好大一个数额，估计90%以上的人都会为此心疼、后悔的。

2005年4月2日　农历二月廿四日　属日：龙　天气情况：晴

和国南大妈的3个成家的儿子和永红、和永良、和永军及和永良的亲家和圣伟4家共11人帮助和国南老妈妈种洋芋。人多力量大工效高，一天就把和国南、和永光两母子要种的地基本种完。在前些天，这3个儿子犁地的同时，已帮她母子俩把地犁好，今天和永红用手扶拖拉机拉着厩肥、洋芋种，种到哪里手扶拖拉机也开到哪里。同时，他们还腾出人手帮她母子俩卖了一手扶拖拉机洋芋，共3000公斤，每公斤0.7元，在同一时间内完成了两件大事。

和国南大妈的小儿子和永光，说是神经有病，不出门不干活好多年了，但由于有另外三个儿子的全力相助，以及村中的沙场归她家收入，因此母子俩的生活是好的，特别是沙场收入很可观。

嫁到河南省的和作良的三姑娘（五三姐）知悉老父和作良病危，从河南赶回老家来探望。从祖国的中部到西部，迢迢几千公里，在很短时间内赶到，说明祖国现代化的交通已经很发达。和作良老人看到千里迢迢来看望他的三姑娘，心中很满意，病情也似乎好转些。

2005年4月3日　农历二月廿五日　属日：蛇　天气情况：晴

村民和永良以每公斤0.7元的价格卖给鹤庆洋芋老板5000公斤洋芋。

生意最好的要算村民和国兴、和国红两弟兄了，他家以0.72元一公斤的价格卖出5000公斤洋芋，这个价格是近三年来村子里卖价最高的。

村民和汝浩不管种洋芋的事情，而是在家打石头，准备做平房的阶沿石。他们家虽然在前段时间已分家，但劳动和吃饭现在还在合伙进行。

村民和圣伟家所养的牛喜欢斗，犁田时有可能危及犁田人，前天差点伤着犁田的和朝光。所以今天他把牛以3400元的价格卖给了拉市乡的牛老板。

各家族的人都集中在一家里（每户一人），讨论明天上街买"汪"货（清明节用食品）的事宜。满家家族分3组11户，四金家族7户，闰金家族

6户，毛吉家族2组（8户），五金家族7户，德金家族8户，闹爸玻家族4户。今晚都在商量清明节伙食单。

村民和国兴陪连襟和福先到汝南化村买农用手扶拖拉机，到晚上8时左右回到家中。

2005年4月4日　农历二月廿六日　属日：马　天气情况：阴转阵雨转晴

村民和尚花、和朝光、和亚华、和二友、和金红、和子红、杨文花、和顺明、和永贤、和玉梅、和六芝、和亚兰、和万琼、和建成、和万仕、和圣华、和作武，他们分别代表自己的小家庭到丽江城购买明日清明节的物品。在过"汪"（清明节）时，满下村寨村民是各户出钱，轮流进城买鲜货，再杀两只土鸡，共吃两餐饭，一餐（主餐）在坟场做吃，晚餐在家（轮到买菜那家）。村民和圣伟、和永良两亲家合伙种洋芋，用的是和永良家的手扶拖拉机。他们两家是目前满下村寨中劳动力最多的农户，共有七口人是劳动力。干起活来比较带劲，种的田也多，工效也高。

除了去城里买东西的人外，村民们基本上都在种洋芋。

2005年4月5日　农历二月廿七日　属日：羊　天气情况：晴

今天是一年一度的清明节，满下全村寨除了现今还在实行火葬的和国成、和国红、和福光家以外，都到坟地里祭祖扫墓。方式与以前有明显的不同了，不同点是节日饮食发生了翻天覆地的变化。过去常是各家做饭菜带到坟场祭祖，然后大家合伙吃，剩余部分又一家分一点带回去。而今，各家族轮流坐庄，买鱼、肉、鸡之类的平常不食用的美味佳肴，而且烟、酒、零食也集体购买。晚餐也集体（家族）食用一餐。从本村出嫁的女人，不论老、中、青，只要父母间有一方已故者，都得带上几炷香、一瓶酒回来参加祭祖。如果女人有病或有特殊原因不能前来，也要派孩子来参加。

2005年4月6日　农历二月廿八日　属日：猴　天气情况：晴

村民和朝光、和朝东、和圣伟、和作典是一个耕牛组，由和作典、和圣伟两人犁田，房前屋后的小块田都犁完了，只等各家明日去种，这也说明各家的地都快种完了。村民和国武今天请亲戚和国成家3人、和国红家3人、和国亮家3人、和国武之妻和闰芝的两个回家参加祭祖的姑妈和近娘、和五娘，和国武的妹妹和秀花共12人种洋芋。他家需要请这么多人的主要原因是和国武不干田里活，和闰芝又常患风湿病，大姑娘和玉兰外出打工，只有二女和玉梅顶着干。

和作良嫁到后山本里科村的姑娘五双妹、嫁到汝南化的五金花，听到和作良病情加重的消息，都赶回老家来探望父亲和作良。

2005年4月7日　农历二月廿九日　属日：鸡　天气情况：晴转阴

村民和万琼请满中村的亲戚和金凤、和金兰、和万春、和五农、和五娘、和闰菊等人来帮忙种洋芋。

和国武继续请和近娘帮忙种洋芋。

和士芬以每公斤0.72元的价格出售洋芋。

凌晨4时50分，大病卧床（自正月初四起一直卧床至死）的村民和作良离开了人间。当夜除了他们家族的人外，还有很多村民来他家（不少于30人），大部分人到12点、1点左右离去，有一部分人到凌晨3点才离去，有些人则到4点才离去，也有三四个外家族村民未回家。和作良寿终后，他们家族的年轻人走出家门，边走边喊："阿老不行了，请乡亲们帮忙一下！"听到喊声的村民们都不约而同地来到他家。到6点左右，族人和作典拿出零钱请人买"九泉水"。和国兴、和建忠、和尚勋三人到水源头去买水。到水源处，和建忠用饭勺数着接水，把接满的水反手一勺一勺倒在碗里（古来就有男九女七的规矩），然后又接了一桶水，到家烧热作洗尸水。同时一部分人抬出棺材开盖、扫棺。有的人去砍树枝做死者的三脚（架锅灶用），他们找来土灌子、碗勺等生活用具架于三脚上；有的人用蜡油与石灰粉捣烂成泥状敷在棺材里面的缝缝处，以防以后尸体化脓流出脓水；有的人砍来青刺果枝；有的人在棺材里放铺垫。等水烧好后，和作典说："请大家洗一下尸体。"于是七八人前去抬尸洗尸，他们是和顺明、和金红、和朝东、和金辉、和金星、和建国、和尚勋。大家七手八脚把尸体抬到阶沿石上坐好，和作良的儿子和圣昌把大公鸡递给和顺明，并把一碗面一碗水放于前边，和作典说："老大用九泉水自己洗头吧。"边说边把一勺水泼于死者头上，洗尸人抬起死者的手比划洗头动作，紧接着就由洗尸人替死者洗尸，顺序是从头到脚。同时和顺明一手抓住鸡脖子，另一手往鸡嘴里塞炒面、灌水，一边塞一边大声说："哦，大胆去吧，别走偏道，要走中间道，遇石踏碎石，遇刺踏断刺，就说是从村民面前来，从家族们面前来。"边说边把鸡拧死（男用公鸡，女用母鸡），交给年轻人去洗净。洗好后，先砍下鸡的双脚双翅，连头和脖子找一块棕皮包好，然后把鸡切成小块，放进篝火上架的锅里。洗完尸后，和作典拿出腊油大声说："大哥，自己搽自己的油吧！"接着洗尸人帮死者全身擦油，耳、鼻、眼里也塞上油，再给死者穿衣。穿衣的顺序是先穿裤子后穿衣服，再穿鞋子。穿完后就抬进棺材。装棺材时和顺明大声喊："十二生肖中羊虎不相好，跑快阿。"和作良的寿衣是较高级的，一套毛呢中山服，一双高档黑皮鞋，外加一件长毛呢大衣。入棺时还装了200元钱，和顺明把钱装进口袋时边装边喊："和老师，想吃啥就买啥去吧！买酒喝去吧，过去曾见过很多好酒的。"盖棺材盖的时候，在棺材边操作的人们大声喊："老天把死的门关上！"然后大家一齐把灵柩抬到正房中间安顿好，把用棕皮所包好的鸡脚等挂在灵柩上面。和作良的两个儿子在灵柩前摆好鸡心汤，边摆边说："爹，请喝鸡心汤。"接着摆来一碗"及足好"（意为入棺饭）。安顿完尸体让和作良寿终正寝后，由和作良的儿子抬着新做的杏枝三脚、鸡毛、柴、土灌子及碗、杯子，一人吹着牛角号，众人齐呼："入绪，入绪，哈哈，哈哈"（意为吓拦路鬼）去"芝步吉"，到"芝步吉"后把三脚安放好，再架上土罐子等炊具。三脚下面，放一些碎架块作烧水做饭状，来这里的男人（女人不参加这项活动）从左往右转一圈，由走在最后面的人用石头把架于三脚架的炊具打烂（相传胆小的人打中这些炊具胆子会变大）。要是因为天还不亮怕打着人，就由后面的人来做这项"纸补口"（打破）。

到吃早饭时，主人家把帮忙洗尸的人请来同家族人一道吃早饭（两样肉，肥肉一碗，瘦肉一碗，四个菜），饭后，又请来村民组长和国兴一道共同商量出葬事宜。经研究，决定出葬事宜在满下村寨进行第二次改革，改革的具体内容是：把吊孝改在出葬那天同时举行。然后接着研究戴孝的人员。

2005年4月8日　农历二月三十日　属日：狗　天气情况：阴转晴

村民和圣伟、和永红、和永良、和万琼、和子一、和天要等到山上石场去采挖层石，准备卖给文华行政村、文笔村人。和圣伟是和作良的长子，上门到本村和尚花家中，很早以前就因一些琐事，父子间产生矛盾，所以十余年一直没来往。家族人劝说也无效果，就是不去和作良家。

和作良的左亲右戚、家族人都在中午12时来"及足好批"，大都带了一炷香、一瓶酒，家族人带一碗饭，饭上盖两块肥肉，大儿媳和尚花也带着饭、香、酒前去"及足好批"。

大多数村民忙着种洋芋，有些已接近尾声，有些村民则还要种较多的地。村民和永秀则以每公斤0.8元的价格卖出4000公斤洋芋，是今年满下村寨卖价最高的一次。

2005年4月9日　农历三月一日　属日：猪　天气情况：阴转晴

当村民还没有出门干活之前，和作良家族的小辈们由和圣武带领着（和圣军、和圣华、和社红、和作武、和圣民、和圣昌）共七人，挨家挨户请村民做各种职事。

村民们大多已接近种洋芋的尾声了，部分只留下一点点地了。人们有的上山砍柴拉松毛。村民杨文花也请人来帮忙种洋芋。

村民和家良已种完洋芋去打土块，做种油菜的准备工作。

村民和朝东、和圣伟、和朝光、和金燕、和寿香、和社芬、和尚勋、和秋谷、和朝泽、和朝亮、和国军、和玉祥、和朝珍等到太安参加舅妈的葬礼。和朝泽家、和朝亮家、和国军家每家大概带去400多元的丧葬礼，帮了从小生活在太安村的和尚洪叔叔的忙。

2005年4月10日　农历三月二日　属日：鼠　天气情况：阴转晴

村民和国南老大妈的儿子和永红家3人、和永良家3人、和永军家2人、她们本家族和顺明家1人，和顺达家1人，和顺光家1人，和圣伟家4人，共15人来帮助和国南家种洋芋。大伙一鼓作气，人多力量大，工效高，很快做完。

村民和建国也请村民和四妹、和玉梅两人来犁地种洋芋，他家也于今天把所有剩下的按计划完成。

村民和圣伟、和万琼、和子一、和天林等去石场挖石头卖。他们今天每人收入40元，拉了一农用汽车石头。这些石头是文华、文笔村人拉到城里卖的，他们的盈利估计也不会低。

从教退休后居满下家中的和尚勋老师添置了一台价值1450元的无线移动电话座机。这是满下村寨中的第一台电话座机，但因本地无基站而没有很好的效果，遭到老伴的反对。他有心转让别人，看来还欠较全面的考虑。

2005年4月11日　农历三月三日　属日：牛　天气情况：晴

和作良家族（每户一人）和作武、和圣军、和士福、和社兴、和圣华、和圣明、和圣昌、和三姐等人，分别开两辆手扶拖拉机去丽江城里备办和作良出葬的物品（菜、肉、酒、烟、用品等）。

村民们（青年人及和作良家所请的帮杂人员）相约着到山上去找柴，每人想办法砍回一背柴，准备明天背到和作良家去。

村民和福寿、和社芬夫妇去挖沙子，准备砌畜厩墙脚时灌浆之用。

村委会召开村民组长会议，讨论研究南溪公路改造工程问题及护林防火问题。黄山林工站袁站长参加了今天的会议。镇领导木建华副书记也参加了今天的会议，并布置各村民组长及时收缴公路筹款，每户300元。

林工站袁站长传达了玉龙县林业局关于不能随意挖树卖的通知，强调说如果有单位要买，村民也得征得林业主管部门的批准同意才能卖。

黄山镇中心校校长（原镇教委主任）木龙同志前来满下村寨和作良老师家中吊丧。学校领导在百忙中来吊丧退休老教师，这给遗属莫大的安慰，是社会尊师重教的实际表现。同时，他代表玉龙县教育局和黄山镇中心校向和作良遗体献了花圈。这一举动使和作良家人感到，当教师虽清贫些，但确实是太阳底下最光辉的职业。

2005年4月12日　农历三月四日　属日：虎　天气情况：晴

满下村寨的村民基本上都集中到和作良家，为和作良的出葬做准备工作。在城里开车、打工的年轻人都回来帮忙。

个别的人在种洋芋，和顺、和李福母子在种洋芋。和国亮、和六芝两口子帮助女儿和玉祥家种洋芋。在他两口子的帮助下，和玉祥家的地全都种完了。

明天村民们举行和作良的丧葬礼。按照老规矩，本该今晚吊丧，但要实行改革，吊孝之事推到明日举行。今天所请的各种职事各就各位，各司其职，杂工仍然吃饭后上山砍柴，炊事组和蒸饭组特别忙，今天就得将明天要待客的各种菜做好，确实紧张，所幸的是日头长了，可以忙中带松。

2005年4月13日　农历三月五日　属日：兔　天气情况：晴

和作良老师的丧葬活动今天开始，也是满下村寨丧葬活动第二次改革的开始。由于前一天的准备工作比较好，做起来就不那么紧张了。原先计划上午10点"足若"（抬灵柩的村民，除死者家属外一户一人，饭菜以前是每户凑二两肉一碗米，一元钱，但这一长期形成的传统在前次和益先老人寿终时改革成每户只交10元钱，"足若"再吃一顿晚饭）开始吃饭，但得等挖坟埋尸的四人到家后才能进行。由于埋尸组挖坟坑遇到几块不小的石头，到11时左右才挖好。他们四人一回到家中，总管就指挥炊事组给灵柩献饭，接着安排"足若"。接着家族及女儿等亲人摆酒、敬烟，接着上菜，菜上好后全部家族女儿、亲戚排好面向"足若"鞠躬致谢，齐声高喊："感谢'足若'，请把和作良老人送上坟场。""足若"才开始吃饭。"足若"吃完饭后安排在家族和作武家喝酒抽烟玩乐。炊事组接着招待来客。把客都待完了，全部来宾来到灵柩前跳"窝忍忍"，时间约一个小时多点，"足若"就到灵柩两旁，"足若"在灵柩旁边喝酒边唱"窝忍忍"。家族及女儿、亲戚们再敬一次烟。敬完烟后，和作良的儿子和圣昌、和圣明脱孝把和作良老父的灵接到祖先牌前，进行发灵前的"三献"（送葬礼），然后就发灵，埋尸人和国亮手举砍刀，抬出事先备好的一大碗水（水里放有一个硬币），把碗打烂，同时大喝一声："起！""足若"就用手把灵柩抬到大门口，拴好拴牢，抬起边唱"窝忍忍"边走，抬到坟场把灵柩放下后，"足若"坐在坟场的一角，三个一伙、五个一群地散围着喝酒。家族、女儿、亲戚敬烟后向"足若"磕头，表示感谢后离去。休息片刻，"足若"也陆续离去，必须先回到死者家门前"嗅颂"（除污去邪），然后才回各家各户。

到7时左右，"足若"又回死者家吃晚饭，吃过晚饭，大伙围坐在院子里的篝火边，说笑话的说笑话，跳舞的跳舞，一直折腾到半夜方休。

和作良丧葬职事表

主管（总理）：和国兴、和国武

炊事：和建忠（主管）、和朝东、和金星、和国红、和万红、和国军、和万琼、和金发、和丽军、和金红。

蒸饭组：和亚兰、和寿香、和福春、和子香、和永秀、和海、和世仙。

烟管：和天林、和朝光

酒管：和建成、和子红

收礼：和国成（记账）、和满谷、和万芝、和四妹、和金合、杨文花（收钱）、和永昌（收钱）、和万军（记账）、和一花

招呼老人：和朝泽、和林

埋尸组：和金辉、和顺达、和国亮、和建国

烧草席子（床垫）：和仕芬、杨玉兰、杨秋秀、和国珍

和作良丧葬待客菜单：

青花菜炒瘦肉、肥肉、猪头肉凉拌、猪肝凉拌、煮鸡蛋、鸡肉豆腐、火腿豆腐、凉鱼。

黄山镇中心校校长木龙、工会主席和绿海、教研员和茂鲜、总务主任和红龙、白马完小教师和正文，以及南溪完小全体教师都参加了今天的丧葬

礼。木龙校长代表玉龙县教育局、黄山镇政府、黄山镇中心校、党支部，在举行葬礼上致悼词，悼词充分肯定了和作良从事 29 年教育工作的经历和表现，全面客观地评价了他从事教育工作的成绩。

这次丧葬活动中，最令村民及来吊丧者敏感的有三点：

1. 和作良老人的长子和圣伟在本村和尚花家上门。因前段两家关系不怎么好而不来往，此次丧葬活动，和圣伟一天也不来（就是不登父家门）。这不符合本村寨的传统规矩："红事不来则休，白事必定要往来。"

2. 和作良的三年前已故的三女儿和金芬的两个儿子也来吊丧（和金芬的前夫在后山，继夫在太安海西，两夫均安在），前夫的儿子随后山人来吊丧，继夫及儿子还有他的亲戚同来参加丧葬活动。两个无娘儿子生得聪明伶俐，是老天赐予。

3. 收到的现款近年来最多（3800 元）。

和作良老人的遗产现金有 4 万余元，作了很公平、无争吵、无争执的分配。

他共养育有三男四女，长子和圣伟在本村上门，与父及兄弟不来往，此次丧葬活动他不来戴孝，不参加。丫女和金芬前年死，有两个遗子，大的在后山平里科村，小的在太安张海西村。两个大女儿，每人分给 3000 元（给了嫁到河南的三姐 3500 元，理由是父健在时没有给过她钱且路也远）。给两个遗外孙每人 1000 元（海西这个外孙现在就给，后山那个外孙待他长大后再拿给他，暂由和圣明存好）。

和圣明主动让和圣昌多分 3000 元，理由是和圣明无儿无女孤独自身。和圣明分得 14500 元，和圣昌分得 17500 百元，给了和作良的遗孀（和氏娘）和作良 10 个月的抚恤金及安葬费以及和作良 2005 年 1—4 月的工资，为老妈妈备用丧葬费，到时两弟兄就不需筹集丧葬老妈的费用。

全村人都感到这样分很公平，无可非议。

2005 年 4 月 14 日　农历三月六日　属日：龙　天气情况：晴

和作良家族及女儿、亲戚们带着酒、茶、煎食品（煎鱼、煎虾片、煎糯米粑粑、煎豆腐块）去上坟（又叫伏山）。他家所请的人继续各司其职，帮杂的、炊事的、蒸饭的、烟酒官，上午照样各忙各的，记账、收礼，吃过午饭抬各种所收到的布、烟、酒交给主人家，同时把各户亲属送的肉过秤后把重量记到账本上，就算完了。炊事组、蒸饭组把午饭做好就算此丧事帮忙了结，等上坟的人回到家中，家族中的后生和圣武按照请人名单逐一请所帮忙的村民入座吃饭。顺序是：主管（总理）—炊事—蒸饭—埋尸—烧草席子—酒烟官—洗尸—记账收礼—招呼老人—帮杂—待年长者。就座完毕，家族、女儿、亲戚再敬一次烟，孝子孝女提着酒桶敬酒，接着由孝子、孝女、家族、亲戚端饭菜招待村民。

席间，面对着满桌的美味佳肴（八大碗肉食品），有人在感叹，有人在低声议论："咱们满下村寨举办丧事越改越浪费，越改越费钱，这直接影响了家庭建设，一个独儿子就得全力承担这项很高的费用，算起来实在可怕。现在安葬一个人至少花费8000元以上，如一个独儿子要送两位老人寿终就得花费近两万元，两万元可以至少建好两所房子，现在这种做法确实有些过头了。"

黄山镇党委书记和积军、镇政府丁副镇长以及公路老板三人，一齐来到南溪村委会，进一步落实南溪公路改造工程事宜，要求村委会协调好修路所占的农田问题，并要求村委会副主任和丽军到满中村公路路基砌石工地督促管理。

2005年4月15日　农历三月七日　属日：蛇　天气情况：晴间阴

村民和永昌请鹤庆县松桂乡木匠杨师傅放楼板。方式为以500元的价格一次性包工，这种做法对双方都有利。

村民和顺达请本族人和永红、和文亮、和顺达、和永华、和永军、木匠师傅和国亮下基石，准备等几天从鹿子村买一所房子，竖于正房。

村民和国红请本家族人和国武、和闰芝、和玉梅、和国成、和二女、和自华、和福光、和国珍、和学武、和丽春、和闰芝等家族人，为姐姐家拆厩房，准备翻修。但因此房使用的时间很长，约八九十年，是他爷爷和才贵年轻时盖的，已烂得不行了。他安排一部分人去砍料子，一部分人拆墙，拆土基。几项工作同时进行。

村民和天林也不甘示弱，他也请十多人来帮他家挖沙子、拉沙子，准备把沙子拉够后打院子的水泥地坪。

村民和朝珍前些天在玉龙县医院剖腹生下的一小女婴，因其母和闰英患妊高症，使用降压药过多而影响胎儿发育，虽经县医院医护人员千方百计抢救，但小女婴肾功能先天不足，降生后一直排不出尿。医生感到抢救无望，今天和朝珍及弟兄和朝泽、和朝亮、和国军、姐姐和朝英及大嫂子和英等人把小女婴拉回家中，由家族人守放口含。他们一到，家族的老者和尚典、和尚勋、和尚武、和朝东、和圣伟同来到他们家探望。

村委会召开村民组长副组长会议。会议的主要议题是：1. 要求解决协调好公路改造时所占用的农田，保证公路改造加宽工程的顺利进行。2. 要求补救退耕还林的不成活的田块，2004年年底省退耕办验收不合格，因此如若不采取措施补救，就停止退耕还林补助粮（款）。村委会出于对人民负责，所以要求林木不成活的地方要返工。3. 丽江移动通信公司要在满下村寨南面山上（阿扣洞波）建立一个移动通信收发基站，要求满下村寨给10平方米的地盘，此站建成后服务于南溪行政村，实现通信全球通。

村民杨耀秀去参加玉龙纳西族自治县妇女代表大会，她是南溪行政村的妇女主任，是县妇女代表。

2005年4月16日　农历三月八日　属日：马　天气情况：晴

和作良的次子和圣明因老父久病倒床需照看，误了种洋芋的时间，还有1/4左右的面积没有种完。因此特留前来吊丧的妹妹和双妹及侄子、姐姐和三姐帮他种洋芋。嫁到河南长葛县的和三姐说："我们这儿的劳动强度比河南大多了，现在我做起本地活都感到有些害怕。"

还没有种完洋芋的和作良家族和作才也于今日请村里的亲戚六人来帮忙种洋芋。到下午6点左右，把全部要种的洋芋都种完了。

还有村民和圣华、和社兴两家也因家族里和作良的病、丧事，误了种洋芋的农活。今天两家合伙共5人（和圣华家3人、和计兴家两弟兄）种和圣华家的洋芋。大部分村民已种完洋芋，种完洋芋的农户已准备搞家园建设，不准备搞家园建设的，就转为砍柴、拉松毛等。

村中层石山以价格5000元的资源费，转让给文华行政村文笔自然村开采两个月（60天）。今天部分村民（和永军、和永良、和文亮、和金辉等人）到石场找活计。

2005年4月17日　农历三月九日　属日：羊　天气情况：阴

村民和作典家准备在关牲口的地方改变房屋坐落方向，做成人畜分开（两个院子）。今天和作典及夫人和人娘、儿子和圣武及儿媳和爱花四人已在拆墙，做准备工作。

村民和国红继续请村中亲戚和国成全家（3人）以及和万红、和万福、和万琼、和工军、和子红等人，帮他家挖基槽、砌围墙，干得很是紧张。

村民和子一及夫人杨文花，也在做种洋芋的扫尾工作。

来到人世间才七天的和朝珍的小女婴丽芝，因肾先天不足而于凌晨两点多钟匆匆辞别人间。和朝泽抱着女婴大声送行："吾之女丽芝，你的奶奶叫吾兰，你的祖叫吾恒，你要紧拉住奶奶的衣襟别放松，要奶奶领你，你要帮奶奶烧水捡柴，不必怕，大胆地在中间那条路上向前走，上条路是野兽豺狼之道，下条路是野鸡野鸟散步的小径，正中那条才是你跟随奶奶的路。"女婴安息后给她放进口含，脸盖白纸，洗尸穿衣后，她家人带着香、酒、茶、饭到坟场的路旁埋尸。和朝光、和朝东、和朝泽、和尚勋、和圣伟等人把小女婴掩埋好后，到祖坟上点香敬酒菜，磕头，给祖先们寄托小丽芝，求祖先们领好小丽芝。

转让采石场的老板把挖掘机开进"楞石古"采石场，有点脑筋及条件许可的满下村寨村民二三十人开着手扶拖拉机等候在石场上，准备捡挖掘机开挖后挖出来的树根。如村民和国武、和永良、和永军等都捡回了满满的一车树根，和永良还把半手扶拖拉机的树根送到女婿家中。

村民和国兴邀约和建国、和金红、和建华、和万琼等人到旦都后村和丽勋家竖新房，谈定以1950元价格承包竖一座两层新房。这样昂贵的包工价是主人家不管饭、烟酒等生活用品的前提下开出的，生活得师傅们自己料理了。

2005年4月18日　农历三月十日　属日：猴　天气情况：晴

约有20来个村民到"楞石古"采石场捡树根和五面石。村民和国武还帮采石老板砍树换点烟钱，同时也捡到树根。从采石场回来时人人不空车，石头、树根装得满满的。

今日有10多人修拉石头路上的桥，一座桥是拉着粗钢筋搭的，另一座桥是铺石头填凹沟。每天每人的工价为20元，但工钱一时还拿不到手。

村民和丽军及父亲和国春到满中村和福生家，趁和福生家拆已砌好的土基换成砖砌的机会，付上两条烟钱，和福生要把拆下的土基拉回家中，准备自家砌砖墙时砌在里面。

村民和学伟请亲戚平整房基。

村民和顺达请满下村寨里的亲戚及旦都前村的亲戚到鹿子村和仕光家去拆房子，拉房子。大师傅是和国亮。和顺达以8500元的价格向和仕光买了已竖房10多年、但用不上的（剩余房）一所楼房。从拆下来的情况看，这所房子比今年新村民和建成从行茂洛村买来的那所房子好得多，柱子一根都没有腐朽、虫蛀的迹象。

文华行政村、文笔村的个体营运车（20辆）来到石场拉石头，有几个人还拉了两趟。

2005年4月19日　农历三月十一日　属日：鸡　天气情况：晴

有部分村民到石场捡柴拾石头，还有人帮忙装车。有些村民则上山砍柴。很多村民观看挖掘机开挖公路，以及推土机推土的现场。观看后，大家都为机械的力量和能量所征服，无不为之感叹。

村民们都争着砍推土机推倒的树，有些砍了三四背，有的找了三四根，到5时左右，村民组副组长和圣伟到沙场去制止作业。对此事村民的认识不一，有些人说建设公路应该让挖沙，丢了还不是白丢，有些则认为要补偿点钱，什么事都让满下村做出牺牲是不合情理的。不知此事结果会怎样，待一些日才能见详情。

村民和顺达请昨天所请的这伙亲戚组合竖昨日从鹿子村买来的楼房。由于人多日头长，不算很紧张，到傍晚就竖完了。

满中村的村民组长和国高为了讨好南溪公路改造施工者，并为了能参与工程赚钱，不顾村委会干部的劝说，让施工人员住进云南大学研究基地。后和尚勋与村委会书记和国军、副主任和丽军说清这是云南大学用来接待中外学者用的，没有得到云南大学项目负责人的同意，是不能让人住的。和国军书记也说和国高太贪钱了，群众对他的举动很反感。和尚勋老师说："听说云南大学的老师这周内要来，如果她们见到这种状况，影响肯定不好，这直接影响到今后的研究工作，也影响到能否通过这一平台把南溪推出去的大事。"和国军书记约和丽军，叫和丽军去说服和国高。在和丽军的耐心说教下，施工队今天下午搬到和国高家去住。

2005年4月20日　农历三月十二日　属日：狗　天气情况：晴

今天是"谷雨"节气，在往年，种洋芋种到"谷雨"节气是不曾有过的。而今年，由于和作良老师卧病时间长，家族人招呼他及办丧事时间搁误的过多，因此时到今日还有和作良老师的二儿子和圣昌家，以及该家族人和圣华家、和社兴家等还在种洋芋，而且可能还种不完。能否有与往年一样的收成，得到黄金十月秋收时才会知晓。

村民杨耀祥与和家良去到山上捡蕨菜，想尝鲜，两人各摘到够两顿吃的鲜蕨菜。

村民和顺达继续请和顺光全家3口人、和顺明两口子、和永红家3人、和永良家2人、和就军家2人、和圣伟家2人帮忙钉椽子盖瓦。到下午6点

30分左右完成。他家计划的今年建设家园的目的已经达到，至于砌砖、格整、装饰、装修，等来年再逐步实施。

公路改建施工人员继续开挖沙场并且加宽了到沙墙的公路，也推出6米宽，村民们在抢砍推倒的树木。

村民和武军领着老婆和金贵，并请了他的岳母杨耀秀陪伴到玉龙县医院等待和金贵分娩生孩子。预产期到了，且胎儿动得厉害，因而想到医院去，以防不测。

2005年4月21日　农历三月十三日　属日：猪　天气情况：阴转晴

村民和亚兰以每公斤0.8元的价格卖给鹤庆洋芋老板一车洋芋。这个价格是近些年最高的价。而多以0.56元、0.54元、0.6元卖出的村民感到有些后悔，留到现在才卖的村民却心满意足。两者所产生的不同心理是很客观的。每公斤差0.2—0.26元，卖万斤洋芋收入就相差2000—2600元。这笔账除了极个别的村民以外，人人都会算，但早卖的村民心里怕后期会跌价，出了新洋芋怕卖不出老洋芋，而后面才卖的村民则胆子大，不管三七二十一，留到最后才卖。自古就流传在南溪村寨的"生意八只脚，神仙摸不着"的老话真灵验，去年留到最后卖成每公斤0.3元，今年却卖到每公斤0.8元。当然最重要的是要把握市场信息，以及结交几个拉洋芋的老友，才是较为关键的方法。

村民和学伟家从满上村舅爷和永贤家以7000元的价格买来一所木楞楼房，请亲戚搬来竖好。在满资师（上、中、下村）村寨，他们姐夫舅爷俩都被称为"口气大"，妹夫和学伟被称为"大气红"，舅爷和永贤被称为"大气光"，买方称太贵了，除我以外谁会买。卖方称我给别人，别人出过7500元的价，但我给了妹夫家了。两人都不切实际，其实除他外也有人会买，"给别人"之说也太悬乎了，只能说便宜了一小点。但是两位"绍迪"（口气大）各道其是，都认为自己很能。

2005年4月22日　农历三月十四日　属日：鼠　天气情况：晴

除了被请帮助别人建设家园的村民以外，大部分村民到前边石场捡树根，砍挖出的树。

年轻的姑娘和玉梅、和亚梅、和满月，小伙子和学军、和自华、和自忠、和文昌等为拉石的铺路。每人每天的工钱是20元。反正这段是农闲时间，每天20元的工价是求之不得的。

村民和朝光请来木匠师傅和建良、和学青、和秋谷、和朝东、和英、和尚勋、和家良、和圣伟、和尚花、和社芬、和社香、和金燕、和文亮，还有中村的和闰菊、和闰新翻盖旧房。由于此房时间已近百年，有好些料子需要更新，和建良及和作才、和朝东砍新料，其余村民则掀瓦、拆房、拆墙。由于男人少，只拆了一半，年久料烂，楼板不牢，有几个人差点跌下，和闰菊还伤着了腿。

这些天满下村寨的前边石场上，挖掘机在开挖着埋于土底下的层石，沉睡了千万年的石头被一堆堆撬起，20多辆汽车一天拉两趟；后面沙场上，一辆挖掘机在争分夺秒地挖沙，一辆装载机在推沙子，同时也在挖掘和拓宽到沙场的路段。人人早出晚归（有时甚至到晚上11点），车声不息，隆隆声震耳，好一派开发的景象。整个村庄沸腾了。然而有一些村民则在叹息，千年造就的自然资源，在一转眼间就完了，而且一文不值地没了。将来子孙建设家园时用哪里的石头？用哪里的沙？这损失是不可估量的。

2005年4月23日　农历三月十五日　属日：牛　天气情况：晴

村民和朝光继续请昨天的人来帮忙拆房子拆墙，男人比昨天多了和万琼、和永昌、和春红、和永良，因为房子时间太久远，料又很结实，所以拆起来很费力，而且楼板烂的也不少，人人作业起来提心吊胆，分外小心。到下午6时左右才拆完。拆墙时爬到墙上边的和尚花因不慎从墙上摔下来，跌得较重，所幸的是头没有碰到石头上。

村民和亚华请来姨妹及连襟和永华挖地基排土，准备盖建厨房。和永华小两口负责上车、开车、下车，把排出的土拉到学校旁的公路边上。

村民和金星请兄弟和金辉家、和林家、和金圣家、和金发家、和福光家、和子一家、和子红家、和三姐及和秋谷等人，掀正房的瓦，拆墙，把房架增高，准备等几天后用砖来砌。因为人多，而且懂木工技术的人多，干起来很顺利。

2005年4月24日　农历三月十六日　属日：虎　天气情况：晴

村民和亚兰、和二女两位少妇同满中村和国高之妻和秀及和三福之妇和社月，清理公路路基槽，工价为20元。

有二十多个村民应和圣武之请去他家帮忙摆房子，他家原来坐南朝北的厩房现在要进行改造，仍然坐于原位，但要改成面朝南背朝北，并且分成人、畜两院，准备以后做到人畜分居，人院无畜禽走爬，畜厩可放开向阳。

他们一直干到下午7时左右才休息。

中国移动通信丽江分公司工程技术员领着施工老板及民工爬到满下村寨母猪山顶，要修建一座50米高的通信基站接收塔。这些天，满下石场、沙场、母猪山人影晃动，机器轰鸣，开发的浪潮浩荡，寂静的村庄沸腾了，有些保守的村民唯恐资源毁于一旦，有识的村民则认为建设才能发展。

2005年4月25日　农历三月十七日　属日：龙　天气情况：晴间阵雨

南溪满下村寨母猪山顶上通信基站开工建设了。满下村寨的一些妇女为施工方背沙子背水上山顶。从沙场到基站处有1500—2000米，且都是上坡路。背一吨沙给100元的运费，背水每百斤给10元的运费，妇女们人人都抓紧背，这总比砍柴拉松毛要强些。一般妇女一天能挣50元钱，这是前所未有的事，有些人说："如果不在母猪山建设基站，我们能挣到这么多钱吗？所以招商引资是我们发展的妙计。我们的草坝应早就卖出去，老板发财，我们也有利可图，总比辛辛苦苦种洋芋好些。"今天参加这一活动的妇女都有同感。

想投资开发满下草坝水库的老板刘老三及父亲一行来到草坝准备钉桩，但刘老父看到水源太小，落水洞旁也一片干涸，可能有些不如意，说了句水小、无积水之类的话转回去了。不知会不会开发，有待一个星期后知晓。

2005年4月26日　农历三月十八日　属日：蛇　天气情况：晴转阴转阵雨

昨天帮基站工地背沙、背水的村民们，今日的劲头比昨天足，出工比昨天提早多了，早上6时就背水上母猪山，背两趟后才吃早餐。早餐吃完后就背沙，一直干到傍晚太阳快落山时才休息。而且，今天新来参加背沙、背水的村民都被拒绝参加。意思很明显：这次修基站的沙、水、水泥、柴、仪器等都由昨日背沙的23个村民来完成。

村民和永昌、和国春耕牛组已开始犁田准备种油菜。

有八个石鼓镇的人背着酒、烟、茶、糖等很多贵重物品来到村民和金圣家，向和金圣请求其大女儿和献清嫁到石鼓。

2005年4月27日　农历三月十九日　属日：马　天气情况：晴

村民和国兴当起了二老板，为手机基站建设组织搬运沙、水、水泥等材料的民工，参加的村民近30人，天一亮就用塑料桶（25公斤桶）背水上母猪山，早晨每人背4桶，每桶3元，共收入12元。早饭后背水泥，每包运费

5元，每人背5趟，共25元，一天下来收入37元。她（他）们越干越欢，越干越带劲，金钱的鼓励产生了使不完的劲。

村民和福光、和国成、和国红耕牛组，除和国武父母在石场干活外，已经开始种油菜了。

村民和国春及和永昌耕牛组因和国春家耕牛死后没有及时再买一头，故趁别人还未动工之前就借了和国兴家、和建成家的牛，先把要种油菜的地犁完，以免大家都动手种油菜时借不到牛。

2005年4月28日　农历三月二十日　属日：羊　天气情况：晴

村民和朝光家拆了旧房翻盖（修缮）。因为满下村寨中阿四金家族历代重视文化，文人较多，而当今却是开车的多，因此本村家庭中的人做的木匠活显得很差。于是，他趁和国兴在基站当运输老板、且都竖房木工停工之际，请来和万群帮和建良做木匠，每天付20元的工钱。

村民和亚华家请鹤庆松桂的木匠杨师傅安楼板，同时还请满中村的和万里、满上村的和吉红等人来帮他家盖两间厨房。同时前来帮他家做木工的还有后山高美村的连襟。

早晨8时30分召开全村户长会，会议内容是：

1. 发放补种退耕还林地的松树种（按亩积比例发放）。
2. 收南溪公路改造款，每户300元。
3. 说明原先要卖的草坝里的田今年先种庄稼，老板要堵水观察能否积水，如积水后田里庄稼被淹由老板赔偿。
4. 说明石场老板只开发一个月，每户能分到50元资源费。

2005年4月29日　农历三月廿一日　属日：猴　天气情况：晴

村民和建成请来金龙村的侄儿和春建、和德华、和丽军、和学军、和文亮等5辆手扶拖拉机，加上帮手和建忠等共7人，去前山行政村行茂洛村拉土基。他打算把土基拉回来，准备以后砌墙时使用。他们拉了3趟，每辆拖拉机每趟最少拉200个土基，和春建的拖拉机是后轮驱动，可能拉了300多个。今天拉了约3500个。

一部分村民已开始种反季秋油菜。

和朝光家请了一个人来组合屋架。但在丽江城开出租车的和朝泽没有回来参加，只有9个人（俗话说九个一老虎，男人出行、做事是不兴九人为伍的），所以，进行屋架组合时人们都心存顾忌，非常小心谨慎地进行，到下午7时左右才组合完。

2005年4月30日　农历三月廿二日　属日：鸡　天气情况：晴

村民和朝光家请和圣伟、和尚勋、和朝东、和永昌、和金发、和建忠、和建华、和汝浩、和汝信、和建国、和学军、和亚华、和灿、和社兴、和圣华、和作典、和作才、和子一、和永军、和永良、和文亮、和万琼、和丽军、和永良、和文亮、和万群、和万红，以及中村的（大）五春兰、（小）五春兰、和占军，还有在城里开出租车的和朝亮、和朝珍、和朝泽、和圣军、和建军、和武军、和同军等，连他在内的38人竖房子。由于人多心齐，和建良师傅指挥得当，再加上夏天日头长，当天就把房子竖好，而且还钉了椽子，锯了檐板。工效很高。

今天的炊事工作打破了男人操勺的常规，由妇人取而代之，由和家良为主厨师，和学春、和秋谷、和闰新等9人为炊事组。她们的手艺不低于男人们，甚至比一些男人还要做得出色。大家都异口同声地称赞她们做得好。

村民委员会召开各村民组长会议。内容是收缴南溪公路改造款（每农户300元）。除鹿子村的组长及金龙村的组长缺席以外，其他村民组长都到会并交了所收集的款。这项款，村委会直接请黄山镇财政所的人来收取，南溪村委会和镇政府不过手。从这现象看，满下草坝暂缓租用并不影响公路的建设改造。

（五）5月份日志

2005年5月1日　农历三月廿三日　属日：狗　天气情况：晴转阴小阵雨

村民和朝光继续请和建良、和作典及本族和尚勋、和家良、和朝亮、和朝珍、和国军、和玉祥、和圣伟、和尚花、和朝东、和英、和秋谷、和闰新来帮忙，锯齐椽子，木匠修檐板。在盖瓦过程中由于不够小心，掉下一块瓦打在楼楞上，碎片四溅，一小块打中和国新的头，幸好伤得较轻。

到傍晚瓦才盖完，6时吃饭。饭吃完后，在城里开出租车的人乘坐和国军的车回城去了。木匠和建良说明了做这些天的工时中，除扣除一个工时外，要求付工钱，和朝光及杨耀祥夫妇急忙答应以后付工钱。

饭后，和圣伟、和朝光、和朝东、和作典耕牛组商议明天种菜籽事宜，商定先种和圣伟家的，午饭由和圣伟家准备。

今天是五一国际劳动节，学校按规定放长假，学生休息，老师度假。有个别学生趁放长假之机去丽江城区风景区游玩（此类人都为父亲在城里开车的）。除此之外，村民们，为基站背沙背水背材料的继续忙着，种油菜的继续种油菜，搞家庭建设的专心致志搞建设，各忙各的好似五一节与村民无关。

2005年5月2日　农历三月廿四日　属日：猪　天气情况：晴

和朝光、和圣伟、和作典、和朝东耕牛组，因和作典儿子及儿媳去帮中村亲戚五爱社家翻瓦，因此，今日先种和圣伟家的油菜。

和国成、和福光、和国红、和国武耕牛组今日已把所有要种的油菜都种完了，明后天就可以各行其是了。

和国兴、和建国、和建忠、和建华耕牛组，也把要种的田都犁完，明天开始种油菜，其中和国兴、和建华又准备去做挖沙、背水等副业活。

村民和家良、和秋谷、和玉祥因把和家良、和玉祥合养的耕牛卖了，不能再与和朝东拼伙，故各显其能，出钱请别人来犁。

2005年5月3日　农历三月廿五日　属日：鼠　天气情况：晴

帮基站背沙子的村民（约23人），天一亮就争着接水，因为不知何因，这些天村寨里有一半左右农户的自来水没有了，如若起晚了就费时，而且一时不能接满。吃过早饭后，人们都去背沙、挖沙，到中午又背水。背到山上就观察沙子和水是否够，边休息观看边在核对开工以来各人背的水的次数（每次25公斤），以及背的水泥的包数（每包50千克）。核对结果，除个别人有争议外，绝大多数人与和国兴所记的相符。基站基础部分（边长8米的正方形，挖2米多深，从底部灌混凝土，放置钢筋，并安插上避雷器）工程今天完成。这些工人做完此项基础工程后，明天又会转回城里。当他们说还要10桶水时，人们争先拿着桶跑去，跑得慢的就没有份了。

2005年5月4日　农历三月廿六日　属日：牛　天气情况：晴

村民们都在忙着种油菜，种油菜的人全都带着午饭，在田头吃午饭。中午时分来了三辆微型车，是基站工程的车，说是要把搞基础的民工拉到鲁甸乡去，基站塔由安装公司的人来安，并要求背沙、背水的村民把所用工具（板子）背下山，和国兴无奈，叫老板等到下午6点左右，等种油菜的人回来他就挨户去喊背沙的人来把山上的东西背下来。老板已一清二楚地把沙、水、水泥运费付与和国兴，和国兴二老板又抽时间转付给背材料的人们。

今天是五四青年节，满下村寨的全体青年男女都到鸡冠山跌水岩休闲打拼伙（打牙祭），他们在村里买了五只鸡，鲜肉、鱼、鲜菜则由开农用车的和德华买来。他（她）们休闲到傍晚才转回，晚上又集中在和万仕家吃晚饭。晚饭后，青年们在院子里跳起了娴熟的青年舞及民族打跳。和万仕的院子里围满了看热闹的小孩和大人，观众助了他（她）们的威，他们跳得很尽情，小朋友们有的情不自禁地加入跳舞的行列，跟着跳起来。

2005年5月5日　农历三月廿七日　属日：虎　天气情况：晴间多云

今天是二十四节令中的"立夏"，居住在南溪村寨的纳西族先民，在"立夏"节这天的一大早，要从火塘里端来一盆灶灰绕房子周围撒，以防蛇虫、青蛙等入房进屋。这已成为传统习惯了。今天满下村寨到处都可见到撒的灶灰，是各家上了年岁的老妈妈抛开万事先绕房屋外围撒好了的。这种做法纳西语叫"立夏恶尼扑"（意为立夏撒灶灰）。

从种洋芋开始就停止群放的牛，今天开始放了，而且原先分两伙放改为合成一伙放，每天由三人轮流放。今天的做法是，放牛户每户一人都来草坪里放牛。牛儿互相不见两个月，一见在就瞪眼、磨角、磨蹄，邀约互相斗架，人们赶忙把牛群赶到草坪上。这儿一伙，那儿一伙，斗上了，只有身小胆小的牛犊在一旁吃草或观斗，个大的牛头头都抬头蹬脚想斗一场。人们用长竹竿来打散还是不奏效，走开几步又斗起了，恋斗的公牛无心吃草，闲一阵又斗一阵，忙得放牛人这边赶，那边跑，有些最后还是让牛自由了。

2005年5月6日　农历三月廿八日　属日：兔　天气情况：小雨

因为下雨，不宜从事田间农活，闲不住的妇女们三五成群，带着雨具到山上去采蕨菜。每年的这个时候，都是采集蕨菜的好时节。她们上山采蕨菜的目的各不相同，有的是为了尝鲜做顿鲜山珍，有的是不仅自己尝鲜，还准备捎一些给进城开车的子女们尝鲜，还有的是想加工成干蕨菜到冬腊月间做菜吃。这也是一种绝佳食品，把干蕨菜泡好后加上猪肝煮，是不可多得的美味佳肴。用这一道菜招待来自大城市的客人，客人都会伸出拇指来夸赞。

和社芬、和尚花、和女等一些妇女则去太安街买绿肥种。现阶段还不是撒种绿肥的时节，但她们提早备种，一是防止农忙开始后时间紧；二是以防撒种时节价格上涨；三是怕万一会出现紧缺现象。

2005年5月7日　农历三月廿九日　属日：龙　天气情况：晴间阴

村民和国武家今天请和国成家二人、和国红家二人、和福光家二人、和亚华家一人、和永华等人，帮他家种油菜。这一伙人种油菜时，和国武及二女和玉梅都忙着在石场和拉石头的路上找副业。看来，心理是难以平衡的，只是口里不说。

村民和国兴、和建国、和建忠、和建华耕牛组还在种油菜，他们四家由于要种的地较多，而且开工也比其他村民晚得多（那几天在建设基站工地上找些副业干），所以拖至今天还没完成。

村民和海、和良命、和家良等人，拿着松子去到退耕还林的山地里补苗。群众普遍反映说："和吉红（行政村林政员）所买的松子不饱满的多，恐怕长出苗来的会少，真是劳民伤财，这会年年补苗不见苗。"

村民和永红、和永良、和永军三弟兄（已各自当家）帮老妈及有病的弟弟和永光拉石头、拉沙子，修整畜厩。因为小弟和永光说是神经有些病，不出门不干活，已经三四年了，因此，什么活都是他们三兄弟帮老妈妈干（犁、种、薅、收、卖）。

村民和金辉趁种完油菜松闲之机，请来兄弟（和金辉、和金星、和金发、和林、和金红、和子红、和秋谷等家）帮忙翻修畜厩。他把畜厩垫高，并用沙灰做隔墙（过去几乎全村都用木头做隔墙），并且用空心砖把隔墙砌高。人多心齐力大日头长，这几天搞建设效率很高，能做出好多好多事。

2005年5月8日　农历四月一日　属日：蛇　天气情况：晴间阴

除村民和国兴、和建国、和建忠、和建华耕牛组继续种油菜外，其他村民都已种完。有的上山砍柴，有的上山拉松毛。和作典家则忙着砌前不久已换位置的畜厩的墙。和金圣家在院子里铺石头，准备打混凝土，他是自个儿干的，很认真。村民和永红及老婆和玉金获准砍了几棵树，两口子自己用手扶拖拉机拉回来，一到家和永红就忙着砍好，准备隔两天把它锯开做方料，他老婆则忙着挖修水管，很吃力，因为载有很重石头的三四十辆汽车每天往返四至六趟，把路压得结实，她挖了好长时间还找不到水管的另一头。

最近"嘟！嘟！嘟！"直响的农用汽车突然稀少了，轰隆隆在石场挖石的挖掘机停止了轰鸣，转回城里去了，热闹了20多天的石场冷静了。原先打算采挖两个月石头的计划提前完成了，30来辆农用汽车每天每辆拉20吨—30吨石头，紧张地干了20多天就够了，可见钱可以使人的工作效率提高，"有钱能使鬼推磨"。

停止采石可安了怀有"怕资源一旦毁完，以后子孙建设困难多"想法的村民们的心。

村民和国亮请汝南化的五三五来帮他修理手扶拖拉机。从早晨9点开始一直修到下午3时才修好。修好后和国亮的亲家和尚典也请五三五帮他家修一下手扶拖拉机的发动机，说是他家已以1400元的价格将拖拉机卖给了旦都村民五光，但发动不起，两家商定好，等能发动时五光再将拖拉机开走。五三五东摸一下西拧一下，拧了几颗螺丝就试着发动，柴油机"嘟嘟嘟嘟"地响起来了，前后不到5分钟时间就修好了。问他多少工钱，他说工钱算了。

2005年5月9日　农历四月二日　属日：马　天气情况：晴

村民和作典、和圣伟、和朝光、和朝东耕牛组开始撒青草籽了。撒青草籽的地面积并不大，四家也不过一亩六分田，到12时就撒完了。

村民和圣明、和圣昌两兄弟也开始撒青草籽。和圣明出工时开着手扶拖拉机，拉着一些厩肥，同时也拉着犁等农具，和圣昌两父子则拉着牛，他们两家也不过一亩地，只干了1个多小时就完成了。

村民和天林请来村里亲戚、邻居、朋友共二十多人，帮他打院子的地坪（浇灌沙灰）。天气晴，正迎合了他的心意，二十多人有的拌沙灰，有的提沙灰，有的平沙灰（技术骨干，主要由和国红、和万琼两人来操持）。这活儿一干起来就不能中间停下，干的人们一鼓作气，累也坚持干，直到把整块院子浇灌完才停下来休息。下午3时左右，凡会能点水泥活的男人都拿着块抹板在抹地坪，干到下午6点就全部结束。

村民和汝浩盖两间厨房，请伯伯和建良帮助做木匠活。弟弟和汝信也帮他的忙，但因和汝信对木匠活一窍不通，只起到"亚师傅"的作用。

2005年5月10日　农历四月三日　属日：羊　天气情况：阴间晴

村民和作典请十多个亲戚、邻居帮忙在院子里浇灌地坪。他家原先是把院子打了水泥地坪的，只因前段时间把畜厩改变了方向而空出一些地，加大了院子，所以今天请人是平整空出部分及通往畜院的通道，从今起他家分成两院（人、畜分居）。

村民和朝光一鼓作气，把房屋翻盖完后，今日开车到文屏石厂买五面石，并拉来6米石条，每米27元。到傍晚，他开着手扶拖拉机去旦都村请姐夫五石昌帮忙拉几天五面石，准备在下雨前就把石头拉到家。

黄山镇卫生院的医务人员全部来南溪给在校学生及校外儿童注射预防针（预防腮腺炎及麻疹）。在校学生人人都注射，校外儿童数鹿子、旦都村注射预防针的多些,满中及满下村注射的较少,可能是对预防疾病的认识过于肤浅及注射费用高(33元)的原因所致。

2005年5月11日　农历四月四日　属日:猴　天气情况:晴

村民和汝浩请来金龙村的老表伍军、伍三友等人来帮他家下石脚,他准备盖五间畜厩。今年满下村寨偷树砍料的人很多,几十年封山的成果近两年来受到严重损害,满下村寨二十多年每户平均出钱、粮、肉、蛋供养护林的人员,偷树的却只是个别人和年轻力壮的,太不合情理了。有些人白天去石场挖石,天黑了拉了一手扶拖拉机木料藏起来。从此现象看,确实要用点木料的人偷,还可算情有可原。

村民和朝东开着手扶拖拉机去丽江城买菜,他准备明后天请人来砌前段时间修好的厨房的墙。同他一起去的还有他的长女和玉芬。他们从家出发时,和家民还托他父女俩给在城里开出租车的儿子和儿媳、姑娘捎去前天采来的鲜蕨菜。

满上村的村民和春勤,高高兴兴地来到满下村和尚武家中,请和老师为他前天出世的孙女赐名(因为和春勤的上门女婿和朝祖是和尚武家的侄子),和尚武给她取了"佳凤"名,和春勤很满意地回去了。

2005年5月12日　农历四月五日　属日:鸡　天气情况:晴

村民和国武请侄儿和灿帮他砸开前段时间文华文笔村驾驶员拉的、因车子出故障而堆在村子边的一车大石头。由于石头大,加上天气热,他俩边闲边干,又加上路边过路人看热闹,他俩的工效不大,一卡车石头就堆在村子边了。这是人人都想得到的好事,却由他一个获得。因为和国武脑子转得快,交际能力又强,和采石场上的人处熟了,其他自称强霸村民这方面是远远不及和国武的。这么一车大石头如果人挖人采可能要30个工日才能采到,如果用手扶拖拉机拉,要六七车手扶拖拉机才能拉到家,这样省力得财的好事不可能人人都得到。

村民和朝光请来旦都村的姐夫五石昌,去文屏石场买五面石,两辆手扶拖拉机拉了约12米石头。到家后和朝光得重感冒请村医和秀英打吊针,同时请来和朝珍及和尚勋、村委会副主任和继武等帮五石昌下石头,吊针注射完后和朝光坚持陪同姐夫再去拉一趟。

村民和永军及老婆和子香一大早就去沙场拉沙,一天下来拉了五车。这些天拉沙的村民除个别很讲究沙质的人外,大都从前段时间修路时用挖掘机挖起的沙堆中拉走。

2005年5月13日　农历四月六日　属日：狗　天气情况：晴

好些村民都趁闲在采石头，和顺达及儿子和永华、和尚军及儿子和朝柱、和建忠、和永红及和圣伟两亲家，他们都在忙着采石头，准备用来建设家园。

村民和朝东请会点石匠活的和社兴、和二友、和朝珍帮他砌前段时间翻盖的厨房。他则忙于拉沙。他们三人今天就把石头砌完，明天可以砌空心砖了。

村妇们有的带着午饭到鸡冠山背后砍柴，现在先砍好，等晒干了以后再用手扶拖拉机拉回家；有的则拉松毛；有的人砍柴一天只砍三四背，此类人闲里带做，做里掺闲。

下午2时左右，玉龙县农业综合开发办请几个民工拉来一个大型涵管（直径80公分左右），堆在满下村寨下草坝口的河边（村民和永红及和金星两家中间），下了车后民工（约四五个）忙着挖出沟里所填的土石，并请和国红及老婆和菊、村民和金星等帮忙挖（出工钱），他们从下午2时左右不停息地干，一直干到下午7时左右才挖好埋管的坑。等到村民归家，又请了些住在河边附近的村民帮忙滚动涵管放于挖好的坑内。回家时民工负责人向附近的村民和国亮买走了3只他前些天捕着的野鸡（每只25元，共75元）。村民们不知道怎样在涵管周围铺沙石，况且今天天晚了，想搞也来不及了。

2005年5月14日　农历四月七日　属日：猪　天气情况：晴

村民和永军请来和永红、和永良、和顺明、和顺达、和顺光、和圣伟等亲戚打房间里的混凝土。与此同时，和永军夫妇俩拉了四五车沙子，他俩一边拉沙子，其他人一边浇灌混凝土，一直干到下午6时左右才休息。

看到一些村民图方便，拉修公路老板采挖好的沙子，和圣昌一家也不甘落后，管它现在用不用，反正沙子将来会派上用场，他们一家五口齐上阵，从早上10时一直拉到下午7时，拉了满满六车。

和圣华、和永华、和尚军、和建忠等人则前去石场捡石块，想现时用不上反正以后也会派上用场，趁农闲备些石头是有益的。

村民和丽军请来五李福、五子黄两个石匠帮他家打石脚安石脚，他们三个是目前村子里技术较高的石匠，一般人是不在他三人眼里的。

今天村民和子红请他家族兄弟嫂子齐上阵来拆迁畜厩，男女老少都齐心。从老宅基拆来屋架和瓦片等材料后,女人们忙着擦瓦,男人们忙着组合屋架,他们家族的男人几乎人人都熟悉木工活,干起来在全村寨里数第一。组合了三排屋架,并把它竖好,妇女们也是好样的,她们背的背,抬的抬,或者是两人合抬较粗的木料。他们这族的妇女在全村寨里劳动也是第一的。比起"阿四金"家庭的妇人来要超过好几倍。

昨天来埋涵管的"农业综合开发办"的这伙民工,今天开来一辆农用车从沙场拉来沙子铺于涵管两侧,并盖过了涵管,又在进水和出水边用石头加水泥沙灰砌起来,真正起到了一座大型拱桥的作用。农业综合开发办为满下村民解决了雨季行车难的问题。

2005年5月15日　农历四月八日　属日:鼠　天气情况:晴

村民和汝浩继续请金龙村的老表和军、和三友、弟弟和汝信等共六人一边拉沙子,一边砌空心砖。夫妇俩专门负责拉沙,其他的人负责拌沙灰,和三友主持砌空心砖,一直干到太阳落山才休息。村民和丽军也请村中的石匠师傅们(和子黄、和福、和永红、和二友、和社兴)继续打他的石脚,并且还多请了和永昌、和天林、和永良3个小工,一边打一边砌,把底下一层石脚安好安牢。

部分农妇带了午饭到鸡冠山背后的山上砍柴,很多人都以捡树枝为借口,大砍松树之类的禁伐树木,人不自觉,鬼都害怕。村民不自觉,单靠组长管是无效的。今年是最近十几年来乱砍滥伐较为普遍、较为严重的一年。

在丽江城医院生产的村民和金贵到今天已有二十多天。上午她乘坐其兄和朝亮的出租车回到婆家,一同回来的有招呼她的丈夫和武军、母亲杨耀秀、堂妹五贵芬以及她产下的女婴。当他们到家时有和社分、和永良、和尚勋、和永华、和文亮等部分邻居来看,和金贵的婆婆和尚花为大家熬了一锅米酒,这碗米酒是到她家来的人必须要吃的。

2005年5月16日　农历四月九日　属日:牛　天气情况:晴

村民和万福开着手扶拖拉机去旦都村妹夫和习南家拉柴火。旦都村的山已分给村民作为自留山,自家的山自家管理,自家采伐,井水不犯河水,各行其是,各取所需,互不干涉,互不侵犯。在这种情况下,他的妹妹和春芝及妹夫和习南看到岳父家烧柴困难,就帮助他家在自家山上砍了两手扶拖拉机柴,要他们今天去拉。和万福还请了另一辆手扶拖拉机。

村民和玉祥请他的父亲和国亮拉回砍好放在鸡冠山后面的柴,满车都是松柴。

村民和秋谷也打电话催她在城里开出租车的丈夫和朝泽回来拉堆放在鸡冠山后面的柴。和朝泽遵嘱，于早晨乘和国军书记的车回来，到家就出发拉柴。拉柴到家后就补瞌睡，到5时左右又乘和福兴的车回城开出租车。

村民和圣华以1米70元的价格从石场向和国武买回每块有两米多长的两块盖板石。运到离家只有10米左右的距离时，其中一块石板掉下来约80公分长的一截，他两口子在叹气，感到真可惜，掉下来的原因是这块石头有水缝，石头是从水缝间断成两截的。

昨天回到家里的和武军提着装有米酒的小竹箩，忙着向客家送报生酒，每家送一碗米酒，被送米酒的人家当时回送10个鸡蛋（个别的是5—8个）。去做"祝米客"的那天还要多带一份米酒礼，一般是5市斤小麦。

2005年5月17日　农历四月十日　属日：虎　天气情况：晴转阴

村民和子红继续请家族兄弟和子一、和金红、和金辉、和金星、和金发及舅子和社兴等人砌房子石脚。现在砌石脚不像以前那样把石头垒起来就完事，而是砌一层浇灌一层石头混凝土，以求砌得牢，黏得稳，并且在朝里的一面石上抹上一层水泥，让猪拱不成。

村民和圣华夫妇去鸡冠山后面拉柴，拉回来的尽是松柴。有人力的似乎要把几十年孕育的山林眨眼间砍尽，这不能不令人痛心。但破坏环保乱砍树木的村民却认为："我砍着一车了，是能人，比别人强。"

村民和万林接到他二姑爹去世的消息，从丽江城赶回来，要到前山石镜头村安慰他的二姑妈。

2005年5月18日　农历四月十二日　属日：兔　天气情况：晴间阴

村民和顺光请儿子和永华的连襟和亚华帮他家拉柴。他们家前些天就全家出动到鸡冠山上背后去砍柴，带着午饭，日出而去，日落方归，四个人干了整整六天，砍到满满的两手扶拖拉机柴。他们家砍的柴杂柴为少，基本上是禁砍的松柴。

村民和国兴、和建华、和万群、和金红在完成了承包旦都和汝勋家新房的建设任务后，今天在和国兴家休闲，杀上梁大公鸡，喝起上梁酒，抽着上梁烟，煮着上梁米和肉（这些东西是竖新房主人家上梁时摆在梁前送给大师傅的，和国兴收回后从礼中拿出一些，请小帮手吃一天）。

帮移动公司做基础设施工程的电杆组，今天拉来变压器安装。四个民工很紧张地干了一天，到下午7时方归，但还没完。他们在村子里买来鸡蛋，顶午餐用。

2005年5月19日　农历四月十一日　属日：龙　天气情况：晴

村民和建良请和金群家、和金星家、和金胜家、和金红家、和子一家、和子华家、和汝浩家、和建华家共计二十多人，来帮他家垫高地层。原先就整得好好的房子，拆了又要垫高砌砖，这种现象虽属赶时尚，修得比原样好看，但细细想来是属于劳民伤财。可不是吗？以前就修整得好好的、牢牢的，有古朴感，石头、土基都打得好好的，能管用四五十年。才修十多年又拆又整，确实浪费、劳民、伤财，与汉族人比较之，这是纳西族民居建设的耗资重复浪费，造成了"人活一生，没过几年轻松时"的现象。

村子里有人在大声地吵起来了，部分村民听见吵声赶来，才知道吵架是在和圣伟家发生，是刚过门约五个月就生孩坐月子的媳妇和金贵与婆婆和尚花之间起了争吵。事情的起因是刚生下来的小女孩昼夜常哭，婆婆和尚花就用鸡蛋来看"莫因"（即送鬼），送鬼程序做完后对和金贵说："这下送走了鬼神，可喂点奶了。"和金贵却说："死也别管，孩子我愿怎么做就怎么做。"于是婆媳两你一言我一语，你吵过来，我吵过去，越吵越激烈，劝架的、看热闹的挤满了院子。和武军在当中很难办，劝老婆她不听，劝母亲也无效。结果他一急之下产生了轻生的念头，说："既然你们这样我就不管了。"说完操起菜刀急忙往自己喉咙划去，幸好他妹妹和清海眼疾手快，把他的手拉开，才免了一场大难。但和武军的左手还是被菜刀划了一道小口子。听到吵声赶来的和金贵妈杨耀秀哭着骂和金贵："自从你与和武军相好并认定要嫁给他后，我每时每刻都教导你要尊老爱幼，孝敬父母，在你身上我的一点血一滴脓都没有，更没有我的一个小小细胞，才过门几天就与婆婆争吵，你一天劳动都不干，就想欺负公婆，这是缺德的，是社会公德所不容的。"

2005年5月20日　农历四月十三日　属日：蛇　天气情况：晴

村民和武军、和文亮、和朝珍去丽江购买明日和武军举行"祝米客"所用的食品。和金贵之母杨耀秀也一同前去购买明日送外孙女的礼物。和武军在下边买东西时叫了在丽城开出租车的本族弟兄和朝亮、和朝泽、和国军等来帮忙，并用和朝亮的车从市场把东西拉到城郊白华村，又搭上去南溪的微型车。到家后，本族的老者和尚勋及和朝珍、和朝泽、和玉祥、杨耀祥等人收拾买来的鲜鱼（剖腹、刮鳞片、去鳃等），以防臭掉。大家七手八脚，一个时辰就收拾完了。

2005年5月21日　农历四月十四日　属日：马　天气情况：晴

村民和武军为新生女儿举行"祝米客"招待会。他家所请的帮工一早就到他家忙着做早饭、拣菜洗菜，借桌凳。吃过早饭（六菜一饭），炊事组厨师们忙着煎鱼、煎香肠；杂务人员开了两辆手扶拖拉机去砍柴；剩余人员则忙着杀猪，因为猪大（约140公斤），花的时间较长。

10时左右和金贵的父亲和永良身背一罐米酒，手抱一只大公鸡来贺喜了。他来为外孙女赐名，纳西语叫"名送"。世居南溪满下村寨的纳西族自古就有外公为头胎外孙取名的习惯。作为外公外婆，此次"祝米客"的破费也不少，一般要送10斤米，6斤红糖，1罐米酒，100个以上鸡蛋，4只鸡（女儿生产时1只母鸡，取名时1只公鸡，祝米客礼1只母鸡，女儿满月洗身时1只母鸡），娃娃衣物、背具，现时还兴送现代玩具、童车。杀猪一事完成后，在家的老者相聚火塘旁边为和武军的女儿举行了取名仪式。首先由和尚花备来了香、酒，由和尚典把香插于祖先台旁、铁三脚旁、厨房中柱上，并在祖先台上摆上酒菜，大声说："和氏门中喜添一孙女，愿祖先保佑她平安健康，并请外公在历代宗亲及本家族长者面前为孙女取名。"和永良就为外孙女取名"伍星蓉"，和圣伟取来备好的笔墨及红纸请本族长者和尚勋写于纸上。纸上题写的内容是："日期、外公为外孙取名曰'伍星蓉'，易养易活，尔活尔康，福如东海寿比南山"等祝辞。

砍柴的人回到家后即吃午饭（六菜一饭）。到5时左右，来送礼的客人陆续到来了，七时半开始吃晚饭，先吃米酒，之后就摆席（八盘肉食品，四碗素菜）。席间，收礼的人用大簸箕抬着所收到的衣物、背具、童车在院坝里向众客展示，煮米酒的用小簸箕装上八小碗米酒挨席"注松"，每席中的长者一人尝一口米酒说："好甜，好甜，愿孙女平安长寿。"说完就吃饭。此次他家购备了40桌的饭菜，剩余的猪肉给家族人、亲戚每家送了点。

2005年5月22日　农历四月十五日　属日：羊　天气情况：晴

村民和朝珍举行"开蔺鱼"。和武军家的"祝米客"刚散伙，吃过早饭，除和武军家人留下招待客人外，本家族的人都又忙着搬到和朝珍家备饭菜，今日和朝珍家举行"开蔺鱼"（意为婴儿夭折后举行的"祝米客"）。他家因时间紧，不上山找柴了，向各家要一背干柴，除和朝珍大哥和朝东家没有背来外，家庭亲戚们都背来了大大的一背柴。他家就从和武军家拿了些鲜肉

（会付款），而其他食品在前天就跟和武军家一起从城里买来了。所以杀猪、取名过程都没有了。帮忙的人带闲带做，打麻将，打扑克，到3时以后才进行炊事工作，到6时就待客（同样用的八大碗肉食品）。刚吃完饭休息时，和武军家说孙女病重，来到和朝珍家找和国军请他开车去医院。长者们赶到和武军家，有的祭鬼，有的忙着准备上医院。到医院检查结果是脐带感染，缺氧。家里和圣伟忙着祭鬼，用饭团捏成四个小猫似的小动物，用一个生蛋引出，并用瓦片装一些炭灰和肉等物，放到闹鬼家附近，并把小动物丢进其院里，口里说："你家的生鬼自家领好，别伤害我孙女。"这些天和武军家真是牛事不发马事发，紧紧张张。

（注：生鬼：纳西语称"从破"，是迷信的一种，这种迷信以伤口感染得破伤风而称作"从砍你叉"。常以饭团捏成小猫样用鸡蛋引出，从房头丢入院中，口中同时喊："你家'从破'要领好，赶忙领回去，别伤害人。"在阉鸡、劁猪，医治人的创伤时，为防中此类邪，故以烧辣椒、花椒、橡皮之类的东西来防备)。

2005年5月23日　农历四月十六日　属日：猴　天气情况：晴

村民和建国进行牲口房的改向和翻盖工程，虽说是翻盖，但实际上是新建。他利用原先的屋架，竖成三间小楼房，增添了不少材料。所增木料是和建国平时下鸟捕野兽回家时顺便砍回来的，已准备了多时。虽说满下村寨封山严密，但封不住居住于村边的村民，只是封住了村中心的村民和胆小些的村民。今日和建国请来他的家族及姐夫和国兴做木工，不会木工的人就下基石，共有近20人来帮忙。

村民和灿与满中村表叔五春立合伙买了价值17万元的出租车牌照，更新了一辆捷达新车，共花费近27万元，每家投资13万元，开始了出租车营运。

村民和圣武也与满中村的连襟伍福祥合伙买了17.5万元的出租车牌照并更新车辆，同样用去27万元左右，每户投资13万多。这样巨额投入出租车业的，在满下村寨中已是第五户。上了年纪的人却担心，何时才能收回巨额投入款，年轻人却很开心，很自信。

2005年5月24日　农历四月十七日　属日：鸡　天气情况：晴

村民和万红家热闹异常，院子里集结了近30人，是他请来帮他家浇灌院坝沙灰的。大家吃过早点休息片刻就动起来了，只听见稀里哗啦的搅拌水泥声。他们有的掺沙，有的掺水泥，还有的掺水；用锄头搅拌的人够累够紧张的，没有喘息的机会，一动起来就不能停手。同时由和立军、和万福、和万琼三人负责修大门，他们三人不参与浇灌院坝的事，独立安排计划，做大门的修造工作。

搅拌好水泥后人员就比较分散了，有的平沙灰，主要由和国红任主要师傅，有的提沙灰，原先的那股热闹劲减少了。到下午2时才把院坝浇灌完。然后就一直休息到下午6时，男人们手拿抹板来回使劲抹平水泥，到7：30全部工序完成。一扇崭新的铁皮大门也在两墩空心砖的陪衬下屹立，使和万红家增添了新的景象。

2005年5月25日　农历四月十八日　属日：狗　天气情况：晴

村民和福光请本族的和金胜、和金辉、和金星，舅爷和国红、和国成，连襟和永良等会做木工活的人，来帮他家盖两间小平房，准备用来堆放、搅拌猪食。由于他安排人员得当，大师傅请了和金胜，其他成员都精通木工活，没有浪费人员和时间。在和金胜的指挥下，各人各负其责，抓紧时间完成各自所擅长的工作，到傍晚就可竖房子了。竖房也只用两个多小时，到8时就完成了。这种速度在满下村寨是少见的，八个人（七个木工，一个打杂）一天内就把两间小平房竖好，是很少见的。

村民和朝光家、和尚勋家、和朝泽家、和朝东家、和朝珍家、和圣伟家、和国军家到满上村和春琴家帮忙举行"祝米客"的服务工作（和朝光的弟弟和朝祖到和春琴家上门）。下午，每家每户都背着"祝米客"的礼品（米、蛋、鸡、小麦、衣物，有些因没有鸡而带了钱的）去和春琴家参加"祝米客"的宴会。

2005年5月26日　农历四月十九日　属日：猪　天气情况：晴

全体村民基本上都在锄洋芋了，人们都盼着老天下一场雨，这样地雨湿润就好锄些。但这些天天天都是晴天，不下点滴雨，田地硬，不好锄，而且大家还担心把洋芋芽晒死了。

村民和学武父子由和学武驾着手扶拖拉机去丽江城拉瓦，顺路搭坐的有本村在城里开车回城去的和福春及女儿和智璇，嫁到文山州的和满吉，还有几个金龙村的男村民。行到文峰寺下面约2000米的急弯里，由于车子刹车失灵而差点滑出去，架在沟边上，有棵树拦着，才幸免翻下去，避免了一场车翻人亡的惨祸。车上坐的人大都破了点外皮。大家全力推拉翻倒的车，但无济于事。和学武就联系农用车来把手扶拖拉机拉上来。因路上耽搁的时间较长，不能办完他父子俩想做的事，只能住宿于丽江城。

2005 年 5 月 27 日　农历四月二十日　属日：鼠　天气情况：晴间阴

村民和永昌请来满中村的小舅爷和福军，帮他修整畜院大门。他家前段时间翻新畜厩后，准备搞成人畜分居（两院），他先前已把围墙的基石部分由自己砌好，只等安上大门就可把牲口放在院坝里晒太阳。

村民和社兴、和社红两兄弟自己在翻田，因为工作量少而不请亲戚邻居来帮忙。两兄弟从早晨 9 时 30 分开始到晚 9 时才翻完。

现时正处于锄洋芋的大忙季，但村民和国武除犁田外，就不过问其他农事，并且很少参与做农活，有空就去打石头。

南溪完小召开本学期学生家长会，会议的主要内容是：与家长进行交流，互相沟通；关于六年级小学升初中的事宜，向家长说明学校的情况，以求得大家的支持和谅解；公布住校生交粮、交菜、交柴、交款的使用情况，以便于各位家长督促、支持；进行期中优秀学生奖励；向家长筹集六一活动经费（请每位家长交 10 元）；请家长对办学提出意见建议。会议从下午 3 时开到 4：30。

2005 年 5 月 28 日　农历四月廿一日　属日：牛　天气情况：晴

村民们顶着炎炎夏日，一起来就先找锄头上洋芋地锄洋芋（除每家一人在家料理家务外），干了两三个小时再回来吃早饭。村民和秋谷，男人外出开出租车，退休在家的老公公和尚武老师自今年农历二月初八开始从大儿子家跑到她家吃饭。她为能使老公公按时吃上早点，又不影响她锄洋芋的农活，想了一个两全其美的法子：叫开车的丈夫和朝泽批发些糕点来给老公公做茶点，既乐了老人的心，她又能及时锄好洋芋地。

劳力较多的人家（3 人以上），一般一人在附近的地里锄洋芋并做家务活，两人带了午饭到较远些的地方去锄，以免回家吃饭往返误时间。如和圣华家、和圣华、和良命两口子，就带了午饭去山里锄地，老妈和明贤则做完家务后在附近田里锄。又如和作典家，和作典及媳妇和爱花带着午饭到远处山里锄地，老妇和人娘做完家务后在附近地里锄。

2005 年 5 月 29 日　农历四月廿二日　属日：虎　天气情况：晴

年轻力壮的在家村民以总价格 1200 元的承包费，帮助修基站的施工者把基站铁塔的材料搬运到母猪山顶上，就连年近五旬的村民和金星也参加了此劳动。他们不怕酷热,不畏山高坡陡,拼尽全力搬运材料,从早晨10时干到下午5时才搬运完。人人都感到筋疲力尽,但每人能拿到近百元工酬,脸上又露出了笑容,喜欢喝酒就买了几瓶好酒喝起来。和社兴提议买鸡打牙祭,真是一人提议众人合。他们不忙着回家,先在村子里忙着买鸡,在和永华家杀鸡做饭打牙祭,来尽情享受辛劳的收获。

村民杨耀秀家以1.1万元的价格买了一辆车,并叫前些年开过车的儿子和文亮来跑营运,专门跑南溪到白华的专线。杨濯秀家今年初才为女儿办婚事,又为外孙女的降生破费了些钱,前些年他儿子在城里开车又将5000元押金都赔光了,如今还买得起万把元的东西,也真是够硬的了;当然有8000元是从和国南大妈处借来的。

2005年5月30日 农历四月廿三日 属日：兔 天气情况：晴

今天有许多中年村民夫妇成双成对地去丽江城照结婚相,然后一齐到镇民政干事处领结婚证,再到黄山镇派出所办落户手续。这些人可以说"先结婚,后恋爱,无证开车",由于法律观念淡薄,对户口的重要性认识不足,所以这些人娃娃都上学了还未办手续,现在因上级要求落户才补办相关手续。由于手续所需的证件多,有个别村民如和学英当天往返了两次还未办成。

有些从邻近乡村嫁进来的妇女就更麻烦了。首先得去到原址乡派出所办迁移证,再到南溪村委会办证明,最后到黄山派出所落户。短时间内要走百多公里崎岖山路办理手续,够麻烦的了,又不得不办。

村民委员会在行政村召开村民组长会议。参加人有玉龙信用社白华营业室主任、会计,村委会书记兼主任和国军、村委会党支部副书记兼村委会副主任和继武、村委会副主任和丽军,各村民组长（鹿子村民组长缺席）。满中村副组长和万里、旦后村副组长和秀文,也参加了今天的会议。

会议的主要议题是:宣传信用社增资扩股的文件政策与维护农民群众的利益问题。

信用社主任会议后还顺便走访了久贷未还款的部分农户。

东川籍民工及曲靖籍民工共四人睡在村民和国兴家中,他们是来帮移动通信公司安装南溪基站铁塔的。听说四个人要用一个星期时间才能完成安装任务。

2005年5月31日 农历四月廿四日 属日：龙 天气情况：晴

除了办理户口的村民外,其余村民都忙着锄洋芋。而且部分村民为了提高工效一起床就先下地，乘凉快时多锄些，中午太阳当头炎热时就多歇会儿，到太阳落山才归家。

部分农户家是女的锄洋芋，男的撬石头卖，如村民和顺明、和永红、和永军、和天林、和建华、和立军、和永华7家，这样坚持了一个多星期，每天卖出300元的一大车石头，既不误农活，又不误经济收入。

（六）6月份日志

2005年6月1日　农历四月廿五日　属日：蛇　天气情况：阴间晴

村民和顺明等卖石头的人，今天舍不得休息娱乐，仍上石场找石头。

妇人们上午到学校观看学校组织的庆祝六一儿童节的活动，下午又去做锄洋芋的活计，有个别人还一直干到天黑才收工，决心把上午所误的工补回来。

从今天开始，满下村寨的牛群放牧时间从原来的上午12时提前到上午9时。原因是夏秋时节牧草多，想让牛儿多吃些青草，使牛儿长得肥壮。

今天是六一国际儿童节，学校照例组织了庆祝活动。今年的活动场所、活动内容有新的改革。活动场地安排在球场里，球场的四周插上了四面大红旗，西北面还搭了简易的主席台，主席台正上方横挂着大幅红布横标，上书：庆祝六·一儿童节。球场四周的空地上撒满了青翠无尘的松针，以便学生和观众可就地而坐观看活动。会场的合理布置，使今年庆六一比往年增添了浓厚的节日气氛。活动的内容也别开生面，把传统的体育竞赛减少了，只进行集体跳绳（每组10人）、拔河、接力赛三项，把过去的跳舞唱歌比赛变成五六年级举行团体操、个人自报上台演唱约一小时的独唱合唱活动。

满下村大部分村民、满中村大部分村民、满上村少数村民、旦都村部分村民都参加了今天的活动，村委会书记和国军也停车参加今天活动，和继武、和丽军两位副主任也参加了今天的活动。

个体户和三友、和四闰家一早就用手扶拖拉机把要卖的货物拉到场边，旦都村的和耀礼、和菊花母子也拉了菜、水果等来卖，捡垃圾的七河忠义村人今日改行卖菜和米线。

2005年6月2日　农历四月廿六日　属日：马　天气情况：阴间晴

村民和国武请来他老婆和闰芝的侄儿和灿帮他家打阶沿石，旁人笑话说："自家做不出了！"他却笑着说："卖价四五十万元的房中，像这种石头一块都没有（意为没有那么好的石料），我这至少要传两代的传家宝，哪能出自我自家的手，所以今天请能工巧匠来敲打！"

村民和正秀家已锄完洋芋待薅，但目前看洋芋苗的长势，还不到薅的时候。

村民和顺明等采石组的各户人家，还有很多洋芋田待锄，但每天近50元左右的采石收入，使他们舍不得放下伸手即得的人民币。他们认为若不把到手的人民币抓住，它就跑了。种地不如找钱，只要有人来买石头，他们就要坚持采石，一天50元工酬金，虽累点但是划算，收入可观。的确是这样，如以每公斤大米3元计算，50元可买到17公斤大米，一个劳动力一个月的口粮一天就可得到。

为移动通信安装铁塔的四个技工，今天停工待料，休息。另有两伙架线的人从母猪山顶往丽江市方向架去。据说大约半个月，基站便可以开通。

2005年6月3日　农历四月廿七日　属日：羊　天气情况：晴

卖石头的人继续上石场采石头卖，而且托跑营运的和文亮买来八斤大鲤鱼，今日在石场打牙祭。最近这段时间拉石头的人天天来坚持一天拉一车。

部分村民把长出洋芋的地锄完后，继续锄还未长出苗来的田地。顶着这炎炎烈日，他们边干活边谈论着干旱给农民、农村带来的诸多不利，特别是小春作物得不到雨水，颗粒就不饱满；大春作物得不到雨水的滋润，生长不起来，严重地影响油菜的生长和洋芋的生长。面对残酷的自然灾害，人们又无能为力，只好望而兴叹。

帮移动通信公司架线的重庆籍民工八人来架线。他们个个似猴儿样灵巧，悬在电线上拴扎电线，引来了无事的老倌们观看。

2005年6月4日　农历四月廿八日　属日：猴　天气情况：晴

和永秀家已锄完洋芋，但她家马不停蹄，去帮和玉琴家锄洋芋，儿子和灿则去帮他姑爹和国武打石头，以便以后薅洋芋时好请和玉琴、和国武家来帮她家几天忙。这样，等和永秀已出嫁的姑娘和春兰生产时好去招呼几天，也使等些天和灿又去开车时既不影响农活又不影响开车。

村民和作才两口子已锄完洋芋地，他儿子儿媳在城里开车、理发，农事全由他老两口承担，但还是完成得快，今天趁松闲之机，老两口又在扩修菜园。

村民和作典家也是如此。和八娘、和爱花婆媳俩上山拉松毛、砍柴，和作典则拉着不群放的牛犊，拴在田边，他在准备撒绿肥籽的地里挖杂草。

帮移动通信公司安装基站接收塔的工人，因部分材料未运到，停工待料两天后，今天下午去安装鲁国乡一行政村的基站接收塔。南溪的基站塔可能还要等半个月以后才安装。

2005年6月5日　农历四月廿九日　属日：鸡　天气情况：晴

村民和永昌、和社芬夫妇锄完洋芋后，今天自行砌畜厩围墙。丈夫砌空心砖，老婆拌沙灰，到中午就砌完了。现在的家庭建设，自家会干就好办，快当；自家不会干的只好请人，不仅难办，而且办得慢。

锄完洋芋的村民和社香、和玉祥、和良命、和爱花、和满谷、和万芝等中年妇女及少妇们，在未下雨不能薅洋芋的这几天，相约着到坝区农家去打工（收割油菜、小麦、锄玉米等）。

文屏至满资师的南溪公路改造工程（第二工期）今天开工。老板自驾一辆装载机来装沙，有六辆大型农用车来拉沙，沙就倒在路边。工人们睡在满中村。沙子是从满下村寨沙场拉来的，满下村寨为整个行政村的公路建设做出了最大的牺牲和奉献。

2005年6月6日　农历四月三十日　属日：狗　天气情况：阴间晴

跑运输的村民和德华，从城里开回他所驾的农用车，想在南溪公路改造工程中拉几天沙子。他想：沙场是满下自然村的，沙子是满下村无分文收益而奉献给南溪村民和修路老板的，按理说本村的车拉些本村的沙到施工路段该不成问题。事情果真也是这样，修路老板忙表示，同意让他参加拉沙车队拉沙子。

村民和国武及母女三人，今日忙着搬运前段时间拉石头的人堆在公路边的石头。因公路开始施工，他们不得不抓紧时间把石头搬走。

黄山镇党委书记和积军代表镇党委、政府来南溪查看干旱灾情。村委会三个干部如实向他汇报了南溪行政村因干旱而秋油菜生长不出来、洋芋缺苗多的情况，并要求政府调拨些绿肥种补种在未长出油菜的地上。

和灿的妹妹和春兰预产期已到，他今日回城替换他妹夫五石男开出租车，好让五石男招呼和春兰顺利生产。

2005年6月7日　农历五月一日　属日：猪　天气情况：阴转晴

村民和永昌自行砌围墙，围墙是用从西华买来的空心砖砌的。因墙较短较矮，砌的速度快，所以早早完工。他的老婆和社芬，下午吃过饭后就去抗旱，挑水浇油菜。因为今年他家所种油菜地的旁边有一股较大的水流入山岩白费了，不为人所利用，她可以利用这一自然优势来抗旱保油菜苗。

村民和圣华、和国武、和学先、和立军等人则在家打石头。这些天锄完洋芋就没有田间活，要是下一场中雨，人们又会忙得不可开交（薅洋芋）。无农事时的手艺人则农闲活不闲，或忙着帮人做（找副业），或忙着自家做。石头是打出一块算一块，撬到一块是一块，反正"磨刀不误砍柴工"，到需用时就极为方便了。

村民和圣伟家婆媳俩又发生了口角。婆婆和尚花吵着闹着要自己干自己的。争吵的原因不清楚，但自从5月19日那次婆媳大战嘴舌以后，就结下了解不开的疙瘩。这样婆媳都必须谨小慎微地生活，就连走路、说话、拿放东西都得分外小心，要不每时每刻都会燃烧起舌战的火索。儿子（丈夫）和武军在两个妇人之间无能为力，只叹道："我的命运怎么会落得如此下场，夹在互不相让的婆媳之间摆不平，说不通，让我怎样生活呢？"人人都同情他，人生路漫漫，生活才开始起步（结婚才近半年），就搞成这样的婆媳关系，亲戚该登门也尽量免之，邻居想相约她们上山砍柴、拉松毛类的也尽量免之，以防舌战一旦展开牵连进去。唉！流传在南溪村寨的古名言："上天容易做人难"，真是灵验的。

2005年6月8日　农历五月二日　属日：鼠　天气情况：晴

旱情越来越严重，阴了3天的天撩开阴云又晴了。田野里只有个别还未锄完洋芋的村民在锄地，而且面对前所未有的旱情，劳作的人们精神委靡，心情不畅，干起活来不带劲。部分农户想买中草药，转手卖出，从中牟取些利润来增加2005年的家庭收入。如和永红、和李福、和国武三村民都已争先贴出安民告示收中草药"岩陀"，并且告示了收购价。和永红家收切片后的岩陀价是每公斤0.45元；和国武收不切片的岩陀（怎样挖来怎样称）每公斤0.45元。哪怕差价只是一两分，村民都要往多的这边卖。今天约有和家良、和亚梅等10余人去上山挖"岩陀"，到家后卖到和国武家。一些人只卖到12元多点，和亚梅卖了近14元钱就算最多的了。挖了一天药才卖这点钱太不划算了，但上山的人则认为总比闲着好，山上气候清凉，总比闷在家里好多了。

村委会的三位干部（书记和国军、副书记和继武、副主任和丽军），下午乘坐和国军书记的城郊短途客运微型车到鹿子村、旦都后村、旦都前村察看旱情，了解群众的喝水问题，查看干旱危及的庄稼。下午3时吃过中午饭后，他们又乘车到文屏金龙两自然村去查看，村医和秀英帮他们3人做的午饭。

2005年6月9日　农历五月三日　属日：牛　天气情况：晴

村民和作典、和朝东、和朝光、和圣伟耕牛组今天去撒青草籽。一共九个人，男犁女耙，妇女们有的耙田，有的捡草，男的除拉牛、犁田三人外，和作典则修整田头地尾和水沟，做得很认真。和作典对农活是很认真的，从不马虎，一般人做的农活他都不满意，尤其是平常只会说大话，不善于深耕细作的那几家人做的活更不合他意。但当今越来越多的人用手扶拖拉机来犁田，耕牛组越来越少，他面对现实也只好忍气吞声。

村民和圣华家拉着婆媳俩到鸡冠山背后去砍篱笆。砍来的篱笆准备用来围一块菜园，夏季种上些菜，到秋末冬初就可食用一些自家种出的白菜、青菜、胡萝卜之类的鲜菜了。

采挖石头的村民继续在石场采挖石头，由于一天只有一辆汽车来拉石头，因此，他们也是带闲带做的。闲不住的妇女们仍然上山采挖"岩陀"，尽管收入不可观，但因为不能薅洋芋，还是有不少妇人去山上。

年近六旬的和国春老人与三十多岁的长子和天林今天傍晚发生了争吵，吵得很激烈，发展到两人对打了起来。母亲和女在父子俩中间劝架，结果被和天林甩出约两米之外。老父揪着长子的头发不放，长子死死抓住老父的腿狠咬。正在难分难解之际，次子和丽军回到家中见状后，怒吼一声："两人都放开松手，要不然我是不客气的！"两父子都可能对次子有些恐惧心理，听到吼声后立即松开各自的手，停止了父子战斗。问问原委，说是分家前因为向信用社贷的款，分家时讲好由和天林来还，但事隔五六年之久，和天林却分文未还，由此发生了刚才的那一幕。

2005年6月10日　农历五月四日　属日：虎　天气情况：晴

村民和永昌及夫人和社芬，今天开始割豌豆，他两口子的具体做法是：边割边把豌豆晒在田里，准备干些后再背回家。但到下午和永昌怕夜间天气突变下雨，于是他俩停止收割，把上午割好的豌豆一背一背地背回家（因为此地不通拖拉机），直到太阳落山才背完。背完后婆娘忙着喂猪，丈夫则忙着把背来的豌豆挂在楼上的杆上晾着，以便让风把豌豆吹干。

村民杨耀秀、和桂芬、和玉梅、和耀军夫妇、和朝东夫妇等到太安街上买绿肥种。上一个街子天的绿肥种价是7元一公斤，这个街子天变成5—6元一公斤（因为有部分新近产的绿肥种已经上市），价格涨缩大，真是应验了南溪村寨自古流传下来的"一天婆婆街,一天媳妇街"这句谚语,说明了物价是随市场而变的这一客观规律。

2005年6月11日　农历五月五日　属日:兔　天气情况:晴

村民和朝东请来和学光、和社兴、和二友三人做砌墙师傅,和尚勋、和朝光、和武军、和秋谷、和子红、和万寿等为帮工干摆运砖、拌沙灰等杂活,继续前些天翻修厨房没有砌完的墙。到6时30分就全面完工。和朝东还为表示工程的顺利完工而特意杀了一只公鸡。吃晚饭时他们家还把到和朝泽家吃饭的老父和尚武喊了来一同吃。

村民和子一、杨文花夫妇,和建忠、和四姐夫妇,和建国、和学军父子,和建成、和孟良夫妇,忙着拉沙子。他们见到质量好的沙子,就请修公路用的挖掘机挖上两铲沙,一辆手扶拖拉机拉上两铲沙就够重了。因为有挖掘机在空闲时帮挖帮上车,每家都拉了七八趟。他们都感到心满意足,没有付出,收获却不少,何人不快乐呢?

今天是一年一度的端午节,这一节气对世居南溪满下村寨的纳西族而言,可以说是一个"蜂蜜节"。养有蜜蜂的人家,会掏出一些蜂蜜与亲戚朋友同尝,养得多的村民还给亲戚朋友送去些。要是遇上掏蜂窝,不沾亲带故的人也要请尝上点。除此之外,当地没有其他庆祝的方式,只是到晚上家家煮肉来改善生活。装饰方面,每逢端午节这天,女青年手腕上都要带上五色线,传说手绕五色线,蛇虫蛙都害怕会自行让开,因为女人常背竹篮、拿镰刀割草找猪食等。今天带好的五色线以后要带好几个月才能取下。前几天下的小牛犊(和学伟家一头,和金圣家一头),今天脖子上也拴了根较粗的五色绳,也是出于以上的传说,防蛇虫叮咬。

2005年6月12日　农历五月六日　属日:龙　天气情况:阴间毛毛雨

在丽江城开出租车的村民和万林,今日乘车回来犁准备撒绿肥籽的田,等犁好田后再帮老婆和亚兰撒种绿肥。因为先要开组长会议,他等到11时散会后才和老婆一道开着手扶拖拉机去犁地。村民和顺明自个检查漏雨的瓦片。

妇女们有的上山砍柴,有的去拉松毛。如果能下大雨,就会忙得不可开交,就可以挥锄去薅洋芋了。但村民们望穿双眼,雨还是没下,老天就是不下雨。有些村妇闲起来干脆打起了扑克。

上午9—11时,村里开户长会议。会议由村民组长和国兴主持,转达了农村信用合作社改革成"农村合作银行"的有关事宜及"农村合作银行"向社会征购股金、过去的信用社社员改为合作银行股东等问题。征购股金到6月10日止（不强行）。接着强调了退耕还林山地的种树还林问题，要求各农户千方百计把自家的退耕还林地像种洋芋般地重视起来，以便继续享受国家所给的退耕还林补助款。会议接下来是让群众讨论沙场的经营问题，静坐约有一个时辰。和国兴说："我们满下村的特点是会上不说，不触犯自家利益就不管，这是长期遗留下来的不好传统。从今天起沙场对外停止一个月，下个月的6号再召开会议，讨论怎么搞好沙场的问题。"接着和国南大妈也把放牛号交出了，不再吹放牛号了。从今天起，石场、沙场停止对外开放，看山的农户必须到这两处查看。

2005年6月13日　农历五月七日　属日：蛇　天气情况：晴间阵阴

全村每户一人参加修田间公路，主要是在水沟里安置水泥水管。前段时间开采石场的老板怕拉石头的汽车陷进沟里，故备了4根两米长直径40—50厘米的圆水泥水管。当时忙于开采石头，逢沟都用碎石填了以便车辆通过，这样，这4根水管就留给了满下村寨。趁天晴，村里组织埋管修路。今天埋了3根水管在3条沟里，剩下一根是预备着将要烂的一座桥的备用管。大家埋管修桥，砌石头，铺沙子，很是紧张。幸好拉石头时修路用的碎石在旁边有些可以利用，省了不少力。有人提议请拉沙子修南溪路的汽车从沙场拉些沙子来铺。村民组长和国兴与负责南溪公路改造工地的二老板商谈后决定，今天在工地拉沙的5辆车，每辆车拉一趟，村民出点油费就行。在修桥的同时，还挖修了草坝上段的水沟。

有经济头脑的开小卖店的和国武二女儿和玉梅，利用工地休息时间背来一箱冰棒卖，近60个人有的连续吃了3根，不少人吃了两根，有的吃了一根，不一会就卖完了。真是两全其美，一则出售完冰棒，增加了个体户的经济收入，二则干活正渴的村民吃到了冰凉的冰棒解渴了。今天劳动干到下午6时。

下午7时左右，村民和圣伟家与和尚军家发生吵架。吵架的原因是和尚军的老婆和一花把垃圾倒在和圣伟家旁边，和圣伟的老婆和尚花及儿子和武军对此提出了异议，让她不要把垃圾倒在这里，却遭到和一花的无理乱骂。两家就这样乱骂起来。绝大多数村民（约90%的人）都憎恶和一花，全村人中与他家关系好的只有1%—2%左右。因此，他家和邻居村民吵了多少次架也没人劝过。今天这场吵架还是同样的结局。

2005年6月14日　农历五月八日　属日：马　天气情况：晴间阴

村民和永昌从满上村亲戚和洋社家中借来单牛犁田，请和丽军帮他撑犁，他来牵牛，试用单牛来犁田。试犁结果成功，趁试犁之机，他们家撒下了青草籽，还犁了准备种绿肥的闲地。用单牛犁田，在满下村寨是前所未有的新鲜事，是一个创造。通过今天的试犁，和永昌夫妇决定以后要用单牛来犁地。在经济有所发展、人与人的关系松动、自我意识较以前强的现阶段，肯定会有不少人用单牛犁田，以代替耕牛组这一现今很不牢固的互助合作组织形式，也可以解决用手扶拖拉机耕地破费较大的问题。今天，他们两人驾一头牛就完成了两头牛的工作量。

昆明钢塔厂的安装工五人，为南溪基站上安装移动通信发射塔已全部完工，今日下午回丽江准备返回昆明。基站就剩下机房、安装机器、架线等三大工程待另外三组工程队来完成。有望于7月内基站开通，到那时信息闭塞的南溪村将融于信息流通的洪流中。

2005年6月15日　农历五月九日　属日：羊　天气情况：阴间小雨

昨晚21时开始，电闪雷鸣，久盼的雨真的下起来了。村民们个个都从心底感激老天爷，久旱逢雨，个个都说下得越大越好。老天真的下了一夜雨，而且有时是瓢泼雨，雨水沁入田地间，滋润了万物。

天一亮人们就手提尿素、肩扛锄头下田薅洋芋。人人都是分秒必争地在田里忙着，绝大多数人在薅洋芋，一部分人撒绿肥籽。撒绿肥籽的农户一早起来就先薅一阵洋芋，吃过早饭去撒种绿肥。收工后，急忙又找锄头到洋芋地去薅洋芋。就连平时在家领娃娃的老爹老妈也上阵了。

村民和永昌去丽江帮和丽军拉水泥，这是违心地同意别人的请求了，其实雨一下，人人都想往地里去薅洋芋。

村民和金星把坐西朝东的正房的砌砖事项承包给鹤庆县的泥水匠，以1100元的价格实行全承包。主人家只管做饭，其他小工等一概都由施工方负责。这样一来既提前了工期，施工者也多了收入，每工合50元左右，加上伙食、烟酒等费用，则约合80元。但不管怎么说，怎么算，全承包比起点时工，对双方都是有利的。

2005年6月16日　农历五月十日　属日：猴　天气情况：阴

和国成、和国红、和福光、和国武耕牛组今天撒青草籽。前天晚上的一场大雨使硬邦邦的田地变得松软，可耕可耙了。不少村民都趁势而耕，和子一、和子红、和金发、和永秀耕牛组也在全力投入撒青草籽种绿肥的农事。和作典、和朝东、和朝光、和圣伟耕作组，通过三天的大会战，今天把要撒籽的田全部撒种完。和作武、和万军、和万仕耕作组也是全体出动,大干撒青草籽种绿肥的农活。这些人,耕牛收工后仍忙着上洋芋地薅洋芋。往年再等20天,自家种的新洋芋就能陆续开始吃了,可今年因干旱,洋芋没有按时出芽,人们担心今年的收成会比往年差多了。

　　村民和朝光今天请鹤庆石匠为前段时间翻修的正房安放基石（当地称石脚）,他的这些基石是从文屏石厂买来的,每米24元、32元不等,买了60多米。安放石脚也是承包的。

2005年6月17日　农历五月十一日　属日：鸡　天气情况：阴

　　村民和永昌今日又从满上村和洋社家借来单牛犁田,与和国春家一同种撒绿肥籽。由于前些天做了试犁,今天犁起来就比前一次顺手了,牛也听人们的使唤。

　　傍晚和永昌扛着单犁去满上村归还。今天中午,和永昌、和社芬夫妇表示要在明年春季种洋芋时自家买一架单犁来用单牛犁地,这意味着这两家耕牛组面临着解散。

　　南溪完小请全行政村现在校读书的学生家长每户砍50根篱笆,并用砍来的篱笆围成菜园。结果每个学生家长都砍了椽子大小的松树木,并用手扶拖拉机每户拉来一车,除了围成菜园篱笆外,还剩下好几堆小山似的细根木料。

2005年6月18日　农历五月十二日　属日：狗　天气情况：阴转中大雨

　　村民和子一家请来亲戚朋友浇灌混凝土院坝。早晨七河泥水匠李满种、李满七等人曾经劝告和子一说：今天要下雨,最好不要打地坪,但和子一的妻子杨文花却硬说："别说是下雨,就是下雪,也要按计划进行。"她的理由有三：一是前两天就请好人了；二是昨日她进城买来了招待人的肉菜；三是到处都堆着沙子,行走很不方便。这样一来,本来已看出要下雨的人只能随她意进行混凝土浇灌。因为看着天时要下雨,好些人都来得较晚,开工也就晚些,结果才浇灌完一半就下起雨来了。主人从亲戚家借来雨布盖在上面,盖好后先吃早饭。饭后天气转晴,杨文花要求帮忙的人员分成两组,一组继续浇灌混凝土,一组去挖沙子。帮她家的人看出天又要下雨,不宜浇灌,但好些人都知道不能说通杨文花。只有满上村的和社山直言对杨文花说："你不要想继续浇灌了,你首先要想办法保护好已浇灌好的这一半,借雨布搭架子,然后再去挖些沙子。"他的劝告还真的奏效,最后留下三人来搭架盖雨布，挖沙的人们刚挖好一手扶拖拉机天就又下起了大雨。人们都为她家叹道："真是破费不少，事还办不成。要是提前五天或推后五天也不至于这样。"她家今天还请了七河泥水匠5人来砌厨房的砖和打节柴灶，是每工25元，实行点时工。

2005年6月19日　农历五月十三日　属日：猪　天气情况：阴转大雨

村民和朝光请的鹤庆石匠只到了二人，人少，石大，抬石头成了问题，鹤庆师傅就从满上村的砌砖组里请了两人来抬石头（鹤庆人）。和朝光另外想请本族兄弟和朝东来帮一天忙，但和朝东对他说："这些天我要去找点烟钱，"和朝光只好说："既是这样，那你先去找钱吧。"人手不够，和朝光请退休在家的叔叔和尚勋来帮忙抬石头。本来，这些重活只适宜年轻力壮的中青年人来干，但和尚勋碍于面子，只得来了。共六个人抬了好几块大石头，休息一阵后又干开了。不久，与和朝光同扛一根棒的鹤庆师傅头碰到石头上，大家赶忙丢下械杆去招呼他，和尚勋从家里找来云南白药，从和朝光家中找来消毒液，消毒后撒上白药，再用干净的布包扎好，安置他休息。其余的人又继续抬石头。到下午受伤的人有些好转，大家才缓了口气。真是不幸中的大幸，差一点就伤着眼睛了（伤在眉毛间和鼻梁上）。至此，为翻修这所房已有四人受伤，一人是满中村和闰菊，抬瓦时差点从楼楞间掉下来，伤了腿；一人是和尚花老妈妈拆墙时从墙上摔下来伤了头；一人是满中村和闰新，盖瓦时因不小心被房顶掉下的瓦砸着头；第四个人是今天伤着头的鹤庆师傅。

2005年6月20日　农历五月十四日　属日：鼠　天气情况：阴转大雨

老天爷啊，人们盼着下雨时你却干得要命，人们希望你能晴几天，你却下个不停，越下越大。村民们扛着锄头，身披雨衣，手提塑料袋（内装尿素）一起来就下地薅洋芋。他（她）们边薅洋芋边施化肥，有个别村民耙土前两三天就施好尿素，但大多数人则边施肥边薅地。家里劳力充裕些的，男人去修公路（南溪公路改造工段上）平沙石，他们是和二友、和子红、和朝东、和四闰、和朝军、和社兴。他们9时出工，下午7时收工回家，一天能赚到40元左右。据他们讲，平沙石比背水泥、抬钢架这些活轻松多了。薅洋芋的人们就像在跟老天爷捉迷藏，下雨时跑进房里休息，天晴又往地里去薅洋芋。

退休家乡的老教师和尚武在丽江城遭到歹徒的抢劫。事件发生在大白天光天化日之下，地点是在人多的民主路中段。他步行在新大街，看到前面一人抬起一只手做掏耳朵状，和尚武一走近，那人甩手打在和尚武胸脯上。和尚武没吭声径直往前走，才走了三五步，打他的那人却大叫道："喂，老倌，我的耳朵聋了，你打算怎么办？"旁边出来三个同龄人把他围住，其中两人在两边用刀子直逼和尚武两肋，说："要钱还是要命？不许作声！"一人动手摸他的内衣口袋，摸到了工资卡，卡上有6500元钱，他们逼着老人说出密码。为了生存，老人只好实说。于是两人抓住老人，一人去取钱，取了6000元，留下500元的工资卡丢给老人之后，三人扬长而去。老人节衣缩食，节约下来的6000元一转眼就被劫去，越想越气，就向"110"报了案。公安局的人领他到建设银行摄像机里认取款人，他指给公安人员。公安人员说："抢劫犯会抓到，但钱可能被他们挥霍完了，不一定能失而复得。"老人只好认了。改革开放好，但遗憾的是治安方面却差了，对犯罪分子打击不力。这一现象会影响构建和谐社会的大业。公、检、法对此类案件应重视些。

2005年6月21日　农历五月十五日　属日：牛　天气情况：晴转阴转雨

和建成、和永军、和永红、和永良耕牛组今天撒种绿肥。四家八个劳动力，除和永军在家做午饭外，其余七人都去犁田的犁田，耙田的耙田，撒种的和永红则撒了个"满天星"（把绿肥种在地里遍地撒）。最近几天，满下村寨种绿肥时好多村民都已逐步淘汰了"满天星"的做法，而是采用种成一簇簇的；或者在牛犁过后一手抓土，一手放种，种成五六颗种子一窝窝的，隔一步种一窝，以便于收割。村民和国红今天出售给中济行政村榨油师傅1700斤油菜籽，这些油菜籽是他三四天以前以每公斤1.6元的价格从鹿子村买来的。今天以每斤1.65元的价格售出，每斤赚0.05元，加上运到中济村每斤加0.05元的运费，此项生意上他赚了170元，村民和海又卖给他1200斤，每斤赚0.05元，共计62元，两项共合230元，扣除柴油费30元，工钱以两天每工20元计算合40元，两天内纯利收入160元。他常做这样小打小闹的生意，每天收入却是可观的。

2005年6月22日　农历五月十六日　属日：虎　天气情况：大雨

一清早就开始下大雨，村民们无法做田间活计。吃过早饭，喜玩的人们陆续聚集在和四闰家，打麻将的打麻将，打扑克的打扑克，打台球的打台球。上了年纪的男人即使是喜欢打麻将的，来晚者就没份了，因为麻将只摆了一桌，来晚了只能做旁观者。打扑克的大多为妇女（三打一），组织了三伙，每伙旁边挤满了围观的人们，时不时为好牌喝彩。打台球的大多是青年男子，也有部分中年男人，因为是轮着玩，人人都有份。打麻将的和打扑克的真可说是废寝忘食，好些人一坐下就到傍晚才回家，只有打台球的人们回家吃午饭，午饭后又回到原地继续玩。有些妇女们则在电视机旁度过了无忧无虑的一天休闲日。

2005年6月23日　农历五月十七日　属日：兔　天气情况：晴间雨

和圣华、和社兴今天停止修公路来种绿肥。他们两家为一个耕牛组，用手扶拖拉机来犁。上午他们先把山上远处的地种了，再来种村子附近的，到下午5时就把全部要种绿肥的地都种完。

村民和金辉家今早撒蔓菁籽，他们耕牛组每家出一个人，包括和金星家、和林家、和秋谷家。有人说："你们家好快啊！"和金星却说："过去是五月端午种撒蔓菁籽，至今已比往年晚了半个多月，再说青稞豌豆田都在收了，闲地应该早种了。"早上撒了他家的蔓菁籽后，他们四家去撒种绿肥籽，虽然冒雨坚持撒种到下午6时，但还没有全部撒完。他们想明天继续撒种一天。

全体村民都趁天晴争分夺秒地薅洋芋。村民和永秀家因儿媳有孕在身，不让干活，儿子和灿又去开车，和永秀因前段时间嫁到前山高龙村的女儿和春兰生小孩去招呼了十多天，无人下田薅洋芋，今天特请了五个亲戚来帮他家薅。他们是：亲家爹和顺明、亲家母和命、和灿姑妈和闺芝、和灿老表和玉梅、和灿婶和玉琴，加上和永秀共六人。顶着雨不停地薅，到天黑时才休息。

2005年6月24日　农历五月十八日　属日：龙　天气情况：晴

村民和作典、和朝东、和朝光、和圣伟耕牛组，早晨撒种和圣伟、和作典两家的蔓菁，到11时左右就撒完了。和朝东因为一个早上的犁田活而误了公路上每天40多元的一个工而感到不乐意。吃过早饭，他们有的去收割青稞，有的去薅洋芋。

村民和家良也撒蔓菁籽，她是用锄头打畦撒种的，干得挺认真。她首先一行一行地放好厩肥，再在厩肥上浇一道大粪，再盖土打畦，一垄一垄地做出来后，撒上蔓菁种再盖上一层薄土。如今的满下村寨，撒种犁田五花八门，有的用手扶拖拉机，有的仍用二牛抬杆，有的则学用单牛架犁，有的用锄头，总之，哪怕是沾亲带故，不出钱的活计是很少有人帮的。组成的耕牛组，因各户用地的多少无法计较，所以尽管内心不满，行动上还得附和。经济虽有发展，但有些传统美德在陆续失去。

  2005年6月25日 农历五月十九日 属日：蛇 天气情况：阴转雨

  天一亮，许多村民一起来就提着装有尿素的袋子，扛着锄头到洋芋地里薅洋芋。薅上个把钟头再回来吃饭。吃过早饭，看着天时各干各的活，有的在忙着收割青稞，有的在收割豌豆，有的在撒种绿肥，还有的（就是原来在南溪公路改造工程工地上排沙挖边沟的这班人）继续在公路上找活干。

  满中村的村民杨桂清大妈死了。没有她生病的音讯而直接听到死的消息，不禁使人们对死因产生了怀疑。到中午消息越传越大，说是上吊死的。听到这不幸的消息，有些人为她惋惜道："这人真命苦，如花似玉时因家庭出身不好而被众人冷落，成年后因她的小儿子和福生失火而毁了一家财产，又得重新白手起家养活儿子；等到儿女都长大成家当奶奶时，因家庭琐事而老两口各自吃一灶过了近十年；后因老弱而老两口分手，夫与长子吃，她与小儿子同吃，才三年左右，现又悬梁自尽，好命苦啊！"人们三三五五低声斥责她儿子儿媳的不孝。

  2005年6月26日 农历五月二十日 属日：马 天气情况：晴转阴

  村民们趁天晴，忙于收割青稞和豌豆。会开手扶拖拉机的男村民绝大多数都把手扶拖拉机开到田边，边收割边把割下的青稞和豌豆往拖拉机上装，部分拖拉机还准备了防雨布，即使下起小雨也淋不着车内的东西。

  和润芝及小女儿和玉梅一起早就去薅洋芋。到12时和国武蒸出馍馍后开车送饭到田里，回来时顺便在满中村买些豆腐，真是"懒人有懒福，勤人有勤份"。像和国武这样的村民，勤劳和农忙似乎与他无关，过得很清闲自在。

  今天有好几个（大约10个）老外和城里人来到满下草坝过星期天。往年的满下草坝似花海，很遗憾今年花草因干旱而枯萎一时长不出，失去了往年的娇艳，再加上今年洋芋花还未开，欠缺以往的百花竞放、婀娜多姿的美丽景色，来客只能呼吸到城市里没有的新鲜空气。

  2005年6月27日 农历五月廿一日 属日：羊 天气情况：晴

  村民和建武夫妇在收豌豆，看见手机发射塔机房的材料拉到变压器附近下车，就丢下手中的活来到下车处，准备把东西搬运到母猪山上的塔边。在附近地里收割青稞的村民和永军见状，也忙丢下手中的活赶过来，接着在薅洋芋的和圣伟、和社红、和圣明等也陆续到来。他们与安装师傅讲价钱，师傅开口出价每搬运一件5元，或者全部材料搬运到塔边共150元，村民们要价200元，互不相让相持了五六分钟，和圣明、和社红走了。后来闲人和尚勋说："我是不参与搬运，但目前村民农活很忙，不好请人。"于是师傅就开价180元（全部），说若不干就去满中村请人来搬。和建民、和永军、和圣伟、和茂良（和建成老婆）4人就开始背，从下午1时开始搬运到下午6时才完成，中午都不休息，不吃饭，一直干了5个小时，每人分得45元，每个工时价合9元。虽然肚子饿点，还是感到划算。江苏常州来的师傅就在塔下开始安装。

江苏省常州市一位会电脑的工人师傅，领一位丽江九河籍民工，来满下村寨母猪山上手基站发射塔安排机房。机房的所用材料都是双层铝合金做成，等材料散件背到塔下后，两人安装即可成机房。从下午1时开始，到下午7时安装完毕。

2005年6月28日　农历五月廿二日　属日：猴　天气情况：晴转阴转雨

村党支部召开党员大会，庆祝中国共产党建党84周年。参加大会的有35个党员，镇党委副书记木建华及党委办公室的李明同志前来参加南溪的支部大会。会上和国军书记首先作了上半年的工作总结，并讲了村委会以后工作的一些思路，得到与会党员的认可。接着木建华副书记作了镇党委的工作情况汇报，回顾了党的一些重要历程，表达了党委对老党员同志的慰问，接着展开了畅所欲言的座谈。当谈到当今的大好形势、全党带领全国人民奔小康时，老同志都为老了几年而感到遗憾。

最后评选了一名优秀党员干部和三名优秀党员。他们是：和国军、和继武、和丽军、杨耀秀。

黄山镇农科站的两名技术员来到南溪完小，帮该校修建一座暖棚。这是黄山镇政府投资6000多元，为解决山区学生生活用菜的一个项目。这表示了集中办学的决心，也是撤并校点的一个基础设施建设之一。

2005年6月29日　农历五月廿三日　属日：鸡　天气情况：晴间阴

村民和顺明及老婆和命帮亲家和永秀家薅洋芋。劳动能手和永秀今年因儿媳有孕在身不让儿媳参与劳动，加之女儿和春兰生产分娩时去招呼了一段时间，故家里的农活得请人来帮忙。

和尚花、和圣伟夫妇带着午饭早出晚归到山地里薅洋芋。他老两口子也够紧张的，儿媳生产，儿子招呼儿媳坐月子，什么事情都落在他俩身上。

村民和作典、和尚军到满上村和作典女儿家帮忙下石脚。和作典女儿和金秀从石鼓金普买了一所新房，请人来下石脚，一个是父亲，一个是娃娃姑爹。他俩是首选请来帮忙的人，因为他俩都有这方面的技能。

2005年6月30日　农历五月廿四日　属日：狗　天气情况：晴

村民和金辉、和社芬、和海、和国秀出工时遇到运来手机机房的机器，有请人背上山的干活机会，就放弃了原先安排的活计，先去帮师傅们背东西（电池、零件等）。3个来小时每人就挣到了30多元钱。旁观的人也不少，就连旦后村的疯子和继科也参与了背运材料的行列，赚了10元钱。

村民和益花，天一亮就叫在城里开车的丈夫和万军把装满厩肥的手扶拖拉机开到田边后才让他回城开车。村民有些去油菜地里薅草，但这只是个别的，因为大家都忙于薅洋芋、收青稞之类的农活。

移动通信公司请来师傅实施南溪基站的最后一道工序，安装机器。三位师傅一直干到傍晚七时半才搁下活儿回城。

（七）7月份日志

2005年7月1日　农历五月廿五日　属日：猪　天气情况：晴

今日南溪满中村寨为杨桂清大妈举行送葬礼。参加的人有满中村全体村民、满下村和满上村的大部分村民，还有四方亲朋约300人。

今天所举行的送葬礼与以往所举行的送葬礼有几个不同点：

第一，有两个青年摄像者抬着轻便摄像机在拍摄场里的每个情景，这在南溪整个行政村所举行的送葬礼上是没有过的。他们是云南大学纳西族研究基地负责人洪颖女士托木府研究人员前来拍摄的。木府的陈副院长还替云南大学调研基地挂了150元的人情礼，陈副院长还以木府的名义挂了150元的礼。这在当时确属重礼，很少见这一现象，是当地村民意想不到的举动。

第二，灵柩前摆放的祭碗被太安乡人（杨桂清侄子）打烂，当场守灵的满中村村民和五农被吓昏，太安人抓住杨桂清的大儿子和福海准备打，被村民及旁观者劝开。

第三，灵柩旁边放着一个用松明枝搭成的三脚开合子（前宽后窄），里面装了用白纸包得严实的一只鸡。

第四，送葬前不进行三献礼、接灵到祖先台的礼仪，只是两个儿子在本族一长者（五三哥）的陪同下不声不响地进行献礼、接灵。

第五，由汝南化村东巴五实宝抬刀破碗，舞刀引前至岔路口。

第六，出灵后，后家亲戚（指逝者的娘家人。——整理者注）一个不留而转回去了。

出现二、三、四、五、六种的异常情况是因为大家对杨桂清大妈的死因有看法。

木府摄像人员及黄院长、陈副院长在听了云南大学所聘日志记录员和尚勋老师的关于当地送葬礼俗介绍解说后进行拍摄。摄像人员摄下了当天送葬礼的全过程，最后到火葬场进行拍摄，是最晚离开火葬场的一伙（除焚尸者外）。

他们拍摄完后深有感触地说："南溪的葬礼很隆重，很值得研究。"他们感到很满意，对和老师的帮助陪同深表谢意。

2005 年 7 月 2 日　农历五月廿六日　属日：鼠　天气情况：晴转阴

在城里开出租车的村民和建军一早回村来帮老婆和海撒种蔓菁。他用手扶拖拉机耕田，婆娘耙田、撒种。他总是在种地的节骨眼上转回来自家犁地，不靠兄，不靠弟，都由自家来进行。

村民和万军，帮助父母用手扶拖拉机送厩肥到田里。年轻人真不错，哪怕在没有来路的地方也能开着手扶拖拉机前行，遇到拖拉机倒滑时，由三四个村民在后一推，田埂、坡坡都轻而易举地上去了。年轻人懒是懒，但是脑子灵，手脚快，什么难事只要他们肯干都能轻松干出来。不是吗？要不是他拉这一车肥到田里，他老爹老妈用人背要两天才能完成，现在只用了约一小时就完成了这一大任务。

2005 年 7 月 3 日　农历五月廿七日　属日：牛　天气情况：晴

村民和朝光领着来满下跌水岩旅游临时过夜的四对情侣到跌水岩。他表示愿意领他们到目的地但先不讲价，而是帮忙他们买鸡、送柴、送米、送肉（柴两背、米 10 斤、腊肉一斤），还帮他们拖滑下坡的汽车。做完了这一切后他就开始要价说："老外随便领来这儿就给两三百元，外地游客也不例外，但你们是本地人，一回生，二回熟，只给你们要价 200 元了。"来玩者二话不说，掏给他 200 元。真是人在路上争，金钱自缠身。有福气的人一下就拿到很多钱。而他家则请满中村的老表和台军及老婆和闰新、婶婶和家良等人来帮他家薅洋芋。如若被请的三人也与他平时的心境相似的话，这三人的心里会舒畅吗？不，绝对不能的，因为和朝光平时很少帮人干活。

和建军在帮和国兴犁田，这与近些年的行为相比是破例的。他俩虽是姐夫舅子的关系，但耪田种地之事最近十来年是很没见过合伙的。这说明和国兴已从舅子和建成、和建国、和建华、和建忠耕牛组中脱离出来,现自家单干,用单牛来犁田。

2005年7月4日　农历五月廿八日　属日:虎　天气情况:晴转阴

村民和尚军及儿子和朝柱,老婆和益花撒蔓菁。他们三人由和朝柱开着手扶拖拉机,拉着厩肥和犁具一直到地边。到田里后,一人挖除田中杂草,一人背肥到田里,一人往空篮子里盛厩肥。背完肥后,和益花则把一小堆一小堆的厩肥撒开,和朝柱继续挖除杂草,和尚军却脱掉手扶拖拉机机头与挂斗的衔接,喊儿子过来帮忙安犁。安好后由和尚军犁田,母子两耙垄畦,都干得很顺当。看现象,单家干似乎很不光彩,而实质上,无依赖,没法偷懒,对生产是有好处的。不是吗?过去只要嘴巴而懒动手脚的和益花、和尚军,如今已是多面的生产能手了。由此看到,凡事都有好有坏。

村民和尚花、和圣伟夫妇、和社红、和家良等四人帮和子红去跌水岩边薅洋芋。他们是完成了自家的薅洋芋任务后互帮亲戚邻居的。特别是和家良,在完成了自家的活后白帮别人干活已是第三天了。在当今这种助人的人是不多了。

嫁到龙蟠乡新尚村的本村籍妇女和桂秀昨日去世,瘫痪多年的她终于告别人间赴黄泉。她的侄女和银谷、侄儿和金发率亲戚和三友、和亚东、和亚梅及旦都村的大姨妈和桂芝等人去新尚参加丧葬礼。

2005年7月5日　农历五月廿九日　属日:兔　天气情况:晴

村民和海在丈夫和建军的帮助下做完了撒蔓菁的活。丈夫转回城继续开出租车挣钱,而她在家更不松懈,忙完这活又去干那活。她完成了薅洋芋、种绿肥,撒蔓菁等一系列农活(这里边也有80高龄的婆婆和文海的一份辛劳),今天转入薅油菜了。

和国兴完成了撒种蔓菁的任务后,今天乘坐儿子和万军的货车,帮和万军干爹施崇基到处找货拉,回家时顺便拉回一包化肥,准备给油菜施肥之用。

村民和家良在他妹妹和家花的帮助下收完了豌豆,同时还锄了一阵草,今年的豌豆结得较往年多,而且因为雨水少而不烂。

2005年7月6日　农历六月一日　属日:龙　天气情况:晴

村民和圣伟家三人齐出动去收割青稞,而且借来了亲家和永良的手扶拖拉机一次拉回来。下午三人投入了送厩肥到田里的活计，把全部要撒蔓菁的地里都送完了厩肥。

村民和子红、和菊花夫妇帮孩子舅和社红收割青稞，因为青稞种的不多，不大功夫就收完了。收完后，三人又扛着锄头在田间锄杂草，准备撒蔓菁。

和永红、和永良、和永军、和建成耕牛组今早进行撒蔓菁的活计。撒完后中午（下午1时开始）和永红家三人、和永良家三人、和永军家二人又去帮和国南薅洋芋，在他（她）们的帮助下和国南家的洋芋也于今天全部薅完。

2005年7月7日　农历六月二日　属日：蛇　天气情况：晴间阴

早晨八九点钟开始，手扶拖拉机声就响成一片。扛着锄头走在田间小路上，只看见这边一辆手扶拖拉机在拉着肥往田里跑，那边一辆手扶拖拉机在犁地，几乎每块已收割完青稞或豌豆的田里或田边都有手扶拖拉机在动。人们这儿一伙、那儿一群，有二牛抬杆犁田的，有手扶拖拉机犁地的。人们在忙着撒蔓菁籽，还有的村民在撒绿肥籽。

犁田人不在家的和家良本想请村里的牛来犁田，但考虑再三，认为今年雨水不多，可能得用手扶拖拉机来犁，就请了满中村的和福军用手扶拖拉机来犁田。果不其然，和福军犁地很顺利，没有泥泞，更没有打滑，只用了40分钟就犁完了。和家良付20元钱与他，他死活不拿："干这小点活是确实不能拿的。"和家良硬是把钱装在和福军女儿和喜娣的口袋里，说："你这么辛苦，还要用油，一点钱也不拿我们心头不安。"

村民和作典、和圣伟、和朝东、和朝光耕牛组，也相约撒种蔓菁和绿肥籽。因和朝光的豌豆田里杂草未除完，一起早就要去挖锄杂草，和朝东又迟迟不来出工，其他几人就算心急火燎也只能在和朝光家门前为拉牛而等了三四十分钟。和作典对这些现象是看不顺眼的，肯定会心里很烦，但这二牛抬杆的事情也只能耐心地等他们来出工。

今天是居住在南溪满下、满中两村的纳西族的六月祭祖节。

下午两点左右，家家户户都把屋里屋外打扫得干干净净。在大门的两边各铺了一些鲜松针。各户主持家务的老者从祭祖台上拿下祖先牌，摆在厨房中方桌正中，方桌上也铺满鲜松针，并在鲜松针上摆上三双筷子，煎出三个鸡蛋，分别摆成三份，接着拿来三条黄瓜，三个大蒜，分三处与筷子、鸡蛋放在一起，算是给祖先备好了茶点。接着拿出五炷香点燃，并用茶盘盛一杯酒和一杯茶到大门边，在铺好鲜松针的地方各插好一炷香，在松针上洒一点酒和一点茶，口里念叨着："今天是六月初二日，敬请本家的历代祖先们回家上台，接受我们后生的祀奉，大家请跟我一同进屋。"有个别人还叫着×代的祖宗×××，×××等。手拿三炷香，一手端茶盘回到厨房里，在祖先牌前插上香，摆上酒杯和茶杯（有些摆三杯，有些摆六杯，酒茶各三杯），边摆边说："和氏门中的历代宗亲们，请你们上坐喝酒、喝茶、食用茶点，这些是后生们先给你们备好的，我们谁也没动用。"摆好说完后就磕三个头。

休闲片刻后就开始做饭，每做出一道菜都要盛在碗里摆在祖先牌前。一切都准备好后，盛上三碗饭摆上来，在酒杯里倒上一点回家参加祭祀活动的人带来的酒，口中说："×××给你们敬酒了，我们做出饭菜先请祖宗们食用。"说完所有人都面向祖先牌跪地磕头，然后长者拿块瓦片，盛上炭火，捡些肉食放在炭火上，再在茶盘里装上酒杯、茶杯，用一个碗盛上点米饭，用另一个碗捡些各类菜，拿上香去送祖（送祖专门有送祖点），纳西语叫"阿普主布吉"。去送祖时若遇到人，那人定会说："阿普主白霍"（意为让祖宗乐意），要回答"白霍"。

送祖的人回到家就吃晚餐，有的则围坐火塘而成桌，人多的则围桌而吃。晚餐的肉菜要比平时丰盛得多，一般是两碗肉（一肥一瘦或一带骨），五六个平时很少食用的菜。

回来参加祭祖活动的人，若是本村的则吃过晚饭休闲一阵后回去；若是邻村的则住下，次日再返回。

2005 年 7 月 8 日　农历六月三日　属日：马　天气情况：晴间阴

村民和圣伟、和作典、和朝东、和朝光耕牛组继续犁田撒种蔓菁。有村民评论说：和作典苦得起，干得勤，他家原来所得的田地很多，又种了满中村儿媳和爱花姐姐和爱社的很多地，近些年每年都收 4 万公斤左右的洋芋。

和顺明的姐姐和顺良昨天回来参加祀奉祖先的活动，今天帮忙和顺明收割青稞。和顺明因长期采石卖，很少帮老婆和命干田里活，所以落下一些农活需亲戚帮忙，但他口袋里的钱却装了不少。

村民和立军请来七河乡共和村的泥水匠，帮他砌去年从满中村买来的那所房子的砖。共有 5 个泥水匠，他们的做法是不包工，做点时工，每工价 25 元。

村民和金发也请七河泥水匠李满仲等8人来砌砖，也是以点时工的方式进行，每工25元。

2005年7月9日　农历六月四日　属日：羊　天气情况：雨转阴

村民和圣昌、和圣明两家从和作典家借来一头牛，与和圣昌家的牛搭配用二牛抬杆的方式犁田撒种蔓菁。和永华、和永军、和顺明、和亚华耕牛组也一清早就撒种蔓菁。和仕芬家、和社红家、和金发、和子红、和子一、和永秀耕牛组也在早晨撒种蔓菁。为什么要冒雨干呢？因为厩肥昨天前天就运到田里，雨水一冲洗，就怕起不了应有的作用，因此，只要前一天就准备好的话，就得照计划进行，即使是泥泞得不能耙田，也要犁一次田，让翻出的泥土盖住撒在田里的厩肥，好让厩肥不失效。

2005年7月10日　农历六月五日　属日：猴　天气情况：阴间雨

村民和顺明、和永华、和永军、和亚华耕牛组，早晨就开始犁田撒种蔓菁，他们耕牛组今年撒种蔓菁的任务今天收尾了。至此，没有撒种完蔓菁的村民已经为数不多了。

大部分村民吃过早饭就背着篮子，扛着锄头，带着镰刀，篮子里背着化肥（尿素）去油菜地里薅油菜。具体的步骤是：在油菜地里拔草、施化肥、锄土垒根。这样做才能让收成多些，菜籽颗粒饱满些。到油菜地里薅锄油菜的人们，回来时背回满满一篮青饲草，猪儿吃得欢，油菜长得欢，真是一举两得。

嫁到前山行政村高龙自然村的和春兰，孩子满月。村民和永秀背了一只大母鸡到高龙村，为她女儿和春兰洗满月洗身。洗身的具体做法是：杀一只鸡，烫出后，烫鸡的水保留好，并装好所烫下的鸡毛，再留好不清洗的鸡肠子。用鸡毛和鸡肠子搓洗产妇的全身，再用热清水冲洗。

2005年7月11日　农历六月六日　属日：鸡　天气情况：中雨

整天哗哗下雨，不能进行田间作业，村民都不得不休闲，串门、闲聊、看电视。善于摸牌、打麻将、不甘寂寞的村民又到和四闰家小卖铺里打牌，搓麻将，有男的，也有女的。

虽然大雨下个不停，村民和文亮则忙着开车拉前去玉龙县一中进行小学升初中考试的学生。学校要求应考的小学六年级学生由学生家长今天送到玉龙县一中，考完试由家长领回家。今年满下村寨，小学毕业生有和金龙、和红梅、和红芳、和学远、和学峰、和继恒、和元金、和秋梅,加上往届留级的和四坚共9人,加上家长共18人。和文亮拉了两趟,再加上有进城买东西的村民,共拉了20多人,是他买车以来收入最多的一天。

从今天开始,南溪的历史翻开了新的一页。中国移动通信南溪基站正式开通。从此,打通了南溪与外界的联系,沟通了各种信息;在家的人们随时可以与在城里务工、开车、就学的亲人交谈,听音如见形貌,打个电话,交谈几句可以缓解在家老人对子女的牵挂;也可以随时打听到各种农产品的市场信息。基站的开通对南溪人民致富奔小康会有一定的作用。

2005年7月13日　农历六月八日　属日:猪　天气情况:雨转阴
雨一停,人们又背着篮子化肥去薅油菜,虽然田间泥泞,但他们去给油菜拔草、施肥,顺便给猪找回一篮篮青草。

村民和尚军请鹤庆的木匠杨师傅做桌凳,1张方桌、8张独凳,计140元。

杨师傅是前段时间帮村民和永红格整厨房后搬到和尚军家的。因为现在好些工序由机械代替了手工,所以,收入也是相当可观的。承包每天的工价在80元左右,他从满下及整个南溪行政村挣了约15万—20万元(近15年)。这是村民和杨师傅一起估算的数额。

村民委员会召开自然村会议。除鹿子村组长和红光、满下村组长和国兴缺席以外,其余组长都到会。

会议内容:1. 总结回顾上半年村委会工作;2. 安排部署下半年工作;3. 分配旱灾补助绿肥种。

共补助3000市斤,每市斤农户出1.8元,政府补助1元,农户每户分得8.5市斤。

此项工作由行政村农科员和国高专门办理。

2005年7月14日　农历六月九日　属日:鼠　天气情况:阴间雨
村民和国兴帮嫁到旦都后村的姐姐和闰灵家搬房子。因为连日的雨天不能整天劳作,只能抓住雨间转晴的时间进行,去了四天,还没完成。

村民和学仁,前段时间请满中村的小伙子和承军买了20车手扶拖拉机杂石,每车25元。今天他因看守工地没能按时拿到工资而辞职回来,准备砌石头,他要用这些杂石砌成一堵靠路边的围墙。今天开始自己做,什么时候做完不在乎,反正不请人来做。

全体村民都到油菜地里去了，拔草、施肥、薅锄等，这些天，猪儿吃得特别香，特别饱，因为勤劳的主人从田间收工回来时都背回满满一大篮青草来喂它们。

2005年7月15日　农历六月十日　属日：牛　天气情况：阴间阵雨

今天入伏，按传统习俗，今日禁下田间作业。今日确没有人在田间行走、劳动。趁禁止入田之机，人们有的去山上捡野菌，有的去"挖猪槽"。捡菌子的捡到一顿鲜菌，"挖猪槽"的有的挖了一个，有的挖了两个（如和圣昌夫妇上午挖了一个，下午挖了一个），和永昌夫妇也挖了两个。

有的村民则在和四闰小卖部旁玩了一整天，有的搓麻将，有的打扑克，还有的打台球，专心致志地玩。

今日开始全行政村一至五年级学生进行学年末统测。今天进行两个科目的测试，有黄山镇中心校派人来监考。

中国电信移动公司的人员来查看基站运行情况，显示运行正常。他们计划下一步就为村民安电话机。移动公司设立此基站目的是服务于玉龙纳西族自治县黄山镇南溪行政村7个自然村，以及古城区七河乡后山行政村5个自然村。因此，他们查看南溪基站后，还准备到后山行政村去查看有无基站信息，但车行至距足球场400米处上不了坡，就转回去了。

2005年7月16日　农历六月十一日　属日：虎　天气情况：晴间阴

连续的阴雨今天终于转晴了。村民们吃过早饭就忙着往油菜地里跑，今年薅油菜这一农活特别使人不顺心。因为干旱造成油菜不能按期生长，因此，长出的油菜参差不齐，有些长得近胸高，可以培土薅了；有些则只有四五寸，欲薅不能，欲丢下又不忍心；有些才有两寸来高，拔草都还得小心。正因为油菜长得不顺心，有个别村民先丢下暂且不管它。如村民和朝光夫妇就做起垃圾生意了，他俩利用工余时间捡来酒瓶、塑料瓶、硬纸板、包蛋纸、胶底、烂铁破铜，加上低价从农户买来一些，然后用手扶拖拉机拉到城里去卖，顺便买回追肥用的尿素、玉米等。他两口子在村里做些小打小闹的生意是很得手的，男人开手扶拖拉机，夫人算计做生意，结合得较融洽，随时能弄得一点花销的钱。

村民和建良的北楼砌砖工程今天已全部结束，由于施工期间雨量较大而停工休息三天，所以施工期较长。今早吃饭后，李满仲等一伙泥水匠去金龙村砌砖，到目前和建良的楼房是满下村寨第 15 所用砖代替土基的房屋（仅指楼房，平房或厨房用砖代替土基的不在内）。

2005 年 7 月 17 日　农历六月十二日　属日：兔　天气情况：晴间阴

村民和国武请来本村石匠和祖黄、和万琼、和建成、和丽军等四人为他打石头、砌石头。之前，他请石匠和仕哥做了一个月，后因其石工技术不尽如人意，便以"土黄节令禁动土石"为由辞去和仕哥而搁了三个多月。今日又请来本村的这四位石匠，目的是打放石脚，砌空心砖，打放阶沿石，这三项工程一起完成。

村民和永昌夫妇及其女儿和润清三人请村里的和尚军用小型脱粒机为青稞豌豆来脱粒。幸好今日天晴没让雨淋着，他俩选择到了好天时。

其余村民都往油菜地里去薅油菜。几年来的生产经验证明，如果秋油菜只进行拔草施肥，那么产量及菜籽饱满程度都不及拔草、施肥又薅锄过的好。

2005 年 7 月 18 日　农历六月十三日　属日：龙　天气情况：阴间雨

村民和国兴从旦都后村借来单牛犁具，去犁油菜地的畦沟，牛犁好畦沟后，就用锄头直接把犁出来的土薅到油菜畦上，不需经先锄后薅的工序了，这不仅快，而且省力，是一种生产技能的改造革新。此前已有旦后村村民、满上村村民也用这种办法耕作，但这在满下村是首例。村民和国武继续请四位石匠打石头，遗憾的是下午下雨，停工时间较多。

退休居住在丽江城的木治典老师携家中老小来到二十多年前的老同事和尚勋教师家中。这可忙坏了和老师夫人和家良，杀鸡、煮肉热情接待了和老师二十多年前在怒江州福贡县利沙底完小的老同事（知心朋友）。他俩的同事关系很亲密，大小事都互相往来不断。今天，和老师领着他们三人去感受大山的气息，采野花，观野花，捡菌子，果真还捡到了些菌子。他们既吸到了山林散发出的新鲜空气，又吃到了香喷喷的山珍。

2005 年 7 月 19 日　农历六月十四日　属日：蛇　天气情况：雨

时逢雨天，老天爷给农民放"公休假"，人人都得服从于老天爷的安排。吃过饭，男人妇女老少，都陆续往和四闰家小卖铺去，三三两两，不到一会儿（大约 10 点左右）他家就挤满了人，屋里屋外，打麻将的，打扑克的，围了四五伙。欢声笑语最高的是台球桌边，叫好声此起彼伏。村民们以这种快乐休闲的方式解除了劳动的疲劳。

2005年7月20日　农历六月十五日　属日：马　天气情况：阴转晴

早晨，老天阴沉着乌黑的脸，似乎还要下雨，但到9时也不下。看这个天势，村民们都扛锄下地去薅油菜，想跟老天抢时间，尽早完成薅油菜的农活。

村民和天林背着篮子往前边山上去捡菌子，心想若捡的数量多些就到城里卖。

村民和朝光借了和国武的小型脱粒机，并请了他的连襟和永红及夫人一起来帮他脱粒青稞、豌豆，他们五人干了约两个小时就干完了。剩下扬风的事情就由杨耀秀、杨耀祥姐妹来完成，和朝光作她俩的搬运工，和永红则领着侄子和健伟到蔓菁田里去看撒下的蔓菁的长势。

有部分男村民往山上跑，有的捡菌，有的采中药，只要是能找到钱的事就干。

村民和万琼这些天一直坚持参加南溪公路改造工程的路基施工，他是在为正上高中的儿子和丽峰和即将上初中的女儿和丽海挣学费。

2005年7月21日　农历六月十六日　属日：羊　天气情况：晴

村民和国武继续请和万琼、和建成、和学先、和丽军四个石工帮打房屋石脚。这些天，对于耐不住苦、干不起活的和国武来说是一个折磨，因为请了人，他也不得不干。平时懒，请帮工时就得勤。

大多数村民都在趁不可多得的天晴时抓紧薅油菜。

一部分人则收拾小春作物，脱粒青稞、豌豆，扬晒所脱粒的饲料。脱粒用的小型脱粒机都是向和国武租用，一家出五元的租费。和国武租给金龙村人则不要钱而要一些柴（因为金龙那边好找柴而满下村寨则难些）。

2005年7月22日　农历六月十七日　属日：猴　天气情况：雨

村民和国武打电话与大理籍药材老板联系，他帮大理老板收购中药材（岩陀、灯盏花、虫蒌）。在电话里商定灯盏花价（鲜花一公斤1.7元），虫蒌、岩陀价到时再定。他在前年去年就是这样在村里收购好药材后转手让给大理老板，从中获取点劳务费，本金由大理老板垫给他，要他收好后以市场价转给大理老板，不得转给他人。这样做，和国武本身有些实惠，老板的利润也不少。他俩约好明日大理老板拿钱来。

村民和永红今天开始收杂菌进行加工，今年他无伴自家进行。无伴的原因是前年去年的伴和李福进城开出租车，和丽军忙于打石头，和四闰则忙于帮汝南化村老板五次品收药材。

2005年7月23日　农历六月十八日　属日：鸡　天气情况：雨

村民和四闰也开始为汝南化村老板五次品收购灯盏花等药材。他们的做法是：每收一公斤和四闰得0.2元的劳务费，和四闰与五次品交货时不再过称，以和四闰的收购支付记录单为凭交接货。和四闰的劳务提成固定，收药材时对村民宽松一些；和国武则不同于和四闰，他的利润是自行掌握的，只是由老板垫付货款，他收货交给老板，价格他俩又按市场价洽谈，所以和国武收购时严把关，重质量，要干净。故此，村民们卖给他的也就少些。

2005年7月24日　农历六月十九日　属日：狗　天气情况：阴雨间晴

经过一段时间大雨的浇灌，大地湿润了，地温升高了，大山又开始陆续无私地献出了珍宝（各种蘑菇开始生出），善于捡蘑菇来增加家庭收入的村民又开始上山采蘑菇。

村民和天林从早晨出发到中午回家捡了一篮"阿芝时"（菌名，颜色黄）。

村民和建国带着午饭去前边山上捡菌子，捡回20多市斤"阿芝时"。他是今年第一个捡到满篮野菌的村民。

随着田间农活的逐渐减少，大山里蕴藏的珍宝日渐成熟，到了老板发财、村民有钱的黄金时节。

村民和永军这些天则在家编篮子，一天能编出三个大篮子（割青叶、拉松毛之用）。他这样做，既能领娃娃，又能做家务，还可增加家庭经济收入（他编的篮子是出卖的）。

村民和尚花与儿媳和金贵又吵开了，而且吵得很凶，和金贵一气之下背着孩子回娘家了。虽说婆媳俩经常吵架，但因吵架回娘家还是第一次。到傍晚和武军又去喊和金贵回家，在岳母杨耀秀的教育责骂下，和金贵跟着和武军回到了婆家。婆媳俩这样你不忍我不让地吵，这是近十多年来出现的第二户（第一户是和六福、和益花婆媳，婆婆败于媳妇而悬梁自尽）。

2005年7月25日　农历六月二十日　属日：猪　天气情况：雨

村民和天林、和建国之妻和六娘，乘坐和文亮的车子去丽江城卖昨日所捡的"阿芝时"。他们放下篮子就围拢来不少人,卖价是每市斤 5—8 元不等,和天林卖了 18 市斤卖得 127 元,六娘卖了 23 市斤卖得 148 元。除去往返车费 10 元,花销费 10 元,到家分别剩下 107 元、128 元。每工折合 50—60 元。这可鼓足了捡菌人的干劲,他们今后可能每天都坚持上山采蘑菇。

村民和汝浩夫妻、和汝信母子、和家良、和国兴夫妻坚持雨天薅油菜。

村民和耀祥夫妇去后山高美村参加丧葬礼,趁此机会在高美村买废旧物品(瓶子、塑料、硬纸板、废铁等),再拉到丽江城去卖。挑水带洗菜,既参加了丧礼,又增加了家庭经济收入。

2005 年 7 月 26 日　农历六月廿一日　属日:鼠　天气情况:晴间雨

时逢七河街天,村民和永昌和社芬夫妇一早起来,一人忙着做早点,一人忙于喂小猪、备车。吃完饭他俩挑了三口小猪放在手扶拖拉机里,开到七河乡共和行政村增都自然村,把手扶拖拉机寄放在亲戚家中,两人用篮子背着小猪到七河集贸市场去卖。每只小猪只卖到 50 元,除去摊位费、免疫费每只 3 元,净收入 47 元,去掉花销,所剩不多,一口小猪卖不到一天捡菌的钱。但也无法,每年这季猪价都下跌,似乎成了规律。他俩希望能在本村就卖掉,每口只要卖到 45 元,还是划算的。

村民和爱花、和良命挖到 20 多公斤灯盏花,没有卖到和国武家,也没有卖到和四闰家,而卖到距满下村两公里的旦都村,因为他们听说旦都村的收购价高一点。

2005 年 7 月 27 日　农历六月廿二日　属日:牛　天气情况:阴间晴

村民和天林又去卖昨日两口子捡来的"阿芝时",约有 30 斤。

村民和顺达也去卖前天昨天捡来的"阿芝时",约有 20 多市斤。

这些天因为都有人去卖菌子,所以和文亮起得较早,出车也较早。

年近八旬的和文海大妈已开始薅蔓菁了,薅蔓菁的工序是:先将田畦两边的草用锄头锄,盖在田畦间,锄时都是往后倒着走,边走边锄,把蔓菁间的草抓干净,还要抓土,让蔓菁的根都露出来;最后施加化肥。

和文海大妈每次在蔓菁地边看鸡、赶鸡时,看见女儿和闰芝扬风动作不熟练而感到不顺眼,就帮女儿扬风。有不少年轻妇人用小簸箕扬风都很不顺手,结果是都由老者来顶着干。

和朝光及杨耀社继续在村里和旦都、鹿子村做买卖废品的生意。大多数村民都知道捡废品卖是无本生意,小生意可赚大钱,也听说过捡几年废品就富的实例，可谁也放不下架子，认为是丢脸之事而无人去做。这是传统的观念没有改变，是思想跟不上市场经济的一个突出表现。

2005 年 7 月 28 日　农历六月廿三日　属日：虎　天气情况：晴雨

村民和国武驾驶着自家的微型车去丽江城。到白华他就向旦后村杨志元用 200 元买了一部手机，交了话费 50 元。原打算买水泥的钱已花得所剩无几，他就走到大理药材老板处拿来一些药材收购款救了燃眉之急。吃过午饭，汽车加了油，买好水泥，听说白华中心村老友之母病危的消息，又买了几盒罐头驱车去看望老友病危的母亲。休息约一个小时后出来，准备返回时，车子发动不起，就请了几个当地的小伙子帮忙推，推出五六十米左右车子终于发动成功，他才驾车返回家。不料到离文屏石厂约一公里之处，车子又上不去了，经检查是离合器出了问题，由于他一没带工具，二没有更换的零件，和国武只好掉头向城里溜去（这段路是一路下山，只需把住方向，不需发动车子），溜到文峰寺，经土平村的村民五春帮忙弄了好一阵，也是说"离合器故障，只能到修理所排除"。他就继续溜，溜到温泉边就无法再溜了，于是打电话求助于白华老友五六，五六带着绳子驱车赶来，拉起和国武的车就往城里修理点开去。和国武给老友付油钱，可五六怎么也不拿。和国武就请五六下馆子吃饭。真是朋友多一个为好，"出门靠朋友"之说法真正确。

2005 年 7 月 29 日　农历六月廿四日　属日：兔　天气情况：晴间雨

村民和永红、和永贤、和国红、和武军四人合伙从鹿子村买来一口大肥猪杀了卖，到午后当村民们陆续回家时，肉已卖完。他们四人除了手扶拖拉机的油费、酒、烟费外，每人分得 45 元钱，还吃了一顿午餐。这样的生意好做是因为安排在节日前，明日是火把节，有相当一部分村民还没有买到肉。

今天中午，和武军、和圣伟因吃酒过量，醉醺醺的，走起路来摇摇摆摆，和圣伟不慎从走廊上摔下，后脑着地倒在院子的水泥地坪上。这一跌真不轻，有几分钟不能动弹，急得儿子哭起爹来。在他家打麻将的人及邻居都围拢来，给他进行了人工呼吸、压肚子、用嘴巴吸气、捏鼻子等后，一会就醒过来了。亲戚和尚勋还从家里拿来好些三七粉给他吃。回来探家的女儿和青梅哭着说："爹这样过量的酒不能吃，我说过多少回了，爹就是不听，跌死掉名声不好，家人也苦了，要自制些，酒吃多了对身体不利，不是我们舍不得让您吃。"等和圣伟能说话时，大家悬着的心才落了地。

2005年7月30日　农历六月廿五日　属日：龙　天气情况：晴间雨

时逢传统的火把节，天一亮，养牛的农户由男主人牵着牛去放牛，他们把牛拉到水草最丰富的、平时牛没到过的草地、田沟里去放，一直放到11时左右才拉回家中，他们还顺便割回一篮青草，到家拴好牛，再喂上割回的这篮青草。妇人们在家做饭，这天的饭大体都是肉包子，有的还蒸些菜包子，还有不忘传统的，包了红糖加香乳包子，基本上全村寨早餐都是蒸包子。吃过饭，养牛的农户由男主人给牛喂盐水（一年只喂这一次，是一种祝贺节日的表现）。到12时各家各户就把牛牵出来群放（比平时提前三个小时），牛就大声嘶叫，吹鼻子瞪眼睛，前蹄扒土，牛头撬土，在邀约干架。放牛的人和围观的群众把牛群赶到宽广的草坝里，边谈论，边看牛的动静。一头头牛嘶叫、热情接触半小时后，不少牛斗起来了，这边一对，那边一对，有五六对牛真的格斗起来了，不斗的牛也高扬着头哞哞地大叫，好像它们也要参战似的，人们边看牛斗，边防着不对斗的牛儿窜入牛阵中来帮忙。这样斗了几个小时才休战。除留下放牛的人外，围观的人们又回到村中和四闻家小卖铺，有的打扑克，有的打麻将，有的打台球，就连什么兴趣都没有的村民也来凑凑热闹，一直玩到天快黑时才收场回家。

火把节这天是无人下田的，即便不来凑热闹的村民也在家闲着。

下午3时后，满下村与满中村中青年进行了一场足球友谊赛。参赛者人人精神抖擞，都想把对方打败了，观看者随时发出喝彩声，还喊"加油""加油"，为参赛者鼓劲。现在的农村青年都是进过学校的人，都受过至少高小教育，还有相当部分是接受了初中教育的人，个别的还读完高中，所以，足球这玩意踢得较好，人人都有一手，个个都会几脚。结果以一比一战平。

大理籍药材老板，自驾小型农用车来和国武家拉前段时间收储的中药材"灯盏花"，拉走了600多公斤。

2005年7月31日　农历六月廿六日　属日：蛇　天气情况：雨转阴

吃过早饭，人们又下地割草、薅蔓菁，给蔓菁间草，给绿肥拔草，有的则上山挖中草药、捡菌子，无人休闲在家中。村民和朝光及夫人杨耀祥也开着手扶拖拉机到后山村去买废品，又开始了挣钱的活动。

村民和顺民上山捡菌子，捡到30斤左右的"阿芝时"，他准备明日叫老婆和命去丽江城卖。

傍晚，挖药材的人回到家，忙坏了收购人和国武、和四闰两家，同时也忙坏了收杂菌进行加工的和永红家。

（八）8月份日志

2005年8月1日　农历六月廿七日　属日：马　天气情况：阴转晴

村民和建国租借和国武的小型脱粒机来给青稞、豌豆脱粒。他请了叔伯兄弟和建华夫妇以及和建忠、和四姐夫妇来帮忙，和建国的老婆早晨就上丽江城卖和建国昨天捡来的菌子。脱粒完后，由和建国用手扶拖拉机把青稞粒和碎秆拉到路边风大的地方，由和满谷、和四姐两妯娌帮忙扬风。

村民和汝浩夫妇早晨开着拖拉机去丽江城买水泥，到傍晚6时左右回到家中，顺便还买了一些瓦片，到家后马上借来梯子把瓦片盖在前段时间盖的厩房上（前段时间盖的瓦不够）。

大多数村民都往山上去挖虫蒌、挖灯盏花、捡菌子，各展其能，向大山要钱。

村民和家良把晾干的豌豆连杆带粒（不经脱粒）背到和国武家里，请和国武用小型粉碎机带粒进行粉碎。她这样不脱粒地一次性粉碎是准备用来喂肥猪。

退休在家的和尚武老师，从前些天起在小儿子和朝珍家自立锅灶做饭。他是自今年农历二月八日从大儿子和朝东家搬到二儿子和朝泽家生活的。因他仍受不住儿媳含沙射影的辱骂，又从和朝泽家离开自立锅灶。他的弟弟和尚典劝他回二儿子家吃饭，和尚武则说："如果再回去，不如一死了事。"和尚典劝说："你一辈子省吃俭用一心一意为儿女，到头来落下这可悲的下场，不值得，自己多保重。"的确是的，以节俭为本的小学教师，习惯了节约过日子，在经济条件好转（工资增多，儿女成家）后仍舍不得吃、花、穿，视节约为己任，把节约的钱分给三个儿子，对出嫁的女儿也随时给些。尽管这样仍难合儿子、儿媳的心，只能这家过一段时间，不行又跑到那家过一段时间。这些年跑来跑去的，这次是第一次自立锅灶。

2005年8月2日　农历六月廿八日　属日：蛇　天气阴转晴

在城里开出租车的村民和圣武及夫人和爱花借满上村妹夫阿五哥的手扶拖拉机，从家里拉了约1000市斤的青稞去丽江白华磨成面粉。白华村每磨100市斤面粉收费1元，而满下村为3元。他两口子磨了自家拉去的青稞后，又买了500市斤小麦也磨成面粉拉回来。回家后和圣武立即乘坐金龙村和福兴的车回城开车去了。他们家这样精打细算，俭朴打发日子，是为多积累些钱物，所以，和圣武家是满下数一的富裕户。的确，积财聚物得像他家一样坚持，滴水成河，才能致富，才能摆脱贫困。

早晨8时30分左右，想去山上采药的人不约而同地从各自家里出发，聚到一起，和社芬、和满谷嫌人多就借口说："我们去挖虫蒌，要回家换了工具再来"。这样说是为了避开众人。两人悄悄地朝另一方向走去。一伙小学生也跟着和银谷而去。和社芬、和满谷这样做是因为怕人去多了，就得走很多地方才能人人都采到药。

2005年8月3日　农历六月廿九日　属日：鸡　天气情况：阴转雨

村民和国兴吃过早饭，拉着牛，扛着锄头，带着午饭到前边山地开荒。他把牛也拉到开荒的地方，是一举两得，又顾到放牛，又开荒扩田。最近两年因进城开车或进城务工的人员日渐增多，大多数村民的土地意识没有像前些年那样重。有不少人见和国兴开荒都情不自禁地发出惊叹："老两口地那么多，耪田种地只有老两口，种得完吗？苦得起吗？"的确是这样的，他女儿去年出嫁，儿子进城开车，耪田种地只有老两口，要是所有的地都种了，确实够辛苦的。

有部分妇女，背着篮子在蔓菁地里间蔓菁草。这活是挑水带洗菜一举两得的活计，既拔除了丛生的蔓菁草，又找到了猪食。

村民和尚典及和尚勋两兄弟吃过早点，就到大哥和尚武处，劝说他还是回到二儿子家吃饭："年近八旬的老人了，自个做饭吃不是长久之计，如若生病了，懒得动手岂不是吃不着？到前山高龙村跟女儿女婿过也显然不好，千万不能去，最好还是不看一面看另一面，不看媳妇面也要看儿子及孙子孙女面，什么事都忍一点就过去了。"和尚武对两个弟弟诉说道："儿子是小儿子第一孝顺，心地也顶好，就是小儿媳妇难处。大儿媳心地好，但大儿子一心想把我的工资收入占为已有，我的工资得顾其他两个儿子，还得顾女儿。年近80还受他们的气，我宁愿自己这样生活着，病了我请孙女吾玉芬来做饭!"

2005年8月4日　农历六月三十日　属日：狗　天气情况：晴转雨

今天，上山的村民是一颗钱财心、多种准备，不像前些天一样专干一件事。她们除了背篮子外还多备了两个塑料袋，打算遇到菌子捡菌子，遇到虫蒌挖虫蒌，遇到灯盏花挖灯盏花。有些人家除一人找猪食外，都往山上去；有些人家是全家人上山，下午由一人找猪食和料理家务。

村民和汝浩及夫人忙着拉沙子、捡石头，用混凝土格整前段时间砌好的厩房，准备下个月就把猪关到新厩房。他俩干起活来挺带劲的，男追女赶，谁也不示弱，家庭建设需要这样的干劲。

村民和圣昌家不常上山。全家五口劳动力，除了和福军外出外，其余四人都在薅蔓菁。他家重家不重钱。

村民和国武听到白华中心村老友之母辞世的消息，今天拉了一车柴去看慰老友。这表明他与老友间的情谊是深厚的。

下午黄山镇派出所的三位警察驱车来到南溪完小，说是有人用手机打去电话说："南溪完小的门被撬"。实际上南溪完小在满下村民和建忠的保护下安然无恙。是谁谎报的，村民们谁也搞不清。打电话的人对守校人忌妒？或想戏弄一下警察？或对学校教师不满？谁也不清楚。

2005年8月5日　农历七月一日　属日：狗　天气情况：雨

大多数村民身披雨衣，身背篮子手提小铁锹上山，主要是去采蘑菇、挖中草药，见到什么就采什么。回来时篮子里装有好几个袋子，有装虫蒌的，有装蘑菇的，有装灯盏花的。今天以装蘑菇的为多，单是蘑菇菌就有五六种：一窝菌、阿芝时、大黄伞小雨点、碰倒绿、扫帚菌等等。

除了自家食用杂菌外，一窝菌、阿芝时这两种蘑菇可以拿到丽江城卖，其余的都卖给加工杂菌的和永红。一样卖一点，出去半天能够收入10—20元钱。捡到一窝菌的每公斤可卖15元左右，收入实为可观。今天村民和万琼捡到10公斤左右，和建国捡到5公斤左右，和建良捡到8公斤左右，他们三人的收入等明天卖了才会清楚，但可肯定都在百元以上。

和万林家、和万红家、和国坚家、和国模家、和正蕃家、和建良家、和圣伟家、和国春家、和国兴家、和永昌家、和建良家，每户各一人到旦都前村参加和学孔（五立）老人的丧葬礼。这位老人是10天前从村中道路上跌入河中病了几天后去世的。

2005年8月6日　农历七月二日　属日：鼠　天气情况：小雨转大雨

下着淅淅沥沥的雨，但大多数村民还是带着雨具，背着篮子上山了。不怕雨淋头，不怕湿衣裤，他们知道只有付出才会有收获的道理。有些人家全家人都上山了，一家上山上得最多的是村民和建良一家，三代人都背篮上山，女儿和银谷、女婿和金发、孙子和士坚、孙女和坚梅，连同和建良共五人上山。但人多收入不一定多，因为这要看捡到哪种蘑菇了。要是捡到"一窝菌"，今天市价就卖到每公斤24—26元。今日村民和顺明、和顺达弟兄发大财了，他俩各捡到20公斤"一窝菌"。村妇和六芝的收入也不少，她今日捡到1公斤多松茸，每公斤收购价为140元。她也能收入170多元。

有一些村民则很悠闲，在和四闰家小卖部里打麻将。如村民和国成、和国红、和武军、和作武，还围了好些观看者。打扑克的妇女青年也围了两伙。

平时不爱劳作的村民和国武，今天则手持石头切割机在割平前段时间村里石匠帮他下的石脚，以备等段时间砌空心砖时，不用再费时间切割石脚。

和尚武老人在其弟弟的几番劝说下，今天早上又回到二儿子家就餐。弟弟劝说兄长："凡事都忍些为好。"又劝说二儿媳和秋谷道："脸少板些，口干净些，别听别人的胡言乱语，互相多理解些。"现实的农村社会，宁可多劝几句老者，对少者则多劝说不得。他们不想赡养老人，别人劝说他（她）们，他们不仅听不进去反而还觉得自己有理。因为老人已将夕阳西下，而年轻人则在担当家里大事，所以大家对年轻人不敢责备，这种现象较普遍。老者无奈啊！

2005年8月7日　农历七月三日　属日：牛　天气情况：大雨一整天

部分村民一早起来就乘和文亮的面包车去丽江城卖昨日捡来的蘑菇菌（捡到数量多的村民）。和文亮因昨天跑的趟数多而感到很疲劳，请在家的姐夫和武军去代劳。车子挤了九个人，超载了近一半。

吃过早饭，村民和永昌请邻居和国兴、和万军父子、和尚勋、和丽军、和国武、和圣伟帮他安放三科（柱子下端垫的圆石头）。安完后和永昌去丽江城帮后村和秀英拉大门。

部分村民还是上山捡菌子，捡来的杂菌都卖给和永红，虽然捡到好菌但数量不多者也低价卖给和永红，第二天和永红的长女和文琪又乘车去丽江卖，从中赚点利润。

下午4时到5时下起了倾盆大雨，整整下了一个多小时，胆小的人都被这场雨吓着了。满下村寨前面草地成了一片浑浊的汪洋，平日的青草、鲜花都被大水盖住露不出可爱的笑脸。上山回转得晚的村民被淋成落汤鸡似的，可他们心里很高兴、很充实，因为他们得到了劳动果实。

在白华村开饭店的村姑娘和满菊今日转让了铺子而返乡告休。

2005年8月8日　农历七月四日　属日：虎　天气情况：晴转雨

村民和国兴、和建华两人一同去丽江城买明日阉割公牛时待客用的蔬菜。他俩先是步行到满上村请好兽医和红光，再在满上村乘车前往丽江城。

村民和作典家4个人上山采蘑菇，一天收入在30元左右。和建良家5人上山采蘑菇，一天收入在100元左右。收入这样悬殊的主要原因是，和建良知道"一窝菌"生长的好地方，而和作典却不知，只能捡些杂菌卖。

今天上山的人都是捡菌子的，到傍晚，收购加工杂菌的村民和永红忙得不可开交，捡菌子、称菌子、付钱，全部一人顶着干。吃过晚饭和永红就开始烫菌子，一直干到深夜两三点钟才休息。但他还以满意的口气说："本除人，没本恣没计（意为：人不干是吃不着的），苦一点没啥，人不苦，不付出辛劳，什么也不会得到。"

村民和尚花又与儿子和武军、儿媳和金贵大吵大闹。她丈夫和圣伟及儿子和武军公正地说："今天是她乱来，无理取闹，和金贵最近40天来是做了很大的让步，今天也只说了句'不刺耳吗'，且不是针对和尚花说的，而是对公婆的争吵说的。"和武军还说："一个母亲这样折磨独儿子，叫我怎么办呢？唯一的办法是携妻儿到城里去帮人家开车，异地分开居住一段时间。要不然，天天这样搞下去怎么生活呢？"赶来相劝的领导和国武、和闰芝夫妇及和尚勋三人极力劝说和尚花："凡事都要三思，人要互相理解，互相尊重，互相让步，才能维持家业。只有尊重、理解、谦让，别人也才会给以自己尊重、理解、原谅。"再劝说和武军夫妇："无论如何今夜不能离家出去，要出去等以后大家消气了再去。"经过三人苦口婆心的劝说总算有了效果。

黄山镇林业工作站袁站长领着共和村人驾车到南溪行政村旦都自然村去察看退耕还林的山地。到旦都村公所后，约走了正在村委会上班的副主任和丽军同志。

村民和圣伟请了亲家和永良、儿媳、大伯和永红，一同去丽江"七月骡马物资交流大会"，想买一头小牛犊，养上两三年用来犁田。因为村民和文亮的车坏了在修理，因此，到下午才乘坐和国军书记的车下山去。他约亲家去的原因有二：一是，和圣伟不会看牛犊像，不熟悉，生怕买不到好的；二是，回来时需要有人帮着赶牛犊。

2005年8月9日　农历七月五日　属日：兔　天气情况：阴间雨

村民和国兴、和建华两家请来满上村兽医和红光帮他两家阉割牛犊（一般牛犊年龄在6岁左右可以阉割）。和建华请的帮手是胞弟和建忠，堂兄和建国、和建成。和国兴请的帮手是侄子和永昌，加上和国兴儿子和万军，共八条大汉。

早点由和国兴家准备，两家的帮手都在和国兴家吃早点。早点吃完后，先对和国兴家的那头牛进行手术。他家的牛很大且壮，但很乖，主人用绳子把牛的脚拴住，人们抓住绳头往两边一拉，牛一下就倒下了。和红光急忙用羊毛披毡把牛头盖住，和国兴赶忙拿根木杆一头插进牛的双脚间，中间段压住牛脖子，另一头由两人掌握住。拴稳压稳后和红光就拿出器具做手术。手术只进行了10分钟左右。手术完后在伤口撒上药粉，注射抗菌素药液，把牛放了就让它起来站好。休息片刻后去和建华家做阉割手术。以同样的方式，也进行得很顺当。和红光兽医做的时间长了（30多年），很娴熟，技术也好，方法也得当，所用的时间不多，他一天共阉割八九头牛，每头牛的手术费30元。中午由和国兴家做饭，鸡、鸭、鱼、猪、鲜、腊肉样样俱全，很丰盛。帮手们也一起吃、喝、闲乐。晚饭由和建华家做，同样的美味佳肴，很丰盛。大家闲玩到凌晨才散伙。

2005年8月10日　农历七月六日　属日：龙　天气情况：雨

从昨晚到今天一直阴雨不停，人们无法下地上山干活。村民们有的（大多数是中青年）在和四闰家聚会（打麻将、打扑克），有的在家看电视，还有些农妇在做些缝补活计。和茂良在用塑料袋包草垫，并认真地用针线缝好。喜欢麻将及喜爱扑克、好玩台球及喜看热闹的村民在和四闰小卖铺度过了快乐的一天，回家时总结着今天的收获，手气好点的人沾沾自喜，手气欠佳的村民则诉说着自己手气如何不好，赔了烟酒钱。雨整整下了一天一夜，村民的疲劳也得到缓解，体能得到补充，以利于天晴后背篮上山干活。

2005年8月11日　农历七月七日　属日：蛇　天气情况：雨转阴

村民和朝光趁天气转阴之机，把前天到旦都村参加丧葬礼时从农户买来的废品（酒瓶、旧纸板、包装箱纸等）装了一手扶拖拉机，拉到城里去买。这样一手扶拖拉机废品能赢利200元左右。

村民和顺达、和建良、和顺明、和永昌、和福光等，又上山捡菌子了。和社芬母女、和玉祥、和金雁夫妇、和满谷等好些村民也上山采药和蘑菇等可卖钱的东西，一直到傍晚才回来。

村民和圣昌及次子和福军今日去参加物资交易会，还顺便去太安乡海西行政村参加一家村民的葬礼活动。回来时买回了一头小牛犊，准备把现养的老牛当作菜牛卖掉。

黄山镇党委副书记木建华同志率两名镇政府工作人员，来南溪行政村察看洪涝灾害是否会造成地质灾害。他们三人还特地到满下村寨村民和福祥家察看地形、地势。和福祥家的宅基地段处在山体滑坡的危险地带，镇党委镇政府前些年就做过和福祥的思想工作，动员其搬迁，并答应搬迁时政府给以适当的补助。但劝说没有结果，因此今日特地看望了他家，临走时又多次提示雨季要多加小心，这充分体现了党和政府时时关心群众的安危。

2005年8月12日　农历七日八日　属日：马　天气情况：阴转晴

趁天晴之机，不少村妇扛着锄头，背着篮子到蔓菁地里薅蔓菁苗。篮子是准备装锄田畦时不慎锄下的蔓菁苗，锄头是用来锄田畦的。也有部分村民上山捡菌子、采中草药。

今日村民和文亮的面包车抛锚，修理费和部分零件的更换费，共花去1500元左右，好心的村民替他家惋惜地说："车坏了与人病了是同一类道理，人病了去找药，医生说药价是多少就多少，没有讨价还价的余地；车坏了修车人说多少就多少，也没有讨价还价的余地，除了汽油款，小伙子跑车拉人可能还找不到1500元。"

村民和永昌、和社芬夫妇准备在正房走廊打混凝土，今日夫妇俩正忙着铺石头，男的铺石，女的捡石，铺的认真细致，捡的干劲十足，真像是在进行竞赛。

村民五三姐、五四娘两姐妹邀满中村的大姐五益香一同去丽江七月骡马物资交流会：休闲游玩。五三姐还领去了大孙子五丽松，五四娘则未领孙子和孙女去。

2005年8月13日　农历七月九日　属日：羊　天气情况：晴

村民和圣伟及亲家和永良从骡马交流会上买来一头去年生的小牛犊，价格为1510元，是向满上村牛老板五羊红买的。今天早上五羊红用一头母牛做领头把牛犊送到和圣伟家。对农家来说，买来一头牛要养犁15年以上（除个别遇到身体很差的外），所以买牛时人人都很认真，还有传统流传下来的相牛诀窍："先看一张皮再看四只脚，还看每根毛。"意思是说牛皮要黄的好，脚要粗壮，毛要顺，不能竖，毛竖者就有身体不好之说。今日和圣伟买来的这头小牛犊虽不算上等，也可算是头中上等牛。全家人都很满意。

金龙村村民和金银，住在他老表和圣华家，合伙收购加工杂菌，菌子出售后收入两人均分。如若他们能在今年坚持收购到过了菌子生长的季节，将对满上、中、下村民的收入都有利。前段时间及去前年只有和永红等一些人在收购，所以压价现象较严重，现在有了两三伙人收购，有竞争就会提价，像是收购药材那样。

2005年8月14日　农历七月十日　属日：猴　天气情况：转晴

村民和圣华、和天林昨晚低价买了一些杂菌，今日背到丽江城里去卖，从中赚取一点差价。这些天因去交流会玩耍的人较多，他俩坐不上和国军书记的第一趟车，故在中村等其他过往的车辆。本村和文亮的面包车被昨天在城里开出租车的部分满下村民"化祟"而包了去，因此今天乘车特别紧张。

村民们有的捡菌子，有的挖虫蒌，有的割猪草，还有的薅蔓菁，有的领着孙子孙女去七月会玩，各不相同。

村民和永昌则开着手扶拖拉机到丽江坝子买麦子做猪饲料。往年有些农户挖了洋芋去换麦子做饲料，而今年还没有农户用洋芋去换麦子。究其原因有二：一则今年洋芋比往年成熟得晚，现还正在长枝长果，舍不得挖；二则车路比往年宽了、好了，估计洋芋卖价会高出往年。因此，即使需要猪饲料的农户，也在权衡用钱买还是用洋芋去换麦子，哪种方式更划算。

黄山镇中心校长（原称教委主任）木龙率中心校两名教员和南溪完小校长李建光来南溪调研学校教育、教学和假期的情况，学校老师、炊事员和学生的父母和建忠、和四姐，杀鸡、做饭、煎洋芋招待他们，因为在这个假期里学校出资请和学青家守校舍和喂猪。

2005年8月15日　农历七月十一日　属日：鸡　天气情况：晴

年轻的小伙子、小姑娘们都到交流会里休闲游乐去了。开车的和文亮请姐夫和武军来代他开车，往返于丽江南溪两地。今天往返了四次，次次都满座，傍晚8时左右还要拉做卖菌生意的小伙子，到午夜一两点钟时才回到家。对满下乃至整个南溪做短途客运的人来说，农历六月中旬到八月中旬这两个月是黄金时段，因为这两个月村民捡菌子、卖菌子的多，几乎天天都有人上下山。再加上这段时间里有15天是丽江传统的七月骡马物资交流大会，交流大会期间，村民即使没有做牛马生意，也不买什么物资，也要携儿带女去交流会休闲游玩几天，特别是年轻小伙、姑娘们，那是每次必去的。村村如此，年年如故，不约而同，所以利用好这段时间对他们的收入增加至关重要。

黄山镇党委书记和积军同志携带镇政府工作人员为希望工程所捐的款，乘车来到南溪旦都后村送到今年考取昆明理工大学的和闰秀同学家中，家庭特别困难的和闰秀同学及父母都很感动,深感千好万好不如共产党好,她决心在校好好学习,掌握好报效祖国的本领。玉龙县各乡镇党政机关正开展第二批先进性教育活动。因此,捐款数额估计比往年多,解决了和闰秀同学入学困难的燃眉之急。

2005 年 8 月 16 日　农历七月十二日　属日:狗　天气情况:阴间晴
　　村民和圣华家因前段时间猪染病,下了很大工夫救治不好,死了一部分,他怕剩下的猪再死掉,就拉到市场上以低价售出,只剩下一口老母猪。这样可能造成他家明年种洋芋的肥源严重不足,故请本行政村金龙自然村的舅舅把他家的羊群赶到满下村寨放,并关在和圣华家积肥,但舅舅考虑到满下金龙两村水土不同,满下又有些羊儿忌食的草,故不同意和圣华、和良命夫妇的请求。于是和圣华、和良命夫妇今天用手扶拖拉机把堆积在家的松毛拉到金龙村舅舅家里,请求舅舅帮他家积厩肥。趁天晴拉去了三车。和良命爱动脑筋是村人皆知的,所以,村民早就给她起了"经理"外号。"经理"这一词成了她的代号。
　　村民和正秀去城里卖昨日丈夫和建国捡来的杂菌,下午 4 点多钟回到家,到家后马上换下衣裤扛起锄头去薅蔓菁,她这样争分夺秒地干农活是为赶天晴之故,薅蔓菁这活计不宜雨天进行,两手泥泞不能薅。再则她家近来多忙于捡菌卖菌,田间活得挤时间去做。

两男"吃醋"打斗记
　　时间:2005 年 8 月 15—16 日"丽江七月骡马物资交流会"期间
　　地点:丽江七星街,丽江红太阳广场
　　人物:南溪满下村男青年,太安多吉子行政村青年
　　主要人物:满下村男青年和文亮,吉子水闸村和建成长子
　　事因:本村女青年和学青与从吉子水闸村迁居丽江城的和建成长子在丽江城七星街约会,被和文亮看到,因吃醋而进行打斗。
　　第二天,和文亮把昨日挨吉子村青年群打之事告诉了满下青年及白华的好友,他们结伙在丽江红太阳广场与吉子村男青年斗架,结果伤了和建成长子,伤得不轻,头上还挨了几刀,幸好没造成脑震荡。打斗结束后,满下村青年当天就跑回来了。
　　事后,和武军也不敢帮他家开车了,怕的是被打的人认车不认人,被黑打。

结果：和文亮出一点医药费而将此事摆平。

2005年8月17日　农历七月十三日　属日：猪　天气情况：晴间阴

好多妇女（没有去交流会游玩的）成群结队到东面山上（文华文笔村上面）去挖虫蒌。她们经过两三年找挖药材而积累了经验，掌握了虫蒌生长规律的村民和社芬、和满谷挖到的最多，她俩都挖到了差不多同样数量的2.8公斤，这些天因收购价格上扬到1公斤16元，因此，她俩每人得到人民币44.4元，是今年采挖药材开始至今，人均日收入最高的两人。村民一般都只收入20几元；不善于采挖又缺乏经验，又不敢钻丛林荆棘丛的村民收入更少，七八元到十几元不等。

这些天因为收购价上扬幅度较大，村民和国武已停止收购虫蒌，只有和四闰在继续坚持收购。

今天是居住在南溪满资师村（上、中、下三村）的七月迎祖节，从中午开始满下村各户长者都主持了这一迎祖进屋登祖台仪式。有的中午前就把本家的历代祖先迎进屋里请坐于祖先台上，有的在午后进行，还有的在傍晚进行。迎祖不限于几点几时，但必须在今天太阳落山之前要迎到屋里祖先台上，给以伺候。具体过程是：采来松枝擗下松针撒于大门石神两边，再撒于摆在桌子上的祖先台上，台上摆上祖先牌，然后点五炷香，手拿一杯酒和一杯茶到大门口，口里诵道："今天是农历七月十三日，本家后生敬请历代祖宗们回屋里坐。"说完在门两边一边插一炷香，再洒上点酒、茶水，回屋先把剩下的三炷香插于祖先牌前并说："祖先们请上坐！"接着忙拿出事先备好的犁、海棠果、青核桃、花红果，分三堆放于桌上，并说："请祖先们喝酒喝茶吃水果！"然后磕头。

到晚饭时，先供三碗面茶于祖先台上，以示请祖先吃晚饭。

2005年8月18日　农历七月十四日　属日：鼠　天气情况：雨转晴转阵雨

今天是一年一度的纳西族"七月拜"，由满中村青年主办了"七月拜，民族打跳舞会"，满中村全体青年参与主持。云南大学纳西族研究基地负责人洪颖女士赶来参加，并在经济上对此次活动予以了支持赞助。古城博物院、古城区电视台、丽江市电视台也参加了此次活动。黄山镇团委书记吴继忠及来黄山镇的青年志愿者黄同志，代表镇团委参加了这次活动。古城博物院、黄山镇团委也对这次活动在经济上予以支持赞助。村委会书记和国军、副主任和丽军也参加了今天的活动。更为有幸的是，北京的两位女记者也不邀而至，她们拍摄了反映纳西民族文化的打跳舞会场面，满意而归。

打跳舞会于下午一时半开始，参加打跳的有满中村妇女代表队、满中村青年队，满中村老年人也不甘示弱，他们临时组成代表队跳起了纳西民间传统舞"喂慕达"。满中村的小学生为观众表演了学校里学来的团体课间操。满上村妇女代表队、满下村妇女代表队也参加了打跳。打跳分组进行，期间能歌善舞的村民五石红演唱了纳西歌"欢迎远方来的朋友"及"酒歌"，引来了阵阵掌声。摄像者们争相摄下一个个优美动人的舞姿。

竞相摄像的有：古城区电视台、北京记者、满下村和天培的外孙姚月冬、云南大学洪颖女士、黄山镇团委黄同志、云南大学纳西族村寨日志记录员和尚勋老师。

舞会结束后，青年代表和志强为各演出队颁发了鼓励奖，每个队奖金120元，共840元。这些经费来源：1. 团县委赞助300元；2. 镇团委赞助400元；3. 云南大学赞助500元；4. 木府博物院赞助500元；5. 行政村100元；6. 北京记者一些。奖励后还剩有好多"打拼伙"（打牙祭）款。

摄像者们各有目的：

洪颖女士：研究纳西族文化

北京记者：了解纳西族

古城区电视台：做宣传

满下村寨和天培外孙姚月冬：拍摄后制成碟子卖给游客和市民

和尚勋老师：为云南大学纳西族研究基地提供研究资料

目的虽有差异，效果却有共同之处，就是起到了对外宣传丽江，对内弘扬保护纳西民族文化的作用。

2005年8月19日　农历七月十五日　属日：牛　天气情况：晴间阴

村民和国武请本村年轻石匠和学光、和丽军及亲戚和国成、和永秀等人来帮他砌空心砖。两位年轻石匠是和国武付工钱请的，每工支付25元工钱。而和国成、和永秀是以人情工而请来帮忙搅拌沙灰、做小工的。因为先要平整石脚，并等平石脚的沙灰干些后才能砌空心砖，所以今天虽然很晚才休息，但也只砌出三层。

村民和永昌及和社芬夫妇和女儿和丽芳开着手扶拖拉机去挖洋芋。他们打算明日送儿子回校读书之际顺便拉洋芋换麦子回来做猪的精饲料。上午挖完后，下午就把挖了洋芋的地整理成一畦一畦的，种上蔓菁移苗。纳西语叫

"居本独"，收获时茎叶茂盛，棵没有撒种的大，但可以抵些饲料用，总比把田闲置好。

古城区电视台的室外拍摄工作者，带着摄像工具到满下草坝拍摄风景。他们说："这些繁花似锦的满下草坝风景真迷人，成片的洋芋花和油菜花构成了花的海洋，再加上草坝里叫不出名的各种鲜花点缀，成了更为美丽动人的画面。这些难得的镜头肯定会吸引不少人产生来这里观光之念。"

2005年8月20日　农历七月十六日　属日：虎　天气情况：阴间晴

村民和国春、和海两家请本村村民和圣昌来劁小猪，先劁和国春家的，他家劁了四只小猪（两只公猪，两只母猪），劁完后，在和国春家休息了片刻就去和海家劁。为防"破伤风"和国春之妻和女儿找一块瓦片，瓦片中放上燃火的木炭和烫热的灶灰，再烧上一把花椒和一些辣椒，燃起来很呛人，满院子都呛，呛了好几个小时。

和海家的猪比起和国春家的就大得多了，是架子猪了，出生可能有四五个月的时间了。劁起来流的血多一些，她家劁两只猪，劁完后，和海的婆婆和文海老大妈立即用一个烂盆装了火红的炭火，放上辣椒面、花椒子，还烧了块橡皮，使其发出的嗅味更呛人。满下村的这种做法是历史流传下来的防"葱破"（破伤风）的一种土办法，不知真的有效与否？但家家户户都如此做。

2005年8月21日　农历七月十七日　属日：兔　天气情况：晴

有些村民已经薅完蔓菁，都上山去，有的采蘑菇，有的挖虫蒌，各行所好，各干所长。常挖虫蒌的收入每天都在30元以上。这些人（和永芬、和满谷、杨文花）越干越带劲，越干越欢，不让其他村民跟着她们来，即使有人跟上了，她们也都千方百计地躲开，其目的是自己想多收入些。

今日和永芬嫁到汝南化村的姐姐请她帮忙薅蔓菁一天，她直言不讳地说："我没有时间帮，你们儿子在城里找钱，我也需要钱。"可见她是见钱忘情了。如果全体村民都这样做的话，人与人的关系、亲戚与亲戚的感情在钱的诱惑下会淡薄，会受伤害，人与人之间甚至会互相忌妒，互不理睬。

今天仍有和子红家、和永军家、和家良家还在薅蔓菁。

2005年8月22日　农历七月十八日　属日：龙　天气情况　阴转晴

10时左右，好多村民听到旦前村五林在城里开车的独儿子今早突然暴病而逝的消息，都为老来失子的五林夫妇而叹息。是的，人生最大的不幸和痛苦莫过于老来失子，特别是七八年前就截了一条腿的现年65岁的父亲五林，的确会承受不了这突如其来的沉重打击。该打发的三位姑娘早已打发了，独儿子早该讨媳妇了，但至今未讨来媳妇，却不辞而永别，人们都同情这对老人的不幸。

死者乳名叫五益祥，是在白华行政村武荣自然村所租的房里突发病而死。出租房屋的农户按照纳西族的传统规矩，虽与死者不沾亲带故，但还是买了一口1000元的棺材，一套中上等的衣服，垫褥被盖被都是较好的，还送了一只大公鸡做"旧木岩"（死后作报丧用的鸡，男死用公鸡，女死用母鸡），还做了一顿丰盛的饭，招待来搬运尸体的人们。

旦前村的家族和同伴们装好尸体，吃完饭就用死者家的手扶拖拉机拉上棺材，后面紧跟三辆去收尸的手扶拖拉机，再接着有八辆出租车护送死者灵柩回村。族中长者和红坐在灵柩边，逢村过寨都用洪亮的声音喊道："五益祥，回去，回去，跟着家族和乡亲们回去，不要逗留在这些陌生的地方！"同时逢桥过河都放鞭炮，丢纸钱。

有不少村民在路旁观看，心软些的村民还流着泪。

纳西族有史以来都认为外人死在家里是吉祥的预兆，预示着这家以后会发富发福。

11时左右，由玉龙县团委领来北京清华大学的考察队，考察队是来了解南溪完小的情况的。他们想给学校捐资建校，改善办学条件。他们采访了校长李建光和部分学生，拍摄了学校的照片。回到黄山镇上，他们要求镇政府和中心校把南溪完小规划成云南省一流的半寄宿制学校，校园要分成教学区、生活区、活动区、实验操作区，要有一定的规模，看来南溪又遇到了一个很好的发展机遇。

2005年8月23日　农历七月十九日　属日：蛇　天气情况：晴转大雨

村民和永军把前些天编好的竹篮背到邻村汝南化村去卖，卖价很高，大篮子（可在拉松毛、割树叶时用）每个12元，背洋芋用的篮子每个8元，捡菌子用的每个6元。他一天可编出4个大篮子，照这样算一天收入就达48元之多。这是他第三次去卖。今天他卖完篮子后留在汝南化村帮亲戚编篮子，听说要编三四天才回来。这些天亲戚们都会给他开点工钱，但不会有自编自卖这样的多，但既是亲戚所请，他又不好推辞，只好违心地干几天了。

村民委员会召开了各自然村的组长、副组长会议。会议的主要议题是：

传达玉龙县政府《关于为全县人民奔小康而作的劳务输出的安排意见》。

会议由村委会书记和国军主持,除鹿子村组长、副组长未到会外,7个自然村的组长、副组长都到会,村委会副主任和继武、和丽军也参加了会议。黄山镇党委副书记木建华同志宣读了意见书,并作了补充说明。务工队由县长带队送至广州,由一位副县长在广州挂职,帮助寻找工作,丽江至广州的车费由县政府给。16—35岁公民都可去,不限婚否,不限文化。政府给南溪下达动员40人参加务工队的指标,村干部们都为这个指标担心,怕动员不到这么多人。

黄山镇中心校长木龙请来白华村建筑老板李伯合、中心校的办公人员杨兴和、南溪完小校长李建光来实地丈量土地,拍照、选择建半寄宿制学校的地址。木校长准备请建筑老板李伯合来规划设计、施工这一建设项目。因为下午下大雨,到6时雨稍停时他们才返校。

2005年8月24日　农历七月二十日　属日:晴　天气情况:雨转晴

全村的所有蔓菁都薅完了。每家平均有一个妇女外出找猪食(割青草),除此之外都往山上去挖虫蒌、捡菌子。有些村民则去得很远,如和朝光、杨耀祥夫妇就去到后山行政村高美自然村的大山里去挖虫蒌,他俩打算住在高美村六七天才回来,一次性出售挖到的药材。

往年的这段时间是村妇们上山割青叶垫厩积肥的好时机,而今年却不然,全村几乎没有人割青叶了,这么大的一个村庄,只有村民和永秀、和溢社、和建国每天割一篮,还有和闰芝间或割一篮,确实没人割青叶,而把重点放在上山采药材上。

在玉龙县一中读初二级的本村女学生和金凤、和桂秋,因为要留级再读初二,就辍学背着行李回家来了。她们结束了一生接受学校教育的机会,转入接受社会教育和家庭教育,以及生产劳动技能的学习。

2005年8月25日　农历七月廿一日　属日:羊　天气情况:阴转雨

村民和永昌及老婆和社芬浇灌新房走廊的混凝土。两口子配合得很好,一人抬沙,一人掺水泥;一人用锄头搅拌,一人用水桶抬水掺水;搅拌好后一人抬沙灰,一人平整。这样反复坚持干,到下午两点钟就浇灌完了,只要待到傍晚或午夜水干些时做完抹平的活就行了。和社芬就趁下午无事干,到菜地里撒菜籽,和永昌则上山捡菌子。

大多村妇起床吃过早饭后带着午饭上山挖虫蒌,不带午饭的就在小卖铺买点糕点就上山。

村民组长和国兴召集满下自然村户长会议，传达了前天村委会召开会议的内容，副组长和圣伟还给各户长发了《玉龙县农村法律读本》。

会议的内容主要是传送向广东省输出劳务的计划，计划说广东省11家厂（企业）向玉龙县招工24000人，其中黄山镇200人，分配南溪行政村40人。村民可积极报名应招。当场就有5位男女青年报名应招，他们是：和万红，男，40岁；和文勤，女，17岁；和满菊，女，23岁；和文秀，女，21岁；和学青，女，17岁。

会议还强调了要做好退耕还林的工作和补苗工作。

2005年8月26日　农历七月廿二日　属日：猴　天气情况：阴转晴

听了昨早户长会议上传达的要在退耕还林地种上树苗的指示后，村民们真的担心若验收不合格就会停止补助粮食或钱，所以今天有一些村民扛着锄头背着篮子去挖树补苗。

按规定，退耕还林的地若在树林中间，或者一边靠近树林，就不需要补苗；不靠树林的地则要补苗，补苗是要花大力气、费好多工时才能做好的。按理说，国家补助退耕还林的粮或钱数额较多，应该付出艰辛的劳动才是。没有或少有退耕还林地的村民是这样看的。

2005年8月27日　农历七月廿三日　属日：鸡　天气情况：晴间阵雨

退休老工人和学仁，今天应舅爷和国军所请，帮和国军开车。和学仁虽上了年纪（已60虚岁），但不管做什么事都是认真负责的，就拿今天开车来说吧，他不计较车上是否坐满了人，跑了三次往返，和国军本人开车只是偶尔才有三次往返的。其妻和国秀下午去满中村娘家摘花椒。在四川渡口生活了30多年的和学仁老两口，回到家里还念念不忘麻辣川味，即使是花椒树上的刺戳着手，手指麻木也要摘好一年吃的花椒。她不怕刺不畏麻，到下午5时左右便采摘到鲜花椒5公斤，除他老两口吃外还可给在丽江的女儿、儿子捎去一些。

2005年8月28日　农历七月廿四日　属日：狗　天气情况：晴

这些天村民们有的补种树苗，他们把挖来的野生松树种在退耕还林的田里，靠森林近的田好种些，距森林远的田就吃力些。

有些村民则天天去捡菌子，如和顺明、和建国、和万群，以及和圣伟和尚花夫妇，一天能卖到的钱不等。和建国捡菌子回来之后由老婆和正秀到丽江城里去卖，所卖到的钱多些；和顺明捡来后也由其妻和命到丽江城去卖，她采到的"一窝菌"一公斤能卖18—20元不等，收入会多些。和圣伟夫妇只捡到杂菌卖给本村加工菌者和永红，一天下来每人才10多元。

捡菌能手和建良、和顺达也坚持每天上山捡菌，但没像往年那样夸耀自己的本事，看来收益不如往年。

村民和家良家从丽江猪种场买来一只乳猪，准备做母猪种，价350元。才5公斤左右的一口猪竟以这样的高价买来喂养，在满下村寨里有史以来是第一户。和家良相信猪种场里的品种肯定会好，是怀着养有所值的心理而出大手的。

2005年8月29日　农历七月廿五日　属日：猪　天气情况：阴转雨

村民们成群结队地上山，三个一群五个一伙，带了午饭去挖虫蒌。单人行动的村民大多数是捡菌子，也有去退耕还林的山地里种树的，包里已装了一些钱的村民和建国夫妇今日两口子一齐上山采菌子。截至昨日，和建国今年差不多已卖了1500元左右的菌子，看来菌款收入全村数他为第一了。

曾经去后山高美村挖虫蒌的和朝光杨耀祥夫妇，因为高美村的人近来也利用农闲时间采挖虫蒌，故此夫妇俩不再去挖虫蒌而是在高美村做花椒老板。他们在高美村以低价买进大批鲜花椒，然后运到鹤庆城里去卖。同时，还到太安街买了一车花椒运到剑川县城去卖，从中找些差价。他两口子不愧是同辈人中的找钱能手。

黄山镇卫生院的一部分医务工作者来南溪检查妇女的健康状况，但有些妇女进城招呼开车的丈夫和上学的子女，在家的妇女则忙于上山挖药、捡菌，有些妇女又进城去卖昨日捡来的菌子。因此，来做健康检查的妇女寥寥无几，医务人员只好休息，到傍晚就转回。

2005年8月30日　农历七月廿六日　属日：鼠　天气情况：阴雨天

勤劳的村妇们不计较阴天下雨，带着雨具、背着小篮子、买点糕点做充饥之用，三三两两地上山挖虫蒌。这些天，能干会找的人每天还是能挣得到30多块钱，就连年近60岁的老人和家良也每天挖到20元左右的虫蒌。和金祥天天与满中村的姐姐两人一同去到较远的山上挖虫蒌，每天每人都卖到30元左右。捡菌能手和顺达今日好运气，捡到了5公斤左右的"一窝菌"，明日他的老婆和命会喜笑颜开地去丽江城卖。和圣华、和良命夫妇及和爱花则捡了满满一篮子杂菌，他们没有卖给加工者和永红，而是准备明日到城里去卖。

村民和福光病了，是重病，住了五天院又出院了。医院说已没有希望医好了，是胃癌晚期，住院做手术也是无救了，因而劝其家属让他出院回家疗养。村里和邻村的亲戚听到这个不幸的消息后，有的拿些鸡蛋，有的拿来一只鸡，还有的买了鲜猪脚来看望他，安慰他，劝其好好养病。医生诊断的病情和结论不让和福光知道，他以为只是重度胃出血，所以心情是稳定的。他的家属则抱着不至于像医生所说的那样严重、也许病情会好转的侥幸心理。

2005年8月31日　农历七月廿七日　属日：牛　天气情况：雨

村民杨文花领着刚刚停学的女儿和金凤去山上挖虫蒌。边走边对女儿唠叨："死不争气的女儿，我们做父母的吃尽了没有文化的苦头，特别是你父亲和子一，连学校的门槛都没有进过一步，这样就一无所知，不会算加减乘除，有些事说给他也只等于对牛弹琴，若不靠我，怎能养儿育女过生活，确实苦了我这识字不多的农妇。一年到头的生活、零花钱、儿女的花销钱都得由我去操办，我吃尽了没文化的苦头。所以家庭再苦也不能苦了孩子，决心叫你姐弟俩好好读书，你们的素质要比我俩强得多，读了书才能过得好日子。但现在一切都完了，这不能怪我们做父母的，是你自作自受，学习不努力的后果！"女儿只有听的份儿，没有回话的余地。

说实在的，这农妇说的是真心话，她丈夫和子一，拿给他5元钱只买回了2元钱的东西，应找回多少钱都不会算。这样就导致了上街买卖都由杨文花承担，家里的经济都得由她安排。所以，她是一心想让两个娃儿读点书。但终因娃娃不求上进不努力，中途辍学，无奈了。

和尚勋老师送6岁的小孙女和智璇到丽江市古城区白龙潭小学就读一年级，这是满下村寨农村人口第一个去城里读书的儿童，也体现了和老师对教育培养后代的重视。

接到玉龙县一中入学通知书的今年小学毕业生和红芳、和枝恒、和丽海、和学远、和学峰、和金龙等人，于今日到校报到。

（九）9月份日志

2005年9月1日　农历七月廿八日　属日：虎　天气情况：雨

雨下得不大且时下时停，这阻拦不了村民去做他们各自想做的事。他们有的捡菌子，少数妇女和青年去挖虫蒌，一部分主妇则找猪食掰蔓菁叶。村民和闰芝不同于往年，她带病坚持割青叶垫厩，她把篮筐装满后，就叫丈夫和国武来背，和国武也一反常态，随叫随到，顺从地背回到家垫好厩。

村民和永军应汝南化村人之邀，带着剥竹刀住在汝南化村，编篮做副业。

度完暑假的中小学生今天开学了。南溪完小也不例外，举行了开学典礼。这学期一开始，南溪行政村实现了集中办学，把原先还未撤并的旦都小学和鹿子小学并到南溪完小。从此结束了南溪旦都村小学53年（1952年创办）、金龙小学47年（1958年创办）、鹿子小学47年、文屏小学35年（1969年开办）的办学历史。师生到校后，进行大扫除，搞清洁卫生。

2005年9月2日　农历七月廿九日　属日：兔　天气情况：晴

村民和国武请来本村石匠和二友、和立军、鹿子村石匠和六光、满中村石匠和福军，帮他家打正房的阶沿石。请工的工价为每工25元。他原来请的是和万琼、和学先，但认为他们是出工不出力，便不再请了。和建成因抽不出时间而未请到。所以，他到外村请了和六光、和福军二人。

和李福、和万红、和万仕三兄弟忙着砌新院里的石脚，准备作为下月初八为和李福举行婚礼时客人休息之用。

村民和朝东、和金发俩人送女和红梅、子和万成到玉龙县民族中学读初中。到今年，满下村寨学子就读过民族中学的初中生已有五人了。他们是：和石菊（现就读于云南民族大学大二级）、和自华（现在家务农）、和丽雪（现就读于玉龙县一中高一年级），加上今年考取的和红梅、和万成。

2005年9月3日　农历七月三十日　属日：龙　天气情况：雨

村民和顺明、和顺达上山去采蘑菇。算他俩好运，和顺明捡到5公斤左右"一窝菌"，和顺达捡到4公斤"一窝菌"。和顺明打算让老婆和命明日上街去卖今日的收获品，和顺达则要亲自去卖。

村民和建国捡到"奶浆菌"、"扫帚菌"等杂菌，准备让夫人和六娘上市去卖。

和建良也捡到一公斤多点的"一窝菌"，以每公斤8元的价格卖给和顺达，和顺达准备把它与自己捡到的菌拿到市上以高价售出。

2005年9月4日　农历八月一日　属日：蛇　天气情况：晴

村民和朝光偕夫人杨耀祥去后山高美村买废品，买到一些酒瓶、纸板、塑料袋等。因收到的废品数量不多，当路过拉市坝时，便进村买了一些青辣椒，以一元钱一公斤买来，运回村里卖一公斤两元，当天就卖出不少，剩下的他准备拉到旦都、鹿子两村去卖，顺便可买回一些废品。他的这种做法，人们叫做"小小生意赚大钱"。从他夫妇的行动看,获利是可观的,否则是不会干这种小生意的。

  2005年9月5日 农历八月二日 属日:马 天气情况:晴
  村民和金星领着儿子和文昌,备上午饭去山上采摘松果。他父子二人准备采集几天后再用火烧,剥出松子,等到中秋节前拿到市上去卖。
  村民和金雁今天和嫁到满中村的两个姐姐一同去挖虫蒌,已经到"火把山"的腹地顶点,算是很远的,但收获很少,才卖到10多元钱。她满口牢骚:"累了,脚疼了,不划算。"看来,今年自她挖虫蒌卖以来,今天的收入是最少的。

  2005年9月6日 农历八月三日 属日:羊 天气情况:晴
  村民和金辉、和建国、和建化、和圣华、和良命等,带着午饭背着篮子到山上采集松果。他们打算先把采摘的松果集中到一个地方,等几天就用火来烧,剥出松子,准备中秋节前去市场上卖。现在的松子还是不饱满的,但中秋节前城里人都要买点,因此,山里的村民就积极备中秋货。卖的价钱虽不很高,但这些天是刚开始采摘,好摘,采得的数量多,所以村民们感到还是划算。不划算的事一般是没有人去做的,宁可闲着,日收入低于20元的事很少有人干。

  2005年9月7日 农历八月四日 属日:猴 天气情况:阴间雨
  村民和国武完成了正房阶沿石工程后,继续与鹿子村民和六光洽谈做厨房石脚的生意。经过商谈,以包工的方式定下了打、安厨房石脚的工程。之后,和六光就去满中村约和福军一同来完成这项活计,并开始动工打石头。
  村民和秋谷因猪患传染病又死了一只,她请人去埋。至此,她家的六只猪(母猪一只、架子猪三只、小猪二只)全死了。她也得了思想不悦综合征,去城里请医生看病了。

  2005年9月8日 农历八月五日 属日:鸡 天气情况:雨
  村民和作典去挖虫蒌,到中午时遇到一条蛇,他就用杆把蛇打死了。蛇有一米多长,重约1.5公斤。他把蛇打死后就让同伴和社兴来看,和社兴一看就说:"把它剥了皮好把肉带回家煮吃,蛇肉是好吃的。"到家后,和社兴把蛇洗干净,在走廊搭个便灶煮好(满下村寨的历史规矩,蛇肉狗肉是不能在厨房里煮的)。煮熟后,有六个村民来吃蛇肉(和作典、和八娘、和社兴、和社红、和圣华、和良命)。他(她)们都说:"蛇肉和鸡肉一样好吃,特别是蛇肉汤香得馋人。"凡吃过蛇肉的满下村民都有同感。

村民和尚花与媳妇和金贵又吵开了,使邻居不得安宁。婆婆和尚花吵得很厉害,大骂儿媳:"滚,滚,不要在我家,我见不得你。"说着冲进儿子儿媳卧室,想把儿媳的嫁妆扔出去,但在儿子和邻居的阻挡下不能如愿以偿。和金贵背着刚生不久的女儿到家族和家良家里就宿,使和家良很为难,"不准来吧,是家族,不好拒之门外;让来吧,她公婆会误认为是我在帮着儿媳与他们作对,的确上天容易做人难啊!但也只好让她母女借宿一夜。"真是的,才到婆家半年多,吵了无数次,双方都不知道"忍"。这段时间婆婆确实胜似老虎,只怪儿媳年纪轻,对社会、对生活、对人缺乏了解,还不到结婚年龄,就跟着未婚夫在城里生活一年,并以身相许,结果受不住婆婆的恶言恶语而经常吵架。吵嘴这样频繁是满下全村中有史以来的第二家,大多数村民在嘲笑她婆媳二人。

2005年9月9日 农历八月六日 属日:狗 天气情况:晴

和李福家请了亲戚们来帮忙砍柴,以备后天举行婚庆之用。此事本该在明日进行,但他们家害怕老天有变,如下雨就砍不成三手扶拖拉机的湿柴了。这是办大事(婚、嫁、生、死)特准许砍湿柴,若天公不作美就丢失了能砍湿柴的机会。因此,他们家趁今日天晴提前进行砍柴。他家族的和立军、和万琼、和天林各人开了一辆手扶拖拉机,除了留下几个做饭的厨师和蒸饭的大嫂外,中青年都去山上砍柴,到下午3点左右就砍回了两手扶拖拉机粗杆湿柴和一手扶拖拉机可现烧的细柴。

杀猪、煎烤等事待明日进行,帮忙的人把柴下完后就打扑克的打扑克、玩麻将的玩麻将,双方都高兴(主事家因砍到柴而高兴,帮工们因砍柴回来就休息而高兴)。

2005年9月10日 农历八月七日 属日:猪 天气情况:晴

村民和永秀开始在挖洋芋了,全满下村就她家先开挖了。看洋芋还是青青的叶子,淡绿的杆枝,现在挖还为时过早。传统的说法是:"只要洋芋枝叶没枯死,洋芋就还在长。"传统的做法是:洋芋叶萎枝枯才开始挖。而和永秀为什么提前动手挖了呢?她的儿媳和永秀(婆媳俩的学名相同)已怀十月身孕,她不让儿媳干农活,只让儿媳做点轻的家务活,而把重家务活及农事都由自己一人担了，她怕按节令挖不完，所以就提前动工了。

今天是中华人民共和国第21个教师节，刚好是星期天。学校组织在职教师到香格里拉游玩，欢度自己的节日。

从太安乡退休在家的和尚武老师去丽江泰安大酒店欢度教师节。太安乡中心校长在该酒店召开退离休教师座谈会，并安排车辆游览了"东巴谷"和"束河茶马古镇"。离退休老师看到了丽江的发展变化，和尚武老师触景生情，深有感触地说："天天在家里，什么也看不到。从去年开始换了新的中心校长，两年的教师节过得都不错。以前的中心校长就从未组织过这样的教师节活动，同样的职务，不同的工作方式，真是领导层也有千差万别。"

2005年9月11日　农历八月八日　属日：鼠　天气情况：晴

今天举行村民和李福的结婚典礼，沾亲带故的村民都集结在他家里。上了年纪的长辈们坐在火台上喝酒、煮茶、闲谈。年轻人则忙着洗碗洗菜招待来客，族中的中年人则忙着下厨做饭。学生们也因是星期日，而心安理得地在他家玩。

和李福与前山放牛坡村的和爱英婚庆典礼，与一般的婚礼略有不同：
1. 没有迎亲（到女方家接新娘）的队伍和仪式。
2. 所请的嘉宾里没有新娘的亲戚，只有新娘的父母和小弟。
3. 省了新娘进门的过程和一些传统的做法。

产生以上异样现象的主要原因是：做新娘的和爱英，先前曾嫁到前山伏中村，并已生有一男孩，丈夫和开文前几年病故。今日再嫁，新娘家也就没有举行出嫁的典礼，她母子前些天就来到了和李福家。与和李福同辈的人跟他开玩笑说："子连母，划得着，不破费一个鸡蛋一只鸡，孩儿叫爹声悦耳不断，再过几年就能下田耕种，你不揩一把屎，不把一泡尿，划不着吗？"他带笑以答："可不是吗？我没付出点滴代价，今年孩儿可读小学二年级了，再过几年儿子耕田种地我找钱，日子保管过得好。"

2005年9月12日　农历八月九日　属日：牛　天气情况：阴间晴

和李福家族及亲戚在和李福家继续昨日举行的婚宴，他们中的中青年们各就各位，各司其职。孩子们上学外，老者们仍集结在他家休闲。

村民们继续上山采挖药材，和尚花、和圣伟两口子买了糕点当午饭，背了大篮子去挖岩陀。好些妇女则去挖虫蒌，也有部分人捡菌子。

村民和顺明在掰蔓菁叶，因他个子高脚杆长，虽然是在蹲着干，但看起来仍然像是在站立着干活。对于像他这样个子高大的人来说是很难弯下腰来掰蔓菁叶的。路过的人都跟他开玩笑说："高有高的短处，矮有矮的长处。"

村委会召开村民小组长会议。

召集人：和国军，和继武

参加人：镇政府南溪工作组负责人木建华、吴继忠、各村民小组组长

会议内容：传达关于"实行农村合作医疗"的有关文件，布置收集2005年9月至2006年8月31日期间对农民个人集资部分的事宜。

在城里开出租车的满下人"化祟"停了近一年后，3个月前又有7人相约"化祟"，他们是和圣武、和朝珍、和朝亮、和国军、和灿、和吉珍、和永军。参与者轮流出钱，每人500元，出钱的人想去什么地方玩就去什么地方，伙食费各人出。这次是和圣武拿钱，他要在家杀鸡吃，于是他们趁回来做和李福喜客之机，提前在和朝珍家杀鸡做饭吃。他们出工钱请村民和朝光做饭，吃完饭后7人一同回城。

2005年9月13日　农历八月十日　属日：虎　天气情况：阴间雨

前些天摘了松果收藏在山上的村民和海、和玉祥、和金星、和文昌、和圣华、和良命、和社红等人，今天开始烧剥松子。站在鸡冠山上往后边看，一处处冒起一股股青烟，那无疑是满下村寨和汝南化村的村民在烧剥松子。村民和爱花、和作典两公媳也上山去摘松子。

村民杨耀祥、和家良二人相约到后山本里棵的大山上去挖虫萎，早出晚归，一天下来收入10元左右。

村民和朝光背着篮子在村里买空酒瓶等废品，又做起他的小买卖了。

和李福的家族和村里的亲戚仍聚集在和李福家休闲、娱乐，吃过晚饭后，各带各的炊具和用具回家，和李福的婚宴已告结束。

2005年9月14日　农历八月十一日　属日：兔　天气情况：阴转晴

村民和朝光背着篮子买空啤酒瓶，以0.2元一个啤酒瓶、0.1元一个大塑料瓶、0.05元一个小饮料瓶、0.5元一公斤硬纸及废纸旧书的价格，满村挨家挨户买，在村公所和学校两地买到的数量较多。他说："今天最少也有50元的收入，比上山采药和烧松子剥松子划算。"

村民和永昌请来满中村和福军、本村和立军打石头砌人居院和畜院的围墙石脚。他请的是人情工，和立军是他们耕牛组的，和福军是他的舅爷，不需出工钱。

好多村民都去山上烧剥松子，今天去的人比昨天多了好几个。

和家良的姑娘和朝花趁休息之机，买回月饼、鲜肉、水果等过节礼品，邀约丈夫利用上班前的时间回来给家里的两位父母送中秋节礼物。他俩在父母家随便吃了点饭、喝杯水就迅速乘摩托车回城去上班。

2005 年 9 月 15 日　农历八月十二日　属日：龙　天气情况：晴

为忙着过中秋节，帮和国武打砌厨房石脚的鹿子村师傅和六光，请了本村的石匠和立军、和二友来帮忙。由于今天有 4 人砌石，到傍晚就完了工。和六光将 500 元的包工费按工数来等分，分别给和福军、和立军、和二友付了工钱。

大多数村民今天已在烧剥松果，有些人准备明日上市场去卖，有些人则要到后天才上市场去买。他们把松子卖了后，买回红糖、豆沙、芝麻等做月饼的原料。

村民和圣伟、和尚花两口子仍然去挖岩陀，他两口子这些天每人挖药材所卖到的钱在 20 元左右。

村民杨耀祥及和家良仍到后山村的山里挖虫蒌，她俩的收入这些天一直都在 30 元以上。

村民和李福今早捡到一公斤多的松茸，货色能算上甲级的不多，但都可以算上乙级。这些松茸由来做他喜客至今还休闲在和武军家的白华老友和玉山代他去卖，和玉山说："这些天松茸价会上涨些了，但不知涨到多少，待卖了把钱给你。"

2005 年 9 月 16 日　农历八月十三日　属日：蛇　天气情况：晴间阴

村民和玉祥、杨文花、和三姐、和海、和满谷、和世仙等人，出钱请村民和亚华用他的手扶拖拉机，把前些天所剥的松子拉到丽江城去卖。车价是每天 50 元，平均每人近 9 元的车费，这比坐面包车要划算，再说若坐面包车，这么多的松子就拉不成了。

村民和武军、和尚花母子请亲家爹和永良一起去挖沙子、拉沙子，拉到和国武家旁时，因和国武家的篱笆占道多，过不去，折腾了好半天，拆了篱笆才过得去。

村民和国兴、和燕花两口子已开始挖洋芋了。看来洋芋长势很好，他们挖的是新八五的品种，他说："洋芋太长太大了，反而在丽江不好销，不好换。洋芋要长得不大不小才好换，才好卖。"

村民和圣伟应嫁到前山石镜头村的姑娘和青梅所请，今日去石镜头村帮她家出工修路，大约要帮10天左右。据说上级政府出钱让前山全村修路，石镜头村商定，都要由男人来出工，如若女人出工就每天罚20元。男人出工，不但修了家乡路，还可分到劳务费，于是和青梅就打电话请和圣伟来替她家出工，所分到的钱归和圣伟。原因是和青梅丈夫和玉恒在鹤庆新华民俗旅游村做银器工匠，没有时间参与修路。

2005年9月17日　农历八月十四日　属日：马　天气情况：晴间阴

前几天采松子、剥松子的人们今日都上街去卖松子，最多的带去了200公斤左右，最少的也带去50公斤左右。昨日去卖的那些村民生意不算好，一公斤卖到4—5元。估计今天还不一定能卖到这样数额。

村民和国武请和建良来竖他的厨房，盖平房两间，用直木钉椽。请工的方式是：不管吃喝与抽烟，一次性包款400元。和建良又邀约和金星来共同完成，今日破木动工。

部分村民已由下午12时后开始做月饼，做得最多的可能要算年年都用掉20多市斤面粉的和家良家，做得最少的家里也要用掉5市斤面粉。

村民和永秀家请村里亲戚及家族在家的男人杀了一口肥猪卖，到12时就卖完了，来迟些的村民就买不到了。有些村民只得趁昨日和今日上街之机从城里买来猪肉，几乎家家过中秋节都要买鲜肉（全村不买鲜肉的只有七八户人家）。

村里的小姑娘和满菊、和亚梅、和文琴三人，今日离家到丽江城准备明日赴广东惠阳区务工。原来报过名的一些男女青年和学青等人却又不敢去了，又退缩在家里。这三位小姑娘是有心想见一下大世面的。作为年轻人应该这样，特别是政府组织的事情机会难得，但好多村民对政府持不相信态度。

村民和国秀请了族里口舌伶俐的和永秀做伴，到中济村和家香老师家求亲。和国秀的儿子和吉珍和在本村任教的和家香老师相好，往来已久，今日两妇人去求亲择日，想成全儿子的婚事。

2005年9月18日　农历八月十五日　属日：羊　天气情况：雨间阴

今天是中秋团圆节，村民们都休闲在家。昨天和昨晚来不及做月饼的村民在家里做月饼，全村各户都抢在吃晚饭前做完。少妇们则带着自制的月饼回娘家馈赠中秋饼。在城里开车的人们则从城里买回一盒盒大月饼作为馈赠丈母娘家的礼品。吃过晚餐休息一阵后，家家户户都拿出月饼（买来的和自制的都拿出一些)、瓜子、水果、酒、茶，置于火塘上，边闲聊边尝月饼（过去是满桌摆在天井里，边赏月亮，边吃饼，看着月色谈论来年庄稼收成的好坏，若月明，认定来年小春作物会有好收成；若月色暗淡无光，就认定会减产，满下村寨先民们在过去科普知识缺乏的情况下是以月色而进行农事安排的）。一直闲聊到凌晨。

南来北往的少妇们身背月饼，手拉小孩回娘家。在城里开出租车的村民和朝亮、和福春夫妇没有回来，他的父亲提着两份月饼和两瓶好酒代他俩去满上村和福春父母家及大哥家馈赠月饼，在亲家家里吃了晚饭才转回来。

2005 年 9 月 19 日　农历八月十六日　属日：猴　天气情况：阴雨

村民和建良、和金星两人自开工后风雨无阻，下雨时在走廊里做木活，天晴时在院子里干。和国武因料子不够故向村民组长申请批准砍五棵树，到鸡冠山后面去砍，并请本族的和国成来邦他拉砍的树。

和武军、和家良、和朝光等村民则在堵塞老鼠洞，清理装洋芋的房间，准备天转晴后就动手挖洋芋。

村民和四闰拿着钱和记账本，挨家挨户付前些天所欠村民的药材款。他逐一报出日期、欠钱数、合计额，让村民自己心里也算一遍，对了就付钱，付钱时他说："钱要看好了，走了以后就无法认账了，请您看详细点。"

村民和永昌忙着平整院坝、铺石头，准备浇灌沙灰。村民和万红、和仕闰两兄弟也在忙着整理装洋芋的房间。

2005 年 9 月 20 日　农历八月十七日　属日：鸡　天气情况：阴雨

个别闲不住的村民，如和爱花、和良命、和金雁、和满谷等妇女仍然冒雨上山挖虫蒌，大部分村妇则休闲在家掰些喂猪的蔓菁叶，部分男村民在和四闰小卖铺打麻将。和子一领着才停学不久的女儿和金凤去山上割青叶用来垫厩积肥。

和顺明、和顺达、和作典去捡菌子，捡到的数量不多。

村民和永昌自前年发现已故村民和习掌握的生菌点后，每年都能捡到一些松茸，今天也捡到一些，只可惜这些天没有松茸老板上山，需要到汝南化村去卖，且价格也不怎么高。他捡得半公斤左右，不知能卖到多少钱。

前个月下旬因吐血屙血而住院医治的村民和福光被医院诊断为胃癌晚期，目前出院已有一个月，病情不见恶化，而有好转，这几天可以到处走动。可能是医生误诊,还是吃上了好药?村民们都不知道,患者也未必心里有数。

2005年9月21日　农历八月十八日　属日:狗　天气情况:晴间阵雨

村民和万琼和他老婆和金雁以及母亲和尚友三人挖洋芋,挖时每人拿一把锄头,自挖自捡。装满篮子后由和万琼背回家。村民和国成及老婆和二女、儿子和自华三人也在挖洋芋;他家则由和二女当运输大队长,一旦装满篮就由和二女一篮一篮背回家。村民和家良与和尚友也在挖洋芋,俩人合伙用一把锄头,男的把洋芋挖出来后由女的捡进篮子里,篮子装满后由男的背回家,一天下来背了15篮。前几年用手扶拖拉机代替人背人挑,而如今,年轻人进城开车,这可苦了上了年纪的老人,又倒退回到人背人挑的岁月。

村民和国兴应和立军所请,帮他格整房子,格整好后准备用来装洋芋。他们是以换工的形式进行,和国兴会木工,和立军会石工,和国兴以后若要动石头活再请和立军来帮忙。

2005年9月22日　农历八月十九日　属日:猪　天气情况:晴转大雨

村民和社香去丽江城卖前、昨两天丈夫和万琼捡来的"一窝菌",有6公斤,每公斤卖24元,共卖到144元,以3个工日来平均,除去车费及午餐费,每工43元左右。他两口子今年的负担够重了,两个娃娃一个读高二,一个读初一,还有一个从小残废干不成活的娘娘,并有七旬多的高龄老人。全村寨人中数他俩的负担最重。他们必须节衣缩食来供给娃娃求学。目前他俩为拿驾照、学开车,欠下的账不少。

村民和永昌请和朝光、和亚兰、和立军、和万红及中村的和福军、和菊等人帮他家浇灌沙灰天井,到中午就浇灌完了,大雨也下起来了,他家急忙在邻居家借来雨布盖好。尽管这样,不停下着的雨还是使得和永昌和社芬夫妇唉声叹气,都说:"老天不作美。"

村民和永良、杨耀秀夫妇,请女儿和金贵、女婿和武军,妹妹杨耀祥来帮忙挖洋芋,不到中午就挖到了一手扶拖拉机,准备明日拉到坝子里换猪饲料(小麦、玉米等)。

2005年9月23日　农历八月二十日　属日:鼠　天气情况:阴转晴

村民和国武今天竖厨房屋架,他请族中兄弟和国亮、和国成、和国红、和自忠以及老婆家的人和亚华、和永秀等人来帮忙竖房子,侄女和永秀帮忙做饭，在丽江瓦沙毕公司打工的长女和玉兰也于昨日返回家里帮做饭。房架在下午 6 时左右竖好。晚上他还请了和国亮老婆和六芝、和国成老婆和二女及小儿子和自强、和国红老婆和社菊来他家吃晚饭。木工、帮工、勤杂、自家人全部算上共两桌人，做了一顿较为丰盛的晚餐。

村民和永良请旦前村老表五光驾驶手扶拖拉机，拉了昨天挖的洋芋去坝子里换猪饲料。今天还有和作武请和圣华驾驶他的手扶拖拉机去换洋芋。和二友自驾了他哥和春立的手扶拖拉机去换，和建忠驾自家的手扶拖拉机去换。

这些天换洋芋的人多，一是因为需要猪的精饲料，二是怕洋芋烂了，造成损失。

这些天，村民和良命一早把读一年级的女儿和闰金背到学校去，傍晚又从学校里背回家，中午又带着饭送到学校给女儿吃。原因是暑假的火把节期间，在城里的孩子她叔和圣周回来过火把节后把和闰金领到城里，她在看电影的路上跌坏了脚，至今还没痊愈，只好由家里大人接送上学。这是父母关心娃娃学业，关心娃娃前途的具体表现。

村民和尚花跟着前天回家来的女儿和青梅（嫁到前山石镜头村）去鹤庆县辛屯街卖腊肉，背去 30 多公斤。她们从家乘车到丽江城，再从丽江城乘车到辛屯。若是过去，从满下到辛屯连走带跑要三个半小时，如今，坐车很快就到了，可见社会进步，利国利民。当晚她们回到石镜头村。

2005 年 9 月 24 日　农历八月廿一日　属日：牛　天气情况：晴间阵雨

村民和永昌夫妇，趁星期六女儿不在学校做饭之机，请了耕牛组的和国春、和立军父子，共计五人开着手扶拖拉机到满上村的北面山地里挖洋芋。因为此地处于潮湿地段，他两口子担心洋芋烂在田里，于是就安排请了那么多人帮他家挖洋芋，还计划明天拉到坝子里换粮食。

村民和子元用他的手扶拖拉机去帮大舅和国成家换洋芋，与他一同去的是他的表弟（和国成之长子）和自华。和永军、和子香夫妇，和武军、和金贵夫妇共八个人，帮和永良、和永红、和永军的母亲，和金贵的奶奶和国南老人挖洋芋。他们几兄弟每年都会帮母亲及患病常年不出门的弟弟和永光挖、种、犁、收、换、卖洋芋等事情，在村中可算是兄弟团结、爱老帮老的模范。

嫁至前山高龙村的和春兰及丈夫和石南，中秋节回娘家馈赠月饼后一直帮助娘家挖洋芋。和石南还帮丈母娘家换了一手扶拖拉机洋芋，由于不好换，用了两天时间。吃过早饭，夫妻俩才背着约半岁的女儿回家去。

2005年9月25日　农历八月廿二日　属日：虎　天气情况：晴间阵雨

村民和国成请家族人和闰芝、和玉兰、和子元、和丽春连他家3人及和爱花共8人，去卖洋芋。挖出的洋芋就地卖给本地做洋芋生意的和尚军，价格每公斤0.42元，商议好和国成地里所挖到的洋芋（除小个外）都卖给和尚军，这块地约4亩左右，估计可以卖6000公斤，要装4手扶拖拉机。

村民和建良、和金星两人，今天把和国武的厨房建完。400元的包工款按工分下来每工合25元（由于雨天占了些工时，所以工值低，若天不下雨就要不了这么多天）。做完此活后，和建良准备去捕老鹰。

村民和尚武老师到鸡冠山上捕老鹰已有三四天时间了，但一无所获。他也并不是为了下鹰卖钱，而只是图个高兴，有无收获无关紧要。

村民和社香今日又去卖丈夫和万琼昨天捡来的"一窝菌"，捡到4公斤，每公斤卖到16—20元。

村民和海开始挖洋芋了，八旬有余的老岳母和文海也在帮她背洋芋。村民们见此情景很是不顺眼，因为老孺人和文海已实在力不从心了，走起路来还在喘着粗气。

2005年9月26日　农历八月廿三日　属日：兔　天气情况：晴间雷阵雨

村民和金发这些天不忙着挖洋芋，而是忙于采集松子。这时的松子还不饱满，但好采。所以，他采了两三天后用手扶拖拉机拉回家中堆好。

村民和万元、和万芝夫妇开着手扶拖拉机去换洋芋。因娃娃还小，他俩请了旦后村的老岳父和自治老人帮他家找猪食、喂猪、招呼娃娃。

村民和国武以低价从白华加乐村买来一车旧瓦片（约4000片，共计120元），同时还买来一排废旧的铁栅栏，打算作人畜两院的隔栏用。瓦片用来准备盖厨房。

大多数村民都开始挖洋芋了。有的把手扶拖拉机开到田边停好并盖上雨布，有些则用篮子背。下雨时，人们都停下来，雨停了，人们又挖开了。就这样，像跟老天抢时间似的忙着把洋芋挖完。

2005年9月27日　农历八月廿四日　属日：龙　天气情况：阴间雨

村民和金发、和建华、和建国、和建忠等人坚持采松果，他们都把采摘到的松果集中于一处，大约积满一手扶拖拉机时就拉回放置于家中一个角落里。村民和朝光、和子一、和国春、和作典、和爱花等，早上一起床就先上山采一篮松果，吃过早饭又开始挖洋芋。有时他们看见有松果结得多的树就接连去摘，一连摘三四篮。

村民杨文花请他的二哥（伍二友）拉去3000多市斤洋芋到丽江城卖。因为洋芋品种为"新八五单交"，个大心空，卖不到好价钱。因此，二友卖了这车后，便不再来了。

2005年9月28日　农历八月廿五日　属日：蛇　天气情况：晴

村民和国武请来本族兄弟和国亮、和六芝夫妇，和国成、和自华父子、和国红、和自忠父子，以及和国武之妻和闰芝的嫂嫂和永秀、和闰芝的侄子和亚华及夫人和世香等人帮忙建房。一部分人铺新建好的厨房瓦，一部分人拌沙灰、砌砖墩，安装人畜两院的隔离栅栏。和国成与和国亮负责铺瓦，和国红担任砌砖墩安栅栏的师傅，和国武、和自华、和自忠做和国红的小工（搬砖、拌沙、做帮手）。不少人看在眼里，想在心里，暗地里猜测着：和国武这样紧张，大忙天还请亲戚的人情工，莫非他的女儿要招婿了？

村民和学伟一家三口（妻子、儿子和他）在足球场边的地里挖洋芋，上午挖好，下午就在地里过秤装车，以每公斤0.42元的价格卖给本村洋芋老板和尚军，卖了2800市斤。在地里过秤装车就省掉了搬上搬下的力气活。

2005年9月29日　农历八月廿六日　属日：马　天气情况：阴间晴

村民和永秀请来村里亲家妈和命为儿媳和永秀做分娩生产时食用的甜米酒。满下村寨历史上沿袭下来的产妇食用米酒，原料为50市斤小麦，用石碓舂，去皮（现在用碾米机碾），扬净，用沸水煮一阵，捞出后用蒸笼蒸熟，凉在大簸箕里，待冷了，掺上甜曲，拌匀了用无眼篮装好，放置于火塘边加热发酵。到发酵有甜味时装在土罐子里。一般在产妇有身孕7个月左右时就要做好米酒，盛3个来月。两位亲家妈忙了一天，到傍晚时才做完。

满下村寨从来就有由待产妇之父母帮女儿做甜米酒的传统。这主要是因为婆家不想听媳妇们唠叨，评论米酒的甜、酸、好坏之言。认为"你父母做的就会少了议论，甜、酸不计较，好坏无话说"。所以几乎家家都这么做。

村民和万琼把厩养的两只绵羊杀了，拉到市场上去卖，平均下来每市斤6元多，一只羊能卖到200百多元，两只羊卖了448元，还赚了两张羊皮。他把头蹄煺毛煮好后，请亲戚们吃了一顿。由此看来，厩养数量有限的几只绵羊，既不费料，又不误工，是行之有效的家庭经济增收办法。

2005年9月30日　农历八月廿七日　属日：羊　天气情况：阴转雨

除了采摘松果的村民继续上山采摘松果外，其余的村民都在忙着挖洋芋。有些村民到今天已经挖了全年要挖洋芋总数的一半多点，如村民和国成家就在山上洋芋地里边挖边卖，卖了约5000多公斤，每公斤价0.42元。再如和天林家也是在地里边挖边卖了3000多公斤。村子附近所剩的洋芋地不多了。

退休后居住老家的和学仁之妻和国秀今日请亲戚四五人帮她家挖洋芋，打算装满一手扶拖拉机，以便明日去坝子里换猪饲料。很遗憾到11时左右，天公不作美，下起了淅淅沥沥的小雨，接着转中雨，不能再坚持挖洋芋了，只好回家里休息。大伙给和国秀开玩笑说："你老确实太小气了，老天爷都在看着您流下泪了"。

南溪完小的老师们11点全部乘坐和国军书记的车去丽江，说是要为送旧迎新举行欢宴。炊事员、村委会干部也去参加今天的欢宴。群众说："尊师重教，现在真还体现了，教师节放这么长的假，国庆又放一周，五一又放一周，前前后后的节假日加上够多的了。最近几年还到城里去送旧迎新，确实提高了教师的社会地位。只是苦了学生娃，学时误的太多了。"

（十）10月份日志

2005年10月1日　农历八月廿八日　属日：猴　天气情况：晴

村民们都在忙着挖洋芋，有手扶拖拉机的农户都把手扶拖拉机开到田边停好，有的还在挂斗上面盖了严严实实的雨布。人们把挖出的洋芋装满篮子后，背到手扶拖拉机挂斗里放好，到傍晚时挂斗里装着盛满洋芋的篮子，篮子上面放着好些装满洋芋的塑料袋。这样装车的村民等洋芋拉到家后下车快一些。还有的村民干脆把洋芋直接装进挂斗里，这样的装法到下车时就吃力些，需要用簸箕一簸箕、一簸箕地装好洋芋，再抬进仓库，但不需要事先准备很多篮子和袋子。两种做法各有各的长处和短处。

用人背来代替手扶拖拉机运洋芋的人们，虽说一天下来腰酸背痛，工效不高，但收工就可以休息了。

今天是中华人民共和国成立50周年纪念日。村里跟往常一样没有组织庆祝活动，而只是学生休长假，学校放长假。这主要因为现在是处于农忙季节。

2005年10月2日　农历八月廿九日　属日：鸡　天气情况：晴转阵雨转阴

今天，村民和万军家请家族亲戚和万红、和作木、和天林、和社香、和亚兰、和四姐、和茂花、和作才等人，帮他家收割燕麦。因为人多，到下午1时左右就割完拉回。吃过午饭，这伙人又去帮他家挖洋芋，反正今日是应他家所请干活，做什么农事就听他家的安排，被请的人也只能服从。

村民和永良家及亲家和圣伟家合伙去挖和永良家的洋芋，他们两家的做法跟去年的做法一样，两家合伙挖，主要原因是和永良家有手扶拖拉机，而和圣伟家没有手扶拖拉机，和永良杨耀夫妇不忍心看着女儿女婿及亲家的人背洋芋，所以他们心胸宽广，不计较亲家妈和尚花的无理取闹。而亲家妈和尚花这十来天已不与儿媳和金贵吵了，村人都议论说和尚花是因为没有手扶拖拉机才停止吵架的。

2005年10月3日　农历九月一日　属日：狗　天气情况：阴间雨

从攀枝花市白灰厂退休后居于满下村寨的老工人和顺光及夫人杨秋秀，今天到足球场边的地里挖洋芋。从地里到家里约有1000米远，那块地也较大，因此，他俩请儿子和永华的连襟和亚华把手扶拖拉机开到田边停好，盖上雨布就挖开了。挖满一篮就把这篮背到手扶拖拉机里装好。和亚华的母亲和玉琴也帮他俩挖洋芋，其主要目的是从和顺光家这块地里捡些种子与他家换种。到收工时，和亚华又帮他们把手扶拖拉机开回家，并帮忙下车。和顺光之子和永华进城开车，儿媳和金良又有身孕不宜从事农业活，所以繁重的农事劳动就落在老人身上。村寨里年青人不在家的农户，农活都落在老人身上。

2005年10月4日　农历九月二日　属日：猪　天气情况：晴转阴

村民和国兴（57岁），因儿子和万军去白华帮老友王玉山收包谷，他就开手扶拖拉机去挖洋芋，车开到和国武家上面的时候，由于路被和国武竖房占去了好大部分，因此，路面很窄，拖拉机转弯时很吃力，心里不是滋味，但他人聪明而不露声色。

村民和子一因女儿和金凤停学帮她妈妈挖洋芋，他就不管田里农活，只管上山采松果，他坚持每天最低采三篮松果，而且他总是从树上先采下来一个松果，用砍刀砍出几粒松子，吃一下是不是饱满的，是饱满的他才上树继续采，采好的松果背回家堆积起来，待冬腊月田间无事干时剥出松子上市去卖。

天黑后和武军一家从亲家和永良家吃过晚饭回到家中，和武军妈和尚花又吵开了（又疯了）。儿媳和金贵来到族中和家良家，请他们去劝说一下婆婆。当和家良等赶到他们家时只见和尚花大吵："我是连奴仆都不如了，她这样不把我当人看，要不我死，否则要她去死，这样吃一锅饭是过不下去了（她指儿媳）。"和金贵一声也不吭。和尚勋劝说："做人要互敬互让，一家人，思想不统一、不一致是常有的，关键是要互相忍让，一吵一闹感情就会破裂，不能老是这样。"和武军之父和圣伟骂说："你们仨都滚，我爷孙自己干。天天这样，不知羞耻，不要脸，滚出去。"这时和尚花猛饮了一杯酒后溜出家门。和圣伟、和武军同时说："管她去那儿，不要理睬她。"大约过了四五分钟后，和尚勋对和武军说："我俩出去看一看。"于是两人出了门，到大门边，和武军说："我妈太欺人了，天天这样，若我跟去找，更会助长了以后她的这要不得的行为，天黑乌乌的，夜晚去哪儿找呢？"两人走到和朝光家问，和尚花不在，两人把和朝光喊起来，研究了和尚花可能去的亲戚家。先到和菊花家问，不在，又到和秋谷家问，也不在，和秋谷也起来帮忙寻找，和尚勋把和朝东也喊来加入寻找和尚花的行列。他们分两组，和朝光、和武军、和秋谷一组去满中村水凉池看找，和朝东、和尚勋到本族工厂及鱼塘看找。结果和尚花没有走远，只是躲在房子背后偷听着屋里人的议论。约40分钟后，她又闯进屋来，摔盆砸锅，打和圣伟，在场的邻居和国武及和闰芝夫妻俩无法劝住，幸好和朝光等三人回到家中才制住她，她还是大哭大闹大骂。这种疯婆相在满下村寨近30年来是第一例，使人望而生畏，还不听劝说。她这样闹只会导致婆媳的感情更加恶化，对家庭的生产生活，是有负面作用的，很多人劝了不知有几十次了。婆媳相处还不到一年时间，吵闹就不计其数了，这怎么熬到头啊！实在令人忧虑，但这只是旁观者清，发疯发狂者还自以为是。连儿子丈夫都对她失去了往日的情感，只愿和尚花有朝一日能忍让做人，改去往日自以为是的思想，这家庭才能重归于好。

和尚花最后告诉劝她的人们，她发凶咒骂的原因是昨天早上和金贵洗娃娃尿布，而没有去干别的活。和尚花认为，自己在家领娃娃，先前尿布也是自己洗的，用不着和金贵洗，和金贵应该去做别的活计。

2005年10月5日　农历九月三日　属日：鼠　天气情况：晴

村民和永军请来和桂秋、和永良、和永红、和武军、和金贵、杨耀秀、和玉金等7人挖洋芋。在地里边挖边过秤，卖给村里的洋芋老板和尚军，每公斤价0.42元。价格似乎低了些，但今年和永军有点病，不能干重活，若把挖出的洋芋运到市场卖，搬上搬下的体能损耗够大的，在地里卖就节省了好多体能。所以，这样卖出，他感到还划算。他就这样在地里卖了2700公斤。

村民和建国家，还不忙于挖洋芋，他们全家集中力量上山采松果（父子三人），一天采一手扶拖拉机。他家认为：洋芋埋在土里，自家的谁也不会动，而松果若是采晚了，就采不到或采到的数量少。趁大部分村民挖洋芋之机，多采些松子比较划算，等采完松子再挖洋芋也不迟。

2005年10月6日　农历九月四日　属日：牛　天气情况：晴

村民和作典已有59岁了但很有精神，他老当益壮，天刚拂晓，就和儿媳和爱花一起上山采松果，背回来的松果比儿媳背的还多。回到家，匆匆忙忙吃点饭，又去挖洋芋。公公与儿媳上山采松果，婆婆就做早饭及家务。他家天天这样坚持做，现已采到好大一堆松果。的确，财富属于勤劳的人，属于特别能吃苦耐劳的人。作为农民，都像他家那样勤劳节俭，是会变富的。

村民和建良打破了往年的常规（往年这段时间都去上山猎鹰），每天坚持跟着入赘女婿和金发去采松果。看来，他琢磨到："财富的得来要靠运气，也要靠努力。采松果是现实的钱，虽苦些，但能有看得见的收获。"

2005年10月7日　农历九月五日　属日：虎　天气情况：晴转雨

今天村民们出工时就备上了雨具，照样到洋芋地里挖洋芋。因为依往年的天气，在南溪是农历九月为雨天较多的时段，因此，历史上就有"每个冷此"之说，意为农历九月还必会有雨水天气，且是连绵阴雨。所以出工时虽然天晴也备了盖篮子、盖手扶拖拉机挂斗的雨具。天下蒙蒙细雨时还是坚持挖洋芋，待到下小雨时才停工转回。有些闲不住的村民又去做别的活计，如擗蔓菁叶，上山采松果等。

村民和朝柱去文山姐姐家休闲了一段时间（约20天），今天回到家里，这是村里同龄人中第一个出远门的小伙子。他此次探亲旅途往返路过了省城昆明，是满下村寨村民第四个到过省城的人（不包括在省城单位工作的满下村籍人）。

2005年10月8日　农历九月六日　属日：兔　天气情况：阴间雨

村民中较勤快的农妇虽然身闲在家，但手是不闲的。如村民和爱花、杨文花、杨耀祥、和良命、和八娘等人都在家捡洋芋。满下村寨村民一般在挖、装洋芋时就大致分拣成上等（要卖出的）、种子（自家种的）、种子（想卖出的）、次等（喂猪用的）四种，到家后分装在各处保管。而以上提到的这些人家从次等品中再捡出一些较好的洋芋，单独储存，待到出卖或换种子时，在这份捡出的洋芋中掺杂些好的，这样好卖出或者换出。这样做既增加了家庭经济收入，又不浪费洋芋。知道这法子的村民也不少，但动手这样做的却为数极少。

2005年10月9日　农历九月七日　属日：龙　天气情况：雨

因为下天雨，欲干农活也干不成，只有家妇们披着雨衣在蔓菁田里擗蔓菁叶作喂猪之用，擗够了今天的猪食也就休息了。九月真是连阴雨的日子。新中国成立前在满下村寨流传着这么一句流行语来形容九月的天气及当时的贫困景象："哥每个冷此，争旦冷鹅子，木子冷口啃"。意思是说："农历九月连阴雨日子，磨吃备撒的麦种，连礁也划了当柴烧"。形容九月连阴雨时满下村寨处在青黄不接的饥荒时段，就连烤火做饭的干柴也很少。现在情况发生了很大变化，在连阴雨天，人们以休闲为主，吃饱穿暖是没有问题的。

2005年10月10日　农历九月八日　属日：蛇　天气情况：晴

云南大学纳西族研究基地的村寨日志记录员和尚勋老师，应基地负责人和晓蓉女士之邀，到丽江听取和女士对2004年和国高、和尚勋两个记录员所记《村寨日志》校订意见，和晓蓉女士对校正日志作了指导说明并提出要求。中午和女士及丈夫在农家乐盛情招待了和尚勋老师。和尚勋老师把两份稿件拿回家后，当天晚上开始边看边校正。和尚勋一直看到深夜三点钟，他的老伴对他说："满秋爸，云大的和老师急着拿回去的话，明天你就一样家务事也不要做了，专门看稿得了，已半夜了去睡吧！"和尚勋回答说："和女士耽搁了她在云大的主要工作，还影响了她的再学习深造时间，要是她上来拿，我没做完就愧对于她，所以我还要看一阵。"说完，用手扶了扶眼镜又继续往下看。

  2005年10月11日 农历九月九日 属日：马 天气情况：晴
  村民和建国去挖洋芋，出工时边走边对同行的邻居和作才诉说着："我家大儿子，确实懒透了，自从停学至今还未做过几天活，懒得出奇，早晨10点还不起床，做一个农民这样行吗？"和作才说："不能这样说，你大儿子在家庭建设方面是人才，干得一手好石活，打石头、砌砖、木匠，样样会一点，是我们村中较全面的好男儿。"今天全村所有劳动力都在挖洋芋，只见田边到处都停着手扶拖拉机，偶尔只有几个老人在背洋芋，村民和三哥打趣说："我们老人越老劲越大，现在的年轻人会像我们这样背吗？"是的，现在的年轻人不会这样苦干了，也没有必要这样苦干了，因为他们心灵手巧，很快就学会了操作手扶拖拉机的技能，可用机械拉运代替人背、人挑。
  和尚勋老师按照云南大学和晓蓉女士的要求，洗漱完就继续校读2004年南溪村日志。由于抛开家务农活不管而专心地看稿，终于在下午5时审稿校正完。从此，南溪满下、满中寨2004年中所发生的事情、各种活动情况将会有文字记录。

  2005年10月12日 农历九月十日 属日：羊 天气情况：晴
  村民杨文花、和子一俩口子帮和三哥家挖洋芋，同时帮他家挖洋芋的还有和三哥的妹妹和秋谷，在这段各家都在忙着挖洋芋的时节，和三哥家能请到三个人来帮忙，是什么原因呢？主要是因为和三哥家养有一群绵羊，杨文花、和秋谷两家则在前段时间死了一些猪，接着就把病得不重的几只猪也卖了，这样就造成了积肥的肥源缺乏，于是就将和三哥家的羊群关在他们两家，每家20天，以此来增加肥源，他们两家就帮和三哥家挖几天洋芋。今天，他家3口人，加上来帮忙的3人，到下午和三哥在城里开车的儿子和亚军也回来共7人，人多进度快，一天共挖了两亩地，装了两车洋芋。

  2005年10月13日 农历九月十一日 属日：猴 天气情况：晴
  村民和国武昨天下（意为"捕"——编者注）到一只鹰，是一种叫"金鹰"的鹰（这种鹰比黄鹰差，又比碰黄好，属于第二等）。和国武很兴奋、很激动，就连他老婆和闰芝也喜得一听到此消息就从田里跑回家，见到鹰就连声夸奖："和国武真行。去年、今年两年，下鹰的人中就数他走运，得到的天财也是他多。"的确是这样，他去年下了一只黄鹰，今年又是他下到了第一只鹰。他当天就去城里卖，结果卖到 1200 元，他用这卖鹰的钱买回了一些他家小卖铺要卖的东西。

2005 年 10 月 14 日　农历九月十二日　属日：鸡　天气情况：晴

云南大学纳西族研究基地的负责人和晓蓉女士及丈夫携他们的小儿子来基地，此次来是想做 4 件事。1. 来向记录人员拿 2005 年 4—9 月的村寨日志，同时付给记录员补助费（每人付了 900 元）；2. 来和尚勋老师处拿 10 日所布置的校订稿；3. 接收托段景忠老板买的物品，要求段老板抓紧完成所拖的建设事项；4. 做和国高与和尚勋之间的基地财产交接工作。和女士从下午 3 点一直到 7 点，一点水也不喝，一点饭也不吃，忙于工作。前两项事完成得很顺利，第三、四项不很顺心。段老板推三拖四，没有到基地来，只叫他的弟弟拉来一些办公桌之类的室内用具（木制品）。由于段老板故意推诿没有完成计划任务。

第四项事也进行得很严肃、紧张。经过是这样：和晓蓉女士当着和国高及和尚勋的面说："村长，因为你很忙，我们商定，请和老师来看基地房子，今天就进行你们之间的交接手续。"和国高说："我们村有些群众说看房子不能请外村人，要由我们村的人来看，因为基地是建在我们村，地基是我们村无偿献出的。"和女士接着说："基地建在你们村，所有权是云南大学的，不可能完全按照你们的意志做，更不可能你们想怎样就怎样。"和国高继续说："现在时兴资源自用风，所以这些群众才这样说。"和女士就说："既然这样，请村长推荐一个合适的人吧。"和国高语塞无言，片刻后说："那么大门的钥匙要拿给我们村一把，我们想在这里玩玩，开展什么活动时好用。"和女士说："村长，这哪能行呢？这里又不是娱乐场所，你们要组织活动通过我们同意后就可请看房子的人开门。"和国高无话说了。和女士接着耐心地说："村长，请你做一下说这些话的群众的工作，请你以后也随时帮助一下和老师。"和国高在不大情愿的情况下把钥匙交给了和尚勋老师。和晓蓉女士等一行四人又饥又渴，天黑时转回城里。

当天夜里和尚勋从家里背来铺盖住进基地房内看守房屋及财产，他还想把今天的详细情况向村委会的书记、副主任汇报一下。他认为很有必要这样做，决定在最近一段时间内找村委会三位领导。

2005 年 10 月 15 日　农历九月十三日　属日：狗　天气情况：晴

天黑一阵，村民和秋谷跑到他家族的每一家中告急，说他的老岳父和尚武突然病重。听到这一消息后和尚典、和尚勋、和圣伟、和武军、和玉祥、和朝光等人都往他家跑去,他的大儿子和朝东及老婆和英也赶到他家。大家急忙摸和尚武的手脉,并询问他,和尚武说:"白天还好端端的,吃过饭后,就心慌头晕,全身出冷汗、无力。自遭人抢劫后,思想上一直不好过,又因家庭的各种原因而引发了心脏病,这下可能完了。我已写了一张遗书放在箱子内,如果我死了,请家族从我的抚恤金里拿5000元给大儿子,因为二儿子和小儿子已每人给了5000元,大儿子那儿还没有给。二儿子那再给1100元的生活费,我在前不久已付了400元。前些年我在大儿子家也是每年支付1500的生活费,现在也照此执行。寿衣我已自备好了,若再活两年两个孙女就可初中毕业,我会对她俩提供经济援助,但可能不行了。"

和尚勋马上打电话叫和尚武在城里开车的二儿子和朝泽及小儿子和朝珍回来拉父亲去医院。和朝光、和武军、和朝东也同时去丽江城招呼老人。

2005年10月16日　农历九月十四日　属日:猪　天气情况:晴

村民们都忙着挖洋芋,和建国却不然。他把挖洋芋一事搁下,先去山上采松包,他把采到的松包储藏在不让别人发现的杂木丛中,想待到田里的农活忙完,松包已会自然开裂,到时就可慢慢地去剥出松子,以此来增加家庭经济收入。目前他家劳动力在满下村寨来讲是最多的,一家四口人都是身强力壮的劳动力,两个儿子,父母都年富力强,他家确有农业副业同时上的人力资源。和建国紧紧抓住这个资源优势,每年都这么做,他采松包、剥松子,等剥到百来斤就由他的老婆和正秀到城里去卖,以往每年单卖松子一项收入就在3000元左右。

2005年10月17日　农历九月十五日　属日:鼠　天气情况:晴

在城里开出租车的村民和建军,所包的车子期限已到,他就把车子退了,回来帮老婆挖洋芋。留心的村民发现他往年也是这样做:一旦农忙时他就退车回来帮农,等到农活忙完了他又去包车,每年开车都没放弃黄金时段(即春节、五一和十一长假,三月物资骡马交流会,七月物资骡马交流会),做到既不影响家里收洋芋,又抓住开车挣钱的好时机,使得家里增加了较大数额的经济收入。

今天和建军同时请来三个金山籍盖瓦匠,准备把正房的顶盖成石瓦。请工是用包款的方式来进行。

上初中才40多天的初一学生和金龙、和学以及初三的和圣琴今天逃学跑回来，他们说原因是：遭到坝子里面的学生欺负，心里产生畏惧感而想停学。

2005年10月18日　农历九月十六日　属日：牛　天气情况：晴间阵雨

汝南行政村的洋芋小老板五二友，应约来满下村寨村民和家良家中买洋芋，品种为"新八五单加"。他前些天从她家买去2700斤此品种洋芋，那时就相约好今天要再来买一手扶拖拉机洋芋。和家良及丈夫已挖好2000斤左右洋芋用塑料袋装好堆在田里。五二友一到就说："今天我要拉去三四千斤，你们家请些人来帮忙一下，可以请我妹及妹夫来帮忙，这样就挖得快，过秤上车也快，这样做对咱们两边都有利，要不然，老天下起雨就不好办了。"和家良照他说的请了他妹夫和儿子以及妹妹杨文花和女儿和金凤来帮忙。这样总共有6人参加今天的卖洋芋活动。女的3人挖洋芋，男的3人过秤上车，到12时就上满了一手扶拖拉机，总共有3585斤。其中，品种"新八五单加"3105斤、品种"护水八八"480斤，各算各价，前者每斤价0.2元，合计621元；后者每斤0.25元，合计120元，共合计741元。五二友从城里拉回来105斤小麦，以每市斤0.78元的价格卖给和家良，粮价合计81.90元。为计算方便和家良大方地可算作82元。从应付洋芋款中减去粮价，五二友应付款659元。和家良的丈夫和尚勋说："零头那9元钱给你，拿给我650元就可以了。"五二友连声说："谢谢您、谢谢您，满下村这样大方地给点损耗的您是第一个，太谢谢您了。"付完钱后，和尚勋要五二友吃了午饭走，五二友婉言谢绝："吃饭耽搁时间，要是下雨了，路上车重不好走，阿志，改天再吃吧。"说完开着车走了。和子一及3个妇女留在地里捡小洋芋，并由和子一用手扶拖拉机拉回家。和尚勋提前回家做午饭，午饭虽谈不上丰盛，但也差不多了，肥肉一碗、瘦肉一碗（出工前就用罗锅在三脚架上煮好），炒洋芋丝一碗，白菜汤一碗，共4样菜。

2005年10月19日　农历九月十七日　属日：虎　天气情况：晴间阵雨

收工时（傍晚）突然下了一场大雨，收工回家正跑在路上的手扶拖拉机，有些打滑在半路。和朝东的手扶拖拉机停在"娃洛"水塘滑坡下，自家无法开到家，于是就叫女儿和红秀请几个村民来帮忙，和红秀跑回家请了邻居和永贤、和子红二人帮忙。村民和朝光两口子拉了满满一手扶拖拉机洋芋，也打滑陷在"冷补堆洞肯"，怎么也拖不上来。和朝光就吃了晚饭请亲戚和朝东、和尚勋二人去帮忙推手扶拖拉机,他们三人忙了好一阵毫无效果,和朝光就掰来些松树枝铺垫在手扶拖拉机前轮下的泥地里,然后发动拖拉机,后面两人抬着、推着,使出了吃奶的力气才把这手扶拖拉机推出泥潭开回家。

早晨8时到9时,满下村召集各户长会议,会议的议程有两项:1. 收缴2005年9月至2006年8月31日的新型农村合作医疗群众筹集款,每人10元,同时收集了各户的《合作医疗手册》,卫生院要做门诊费的补助部分结算。2. 在2005年补还给农户的退耕还林(前年,从已退耕还林的亩积里扣过一些面积,今年又将扣走的面积补还给农民)合同书及表格上盖章。对合作医疗缴款一事,平时不很生病的村民嘀咕着:"白白出钱给人家,这太不划算。"大部分群众都认为,这是互助,这是对的,可以避免因病致贫、因病返贫的现象。

2005年10月20日　农历九月十八日　属日:兔　天气情况:晴
今天开始进行南溪公路改造二期工程(村委会——社吉古段)。说路面要改造成塘石路面,全长2.8公里。从早晨到天黑,来自鸣音乡的、金龙自然村的数十辆手扶拖拉机和大小农用汽车穿梭于满下沙场—社吉古路段,驾驶员们你追我赶,干得好紧张啊!他们大多一心想多拉几趟。装沙子上车的民工大多来自鸣音乡,也有来自太安乡汝南行政村的,还有少量满上、满中的村民;铺塘石的民工是专程从大理周城请来的,总共有外来民工约50多人,都食宿在满中村和国高家里,是和国高租房给施工方用的。仅去年租给云南大学研究基地施工队的房租费收入就近万元,今年他的租房收入会比去年还多,而且在公路上也可以得到收入。在他家住,便于老板管理施工队员。

南溪公路改造工程是镇党委政府争取各方资金,南溪村民每户投资300元而为民办的一件实事,是件民心工程。的确是的,"要致富,路先行",路通路好,山村出产的农副产品才值钱,才能加快山区人民脱贫致富的步伐。

今天从12点左右开始,平时寂静的村公所里热闹了。那里门前停了两辆面包车,院里有六七个穿干部服的人员及村委会干部三人,各自然村的组长们也在院里,行政村林政员和吉红也在其中。原来今天镇卫生院的财务人员及领导来收缴农村新型合作医疗群众筹款。还有一伙是镇林业工作站袁站长领着三个工作人员,来南溪验收退耕还林的山地所种植的树苗。袁站长一到南溪就把村委会干部和国军、和继武等拉到旦都村退耕还林的山地里查看、验收。

2005年10月21日　农历九月十九日　属日：龙　天气情况：晴间雨

在城里开出租车的村民和圣武昨晚上回来,今天用手扶拖拉机拉六只乳猪去七河街卖,他的爱人和爱花也一同去(七河街的街天是逢一、六,就是说每月的1、6、11、16、21、26这六天为街集日)。南溪的地理位置处于丽江城、七河街、太安街、鹤庆县辛屯街的中间,上哪个街距离都相差不大。所以,绝大多数村民都是哪个街的市价高就往哪个街去卖农副产品。这些天七河街的小猪价格有些回升,因而和圣武就去七河街卖,每只卖得80元。他家每年都养有两口母猪,每年大致可卖4窝小猪,田地也种得多,在满下村寨中一直是(近30年)起得最早、上山下田最早、收工却最晚的一家,农畜经济收入每年都居全村寨第一,真是"向阳花木早逢春,勤俭人家先致富"。他家是满下村寨中目前屈指可数的富裕户,如满下村寨的村民都能像他家一样勤劳、节俭,致富脱贫是完全能够实现的。

2005年10月22日　农历九月二十日　属日：蛇　天气情况：晴

村民和作才请村民和万琴用手扶拖拉机来犁地撒种青稞。因为家里的年轻人和圣军在城里开出租车,儿媳和竹英在城里开理发铺,家里的农活就由两位老人来做。和作才自从与兄和作典退出耕牛组后,就请年轻力壮、在家务农的村民来帮忙犁地,自己出点工钱。

村民和福光、和国成、和国红、和国武耕牛组,也从今天开始撒播青稞、大麦、豌豆等小春作物。

村民和作武、和万军、和万仕耕牛组也开始撒播小春作物。他们组是二牛抬杆、农机耕地一齐上。和作武、和万仕用牛来犁地,和李福用手扶拖拉机来犁地,这样加快了速度,缩短了干活时间。

2005年10月23日　农历九月廿一日　属日：马　天气情况：晴转雨

南溪满下村寨有驾驶执照的村民大致情况是:

和圣华拿到驾照后开了半年舅爷(王亚山)的车,后一直因农事、家事脱不开身,在家耕田种地已近两年。和国成开了约一年出租车后,眼睛感到有些不适,就停开了,搞农事已两年多。

和社兴、和社红两弟兄学拿了驾照,没有开过车,原因可能是:1. 胆小,不敢开;2. 离不开病弱的老母;3. 一时筹集不到包车开的担保金。他兄弟有驾照已快两年时间。

和永贤在开车时找不到钱，反而常向父母要钱，担保金也被车主扣完，父母就不让去开车了，在家已一年半。和春福开了四五个月出租车，找到了老婆后就在家务农。和万元因自己爱喝酒而不敢去开，拿到驾照后从来未开过车。和珍元拿了驾照后还未开过车，其原因是家事、农事离不开。和二友因常需要帮老父、老母做农事，开了一年左右后又停开车，在家耕田种地一年多，他想等农闲时再去开车。和汝浩因与弟弟分家另立门户，需要搞家庭建设而停开近一年。

和武军自去年与和金贵结婚成家后，因家事停开车而从事农业生产。

和海（和建军之妻）拿了驾照后因农事家务而一直不去开车。

和万琼开了一年多出租车，因找不到钱，停开已一年多。

和建军、和万军农忙时帮农，闲时包车开。

和圣武农忙时随时抽空帮忙而又坚持开车。

和朝泽、和万林、和圣军、和亚军、和永华、和春拾坚持常年包车开。

和德华买了农用运输车在开。

和文亮买了面包车在开。

和灿、和圣武、和国军、和朝珍、和朝亮、和福春合伙买车开。

满下村目前共有29本驾照，有近一半派不上用场。

2005年10月24日　农历九月廿二日　属日：羊　天气情况：雨转晴

村民和建国与夫人和六娘，由和建国驾驶手扶拖拉机，拉着和建国及其长子和学先前些天剥到的松子去丽江城里卖。新近才上市的新鲜松子很畅销，356市斤松子从早晨9时开始卖到下午2时就卖完了，而且售价也是很高的，每市斤卖到5元，共收入1780元。这笔巨额收入是和建国付出8天、和学先4天共12日的艰辛劳动成果。像这样每工收入近150元，是一年中最难得的几天，他家历年就紧紧抓住这段黄金日子，抛下田里的洋芋不管，先上山爬树摘松果，等到剥松子的人多了及松包少了时再挖洋芋。

今天有部分村民也去采松包剥松子，他们是：和社菊和自忠母子，和金发和银谷夫妇、和永昌和永芬夫妇、和金星和文昌父子、和社香和万琼夫妇。他们每人都剥到20斤以上的松子。

2005年10月25日　农历九月廿三日　属日：猴　天气情况：晴

从攀枝花市矿务局退休后居住满下村老家的和学仁师傅之妻和国秀借种

了一块弟弟和国军（满中村）的地，种上了洋芋。前不久请来亲戚们挖了一手扶拖拉机洋芋去换小麦后，今天又请来和永秀、和亚华、和玉琴、和世仙、和二友、和四妹、和作才、和金木等亲戚来帮忙挖。挖了3000多市斤，在城里开出租车的儿子和春拾也回来参加挖洋芋。他们边挖边装进塑料袋，边挖边过秤卖给本村的洋芋老板和尚军。和尚军专门从事洋芋生意已有四五年时间了，村里要就地出售的洋芋有近一半是由他来营销。

村民和家良在城里开车的儿子和朝亮也回来帮老爹老妈挖洋芋。说是来帮忙，其实只是开手扶拖拉机及安抚一下老人的心，闲了四年的人干起活来很吃力，挖上两三趟就休息一阵。今天一上午，他家的洋芋全部挖完。别的村民才挖了一半左右，为什么他家在全村寨历年都是第一户完成呢？主要原因一是他家里田地少，只有两人的份，再加上包产到户分田时男人不在家的农户本上，田地分得不足额。当时人民群众的土地意识也不强，而且男人不在家的人很少，这些人成了弱势群体，他们要求增加地的呼声，也无人应答。二是老妇和家良勤快；三是有退休在家的老夫帮忙。

2005年10月26日　农历九月廿四日　属日：鸡　天气情况：晴

村民和万军停开出租车回来帮忙挖洋芋已有四五天了。今天他请了亲戚和万仕、和李福、和万红、和作才、和金木，再加上他家的三人共8人将要卖的洋芋装上汽车。这洋芋老板是宾川县人，他买品种为"新八五单加"的洋芋要拉到大理去。他们以每公斤0.40元的价格成交，装了6000公斤，到中午1时左右就装满了。和万军家是村里田地多的农户，再加上他家种了迁居丽江城里的和国辉家的近一半左右田地，且都是好田，所以农产收入仅次于和作典家。他今天卖了这车洋芋后还有一大半地没挖，怕挖出无处储藏才卖出的。

村民和永昌和社芬夫妇、和自忠和社菊母子、和子一杨文花夫妇、和金发和银谷夫妇、和万琴和金燕夫妇，继续上山采剥松包。他们当中和金发夫妇、和子一夫妇剥得的数量最多，每人约30斤。这比前些天和建国父子开始上山摘松果时剥得的松子少多了，想来市价也不会卖得那么高了。

2005年10月27日　农历九月廿五日　属日：狗　天气情况：晴间阴

中午12时，村委会召开了就读于玉龙县一中初中部的满中、满下村中途辍学的学生及学生家长会议。

参加会议的人员分别是：辍学学生及他们的家长，玉龙县一中副校长、黄山镇中心校长木龙，黄山镇党委副书记木建华，以及南溪行政村村委会书记、副书记、副主任，南溪完小校长李建光，教导主任和家香。

会议由木建华副书记主持，他耐心细致地给与会人员讲了读书的重要性和普及教育的重大意义，接着木龙校长讲了《义务教育法》的有关条款，动员辍学学生回校复读。玉龙县一中副校长也请家长及学生对学校、老师提出意见建议，他坦诚向家长和学生承诺："学生辍学若是因学校和老师影响的话，我们一定以学生为重，回去立即整改，迫切希望学生们不要虚度黄金年华，回学校复读"。

调查座谈结果表明，辍学的大部分学生是因成绩差厌学而造成的，也有部分是坝区学生因势欺负山区学生造成的。

2005年10月28日　农历九月廿六日　属日：猪　天气情况：晴

村民和金发家请耕牛组的家妇收割燕麦。他所请的人是：和永秀、和菊花、杨文花，加上他和妻子和银谷共5人来收割燕麦。因为天晴，他们不显得很紧张，干活的人有说有笑，谈论家常，喜述丰收的成果，称道现在的生活水平比过去提高多了，经济收入也逐年增加。主人和金发有趣地说："像这些天采松包剥松子最低每人每天也能采得10公斤，就算是以市场最低价格出售，也不下每公斤7元，少去山上采摘一天松果就误了最低70元的收入，如果卖价生意好些的话，每天就丢了100元左右。帮人家干活大家都实在不忍心，包括我在内，但无法了。"大家都发出一阵哄笑，并异口同声地说："事情虽是这样，但收割这活不可能一人两人一两天干完，非得请人来帮忙不可，不管是谁家的活，也不管欠收多少钱，大家都得帮忙"。是啊！自农村实行包交提留到户以来，耕牛组作为一种互助合作的小规模组织，帮工耕作要以开怀大肚才行，斤斤计较，论多论少的人早就散伙了，他们这组虽不沾亲带故而组合，在满下村寨里是维持时间是较长久的一组了。

村民和老贤（五三姐）老奶奶，十多天前由其女和国英（在维西县拖支卫生院当医生）领去参加她们单位的旅游活动，到西双版纳去旅游观光，今天回到家中，这是满下村寨里有史以来去得最远的农家妇女。这主要是沾了工作女儿的福，要不是女儿领她去，就不会有这样的结果。俗话所说的"苦中有乐"，真是说穿了、点明了。供儿女上学时父母必定比不供儿女求学的父母要苦些，付出的代价要多些，一旦儿女学有所成，他们给予父母的回报也会多，这时父母对子女生活等方面牵肠挂肚的操心就少些。

2005年10月29日　农历九月廿七日　属日：鼠　天气情况：晴

村民和建国、和建华、和建忠耕牛组（原先的组员和国兴已退出自家单干），今天撒播小春作物豌豆、青稞、大麦等。他们三家今年属于全村寨里种小春作物的最后一组，主要原因是今年秋季雨水比往年多，他们认为不需急于播种，再则和建国、和学先两父子忙于采松包剥松子。

村民和万琴和金燕夫妇、和子一杨文花夫妇、和社菊和自忠母子、和家良、和金发和银谷夫妇、和万红和万仕弟兄、和万元、和玉祥等村民都在山上采松包剥松子。

村民和社兴、和作武两家各卖了5000公斤品种为"新八五单加"的洋芋，这是满下村寨今年卖出的第二车数目较多的洋芋。他们一卖完，赶紧算好钱，吃了点饭，又去忙着挖洋芋。

2005年10月30日　农历九月廿八日　属日：牛　天气情况：阴间阵雨

村民和永昌及夫人和社芬、女儿和丽芳，趁天阴之机，停挖洋芋，去割油菜。割油菜多宜在阴天间进行，不宜在晴天烈日下进行，如果在烈日暴晒下进行，夹壳就会炸开，菜籽会自动脱落，造成浪费。因此，村民多利用天阴或早上这段时间割油菜。

村民和家良去满上村帮妹妹和家花挖洋芋，并把自家的手扶拖拉机借给她家，由她家侄子和耀军开去拉洋芋。

村民和作才家以儿媳待产及时间紧农事忙为由，请和万军、和益花、和益桂、和朝光、和四娘五人来帮忙挖洋芋。对此举和朝光想不通，认为"你们老两口天天帮你女儿和益花干活，却未帮过我家，今天又要叫我们来帮你，这不合理"。

2005年10月31日　农历九月廿九日　属日：虎　天气情况：晴

村民和圣伟请亲戚和社兴、和朝东、和尚勋、杨耀祥以及亲家和永良夫妇来帮忙卖洋芋，加上他自家的两人共8人上车。因为家居村中，车路狭窄，得把洋芋一篮一篮背到和四闰家的院坝里再装车，从早晨10时开始到12时才上完5000公斤。上完后和永良说："我家也要卖3500公斤左右，请大家帮我家一下"。于是大伙又去帮和永良家上车，一直干到下午两点才上完3500公斤左右。上完后大伙到和圣伟家去吃午饭，和金贵早就做出了一顿便饭，肥肉、火腿肉混炒一碗，炒洋芋一碗，萝卜凉拌一碗，白菜汤一碗。吃完饭后，买来两斤炒豆，大伙边喝酒边吃炒豆，边聊收成、边谈人生，谈得很欢畅。是的，农民辛苦了一年，付出了很大的劳动代价，得到收获时大家都会心花怒放的。来串门的和顺明说："赌博我是不干的，但我想约上几个好酒的村民来组织一个喝酒'化祟'（凑份子的集会——编者注）。一个月一天，提上几瓶酒到山上或家里休闲快活一天，这样孩儿也不会反对，也没有理由反对。我要邀约和建国、和金辉先搞起来。"人生应该有苦有乐，身强力壮时苦干硬干是应该的，老了应有所闲散，一辈子苦到老，这是不合情理的。

丽江移动通信公司的三名员工带着20部移动电话座机到南溪来推销。满下村和国兴、和国武、和永昌、和顺明、和国红等村民都购买了电话机。电话机是扶贫项目，是不收费送的，预交300元话费、20元卡费，共320元，其中扣除一年的座机费180元，还剩120的通话费。这种电话机是单边收费，费用不高，适合农家使用。

（十一）11月份日志

2005年11月1日　农历九月三十日　属日：龙　天气情况：阴间晴

村民和建国、和六娘夫妇背着前两天由和建国、和学先父子采剥来的松子（大约有100公斤）进城去卖。一同去的还有村民五三姐，她大约也背了40公斤的一袋。

今天的市价是每公斤价8—10元不等，按照每公斤8元来计算，最近这些天每人至少能剥到7.5—13公斤，这样算最低每天能收入60元左右。只是挖洋芋的农活也较紧张，采松果还得兼顾挖洋芋，因为快下霜了，一下霜对洋芋造成的威胁就大，辛辛苦苦干了一年的成果就会造成歉收或增产不增收的局面。

村民和家良很想去山上采剥松子，只因他在城里开车的儿子和朝亮专门回来劝说其不要爬树采松包，年纪大了，手脚不灵，力不从心，爬树采松包是危险的，她怕儿子骂，所以没有去。

黄山镇卫生院的医务人员六人来南溪鹿子村，调查昨日不明病因死亡的王福仙死前情况，来推断可能所患的疾病。调查结果初步拟定为肺病所致。南溪村委会副主任和丽军、乡村卫生员和秀英陪同前往调研。到下午5时左右返回卫生院。

2005年11月2日　农历十月一日　属日：蛇　天气情况：晴

今天到村委会来的人比平时多，一伙由市林业局工作人员及黄山镇林工站站长陪同而来，另外是中国科学院农业政策研究中心的工作人员，专程从北京来普查"中美合作森林健康项目"（此项目搞在文峰寺的山上）。他们分三组对满上、满中、满下三个自然村进行普查，每村采访了三个人，采访的内容很广泛（从退耕还林到生产生活、经济收支、家庭建设、家庭设备、生产生活用具），真是采访得很全面。采访普查从上午10时开始到下午2时结束。当从北京来的这伙人还没离开南溪时，玉龙县医院及疾控中心的人员乘坐"中国农村巡回医疗车"又来到了。他们告诉村委会的人："南溪鹿子村的村民和桂芝不明病因在玉龙县医院突然病死，前天死的那位妇女，也很可能是急性传染病，目前病源还没有检查清楚，但要先实行封闭，南溪的人不得外出，外边的人不准进来，特别是对鹿子自然村要实行隔离封闭，不准进出。"于是村委会组织了三个点来设关堵卡。文屏石厂下面设一点，由村委会副书记和继武负责，组织文屏村民兵堵从丽江城上来的人员和车辆；学校旁边设一点，由村委会副主任和丽军负责，组织满中、满下村民兵堵来往人员；一点在旦都村与鹿子村交界处，查访由村委会前往参加鹿子村民（王兴）丧葬活动的人员，并负责鹿子村民不准进出的工作。从下午4时开始全行政村实行封闭，24小时注意来往人员。

2005年11月3日　农历十月二日　属日：马　天气情况：晴

村民们忙着挖洋芋、收菜籽、剥松子。有些油菜已发黄待收，许多村民们就天一亮去割菜籽，吃了饭后去挖洋芋，这些天挖洋芋的地大部分是在山上，都带着午饭去干活，有些家有一人中间要跑回来喂猪食，真是够忙了。

从昨天下午开始，南溪行政村已作为"禁区"封闭起来，各通道都派人员监视，不准人员来往，不准各种车辆进出。南溪顿时冷清了许多。看到这一不寻常情况，好些胆小的村民不寒而栗，预感到有一种难以抵挡的灾难要降临在南溪人的头上。村道上只有修路拉沙、拉石的各种农用车来往。往日买洋芋的汽车、拖拉机，买肥猪的车，回家探亲的出租车已销声匿迹了。只见医院的救护车、消毒车、卫生监督车，各级领导干部乘坐的小车多了，有些直接跑去鹿子村，有些在村委会停留片刻后又跑去鹿子村，有些掉头回城。从现象上看南溪行政村鹿子自然村发生了严重的传染性疾病，但没有公开是什么病。医院、防疫站、疾控中心、药监、卫生监督、黄山镇领导、县市各有关医疗卫生部门的领导、村委会干部、医护人员都集中于鹿子村，准备实行就地救护、医治。

2005年11月4日　农历十月三日　属日：羊　天气情况：晴

虽然受到传染病的威胁，村民们依旧做着各自的农活。成熟的农作物不容村民闭门避难,如不及时收割,成熟的秋油菜就会自动炸开荚,掉完菜籽;洋芋如若被霜冻了,就会烂,辛苦一年的成果就会受到损失。所以全体村民仍忙于各种农事。

租住在中村和国高家里的修路民工,却干得很带劲,今天开始铺塘石,铺出一段压路机就压一段,干得很认真,速度也很快,一天就铺压出600米左右。

以黄山镇人大主席王光红、镇党委副书记木建华为总负责的南溪工作组,领着村委会书记兼主任和国军、副书记和继武坚持在鹿子村协助医护人员消毒、发放预防药,与医护人员一起经受着传染病的威胁。村委会副主任和丽军做后方服务工作,他请了满中村村民五燕花、五闰新来做饭,饭做熟后,由和丽军及黄山镇土地管理所所长开专车送到鹿子村,等"前方"的人员吃完后,把碗筷拉回来进行洗涤、消毒。

2005年11月5日　农历十月四日　属日:猴　天气情况:晴

分管卫生工作的玉龙县副县长李淑芳同志前来南溪指导疾病防控工作,并从今天起就蹲点在村委会。李副县长发现村医和秀英及村妇女主任兼接生员杨耀秀二人还未回到南溪,就当即打电话给镇长:"要她两人立即回南溪,这种场合,群众最需要医务人员,要她们待在村里,等候村民求医"。镇长接电后马上安排车子找到这两位女同志送回南溪,这两位同志一回到村里就参加到后勤服务工作中去。

各级领导乘坐的小车,跑鹿子村,比前些天多了,这充分体现了党和政府关心人民、爱护人民,把人民的生命摆在重要位置。

2005年11月6日　农历十月五日　属日:鸡　天气情况:晴

对鹿子村发生的病情实行了边救治、边控制、边汇报的办法,国家卫生部,省卫生厅,市、县党委政府领导,都来到鹿子村"前线",视察、指导工作,慰问村民及白衣战士。各级领导干部充分肯定了丽江有关部门对病情发现及时、行动迅速、及时控制的成绩。目前病情已得到控制,没有蔓延扩大,也没有增多病人。

2005年11月7日　农历十月六日　属日:狗　天气情况:晴

村民和作才家已挖完洋芋了,和作才之妻和学青在家做家务及看护待产的儿媳和竹英;和作才则去帮和朝光家(和竹英哥)挖洋芋,儿子和圣华帮王益花家（其姐）挖洋芋。傍晚，和朝光接到和朝亮从香格里拉打来的电话，内容是：叔伯兄弟和国军由5日下午开着出租车去香格里拉县送4个人，到6日还未回来。和家四兄弟（和朝亮、和朝泽、和朝珍、和朝祖）请了满中村民（和国军的姨表和占军、和春立、和占典）以及本村在城里开车的和万军、五德华、和春立等人到香格里拉查找。但查找无半点线索，他们4人留在香格里拉继续查找，同时报了警。其余的人回丽江，准备报警查找，希望在家的人护理好和国军的老父老母。

下午六6时左右和朝亮给父亲和尚勋打来一个同样内容的电话，要和尚勋做好哥哥和尚典的安慰工作。和尚勋、和朝光二人搁下自家一切事务去找家族在家人员商量方法，要准备好应付两位老人的突发事情。

2005年11月8日　农历十月七日　属日：猪　天气情况：晴

和尚典的兄弟和尚勋及亲家和国亮、亲家母和六芝陪着因儿子失踪而神情郁忧的和尚典、和三姐夫妇，耐心地劝慰他老两口。和国亮还告诉和尚典夫妇："家里养的猫整天都在家，可以断定和国军还生存着，如果家里有人要死，家养的猫就会离家出走（这是南溪村寨纳西族人自古就有的说法）。"老两口听后，脸上还是没有一丝笑容，猜测着儿子也许是遭违法犯罪的人押着，也许是被无钱的混人押着，或许是某个逃犯押着他利用他的车来逃避法律的惩罚。也许儿子被坏人害死，车被坏人抢劫，没有生还的希望。这些天，和尚典家族的人轮流陪睡在他家，进行安慰，以防老两口发生不测之事。同时他们把情况向村委会副主任和丽军反映，要求村委会向各级政府汇报，求得各级政府督促各级公安重视查破此失踪案。

2005年11月9日　农历十月八日　属日：鼠　天气情况：晴

寻找和国军的人们分成三组进行。一组由和朝亮带队到大理、楚雄等地寻找，并查看高速公路收费站监控器，没有得到任何线索；一组由和朝祖带队到中甸一线找寻，也没有线索；一组由和占典带队在丽江附近查找，也没有结果。这使他们很失望，和国军家里的人及亲属也急得坐立不安，于是和国军的老婆吾玉祥请和武军、和朝光两人做伴，翻山越岭，偷偷地到九河乡算命先生处算命（这位算命先生是远近闻名的失明老人）。九河算命先生说："和国军被一伙做生意的歹徒所押，目前生命还安然无恙，待以后会慢慢脱离危险，也可能被寻找他的人们所发现。"听到这些，和国军父母的心有些宽松了，人们劝慰的话题也多起来了。

2005年11月10日　农历十月九日　属日：牛　天气情况：晴

南溪因控制疫情而设为"禁区"的禁令一解除，今天回家帮忙挖洋芋的驾驶员和灿、和建军立即派回城里去帮忙寻找和国军。是的，有点人性的人都应该这样，朝夕相处近三四年的同村开车人，这样的举动是符合人情、符合礼节的。

在维西县拖枝卫生院工作的和国军姐姐和国英，由丈夫杨文七拉着回到家里，同来的有杨文七的四哥、五哥、侄儿三人，共七人，他们是7日开始到中甸、德钦、乡城、德荣等县寻找和国军的，但没有结果，就先回来安慰老人。

今天上午8点开始解除对南溪行政村实行的全封闭，除对鹿子自然村继续实行封闭外，对文屏、金龙、满上、满中、满下、旦前、旦后自然村解除封闭。各方面的人可以正常通行。把原先设在文屏石厂的关卡搬到旦都村丫口处，加强对鹿子村的监控、封闭。从这一现象上看，鹿子村所死的三个人并不是什么严重的急性传染病，解除了村民们的担忧。同时各个自然村所设的关卡也解除，可以进行和往日一样的人员流动。

负责堵卡设关及监控病情的李淑芳副县长已离开南溪回县政府，回去前她到云南大学民族研究基地进行了调研。

2005年11月11日　农历十月十日　属日：虎　天气情况：晴

树民和永昌和社芬夫妇，请中村的和福军、五羊老来帮他家挖洋芋。他们共五人，苦干了一天，但还没有全部完成。村民和圣伟家也请五子香来帮忙挖洋芋。但由于杨耀秀从封闭前两天就没有挖洋芋了，所以他家的洋芋还要挖几天才能挖完。

村民和作才、和学青两口子已开始进行打蔓菁的农事，打好的蔓菁主要由人来背。

回来帮忙挖洋芋的和圣武挖完洋芋后，领老婆和爱花（和国军的姨表），到城里去买药，和爱花脸上皮肤过敏，因农活没完而没能吃药打针。今天和圣武回城开车，顺便领她去买药。

2005年11月12日　农历十月十一日　属日：兔　天气情况：晴

大部分村民一起床就去割油菜，有些撒播时间早些的已快割完了，撒得晚些的才开始选割。

村民和国武因两个女儿回来帮忙挖洋芋，他就上山下老鹰、下野鸡，并下到一只美丽的雄性锦鸡。他把锦鸡养在楼上，以备以后再有收获时一并出卖。

南溪公路改造工程因实行对南溪的封闭而停工之后，今天又重新开工。路上又有拉沙、拉石头的车辆奔跑着，工程老板及技术人员、施工人员又进驻满中村和国高家里，活跃了他家的气氛，也增加了他家的经济收入。

鹤庆县的洋芋老板，又来到南溪买洋芋，有驾汽车来的，也有驾拖拉机来的。南溪人民的脸上又浮现出丰收后的喜悦，封闭时的担心、忧虑、忧愁逐渐消去。

2005年11月13日　农历十月十二日　属日：龙　天气情况：晴

寻找失踪的和国军的堂兄弟（叔伯弟兄）们和朝亮、和朝泽、和朝珍、和朝祖4人。回到南溪家里劝慰和国军的父母，同时汇报查找和国军的经过。他们从6日下午开始寻找和国军，行程约5000公里，先后到过攀枝花、华坪、永胜、宁蒗、香格里拉、德钦，大理楚雄等县市。四川省德荣县、方城县在公安部门的协助下查了公路收费站的监控器，细细查找了每个公路上的暗洞和怀疑的地段，但没有发现蛛丝马迹，好像大海捞针，一无所获，只得停下。等待公安部门的侦破结果。

此次寻找和国军除了这四兄弟以外，中村的和占典、和占军、五春立（大五立）、五春立（小五立）、五四军、五春华，满下村的和春拾、和永华、和万军、和德华、和万林，在家帮农活的和灿、和建军也回城去帮忙寻找。满上村的部分驾驶员也参加了找寻活动。

此次寻找和国军的费用由四个兄弟共同支付，2000多元由四人平摊，每人500多元，和国军家属用了1000多元。和武军、和朝光也争着想负担些，但他们四兄弟认为他俩家庭困难些就不让他们一起负担了，他俩就每人买一件东西送给和国军父母以示支持这一查找活动。查找期间他们还到中甸活佛那里打过卦。

等到把情况说完后，和国军母亲五三姐及和国军之妻吾玉祥号啕大哭，怎么劝也不行，家族们也为老年失子和中年失夫的婆媳流泪。家族里发生了灾难，兄弟能够慷慨解囊，互相帮助渡过难关，这在南溪满下村，及至南溪全行政村是第一个家庭，目前还找不出第二个家庭能做到这样。他们兄弟之所以能够这样，是因为有他们的父辈老共产党员和尚武、和尚典、和尚勋在20世纪90年代初就为后代树立了榜样。90年代初，堂兄和尚模病逝，当时村民收入很低，80%以上的村民还未能实现温饱，国家干部的工资待遇也很低。当时出葬费用在800—1000元之间，和尚模的孩儿还小，家境也较贫寒，于是和尚武等三兄弟商议每人捐助100元，在他们的带动下，离休后居住满中村的干部和兴（和尚模的连襟）也捐助100元，就连家境贫寒的和圣伟也捐助了50元。这样就解决和尚模丧葬活动的一半费用，同时也给后人留下好的影响，成了有福同享、有难同担的好榜样。

2005年11月14日　农历十月十三日　属日：蛇　天气情况：阴转晴

村民和永红、和永昌、和圣昌、和子一、和朝柱、和自华等六人去沙场帮修路老板上沙子。这事虽然苦些、累些，但钱是稳拿了，而且能持续干上一段时间。

一部分挖完了洋芋的村民由村民组长和国兴带领到村子东边山上"楞实古"打石头，卖给改造南溪公路的老板。所打的石头有一定的规格要求，没有长期干石活的村民是打不好的，有些打小、有些打大，如果不符合规格老板是不要的。干这项活计比起干沙子上车的活是省力些，但收入是有较大波动的。

今天早上，村民组长和国兴，在和四闰的小卖铺院坝里召集户长会议。会议的内容是：1. 农闲后要自觉护林爱林，要求村民砍烧柴时不能砍松树，更不能砍村子附近的松树，到离村较远的山上砍杂木做柴火。2. 公路改造工地上可以做，沙子上车、打石头、路上平整沙子等活计。上沙子要固定不变的六人来进行；打石头和平整沙子可看情况而定。各项活计的工价由村民们自己去给老板讲。

今日8时开始解除对南溪鹿子村的封闭，参加封闭活动的公安干警、医护人员、各级政府的领导已各回各自的单位。从封闭到解除这段非常时期看来，病源不在鹿子村，而且也不可能是传染性很强的病。但从封闭这一举动看出，各级党委政府、医疗单位视人民群众的生命高于一切，不顾自身安全坚持守护在危险地方，值得全体村民铭记心中。

2005年11月15日　农历十月十四日　属日：马　天气情况：晴

村民和金发和银谷两口子到丽江五台金山乡去换洋芋。开始时他俩实话告诉来挖洋芋的，说自己是南溪人，本来想换洋芋的人叫前后都纷纷离去，已换好的人也叹气说："生死由命了。"为什么会发生这样的事情呢？原因来自前段时间对南溪实行封闭，查病因、找病源，城里和坝子里就谣言四起，说"南溪发生了非典，死了多少多少人，有多少人在抢救之中"等。所以，造成城里人和坝子里的人一听到南溪人就怕而远之，见而让之。到金山乡，他俩就改说是"太安洋芋",结果一抢而空,天未黑就转回到家了。

2005 年 11 月 16 日　农历十月十五日　属日：羊　天气情况：晴

村委会书记兼主任和国军、副主任和丽军、妇女主任杨耀秀等在村公所收拾封锁时用的东西。趁休息时,云南大学研究基地管理员和尚勋老师向和国军书记作云大基地管理事务接交时的情况汇报。和尚勋老师说:"此事原准备早就向书记作汇报,但因书记太忙,首先给副主任汇报了。"接着和老师详细汇报了管理交接那天云南大学基地项目负责人和晓蓉女士和满中村(基地所在地)村民组长和国高两人的对话交谈情况。听完后,和国军书记说:"和老师,您大胆些放心做好了,满中村的村民素质没有像和国高说的那样差,群众根本无人议论由谁来管理之事,这是云南大学的所有权,这些话是和国高心怀叵测,想由他来管理所编出的。对建设基地房屋,他吃老板,贪占村民,饱了腰包,是只知钱而不知理的人,但面对得力能干正直的人都在城里开车的客观情况,我们只好让他任组长了。假如哪个村民跟您说二话,马上来告诉我,我来说服、教育,假若云南大学不使用了,所有权交给满中村的话,就由组长说了算,现在哪能由他呢?我们村委会全力支持云大研究基地负责人的主张。希望和老师能为云大研究基地为南溪人民发挥余热,记好日志,管理好房屋财物,云大研究基地和南溪后代会不忘您的贡献。"和尚勋老师满怀信心地回答说:"有村干部的支持,有云大的信任和具体指导,我决心尽最大的努力做好这项工作。"

2005 年 11 月 17 日　农历十月十六日　属日：猴　天气情况：晴

丽江市、古城区、玉龙县出租车协会会长（女士）率协会有关方面负责人由和国军堂兄和朝亮、和朝祖二人陪同到满下村和国军家里,就和国军及出租车下落不明一事对和国军父母妻儿进行慰问。在慰问交谈里得知,出租车协会以一个组织的形式向公安部门要求协助查找和国军及车的下落,并打算请来电视台的"新闻夜班车"栏目摄像组和主持人到受害者家采访报道,以提高政府、公安、社会对此类事件的重视和防范。今天上午他们采访了和朝祖,明天会播出采访实况。

2005 年 11 月 18 日　农历十月十七日　属日：鸡　天气情况：晴

玉龙纳西族自治县文化广播电视局的 5 个项目负责人到南溪村公所,与村委会副主任和丽军洽谈关于南溪实行电视转播接收的工程。说这是前不久南溪实行封锁调查病情时，玉龙县长和承永承诺的扶贫工程之一，方法有两种，一种是建有线电视网，每户要投除国家补助资金外的不足部分，资金 100 元；另一种是群众不投资，建一个发射转播塔，同时可以看四个频道的节目。村委会鉴于南溪村民大多利用数码机和收视机这一情况（有电视机的村民 80% 都有电视接收器），决定实施建塔。文化广播电视局要村委会备好一手扶拖拉机沙子、三包水泥作塔基浇灌之用。有些村民认为应一次性搞成有线电视，但村干部面对南溪经济还落后、各户收入不同这一情况，怕难以收齐群众投资款，特别是文屏村及鹿子村最难收。交费最积极、能听从各级政府指挥的是满下、满中、满上、金龙、旦都这些自然村，这些村的村民有近一半左右农户已使用电视接收器，搞有线电视会成为这些村群众多余的负担。这样决定后，县文化广播电视局下周将派技术员来实施建塔安装电视发射器。

2005 年 11 月 19 日　农历十月十八日　属日：狗　天气情况：晴

村民和永昌、和圣昌、和永红、和子一、和自忠、和朝柱 6 人，利用在公路改造工程装沙的机会，用和永昌的拖拉机为村委会拉了一车沙，价钱是 40 元。他们认为从沙场拉到村公所是划算的，于是立即先装一车，由和永昌一人拉去，并负责下车，其余 5 人专为公路改造拉沙装车。

村民和国兴以每市斤 3.8 元的最高价卖给公路改造老板活猪一头，过秤重 281 斤，共计 1067.80 元。这是今年生猪价最好的一头，在活猪价很低的今年，和国兴走了好运。

2005 年 11 月 20 日　农历十月十九日　属日：猪　天气情况：晴

村民和国成帮汝寒坪村的洋芋老板五军联系出售洋芋种的农户，价格每市斤 0.18 元，联系到一车就由五军付给和国成 40 元报酬，只需早晚片刻，或最多花费半天时间，带闲带做，张嘴就 40 元，他已经联系了 8 车。

他是继和金发后第二个帮洋芋老板联系洋芋种秤洋芋来增加家庭经济收入的村民。干这件事不需汗流浃背，也不需灰尘满面，但不一定做得成这件事，因为一般人一则要居住于公路边，二则要与老板是好友，才能得到村民们所说的"软钱"（意为不费力而获取的钱，和金发是三年前就和一个洱源老板和一个鹤庆老板交朋友而得到如此轻松的找钱活）。

2005 年 11 月 21 日　农历十月二十日　属日：鼠　天气情况：晴

在丽江城里开出租车的和国军堂兄和朝亮、和朝珍、和朝祖三人，昨日听到鹿子村开车人王昆讲："在中甸客运站停车场自14日后停着一辆无牌照、有一个前轮漏气的桑塔纳出租车，是由一个长头发男人开来的，车门上还插着钥匙，从车的出租灯上可断定是丽江的出租车。这是一个开中巴车的司机乘坐他所开的出租车时讲的。"他们三人（和朝泽在10日请和建军帮他开车后，就一直在家休息）听到这一消息后，迫不及待的驱车赶往中甸寻找，找遍中甸的所有停车场，询问了每个停车场的门卫，但对这方面的线索一无所获，和国军失人失车，车与人到现在仍然杳无踪影。他们三个高兴而去，失望而归，估计这些话是编造出来的谣言。他们只好边开车、边等待公安部门的侦破消息。

2005年11月22日　农历十月廿一日　属日：牛　天气情况：阴

南溪公路改造工程在紧张而有序地进行着。拉沙的沙场除满下村外，又在满中村附近开发了两个，这两个沙场是雨季雨水从山上冲下来的沙土堆积而成的，质量差，土多沙少。是为了赶时间，为了能使满中村村民能找到一些钱而开采的。石头仍然在满下村古场（楞实古）采。除此之外，文屏村附近的石场（靠称岩）也在紧锣密鼓地采备石头。

今天村民和国兴，趁村民还在农忙之机杀了一只肥猪卖，价格是：臀尖肉每市斤6.50元，肋骨肉每市斤5.50元。除了卖以外，还给嫁到旦后村的姑娘家及姐姐家一些，给嫁到金龙村的小姨妹王燕谷一点，肥头及肚肠留下煮给杀猪人吃。共卖了1132元，若是不送人可能会卖到1300多元。只要村里有杀猪卖的（除个别很注意节约的几户外），大多数村民都要称上几斤，即便是手里无钱，赊钱也要吃一顿，几乎形成了不成文的村规。

2005年11月23日　农历十月廿二日　属日：虎　天气情况：晴

今天，村民们有的在挖萝卜。这些萝卜是套种在绿肥地里的，长得又粗又长，肥壮白嫩，是人们可食用的无公害优质蔬菜。它从下种到收获只施农家肥，不追加化肥，不喷洒农药。可煮食或作腌菜，也可作凉拌食用，不管做成哪一种菜都味美可口，营养丰富。在南溪古来就有"萝卜上市医生倒霉"之说，说明多吃萝卜对抗病毒健身体是有一定效果的。在化肥、农药被人们多用于农作物的当今，无公害萝卜对人体肯定会有更大的益处，就连家居城里、在南溪教书的一些老师，每逢星期六回家都要跟学生家里要上些萝卜带回家，以备家人吃团圆饭时炖肉汤吃。

萝卜挖来后，除少部分用来泡酸菜或做菜吃外，大多做成萝卜干，切成一块一块的以备冬春喂猪或喂牛。还有些勤俭持家的能人，切成细丝晒干，以备冬春之季做干菜食用或泡酸菜食用。

2005年11月24日　农历十月廿三日　属日：龙　天气情况：晴

村民和武军家去挖萝卜。他家已挖了五六天了，前些天边挖来就边切了晒在屋顶，现在家里已无处可装了，想给岳父家一些，但他岳父也说他家已够多了。在这样没处放无人要的情况下，家族和家良要了一车。他们五人挖了一上午。因为他家所种的是日本萝卜，并且是撒上萝卜种后再犁田的，所以根扎得很深、难挖，不小心扎于土里的那截就断在土里。和家良要了这一车，准备部分做菜食用，部分喂猪。

2005年11月25日　农历十月廿四日　属日：蛇　天气情况：晴

南溪完小召开学生家长会，要求必须由学生的直接责任人（父亲或者母亲）参加，从学前班到六年级的家长都参加了会议。村委会干部和国军、和丽军、和继武应邀参加了会议。会议从上午9时进行到下午2时。会议的议程是：1. 奖励期中考试成绩优秀的学生；2. 由校长李建光老师向家长和行政村干部汇报撤并校点的学校教育教学工作情况，学生的学习、生活情况；3. 分年级召集家长，由班主任老师向家长们汇报每个学生在校的各方面表现，与家长进行交流、沟通，求得共识；4. 学生家长与老师进行篮球友谊赛，学生们分坐于球场两边，为老师和家长呐喊、鼓劲，球赛到下午4时30分，以家长队胜、老师队输的结果而告结束。

2005年11月26日　农历十月廿五日　属日：马　天气情况：晴

挖沙子上车的村民和永昌、和圣昌、和朝柱、和自华、和子一等6人，每天所得的报酬不超过30元，因而感到不划算，就停止了这一工作。公路老板就请鸣音籍民工来挖沙上车，而请满下村的这6位村民去"椤实古"石场打石头。和永昌不去，他去砍林备木料，准备格整房子用的。他自称："木料是从汝南化村的山上砍来的。"这是否是真话，天知、地知，只有他知。没有专门的护林员，每天虽然安排了两户护林巡山，但都只是应付一下，没有认真地进行检查，只是摆样子了事。面对这样的村情，想砍树做料的人就乘虚而行，大胆备料。每户都出钱护了近20年的林木，如果让这种情况继续下去，早晚将毁了山林，有些村民对此愤愤不平，另外却有些村民内心欢喜，并投身于砍林备料的行列。

2005年11月27日　农历十月廿六日　属日：羊　天气情况：晴

打石头的男村民照常去打石头，比较熟练的村民和万琴、和立军、和二友、和圣华他们每天的收入都在40元以上，其余的也在30元左右。

村妇们一起床就先上山拾一背松毛，然后吃早饭。上午，有的手拿镰刀去割绿肥；有的背上帐篷或塑料布去搓油菜；还有的去切萝卜、蔓菁，做萝卜干、蔓菁干。总之，农忙还没有完。

南溪公路改造工程满中村至满下村段，经过铺石师傅们三天的艰苦劳动，已在今天完成。过去坑洼不平、窄得很、难错车的乡间路变为平坦宽广的塘石路面，熟悉路况的驾驶员闭着眼睛都可开一阵车了。从此告别了雨季路面泥泞、车辆行驶倒滑的历史。

和尚典的侄姑娘和朝花及丈夫赵桐林、老岳父赵新民携两个孙子利用星期天来看望和尚典夫妇及和玉祥，就和国军连同出租车一起失踪一事进行慰问。亲戚来慰问他们已接近尾声。和国军与车失踪至今已有23天，仍杳无音讯，看来没有生还的可能了，恐怕连见到尸体的希望都很渺茫了。若不能生还对他家是天大的不幸，"中年丧偶，老年丧子"的悲剧就要降临和尚典家，这七旬老人多命苦啊！

2005年11月28日　农历十月廿七日　属日：猴　天气情况：晴

到今天，南溪公路改造工程（2.8公里）路段的塘石路所需要的石头已备足。施工老板不再要满下村的村民打石头，并告诉打石头的村民如愿意可以去修理公路边沟，每米价0.20元，大多数村民不把每米0.20元看在眼里，只有和金辉、和汝浩、和汝信三人来做此活。黄山镇镇长和卫红要求老板一次性把工程做完，工程款以后申请了再补给老板。施工老板则认为黄山镇是"黄埔军校"（意为在黄山镇锻炼了几年的干部大多数都提拔、重用），现在和积军书记已调走，等以后镇长要是调走的话，钱就不好及时要回。现时施工老板最怕、最担心的是干部调动。他明确表示有多少钱，修多少路，不知道以后的情况会有什么变化。今天还有两方打好的石头，村民组长和国兴出面要求老板拉走，最后老板还是拉去了。

2005年11月29日　农历十月廿八日　属日：鸡　天气情况：晴

村民和耀华请了堂兄和二友、村民和永红、退休工人和顺光，加上他家母亲和玉琴、妻子和世仙共6人来砌厨房的空心砖。师傅由和二友、和永红来当，和耀华、和顺光负责搬材料（沙灰、空心砖），和玉琴及和世仙婆媳俩除做饭外，帮着拌沙灰、搬材料。这间厨房是去年盖的，他家打算今明两天砌好空心砖后，杀年猪时就搬进新厨房。

村民和金辉、和汝浩、和汝信三人包了一段公路修理边沟。所包的款是多少，他三人不愿告诉别人，可能是怕别人也来抢做这个活。

村民和子红、和菊花夫妇趁农闲之机挖沟埋水管接水，沟深40公分左右，是从老地基那里接到新宅基的，水管和龙头是黄山镇水管站无偿提供的。

在城里开出租车的村民和朝泽，在城里订做好铝合金玻璃窗。今天他拉回来玻璃窗及师傅，请师傅安装在楼上的前栏，装好后房子显现出美观、洁净、明亮，比木板平整，既美观，又省钱，房子做成这种样式玻璃窗，在村里已是第四家了。

2005年11月30日　农历十月廿九日　属日：猪　天气情况：晴

前段时间忙于抓钱（打石头、挖沙上车）的村民们，今天又去忙割绿肥。他们原来的出发点是：抓钱要利用好时机，割绿肥之事可暂搁不管。事情果真如此，当公路上材料已备够，石头打出来无人要无处售时，现在正可以慢慢地收割绿肥。真是做到抓经济、抓农活两不误。

村民和作典因活猪卖不出，故趁后天是满下村祭祖节，今天请人杀一口猪卖。因为他家平时在村里别家杀猪时不买鲜肉吃，所以今天卖猪肉也比其他村民杀猪卖肉时买的人少，和作典就把卖剩的肉腌好备来年食用。

村民和国武向和作典家买一口肥猪，价格780元，毛重大致有120公斤左右。这与往年的猪价比是不算贵的，但从今年的价格看是贵了点。杀猪的人和国武请了和作典杀猪时请的这伙人，就在和作典家里杀，和国武就省了请烧水、杀猪的帮手。

南溪村委会妇女主任杨耀秀陪同镇计划生育干事、镇分管计划生育的领导来到满下村寨和尚典家中，说服他家儿媳，所现怀的第三胎要及时到计划生育指导站做引产术。和尚典听后说："我儿子现在失踪下落不明（人与车），你们现在就窜进门来逼我儿媳做引产手术，若一事未了，再发一事，谁来负责？"和尚典之妻五三姐也说："两孙子现在很不健康，还要观察一段时间"。他们没有做通两位老人的思想工作，以双方不愉快的心情结束这次的动员。政府及其工作人员可能对两位老人失去儿子和车一事抱有同情之感。但同情归同情，国策归国策，两位老人对国家计划生育政策这样不理解是太不在理了,特别是和尚典老人已有40多年党龄,干了一辈子革命工作的老同志,说出这些话是太不合情理了。

(十二) 12 月份日志

2005 年 12 月 1 日　农历十一月一日　属日:鼠　天气情况:晴

村民们多数都在搓菜籽,搓的方法各不相同。有的先将油菜平铺于篷布上,铺好后先用脚踩一阵子,再用打粮杆来打;有的先用双手搓,搓了一阵后,用短杆甩打;还有的拿来油菜就用脚踩,然后用短木杆甩打一阵。到一定的时候就用筛子来筛,筛出油菜荚,打一阵后进行扬风,扬净后装进袋子。方法不同,进度也不一样。用粮杆的方法速度快些,每天每人能搓到四五十公斤,速度慢的方法也能每人每天搓到35—40公斤左右。

村民和国兴到丽江鹤庆找他的干亲家施崇基(云南省有名的农民企业家,鹤庆辛屯人),帮和国兴姑娘和爱英向亲家借钱。借钱的用意是:和国兴女婿五波德与满中村村民五万社合买的出租车要分开(旧车归给一个人,另一人买新车)。结果施崇基说是钱都垫在工程上了,一时无法借出。

2005 年 12 月 2 日　农历十一月二日　属日:牛　天气情况:晴

今天是满下村寨的祭祖节(乘丢此波),吃过午饭各家主持祭祖事宜的人忙着制作祖宗牌位(过去是用木制牌位,是永久性使用的;现在多用纸制牌位,使用是临时性的,这次祭祖节制作到明年七月拜焚烧)。村里毛笔字写得好的退休老教师和尚武成了大忙人,全村几乎都请他写牌位,是义务性质的。制作出牌位后,就扫地,并在祭祖坛上(一般设在八仙桌上)撒上青松针,大门边也铺上青松针。祭祖坛正中摆上祖先牌,牌上写着所祭历代祖先名。然后摆上三双筷子、三堆黑柿子、三根蒜苗、三个苹果、三个核桃(意为三代祖宗食用)。接着点燃五炷香,用茶盘端上酒和茶,到大门口迎祖,口里说:"本家历代宗亲,今天是十一月初二,后生请祖先们回家与后生们团聚,同时请回祖坛就座。"边说边在大门两边各插一炷香并摆上酒茶,回屋把三炷香插于牌位前,摆上酒茶。迎祖仪式完后就着手做饭。所做的菜比平时多,比平时好,多为肉食品,部分为平时较少吃的鲜菜。做出一样就先摆在祭祖坛上(意为供祖先食用)。等到出嫁的女人回来祭酒磕头,主持者就从每碗菜里捡出一点另放于一个碗中。再找块瓦片,里面放些燃烧的炭,捡些肉放在炭上,用盘子盛了那碗饭菜、酒茶,点上五炷香,到送祖处送祖。到送祖处后,先把香插好,在香前铺上青松针,松针上放饭菜。一边放一边说:"请祖先们慢慢吃,请吃饱喝足了再走,请给后生们平安、健康。"说完把酒茶洒于青松针上。主持仪式的人回到家后就开始吃晚饭。

2005年12月3日　农历十一月三日　属日:虎　天气情况:晴

南溪公路路面改造工程(从满下村到社吉古2.8公里路段),铺成塘石路全部结束。公路老板把他带来的用于修路的机器、车辆、施工人员已全部撤离南溪,又开赴新的施工工地(古城区、七河乡共和行政村小南溪村),又开始挖修小南溪到漾西行政村老洛自然村的村通乡公路。这条改造后的路段比以前宽、平,可以通行大型货车(遗憾的是从文峰寺到文屏村的路段窄了些)。要想富路先行,要把村民生产出来的洋芋变为金钱,就要有好的路。村干部和村民们都感到这是和卫红同志任黄山镇长以来为改变南溪的贫穷落后面貌所做的第三件大事(第一件大事是完成了农电网改造,第二件大事是搞了信基站)。为官一任造福四方,和卫红镇长成了继吕鹤高、杨承新两位镇政府领导后的第三个南溪人民难以忘记的好领导。

2005年12月4日　农历十一月四日　属日:兔　天气情况:晴

村民和朝泽家杀年猪了。由于他家养的猪在七八月份得了传染病,虽然打针喂药,功夫下了不少,但家里所养的猪全部死光(大小共死了10口,大的5口,小的5口)。就在前个月才又从村里亲戚家连买带要了4口小猪养起来,今天杀的这口肥猪是和朝泽的爸爸和尚武(退休老教师,今年在他家吃饭)以1030元的价格从村民和国亮家买来给他的。这样一来和尚武的小儿媳妇和闰英很不顺心,说了些很不愉快的言语。她说:"我家这位老公待几个儿子太不平等了,去年给大儿子和朝东买了1000元的肥猪,今年又给二儿子和朝泽买了1000多元的肥猪,而与我们家搭伙吃饭,三四年却分文未给,还给他的两个儿子每月120元的生活费,这太不公平了。和朝东还买了一所7500元的房子。我们两口子则分文沾不上"。

事情果真如她说的一样,但不知道和尚武是否会给这小两口子钱。唉!儿多母苦,做父亲的拿的这点工资在儿女面前也确实难做人,顾了这头,顾不了那头就受那头的气,父亲省吃俭用也难满足三个儿子、三个媳妇的愿望。

2005年12月5日　农历十一月五日　属日:兔　天气情况:晴

村民和朝泽家的亲戚和尚典家、和朝光家、和尚勋家、和圣伟家、和朝东家、和万琼家、和万琴家、和金星家、和金圣家、和金发家、和金光辉家、和林家的人，继续在他家休闲吃午饭（个别的早点和晚餐也在他家吃）。吃过午饭后喜欢打麻将的玩起了麻将，有些妇女也玩起了扑克，勤劳、不喜欢玩的妇女吃过午饭，就各干各的活去了，有的去搓菜籽，有的去拉松毛，有的去砍柴，杨耀祥及和社香则去护山巡山。今年和朝泽家的常客和金甲（和朝泽的大舅爷）没有到场，可能是忙的原因。

鹤庆辛屯的大米老板拉来一车大米（约3000公斤），到满下村卖。他的要价是2.8元一公斤。好些村民都想买，但有人说米价等些天就会下降，于是就没人买了。老板就把米拉到旦都、鹿子村方向去了。

2005年12月6日　农历十一月六日　属日：蛇　天气情况：晴
在城里开出租车的村民和灿、和建军、和永华、五德华、和春拾、和建军、和朝泽、和圣武以及满中村的和占军、和春立等人应和朝亮所请，回村帮他家杀年猪，做杀猪客。和朝亮的父母今年只养有一口年猪，就又向村民和圣昌家以每公斤6元的活猪价买了重150公斤的一口大肥猪，合计900元，加上酒、烟、菜花去600多元。此次杀年猪共花去和朝亮家约1600元，是他家有史以来杀年猪付出最多的一年。

他家请杀年猪客所用的待客菜，四年前就告别了传统的六菜二肉，取而代之的是从城里买来的鱼、烤鸭、火腿肠等做成8个肉菜，烟酒用的也都是较好的瓶装酒和中高档香烟。在满下村寨里是生活消费高的第一户。有部分开车的也陆续学着他家的待客方式，但到目前还为数不多，才有十来户人家。其中有些家庭是乐于消费，有些家庭是出于形势所迫，别人这么做、我也这么做。生活上消费攀比是满下村的一个特点，特别是喜、丧事必须跟得上前面那家的规格（一家用了8盘肉，后一家也跟着来，若前面那家用了10盘肉，后面那家也要跟着用10盘肉待客），这已成了不成文字的村规。这样做确实有些过头了，但大多数村民还以此而自豪。

根据黄山镇中心校的安排，南溪完小四、五、六年级的学生及任课老师由和国军书记、和文亮等9个驾驶员用9辆面包车拉到白马完小听全国十佳青年和志刚的报告。一同去的还有学生家长代表10人。这次英模报告会对同学及老师家长们教育启发很大，使到会者都懂得："有志者、事竟成"以及"只要功夫深，铁棒也可磨成绣花针"的道理，对学生们以后的成长起到很好的示范作用。

2005年12月7日　农历十一月七日　属日：马　天气情况：晴
村民和圣华及老婆和良命做完庄稼活后去做洋芋生意。他两口子是用自家的手扶拖拉机作运输工具,在村子里以外地老板所出的价格买了洋芋后,拉到丽江坝子去换粮食或卖成现钱,再把所换到的玉米和小麦转手卖给鹤庆的粮食老板。除去两个人的吃、喝、住及拖拉机的油款等,每一手扶拖拉机洋芋净赚得150元钱。他两口子往年也是利用这一段农闲时间常做洋芋生意的。

满中村在职高读书的和振奇,十多天前得重病住玉龙县医院治疗。住了一个多星期未见好转,已病得眼珠都不会转,不会说话,不饮食,急得他们家的爷爷、奶奶、爸爸、妈妈不知如何是好,于是在住院治疗的同时,他们家去汝南化村五实宝家去看"木英布"。五实宝看后答应给他家"木英布"(意为送鬼神),并说"木英布"后娃娃会好起来。很凑巧,三天前夜里五实宝来到和振奇家"木英布",和振奇的病情慢慢地好转了,今天就出院了。前段病时他不说话、不动、不喝,植物人似的,"木英布"后就好了。此事不知是凑巧了还是巫师五实宝的话"灵验"!

2005年12月8日 农历十一月八日 属日:羊 天气情况:晴

村民和国成帮汝寒坪洋芋老板五军买洋芋种,他向和永良、和金满、和圣伟等3家以每公斤0.40元的价购买,估计可买到1万多公斤。他叫老板把车停在和万琼家门前上洋芋。和国成的做法是让卖主各家自己过秤登记,他向老板保证:"满下村的全体村民都是诚实的,轻易不会做假,你可放宽心。"上完车,结算时发现洋芋数量还不够预计收购的数量,和国成就赶紧到其他家去买。

由于汽油、柴油价格居高不下,乘坐汽车的价格也随之增高。从南溪到丽江城,过去每人每次(单边)收费5元,从今天起增加到每人每次收费8元,往返一趟就需花车费16元。好多群众想:乘车吧,出不起这么昂贵的车费;靠走路,又不符合社会的进步、历史的发展,但一天出16元钱确有些心疼,很矛盾。可能部分中年人会恢复过去的步行上街方式。

在城里开出租车的村民和万军,一早就开着车回到村里来。他是奉岳母和学青之命回来拉刚从医院分娩回家两天的儿媳(和圣军之妻)和竹英去医院看病,听说和竹英大腿上生了个疮。和竹英20天前在玉龙县医院产下一女婴,因为她没有提前住院,所以产后胎儿有点不正常需抢救,住院住了20天,待产妇及婴儿都好了才出院的(前天才出院回家)。

2005年12月9日 农历十一月九日 属日:猴 天气情况:晴

村民和国兴因为有侄女和月华帮忙搓打油菜四五天,再加上昨天满中村村民和玉富的帮忙，在昨日已全部完成了田间和家里活（割绿肥，搓打油菜）。今天和国兴应和玉富之请，到她家做木匠，具体的活计是安装房子的六合门。他的老婆和燕花则上山拉松毛，边闲边干。

村民和永昌和社芬夫妇已在今天下午完成了全部田间活，回到家就忙着往手扶拖拉机里装洋芋，准备利用明日星期六，把家务事留给帮学生做饭的女儿和闰青来做，他夫妇俩拉着洋芋去城里卖。准备卖了洋芋后要买回招待杀年猪客的菜、酒、烟等所需物品。到天黑时一拖拉机洋芋就装满了。

2005年12月10日　农历十一月十日　属日：鸡　天气情况：晴

完成了田间活的村民和玉金、和四、和金彦三人，一起到东边山上拉松毛。从村子到东边山上要经过满下草坝，过往时风大不好走，特别是身背庞大的松毛篮的，风一吹，人就不由自主地向前倾斜，走得趔趔趄趄的。因此，大部分村民拉松毛（除用手扶拖拉机外），很少到东边山上去。这样一来，东边山上的松毛就很多，用不了多大工夫就装满了堆得尖尖的一篮。和玉金三人一天就拉了八篮，可能是全村一天里拉松毛篮数之冠。像这种速度，堆满一个大松毛球堆要不了几天，最多一个星期就可堆得高高的。

村民和六芝、和玉祥、和子香、和二女、和社菊、和玉梅到金龙村和益兰家去做"祝米客"（诞生客——编者注）。和益兰的妈妈和六芝，给和益兰女儿背去的礼最多：娃娃背具、玩具、衣物、鸡、米、蛋、糖。其他人带了鸡、蛋、米、娃娃衣服等礼品。村民和朝光家、和朝亮家、和圣伟家、和朝泽家、和朝珍家、和朝东家，每家都托和玉祥带去20元钱。因为和益兰的妈妈和六芝在这些村民请"祝米客"时给每家都送去了4斤大米、20个鸡蛋。

2005年12月11日　农历十一月十一日　属日：狗　天气情况：晴

村民和金发请来已完成田间活计的亲戚和秋谷、和四、和林、和芳等人，加上他家3人共7人在家剥松包。这些松包是他在农历八月十五过后采摘的，大概有近200篮，每篮至少会剥到松子15市斤。今天他们共剥得松子约300斤左右。像这样的速度，还需要剥好多天。这一段时间他们家4人一吃过晚饭就在火塘边剥，一直干到夜里十一二点才休息。

村民和圣军手提提篮，篮里装着好多碗米酒到亲戚家"注锁"（报生、请"祝米客"）。他每到一亲戚家就拿出一碗米酒请长者"注锁"（尝米酒，长者就用筷子夹点米酒，放于铁三角上，口中说道："甜、甜、米酒甜，愿新生娃长命健康）。"说完后送10个鸡蛋给他。和圣军就这样送完一家又送一家，并说："是要在本月十九日请'祝米客'，请大家都吃碗米酒"。

2005年12月12日　农历十一月十二日　属日：猪　天气情况：晴

在城里开出租车的村民和灿、和春拾、和朝亮、和朝珍、和圣武5人，趁和春拾家请杀年猪客之机（他家年猪因有病不吃食而在前天杀了，今天请客）到和春拾家搞"化祟"。这一轮"化祟"开社时有7人搞了两个月后，和永华嫌这样做不仅误工，而且花费大，就退出了，只剩下以上5人及和国军共6人。以和春拾"拿祟"（拿钱）为最后一名而结束（注：拿钱的先后顺序、钱的数额是在组织"化祟"时抽签商定的。他们搞的这轮"化祟"，每祟出500元），本该在前一个月就应结束的，但那时正处在和国军人与车一齐失踪，开车的兄弟和同伴都忙于到处寻找和国军，故推到这个月的今天来进行。和国军该出的500元钱怎么办呢？和国军自失踪后杳无音信，死不见尸，下落不明，家中留下两个老人、两个幼小的孩儿及老婆，和灿等五人不忍心开口向和国军的家属提及此事，就由他们5人每人为和国军付出100元来了却此事。这是互相帮助，帮贫济困的具体表现；同时也体现了长期流传于南溪人口头的"人死账懒"这一名言。

2005年12月13日　农历十一月十三日　属日：鼠　天气情况：晴

村民和永昌家今天杀年猪。他家原打算出售一口，杀食两口，但今年活猪价比往年降价幅度较大，又很少有买猪的老板，就改变了原来的主意，不出售，杀三口。他家杀猪的帮手有和丽军、和德华、和万元、和亚兰、和福军、和福生，加上他父子共8人。杀三口猪，时间短任务重，他们进行得很紧张。今晚所请的客，除了他的家族三家、耕牛组一家（和丽军）、亲戚五家外，还有老师一桌（因为他女儿和闰青在学校帮学生做饭），还有和闰青在村中的女伴，儿子和春银的一些男友。所以，待客的菜就不能用传统的八大碗，也得像村中部分村民那样，用鱼、鸭、火腿肠等来代替。过惯了吝啬生活的和永昌和社芬夫妇，舍得钱来招待杀年猪客，真是不简单的进步。

玉龙县教育局的三位干部驱车来到南溪完小，观看学生排练的"十悲"节目，这个节目是2004年元旦节玉龙县主办的"首届娃娃艺术节"

的参演节目，受到众多艺术家及观众的好评。今天再次开始排练这个节目，是要参加本月 17 日在丽江召开的"全国农村教育工作会议"开幕式上的演出。

2005 年 12 月 14 日　农历十一月十四日　属日：猪　天气情况：晴

村民和万琴家急着想卖洋芋了。他今天听从老婆和金燕的指挥，到满中村去等来买洋芋的汽车，到 12 点左右果然等到了一辆大型汽车，乐得他合不拢嘴，忙爬进驾驶室，指挥司机把汽车开到他家门口，以每公斤 0.56 元的价格成交。他把车安顿好后，请来亲戚及邻居帮他上车，正好上山的人刚好回到家，马上就投入了上车的劳动。有的用簸箕装洋芋，有的将洋芋过上车，他和哥哥和万琼及老板边过秤边记数，主妇和金燕则忙着做饭煮肉。到下午 5 点左右上车数量已达到 16000 公斤，合计卖 8960 元，差点到 1 万元了。望着这么多钱，家长和金燕含笑点清，并收好，还说明日要去信用社存钱。和万琴更是乐得向众人夸起口来"今年洋芋收入会达到 15000 元以上。"是的，勤劳人家先致富，向阳花木早逢春。这些年由于主妇和金燕安排得当，和万琴俯首帖耳，全家人都听从和金燕的指挥，才有较大的增产、增收，家庭建设也搞得不错，旧貌变新颜。

2005 年 12 月 15 日　农历十一月十五日　属日：虎　天气情况：晴

村民和秋谷、和子春搓油菜籽，昨天在田里因为风向不定，老是起旋风而无法扬净。今天她们两家都背出全部装满菜籽的袋子，在风向固定的村子西面扬菜籽。扬净后准备出售一部分，留下少许榨油食用。

村民和金发家、和金辉家、和建成家、和建国家等采集松包较多的村民，正全力以赴忙着剥松包。剥好的松子用塑料袋装好，都搁在蔓菁堆上，从而保持一定的湿度，以便出售过秤时不会减轻重量。今年的松子不需背到集市去卖，可以在家等待昆明的松子老板来收购，每公斤出价 7 元，不算高但也不能说很低，反正"零卖不如堆卖"，在家一次性出售利多些（不需误工，不需花销，不需花乘车费），大多数村民都乐意。

2005 年 12 月 16 日　农历十一月十六日　属日：兔　天气情况：晴

和国兴家准备明天杀年猪，已通知部分亲朋。但时间与鹤庆干亲家杀猪日子重合。文华村的老友吾小林今天已来到他家，于是他就请上几个人今天先杀上一口猪，做上点鲜肉，以招待吾小林夫妇。留下一口猪，等些时候选择不与亲戚们重合的日子来杀,以圆了干亲家的面子。他指使儿子吾德华去鹤庆县辛屯干爹施崇基家做客,并让他带去一些洋芋、萝卜等山乡特产。文华的老友回家时和国兴也送给他们一块肥肉和一点瘦肉、洋芋、萝卜之类东西。吾小林夫妇高高兴兴地回去了。

2005 年 12 月 17 日　农历十一月十七日　属日:龙　天气情况:晴

村民和海、和社芬、和月华、杨文花等人带上午饭,背上砍刀、斧头、绳子到鸡冠山后面砍柴。她们利用田间无活计之机砍上一些柴,码好晒在"东巴舞场",想等晒干后利用下雪前的时间用手扶拖拉机拉回。他们砍了十多天,足够装三四手扶拖拉机,一年烧的柴火也就解决了。不少村民往年都是这样做的,到远一点的地方砍柴,柴的质量比村子附近的要好得多,砍到的数量也多,所用的时间少。

村民和国红今天开始去做卖油菜籽生意。他先在当地买菜籽,然后拉到城里卖给榨油户,找一点差价。具体是以 1.25 元一市斤的价买入,又以 1.30 元一市斤的价出手,每市斤有 0.05 元的赚头。若买上 3000 斤就有 150 元,除去花销和加油 50 元外,还有 100 元的纯利收入。他认为这比做洋芋生意还划算,还省力。

2005 年 12 月 18 日　农历十一月十八日　属日:蛇　天气情况:晴

人车失踪已 43 天的村民和国军的家属又开始查找和国军的下落。查找的方法与以前不同,这次查找是到金山乡五漏科村算命女巫处打卦,算卦老奶说:"此人还在,由二女三男押着,在北面走动,到本月 26—29 日会有点消息,你们到家后面坟地、火葬场拜谢祖宗,再在院子里拜谢天地。"

和国军之妻吾玉祥、堂兄和朝光、和武军、和朝珍回到家里备好所需祭物(熟鸡蛋、米、肉、煎粉皮、煎豆腐、酒、茶、香),请长辈和尚勋、和尚花去坟场拜谢祖先,回到家后又拿上同样的祭物到火葬场去拜谢祖先,最后由村民和国武操作祭天地仪式。仪式是这样的:在院子里摆 3 块萝卜,每块萝卜上插上 1 枝柏枝,以示 3 棵树,摆在最前面。再摆 4 块萝卜平放在地上,上方各插上 3 炷香,摆成第二排。接着用五谷堆 12 小堆摆成第三排,然后用 12 个酒杯盛上酒,用 12 个茶杯盛上茶,摆成第四排。最后用瓦片装上燃着的火炭,火炭上烧着青柏枝,和国武口里诵道:"天地神,请开恩,赶快把和国军找回家,让他尽快回来照顾老人,抚养儿子,谢谢。"说完连磕 12 个头,围在旁边的众男人也跟着磕了 12 个头,谢天地神请把和国军找回家。

2005年12月19日 农历十一月十九日 属日：马 天气情况：晴

村民和作才、和学青两口子为刚满月的孙女五福开举行"祝米客"。按照当地传统的规矩，请"祝米客"是不能跨月的，就是说在婴儿出生后的当月（以农历为准）就要请"祝米客"，但他们家因为婴儿刚出生就住院，与产妇隔离救治，住院时间较长，再则和学青老大妈的弟兄姐妹嫁到远处的较多，没有及时完成（"住锁"）送米酒报生请客，因而推迟到孩儿满月的今天来进行。

今天的待客事宜每项都进行得很紧张。人民公社时代的满四队（以满下村村中间的路为界，上半部分为满三队，下半部分为满四队）每户都有一人来帮忙，村中的亲戚每户有一人或两人来帮忙找柴、杀猪、做饭。待客的方式是先摆上炒面和米酒，客人们都得吃一碗米酒（不限量，但最少也得吃一碗），边吃口里边说："甜、甜、好甜的米酒，愿小孙女健康长寿"。吃完米酒收拾洗碗后接着摆宴席，席上摆八盘四碗，八盘都是肉食，用鸡、鸭、鱼、猪肉做成，四碗由素菜加汤做成。席间，收礼组的人员五爱花用小簸箕抬着八小碗米酒逐桌请尝米酒，每桌由年岁大的一人吃一口，说："甜，米酒甜，孙女健康长寿。"此仪式做完后，五爱花用大簸箕装着客人所送来的娃娃衣物、背具，和良命拿着小孙女舅舅和朝光家送来的婴儿车跟在五爱花身后，五爱花举礼物向众人道谢："阿舅、阿老、阿奶、阿叔、阿伯为五福开送来这么多东西，谢谢了，谢谢了"。

吃完饭，远客在村中留宿，近客回家。回家客人们背回自己背来的送礼篮，里边还装有几个鸡蛋，每个篮里装的鸡蛋数量不同。如送来20个鸡蛋就装回两个；送来30个鸡蛋就装回3个；送1只鸡装3个鸡蛋；若送来20个鸡蛋、1只鸡就装回5个鸡蛋。留宿的客人第二天主人还招待一餐午饭。这一餐食品，肉素混合，仍是八盘四碗。晚饭有全家族人员继续在和作才家吃饭，客人返回，帮工散伙。

2005年12月20日 农历十一月二十日 属日：马 天气情况：晴

南溪行政村党支部委员、行政村村民委员会委员到黄山镇政府去开会。满下村村民杨耀秀为支部委员，和国兴为村民委员，满中村的和国军、和国高为支部委员，同时也是村民委员。他（她）们四人都前去参加会议。会议的主要内容是听取镇党委、政府2005年的工作总结和2006年的工作计划；

听取关于开展共产党员先进性教育活动的动员报告和安排意见。这次参加会议的往返车费由村委会支付。

满下村村民副组长和圣伟挨家挨户地收集2004年转存退耕还林补助款的存折,可能会在近期内拨付2005年的退耕还林补助款。这使全体村民特别是有20多亩或更多亩积退耕还林的村民吃了一颗定心丸,只有亩积数少的(五六亩左右)或没有的村民心中不快,他们认为村民组干部和行政村干部对满下村实施退耕还林时没有作出公平调整,因此满腹牢骚。满下村在搞退耕还林时,田地没有在退耕片区内的农户就没有补助,其他村里由于实行土地调换,退耕还林便家家有,户户有等同的亩积。

2005年12月21日　农历十一月廿一日　属日：猴　天气情况：阴

南溪村委会在和国军书记家里买杀了一口年猪,以备来年开会、接待时食用。今天请了镇领导、自然村组长、副组长、村电工、村林政员、村医、村妇女主任等各级领导参加宴会。杀好猪后,就各自发挥所长,玩一阵子,村医和秀英、妇女主任杨耀秀忙于做饭,忙得团团转,确实苦了做女人的,二十六七张嘴就等着她俩了。到5时左右饭才做好,吃完饭后她俩又忙于洗碗刷锅,男人们则饮酒吹牛,男女真是有些不平等啊!

南溪完小老师也在今天杀年猪,请来中心校领导以及坝区四个完小的校长来做客。席间中心校长木龙宣布"调现任南溪完小校长李建光老师到中心校办公室工作,南溪完小校长由和健雄老师担任"。

这一消息伤了一些家长的心,关心孩子前途的家长都认为李老师担任校长以来,比他前任和丽华老师要好得多,在学生的管理上尤为突出,对李老师的调走感到惋惜。

2005年12月22日　农历十一月廿二日　属日：鸡　天气情况：阴

南溪村委会在村公所召开党员支部大会。全行政村共有51个共产党员,有40人到会,11人请假或没接到通知而未到会,到会党员年龄最大的为74岁(和绍武、和福祥、和友仁)。

大会由党支部书记和国军主持,会议的内容主要是拉开在基层党支部开展第三批"保持共产党员先进性教育活动"的序幕。会上,黄山镇党委督导组长、镇党委副书记木建华同志布置了关于在黄山全镇基层党支部开展先进性教育活动的安排,并着重讲了在全党进行该项教育活动的重要意义和必要性。

会议还组成了南溪村"先教"活动领导小组,组长由村支书和国军担任,副组长由村支部副书记和继武、村委会副主任和丽军担任,组员由村支部委员担任,并设有办公室,由和丽军任办公室主任。

因为参加会议的党员来自不同的自然村,散会后还要走远路回去,村副书记和镇里下派的督导组成员专门从城里买来糕点,让党员同志们充饥。

会上还每人发了一份"先教"活动材料和一本学习笔记、一支笔,这种做法在南溪党支部属于首例。

2005年12月23日　农历十一月廿三日　属日:狗　天气情况:阴

村民和圣伟家杀年猪,帮手是和顺明、和永红、和桂秋、和永良、杨耀秀、和永军、和永贤、和顺光、和尚勋、五玉祥、和朝东、和朝光、和秋谷、和子红、和社红、和社兴、和朝祖等人。帮手多,干起来较快,到12时左右就把两头肥猪收拾完毕,转入做午饭。下午就松闲了,上了年纪的人就在火塘边烤火、饮酒喝茶、聊天。聊天的内容很广泛,涉及在全国开展的共产党员保持先进性教育活动,国内外时事、生产生活、物价行情等。人们最关心的是物价行情、生产生活这一话题,因为它直接关系到老百姓的切身利益。

鹤庆县逢蜜村小老板,用后轮驱动拖拉机拉了一车米来换油菜籽。换的比例是1:1,就是说一斤米换一斤油菜籽。今年油菜市价大跌,去年1.65—1.75元一市斤,今年只有1.25元一市斤。好多村民都认为为1:1的比例似乎等价,换的人也就多了。往年这家小老板是拿钱买菜籽榨油的,可今年她生意越做越精,从鹤庆拉米来换回油菜籽,这样所得的利比出钱买菜籽赚得多。

2005年12月24日　农历十一月廿四日　属日:猪　天气情况:阴

村民们都在忙于杀年猪,做杀猪客。今天就有和万琴家、和子红家、和永红家、和万军家、和国兴家杀猪,要去帮忙的亲戚显得人手吃紧。如村民和武军家,和武军去帮和子红家,父亲和圣伟去帮和万军家,儿媳和金贵去帮和永红家,显得太忙了。做杀猪客也只能这家吃一顿,那家吃一顿,有些还得去满中或满上村去帮忙、做客。这些天处于杀年猪的高潮中。

2005年12月25日　农历十一月廿五日　属日:鼠　天气情况:阴

11月1日南溪鹿子村发生突发事件(不明病因连死两人),用于搭救急所棚子的椽子、板子,在解除封锁后收留在村委会。今天村委会对这些椽子、板子进行了处理。近200根椽子以一车烧柴换给满下村村民组长和国兴,板子（约七丈,有好有废）也以一车烧柴换给了村委会的邻居——满下村村民和朝光。

南溪"先教"教育督导组长、黄山镇党委副书记木建华,带领政府办工作人员李明到南溪村委会,布置27日（后天）市委书记和自兴同志来南溪鹿子村慰问11月1日在鹿子突发事件中的死者家属、康复人员、困难户的事宜：27日市委书记和自兴由玉龙县长和承勇、县委副书记曹金明、黄山镇党委书记和学典、南溪村支部书记和国军陪同,先到鹿子村慰问,转回后到云南大学研究基地调研,接着到南溪完小调研,最后在村委会开座谈会。根据这一部署,村副书记找有关方面负责人和村委会三名干部布置有关事宜。木建华等还带领村支书和国军、副主任和丽军到鹿子村具体布置。他要求满中村村民要组织好欢迎仪式,从公路到云南大学研究基地门口夹道欢迎。一切布置完后木书记等人转回镇里。

2005年12月26日　农历十一月廿六日　属日：牛　天气情况：雪

为迎接明天丽江市委书记和自兴率市党政部分领导来南溪,对南溪鹿子村"11.1"公共卫生突发事件（有两名鹿子村民患重症肺炎死去,两名隔离医治转好）的死者家属和康复者进行抚慰,以及向南溪全行政村各自然村的贫困家庭送温暖一事,行政村的三名干部全部都到行公所扫除垃圾,镇党委、政府派下来的木建华等同志也到南溪忙得团团转,安排布置欢迎、参加座谈会的人员、写欢迎标语等事宜。到下午3点左右,玉龙县委办公室主任和学谦、丽江市委办公室副主任等又到南溪村公所布置有关事宜,并着重指出此次来是以"抚慰鹿子村死者家属、康复人员,给困难户送温暖为重点,前天所安排的调研完小和云南大学研究基地这两项活动取消了。不张贴标语,不搞欢迎仪式,不集结群众"。这样一来,镇党委和村委会干部的担子轻了好些,大家都舒了一口长气。县委办的同志还安排了明日由行政村书记接受捐助物、镇党委书记和学典接受捐款（现金支票）。一切安排完后,除村委会干部留下外,市、县、镇的领导们乘车而回。

2005年12月27日　农历十一月廿七日　属日：虎　天气情况：晴

今天的天气格外好,南溪村民的心情比天气还要好。上午10时左右村公所里热闹起来了,昨天所安排的参加座谈会的代表陆续到来了,他们是自然村干部、妇女代表、贫困户代表、村民代表、民间艺人代表、出租车司机代表，共计40人左右。

11时左右村委会副主任和丽军步行到鹿子村安排有关事宜。下午1：30左右，丽江市委和自兴书记率市委副书记何金平、副市长赵景柱、市委办主任卫星、玉龙县长和承勇、玉龙县委副书记曹金明、黄山镇党委书记和学典以及民政、木府等单位的各级领导一行约30多人到鹿子村进行慰问。鹿子村民自发地站在村口欢迎，表示对各级领导的感谢。到鹿子后和自兴书记一行体察民情、了解民意，到整个鹿子村查看了一遍，并与村民进行座谈，问寒问暖，安慰死者家属和康复人员，并给两户死者家属、两户康复人员、两户特困户送去了慰问款及棉被。群众热泪盈眶异口同声地说："感谢党的关怀，感谢政府的关怀。"困难户杨波还深有感触地说："要不是有党的关怀和救助，我这盲人是会饿死的，我再次向党深深表示感谢，并衷心祝愿在坐的各位领导身体健康、工作顺利、学习进步、领导职务能有提升。"

下午3时左右，和自兴一行返回到村公所，当领导跨进大门时院坝里响起了雷鸣般的掌声。和书记走到火塘边招呼坐在院坝里的代表们上来与他一起坐。大家坐好后由玉龙县长和承勇简单介绍了这次和书记来南溪的目的、意义，接着和自兴书记兴致勃勃地说开了："南溪人民、干部，在'11·1'突发事件中表现得很好，与市、县政府配合得很好，为丽江市全体人民做出了重大贡献，为全市的经济建设和旅游业立了一大功劳，我代表市委、市政府以及全市人民向南溪村民、干部表示衷心感谢。南溪的村民是高素质的，特别是思想素质，每时每刻都能与各级党委、政府配合得很好，南溪的面貌也改变得快、改变得大，希望以后要抓住机遇与全国全省人民一道创造小康生活。"

接着村委会书记和国军对各级领导的关心、支持、照顾表示感谢，同时请求各级、各部门领导一如既往地从财力、物力方面为改变南溪的贫穷状况给予支持。

最后和自兴书记代表市委、市政府向南溪村捐赠了10万元人民币（支票），由黄山镇党委书记和学典代收，同时还赠送了棉被、衣物等，并逐一向特困户代表杨波（旦后村）、和林（旦前村），和红（满下村），和六（满中村），和占元（满上村）、和立（金龙村）等6人送了补助金每户500元，一床高档棉被。余下20多床棉被和一些衣物，由村委会干部过些时候送给困难户。

由于还有重要的工作等着他们去做，领导们水都不喝一口又匆匆赶回去了，村民代表们都于心不忍，但又不能强留，只得又以掌声来相送。

领导们走后，大家议论说："市委书记下到行政村、自然村这可能是极少见的。'11·1'这一坏事，却成了好事一桩，这一事件竖起了南溪的品牌，提高了南溪的知名度，短时损了南溪名，长时增了南溪福。目前还未改造的3.5公里公路有望政府会给予资金支持。相信南溪的明天会更美好。"由于心情欢畅，大伙闲谈到天黑才散伙回家。

2005年12月28日　农历十一月廿八日　属日：兔　天气情况：晴

村民和朝光、杨耀祥夫妇以1.3元一市斤的价格在村里收购油菜籽，然后到城里卖给榨油厂。他在和社兴家买了600市斤、和家良家买了1210市斤，到满中村五春华家买了200市斤，拉到城里后以每市斤1.35元的价卖给榨油厂的个体户，每市斤找5分钱，这一车找了100元，除去花销及油钱，还净赚60元。

村民和国兴把家里所剩的去年腌的腊肉（100市斤左右）拉到丽江城他干亲家施崇基的建筑工地上。事先谈好由施负责出售给建筑工人食用。社会也是太不公平了，有些农户杀了年猪，去年做的腊肉吃不完还得请人出售；有些则早就食用完；有些则恰到好处，杀年猪前刚吃完。造成这样现象的原因主要有：1. 六畜饲养得顺与不顺；2. 送礼的多少也有关系；3. 猪杀时有大小、肥瘦差别；4. 婚丧嫁娶收到的肉多。

2005年12月29日　农历十一月廿九日　属日：龙　天气情况：晴

杀完年猪的村民们三三两两上山砍柴，有些到鸡冠山背后砍，大约每天不下20人。这类人家都是男人在家，妇女们去砍柴，砍好码好待干后由手扶拖拉机拉回家。在那儿砍柴的村民们从前年到今年都不怎么爱惜生态环境，不注意松树的保留与保护，她们只为了多砍些、少花些时间而大肆乱砍松树。从去年开始，满下村村民有部分就进行批五偷十（就是说为改造旧房，组长只批准砍五棵，而村民却砍了10棵，有些甚至达百多棵），大大地挫伤了部分村民爱林护林的思想。从20世纪80年代中期开始，满下村寨就由村民自己出钱出粮出肉，请来护林员护林，不分人口多少，以户为单位筹粮、钱、肉，供护林员出护林工。20多年苦心经营的葱葱林木，在这两年里被极个别人强马壮、不畏村民指责的村民偷光，而这些人房屋建设好了，但责骂之声也长久地延续下去。没有砍树的村民怨气十足地说："全村为这几户人家护林育林了二十多年。"在这20多年里，满下村寨请过的护林员就有：和万红、和国亮、和国坚、和丽华、和发光、和红等。

2005 年 12 月 30 日　农历十一月三十日　属日：蛇　天气情况：晴

村民和尚军家里的人打起来了。先是和尚军的儿子和朝柱发凶，狂打狂骂，后就有和尚军上阵与儿子厮打，骂声由大到小，再由小到大，边打边骂。邻里们只是听着，没有人进入他家里劝阻。只因和尚军及和益花夫妇性情卑劣，长期与邻居亲戚相处不能于人为善，而是与四邻亲戚为敌，骂骂打打的事是他家对邻里村人的家常便饭。因此，村民很少与之往来，家族已在十多年前就和他断绝往来关系。打吵一阵后，和尚军发动拖拉机开出去，直到天黑时才回来，不知去做什么，去何方。吵打时他嫁到文山州的女儿和朝娟及女婿在场。

2005 年 12 月 31 日　农历十二月一日　属日：龙　天气情况：晴

玉龙县退耕还林办公室的工作人员到南溪检查验收退耕还林的田地。他们由行政林管员和吉红、村委会副主任和继武、和丽军、黄山林工站袁站长陪同，到满下村的拖告此一带验收。验收的结果基本合格，同时提出了要在适当的时候进行补苗的要求，村委会干部表示一定要动员群众按要求补好苗。

村委会书记和国军到丽江市参加丽江市委对玉龙县处置南溪鹿子村'11·1'突发公共卫生事件的表彰和奖励活动。村委会的三名干部（和国军、和继武、和丽军）前不久受到玉龙县委、县政府的表彰奖励。今天和国军及村委会受到市委、市政府的表彰奖励。

到 11 月 4 日止为寻找和国军而误工的人员及给予的补助款情况如下：

和朝泽　7 天　532 元

和朝祖　8 天　532 元

和朝亮　10 天　532 元 + 480 元（车费及包来款）= 1012 元

和朝珍　10 天　532 元 + 480 元（车费及包来款）= 1012 元

和占典　6 天

和春立（大吾立）　4 天　（用车 480 元）

和春立（小吾立）　2 天

和　灿　2 天　100 元

和万军　5 天

和万林　5 天

和春华　2 天

和春拾　5 天
和占军　6 天　（用他包的车一天付油费 100 元）
和德华　7 天
和仕军　1 天　用车 1 天 120 元
和仕兴　2 天
和朝光　4 天　100 元
和武军　4 天　100 元

　　出租车协会给了和国军家属 500 元慰问金，并表示如再等一段时间还是杳无音信的话，要尽力动员全市（除江东三县外）的出租车司机捐款相助。

　　事发近两个月，关于和国军与车的事仍然杳无音讯，确认必死无疑，肯定是碰到盗车团伙而被盗车杀人。和国军的父亲和尚典面对无情的现实，请弟弟和尚勋写了两份申请书，一份是写给迪庆州移动公司请求给以困难补助，另一份是写给玉龙县邮电系统的领导和新老职工，请求捐助，以便偿还购车所贷的款项。人生最大的痛苦莫过于老年失子，和尚典老两口年迈七旬失去儿子的痛苦之情是难以言表的。亲戚们也只好以有个开始上学的孙子、一个刚刚学步的孙子来劝慰两位老人。

　　此事发生后，在城里开出租车的村民们都有些提心吊胆，生怕此类事件再发生。

后 记

本书的整理出版，是云南大学"211工程""十五"建设之子项目——"云南少数民族调查研究基地"项目建设两年多来的成果之一。我们很感激有了这样一个项目为平台，获得了多样化的学术收获和田野体验；我们也很感激在项目实施过程中给予我们大力支持的各级各界领导、朋友，他们的参与为此项目的顺利进展创造了良好的环境条件。从选择项目实施点到寻找日志记录员，从工作站的基建预算到站内一切设施的配置，从了解村落现实状况到寻求各方启动帮扶工作，我们深深体会到各界帮助力量的可贵。我们相信，大家都怀着一份对纳西村落的关爱，怀着一份对纳西文化的珍视，怀着一份对民族文化多样性的渴求，正是这样一些难以割舍的情愫，使得各方力量形成了最为有效的合力，促动着项目建设的推进。所以，在本书即将出版之时，我们要向项目的所有合作者、支持者表示深深的感谢。是丽江玉龙县副县长杨承新同志的一个现场工作会，为我们解决了配套资金、土地使用方式、县乡村各级政府的配合支持问题；是在一次聚会时，丽江市古城区木府博物院黄乃镇院长以及陈桂云副院长向我们推荐介绍了南溪村这个我们最终确定的项目点，并在此后的工作中给予了"娘家"似的关怀与支持；此外，丽江玉龙县审计局长蒋汝刚同志、丽江玉龙县民族宗教局长沙学勤同志，以及丽江玉龙县黄山镇政府的各位党政领导，在资金、政策等方面都给予了本项目大力援助和支持。云南大学民俗学硕士研究生杨杰宏、刘帅东、周蔚蔚也为村寨概况的获取做了大量调查统计工作。最后，我们还要感谢在整个项目实施过程中和我们逐渐亲如家人的南溪村父老乡亲，特别是村委会书记兼主任和国军、副主任和丽军、满中村村长和国高、村完小校长和建熊等，我们最为清楚，在那样一个文化的"异域"，是他们给予的那些细致而又必需的理解和帮助，使得今天的项目建设呈现出这样令人欢欣鼓舞的气象。

寥寥数笔，舍弃了浮华辞藻的装点，承载的只是我们对于那无数"热心人"的真切感谢!

  当然,由于时间仓促,书稿中肯定还存在诸多疏漏错笔、谬误之处,恳请各位专家学者不吝赐教。